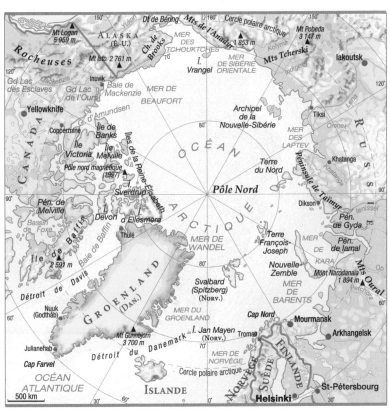

Mt Logan
5 959 m
ALASKA
(É.-U.)
Mt Isto 2 761 m
Ch. de Brooks
Yukon
Dt de Béring
Mts de l'Anadir
Cercle polaire arctique
Mt Pobeda
3 147 m
1 853 m
Kolyma
Mts Tcherski
Iakoutsk
MER DES TCHOUKTCHES
Î. Vrangel
MER DE SIBÉRIE ORIENTALE
Indiguirka
Rocheuses
120°
Gd Lac des Esclaves
Mackenzie
Inuvik
Baie de Mackenzie
Gd Lac de l'Ours
MER DE BEAUFORT
G. d'Amundsen
120°
Lena
RUSSIE
Yellowknife
Coppermine
Île de Banks
Île Victoria
Île Melville
Pôle nord magnétique (1997)
Îles de la Reine Élisabeth
OCÉAN
80°
Archipel de la Nouvelle-Sibérie
MER DES LAPTEV
Terre du Nord
Tiksi
Orenek
Khatanga
Péninsule de Taïmyr
Khatanga
90°
Pôle Nord
90°
Pén. de Melville
Bassin de Foxe
Île de Baffin
2 591 m
Baie de Baffin
Sverdrup
Devon
d'Ellesmere
Thulé
ARCTIQUE
MER DE WANDEL
80°
Terre François-Joseph
Nouvelle-Zemble
Dikson
Ïenisseï
Pén. de Gyda
Pén. de Iamal
MER DE KARA
Mont Narodanaïa 1 894 m
Ob
Mts Oural
Petchora
60°
Détroit de Davis
GROENLAND
(DAN.)
Svalbard
(Spitzberg)
(NORV.)
MER DE BARENTS
Nuuk
(Godthâb)
60°
MER DU GROENLAND
Cap Nord
Mourmansk
Arkhangelsk
Julianehab
Mt Gunnbjorn
3 700 m
Détroit du Danemark
Î. Jan Mayen
(NORV.)
Tromsø
70°
Cap Farvel
OCÉAN ATLANTIQUE
500 km
ISLANDE
30°
60°
MER DE NORVÈGE
Cercle polaire arctique
0°
NORVÈGE
SUÈDE
FINLANDE
Helsinki
St-Pétersbourg
30°
CANADA
OCÉAN

Arctique

| 200 | 500 | 1000 | 2000 m |

| 500 | 1000 | 2000 m |

● plus de 1 000 000 h.
● de 100 000 à 1 000 000 h.
• moins de 100 000 h.

ATLAS
des pays du monde

LAROUSSE

21 RUE DU MONTPARNASSE - 75283 PARIS CEDEX 06

direction éditoriale

Yves Garnier

édition

coordination éditoriale
Nadine Martrès

données statistiques
Anne Charrier

cartographie

Editerra pour les cartes des continents
et des pays du monde
Michel Mazoyer pour les cartes thématiques,
Krystyna Mazoyer, Léonie Schlosser
et Catherine Zacharopoulou
pour les cartes des Régions et Territoires français

lecture-correction

Madeleine Biaujeaud, Françoise Mousnier, Chantal Pagès

informatique éditoriale

Serge Boucher

conception graphique

Guy Calka

mise en pages

Sophie Rivoire

fabrication

Martine Toudert

couverture

Sophie Rivoire

ISBN 978-2-03-582506-3

SOMMAIRE

ASIE

AFRIQUE

AMÉRIQUE

5

GLOSSAIRE

Apport journalier moyen en calories. Équivalent en calories de l'approvisionnement alimentaire national net (production locale majorée des importations et minorée des exportations), divisé par le nombre d'habitants du pays.

Budget de la défense. Expression en pourcentage du PIB des sommes inscrites au budget national pour les dépenses militaires.

Densité. Précisément *densité moyenne*, grandeur obtenue en divisant le chiffre de la population totale par celui de la superficie du pays. Ce chiffre est localement souvent très éloigné de la densité réelle (agglomérations urbaines, étendues désertiques).

Dette publique brute. Précisément *déficit/ excédents des finances publiques,* somme des engagements financiers concernant le secteur des administrations publiques. Les engagements financiers de l'administration centrale, des administrations locales et du secteur de la Sécurité sociale sont consolidés.

Effectifs des forces armées. Ensemble des personnels d'active et des appelés des armes terrestre, navale, aérienne et stratégique, de leur administration et des forces de soutien, ainsi que des forces de gendarmerie. Les réservistes ne sont pas comptabilisés.

Espérance de vie moyenne hommes et femmes. Précisément *espérance de vie moyenne pour les hommes ou pour les femmes à la naissance,* grandeur établie une année donnée en affectant à la génération actuelle masculine ou féminine (c'est-à-dire l'ensemble des garçons ou des filles nés durant cette année) toutes les pertes observées l'année donnée pour toutes les générations.

Exportations de biens. Valeur des marchandises qui sortent d'un État à destination d'un autre État. Les chiffres présentés ne prennent pas en compte le coût des assurances (CAF, coût assurance fret) et sont calculés free on board (FOB). La part des exportations par rapport au PIB est un bon indicateur du degré d'engagement du pays dans l'économie mondiale.

IDH (indice composite de développement humain). Indice créé en 1990 par le PNUD (Programme des Nations unies pour le développement), pour disposer d'une mesure statistique du développement humain plus réaliste que le PNB par habitant. Le calcul de cet indice prend en compte, à parts égales, trois éléments : la longévité, le savoir et les conditions de vie, par les indicateurs que sont l'espérance de vie à la naissance, le niveau d'alphabétisation des adultes et le nombre moyen d'années d'études, et le revenu par habitant exprimé en parité de pouvoir d'achat. Les pays à développement humain élevé ont un IDH égal ou supérieur à 0,800, les pays à développement humain moyen un IDH compris entre 0,500 et 0,799, et les pays à faible développement humain un IDH inférieur à 0,500. Les statistiques couvrent les États membres de l'Organisation des Nations unies, mais des données manquent pour certains d'entre eux.

Importations de biens. Valeur des marchandises qui entrent sur le territoire d'un État venant d'États étrangers. Comme pour les exportations, les chiffres sont présentés free on board.

Nombre d'automobiles. Nombre d'automobiles en service pour 1 000 habitants d'un pays donné pour une année donnée. Compte tenu des différentes méthodes de calcul selon les pays, les comparaisons entre pays doivent être établies avec prudence.

Nombre de téléviseurs. Nombre de téléviseurs en service pour 1 000 habitants d'un pays donné pour une année donnée.

Nombre d'habitants pour un médecin. Chiffre obtenu en divisant le chiffre de la population totale d'un pays par celui du nombre de médecins, qui comprend les praticiens et tous les diplômés des facultés et écoles de médecine en activité dans tout domaine médical (pratique, enseignement, administration et recherche).

Pêche. les chiffres incluent la production de l'aquaculture.

PNB (produit national brut). Précisément, *produit national brut global (PNB global),* somme totale du produit intérieur brut et du solde des revenus de facteurs de production transférés par l'étranger ou à l'étranger.

PNB/hab. (produit national brut par habitant). Somme du produit intérieur brut et du solde des revenus de facteurs de production transférés par l'étranger ou à l'étranger, divisée par le nombre d'habitant du pays.

PNB/hab.PPA. Précisément *produit national brut par habitant exprimé en parité de pouvoir d'achat.* La parité de pouvoir d'achat s'établit en définissant le nombre d'unités de compte monétaires du pays nécessaires pour acheter un panier représentatif de biens et de services en le rapportant au même achat aux États-Unis exprimés en dollars US et en le rapportant à un dollar fictif, appelé « dollar international ». Le produit national brut par habitant exprimé en parité de pouvoir d'achat fournit des valeurs strictement comparables de pays à pays.

Population. Précisément *population totale,* ensemble des personnes présentes dans le pays à une date donnée. Les données issues de l'ONU sont des prévisions pour 2007, effectuées à partir d'estimations de 2006, selon un taux de fécondité moyen. Ces estimations sont elles-mêmes fondées sur les données des instituts démographiques nationaux, qui effectuent plus ou moins régulièrement des recensements et proposent des estimations. L'estimation de la population en milieu d'année inclut tous les résidents du pays, indépendamment du statut juridique et de la citoyenneté. Les réfugiés qui ne sont pas établis à titre permanent dans le pays où ils ont trouvé asile sont comptés dans la population de leur pays d'origine. Les estimations fournies par l'ONU peuvent s'avérer parfois sensiblement différentes de celles fournies par les pays eux-mêmes, en raison de modes de calcul différents, notamment en ce qui concerne le taux de fécondité. Cet indice est exprimé en nombre d'habitants.

Population active. Ensemble des personnes au-dessus d'un âge donné (le plus souvent 15 ans), qui, lors de la période considérée, disposent d'un emploi rémunéré ou sont au chômage (sans travail, disponibles pour chercher un emploi ou exercer un travail).

Population urbaine. Part de la population totale, exprimée en pourcentage, qui réside dans les zones définies comme urbaines dans chaque pays. Cette définition peut varier sensiblement d'un pays à l'autre.

Recettes touristiques. Somme des dépenses effectuées par les touristes internationaux sur le territoire du pays d'accueil. Elles incluent les dépenses de transports internationaux payées aux transporteurs nationaux et tous les prépaiements pour des biens ou des services dans le pays d'accueil.

Superficie. Étendue du territoire métropolitain, sans les dépendances. Elle est calculée, pour la plupart des pays, en prenant en compte les eaux intérieures, mais en excluant les eaux territoriales. Les données pour Chypre concernent l'ensemble de l'île.

Taux annuel d'inflation. Mesure de l'évolution des prix à la consommation d'une année sur l'autre.

Taux de chômage. Pourcentage de la population active que représentent les personnes sans travail, disponibles pour rechercher un emploi et pour exercer une profession.

Taux de croissance annuelle du PIB. Variation du PIB deux années successives, calculée à prix constants.

Taux de mortalité. Précisément *taux brut de mortalité,* rapport, pour une année ou pour une période donnée, entre le nombre des décès et la population totale, exprimé pour 1 000 personnes.

Taux de natalité. Précisément *taux brut de natalité,* rapport, pour une année ou pour une période donnée, entre le nombre des naissances et la population totale, exprimé pour 1 000 personnes.

Taux de mortalité infantile. Rapport entre le nombre annuel de décès d'enfants âgés de moins de un an et le nombre de naissances totales, exprimé pour 1 000 naissances vivantes.

SOURCES PRINCIPALES

2006 World Development Indicators, The World Bank (Banque mondiale), Washington, 2006.

Rapport mondial sur le développement humain 2006, Programme des Nations unies pour le développement, New York, 2006.

Statistics Division, Indicators of population, Population Division of the United Nations Secretariat, Organisation des Nations unies, New York, 2006.

FaoStat, Organisation des Nations unies pour l'alimentation et l'agriculture (FAO), Rome, 2006.

International Financial Statistics, Fonds monétaire international (FMI), Washington, novembre 2006, 1090 p.

The Military Balance 2005-2006, The International Institute for Strategic Studies, Londres, 2006, 448 p.

DONNÉES GÉNÉRALES

ESPÉRANCE DE VIE MOYENNE à la naissance, hommes-femmes : les dix premiers pays pour la période 2005-2010 (en années)	
Japon	82,6
Islande	81,8
Suisse	81,7
Australie	81,2
Espagne	80,9
Suède	80,9
Israël	80,7
France	80,7
Canada	80,7
Italie	80,5

PRODUIT NATIONAL BRUT : les dix premiers pays en 2004 (en milliards de dollars)	
États-Unis	12 169
Japon	4 734
Allemagne	2 532
Gr.-Bretagne et Irl. du Nord	2 013
Chine	1 938
France	1 888
Italie	1 513
Espagne	919
Canada	905
Mexique	705

PÉTROLE : les dix premiers pays producteurs en 2005 (en milliers de tonnes)	
Arabie saoudite	526 200
Russie	458 900
États-Unis	322 372
Iran	200 400
Mexique	193 100
Chine	180 800
Venezuela	154 700
Norvège	136 000
Canada	104 370
Émirats arabes unis	129 000
Monde	3 850 280

ESPÉRANCE DE VIE MOYENNE à la naissance hommes-femmes : les dix derniers pays pour la période 2005-2010 (en années)	
Swaziland	39,6
Mozambique	42,1
Zambie	42,4
Sierra Leone	42,6
Lesotho	42,6
Angola	42,7
Zimbabwe	43,5
Afghanistan	43,6
centrafricaine (République)	44,7
Liberia	45,7

PRODUIT NATIONAL BRUT PAR HABITANT exprimé en parité de pouvoir d'achat : les dix premiers pays en 2005 (en dollars internationaux)	
Luxembourg	65 340
États-Unis	41 950
Norvège	40 420
Suisse	37 080
Islande	34 760
Irlande	34 720
Danemark	33 570
Autriche	33 140
Grande-Bretagne	32 690
Belgique	32 680

GAZ : les dix premiers pays producteurs en 2005 (en millions de m³)	
Russie	640 600
États-Unis	514 500
Canada	185 500
Algérie	91 200
Gr.-Bretagne et Irl. du Nord	88 000
Iran	87 000
Norvège	87 000
Indonésie	76 000
Pays-Bas	72 000
Arabie saoudite	69 500
Monde	2 819 400

TAUX DE FÉCONDITÉ : les plus élevés pour la période 2005-2010 (en nombre d'enfants par femme)	
Niger	7,19
Afghanistan	7,07
Guinée-Bissau	7,07
Burundi	6,80
Liberia	6,77
Congo (Rép. dém. du)	6,70
Timor-Oriental	6,53
Mali	6 ,52
Sierra Leone	6,47
Ouganda	6,46

PRODUIT NATIONAL BRUT PAR HABITANT exprimé en parité de pouvoir d'achat : les dix derniers pays en 2005 (en dollars internationaux)	
Burundi	640
Malawi	650
Guinée-Bissau	700
Congo (Rép. dém. du)	720
Tanzanie	730
Sierra Leone	780
Niger	800
Congo (République du)	810
Madagascar	880
Yémen	920

HOUILLE ET CHARBONS : les dix premiers pays producteurs en 2005 (en milliers de tonnes)	
Chine	2 190 000
États-Unis	1 028 100
Inde	426 200
Australie	369 300
Russie	298 000
Afrique du Sud	246 500
Russie	165 219
Allemagne	202 800
Pologne	159 500
Indonésie	135 300
Monde	5 852 500

9

TAUX DE FÉCONDITÉ : les plus bas pour la période 2005-2010 (en nombre d'enfants par femme)	
Biélorussie	1,20
Corée du Sud	1,21
Ukraine	1,22
Pologne	1,23
Bosnie-Herzégovine	1,23
tchèque (République)	1,24
Slovaquie	1,25
Singapour	1,26
Lituanie	1,26
Japon	1,27

PRODUIT INTÉRIEUR BRUT : les dix premiers pays en 2005 (en milliards de dollars)	
États-Unis	12 969
Japon	4 988
Allemagne	2 852
Chine	2 263
Gr.-Bretagne et Irl. du Nord	2 263
France	2 177
Italie	1 824
Espagne	1 100
Canada	1 051
Inde	793

ÉLECTRICITÉ : les dix premiers pays producteurs en 2004 (en millions de kWh)	
États-Unis	3 979 043
Chine	2 079 748
Japon	974 398
Russie	881 596
Inde	630 568
Canada	572 986
Allemagne	566 891
France	540 553
Brésil	380 934
Gr.-Bretagne et Irl. du Nord	363 172
Monde	16 599 090

BLÉ : les dix premiers pays producteurs en 2005 (en milliers de tonnes)	
Chine	97 445
Inde	72 000
États-Unis	57 280
Russie	47 697
France	36 841
Australie	25 090
Canada	26 775
Pakistan	26 612
Allemagne	23 692
Turquie	21 000
Monde	616 500

SOJA : les dix premiers pays producteurs en 2005 (en milliers de tonnes)	
États-Unis	83 368
Brésil	51 182
Argentine	38 300
Chine	16 800
Inde	6 300
Paraguay	3 988
Canada	3 161
Bolivie	1 690
Indonésie	797
Italie	553
Monde	220 980

SORGHO : les dix premiers pays producteurs en 2005 (en milliers de tonnes)	
États-Unis	9 981
Nigeria	8 178
Inde	7 500
Mexique	5 524
Soudan	4 275
Argentine	2 894
Chine	2 558
Éthiopie	2 200
Australie	2 010
Brésil	1 520
Monde	58 700

RIZ : les dix premiers pays producteurs en 2005 en milliers de tonnes)	
Chine	182 042
Inde	136 574
Indonésie	53 984
Bangladesh	39 795
Viêt Nam	35 790
Thaïlande	29 201
Birmanie	25 364
Philippines	14 603
Brésil	13 191
Japon	11 342
Monde	622 500

AGRUMES : les dix premiers pays producteurs en 2005 (en milliers de tonnes)	
Brésil	20 202
Chine	16 800
États-Unis	10 436
Mexique	6 735
Espagne	5 360
Inde	4 750
Iran	3 825
Italie	3 397
Égypte	2 797
Nigeria	3 250
Monde	99 393

ACIER : les dix premiers pays producteurs en 2005 (en milliers de tonnes)	
Chine	355 790
Japon	112 471
États-Unis	94 897
Russie	66 146
Corée du Sud	47 820
Allemagne	44 524
Ukraine	38 641
Inde	38 083
Brésil	31 610
Italie	29 350
Monde	1 129 400

MAÏS : les dix premiers pays producteurs en 2005 (en milliers de tonnes)	
États-Unis	282 311
Chine	139 510
Brésil	35 134
Argentine	20 482
Mexique	18 012
Inde	14 710
France	13 850
Indonésie	12 013
Afrique du Sud	11 749
Canada	9 460
Monde	684 000

COTON À GRAINES : les dix premiers pays producteurs en 2005 en milliers de tonnes)	
Chine	11 400
États-Unis	7 711
Inde	5 000
Pakistan	4 428
Ouzbékistan	2 470
Brésil	1 803
Turquie	1 125
Australie	844
Grèce	720
Turkménistan	660
Monde	49 000

AUTOMOBILES : les dix premiers pays producteurs en 2005 (en milliers d'unités)	
Japon	9 016,7
Allemagne	5 350,1
États-Unis	4 32,2
Corée du Sud	3 357
France	3 112,9
Chine	3078,1
Espagne	2 098,1
Brésil	2 009,4
Gr.-Bretagne et Irl. du Nord	1 596,2
Canada	1 356,1
Monde	46 009

CAFÉ : les dix premiers pays producteurs en 2005 (en milliers de tonnes)	
Brésil	2 134
Indonésie	762
Viêt Nam	752
Colombie	693
Éthiopie	330
Mexique	310
Inde	275
Guatemala	216
Ouganda	158
Pérou	175
Monde	10 414

IGNAMES : les dix premiers pays producteurs en 2005 (en milliers de tonnes)	
Nigeria	34 000
Côte d'Ivoire	4 991
Ghana	3 892
Bénin	2 083
Togo	570
centrafricaine (République)	350
Cameroun	292
Éthiopie	172
Colombie	332
Tchad	230
Monde	47 600

RECETTES TOURISTIQUES : les dix premiers pays en 2004 (en millions de dollars)	
États-Unis	74 500
Espagne	51 125
France	40 800
Italie	37 872
Gr.-Bretagne et Irl. du Nord	37 193
Allemagne	35 589
Chine	27 755
Autriche	18 401
Australie	17 946
Canada	14 925
Monde	743 043

CARTES THÉMATIQUES

INSTITUTIONS

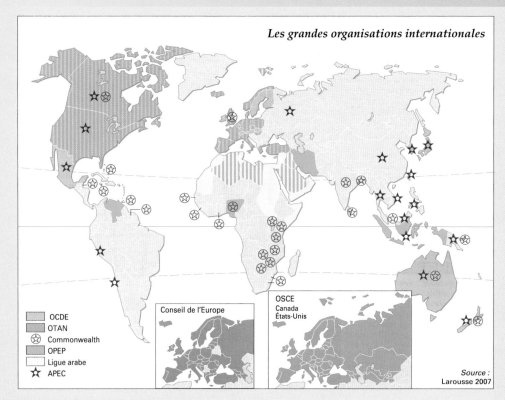

Les grandes organisations internationales

OCDE
OTAN
Commonwealth
OPEP
Ligue arabe
APEC

Conseil de l'Europe

OSCE
Canada
États-Unis

Source :
Larousse 2007

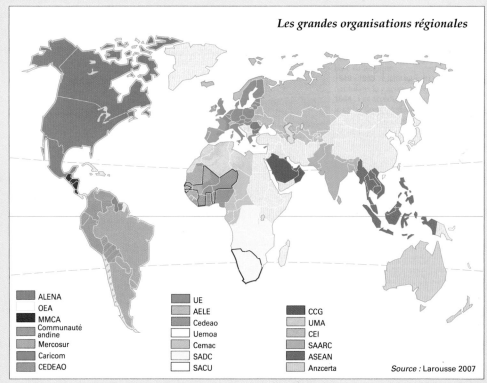

Les grandes organisations régionales

ALENA
OEA
MMCA
Communauté andine
Mercosur
Caricom
CEDEAO

UE
AELE
Cedeao
Uemoa
Cemac
SADC
SACU

CCG
UMA
CEI
SAARC
ASEAN
Anzcerta

Source : Larousse 2007

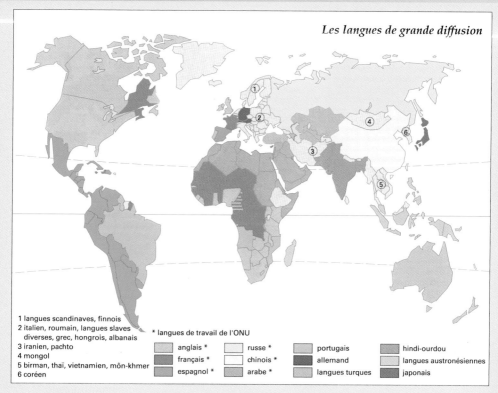

Les langues de grande diffusion

1 langues scandinaves, finnois
2 italien, roumain, langues slaves
  diverses, grec, hongrois, albanais
3 iranien, pachto
4 mongol
5 birman, thaï, vietnamien, môn-khmer
6 coréen

* langues de travail de l'ONU

anglais *	russe *	portugais	hindi-ourdou
français *	chinois *	allemand	langues austronésiennes
espagnol *	arabe *	langues turques	japonais

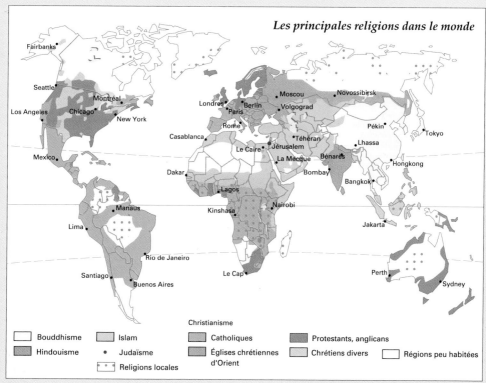

Les principales religions dans le monde

13

Christianisme

Bouddhisme	Islam	Catholiques	Protestants, anglicans
Hindouisme	• Judaïsme	Églises chrétiennes d'Orient	Chrétiens divers	Régions peu habitées
Religions locales			

POPULATION

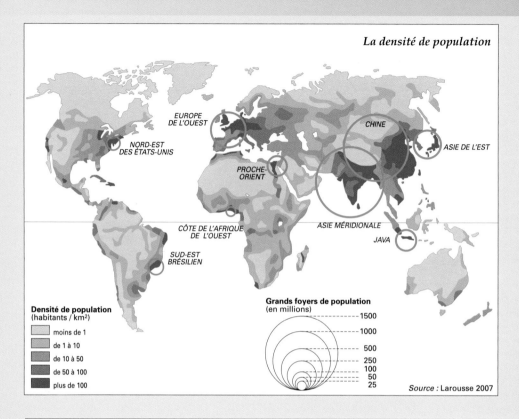

La densité de population

EUROPE DE L'OUEST

NORD-EST DES ÉTATS-UNIS

PROCHE-ORIENT

CHINE

ASIE DE L'EST

CÔTE DE L'AFRIQUE DE L'OUEST

ASIE MÉRIDIONALE

JAVA

SUD-EST BRÉSILIEN

Densité de population
(habitants / km²)

- moins de 1
- de 1 à 10
- de 10 à 50
- de 50 à 100
- plus de 100

Grands foyers de population
(en millions)

- 1500
- 1000
- 500
- 250
- 100
- 50
- 25

Source : Larousse 2007

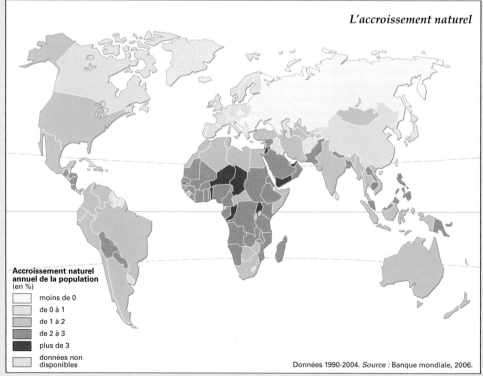

L'accroissement naturel

Accroissement naturel annuel de la population
(en %)

- moins de 0
- de 0 à 1
- de 1 à 2
- de 2 à 3
- plus de 3
- données non disponibles

Données 1990-2004. *Source :* Banque mondiale, 2006.

14

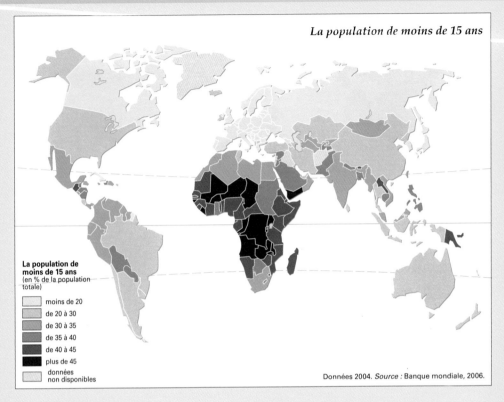

La population de moins de 15 ans

La population de moins de 15 ans
(en % de la population totale)

- moins de 20
- de 20 à 30
- de 30 à 35
- de 35 à 40
- de 40 à 45
- plus de 45
- données non disponibles

Données 2004. *Source :* Banque mondiale, 2006.

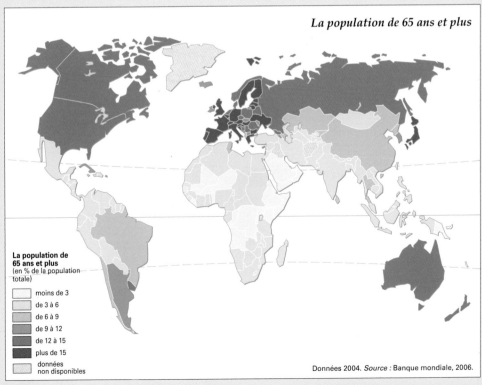

La population de 65 ans et plus

La population de 65 ans et plus
(en % de la population totale)

- moins de 3
- de 3 à 6
- de 6 à 9
- de 9 à 12
- de 12 à 15
- plus de 15
- données non disponibles

Données 2004. *Source :* Banque mondiale, 2006.

POPULATION

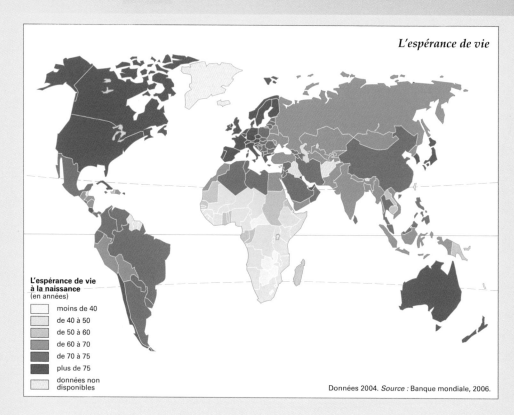

L'espérance de vie

**L'espérance de vie
à la naissance**
(en années)

- moins de 40
- de 40 à 50
- de 50 à 60
- de 60 à 70
- de 70 à 75
- plus de 75
- données non disponibles

Données 2004. *Source :* Banque mondiale, 2006.

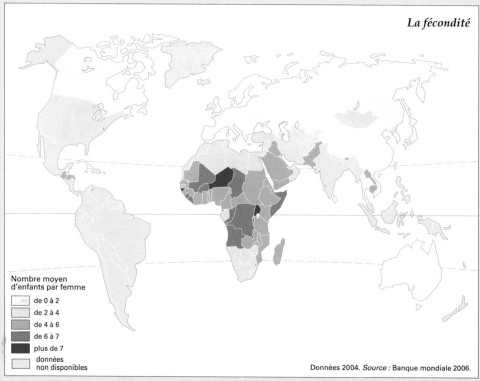

La fécondité

**Nombre moyen
d'enfants par femme**

- de 0 à 2
- de 2 à 4
- de 4 à 6
- de 6 à 7
- plus de 7
- données non disponibles

Données 2004. *Source :* Banque mondiale 2006.

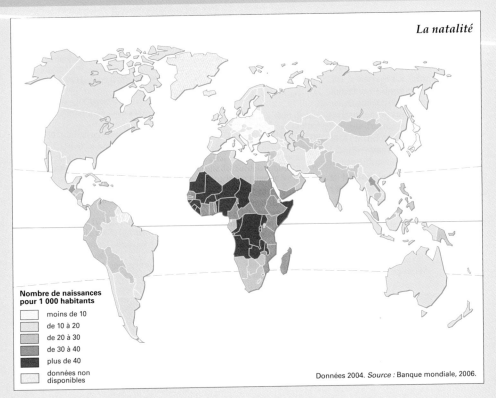

La natalité

**Nombre de naissances
pour 1 000 habitants**

- moins de 10
- de 10 à 20
- de 20 à 30
- de 30 à 40
- plus de 40
- données non
disponibles

Données 2004. *Source :* Banque mondiale, 2006.

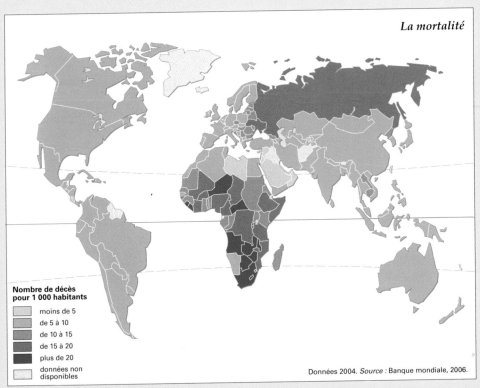

La mortalité

**Nombre de décès
pour 1 000 habitants**

- moins de 5
- de 5 à 10
- de 10 à 15
- de 15 à 20
- plus de 20
- données non
disponibles

Données 2004. *Source :* Banque mondiale, 2006.

ENVIRONNEMENT NATUREL

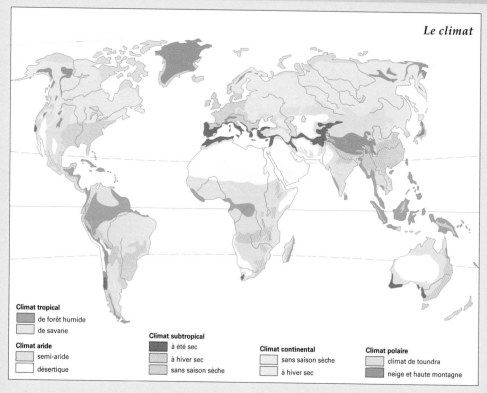

Le climat

Climat tropical
- de forêt humide
- de savane

Climat aride
- semi-aride
- désertique

Climat subtropical
- à été sec
- à hiver sec
- sans saison sèche

Climat continental
- sans saison sèche
- à hiver sec

Climat polaire
- climat de toundra
- neige et haute montagne

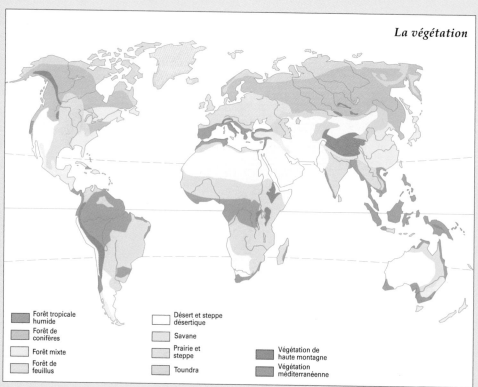

La végétation

- Forêt tropicale humide
- Forêt de conifères
- Forêt mixte
- Forêt de feuillus
- Désert et steppe désertique
- Savane
- Prairie et steppe
- Toundra
- Végétation de haute montagne
- Végétation méditerranéenne

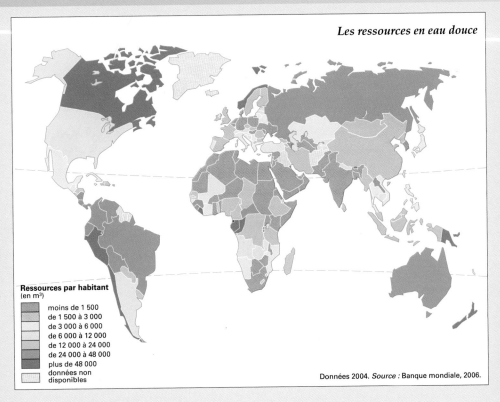

Les ressources en eau douce

Ressources par habitant
(en m³)

- moins de 1 500
- de 1 500 à 3 000
- de 3 000 à 6 000
- de 6 000 à 12 000
- de 12 000 à 24 000
- de 24 000 à 48 000
- plus de 48 000
- données non disponibles

Données 2004. *Source :* Banque mondiale, 2006.

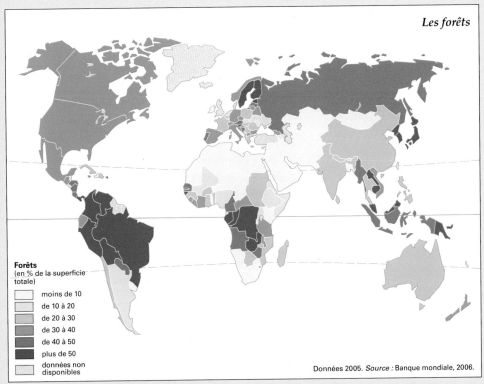

Les forêts

19

Forêts
(en % de la superficie totale)

- moins de 10
- de 10 à 20
- de 20 à 30
- de 30 à 40
- de 40 à 50
- plus de 50
- données non disponibles

Données 2005. *Source :* Banque mondiale, 2006.

URBANISATION

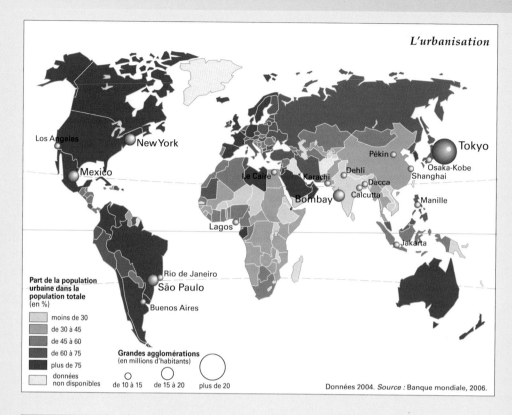

L'urbanisation

Los Angeles
New York
Mexico
Le Caire
Karachi
Dehli
Pékin
Osaka-Kobe
Shanghai
Tokyo
Decca
Bombay
Calcutta
Manille
Lagos
Jakarta
Rio de Janeiro
São Paulo
Buenos Aires

Part de la population urbaine dans la population totale (en %)
- moins de 30
- de 30 à 45
- de 45 à 60
- de 60 à 75
- plus de 75
- données non disponibles

Grandes agglomérations (en millions d'habitants)
- de 10 à 15
- de 15 à 20
- plus de 20

Données 2004. *Source :* Banque mondiale, 2006.

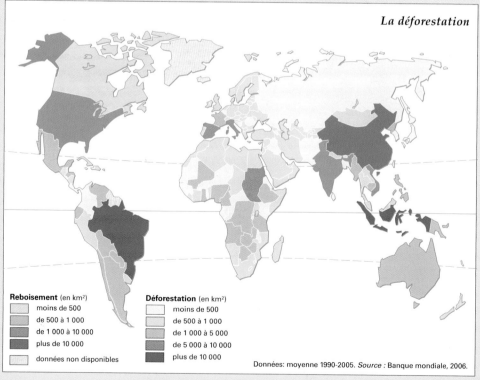

La déforestation

Reboisement (en km²)
- moins de 500
- de 500 à 1 000
- de 1 000 à 10 000
- plus de 10 000
- données non disponibles

Déforestation (en km²)
- moins de 500
- de 500 à 1 000
- de 1 000 à 5 000
- de 5 000 à 10 000
- plus de 10 000

Données: moyenne 1990-2005. *Source :* Banque mondiale, 2006.

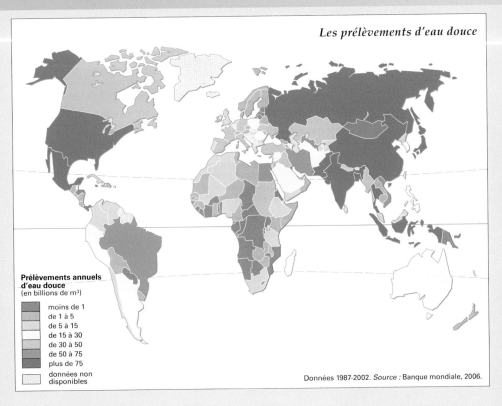

Les prélèvements d'eau douce

**Prélèvements annuels
d'eau douce**
(en billions de m³)

- moins de 1
- de 1 à 5
- de 5 à 15
- de 15 à 30
- de 30 à 50
- de 50 à 75
- plus de 75
- données non
disponibles

Données 1987-2002. *Source :* Banque mondiale, 2006.

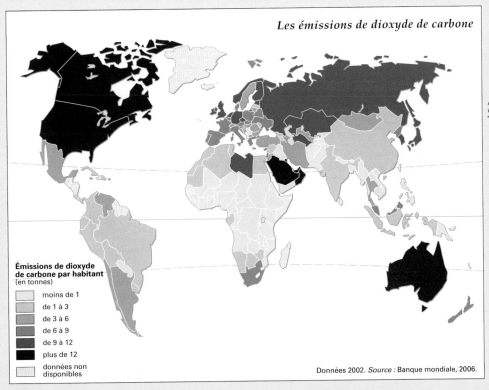

Les émissions de dioxyde de carbone

**Émissions de dioxyde
de carbone par habitant**
(en tonnes)

- moins de 1
- de 1 à 3
- de 3 à 6
- de 6 à 9
- de 9 à 12
- plus de 12
- données non
disponibles

Données 2002. *Source :* Banque mondiale, 2006.

21

SCOLARITÉ

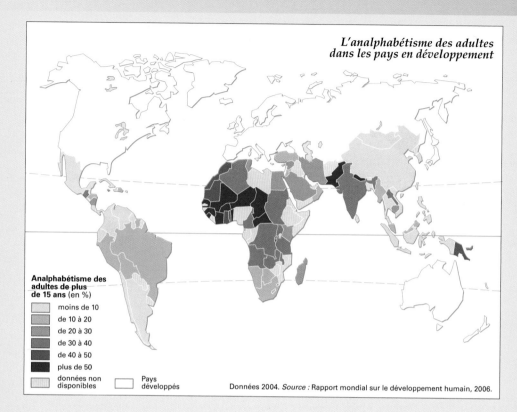

L'analphabétisme des adultes dans les pays en développement

Analphabétisme des adultes de plus de 15 ans (en %)

- moins de 10
- de 10 à 20
- de 20 à 30
- de 30 à 40
- de 40 à 50
- plus de 50
- données non disponibles
- Pays développés

Données 2004. *Source :* Rapport mondial sur le développement humain, 2006.

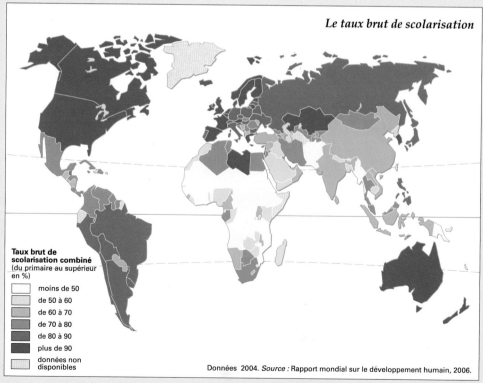

Le taux brut de scolarisation

Taux brut de scolarisation combiné (du primaire au supérieur en %)

- moins de 50
- de 50 à 60
- de 60 à 70
- de 70 à 80
- de 80 à 90
- plus de 90
- données non disponibles

Données 2004. *Source :* Rapport mondial sur le développement humain, 2006.

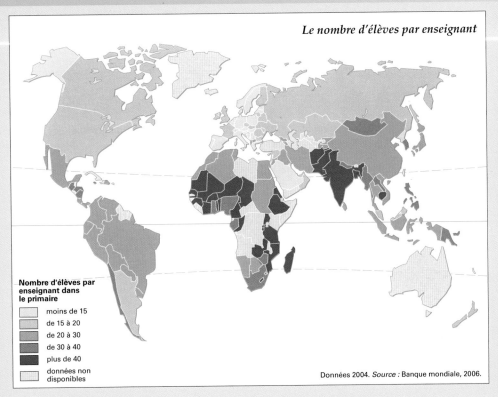

Le nombre d'élèves par enseignant

Nombre d'élèves par enseignant dans le primaire
- moins de 15
- de 15 à 20
- de 20 à 30
- de 30 à 40
- plus de 40
- données non disponibles

Données 2004. *Source :* Banque mondiale, 2006.

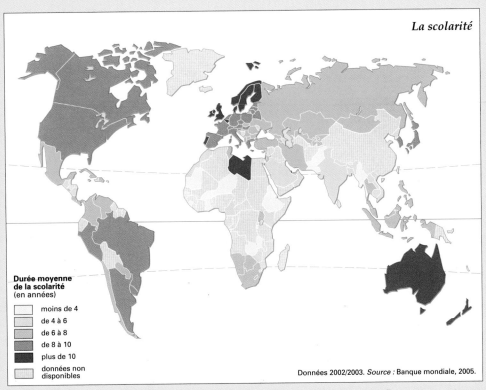

La scolarité

23

Durée moyenne de la scolarité (en années)
- moins de 4
- de 4 à 6
- de 6 à 8
- de 8 à 10
- plus de 10
- données non disponibles

Données 2002/2003. *Source :* Banque mondiale, 2005.

NIVEAU DE VIE

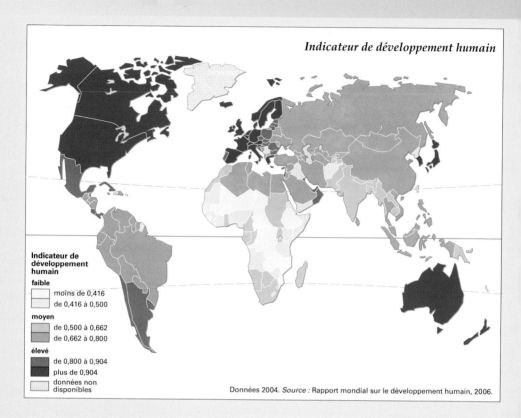

Indicateur de développement humain

Indicateur de développement humain

faible
- moins de 0,416
- de 0,416 à 0,500

moyen
- de 0,500 à 0,662
- de 0,662 à 0,800

élevé
- de 0,800 à 0,904
- plus de 0,904
- données non disponibles

Données 2004. *Source :* Rapport mondial sur le développement humain, 2006.

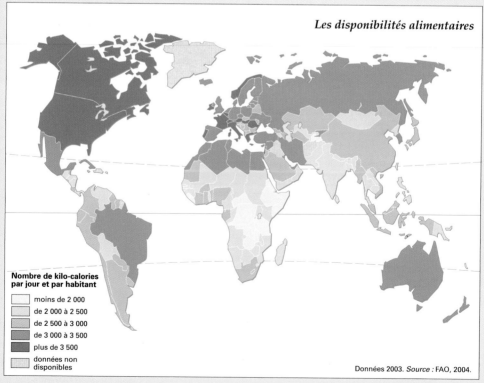

Les disponibilités alimentaires

Nombre de kilo-calories par jour et par habitant
- moins de 2 000
- de 2 000 à 2 500
- de 2 500 à 3 000
- de 3 000 à 3 500
- plus de 3 500
- données non disponibles

Données 2003. *Source :* FAO, 2004.

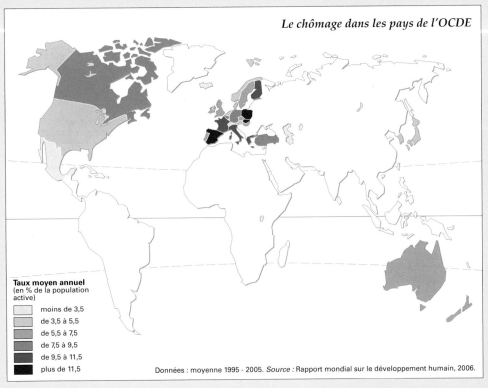

Le chômage dans les pays de l'OCDE

Taux moyen annuel
(en % de la population active)

- moins de 3,5
- de 3,5 à 5,5
- de 5,5 à 7,5
- de 7,5 à 9,5
- de 9,5 à 11,5
- plus de 11,5

Données : moyenne 1995 - 2005. *Source :* Rapport mondial sur le développement humain, 2006.

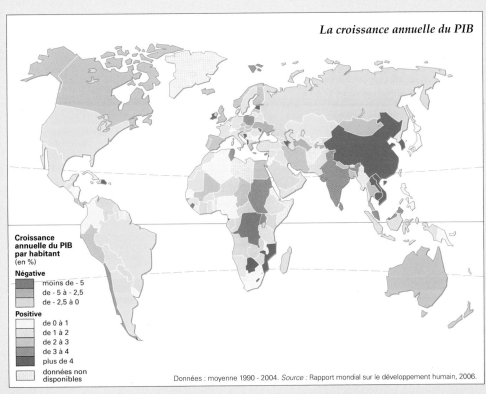

La croissance annuelle du PIB

Croissance annuelle du PIB par habitant
(en %)

Négative
- moins de - 5
- de - 5 à - 2,5
- de - 2,5 à 0

Positive
- de 0 à 1
- de 1 à 2
- de 2 à 3
- de 3 à 4
- plus de 4
- données non disponibles

Données : moyenne 1990 - 2004. *Source :* Rapport mondial sur le développement humain, 2006.

SANTÉ

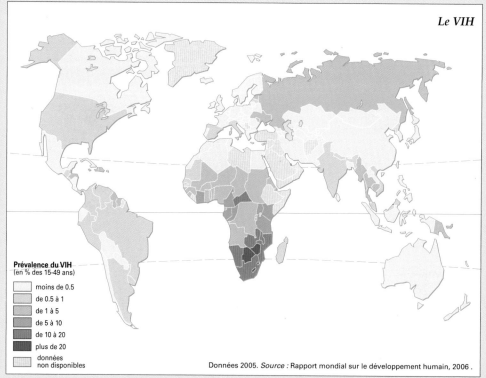

Les dépenses de santé

Dépenses de santé publiques et privées
(en % du PIB)

- moins de 3
- de 3 à 5
- de 5 à 7
- de 7 à 9
- plus de 9
- données non disponibles

Données 2003. *Source :* Banque mondiale, 2006.

Le VIH

Prévalence du VIH
(en % des 15-49 ans)

- moins de 0.5
- de 0.5 à 1
- de 1 à 5
- de 5 à 10
- de 10 à 20
- plus de 20
- données non disponibles

Données 2005. *Source :* Rapport mondial sur le développement humain, 2006.

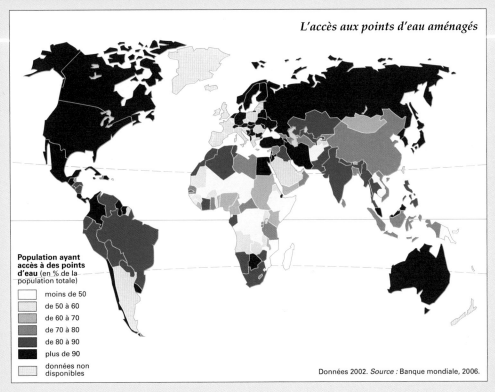

L'accès aux points d'eau aménagés

Population ayant accès à des points d'eau (en % de la population totale)

- moins de 50
- de 50 à 60
- de 60 à 70
- de 70 à 80
- de 80 à 90
- plus de 90
- données non disponibles

Données 2002. *Source :* Banque mondiale, 2006.

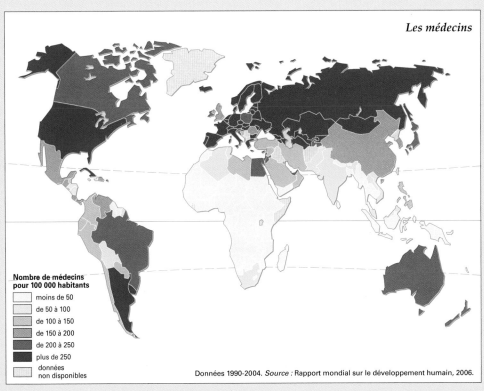

Les médecins

Nombre de médecins pour 100 000 habitants

- moins de 50
- de 50 à 100
- de 100 à 150
- de 150 à 200
- de 200 à 250
- plus de 250
- données non disponibles

Données 1990-2004. *Source :* Rapport mondial sur le développement humain, 2006.

27

ÉNERGIE

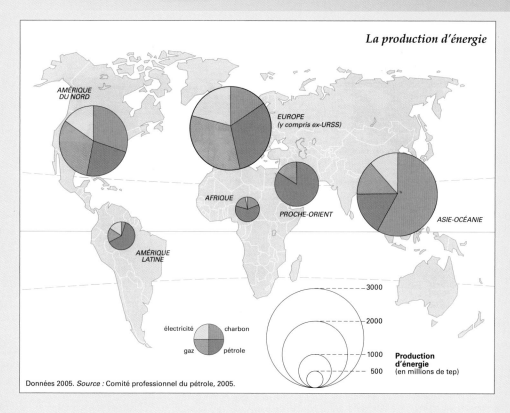

La production d'énergie

AMÉRIQUE
DU NORD

EUROPE
(y compris ex-URSS)

AFRIQUE

PROCHE-ORIENT

ASIE-OCÉANIE

AMÉRIQUE
LATINE

électricité — charbon

gaz — pétrole

3000

2000

1000

500

**Production
d'énergie**
(en millions de tep)

Données 2005. *Source :* Comité professionnel du pétrole, 2005.

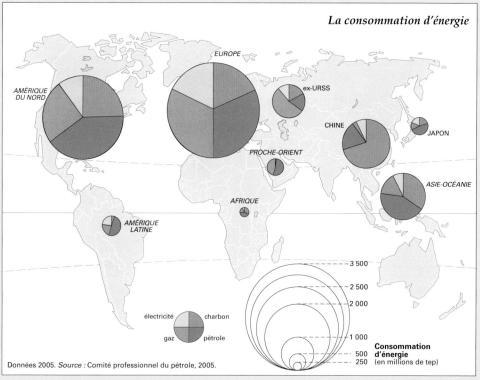

La consommation d'énergie

EUROPE

AMÉRIQUE
DU NORD

ex-URSS

CHINE

JAPON

PROCHE-ORIENT

ASIE-OCÉANIE

AFRIQUE

AMÉRIQUE
LATINE

électricité — charbon

gaz — pétrole

3 500

2 500

2 000

1 000

500

250

**Consommation
d'énergie**
(en millions de tep)

Données 2005. *Source :* Comité professionnel du pétrole, 2005.

LES PAYS
DU MONDE

PLANISPHÈRE

RUSSIE

Mer de Beaufort

Yukon

Alaska (É.-U.)

Golfe de l'Alaska

Grand Lac de l'Ours

Grand Lac des Esclaves

Baie de Baffin

Groenland (Dan.)

Svalba

Mer du Groenland

Jan Mayen (Norv.)

Cercle Polaire Arctique

C A N A D A

Baie d'Hudson

Mer du Labrador

Reykjavik

ISLANDE

Îles Féroé (Dan.)

SUÈDE

NORVÈGE

Oslo Stockholm

GRANDE-BRETAGNE

Mer du Nord

DANEMARK

Copenhague

LITUANIE

Nelson

Saskatchewan

Missouri

L. Winnipeg

L. Supérieur

É T A T S - U N I S

Colorado

L. Michigan L. Huron

Chicago

Montréal

Ottawa St-Laurent

L. Ontario

L. Érié

New York

St-Pierre-et-Miquelon (Fr.)

IRLANDE

Londres

Paris

FRANCE

P.-B.

BELG.

LUX.

ALLEMAGNE

Berlin

POLOGNE

TCHÉ

SLOVA.

AUTR.

SUISSE

ITALIE

Madrid

Rome

SERBIE

B.-H.

M.

ROUM

ALB. MAC

Los Angeles

Rio Grande

Washington

Bermudes (G.-B.)

Océan Atlantique

Açores (Port.)

PORTUGAL

Lisbonne

ESPAGNE

Madère (Port.)

Athènes

MALTE

Méditerrane

GRÈCE

Tropique du Cancer

MEXIQUE

Golfe du Mexique

La Havane

Nassau

BAHAMAS

CUBA

Rabat

MAROC

Alger

TUNIS

TUNISIE

Tripoli

ALGÉRIE

LIBYE

Le

Mexico

JAMAÏQUE

HAÏTI

RÉP. DOMINICAINE

Porto-Rico (É.-U.)

ST-KITTS-ET-NEVIS

ANTIGUA-ET-BARBUDA

Guadeloupe (Fr.)

Canaries (Esp.)

S a h a r a

BELIZE

GUATEMALA

Guatemala

San Salvador

SALVADOR

HONDURAS

NICARAGUA

Managua

Port-au-Prince

Saint-Domingue

Mer des Antilles

DOMINIQUE

Martinique (Fr.)

STE-LUCIE

ST-VINCENT

GRENADE

BARBADE

TRINITÉ-ET-TOBAGO

Port of Spain

Nouakchott

CAP-VERT

MAURITANIE

Dakar

SÉNÉGAL

Banjul

GAMBIE

Bissau

GUINÉE-B.

GUINÉE

MALI

Bamako

S a h e l

Niamey

BURKINA

NIGER

N'Djamena

TCHAD

Kha

SO

Clipperton (Fr.)

San José

COSTA RICA

PANAMÁ

Panamá

Caracas

VENEZUELA

GUYANA

Georgetown

Paramaribo

SURINAME

Guyane (Fr.)

Conakry

Freetown

SIERRA LEONE

Monrovia

LIBERIA

Yamoussoukro

CÔTE D'IVOIRE

GHANA

Accra

BÉNIN

TOGO

Lomé

Porto-Novo

NIGERIA

Abuja

CAMEROUN

Yaoundé

RÉP. CENTRAFRICAINE

Bangui

Équateur

Quito

ÉQUATEUR

Îles Galapagos (Éq.)

Bogotá

COLOMBIE

Amazone

A m a z o n i e

PÉROU

Lima

Océan Pacifique

B R É S I L

Brasília

La Paz

BOLIVIE

Sucre

Ascension (G.-B.)

SÃO TOMÉ-ET-PRINCIPE

G. ÉQ.

Libreville

GABON

Brazzaville

Kinshasa

CONGO

Congo

RWAND

BURUN

RÉP. DÉM. DU CONGO

Kam

Luanda

ANGOLA

ZAM

Lusaka

Har

Ste-Hélène (G.-B.)

Tropique du Capricorne

Sala y Gomez (Chili)

Île de Pâques (Chili)

CHILI

Paraná

PARAGUAY

Asunción

Rio de Janeiro

São Paulo

Océan Atlantique

Tristan da Cunha (G.-B.)

Le Cap

NAMIBIE

Windhoek

BOTSWAN

Gaborone

Pretori

AFRIQUE DU SUD

Îles d

Îles Juan Fernández (Chili)

Santiago

URUGUAY

Montevideo

Buenos Aires

ARGENTINE

Falkland (G.-B.)

Géorgie du Sud (G.-B.)

Bouvet (Norv.)

● Capitale d'État

Cercle Pola

120°

60°

0°

120°

60°

0°

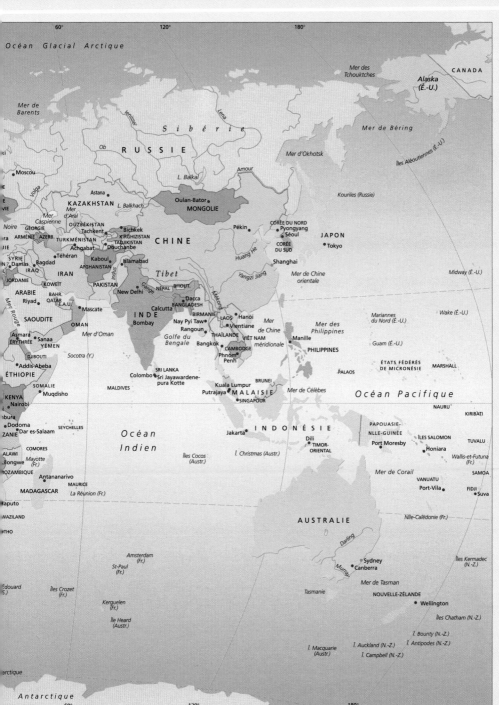

Océan Glacial Arctique

Mer des
Tchouktches

CANADA

Alaska
(É.-U.)

Mer de
Barents

Iénisséi

Lena

Sibérie

Mer de Béring

Ob

RUSSIE

Îles Aléoutiennes (É.-U.)

Moscou

L. Baïkal

Mer d'Okhotsk

Astana

Amour

Volga

KAZAKHSTAN

L. Balkhach

Oulan-Bator

Kouriles (Russie)

VIE

Mer
d'Aral

MONGOLIE

Noire

GÉORGIE

Mer
Caspienne

OUZBÉKISTAN

Tachkent

Bichkek

CORÉE DU NORD

JAPON

Midway (É.-U.)

ra

ARMÉNIE

AZERB.

TURKMÉNISTAN

KIRGHIZISTAN

TADJIKISTAN

Pékin

Pyongyang

Séoul

Tokyo

IE

Achgabat

Douchanbe

CHINE

CORÉE
DU SUD

SYRIE

Téhéran

Kaboul

Islamabad

Huang He

Shanghai

Damas

Bagdad

IRAN

AFGHANISTAN

Indus

Tibet

Yangzi Jiang

Mer de Chine
orientale

Marianne
du Nord (É.-U.)

Wake (É.-U.)

IRAQ

JORDANIE

KOWEÏT

PAKISTAN

New Delhi

NÉPAL

BHOUT.

Ganga

Mékong

ARABIE

BAHR.

QATAR

Dacca

BANGLADESH

Mer
de Chine
méridionale

Mer des
Philippines

Riyad

É.A.U.

Mascate

Calcutta

INDE

BIRMANIE

Hanoi

Guam (É.-U.)

SAOUDITE

OMAN

Bombay

Mer d'Oman

Nay Pyi Taw

LAOS

Vientiane

ÉTATS FÉDÉRÉS
DE MICRONÉSIE

MARSHALL

Asmara

Sanaa

YÉMEN

Rangoun

THAÏLANDE

VIÊT NAM

Manille

PHILIPPINES

ÉRYTHRÉE

*Golfe du
Bengale*

Bangkok

CAMBODGE

DJIBOUTI

Socotra (Y.)

Phnom
Penh

PALAOS

ÉTHIOPIE

SRI LANKA

Colombo

Sri Jayawardene-
pura Kotte

BRUNEI

Océan Pacifique

KENYA

SOMALIE

Muqdisho

MALDIVES

Kuala Lumpur

MALAISIE

Putrajaya

Mer de Célèbes

Nairobi

SINGAPOUR

NAURU

KIRIBATI

bura

Dodoma

Dar es-Salaam

SEYCHELLES

Océan

Jakarta

INDONÉSIE

PAPOUASIE-
NLLE-GUINÉE

ÎLES SALOMON

TUVALU

ZANIE

COMORES

Indien

Dili

TIMOR-
ORIENTAL

Port Moresby

Honiara

Wallis-et-Futuna
(Fr.)

ALAWI

Mayotte
(Fr.)

*Îles Cocos
(Austr.)*

I. Christmas (Austr.)

VANUATU

SAMOA

OZAMBIQUE

Antananarivo

MAURICE

Port-Vila

FIDJI

Suva

MADAGASCAR

La Réunion (Fr.)

Nlle-Calédonie (Fr.)

aputo

WAZILAND

AUSTRALIE

THO

Darling

Amsterdam
(Fr.)

Sydney

Îles Kermadec
(N.-Z.)

St-Paul
(Fr.)

Murray

Canberra

Édouard
.)

*Îles Crozet
(Fr.)*

Mer de Tasman

NOUVELLE-ZÉLANDE

arctique

Kerguelen
(Fr.)

Tasmanie

Wellington

Île Heard
(Austr.)

Îles Chatham (N.-Z.)

I. Bounty (N.-Z.)

*I. Macquarie
(Austr.)*

I. Auckland (N.-Z.)

I. Antipodes (N.-Z.)

I. Campbell (N.-Z.)

arctique

Antarctique

FUSEAUX HORAIRES

nombre d'heures à soustraire du fuseau 0 pour obtenir l'heure locale

pour la France et les pays limitrophes concernés, l'heure d'hiver a été retenue

DIFFÉRENCE D'HEURES À PARTIR DU FUSEA

FUSEAUX HORAIRES

nombre d'heures à ajouter à l'heure du fuseau 0 pour obtenir l'heure locale

• capitale d'État

33

ALBANIE
ALLEMAGNE
ANDORRE
AUTRICHE
BELGIQUE
BIÉLORUSSIE
BOSNIE-HERZÉGOVINE
BULGARIE
CROATIE
DANEMARK
ESPAGNE
ESTONIE
FINLANDE
FRANCE
GRANDE-BRETAGNE

GRÈCE
HONGRIE
IRLANDE
ISLANDE
ITALIE
LETTONIE
LIECHTENSTEIN
LITUANIE
LUXEMBOURG
MACÉDOINE
MALTE
MOLDAVIE
MONACO
MONTÉNÉGRO
NORVÈGE

PAYS-BAS
POLOGNE
PORTUGAL
ROUMANIE
RUSSIE
SAINT-MARIN
SERBIE
SLOVAQUIE
SLOVÉNIE
SUÈDE
SUISSE
TCHÈQUE
(RÉPUBLIQUE)
UKRAINE
VATICAN

Europe

200 500 1000 2000 4000 m

● plus de 5 000 000 h.
● de 1 000 000 à 5 000 000 h.

● de 100 000 à 1 000 00
● moins de 100 000 h.

EUROPE

EUROPE
10 500 000 km^2
731 millions d'habitants*

AFRIQUE
30 310 000 km^2
965 millions d'habitants*

AMÉRIQUE
42 000 000 km^2
911 millions d'habitants*

ASIE
44 000 000 km^2
4 030 millions d'habitants*

OCÉANIE
9 000 000 km^2
33 millions d'habitants*

*estimation pour 2007

Les chaînes Dinariques occupent l'ensemble du pays, à l'exception de la partie centrale et du rivage de l'Adriatique où s'étendent des plaines et des collines. Le climat est méditerranéen sur une étroite frange littorale ; dans l'intérieur, il est de type continental.

Superficie : 28 748 km²
Population (2007) : 3 190 000 hab.
Capitale : Tirana 388 000 hab. (e.2005).
Nature de l'État et du régime politique : république à régime parlementaire
Chef de l'État : (président de la République) Alfred Moisiu
Chef du gouvernement : (Premier ministre) Sali Berisha
Organisation administrative : 12 préfectures
Langue officielle : albanais
Monnaie : lek

DÉMOGRAPHIE
Densité : 110 hab./km²
Part de la population urbaine (2005) : 45,4 %
Structure de la population par âge (2005) : moins de 15 ans : 26,3 %, 15-60 ans : 61,4 %, plus de 60 ans : 12,3 %
Taux de natalité (2005) : 16,3 ‰
Taux de mortalité (2005) : 5,9 ‰
Taux de mortalité infantile (2005) : 19,2 ‰
Espérance de vie (2004) : hommes : 71,2 ans, femmes : 76,9 ans

ÉCONOMIE
36 PNB (2004) : 6,6 milliards de $
PNB/hab. (2005) : 2 580 $
PNB/hab. PPA (2005) : 5 420 dollars internationaux
IDH (2004) : 0,784
Taux de croissance annuelle du PIB (2006) : 5 %
Taux annuel d'inflation (2005) : 2,4 %
Structure de la population active : agriculture : n.d., mines et industries : n.d., services : n.d.
Structure du PIB (2004) : agriculture : 24,6 %, mines et industries : 19,2 %, services : 56,2 %

Albanie

● plus de 100 000 h.
● de 30 000 à 100 000 h.
● de 10 000 à 30 000 h.
● moins de 10 000 h.
　　200　500　1000　1500 m

★ site touristique important
— route
— voie ferrée
✈ aéroport

Dette publique brute : n.d.
Taux de chômage (2004) : 14,4 %

Agriculture et pêche
Cultures
blé (2004) : 253 400 t.
maïs (2004) : 216 200 t.
tournesol (2004) : 3 000 t.
pommes de terre (2004) : 159 800 t.
betterave à sucre (2004) : 40 000 t.
olives (2004) : 58 700 t.
raisin (2004) : 97 100 t.

Élevage et pêche
bovins (2005) : 655 000 têtes
caprins (2005) : 941 000 têtes
ovins (2005) : 1 760 000 têtes
pêche (2004) : 5 132 t.

Énergie et produits miniers
électricité totale (2004) : 5 434 millions de kWh
pétrole (2002) : 300 000 t.
chrome (2004) : 158 000 t.
cuivre (1999) : 900 t.

Productions industrielles
sucre (2002) : 3 000 t.
vin (2005) : 171 440 hl
tabac (2005) : 1 900 t.
cuivre métal (1999) : 340 t.
laine (2005) : 3 400 t.

Tourisme
Recettes touristiques (2004) : 756 millions de $

Commerce extérieur
Exportations de biens (2005) : 656,3 millions de dollars
Importations de biens (2005) : 2 477,6 millions de dollars

Défense
Forces armées (2004) : 21 500 individus
Budget de la Défense (2004) : 1,31 % du PIB

Niveau de vie
Nombre d'habitants pour un médecin (1995) : 714
Apport journalier moyen en calories (2004) : 2 870 (minimum FAO : 2 400)
Nombre d'automobiles pour 1 000 hab. (2001) : 43
Nombre de téléviseurs pour 1 000 hab. (2002) : 318

REPÈRES HISTORIQUES

Des origines à l'indépendance
D'abord occupée par les Illyriens, l'Albanie est colonisée par les Grecs (VIIe s. av. J.-C.) puis par Rome (IIe s. av. J.-C.). À la fin du VIe s., les Slaves s'y installent en grand nombre.
XVe - XIXe s. : malgré la rébellion (1443-1468) de Skanderbeg, le pays tombe sous la domination ottomane et est largement islamisé. Plusieurs tentatives de révolte échouent, notamment celle d'Ali Pacha de Tebelen (1822).

L'Albanie indépendante
1912 : l'Albanie devient une principauté indépendante.
1920 : elle entre à la SDN.
1925 - 1939 : Ahmed Zogu dirige le pays comme président de la République, puis comme roi (Zog Ier).
1939 : invasion de l'Albanie par les troupes italiennes.
1946 : la République populaire est proclamée. Elle rompt avec l'URSS (1961), puis avec la Chine (1978).
1985 : sous la conduite de Ramiz Alia, le pays sort de son isolement politique et économique, et, à partir de 1990, se démocratise.
1997 : un mouvement insurrectionnel populaire déstabilise le pays.
1998 : une nouvelle Constitution est approuvée par référendum.

Sur un territoire inférieur aux deux tiers du territoire français, l'Allemagne est la première puissance économique d'Europe. Elle se caractérise par une géographie complexe. Le Nord, région de plaines, se rattache à l'Europe du Nord, mais surtout à l'Europe centrale et orientale, tandis que le Sud, plus montagneux, se rattache à la France et à l'Autriche.

Superficie : 357 022 km^2
Population (2007) : 82 599 000 hab.
Capitale : Berlin 3 395 000 hab. (e. 2005)
Nature de l'État et du régime politique : république à régime parlementaire
Chef de l'État : (président de la République) Horst Köhler
Chef du gouvernement : (chancelière) Angela Merkel
Organisation administrative : 16 Länder
Langue officielle : allemand
Monnaie : euro

DÉMOGRAPHIE
Densité : 231 hab./km^2
Part de la population urbaine (2005) : 75,2 %
Structure de la population par âge (2005) : moins de 15 ans : 14,3 %, 15-60 ans : 60,6 %, plus de 60 ans : 25,1 %
Taux de natalité (2005) : 8,2 ‰
Taux de mortalité (2005) : 10,7 ‰
Taux de mortalité infantile (2005) : 4,3 ‰

Espérance de vie (2004) : hommes : 75,6 ans, femmes : 81,4 ans

ÉCONOMIE
PNB (2004) : 2 532 milliards de $
PNB/hab. (2005) : 34 580 $
PNB/hab. PPA (2005) : 29 210 dollars internationaux
IDH (2004) : 0,932
Taux de croissance annuelle du PIB (2006) : 2 %
Taux annuel d'inflation (2005) : 1,9 %
Structure de la population active (2004) : agriculture : 2,4 %, mines et industries : 31 %, services : 66,6 %
Structure du PIB (2004) : agriculture : 1,1 %, mines et industries : 29,1 %, services : 69,8 %
Dette publique brute (2005) : 67,9 % du PIB
Taux de chômage (2006) : 8,9 %

Agriculture et pêche
Cultures
avoine (2004) : 1 186 000 t.
blé (2004) : 25 427 000 t.
orge (2004) : 12 993 000 t.
seigle (2004) : 3 830 000 t.
colza (2002) : 3 853 000 t.
betterave à sucre (2004) : 27 159 000 t.
pommes de terre (2004) : 13 044 000 t.
pommes (2004) : 1 592 000 t.
raisin (2004) : 1 120 000 t.
Élevage et pêche
bovins (2005) : 13 034 500 têtes
ovins (2005) : 2 642 400 têtes
porcins (2005) : 26 857 800 têtes
chevaux (2003) : 520 000 têtes
pêche (2004) : 319 936 t.

Énergie et produits miniers
électricité totale (2004) : 566 891 millions de kWh
électricité nucléaire (2004) : 158 970 millions de kWh
houille (2001) : 29 308 000 t.
lignite (2001) : 175 328 000 t.

Productions industrielles
lait (2004) : 28 152 000 t.
beurre (2003) : 452 000 t.
viande (2003) : 6 601 000 t.
sucre (2002) : 4 395 000 t.
bière (2002) : 102 136 000 hl
vin (2005) : 12 898 880 hl
fonte (1998) : 30 215 000 t.
acier (2005) : 44 524 000 t.
aluminium (2005) : 668 000 t.
cuivre métal (2005) : 638 200 t.
plomb métal (2005) : 359 000 t.
zinc métal (2005) : 380 000 t.
automobiles (2005) : 5 350 100 unités
véhicules utilitaires (2005) : 407 500 unités
construction navale (2001) : 943 000 tpl
caoutchouc synthétique (2001) : 846 000 t.
ciment (2005) : 30 629 000 t.
filés de coton (1998) : 131 000 t.
textiles artificiels (1999) : 207 000 t.
textiles synthétiques (1999) : 763 400 t.
production de bois (2005) : 56 946 000 000 m^3
papier (2005) : 21 679 000 t.

Tourisme
Recettes touristiques (2004) : 35 589 millions de $

Commerce extérieur
Exportations de biens (2005) : 972 080 millions de dollars
Importations de biens (2005) : 782 820 millions de dollars

Défense
Forces armées (2004) : 284 500 individus
Budget de la Défense (2004) : 1,11 % du PIB

Niveau de vie
Nombre d'habitants pour un médecin (1996) : 294
Apport journalier moyen en calories (2004) : 3 500 (minimum FAO : 2 400)
Nombre d'automobiles pour 1 000 hab. (1999) : 516
Nombre de téléviseurs pour 1 000 hab. (2003) : 675

REPÈRES HISTORIQUES

Les origines
Ier millénaire av. J.-C. : les Germains s'installent entre Rhin et Vistule, refoulant les Celtes en Gaule. Ils sont repoussés vers l'est par les Romains.
V^e - VIe s. : lors des Grandes Invasions, les Barbares germaniques fondent des royaumes parmi lesquels celui des Francs s'impose aux autres.
800 : fondation de l'Empire carolingien.
843 : le traité de Verdun partage l'Empire en trois royaumes : à l'est, la Francia orientalis de Louis le Germanique constituera la Germanie.

Le Saint Empire
962 : Otton Ier fonde le Saint Empire romain germanique.
1138 - 1250 : la dynastie souabe (Hohenstaufen), avec Frédéric Ier Barberousse (1152 - 1190) et Frédéric II

(1220 - 1250), engage la lutte du Sacerdoce et de l'Empire.
1273 - 1438 : la couronne impériale passe aux Habsbourg, puis aux maisons de Bavière et de Luxembourg.
1356 : Charles IV de Luxembourg promulgue la Bulle d'or, véritable Constitution du Saint Empire.
XVIe s. : l'Empire, à son apogée avec Maximilien Ier (1493 - 1519) et Charles Quint (1519 - 1556), voit son unité religieuse brisée par la Réforme protestante.
1618 - 1648 : la guerre de Trente Ans ravage le pays.
1648 : les traités de Westphalie confirment la faiblesse du pouvoir impérial.
XVIIIe s. : le royaume de Prusse, dirigé par les Hohenzollern (à partir de 1701), domine l'Allemagne et devient une grande puissance sous Frédéric II.

1806 : Napoléon écrase la Prusse à Iéna et remplace le Saint Empire par une Confédération du Rhin excluant l'Autriche et la Prusse.

L'unité allemande
1815 : le congrès de Vienne crée la Confédération germanique (39 États, dont la Prusse et l'Autriche).
1834 : union douanière entre les États allemands (Zollverein).
1848 - 1850 : échec des mouvements nationaux et libéraux.
1862 - 1871 : Bismarck réalise l'unité allemande, après avoir éliminé l'Autriche (Sadowa, 1866) et vaincu la France (1870 - 1871).
1871 : proclamation de l'« Empire allemand ». ➜

COPENHAGUE
Sjaelland
Malmö
Bornholm

MER DU NORD

Esbjerg
Odense
Lolland
Nykøbing

DANEMARK

Sylt
Flensburg
Abenra
Husum
Schleswig
SCHLESWIG
Rendsburg
Heide
Neumünster
Kiel
Oldenburg
Baie de Kiel

MER BALTIQUE

Peenemünde
Sassnitz
Rügen
Stralsund
Baie de Poméranie

Baie de Mecklembourg
Warnemünde
Rostock
Wismar
Greifswald
Anklam
Szczecin

Baie d'Helgoland

Îles Frisonnes orientales
Leeuwarden

Cuxhaven
Stade
Elmshorn
HOLSTEIN
Lübeck
MECKLEMBOURG-
POMÉRANIE-OCCIDENTALE
Schwerin
Malchin
Neubrandenburg
Neustrelitz
Prenzlau
Schwedt

Wilhelmshaven
Emden
Frise orientale
Leer
HAMBOURG
Hambourg
Ludwigslust
Neuruppin
Eberswalde
POLOGNE

Groningue
Bremerhaven
BRÊME
Brême
Oldenburg
Landes de Lunebourg
Lüneburg
Uelzen
Wittenberge

PAYS-BAS
Emmen
Lingen
Nienburg
Diepholz
Celle
Stendal
Rathenow
BERLIN
BERLIN
Francfort-s.-l'Oder

Enschede
Rheine
Osnabrück
Minden
Hanovre
Wolfsburg
Brunswick
SAXE
Brandebourg
Potsdam
Oder

BRANDEBOURG
Luckenwalde
Eisenhüttenstadt

RHÉNANIE-DU-NORD
Münster
Bielefeld
Gütersloh
Paderborn
Hildesheim
Salzgitter
ANHALT
Magdebourg
Wittenberg
Dessau
Cottbus
Hoyerswerda

Arnhem
Cleves
Gelsenkirchen
Recklinghausen
Hamm
Herne
Lünen
Dortmund
Goslar
Halberstadt
Brocken 1 142 m
Stassfurt
Bernburg
Quedlinburg
Torgau
Elsterwerda
LUSACE

Essen
Bottrop
Oberhausen
Duisburg
Krefeld
Bochum
Ruhr
Hagen
Wuppertal
Remscheid
Solingen
HARZ
Münden
Kassel
Göttingen
Nordhausen
Halle
Merseburg
Leipzig
SAXE
Riesa
Bautzen

Neuss
Mönchengladbach
Leverkusen
Bergisch Gladbach
WESTPHALIE
Cologne
Siegen
MASSIF SCHISTEUX RHÉNAN
Marburg
Gotha
Erfurt
Weimar
Naumburg
Meissen
Dresde
Görlitz

Düsseldorf
Aix-la-Chapelle
Bonn
Bad-Godesberg
Brühl
Düren
Eifel
Westerwald
Giessen
Fulda
Eisenach
Iéna
Gera
Chemnitz
Freiberg
Suisse saxonne

BELG.
RHÉNANIE
Coblence
HESSE
THURINGE
Weimar
Plauen
Zwickau
Erzgebirge (Monts-Métallifères)
Orhe (Eger)

LUX.
Trèves
Hunsrück
Taunus
Francfort
Hanau
Offenbach
Schweinfurt
Coburg
THURINGE-FRANCONIE
PRAGUE
RÉPUBLIQUE

Wiesbaden
Mayence
Rüsselsheim
Aschaffenburg
Würzburg
Bamberg
Bayreuth
TCHÈQUE

SARRE
Sarrelouis
Völklingen
Sarrebruck
Neunkirchen
Kaiserslautern
Deux-Ponts
Pirmasens
PALATINAT
Ludwigshafen
Mannheim
Worms
Darmstadt
Odenwald
Erlangen
Fürth
Nuremberg
Schwabach
Amberg
Forêt de Bohême
Plzen

Metz
Spire
Landau in der Pfalz
Heidelberg
Neckarsulm
Ansbach
SUISSE-FRANCONIE
Forêt de Bavière
Ceske Budejovice

Nancy
Karlsruhe
Pforzheim
Heilbronn
Schwäbisch Hall
Rothenburg ob der Tauber
Ratisbonne
Straubing
DUNGAU
P. N. de la Forêt de Bavière
Passau

Rastatt
Stuttgart
Esslingen
Schwäbisch Gmünd
BADE-
Jura de Franconie
Ingolstadt
Landshut

FRANCE
Strasbourg
Kehl
Sindelfingen
Böblingen
Baden-Baden
Tübingen
Reutlingen
Ulm
Jura Souabe
Bassin Souabe-Franconie
Augsbourg
Dachau
Munich
Linz

Colmar
Offenburg
Lahr
WURTEMBERG
Sigmaringen
Memmingen
Stamberg
Ottobrunn
Rosenheim
Salzbourg

Mulhouse
Forêt-Noire
Tüttlingen
Ravensburg
Kempten
Wies
Oberammergau
Berchtesgaden

Mülheim
Lörrach
Constance
Lindau
Friedrichshafen
Alpes de l'Allgäu
Préalpes
Alpes bavaroises
Garmisch-Partenkirchen

Bâle
Lac de Constance
SUISSE
Zurich
LIECHTENSTEIN
Innsbruck
AUTRICHE

Berne
50 km

Allemagne

200 500 1000 m		

autoroute — ✈ aéroport ● plus de 1 000 000 h. ● de 100 000 à 500 000 h.

route — ▨ limite de Länd ● de 500 000 à 1 000 000 h. • moins de 100 000 h.

voie ferrée — **Munich** capitale de Länd

REPÈRES HISTORIQUES

1871 - 1914 : l'Allemagne connaît de grands progrès économiques et politiques (expansion coloniale).

1914 - 1918 : la Première Guerre mondiale s'achève par la défaite de l'Allemagne.

De Weimar à la partition

1919 - 1933 : la république de Weimar écrase les spartakistes. L'humiliation causée par le traité de Versailles, l'occupation de la Ruhr par la France (1923 - 1925) et la crise économique favorisent la montée du nazisme.

1933 - 1934 : Hitler, chancelier et « Führer », inaugure le IIIᵉ Reich, un État dictatorial et centralisé.

1936 : remilitarisation de la Rhénanie.

1938 - 1939 : l'Allemagne annexe l'Autriche (*Anschluss*) et une partie de la Tchécoslovaquie, puis attaque la Pologne.

1939 - 1945 : Seconde Guerre mondiale.

1945 - 1949 : vaincue, l'Allemagne est occupée par les armées alliées ; sa frontière avec la Pologne est limitée à l'est par la ligne Oder-Neisse.

1949 : création de la République fédérale d'Allemagne ou RFA et, dans la zone d'occupation soviétique, de la République démocratique allemande ou RDA. Chacun des deux États allemands se donne

pour but de refaire l'unité allemande à son profit.

La République fédérale d'Allemagne

1949 : bénéficiant de l'aide américaine (plan Marshall), la RFA amorce un redressement économique rapide.

1951 : elle entre dans la CECA.

1955 : elle devient membre de l'OTAN.

1956 : création de la Bundeswehr.

1958 : la RFA entre dans la CEE.

1963 : traité d'amitié et de coopération franco-allemand.

1969 - 1974 : après avoir conclu un traité avec l'URSS et reconnu la ligne Oder-Neisse comme frontière germano-polonaise (1970), la RFA signe avec la RDA le traité interallemand de reconnaissance mutuelle (1972).

1989 : la RFA est confrontée aux problèmes posés par un afflux massif de réfugiés est-allemands et par les changements intervenus en RDA.

La République démocratique allemande

Organisée économiquement et politiquement sur le modèle soviétique, la RDA est dirigée par le Parti socialiste unifié (SED).

1950 : la RDA adhère au Comecon.

1953 : des émeutes ouvrières éclatent.

1955 : la RDA adhère au pacte de Varsovie.

1961 : afin d'enrayer la forte émigration des Allemands de l'Est vers la RFA, un mur est construit pour séparer Berlin-Est et Berlin-Ouest.

1972 : le traité interallemand de reconnaissance mutuelle est signé, ouvrant la voie à la reconnaissance de la RDA par les pays occidentaux.

1989 : un exode massif de citoyens est-allemands vers la RFA et d'importantes manifestations réclamant la démocratisation du régime provoquent à partir d'octobre la démission des principaux dirigeants, l'ouverture du mur de Berlin et de la frontière interallemande, l'abandon de toute référence au rôle dirigeant du SED.

L'Allemagne réunifiée

1990 : l'union économique et monétaire entre la RFA et la RDA intervient en juillet. Le traité de Moscou (septembre) entre les deux États allemands, les États-Unis, la France, la Grande-Bretagne et l'URSS fixe les frontières de l'Allemagne unie, dont il restaure l'entière souveraineté. L'unification de l'Allemagne est proclamée le 3 octobre.

LES LÄNDER

Le mot allemand *Land* (au pluriel *Länder*) désigne chacun des 16 États qui constituent la République fédérale d'Allemagne.

Länder	superficie en km²	population*	capitale
Bade-Wurtemberg	35 751	10 735 000	Stuttgart
Bavière	70 553	12 749 000	Munich
Berlin	889	3 395 000	Berlin
Brandebourg	29 059	2 559 000	Potsdam
Brême	404	663 000	Brême
Hambourg	753	1 744 000	Hambourg
Hesse	21 114	6 0982 000	Wiesbaden
Mecklembourg-Poméranie-Occidentale	23 838	1 707 000	Schwerin
Rhénanie-du-Nord-Westphalie	34 070	18 058 000	Düsseldorf
Rhénanie-Palatinat	19 847	4 059 000	Mayence
Sarre	2 568	1 050 000	Sarrebruck
Saxe	18 337	4 274 000	Dresde
Basse-Saxe	47 344	7 994 000	Hanovre
Saxe-Anhalt	20 445	2 470 000	Magdebourg
Schleswig-Holstein	15 727	2 833 000	Kiel
Thuringe	16 251	2 355 000	Erfurt

* estimation pour 2005.

Andorre

- ● plus de 15 000 h.
- ● de 10 000 à 15 000 h.
- ● de 5 000 à 10 000 h.
- ● moins de 5 000 h.

1000 1500 2000 2500 m

— route
— voie ferrée

Située entre la France et l'Espagne, la principauté d'Andorre est une région montagneuse (altitude moyenne de 1 800 m), au climat rude, qui vit essentiellement du tourisme.

Superficie : 468 km²
Population (2007) : 75 000 hab.
Capitale : Andorre-la-Vieille
22 000 hab. (e. 2005)
Nature de l'État et du régime politique : régime parlementaire
Chefs de l'État : (coprinces) Nicolas Sarkozy et Joan Enric Vives i Sicília.
Chef du gouvernement : (chef du gouvernement) Albert Pintat Santolària
Organisation administrative : 7 paroisses
Langue officielle : catalan
Monnaie : euro

DÉMOGRAPHIE

Densité : 143 hab./km²
Part de la population urbaine (2005) : 90,6 %
Structure de la population par âge : moins de 15 ans : n.d., 15-60 ans : n.d., plus de 60 ans : n.d.

Taux de natalité (2004) : 9,3 ‰.
Taux de mortalité : (2004) : 5.9 ‰.
Taux de mortalité infantile : (2004) : 4 ‰.
Espérance de vie (2004) : hommes : 80,5 ans, femmes : 86.5 ans.

ÉCONOMIE

PNB : n.d.
PNB/hab. : n.d.
PNB/hab. PPA : n.d.
IDH : n.d.
Taux de croissance annuelle du PIB : n.d.
Taux annuel d'inflation : n.d.
Structure de la population active :
agriculture : n.d., mines et industries :
n.d., services : n.d.
Structure du PIB : agriculture : n.d.,
mines et industries : n.d., services : n.d.
Dette publique brute : n.d.
Taux de chômage : n.d.

Tourisme

Recettes touristiques : n.d.

Commerce extérieur

Exportations de biens (1995) :
49 millions de dollars
Importations de biens (1995) :
1 069 millions de dollars

Défense

Forces armées : n.d.
Budget de la Défense : n.d.

Niveau de vie

Nombre d'habitants pour un médecin : n.d.
Apport journalier moyen en calories (1995) : 3 670
(minimum FAO : 2 400)
Nombre d'automobiles pour 1 000 hab. : n.d.
Nombre de téléviseurs pour 1 000 hab. (2000) : 462

REPÈRES HISTORIQUES

1278 : Andorre est organisée par une sentence arbitrale lui donnant une organisation politique, administrative et judiciaire d'inspiration féodale. Le pays est placé sous la double suzeraineté de l'évêque de Seo de Urgel (Espagne) et du comte de Foix, coprinces.
1607 : le roi de France puis le président de la République héritent des droits du comte de Foix.
1982 : le chef du gouvernement est élu au suffrage universel : il remplace le procureur général jusqu'à présent élu par le Conseil général.
1993 : l'approbation, par référendum, d'une Constitution qui établit un régime parlementaire est suivie par l'admission d'Andorre à l'ONU.

LES MICRO-ÉTATS D'EUROPE

L e cas d'**Andorre** n'est pas unique en Europe, qui, comme l'Océanie, possède plusieurs de ces « micro-États ». Ceux-ci sont recensés dans le tableau ci-dessous et classés selon leur superficie, du plus grand au plus petit. À titre de comparaison, l'État européen précédant Andorre dans ce classement serait le Luxembourg (2 586 km², 467 000 hab.), soit un pays environ cinq fois plus grand.

Andorre, le **Liechtenstein** et **Monaco** sont des principautés anciennes. Saint-Marin est une république depuis le XIIIᵉ s. ! L'État le plus « jeune » est Malte (indépendant depuis 1964). Quant au **Vatican**, le plus petit de tous, il a été créé en 1929. C'est le seul à ne pas être membre de l'ONU.

États	superficie en km²	population
Andorre	468	75 000 (1)
Malte	316	407 000 (1)
Liechtenstein	160	35 000 (1)
Saint-Marin	61	31 000 (1)
Monaco	2	33 000 (1)
Vatican	0,44	557 (2)

(1) Estimations 2007. (2) Recensement 2005.

La majeure partie du pays s'étend sur les Alpes, qui culminent dans les Hohe Tauern, découpées par de profondes vallées ouvrant des bassins où se concentre la population. Les plaines et les collines ne se développent qu'au nord et à l'est.

Superficie : 83 859 km²
Population (2007) : 8 361 000 hab.
Capitale : Vienne 1 550 123 hab.
(r. 2001), 2 260 000 hab. (e. 2005) dans l'agglomération
Nature de l'État et du régime politique : république à régime semi-présidentiel
Chef de l'État : (président fédéral) Heinz Fischer
Chef du gouvernement : (chancelier) Alfred Gusenbauer
Organisation administrative : 9 Länder
Langue officielle : allemand
Monnaie : euro

DÉMOGRAPHIE

Densité : 100 hab./km²
Part de la population urbaine (2005) : 66 %
Structure de la population par âge (2005) : moins de 15 ans : 15,8 %, 15-60 ans : 62,3 %, plus de 60 ans : 21,9 %

Taux de natalité (2005) : 9,2 ‰
Taux de mortalité (2005) : 9,4 ‰
Taux de mortalité infantile (2005) : 4,4 ‰
Espérance de vie (2004) : hommes : 76,4 ans, femmes : 82,1 ans

ÉCONOMIE

PNB (2004) : 264 milliards de $
PNB/hab. (2005) : 36 980 $
PNB/hab. PPA (2005) : 33 140 dollars internationaux
IDH (2004) : 0,944
Taux de croissance annuelle du PIB (2006) : 2,8 %
Taux annuel d'inflation (2005) : 2,3 %
Structure de la population active (2004) : agriculture : 5 %, mines et industries : 27.8 %, services : 67,2 %
Structure du PIB (2004) : agriculture : 1,8 %, mines et industries : 31,3 %, services : 66,9 %
Dette publique brute (2005) : 63,4 % du PIB
Taux de chômage (2006) : 4,8 %

Agriculture

Cultures
blé (2004) : 1 718 820 t.
maïs (2004) : 1 653 750 t.
orge (2004) : 1 006 740 t.
colza (2002) : 129 000 t.
pommes de terre (2004) : 693 050 t.
betterave à sucre (2004) : 2 934 740 t.
pommes (2004) : 484 100 t.

Élevage
bovins (2005) : 2 050 990 têtes
porcins (2005) : 3 125 360 têtes

Énergie et produits miniers

électricité totale (2004) : 65 562 millions de kWh

hydroélectricité (2004) : 37 007 millions de kWh
pétrole (2005) : 932 000 t.
gaz naturel (2005) : 1 636 millions de m³
fer (2004) : 575 000 t.
lignite (2001) : 1 206 000 t.

Productions industrielles

lait (2004) : 3 158 200 t.
beurre (2003) : 33 185 t.
fromage (2003) : 185 681 t.
acier (2005) : 7 031 000 t.
aluminium (1996) : 90 000 t.
cuivre métal (2005) : 52 000 t.
plomb métal (2005) : 20 000 t.
automobiles (2005) : 230 500 unités
filés de coton (1998) : 16 000 t.
textiles artificiels (1999) : 154 900 t.
production de bois (2005) : 16 471 000 m³

Tourisme

Recettes touristiques (2004) : 18 401 millions de $

Commerce extérieur

Exportations de biens (2005) : 117 232 millions de dollars
Importations de biens (2005) : 113 806 millions de dollars

Défense

Forces armées (2004) : 39 900 individus
Budget de la Défense (2004) : 0,74 % du PIB

Niveau de vie

Nombre d'habitants pour un médecin (1996) : 357
Apport journalier moyen en calories (2004) : 3 740
(minimum FAO : 2 400)
Nombre d'automobiles pour 1 000 hab. (2002) : 494
Nombre de téléviseurs pour 1 000 hab. (2002) : 637

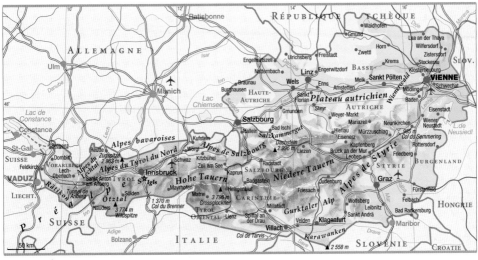

Autriche

200 500 1000 2000 m

autoroute
route
aéroport
voie ferrée

limite d'État fédéré
Graz capitale d'État fédéré

● plus de 1 000 000 h.
● de 100 000 à 1 000 000 h.
● de 50 000 à 100 000 h.
• moins de 50 000 h.

REPÈRES HISTORIQUES

Les origines

Centre de la civilisation de Hallstatt au Ier millénaire av. J.-C., l'Autriche est occupée par les Romains, puis envahie par les Barbares.

803 : Charlemagne fonde la marche de l'Est (Österreich depuis 996).

1156 : elle devient un duché héréditaire aux mains des Babenberg.

1253 - 1278 : le duché est rattaché à la Bohême puis conquis par Rodolphe Ier de Habsbourg.

L'Autriche des Habsbourg

Les Habsbourg, maîtres du pays, sont aussi les possesseurs de la couronne impériale après 1438.

1493 - 1519 : grâce à une habile politique matrimoniale, Maximilien Ier jette les bases du futur empire de Charles Quint.

1521 : Ferdinand Ier reçoit de son frère Charles Quint (empereur depuis 1519) les domaines autrichiens et devient, en 1526, roi de Bohême et de Hongrie.

XVIe - XVIIe s. : l'Autriche est le rempart de l'Europe contre la progression ottomane.

Foyer de la Réforme catholique pendant la guerre de Trente Ans, elle échoue à éviter l'émiettement politique et religieux de l'Allemagne (traités de Westphalie, 1648).

XVIIIe s. : après le règne éclairé de Marie-Thérèse (1740 - 1780) et le règne centralisateur de Joseph II (1780 - 1790), la longue lutte contre la France révolutionnaire et impériale vaut à l'Autriche de graves amputations territoriales.

1804 : François II prend le titre d'empereur d'Autriche. Il doit renoncer, par la volonté de Napoléon Ier, à la couronne du Saint Empire, qui disparaît (1806).

1814 - 1815 : au congrès de Vienne, les territoires conquis par Napoléon Ier sont rendus à l'Autriche, qui apparaît comme l'arbitre de l'Europe par l'entremise de Metternich.

1866 : l'Autriche est vaincue par la Prusse à Sadowa.

1867 : François-Joseph Ier accepte le compromis donnant naissance à la monarchie austro-hongroise.

1879 - 1882 : l'Autriche signe avec l'Allemagne et l'Italie la Triple-Alliance.

1914 : l'assassinat de l'archiduc François-Ferdinand, héritier du trône, à Sarajevo (28 juin) déclenche la Première Guerre mondiale.

1918 : la défaite provoque l'éclatement de la monarchie austro-hongroise.

La République autrichienne

1919 - 1920 : les traités de Saint-Germain-en-Laye et de Trianon reconnaissent l'existence des États nationaux nés de la double monarchie.

1920 : la république d'Autriche est proclamée et se dote d'une Constitution fédérale.

1938 : le pays est rattaché à l'Allemagne nazie à la suite de l'Anschluss et fait partie du IIIe Reich jusqu'en 1945.

1955 : après dix ans d'occupation par les forces alliées, l'Autriche, à nouveau république fédérale, devient un État neutre.

1995 : l'Autriche adhère à l'Union européenne.

A E I O U

Cette liste des voyelles de l'alphabet français est en fait l'abréviation de la devise de la maison impériale des Habsbourg. Elle peut se lire à la fois en latin (*Austriae est imperare orbi universo* : « Il appartient à l'Autriche de régner sur tout l'univers ») et en allemand (*Alles Erdreich ist Österreich untertan* : « Toute la Terre est sujette de l'Autriche »). Adoptée par Frédéric III au xve s., elle témoigne à la fois de l'ambition des Habsbourg et de l'immensité de l'empire sur lequel ils régnèrent.

Disposant d'une façade maritime sur la mer du Nord, ce pays aux dimensions réduites est constitué de plaines et de bas plateaux s'élevant au sud-est vers le massif ardennais (culminant seulement à 694 m). Le climat océanique, tempéré, aux amplitudes thermiques réduites, aux précipitations régulières, y est doux et humide.

Superficie : 30 528 km²
Population (2007) : 10 457 000 hab.
Capitale : Bruxelles 144 784 hab.
(e. 2006), 1 018 804 hab. (e. 2006) dans l'agglomération
Nature de l'État et du régime politique : monarchie constitutionnelle à régime parlementaire
Chef de l'État : (roi) Albert II
Chef du gouvernement :
(Premier ministre) Guy Verhofstadt
Organisation administrative : 3 Régions
Langues officielles : allemand, français et néerlandais
Monnaie : euro

DÉMOGRAPHIE

Densité : 342 hab./km²
Part de la population urbaine (2005) : 97,2 %
Structure de la population par âge (2005) : moins de 15 ans : 17 %, 15-60 ans : 60,9 %, plus de 60 ans : 22,1 %
Taux de natalité (2005) : 10,4 ‰
Taux de mortalité (2005) : 10 ‰
Taux de mortalité infantile (2005) : 4,2 ‰
Espérance de vie (2004) : hommes : 75,9 ans, femmes : 81,9 ans

ÉCONOMIE

PNB (2004) : 326 milliards de $
PNB/hab. (2005) : 35 700 $
PNB/hab. PPA (2005) : 32 640 dollars internationaux
IDH (2004) : 0,945
Taux de croissance annuelle du PIB (2006) : 2,7 %
Taux annuel d'inflation (2005) : 2,8 %
Structure de la population active (2004) : agriculture : 2 %, mines et industries : 25 %, services : 73 %
Structure du PIB (2004) : agriculture : 1,6 %, mines et industries : 25,3 %, services : 73,1 %
Dette publique brute (2005) : 93,2 % du PIB
Taux de chômage (2006) : 8,2 %

Agriculture

Cultures
blé (2004) : 1 913 180 t.
maïs (2004) : 637 810 t.

orge (2004) : 304 600 t.
pommes de terre (2004) : 3 229 620 t.
betterave à sucre (2004) : 6 215 850 t.
Élevage
bovins (2005) : 2 694 660 têtes
porcins (2005) : 6 332 430 têtes

Énergie et produits miniers
électricité totale (2004) :
80 221 millions de kWh
électricité nucléaire (2004) :
45 800 millions de kWh

Productions industrielles
lait (2004) : 3 350 000 t.
fromage (2003) : 55 000 t.
sucre (2002) : 1 092 000 t.
bière (2002) : 15 060 000 hl
viande (2003) : 1 709 000 t.
acier (2005) : 10 422 000 t.
fonte (1998) : 8 618 000 t.
cuivre métal (2005) : 382 900 t.
étain métal (2004) : 5 000 t.
plomb métal (2005) : 83 000 t.
zinc métal (2005) : 257 000 t.
automobiles (2005) : 895 700 unités
véhicules utilitaires (2005) :
33 100 unités
caoutchouc synthétique (2001) :

104 000 t.
filés de coton (1998) : 37 000 t.
lin (2001) : 16 500 t.
textiles artificiels (1991) : 52 000 t.

Tourisme
Recettes touristiques (2004) :
10 044 millions de $

Commerce extérieur
Exportations de biens (2005) :
263 021 millions de dollars
Importations de biens (2005) :
257 136 millions de dollars

Défense
Forces armées (2004) : 36 900 individus
Budget de la Défense (2004) :
0,93 % du PIB

Niveau de vie
Nombre d'habitants pour un médecin (1994) : 270
Apport journalier moyen en calories (2004) : 3 610
(minimum FAO : 2 400)
Nombre d'automobiles pour 1 000 hab. (2002) : 464
Nombre de téléviseurs pour 1 000 hab. (2002) : 541

REPÈRES HISTORIQUES

Des origines à la domination autrichienne
La Belgique est peuplée dès le paléolithique.
57 - 51 av. J.-C. : la Gaule Belgique, occupée par des Celtes, est conquise par César.
IVe - VIe s. : le Nord est envahi par les Francs.
IXe - XIIIe s. : affaibli par des divisions territoriales (traité de Verdun, 843), le pays se décompose en multiples principautés. Aux XIIe et XIIIe s., les villes connaissent un essor remarquable (draperie flamande).
XIVe - XVe s. : les « Pays-Bas », dans lesquels la Belgique est intégrée, se constituent en un ensemble progressivement unifié entre les mains des ducs de Bourgogne.
1477 : le mariage de Marie de Bourgogne avec Maximilien d'Autriche fait passer les Pays-Bas à la maison de Habsbourg.

De la domination des Habsbourg à l'indépendance
1515 : Charles Quint porte à dix-sept le nombre des provinces des Pays-Bas.
1572 : l'absolutisme de son successeur Philippe II et les excès du duc d'Albe provoquent la révolte des Pays-Bas.
1579 : les provinces du Nord deviennent indépendantes et forment les Provinces-Unies ; celles du Sud, qui forment la Belgique actuelle, se replacent sous l'autorité espagnole.
XVIIe s. : le cadre territorial de la Belgique se précise à la suite des guerres menées par Louis XIV.
1713 : le traité d'Utrecht remet les Pays-Bas espagnols à la maison d'Autriche.
1789 : les réformes imposées par l'empereur Joseph II provoquent l'insurrection et

la proclamation de l'indépendance (1790) des *États belgiques unis*.
1795 - 1815 : les Français occupent le pays.
1815 : les futures provinces belges et les anciennes Provinces-Unies sont réunies en un royaume des Pays-Bas, créé au profit de Guillaume Ier.
1830 : les provinces belges proclament leur indépendance.

Du royaume de Belgique à nos jours
1831 : la conférence de Londres reconnaît l'indépendance de la Belgique, dont Léopold Ier devient le premier roi.
1865 - 1909 : sous le règne de Léopold II, l'essor industriel se double d'une implantation en Afrique.
1909 - 1945 : sous Albert Ier (1909 - 1934) et sous Léopold III (1934 - 1951), la Belgique, État neutre, est occupée par les Allemands pendant les deux guerres mondiales.
1951 : Léopold III abdique en faveur de son fils, Baudouin Ier.
1958 : la Belgique devient membre de la CEE.
1960 : le Congo belge devient indépendant.
1977 : le pacte d'Egmont découpe la Belgique en trois Régions : Flandre, Wallonie, Bruxelles. Cette régionalisation est adoptée pour la Flandre et la Wallonie en 1980, et pour Bruxelles en 1989.
1993 : Albert II succède à son frère Baudouin Ier. Une révision constitutionnelle transforme la Belgique en un État fédéral aux pouvoirs décentralisés.

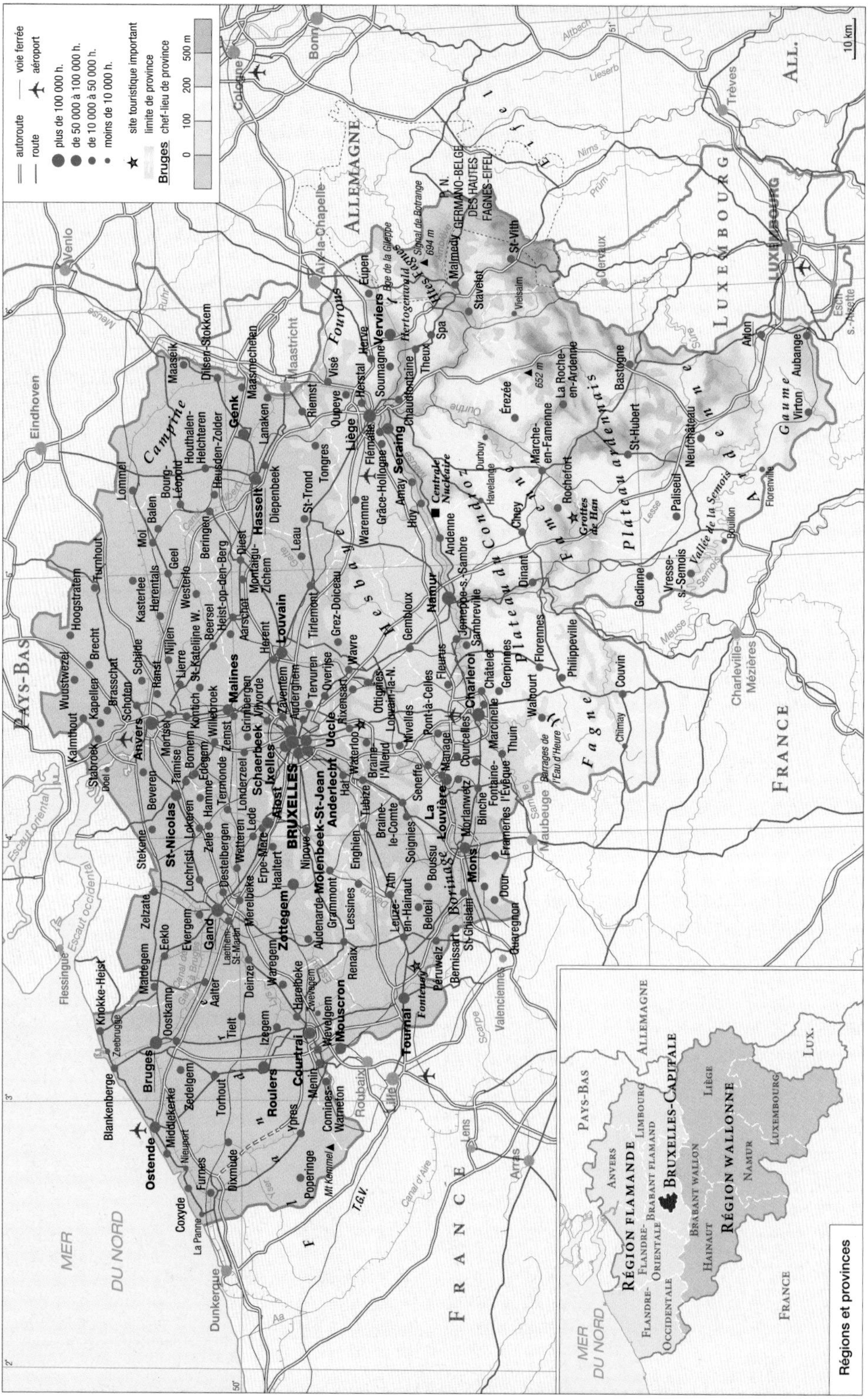

Légende

— autoroute
— route
— voie ferrée
✈ aéroport

● plus de 100 000 h.
● de 50 000 à 100 000 h.
● de 10 000 à 50 000 h.
• moins de 10 000 h.

★ site touristique important
limite de province
Bruges chef-lieu de province

0 100 200 500 m

10 km

PAYS-BAS

ALLEMAGNE

LUXEMBOURG

FRANCE

MER DU NORD

ALL.

Bruxelles — Anvers — Gand — Bruges — Courtrai — Roulers — Ostende — Tournai — Mons — Charleroi — Namur — Liège — Verviers — Hasselt — Genk — Louvain — Malines — Anderlecht — Schaerbeek — Ixelles — Uccle — Molenbeek-St-Jean — St-Nicolas — Mouscron — La Louvière — Seraing — La Roche-en-Ardenne — Bastogne — St-Hubert — Dinant — Rochefort — Spa — Malmédy — St-Vith — Eupen — Arlon — Virton — Bouillon

Régions et provinces

RÉGION FLAMANDE
  FLANDRE-OCCIDENTALE
  FLANDRE-ORIENTALE
  ANVERS
  LIMBOURG
  BRABANT FLAMAND

BRUXELLES-CAPITALE

RÉGION WALLONNE
  HAINAUT
  BRABANT WALLON
  NAMUR
  LIÈGE
  LUXEMBOURG

PAYS-BAS
ALLEMAGNE
FRANCE
LUX.

MER DU NORD

44

La Biélorussie est un pays au relief peu contrasté, au climat frais et humide, en partie boisé et marécageux. Les liens économiques et culturels demeurent importants avec la Russie. La population compte environ 80 % de Biélorusses de souche, mais encore plus de 10 % de Russes.

Superficie : 207 600 km²
Population (2007) : 9 689 000 hab.
Capitale : Minsk 1 677 137 hab. (r. 1999), 1 778 000 hab. (e. 2005) dans l'agglomération
Nature de l'État et du régime politique : république à régime semi-présidentiel
Chef de l'État : (président de la République) Aleksandr Loukachenko
Chef du gouvernement : (président du Conseil des ministres) Sergueï Sidorski
Organisation administrative : 6 régions
Langues officielles : biélorusse et russe
Monnaie : rouble biélorusse

DÉMOGRAPHIE

Densité : 47 hab./km²
Part de la population urbaine (2005) : 72,2 %
Structure de la population par âge (2005) : moins de 15 ans : 15,7 %, 15-60 ans : 66,2 %, plus de 60 ans : 18,1 %
Taux de natalité (2005) : 9,4 ‰
Taux de mortalité (2005) : 14,7 ‰
Taux de mortalité infantile (2005) : 9,4 ‰
Espérance de vie (2004) : hommes : 62,7 ans, femmes : 74,3 ans

ÉCONOMIE

PNB (2004) : 21 milliards de $
PNB/hab. (2005) : 2 760 $
PNB/hab. PPA (2005) : 7 890 dollars internationaux
IDH (2004) : 0,79
Taux de croissance annuelle du PIB (2006) : 7 %
Taux annuel d'inflation (2005) : 10,3 %
Structure de la population active : agriculture : n.d., mines et industries : n.d., services : n.d.
Structure du PIB (2004) : agriculture : 11,2 %, mines et industries : 39,4 %, services : 49,4 %
Dette publique brute : n.d.
Taux de chômage (2005) : 1,5 %

Biélorussie

200 m   200 m   limite de région
   Brest   chef-lieu de région

— route
— voie ferrée
✈ aéroport

● plus de 1 000 000 h.
● de 250 000 à 1 000 000 h.
● de 100 000 à 250 000 h.
● moins de 100 000 h.

Agriculture

Cultures
blé (2004) : 1 121 000 t.
avoine (2004) : 765 000 t.
orge (2004) : 2 031 000 t.
pommes de terre (2004) : 9 902 100 t.
betterave à sucre (2004) : 3 088 200 t.
Élevage
bovins (2005) : 3 962 600 têtes
porcins (2005) : 3 406 800 têtes

Énergie et produits miniers
électricité totale (2004) : 29 326 millions de kWh
pétrole (2002) : 1 700 000 t.
gaz naturel (2002) : 200 millions de m³

Productions industrielles
lait (2004) : 5 149 600 t.
sucre (2002) : 163 000 t.
viande (2003) : 611 000 t.
acier (2005) : 2 027 000 t.
ciment (2005) : 3 131 000 t.
lin (2001) : 35 000 t.

Tourisme
Recettes touristiques (2004) : 379 millions de $

Commerce extérieur
Exportations de biens (2005) : 16 108,8 millions de dollars
Importations de biens (2005) : 16 609,7 millions de dollars

Défense
Forces armées (2004) : 72 940 individus
Budget de la Défense (2004) : 0,93 % du PIB

Niveau de vie
Nombre d'habitants pour un médecin (1996) : 233
Apport journalier moyen en calories (2004) : 2 880 (minimum FAO : 2 400)
Nombre d'automobiles pour 1 000 hab. (2002) : 156
Nombre de téléviseurs pour 1 000 hab. (2001) : 362

REPÈRES HISTORIQUES

IXe - XIIe s. : la région, peuplée de Slaves orientaux, fait partie des États de Kiev.
XIIIe - XIVe s. : appelée Russie blanche, elle est intégrée dans le grand-duché de Lituanie, uni à la Pologne à partir de 1385.
XIVe - XVIIe s. : l'influence polonaise devient prépondérante.
1772 - 1793 : les deux premiers partages de la Pologne donnent la Biélorussie à l'Empire russe.
1919 : une république socialiste soviétique (RSS) de Biélorussie, indépendante, est proclamée.
1921 : la partie occidentale de la Biélorussie est rattachée à la Pologne.
1922 : la RSS de Biélorussie adhère à l'URSS.
1939 : la Biélorussie occidentale lui est rattachée.
1945 : la RSS de Biélorussie devient membre de l'ONU.
1991 : le Soviet suprême proclame l'indépendance du pays, qui adhère à la CEI.

BOSNIE-HERZÉGOVINE

La Bosnie-Hérzégovine est un pays montagneux au climat continental, pratiquement sans accès à la mer, où les communications sont difficiles et où cohabitent trois groupes principaux : les Bosniques, les Serbes et les Croates. De la vallée de la Save à la Dalmatie, le pays, accidenté, associe principalement forêts et pâturages.

Superficie : 51 197 km²
Population (2007) : 3 935 000 hab.
Capitale : Sarajevo 380 000 hab. (e. 2005)
Nature de l'État et du régime politique : république à régime semi-présidentiel
Chef de l'État : (président de la présidence) Nebojša Radmanović
Chef du gouvernement : (président du Conseil des ministres) Nikola Špirić
Organisation administrative : 2 entités et 1 district
Langues officielles : bosniaque, croate et serbe
Monnaie : mark convertible

DÉMOGRAPHIE

Densité : 77 hab./km²
Part de la population urbaine (2005) : 45,7 %
Structure de la population par âge (2005) : moins de 15 ans : 17,6 %, 15-60 ans : 63,3 %, plus de 60 ans : 19,1 %
Taux de natalité (2005) : 8,8 ‰
Taux de mortalité (2005) : 8,8 ‰
Taux de mortalité infantile (2005) : 12 ‰
Espérance de vie (2004) : hommes : 71,6 ans, femmes : 77 ans

ÉCONOMIE

PNB (2004) : 8 milliards de $
PNB/hab. (2005) : 2 440 $
PNB/hab. PPA (2005) : 7 790 dollars internationaux
IDH (2004) : 0,8
Taux de croissance annuelle du PIB (2006) : 5,5 %
Taux annuel d'inflation (2003) : 0,2 %
Structure de la population active : agriculture : n.d., mines et industries : n.d., services : n.d.
Structure du PIB (2004) : agriculture : 11,9 %, mines et industries : 27,5 %, services : 60,6 %
Dette publique brute : n.d.
Taux de chômage : n.d.

Agriculture

Cultures
blé (2004) : 318 990 t.

46

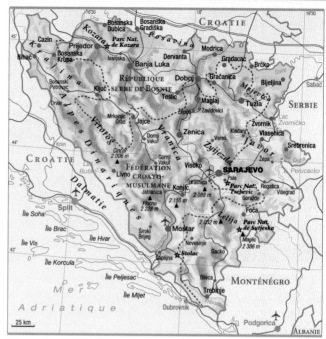

Bosnie-Herzégovine

★ site touristique important
200 500 1000 2000 m

— route
— voie ferrée
--- limite inter-entités
✈ aéroport

● plus de 500 000 h.
● de 100 000 à 500 000 h.
● de 30 000 à 100 000 h.
• moins de 30 000 h.

maïs (2004) : 990 430 t.
pommes de terre (2004) : 447 080 t.
Élevage
bovins (2005) : 459 790 têtes
ovins (2005) : 902 730 têtes
porcins (2005) : 653 340 têtes
Énergie et produits miniers
électricité totale (2004) : 12 984 millions de kWh
zinc (2005) : 300 t.
Productions industrielles
lait (2004) : 599 070 t.
vin (2005) : 75 000 hl
tabac (2005) : 4 420 t.
Tourisme
Recettes touristiques (2004) : 514 millions de $
Commerce extérieur
Exportations de biens (2005) : 2 580 millions de dollars
Importations de biens (2005) : 7 534,3 millions de dollars
Défense
Forces armées (2004) : 24 672 individus
Budget de la Défense (2004) : 1,97 % du PIB
Niveau de vie
Nombre d'habitants pour un médecin (1990) : 625
Apport journalier moyen en calories (2004) : 2 730 (minimum FAO : 2 400)

Nombre d'automobiles pour 1 000 hab. (1996) : 23
Nombre de téléviseurs pour 1 000 hab. (2000) : 116

REPÈRES HISTORIQUES

La région est conquise par les Ottomans (la Bosnie en 1463, l'Herzégovine en 1482) et islamisée. Administrée par l'Autriche-Hongrie (1878), puis annexée par elle en 1908, elle est intégrée au royaume des Serbes, Croates et Slovènes (1918), puis devient une république de la Yougoslavie (1945-1946).
1991 : éclatement de la Fédération yougoslave.
1992 : après la proclamation de l'indépendance, une guerre meurtrière oppose les Musulmans, les Croates et les Serbes qui, ayant unilatéralement proclamé une République serbe de Bosnie-Herzégovine, pratiquent une politique de purification ethnique. Une force de protection de l'ONU est établie.
1995 : conclu à Dayton sous l'égide des États-Unis, un accord prévoit le maintien d'un État unique de Bosnie-Herzégovine, composé de deux entités : la Fédération croato-musulmane et la République serbe de Bosnie.
1996 - 2000 : les premières élections après la fin du conflit voient la victoire des partis nationalistes.

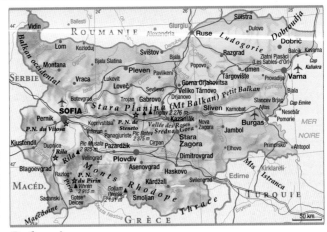

Bulgarie

★ site touristique important

200 500 1000 2000 m

autoroute
route
voie ferrée
✈ aéroport

● plus de 1 000 000 h.
● de 250 000 à 1 000 000 h.
● de 100 000 à 250 000 h.
● de 50 000 à 100 000 h.
● moins de 50 000 h.

La population, qui compte une minorité d'origine turque, se concentre dans des bassins intérieurs (Sofia) et des plaines (vallée du Danube et vallée de la Marica), séparées par le Mont Balkan. Le massif du Rhodope occupe le sud du pays.

Superficie : 110 912 km²
Population (2007) : 7 639 000 hab.
Capitale : Sofia 1 096 389 hab. (r. 2001), 1 093 000 hab. (e. 2005) dans l'agglomération
Nature de l'État et du régime politique : république à régime semi-présidentiel
Chef de l'État : (président de la République) Georgi Părvanov
Chef du gouvernement : (président du Conseil des ministres) Sergei Stanišev
Organisation administrative : 28 régions
Langue officielle : bulgare
Monnaie : lev bulgare

DÉMOGRAPHIE

Densité : 69 hab./km²
Part de la population urbaine (2005) : 70 %
Structure de la population par âge (2005) : moins de 15 ans : 13,8 %, 15-60 ans : 63,3 %, plus de 60 ans : 22,9 %
Taux de natalité (2005) : 8,9 ‰
Taux de mortalité (2005) : 14,8 ‰
Taux de mortalité infantile (2005) : 11,8 ‰
Espérance de vie (2004) : hommes : 68,9 ans, femmes : 76 ans

ÉCONOMIE

PNB (2004) : 21,3 milliards de $
PNB/hab. (2005) : 3 450 $
PNB/hab. PPA (2005) : 8 630 dollars internationaux
IDH (2004) : 0,816
Taux de croissance annuelle du PIB (2006) : 5,6 %
Taux annuel d'inflation (2005) : 5 %
Structure de la population active (2003) : agriculture : 10,1 %, mines et industries : 32,7 %, services : 57,2 %
Structure du PIB (2004) : agriculture : 11,1 %, mines et industries : 30,7 %, services : 58,2 %
Dette publique brute (2005) : 29,9 % du PIB
Taux de chômage (2005) : 10,1 %

Agriculture

Cultures
blé (2004) : 3 961 180 t.
maïs (2004) : 2 123 020 t.
orge (2004) : 1 180 840 t.
pommes de terre (2004) : 573 180 t.
tournesol (2004) : 700 000 t.

Élevage
bovins (2005) : 671 570 têtes
ovins (2005) : 1 692 500 têtes
porcins (2005) : 931 400 têtes

Énergie et produits miniers
électricité totale (2004) : 41 964 millions de kWh
électricité nucléaire (2004) : 15 600 millions de kWh
fer (2004) : 120 000 t.
cuivre (2005) : 97 000 t.
plomb (2005) : 13 000 t.
zinc (2005) : 11 000 t.

Productions industrielles
lait (2004) : 1 598 040 t.
vin (2005) : 1 694 455 hl
tabac (2005) : 58 340 t.
acier (2005) : 1 969 000 t.
cuivre métal (2005) : 63 500 t.
plomb métal (2005) : 80 000 t.
zinc métal (2005) : 95 000 t.
laine (2005) : 6 500 t.
lin (2005) 209 000 t.

Tourisme
Recettes touristiques (2004) : 2 718 millions de $

Commerce extérieur
Exportations de biens (2005) : 11 739,7 millions de dollars
Importations de biens (2005) : 17 138,5 millions de dollars

Défense
Forces armées (2004) : 51 000 individus
Budget de la Défense (2004) : 2,36 % du PIB

Niveau de vie
Nombre d'habitants pour un médecin (1995) : 286
Apport journalier moyen en calories (2004) : 2 910 (minimum FAO : 2 400)
Nombre d'automobiles pour 1 000 hab. (2002) : 287
Nombre de téléviseurs pour 1 000 hab. (2000) : 453

REPÈRES HISTORIQUES

Des origines à la domination ottomane

Peuplée de Thraces, la région est conquise par les Romains (1er s. apr. J.-C.). Elle appartient ensuite à l'Empire byzantin. Les Slaves s'y établissent à partir du VIe s.
V. 680 : des peuples d'origine turque fondent le premier Empire bulgare.
865 : Boris Ier se convertit au christianisme.
1018 : les Byzantins établissent leur domination sur la Bulgarie.
1187 : fondation du second Empire bulgare.
Milieu du XIVe s. : menacée par les Mongols et par les Tatars, la Bulgarie est divisée en plusieurs principautés.
1396 - 1878 : sous domination ottomane, la Bulgarie est partiellement islamisée.

La Bulgarie indépendante

1878 : le congrès de Berlin décide de créer une Bulgarie autonome et de maintenir l'administration ottomane en Macédoine et en Roumélie-Orientale.
1908 : le pays accède à l'indépendance.
1912 - 1913 : à l'issue de la seconde guerre balkanique la Bulgarie est défaite.
1915 : la Bulgarie s'engage dans la Première Guerre mondiale aux côtés des empires centraux.
1941 - 1944 : d'abord neutre dans la Seconde Guerre mondiale, la Bulgarie adhère au pacte tripartite, puis entre en guerre aux côtés de l'URSS.
1946 : la Bulgarie devient une démocratie populaire.
1990 : le Parti communiste renonce à son rôle dirigeant ; démocrates et socialistes (ex-communistes) alternent au pouvoir à partir de 1991.
2004 : la Bulgarie adhère à l'OTAN.
2007 : la Bulgarie adhère à l'Union européenne.

47

CROATIE

Étirée en forme de croissant, du Danube à l'Adriatique, la Croatie est formée de collines et de plaines au nord et à l'est, de reliefs (Alpes Dinariques) dominant la côte dalmate à l'ouest. Le littoral (vers Split et Dubrovnik) est une grande région touristique.

Superficie : 56 538 km²
Population (2007) : 4 555 000 hab.
Capitale : Zagreb 779 145 hab. (r. 2001), 1 081 000 hab. (e. 2001) dans l'agglomération.
Nature de l'État et du régime politique : république à régime semi-présidentiel
Chef de l'État : (président de la République) Stjepan, dit Stipe Mesić
Chef du gouvernement : (président du gouvernement) Ivo Sanader
Organisation administrative : 19 comtés et 1 municipalité
Langue officielle : croate
Monnaie : kuna croate

DÉMOGRAPHIE

Densité : 81 hab./km²
Part de la population urbaine (2005) : 56,5 %
Structure de la population par âge (2005) : moins de 15 ans : 15,5 %, 15-60 ans : 62,4 %, plus de 60 ans : 22,1 %
Taux de natalité (2005) : 9 ‰
Taux de mortalité (2005) : 12,1 ‰
Taux de mortalité infantile (2005) : 6,4 ‰
Espérance de vie (2004) : hommes : 72 ans, femmes : 79 ans

ÉCONOMIE

PNB (2004) : 30,3 milliards de $
PNB/hab. (2005) : 8 060 $
PNB/hab. PPA (2005) : 12 750 dollars internationaux
IDH (2004) : 0,846
Taux de croissance annuelle du PIB (2006) : 4,6 %
Taux annuel d'inflation (2005) : 3,3 %
Structure de la population active (2003) : agriculture : 16,7 %, mines et industries : 29,7 %, services : 53,6 %
Structure du PIB (2004) : agriculture : 8,2 %, mines et industries : 30,2 %, services : 61,6 %
Dette publique brute (2005) : 44,2 % du PIB
Taux de chômage (2005) : 12,7 %

Agriculture

Cultures
blé (2004) : 840 000 t.
maïs (2004) : 2 200 000 t.
pommes de terre (2004) : 330 000 t.

Croatie

★ site touristique important
200 500 1000 m

═══ autoroute
── route
── voie ferrée
✈ aéroport

● plus de 500 000 h.
● de 100 000 à 500 000 h.
● de 50 000 à 100 000 h.
• moins de 50 000 h.

betterave à sucre (2004) : 1 000 000 t.
Élevage
bovins (2005) : 471 020 têtes
ovins (2005) : 796 480 têtes
porcins (2005) : 1 205 000 têtes

Énergie et produits miniers
électricité totale (2004) : 12 951 millions de kWh
gaz naturel (2002) : 1 900 millions de m³
pétrole (2002) : 1 000 000 t.

Productions industrielles
lait (2004) : 692 880 t.
acier (2005) : 73 000 t.
aluminium (2001) : 16 000 t.
construction navale (2001) : 328 000 tpl

Tourisme
Recettes touristiques (2004) : 7 191 millions de $

Commerce extérieur
Exportations de biens (2005) : 8 991,6 millions de dollars
Importations de biens (2005) : 18 288 millions de dollars

Défense
Forces armées (2004) : 20 800 individus
Budget de la Défense (2004) : 1,79 % du PIB

Niveau de vie
Nombre d'habitants pour un médecin (1994) : 500
Apport journalier moyen en calories (2004) : 2 800 (minimum FAO : 2 400)
Nombre d'automobiles pour 1 000 hab. (2002) : 280
Nombre de téléviseurs pour 1 000 hab. (2000) : 293

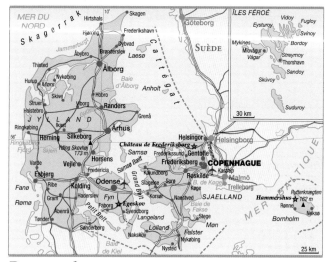

Danemark

autoroute	● plus de 1 000 000 h.
route	● de 100 000 à 1 000 000 h.
voie ferrée	● de 50 000 à 100 000 h.
✈ aéroport	● moins de 50 000 h.

0 m ★ site touristique important

Constitué de la péninsule du Jylland, où vit un peu moins de la moitié de la population, et de plus de 500 îles, le Danemark est un pays de plaines et de bas plateaux (culminant à 173 m), au climat océanique et relativement humide. Le Groenland est une dépendance danoise depuis le XVIIe s. et a obtenu l'autonomie interne en 1979.

Superficie : 43 094 km²
Population (2007) : 5 442 000 hab.
Capitale : Copenhague 501 158 hab.
(e. 2006), 1 088 000 hab. (e. 2005)
dans l'agglomération
Nature de l'État et du régime politique :
monarchie constitutionnelle à régime parlementaire
Chef de l'État : (reine) Marguerite II
Chef du gouvernement : (Premier ministre) Anders Fogh Rasmussen
Organisation administrative : 14 comtés, 2 municipalités et 2 communautés autonomes
Langue officielle : danois
Monnaie : krone (couronne danoise)

DÉMOGRAPHIE

Densité : 126 hab./km²
Part de la population urbaine (2005) : 85,6 %
Structure de la population par âge (2005) : moins de 15 ans : 18,8 %, 15-60 ans : 60 %, plus de 60 ans : 21,2 %
Taux de natalité (2005) : 11,2 ‰
Taux de mortalité (2005) : 13,3 ‰
Taux de mortalité infantile (2005) : 4,4 ‰
Espérance de vie (2004) : hommes : 75,1 ans, femmes : 79,9 ans

ÉCONOMIE

PNB (2004) : 220 milliards de $
PNB/hab. (2005) : 47 390 $
PNB/hab. PPA (2005) : 33 570 dollars internationaux
IDH (2004) : 0,943
Taux de croissance annuelle du PIB (2006) : 2,7 %
Taux annuel d'inflation (2005) : 1,8 %
Structure de la population active (2004) :

agriculture : 3,1 %, mines et industries : 23,7 %, services : 73,2 %
Structure du PIB (2004) : agriculture : 2,3 %, mines et industries : 24,6 %, services : 73,1 %
Dette publique brute (2005) : 35,9 % du PIB
Taux de chômage (2006) : 3,8 %

Agriculture et pêche
Cultures
blé (2004) : 4 758 500 t.
orge (2004) : 3 589 100 t.
seigle (2004) : 146 200 t.
colza (2002) : 218 000 t.
pommes de terre (2004) : 1 629 400 t.
betterave à sucre (2004) : 2 828 600 t.
Élevage et pêche
bovins (2005) : 1 544 290 têtes
ovins (2005) : 160 740 têtes
porcins (2005) : 13 466 280 têtes
pêche (2004) : 1 132 238 t.

Énergie et produits miniers
électricité totale (2004) : 38 018 millions de kWh
hydroélectricité (2004) : 27 millions de kWh
gaz naturel (2005) : 10 400 millions de m³
pétrole (2005) : 18 400 000 t.

Productions industrielles
lait (2004) : 4 569 000 t.

beurre (2003) : 53 000 t.
fromage (2003) : 326 400 t.
sucre (2002) : 566 000 t.
viande (2003) : 2 116 000 t.
acier (2002) : 392 000 t.
construction navale (2000) : 460 000 tpl

Tourisme
Recettes touristiques (2002) : 5 785 millions de $

Commerce extérieur
Exportations de biens (2005) : 82 663 millions de dollars
Importations de biens (2005) : 74 642 millions de dollars

Défense
Forces armées (2004) : 21 180 individus
Budget de la Défense (2004) : 1,22 % du PIB

Niveau de vie
Nombre d'habitants pour un médecin (1996) : 344
Apport journalier moyen en calories (2004) : 3 480 (minimum FAO : 2 400)
Nombre d'automobiles pour 1 000 hab. (2002) : 360
Nombre de téléviseurs pour 1 000 hab. (2001) : 859

REPÈRES HISTORIQUES

Des origines au Moyen Âge chrétien
Peuplé dès le néolithique, le pays connaît à l'âge du bronze une culture très élaborée.
IXe s. : les Danois participent aux expéditions vikings qui ravagent les côtes de l'Europe occidentale.

Xe s. : la dynastie du Jylland unifie le pays, qui se christianise peu à peu.
XIe s. : Svend Ier (vers 986 - 1014) s'empare de l'Angleterre. Son fils, Knud Ier le Grand, règne sur l'Angleterre, le Danemark et une partie de la Scandinavie.

1042 : l'Angleterre s'affranchit du Danemark.
XIIe s. : le régime féodal s'implante, tandis que l'influence de l'Église romaine se renforce.
1167 : l'évêque Absalon (1128 - 1201) fonde Copenhague. →

1157 - 1241 : « l'ère des Valdemar » marque l'apogée de la civilisation médiévale du Danemark.

1397 : Marguerite Valdemarsdotter réalise l'Union des trois royaumes scandinaves sous la domination danoise (union de Kalmar).

La Réforme et la lutte avec la Suède

1523 : l'union de Kalmar est définitivement rompue avec l'élection de Gustave Vasa au trône de Suède.

1536 : le luthéranisme devient religion d'État.

1563 - 1570 : la guerre dano-suédoise pour la possession des détroits (Sund) consacre la suprématie du Danemark sur la Baltique et la fin de la domination hanséatique.

1625 - 1629 : le Danemark participe à la guerre de Trente Ans ; c'est un échec.

1645 : attaqué et vaincu par les Suédois, il doit renoncer à percevoir de la Suède les péages du Sund et des Belts (paix de Brömsebro).

1658 : la paix de Roskilde attribue la Scanie à la Suède.

1720 : au traité de Frederiksborg, le Danemark obtient le sud du Slesvig.

1770 - 1772 : Christian VII laisse le pouvoir à Struensee, qui gouverne en despote éclairé.

Les xixe et xxe s.

1801 : le Danemark entre dans la ligue des Neutres contre la Grande-Bretagne, mais la pression anglaise (bombardements de Copenhague en 1801 et 1807) le fait basculer dans le camp français.

1814 : à la paix de Kiel, le Danemark perd la Norvège, mais reçoit le Lauenburg.

1849 : Frédéric VII promulgue une constitution démocratique.

1864 : à la suite de la guerre des Duchés, le Danemark doit céder le Slesvig, le Holstein et le Lauenburg à la Prusse et à l'Autriche.

1918 : l'Islande devient indépendante, mais reste unie au royaume par la personne du roi.

1940 - 1945 : le Danemark est occupé par les Allemands. Le roi Christian X reste au pouvoir tout en encourageant la résistance.

1944 : l'Islande se détache complètement du Danemark.

1972 : la reine Marguerite II succède à son père, Frédéric IX.

1973 : le Danemark entre dans le Marché commun.

PRESQUE UN ÉTAT : LE GROENLAND

Plus grande île du monde, immense terre glacée de 2 186 000 km² (plus de cinquante fois la superficie du Danemark !), le Groenland fut découvert vers 985 par le Viking Erik le Rouge et redécouvert au xvie s. par le navigateur anglais John Davis. Colonisé par les Danois à partir de 1721, département danois depuis 1953, il est doté depuis 1979 d'un statut d'autonomie interne. Le sous-sol appartient à l'État danois. Une commission dano-groenlandaise gère les ressources naturelles et les deux pays sont des partenaires égaux pour tout ce qui concerne les ressources énergétiques. Le Groenland compte plus de 58 000 habitants. Les Inuits groenlandais, rendus célèbres notamment par les expéditions du Danois Knud Rasmussen (1879-1933) et des Français Paul-Émile Victor (1907-1995) et Jean Malaurie (né en 1922), sont le peuple le plus septentrional de la planète. Leur mode de vie traditionnel a été bouleversé par l'installation, à partir de 1945, de la grande base américaine de Thulé.

Ouverte sur l'océan Atlantique et sur la mer Méditerranée, l'Espagne est constituée d'un vaste plateau intérieur (la Meseta), au climat assez sec, chaud en été, rude en hiver, coupé par la Cordillère centrale et profondément entaillé par les vallées du Tage et du Duero. Ce plateau est bordé de hauteurs notables : cordillères Cantabrique et Ibérique au nord, Sierra Morena au sud. Celles-ci sont séparées des Pyrénées au nord et des chaînes Bétiques au sud par les bassins ouverts par l'Èbre et le Guadalquivir.

Superficie : 505 992 km²
Population (2007) : 44 279 000 hab.
Capitale : Madrid 2 938 723 hab. (r. 2001), 5 608 000 hab. (e. 2005) dans l'agglomération
Nature de l'État et du régime politique : monarchie constitutionnelle à régime parlementaire
Chef de l'État : (roi) Juan Carlos Ier de Bourbon
Chef du gouvernement : (président du gouvernement) José Luis Rodríguez Zapatero
Organisation administrative : 17 communautés autonomes et 2 villes
Langue officielle : espagnol
Monnaie : euro

DÉMOGRAPHIE
Densité : 87 hab./km²
Part de la population urbaine (2005) : 76,7 %
Structure de la population par âge (2005) : moins de 15 ans : 14,4 %, 15-60 ans : 63,9 %, plus de 60 ans : 21,7 %
Taux de natalité (2005) : 10,8 ‰
Taux de mortalité (2005) : 8,8 ‰

Taux de mortalité infantile (2005) : 4,2 ‰
Espérance de vie (2004) : hommes : 77,1 ans, femmes : 83,8 ans

ÉCONOMIE
PNB (2004) : 919 milliards de $
PNB/hab. (2005) : 25 360 $
PNB/hab. PPA (2005) : 25 820 dollars internationaux
IDH (2004) : 0,938
Taux de croissance annuelle du PIB (2006) : 5,4 %
Taux annuel d'inflation (2005) : 3,4 %
Structure de la population active (2004) : agriculture : 5,5 %, mines et industries : 30,5 %, services : 64 %
Structure du PIB (2004) : agriculture : 3,4 %, mines et industries : 29,3 %, services : 67,3 %
Dette publique brute (2005) : 43,1 % du PIB
Taux de chômage (2006) : 8,6 %

Agriculture et pêche
Cultures
blé (2004) : 7 107 900 t.
maïs (2004) : 4 748 400 t.
orge (2004) : 10 608 700 t.
riz (2004) : 900 400 t.
tournesol (2004) : 811 000 t.
pommes de terre (2004) : 2 745 400 t.
betterave à sucre (2004) : 7 015 200 t.
olives (2004) : 4 965 900 t.
tomates (2004) : 4 441 800 t.
raisin (2004) : 7 286 300 t.
oranges (2004) : 2 690 500 t.
mandarines (2005) : 2 125 500 t.
citrons (2004) : 729 400 t.
pêches (2004) : 916 500 t.
Élevage et pêche
bovins (2005) : 6 463 530 têtes
ovins (2005) : 22 749 480 têtes
porcins (2005) : 24 884 020 têtes
poulets (2005) : 130 000 000 têtes
pêche (2005) : 116 705 t.

Énergie et produits miniers
électricité totale (2004) : 263 305 millions de kWh
électricité nucléaire (2004) : 60 430 millions de kWh
hydroélectricité (2004) : 31 238 millions de kWh
pétrole (2005) : 166 000 t.
gaz naturel (2005) : 168 millions de m³
houille (2001) : 10 638 000 t.

lignite (2001) : 8 236 000 t.
uranium (2002) : 37 t.
cuivre (2001) : 9 700 t.
plomb (2005) : 2 000 t.
fer (2001) : 1 965 000 t.

Productions industrielles
sucre (2002) : 1 317 000 t.
huile d'olive (2002) : 890 000 t.
vin (2005) : 39 341 400 hl
bière (2002) : 25 500 000 hl
viande (2003) : 5 474 000 t.
acier (2005) : 17 826 000 t.
aluminium (2005) : 395 000 t.
cuivre métal (2005) : 269 000 t.
plomb métal (2005) : 106 000 t.
zinc métal (2005) : 546 000 t.
automobiles (2005) : 2 098 100 unités
véhicules utilitaires (2005) : 654 300 unités
construction navale (2001) : 141 000 tpl
caoutchouc synthétique (2001) : 88 000 t.
filés de coton (2002) : 96 000 t.
laine (2005) : 22 000 t.
textiles artificiels (1999) : 30 300 t.
textiles synthétiques (1999) : 314 600 t.
papier (2005) : 5 697 000 t.
production de bois (2005) : 15 531 798 m³

Tourisme
Recettes touristiques (2004) : 51 125 millions de $

Commerce extérieur
Exportations de biens (2005) : 194 502 millions de dollars
Importations de biens (2005) : 280 094 millions de dollars

Défense
Forces armées (2004) : 147 255 individus
Budget de la Défense (2004) : 1,26 % du PIB

Niveau de vie
Nombre d'habitants pour un médecin (1996) : 238
Apport journalier moyen en calories (2004) : 3 450 (minimum FAO : 2 400)
Nombre d'automobiles pour 1 000 hab. (2001) : 441
Nombre de téléviseurs pour 1 000 hab. (2001) : 564

51

REPÈRES HISTORIQUES

Les premiers temps
L'Espagne est peuplée dès le paléolithique. Ses premiers habitants historiquement connus sont les Ibères. À la fin du IIe millénaire, Phéniciens et Grecs fondent des comptoirs sur les côtes.
VIe s. av. J.-C. : les Celtes fusionnent avec les Ibères pour former les Celtibères.
IIIe - IIe s. av. J.-C. : enjeu des guerres puniques, l'Espagne est sous la domination de Carthage (à l'est du pays) puis de Rome (201 av J.-C.).

19 av. J.-C. : elle est totalement soumise par Rome.
Ve s. apr. J.-C. : les Vandales envahissent le pays.
412 : les Wisigoths pénètrent en Espagne. Ils y établissent une monarchie brillante, catholique à partir du roi Reccared Ier (587).

L'islam et la Reconquista
711 : début de la conquête arabe.
756 : l'émirat omeyyade de Cordoue se déclare indépendant. Califat en 929, il se maintient jusqu'en 1031. Son émiet-

tement favorise ensuite la *Reconquista* (Reconquête) depuis le Nord, où subsistaient des États chrétiens (Castille, León, Aragon...).
1085 : prise de Tolède par Alphonse VI.
1212 : les Arabes sont vaincus à Las Navas de Tolosa.
1248 : prise de Séville par Ferdinand III. Au milieu du XIIIe s., les musulmans refoulés dans le Sud sont réduits au royaume de Grenade.

→

Marseille
Golfe du Lion
Montpellier
Toulouse
Perpignan
FRANCE
ANDORRE
Pau
Tarbes
Bayonne

Port-Bou
Cap Creus
Lloret de Mar
C. de Mar
Figueras
Ampurias
COSTA BRAVA
Roses
Gérone
Mataró
Barcelone
Tarrasa
Badalone
Sabadell
L'Hospitalet de Llobregat
Vich
Manresa
Igualada
Lérida
CATALOGNE
Montserrat
Poblet
Reus
Villanueva
COSTA DAURADA
Tarragone
Cap de Tortosa
Golfe de San Jorge

MER
MÉDITERRANÉE

C. de Formentor
Palma de Majorque
Majorque
I. de Cabrera
Minorque
Mahón
BALÉARES
ÎLES
Ibiza
Formentera

ILES CANARIES
Lanzarote
Fuerteventura
Puerto del Rosario
Arrecife
Las Palmas
Grande Canarie
La Laguna
Sta. Cruz de Tenerife
Tenerife
Gomera
La Palma
Hierro
OCÉAN ATLANTIQUE

Vinaroz
Castellón de la Plana
Sagonte
Golfe de Valence
Valence
Albufera
Gandia
Denia
C. de la Nao
COSTA BLANCA
Benidorm
Alcoy
Alicante
Elche
Orihuela
C. de Palos
Carthagène (Cartagena)
COSTA CÁLIDA
Murcie
Elda
Lorca
Aguilas
C. de Gata
Almeria
Roquetas de Mar

PYRÉNÉES
Pic d'Aneto 3 404 m
Mt Perdu (Mte Perdido) 3 355 m
Huesca
Monzón
Barbastro
Jaca
Pampelune (Pamplona)
Roncevaux
St-Sébastien
NAVARRE
Tafalla
Tudela
LA RIOJA
Logroño
Vitoria
PAYS BASQUE
Bilbao
Durango
Baracaldo
Portugalete
Santander
Torrelavega
CANTABRIQUE
Picos de Europa 2 648 m
Mt. Castillo
Almiron
Laredo

Saragosse
ARAGÓN
Calatayud
Montalbán
Teruel
Sra de Gúdar
Chaînes Ibériques
Sra de Cuenca
Cuenca
Requena
Júcar
Moixent 1 242 m
Alcaraz
Albacete
Sra de Alcaraz
Mulhacén 3 478 m
Sra Nevada
Almanzora 1 797 m
La Roda
Hellín
VALENCE
CASTILLE-LA MANCHE

Tarazona
Soria
Sigüenza
Alcázar de S. Juan
Tomelloso
Valdepeñas
Manzanares
Bailén
Linares
Baeza
Úbeda
Grenade
Vélez
Motril
COSTA DEL SOL
Málaga
Marbella
Torremolinos
Estepona
Algésiras
La Línea
Gibraltar (G.-B.)
Ceuta (Esp.)
Cap Trafalgar
Détroit de Gibraltar

Burgos
Palencia
León
Ponferrada
Benavente
Zamora
Salamanque
Valladolid
Medina del Campo
CASTILLE-LÉON
Sahagún
Tordesillas
Ségovie
Ávila
Sra de Gredos
Sra de Guadarrama
El Escorial
MADRID
Alcalá de Henares
Guadalajara
Alcorcón
Leganés
Getafe
Móstoles
Aranjuez
Talavera de la Reina
Tolède
Ciudad Real
Puertollano
CASTILLE-LA MANCHE
Meseta
Cordillère Centrale
Guadiana
Sierra Morena
Andújar
Cordoue
Jaén
Écija
Osuna
Loja
MÉRIDIONALE
Chaînes Bétiques
Ronda
Jerez de la Frontera
Séville
Puebla de Cazalla
Utrera
Dos Hermanas
ANDALOUSIE
Puerto de Sta María
Cadix
San Fernando
Sanlúcar de Barrameda
Golfe de Cadix

Oviedo
Gijón
Avilés
Luarca
ASTURIES
Mieres
Langreo
Tineo
Monts Cantabriques
El Teleno 2 188 m
Mts Maragatos
Astorga
Emb. de Esla

Ponferrada
Lugo
Orense
GALICE
Pontevedra
Vigo
Vivero
Villalba
Carballo
El Ferrol
La Corogne
Betanzos
St-Jacques-de-Compostelle
Cap Ortegal
Cap Finisterre
Padrón
Noya
Bueu
Marín
Arosa
1 991 m

PORTUGAL
Coimbra
Porto
Faro
Setúbal
Évora
LISBONNE
Cap de Espichel
C. St-Vincent
Cap Trafalgar

Cáceres
Plasencia
Coria
Ciudad Rodrigo
Béjar
ESTRÉMADURE
Mérida
Don Benito
Villanueva de la Serena
Almadén
Badajoz
Zafra
Montijo
Alburquerque
Sra de San Pedro
Sra de Gata
Sra de Guadalupe
Guadalupe
Navalmoral de la Mata
Puente-genil

Medina de Ríoseco
Aranda de Duero
Ébre
Tafalla
Sabor
Duero
Tajo

OCÉAN ATLANTIQUE

Légende

● plus de 1 000 000 h.
● de 500 000 à 1 000 000 h.
● de 100 000 à 500 000 h.
• de 50 000 à 100 000 h.
• moins de 50 000 h.
★ site touristique important

— autoroute
— route
—— voie ferrée
✈ aéroport
—— limite de communauté autonome
Valence capitale de communauté autonome
Oviedo chef-lieu de province

200 500 1000 1500 m
50 km

50 km

1492 : ils en sont chassés par les « Rois Catholiques », Ferdinand d'Aragon et Isabelle de Castille, mariés en 1469.

L'âge d'or

XVIᵉ s. : outre ses conquêtes coloniales d'Amérique, Charles Iᵉʳ (1516 - 1556), devenu l'empereur Charles Quint en 1519, incorpore à ses domaines les territoires autrichiens des Habsbourg. Philippe II (1556 - 1598) hérite du Portugal (1580), et son règne inaugure le « Siècle d'or » des arts et des lettres espagnols. Mais la défaite de l'Invincible Armada (1588) contre l'Angleterre prélude au déclin.

Le déclin

1640 : le Portugal se détache de l'Espagne.
1700 : l'extinction de la maison de Habsbourg permet l'avènement de Philippe V de Bourbon, petit-fils de Louis XIV : c'est la guerre de la Succession d'Espagne (1701 - 1714).
1759 - 1788 : Charles III, despote éclairé, s'efforce de redresser le pays.
1808 : Napoléon Iᵉʳ impose comme roi son frère Joseph. Une émeute sanglante (*Dos de Mayo*, 2 mai) puis une répression (*Tres de Mayo*) marquent le début de la guerre d'indépendance.

1814 : les Bourbons sont restaurés.
1814 - 1833 : Ferdinand VII, aidé par l'intervention française en 1823, établit une monarchie absolue et perd les colonies d'Amérique.

Des guerres fratricides

1833 - 1868 : la reine Isabelle II doit lutter contre les carlistes, partisans de son oncle don Carlos, et est finalement renversée.
1874 : retour des Bourbons après une éphémère république. Alphonse XII (1874 - 1885) est proclamé roi.
1885 - 1931 : la régence de Marie-Christine (jusqu'en 1902) puis le règne d'Alphonse XIII sont marqués par des troubles. Au terme de la guerre contre les États-Unis (1898), l'Espagne perd Cuba, les Philippines et Porto Rico. À l'intérieur du pays, anarchie et mouvements nationalistes (basque, catalan) se développent.
1923 - 1930 : Primo de Rivera met en place une première dictature.
1931 : après la victoire républicaine aux élections, Alphonse XIII quitte l'Espagne et la république est proclamée.
1936 : en février, le Front populaire gagne les élections. En juillet, le soulèvement du général Franco marque le début de la guerre civile.

Le régime franquiste

1939 - 1975 : Franco, « caudillo », chef d'État à vie, gouverne avec un parti unique et organise un État autoritaire. Le pouvoir législatif est dévolu aux Cortes, assemblées non élues (1942). Pendant la Seconde Guerre mondiale, l'Espagne, favorable à l'Axe, reste en position de non-belligérance.
1947 : la loi de succession réaffirme le principe de la monarchie.
1955 : l'Espagne entre à l'ONU. Parallèlement, elle connaît, dès la fin des années 1960, une modernisation économique rapide.
1969 : Franco choisit Juan Carlos comme successeur.

L'Espagne démocratique

1975 : Franco meurt. Juan Carlos Iᵉʳ devient roi d'Espagne. Il entreprend la démocratisation du régime, aidé par le gouvernement centriste d'Adolfo Suárez (1976 - 1981).
1978 : la nouvelle Constitution rétablit les institutions représentatives et crée des gouvernements autonomes dans les dix-sept régions du pays.
1982 : l'Espagne adhère à l'OTAN.
1986 : elle entre dans la CEE.

LES COMMUNAUTÉS

communautés autonomes	superficie en km²	population*	noms des habitants	capitale	nombre de provinces
Andalousie	87 268	7 357 558	Andalous	Séville	8
Aragón	47 650	1 204 215	Aragonais	Saragosse	3
Asturies	10 565	1 062 998	Asturiens	Oviedo	1
Baléares	5 014	841 669	Baléares	Palma de Majorque	1
Pays basque	7 254	2 082 587	Basques	Vitoria	2
Canaries	7 300	1 694 477	Canariens	Las Palmas et Santa Cruz de Tenerife	2
Cantabrique	5 289	535 131		Santander	1
Castille-La Manche	79 500	1 760 516		Tolède	5
Castille-Léon	94 200	2 456 474		Valladolid	9
Catalogne	32 100	6 343 110	Catalans	Barcelone	4
Estrémadure	41 602	1 058 503		Mérida	2
Galice	29 734	2 695 880	Galiciens	Saint-Jacques-de-Compostelle	4
Madrid	8 028	5 423 384		Madrid	1
Murcie	11 317	1 197 646		Murcie	1
Navarre	10 421	555 829		Pampelune	1
La Rioja	5 034	276 702		Logroño	1
Valence	23 305	4 162 776		Valence	3

villes autonomes	population*
Ceuta et Melilla	137 916

* recensement de 2001.

Ouverte sur la mer Baltique, l'Estonie est un pays au relief plat, partiellement boisé et au climat frais. La population comporte une forte minorité russe (environ 30 %).

Superficie : 45 100 km²
Population (2007) : 1 335 000 hab.
Capitale : Tallinn 392 000 hab. (e. 2005)
Nature de l'État et du régime politique : république à régime parlementaire
Chef de l'État : (président de la République) Toomas Hendrik Ilves
Chef du gouvernement : (Premier ministre) Andrus Ansip
Organisation administrative : 15 départements
Langue officielle : estonien
Monnaie : kroon (couronne estonienne)

DÉMOGRAPHIE

Densité : 30 hab./km²
Part de la population urbaine (2005) : 69,1 %
Structure de la population par âge (2005) : moins de 15 ans : 15,2 %, 15-60 ans : 63,2 %, plus de 60 ans : 21,6 %
Taux de natalité (2005) : 10,8 ‰
Taux de mortalité (2005) : 14,3 ‰
Taux de mortalité infantile (2005) : 7,2 ‰
Espérance de vie (2004) : hommes : 66,2 ans, femmes : 77,1 ans

ÉCONOMIE

54

PNB (2004) : 9,5 milliards de $
PNB/hab. (2005) : 9 100 $
PNB/hab. PPA (2005) : 15 420 dollars internationaux
IDH (2004) : 0,858
Taux de croissance annuelle du PIB (2006) : 9,5 %
Taux annuel d'inflation (2005) : 4 %
Structure de la population active (2003) : agriculture : 6,1 %, mines et industries : 32,5 %, services : 61,4 %
Structure du PIB (2004) : agriculture : 4,4 %, mines et industries : 28,8 %, services : 66,8 %
Dette publique brute (2003) : 5,3 % du PIB
Taux de chômage (2005) : 7,9 %

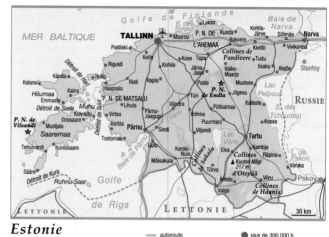

Estonie

★ site touristique important
100   200 m

━━━ autoroute
━━━ route
━━━ voie ferrée
✈ aéroport

● plus de 300 000 h.
● de 100 000 à 300 000 h.
● de 50 000 à 100 000 h.
• moins de 50 000 h.

Agriculture et pêche

Cultures
blé (2004) : 196 630 t.
avoine (2004) : 72 710 t.
orge (2004) : 293 480 t.
seigle (2004) : 18 100 t.
colza (2002) : 64 000 t.
pommes de terre (2004) : 165 710 t.

Élevage et pêche
bovins (2005) : 249 800 têtes
ovins (2005) : 38 800 têtes
porcins (2005) : 340 100 têtes
pêche (2004) : 88 158 t.

Énergie et produits miniers
électricité totale (2004) : 9 290 millions de kWh

Productions industrielles
lait (2004) : 652 400 t.
beurre (2003) : 7 269 t.
viande (2003) : 67 000 t.
bière (2002) : 1 043 000 hl
lin (2001) : 030 t.
production de bois (2005) : 6 800 000 m³

Tourisme
Recettes touristiques (2004) : 1 102 millions de $

Commerce extérieur
Exportations de biens (2005) : 7 783 millions de dollars
Importations de biens (2005) : 9 627,8 millions de dollars

Défense
Forces armées (2004) : 4 934 individus
Budget de la Défense (2004) : 1,66 % du PIB

Niveau de vie
Nombre d'habitants pour un médecin (1996) : 333
Apport journalier moyen en calories (2004) : 3 220 (minimum FAO : 2 400)
Nombre d'automobiles pour 1 000 hab. (2002) : 296
Nombre de téléviseurs pour 1 000 hab. (2003) : 507

REPÈRES HISTORIQUES

D'origine finno-ougrienne, les Estoniens s'unissent contre les envahisseurs vikings (IXᵉ s.), russes (XIᵉ - XIIᵉ s.), puis sont écrasés en 1217 par les Danois et les chevaliers allemands (Porte-Glaive).
1346 - 1561 : la région est gouvernée par les chevaliers Porte-Glaive.
1629 : elle passe sous domination suédoise.
1721 : elle est intégrée à l'Empire russe.
1920 : la Russie soviétique reconnaît son indépendance.
1940 : conformément au pacte germano-soviétique, l'Estonie est annexée par l'URSS.
1941 - 1944 : elle est occupée par les Allemands.
1944 : elle redevient une république soviétique.
1991 : l'indépendance restaurée est reconnue par la communauté internationale (septembre).
1994 : les troupes russes achèvent leur retrait du pays.
2004 : l'Estonie adhère à l'OTAN et à l'Union européenne.

La Finlande est un vaste plateau de roches anciennes, troué de milliers de lacs. En dehors du Nord, domaine de la toundra, le pays est couvert par la forêt de conifères dont l'exploitation constitue sa principale ressource.

Superficie : 338 145 km²
Population (2007) : 5 277 000 hab.
Capitale : Helsinki 560 905 hab.
(e. 2005), 1 091 000 hab. (e. 2005) dans l'agglomération
Nature de l'État et du régime politique : république à régime parlementaire
Chef de l'État : (présidente de la République) Tarja Halonen
Chef du gouvernement : (Premier ministre) Matti Vanhanen
Organisation administrative : 5 provinces et 1 territoire autonome
Langues officielles : finnois et suédois
Monnaie : euro

DÉMOGRAPHIE

Densité : 16 hab./km²
Part de la population urbaine (2005) : 61,1 %
Structure de la population par âge (2005) : moins de 15 ans : 17,4 %, 15-60 ans : 61,2 %, plus de 60 ans : 21,4 %
Taux de natalité (2005) : 11,1 ‰
Taux de mortalité (2005) : 9,7 ‰
Taux de mortalité infantile (2005) : 3,7 ‰
Espérance de vie (2004) : hommes : 75,3 ans, femmes : 82,3 ans

ÉCONOMIE

PNB (2004) : 172 milliards de $
PNB/hab. (2005) : 37 460 $
PNB/hab. PPA (2005) : 31 170 dollars internationaux
IDH (2004) : 0,947
Taux de croissance annuelle du PIB (2006) : 3,5 %
Taux annuel d'inflation (2005) : 0,9 %
Structure de la population active (2004) : agriculture : 4,9 %, mines et industries : 25,7 %, services : 69,4 %
Structure du PIB (2004) : agriculture : 3,2 %, mines et industries : 30,9 %, services : 65,9 %
Dette publique brute (2005) : 41,3 % du PIB
Taux de chômage (2006) : 7,8 %

Agriculture et pêche

Cultures
avoine (2004) : 1 002 400 t.
orge (2004) : 1 724 700 t.
betterave à sucre (2004) : 1 063 500 t.

Élevage et pêche
bovins (2005) : 958 930 têtes
porcins (2005) : 1 401 070 têtes
pêche (2004) : 1 487 t.

Énergie et produits miniers
électricité totale (2004) : 81 601 millions de kWh

électricité nucléaire (2004) : 21 550 millions de kWh
hydroélectricité (2004) : 14 788 millions de kWh
cuivre (2005) : 15 000 t.
nickel (2004) : 2 800 t.
zinc (2005) : 41 000 t.

Productions industrielles
lait (2004) : 2 595 000 t.
beurre (2003) : 51 985 t.
fromage (2003) : 102 702 t.
acier (2005) : 4 732 000 t.
zinc métal (2005) : 292 000 t.
construction navale (1998) : 42 000 tpl
textiles artificiels (1999) : 52 600 t.
textiles synthétiques (1997) : 62 000 t.
papier (2005) : 12 391 000 t.
production de bois (2005) : 51 599 241 m³

Tourisme
Recettes touristiques (2004) : 2 867 millions de $

Commerce extérieur
Exportations de biens (2005) : 65 272 millions de dollars
Importations de biens (2005) : 55 127 millions de dollars

Défense
Forces armées (2004) : 28 300 individus
Budget de la Défense (2004) : 1,39 % du PIB

Niveau de vie
Nombre d'habitants pour un médecin (1996) : 357

Apport journalier moyen en calories (2004) : 3 130 (minimum FAO : 2 400)
Nombre d'automobiles pour 1 000 hab. (2002) : 419
Nombre de téléviseurs pour 1 000 hab. (2003) : 679

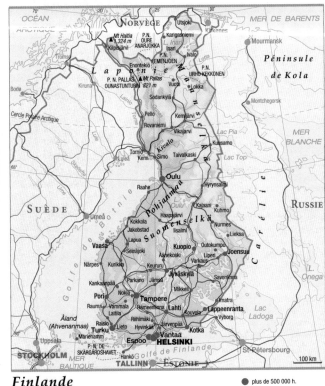

Finlande

| | 100 | 200 | 500 m |

— autoroute
— route
— voie ferrée

● plus de 500 000 h.
● de 100 000 à 500 000 h.
● de 50 000 à 100 000 h.
• moins de 50 000 h.

REPÈRES HISTORIQUES

Iᵉʳ s. av. J.-C. - Iᵉʳ s. apr. J.-C. : les Finnois occupent progressivement le sol finlandais.
XIIᵉ - XVIᵉ s. : la Finlande est occupée par la Suède, qui en fait un duché (1353).
1710 - 1721 : les armées de Pierre le Grand ravagent le pays.
1809 : la Finlande devient un grand-duché de l'Empire russe. Sous le règne d'Alexandre III et de Nicolas II, la russification s'intensifie, tandis que se développe la résistance nationale.
1917 : la Finlande proclame son indépendance.
1939 - 1944 : après une lutte héroïque contre l'Armée rouge, la Finlande est amputée de la Carélie. Elle combat l'URSS aux côtés du Reich à partir de 1941.
1948 : la Finlande signe un traité d'assistance mutuelle avec l'URSS (renouvelé en 1970 et en 1983).
1995 : la Finlande adhère à l'Union européenne.

GRANDE-BRETAGNE

Birmingham
Cambridge
Oxford
Cardiff
Bristol
Southend-on-Sea
Plymouth
Bournemouth
Southampton · Brighton
Portsmouth
LONDRES
Douvres
Tamise

MER DU NORD

LA HAYE
Rotterdam
AMSTERDAM
PAYS-BAS
Münster

Anvers
BRUXELLES
BELGIQUE
Liège
Duisburg
Essen
Dortmund
Düsseldorf
Cologne

MANCHE

C. de la Hague
Pte de Barfleur
Cherbourg-Octeville
Guernesey
Îles Anglo-Normandes
Jersey (G.-B.)
Coutances
St-Lô
Caen
Deauville
Lisieux
Évreux

Dunkerque
Calais
Boulogne-sur-Mer
Lille
Tourcoing
Roubaix
Villeneuve-d'Ascq
Lens
Douai
Valenciennes
Maubeuge
NORD
PAS-DE-CALAIS
Arras
Cambrai
Abbeville
St-Quentin
Dieppe
Amiens
PICARDIE
Beauvais
Laon
Charleville-Mézières

LUXEMBOURG
ALLEMAGNE
LUXEMBOURG
Sarrebruck
Sarreguemines
ALSACE
Metz
Nancy
Strasbourg
Saverne
Colmar

Île d'Ouessant
Morlaix
Lannion
Brest
St-Brieuc
Dinan
Fougères
Rennes
BRETAGNE
Pte du Raz
Quimper
Pontivy
Lorient
Vannes
Châteaubriant
Carnac
Belle-Île
St-Nazaire
Nantes
Île de Noirmoutier
Île d'Yeu
La Roche-sur-Yon
Les Sables-d'Olonne

Golfe de St-Malo
Mont St-Michel
Avranches
BASSE-NORMANDIE
Argentan
Alençon
Laval
Le Mans
Angers
PAYS DE LA LOIRE
Saumur
Cholet
Parthenay

Fécamp
Le Havre
B. de Seine
Rouen
HAUTE-NORMANDIE
Pontoise
PARIS
Versailles
Chartres
Cathédrale de Chartres
Châteaudun
Dreux
Étampes
Orléans
CENTRE
Blois
Chambord
Tours
Azay-le-Rideau
Chenonceaux
Loches
Vierzon
Bourges
Châteauroux

Compiègne
Reims
Château-Thierry
Châlons-en-Champagne
Bobigny
Créteil
Melun
Provins
Sens
Troyes
CHAMPAGNE
ARDENNE
Verdun
Bar-le-Duc
St-Dizier
Chaumont
Langres
ÎLE-DE-FRANCE
Auxerre
Avallon
Vézelay
Plateau de Langres
Dijon
BOURGOGNE
Nevers
Autun
Moulins

Thionville
Épinal
Vittel
LORRAINE
Toul
Belfort
Montbéliard
Vesoul
VOSGES
Mulhouse
JURA
Besançon
FRANCHE-COMTÉ
Dole
Chalon-sur-Saône
Lons-le-Saunier
Pontarlier
BERNE
Lausanne
Lac Léman
SUISSE
Sion

OCÉAN ATLANTIQUE

Île de Ré
Île d'Oléron
La Rochelle
Rochefort
Saintes
POITOU-CHARENTES
Niort
Poitiers
Châtellerault
Angoulême
Pointe de Grave

Montluçon
Guéret
Aubusson
LIMOUSIN
Limoges
AUVERGNE
Ussel
Tulle
Brive-la-Gaillarde
Plateau de Millevaches
Puy de Sancy 1 885 m
Clermont-Ferrand
Brioude
St-Flour
Aurillac
Le Puy-en-Velay
Source de la Loire
St-Étienne
Privas
Vichy
Roanne
Villeurbanne
Lyon
RHÔNE
Bourg-en-Bresse
Mâcon
Beaune
Genève
Annecy
Thonon-les-Bains
Chambéry
Aoste
Mt Blanc 4 806 m
ALPES
P. N. de la Vanoise
Turin
Grenoble
Vienne
Valence
PROVENCE
Briançon
P. N. des Écrins
Gap
ITALIE
P. N. du Mercantour
Digne-les-Bains

Landes
Bordeaux
Mérignac
Pessac
Libourne
Bergerac
Grottes de Lascaux
Périgueux
MASSIF CENTRAL
Figeac
Cahors
Montauban
Agen
AQUITAINE
Mont-de-Marsan
Dax
Langon
Golfe de Gascogne
Santander
Bilbao
Bayonne
St-Sébastien
Pau
Pampelune
P. N. des Pyrénées
Pic d'Aneto 3 404 m
PYRÉNÉES
Tarbes
St-Gaudens
Foix
ANDORRE
Auch
Albi
Castres
Toulouse
Carcassonne
Béziers
Narbonne
Limoux
Perpignan
ROUSSILLON
LANGUEDOC-
MIDI-
Rodez
Millau
Mende
Florac
Gorges du Tarn
P. N. des Cévennes
Cévennes
Alès
Avignon
Pont du Gard
Nîmes
Montpellier
Sète
Arles
Les Baux-de-Provence
Aix-en-Provence
Marseille
La Seyne-s.-Mer
Toulon
P. N. de Port-Cros
Îles d'Hyères
CÔTE-D'AZUR
Draguignan
Grasse
Cannes
Antibes
Nice
MONACO

ESPAGNE
Burgos
Saragosse
Lérida
Barcelone
Tarragone
MADRID
Duero
Ebre
Gallego

C. Creus

MER MÉDITERRANÉE

Îles Baléares
Majorque
Minorque

CORSE
C. Corse
Calvi
Bastia
Corte
Ajaccio
CORSE
Sartène
Bonifacio
SARDAIGNE (Italie)

France

★ site touristique important

200 500 1000 2000 m

autoroute et voie express — route
— voie ferrée
✈ aéroport

limite de Région
Orléans chef-lieu de Région
Chartres chef-lieu de département

● plus de 1 000 000 h.
● de 500 000 à 1 000 000 h.
● de 100 000 à 500 000 h.
○ moins de 100 000 h.

50 km

Taux de natalité (2005) : 12,2 ‰
Taux de mortalité (2005) : 8,9 ‰
Taux de mortalité infantile (2005) : 4,2 ‰
Espérance de vie (2004) : hommes :
76,6 ans, femmes : 83,8 ans

ÉCONOMIE

PNB (2004) : 1 888 milliards de $
PNB/hab. (2005) : 34 810 $
PNB/hab. PPA (2005) : 30 540 dollars
internationaux
IDH (2004) : 0,942
Taux de croissance annuelle du PIB (2006) :
2,4 %
Taux annuel d'inflation (2005) : 1,7 %
Structure de la population active (2004) :
agriculture : 3,8 %, mines et industries :
23 %, services : 73.2 %
Structure du PIB (2004) : agriculture :
2,5 %, mines et industries : 21,7 %,
services : 75,8 %
Dette publique brute (2005) : 66,6 % du
PIB
Taux de chômage (2006) : 9 %

Agriculture et pêche

Cultures
blé (2004) : 39 712 460 t.
maïs (2004) : 16 377 980 t.
orge (2004) : 11 026 340 t.
colza (2002) : 3 319 000 t.
pommes de terre (2004) : 7 259 810 t.
betterave à sucre (2004) : 30 554 260 t.
raisin (2004) : 7 563 360 t.
pommes (2004) : 2 190 850 t.
pêches (2004) : 396 740 t.
noix (2003) : 23 352 t.
riz (2004) : 115 110 t.
olives (2004) : 22 950 t.
miel (2003) : 15 353 t.

Élevage et pêche
bovins (2005) : 19 383 000 têtes
ovins (2005) : 9 185 470 têtes
porcins (2005) : 15 020 190 têtes
poulets (2005) : 189 998 000 têtes
chevaux (2003) : 367 000 têtes
pêche (2004) : 905 653 t.

Énergie et produits miniers
électricité totale (2004) :
540 553 millions de kWh
électricité nucléaire (2004) :
425 830 millions de kWh
hydroélectricité (2004) :
59 115 millions de kWh
pétrole (2005) : 1 740 000 t.
gaz naturel (2005) : 1 024 millions de m³
nickel minerai (2004) : 118 000 t.

houille (2001) : 2 373 000 t.
uranium (2004) : 7 t.
fer : n.d.
bauxite (2001) : 153 000 t.

Productions industrielles
lait (2004) : 25 181 530 t.
beurre (2003) : 434 628 t.
fromage (2003) : 1 809 621 t.
viande (2003) : 6 508 000 t.
sucre (2002) : 5 139 000 t.
vin (2005) : 53 414 280 hl
tabac (2005) : 25 600 t.
acier (2005) : 19 481 000 t.
fonte (1998) : 13 603 000 t.
aluminium (2005) : 442 000 t.
nickel métal (2004) : 12 100 t.
plomb métal (2005) : 105 000 t.
zinc métal (2005) : 268 000 t.
caoutchouc synthétique (2001) :
671 000 t.
automobiles (2005) : 3 112 900 unités
véhicules utilitaires (2005) :
436 000 unités
construction navale (2001) : 226 000 tpl
lin (2001) : 75 000 t.
filés de coton (1998) : 94 000 t.
laine (2005) : 22 000 t.
textiles artificiels : n.d.
textiles synthétiques : n.d.
papier (2005) : 10 332 000 t.
production de bois (2005) :
34 420 000 m³

Tourisme
Recettes touristiques (2002) :
32 329 millions de $

Commerce extérieur
Exportations de biens (2005) :
439 220 millions de dollars
Importations de biens (2005) :
471 360 millions de dollars

Défense
Forces armées (2004) : 254 895 individus
Budget de la Défense (2004) : 2 % du PIB

Niveau de vie
Nombre d'habitants pour un médecin : n.d.
**Apport journalier moyen en
calories (2003) :** 3 630
(minimum FAO : 2 400)
**Nombre d'automobiles
pour 1 000 hab. (2002) :** 491
**Nombre de téléviseurs
pour 1 000 hab. (2001) :** 632

57

Le milieu naturel est caractérisé par l'extension des plaines et des bas plateaux ; la montagne elle-même est souvent bordée ou pénétrée par des vallées, voies de circulation et de peuplement. La latitude, la proximité de l'Atlantique et aussi la disposition du relief expliquent la dominante océanique du climat, caractérisé par l'instabilité des types de temps, la faiblesse des écarts de température, la relative abondance et la fréquence des précipitations. La rigueur de l'hiver s'accroît cependant vers l'intérieur, alors que le Sud-Est connaît un climat de type méditerranéen, marqué surtout par la chaleur et la sécheresse de l'été. La forêt occupe encore environ le quart du territoire.

Superficie : 551 500 km²
Population (2007) : 63 400 000 hab.
Capitale : Paris 2 125 246 hab. (r. 1999),
9 820 000 hab. (e. 2005)
dans l'agglomération
Nature de l'État et du régime politique :
république à régime semi-présidentiel
Chef de l'État : (président de la
République) Nicolas Sarkozy
Chef du gouvernement : (Premier
ministre) François Fillon
Organisation administrative : 21 Régions et
la collectivité territoriale de Corse,
4 départements et Régions d'outre-mer,
6 collectivités d'outre-mer,
2 collectivités
Langue officielle : français
Monnaie : euro

DÉMOGRAPHIE

Densité : 113 hab./km²
Part de la population urbaine (2005) :
76,7 %
Structure de la population par âge (2005) :
moins de 15 ans : 18,4 %, 15-60 ans :
60,8 %, plus de 60 ans : 20,8 %

REPÈRES HISTORIQUES

Les premiers occupants du territoire constituant la France actuelle apparaissent il y a environ un million d'années. Au début du Iᵉʳ millénaire, les Celtes s'installent sur le sol gaulois.
58 - 51 av. J.-C. : après les résistances initiales (Vercingétorix), la Gaule est conquise par les légions romaines de Jules César.
Vᵉ s. : le pays subit les invasions barbares : les Vandales et les Wisigoths traversent le

pays ; les Huns sont arrêtés aux champs Catalauniques.

Francs et Mérovingiens
V. 481 - 508 : Clovis, roi des Francs, conquiert la Gaule et fonde le royaume franc.
511 : à sa mort se forment les trois royaumes mérovingiens d'Austrasie, de Neustrie et de Bourgogne, qui se combattent.
687 : Pépin de Herstal, maire du palais, se rend maître des trois royaumes.

732 : son fils, Charles Martel, arrête les Sarrasins à Poitiers.

Les Carolingiens
751 : Pépin le Bref est couronné roi des Francs et fonde la dynastie des Carolingiens.
800 : Charlemagne est couronné empereur d'Occident et règne sur un vaste empire.
843 : au traité de Verdun, l'Empire est partagé en trois royaumes. →

Les Capétiens

987 : Hugues Capet, élu roi, fonde la dynastie capétienne.

1226 - 1270 : règne de Louis IX (Saint Louis).

1337 - 1453 : la guerre de Cent Ans oppose Français et Anglais. La monarchie ne peut résister à l'alliance du duché de Bourgogne et de l'Angleterre et, après la défaite d'Azincourt (1415), l'Angleterre acquiert la maîtrise du pays. Charles VII (1422-1461), le « roi de Bourges », bénéficie de l'aide de Jeanne d'Arc (délivrance d'Orléans en 1429). Les Anglais sont « boutés hors de France ».

1515 - 1547 : François Ier renforce la monarchie et favorise la Renaissance.

1515 : bataille de Marignan.

1572 : massacre de la Saint-Barthélemy, point culminant des guerres de Religion qui divisent la France.

Les Bourbons

1589 - 1610 : règne d'Henri IV, qui fonde la dynastie des Bourbons.

1598 : l'édit de Nantes assure la liberté de culte aux protestants.

1610 - 1643 : Louis XIII, aidé de Richelieu, développe l'absolutisme.

1643 - 1715 : pendant la minorité de Louis XIV, les troubles de la Fronde menacent l'autorité royale. Après la mort de Mazarin (1661), Louis XIV gouverne en monarque absolu.

1685 : révocation de l'édit de Nantes.

1715 - 1774 : le règne de Louis XV, qui commence par la régence de Philippe d'Orléans (1715 - 1723), est marqué par les désastres de la guerre de Sept Ans et la perte de la plus grande partie de l'empire colonial au profit de l'Angleterre.

1774 - 1789 : Louis XVI est impuissant à résoudre le problème financier et la crise économique et sociale des années 1780. À l'extérieur, l'intervention française assure l'indépendance américaine.

La Révolution

1789 : les États généraux se proclament Assemblée nationale constituante et abolissent les privilèges et droits féodaux.

1791 - 1792 : sous la Législative a lieu une tentative de monarchie constitutionnelle, qui échoue et entraîne la chute de la royauté (10 août 1792).

1792 - 1795 : la Convention nationale sauve la France de l'invasion étrangère. La Ire République est proclamée (21 septembre 1792). Le roi est exécuté (21 janvier 1793). Un gouvernement révolutionnaire est institué (juin 1793 - juillet 1794) : il instaure la Terreur et repousse la coalition ennemie. La chute de son chef, Robespierre, est suivie de la réaction thermidorienne (juillet 1794 - octobre 1795).

1795 - 1799 : le Directoire succède à la Convention.

Du Consulat au second Empire

1799 - 1804 : le Consulat. Bonaparte accède au pouvoir par le coup d'État du 18 brumaire an VIII.

1804 - 1814 : le premier Empire. Bonaparte est sacré empereur des Français sous le nom de Napoléon Ier.

1814 - 1815 : la première Restauration. Après l'abdication de Napoléon, les Bourbons sont restaurés. Louis XVIII octroie une charte constitutionnelle.

1815 : la tentative de retour de Napoléon pendant les Cent-Jours s'achève à Waterloo (18 juin). Il abdique une seconde fois.

1815 - 1830 : la seconde Restauration. Charles X succède à Louis XVIII en 1824.

1830 - 1848 : la monarchie de Juillet. Louis-Philippe Ier devient « roi des Français ».

1848 - 1851 : la IIe République. Louis Napoléon Bonaparte est triomphalement élu président le 10 décembre 1848. Le 2 décembre 1851, par un coup d'État qu'entérine un plébiscite, il institue un régime présidentiel autoritaire.

1852 - 1870 : le second Empire. Louis Napoléon Bonaparte devient empereur sous le nom de Napoléon III.

De la IIIe République à nos jours

1870 - 1946 : la IIIe République. Elle est proclamée après la défaite de l'Empire lors de la guerre franco-allemande. Ses débuts sont marqués par la Commune de Paris (18 mars - 28 mai 1871) et par l'affaire Dreyfus (1894 - 1899).

1914 - 1918 : Première Guerre mondiale. La France sort du conflit victorieuse, mais très affaiblie.

1936 : victoire électorale du Front populaire qui met en œuvre d'importantes réformes sociales.

1939 - 1945 : Seconde Guerre mondiale. Dès 1940, la France est sous occupation allemande. Le maréchal Pétain installe le régime de Vichy en zone libre. En 1944, les alliés débarquent en Normandie.

1946 - 1958 : la IVe République. Les guerres d'Indochine (1946 - 1954), puis d'Algérie (1954 - 1962), et l'instabilité ministérielle minent le régime.

1958 : la France devient membre de la CEE.

Depuis 1958 : la Ve République. La crise algérienne ramène Charles de Gaulle au pouvoir. Lui succèdent Georges Pompidou en 1969, Valéry Giscard d'Estaing en 1974, François Mitterrand en 1981, Jacques Chirac en 1995 et Nicolas Sarkozy en 2007.

Le Royaume-Uni comprend quatre parties principales : l'Angleterre, le pays de Galles, l'Écosse et l'Irlande du Nord (avec l'Irlande du Sud, ou république d'Irlande, ces régions forment les îles Britanniques). La prospérité passée n'est pas due au milieu naturel (sinon peut-être à l'insularité) : une superficie modeste (moins de la moitié de celle de la France), beaucoup de hautes terres et peu de plaines (sauf le bassin de Londres), un climat humide et frais, souvent plus favorable à l'élevage qu'aux cultures, à la lande qu'à la forêt.

Superficie : 242 900 km²
Population (2007) : 60 769 000 hab.
Capitale : Londres 2 765 975 hab.
(r. 2001), 8 278 251 hab. (r. 2001) dans l'agglomération
Nature de l'État et du régime politique : monarchie constitutionnelle à régime parlementaire
Chef de l'État : (reine) Élisabeth II
Chef du gouvernement : (Premier ministre) Gordon Brown
Organisation administrative : 4 régions et 13 territoires
Langue officielle : anglais
Monnaie : livre sterling

DÉMOGRAPHIE

Densité : 250 hab./km²
Part de la population urbaine (2005) : 89,7 %
Structure de la population par âge (2005) : moins de 15 ans : 18 %, 15-60 ans : 60,8 %, plus de 60 ans : 21,2 %

Taux de natalité (2005) : 12 ‰
Taux de mortalité (2005) : 9,9 ‰
Taux de mortalité infantile (2005) : 4,8 ‰
Espérance de vie (2004) : hommes : 76,3 ans, femmes : 80,8 ans

ÉCONOMIE

PNB (2004) : 2 013 milliards de $
PNB/hab. (2005) : 37 600 $
PNB/hab. PPA (2005) : 32 690 dollars internationaux
IDH (2004) : 0,94
Taux de croissance annuelle du PIB (2006) : 2,7 %
Taux annuel d'inflation (2005) : 2,8 %
Structure de la population active (2004) : agriculture : 1,3 %, mines et industries : 22,3 %, services : 76,4 %
Structure du PIB (2004) : agriculture : 1,1 %, mines et industries : 26,3 %, services : 72,6 %
Dette publique brute (2005) : 42,4 % du PIB
Taux de chômage (2006) : 5,3 %

Agriculture et pêche

Cultures
blé (2004) : 15 473 000 t.
orge (2004) : 5 815 000 t.
avoine (2004) : 630 000 t.
colza (2002) : 1 468 000 t.
pommes de terre (2004) : 6 316 000 t.
betterave à sucre (2004) : 8 850 000 t.

Élevage et pêche
bovins (2005) : 10 378 000 têtes
ovins (2005) : 35 253 040 têtes
porcins (2005) : 4 851 000 têtes
poulets (2005) : 149 600 000 têtes
pêche (2004) : 859 608 t.

Énergie et produits miniers

électricité totale (2004) : 363 172 millions de kWh
électricité nucléaire (2004) : 73 680 millions de kWh
hydroélectricité (2004) : 4 921 millions de kWh
pétrole (2005) : 95 400 000 t.
gaz naturel (2005) : 88 000 millions de m³

fer (2001) : 1 000 t.
houille (2001) : 31 867 000 t.

Productions industrielles

lait (2004) : 14 555 000 t.
beurre (2003) : 145 000 t.
fromage (2003) : 366 000 t.
sucre (2002) : 1 548 000 t.
viande (2003) : 3 274 000 t.
bière (2002) : 55 000 000 hl
acier (2005) : 13 248 000 t.
fonte (1998) : 13 215 000 t.
aluminium (2005) : 360 000 t.
cuivre métal (2000) : 3 000 t.
plomb métal (2005) : 240 000 t.
zinc métal (2003) : 16 600 t.
automobiles (2005) : 1 596 200 unités
véhicules utilitaires (2005) : 206 700 unités
construction navale (2001) : 9 000 tpl
caoutchouc synthétique (2001) : 270 000 t.
laine (2005) : 60 000 t.
textiles artificiels (1999) : 88 000 t.
textiles synthétiques (1999) : 205 400 t.
papier (2005) : 6 235 000 000 t.

Tourisme

Recettes touristiques (2004) : 37 193 millions de $

Commerce extérieur

Exportations de biens (2005) : 383 540 millions de dollars
Importations de biens (2005) : 505 930 millions de dollars

Défense

Forces armées (2004) : 205 890 individus
Budget de la Défense (2004) : 2,4 % du PIB

Niveau de vie

Nombre d'habitants pour un médecin (1993) : 667
Apport journalier moyen en calories (2004) : 3 460 (minimum FAO : 2 400)
Nombre d'automobiles pour 1 000 hab. (1999) : 389
Nombre de téléviseurs pour 1 000 hab. (2001) : 950

REPÈRES HISTORIQUES

Des origines au Royaume-Uni

Peuplée dès le IIIe millénaire av. J.-C., l'Angleterre est occupée par les Celtes.
43 - 83 apr. J.-C. : conquise par Rome, elle forme la province de Bretagne.
Ve s. : invasion des peuples germaniques (Saxons, Angles, Jutes) qui refoulent les Celtes vers l'ouest.
IXe s. : invasion des Danois ; Knud le Grand (1016 - 1035) est roi de toute l'Angleterre.
1066 : vainqueur à Hastings de son rival anglo-saxon Harold, Guillaume de Normandie est couronné roi (Guillaume Ier le Conquérant).
1154 : Henri II fonde la dynastie Plantagenêt. À son empire continental (Normandie, Aquitaine, Bretagne, etc.), il ajoute ses conquêtes : pays de Galles et Irlande.

1215 : la Grande Charte, reconnaissance écrite des libertés traditionnelles, est octroyée par Jean sans Terre.
1327 - 1377 : les prétentions d'Édouard III au trône de France et la rivalité des deux pays en Aquitaine déclenchent la guerre de Cent Ans (1337 - 1475).
1450 - 1485 : la guerre des Deux-Roses oppose deux branches de la famille royale, les York et les Lancastres.
1485 : Henri VII, héritier des Lancastres, inaugure la dynastie Tudor.
1509 - 1547 : Henri VIII rompt avec Rome et se proclame chef de l'Église anglicane (1534).
1558 - 1603 : règne d'Élisabeth Ire, dont la victoire contre l'Espagne (Invincible Armada, 1588) préfigure l'avènement de la puissance maritime anglaise.

1603 : Jacques Stuart, roi d'Écosse, devient roi d'Angleterre sous le nom de Jacques Ier, réunissant à titre personnel les couronnes des deux royaumes.
XVIIe s. : c'est un siècle de crises politiques et religieuses où le despotisme des Stuart s'oppose au Parlement. Après la révolution de 1688, ce dernier offre la couronne à Marie II Stuart et à son mari Guillaume d'Orange (Guillaume III).
1689 : Déclaration des droits.
1707 : l'Acte d'union lie définitivement les royaumes d'Écosse et d'Angleterre.

La montée de la prépondérance britannique

1714 : le pays passe sous la souveraineté des Hanovre. →

Grande-Bretagne

100	200	400 m	═══ autoroute	── voie ferrée	limite de région	● plus de 1 000 000 h.	● de 100 000 à 500 000 h.
			── route	✈ aéroport	★ site touristique important	● de 500 000 à 1 000 000 h.	● moins de 100 000 h.

1714 - 1760 : les règnes de George Ier (1714 - 1727) et de George II (1727 - 1760) renforcent le rôle du Premier ministre, tel Robert Walpole, et celui du Parlement. Les whigs dominent la vie politique.

1756 - 1763 : à la suite de la guerre de Sept Ans, la Grande-Bretagne obtient au traité de Paris (1763) des gains territoriaux considérables (Canada, Inde).

1760 - 1820 : George III essaie de restaurer la prérogative royale. La première révolution industrielle fait de la Grande-Bretagne la première puissance économique mondiale.

1775 - 1783 : le soulèvement des colonies américaines aboutit à la reconnaissance des États-Unis d'Amérique.

1793 - 1815 : la Grande-Bretagne lutte victorieusement contre la France révolutionnaire et napoléonienne.

1800 : formation du Royaume-Uni par l'union de la Grande-Bretagne et de l'Irlande.

L'hégémonie britannique

1820 - 1830 : sous le règne de George IV, l'émancipation des catholiques est votée (1829).

1837 : avènement de la reine Victoria ; l'Angleterre affirme son hégémonie par une diplomatie d'intimidation face aux puissances rivales et par des opération militaires (guerre de Crimée, 1854 - 1856).

À l'intérieur, le chartisme permet au syndicalisme de se développer (Trade Union Act, 1871).

1876 : Victoria est proclamée impératrice des Indes.

1895 : la politique impérialiste des conservateurs ne va pas sans créer de multiples litiges internationaux (Fachoda, 1898 ; guerre des Boers, 1899 - 1902).

1901 - 1910 : Édouard VII, successeur de Victoria, s'attache à promouvoir l'Entente cordiale franco-anglaise (1904).

1910 : avènement de George V.

D'une guerre à l'autre

1914 - 1918 : la Grande-Bretagne participe activement à la Première Guerre mondiale.

1921 : le problème irlandais trouve sa solution dans la reconnaissance de l'État libre d'Irlande (Éire). Le pays prend le nom de Royaume-Uni de Grande-Bretagne et d'Irlande du Nord.

1931 : création du Commonwealth.

1936 : Édouard VIII succède à George V, mais il abdique presque aussitôt au profit de son frère George VI.

1935 - 1940 : les conservateurs cherchent, en vain, à sauvegarder la paix (accords de Munich, 1938).

1939 - 1945 : au cours de la Seconde Guerre mondiale, la Grande-Bretagne, dirigée par Churchill, résiste victorieusement aux attaques allemandes à la tentative d'invasion.

La Grande-Bretagne depuis 1945

1945 - 1951 : la Grande-Bretagne adhère à l'OTAN.

1952 : Élisabeth II succède à son père, George VI.

1973 : entrée de la Grande-Bretagne dans le Marché commun.

1982 : la Grande-Bretagne repousse la tentative de conquête des îles Falkland par l'Argentine.

1985 : un accord est signé entre la Grande-Bretagne et la république d'Irlande sur la gestion des affaires de l'Ulster.

1991 : la Grande-Bretagne participe militairement à la guerre du Golfe.

1993 : le traité de Maastricht est ratifié, en dépit d'une forte opposition à l'intégration européenne. Le processus de paix en Irlande du Nord est relancé.

1997 : l'Écosse et le pays de Galles se voient accorder un statut de plus grande autonomie. Le territoire de Hongkong est rétrocédé à la Chine.

1999 : conformément à l'accord conclu en 1998, un gouvernement semi-autonome est installé en Irlande du Nord.

2003 : la Grande-Bretagne appuie les États-Unis en Iraq, dans l'offensive militaire qui renverse le régime de Saddam Husayn.

LES MONARCHIES EUROPÉENNES

Divers pays européens connaissent des régimes dits de « monarchie constitutionnelle », dans lesquels le souverain a très peu ou pas du tout de pouvoir politique, l'exécutif étant dirigé par un chef de gouvernement élu directement ou indirectement.

État	titre	nom	dynastie/maison
Belgique	roi	Albert II	Saxe-Cobourg-Gotha
Danemark	reine	Marguerite II	Schleswig-Holstein-Sonderburg-Glücksburg
Espagne	roi	Juan Carlos Ier	Bourbon
Grande-Bretagne	reine	Élisabeth II	Windsor (Hanovre-Saxe-Cobourg-Gotha)
Norvège	roi	Harald V	Norvège (Schleswig-Holstein-Sonderburg-Glücksburg)
Pays-Bas	reine	Béatrice	Orange-Nassau
Suède	roi	Charles VI Gustave	Bernadotte

Mentionnons également les trois principautés européennes (Andorre, Liechtenstein, Monaco) et le grand-duché de Luxembourg, qui n'ont pour point commun que de n'être ni des républiques ni des monarchies.

État	titre	nom	dynastie / maison
Andorre	2 coprinces	l'évêque de Seo de Urgel, le président de la République française	
Liechtenstein	prince	Hans-Adam II	Liechtenstein
Luxembourg	grand-duc	Henri de Luxembourg	Luxembourg (Nassau-Weilburg)
Monaco	prince	Albert II	Grimaldi

Continentale, péninsulaire (Péloponnèse) et insulaire (îles Ioniennes, Cyclades, Sporades, Crète), la Grèce est un pays montagneux (2 917 m à l'Olympe), au relief fragmenté et à la faible étendue des bassins et des plaines. Le climat est méditerranéen dans le Sud, dans les îles et sur l'ensemble du littoral, mais il se dégrade vers le nord, où les hivers peuvent être rudes.

Superficie : 131 957 km²
Population (2007) : 11 147 000 hab.
Capitale : Athènes 745 514 hab. (r. 2001), 3 230 000 hab. (e. 2005) dans l'agglomération
Nature de l'État et du régime politique : république à régime parlementaire
Chef de l'État : (président de la République) Károlos Papoúlias
Chef du gouvernement : (Premier ministre) Konstandínos, dit Kóstas Karamanlís
Organisation administrative : 13 régions administratives et la république monastique du mont Athos
Langue officielle : grec
Monnaie : euro

DÉMOGRAPHIE

Densité : 84 hab./km²
Part de la population urbaine (2005) : 59 %
Structure de la population par âge (2005) : moins de 15 ans : 14,3 %, 15-60 ans : 62,4 %, plus de 60 ans : 23,3 %
Taux de natalité (2005) : 9,3 ‰
Taux de mortalité (2005) : 9,9 ‰
Taux de mortalité infantile (2005) : 6,7 ‰
Espérance de vie (2004) : hommes : 76,5 ans, femmes : 81,4 ans

ÉCONOMIE

PNB (2004) : 185 milliards de $
PNB/hab. (2005) : 19 670 $
PNB/hab. PPA (2005) : 23 620 dollars internationaux
IDH (2004) : 0,921
Taux de croissance annuelle du PIB (2006) : 3,7 %
Taux annuel d'inflation (2005) : 3,6 %
Structure de la population active (2004) : agriculture : 12,6 %, mines et industries : 22,5 %, services : 64,9 %
Structure du PIB (2004) : agriculture : 6,5 %, mines et industries : 23,2 %, services : 70,3 %
Dette publique brute (2005) : 107,5 % du PIB
Taux de chômage (2005) : 9,8 %

Agriculture et pêche

Cultures
blé (2004) : 2 061 590 t.
maïs (2004) : 2 451 240 t.
orge (2004) : 233 780 t.
amandes (2004) : 48 170 t.
noix (2003) : 19 672 t.
noisettes (2004) : 2 200 t.
riz (2004) : 170 690 t.
betterave à sucre (2004) : 2 208 430 t.
olives (2004) : 2 129 930 t.
tomates (2004) : 1 932 000 t.
raisin (2004) : 1 300 000 t.
oranges (2004) : 772 460 t.
pêches (2004) : 790 880 t.
citrons (2004) : 83 950 t.
miel (2003) : 15 146 t.

Élevage et pêche
bovins (2005) : 600 000 têtes
ovins (2005) : 9 000 000 têtes
porcins (2005) : 1 000 000 têtes
pêche (2004) : 190 292 t.

Énergie et produits miniers

électricité totale (2004) : 55 508 millions de kWh
hydroélectricité (2004) : 4 581 millions de kWh
pétrole (2005) : 100 000 t.
lignite (2001) : 67 561 000 t.
bauxite (2005) : 2 450 000 t.
nickel (2004) : 21 700 t.
zinc (2003) : 3 000 t.

Productions industrielles

fromage (2003) : 244 052 t.
huile d'olive (2002) : 403 000 t.
vin (2005) : 4 371 780 hl
tabac (2005) : 123 700 t.
acier (2005) : 2 266 000 t.
aluminium (2005) : 165 000 t.
nickel métal (2004) : 18 100 t.
filés de coton (2002) : 355 000 t.
laine (2005) : 8 647 t.

Tourisme

Recettes touristiques (2004) : 12 809 millions de $

Commerce extérieur

Exportations de biens (2005) : 17 631 millions de dollars
Importations de biens (2005) : 51 884 millions de dollars

Défense

Forces armées (2004) : 163 850 individus
Budget de la Défense (2004) : 2,04 % du PIB

Niveau de vie

Nombre d'habitants pour un médecin (1994) : 250
Apport journalier moyen en calories (2004) : 3 720 (minimum FAO : 2 400)
Nombre d'automobiles pour 1 000 hab. (1998) : 254
Nombre de téléviseurs pour 1 000 hab. (2001) : 519

REPÈRES HISTORIQUES

La Grèce antique

VIIe millénaire : premiers établissements humains.
IIe millénaire : les Achéens s'installent dans la région.
2000 - 1500 : la Crète minoenne domine le monde égéen.
V. 1600 av. J.-C. : la civilisation mycénienne se développe.
IIe s. av. J.-C. : les invasions doriennes marquent le début du « Moyen Âge » grec.
VIIIe - VIe s. av. J.-C. : dans les cités, le régime oligarchique se substitue aux régimes monarchiques. L'expansion de la colonisation progresse vers l'Occident, le nord de l'Égée et la mer Noire.
490 - 479 : les guerres médiques opposent les Grecs et les Perses, qui doivent se retirer en Asie Mineure.
431 - 404 : la guerre du Péloponnèse oppose Athènes et Sparte, qui substitue son hégémonie à celle d'Athènes.
371 - 362 : Thèbes, victorieuse de Sparte, établit son hégémonie sur la Grèce continentale.
359 - 336 av. J.-C. : Philippe II de Macédoine étend sa domination sur les cités grecques.
336 - 323 : Alexandre le Grand, maître de la Grèce, conquiert l'Empire perse.
323 - 168 : après le partage de l'empire d'Alexandre, la Grèce revient aux rois antigonides de Macédoine, en lutte contre Rome.
146 : vaincue par Rome, la Grèce devient une province romaine.

La Grèce byzantine

395 : la Grèce est intégrée à l'Empire d'Orient.
1204 : la quatrième croisade aboutit à la création de l'Empire latin de Constantinople, du royaume de Thessalonique, de la principauté d'Achaïe et de divers duchés ➜

→

XIVe - XVe s. : Vénitiens, Génois et Catalans se disputent la possession de la Grèce, tandis que les Ottomans occupent la Thrace, la Thessalie et la Macédoine.

1456 : les Ottomans conquièrent Athènes et le Péloponnèse.

La Grèce moderne

Le sentiment national se développe au XVIIIe s. en réaction contre la décadence turque et la volonté hégémonique de la Russie de prendre sous sa protection tous les orthodoxes.

1827 - 1830 : la Grande-Bretagne, la France et la Russie soutiennent les Grecs

contre les Ottomans et obtiennent la création d'un État grec indépendant sous leur protection (1830).

1863 - 1913 : Georges Ier tente de récupérer les régions peuplées de Grecs mais est défait par les Ottomans (1897).

1912 - 1913 : à l'issue des guerres balkaniques, la Grèce obtient la plus grande partie de la Macédoine, le sud de l'Épire, la Crète et les îles de Samos, Chio, Mytilène et Lemnos.

1917 : la Grèce entre en guerre aux côtés des Alliés.

1921 - 1922 : la guerre gréco-turque se solde par l'écrasement des Grecs.

1924 : la proclamation de la république instaure une période d'instabilité politique.

1940 - 1944 : la Grèce est occupée par les forces de l'Axe.

1946 - 1949 : la guerre civile oppose les forces gouvernementales aux communistes, qui échouent.

1952 : la Grèce est admise à l'OTAN.

1965 : l'affaire de Chypre provoque une crise intérieure grave.

1974 : fin du régime dictatorial des colonels, instauré en 1967.

1981 : la Grèce adhère à la CEE.

Grèce

200   400   1000 m

=== autoroute
— route
— voie ferrée

★ site touristique important
✈ aéroport

limite de région
Patras capitale de région

● plus de 1 000 000 h.
● de 100 000 à 1 000 000 h.
● de 30 000 à 100 000 h.
• moins de 30 000 h.

Hongrie

★ site touristique important   ● plus de 1 000 000 h.
═══ autoroute   ● de 100 000 à 1 000 000 h.
─── route   ● de 50 000 à 100 000 h.
─── voie ferrée   • moins de 50 000 h.

100   200   500 m

50 km

Entre Alpes et Carpates, la Hongrie est un pays danubien. Le fleuve y sépare la Grande Plaine, à l'est, l'Alföld, où la steppe pastorale (paysage de puszta) a presque disparu, et la moitié occidentale, la Transdanubie, plus accidentée, notamment par les monts Bakony, qui dominent le lac Balaton. Éloignée de l'océan, elle possède un climat continental, aux hivers assez rigoureux mais aux étés chauds.

Superficie : 93 032 km^2
Population (2007) : 10 030 000 hab.
Capitale : Budapest 1 756 796 hab. (r. 2001)
Nature de l'État et du régime politique :
république à régime parlementaire
Chef de l'État : (président de la République) László Sólyom
Chef du gouvernement : (Premier ministre) Ferenc Gyurcsány
Organisation administrative : 19 comitats, 22 municipalités et la capitale
Langue officielle : hongrois
Monnaie : forint

DÉMOGRAPHIE

Densité : 108 hab./km^2
Part de la population urbaine (2005) : 66,3 %
Structure de la population par âge (2005) :
moins de 15 ans : 15,8 %, 15-60 ans : 63,4 %, plus de 60 ans : 20,8 %
Taux de natalité (2005) : 9,3 ‰
Taux de mortalité (2005) : 13,2 ‰
Taux de mortalité infantile (2005) : 6,8 ‰
Espérance de vie (2004) : hommes : 68,5 ans, femmes : 76,9 ans

ÉCONOMIE

PNB (2004) : 84,6 milliards de $
PNB/hab. (2005) : 10 030 $
PNB/hab. PPA (2005) : 16 940 dollars internationaux
IDH (2004) : 0,869
Taux de croissance annuelle du PIB (2006) : 4,5 %
Taux annuel d'inflation (2005) : 3,6 %
Structure de la population active (2004) : agriculture : 5,3 %, mines et industries : 33,2 %, services : 61,5 %
Structure du PIB (2003) : agriculture : 3,4 %, mines et industries : 31,3 %, services : 65,3 %
Dette publique brute (2005) : 57,7 % du PIB
Taux de chômage (2006) : 7,5 %

Agriculture et pêche

Cultures
maïs (2004) : 8 332 450 t.
blé (2004) : 6 006 820 t.
orge (2004) : 1 413 360 t.
pommes de terre (2004) : 783 690 t.
betterave à sucre (2004) : 3 527 100 t.

Élevage et pêche
bovins (2005) : 723 000 têtes
ovins (2005) : 1 397 000 têtes
porcins (2005) : 4 059 000 têtes
pêche (2004) : 19 986 t.

Énergie et produits miniers

électricité totale (2004) : 31 830 millions de kWh
électricité nucléaire (2004) : 11 320 millions de kWh
pétrole (2005) : 1 460 000 t.
gaz naturel (2005) : 2 913 millions de m^3
bauxite (2005) : 511 000 t.
uranium (2000) : 10 t.

Productions industrielles

lait (2004) : 1 942 000 t.
fromage (2003) : 110 870 t.
sucre (2002) : 378 000 t.
vin (2005) : 3 566 660 hl
acier (2005) : 1 960 000 t.
fonte (1998) : 1 259 000 t.
aluminium (2005) : 35 000 t.
ciment (2005) : 3 500 000 t.
filés de coton (1998) : 220 000 t.
textiles synthétiques (1996) : 25 000 t.

Tourisme

Recettes touristiques (2004) : 4 084 millions de $

Commerce extérieur

Exportations de biens (2005) : 61 847 millions de dollars
Importations de biens (2005) : 63 836 millions de dollars

Défense

Forces armées (2004) : 32 300 individus
Budget de la Défense (2004) : 1,61 % du PIB

Niveau de vie

Nombre d'habitants pour un médecin (1995) : 270
Apport journalier moyen en calories (2004) : 3 590 (minimum FAO : 2 400)
Nombre d'automobiles pour 1 000 hab. (2002) : 259
Nombre de téléviseurs pour 1 000 hab. (2001) : 475

REPÈRES HISTORIQUES

Des origines à Béla III

V. 500 av. J.-C. : la région est peuplée par des Illyriens et des Thraces.
35 av. J.-C. - 9 apr. J.-C. : elle est conquise par Rome.
IVe - VIe s. : elle est envahie par les Huns, les Ostrogoths, les Lombards, puis par les Avars.
896 : menés par Árpád, les Hongrois arrivent dans la plaine danubienne.
1172 - 1196 : sous Béla III, la Hongrie médiévale est à son apogée.

Les Habsbourg (1526 - 1918)

1526 : Ferdinand Ier de Habsbourg (1526 - 1564) est élu par la Diète roi de Hongrie.
1699 : les Habsbourg reconquièrent sur les Turcs la plaine hongroise perdue en 1540.
1703 - 1711 : à la suite de l'insurrection dirigée par Ferenc Rákóczi, l'Autriche reconnaît l'autonomie de l'État hongrois.
1848 : la révolution de Budapest, dirigée par Kossuth, est écrasée par les forces austro-russes.
1867 : grâce au compromis austro-hongrois, la Hongrie est à nouveau un État autonome.

La Hongrie depuis 1918

1918 : Károlyi proclame l'indépendance de la Hongrie.
1938 - 1945 : alliée aux puissances de l'Axe, entrée en guerre contre l'URSS (1941), la Hongrie est occupée par l'armée soviétique (1944 - 1945).
1949 : Rákosi proclame la république populaire hongroise et impose un régime stalinien.
Oct. - nov. 1956 : Imre Nagy, qui a amorcé la déstalinisation, proclame la neutralité du pays. Les troupes soviétiques brisent l'insurrection populaire.
1989 : le parti communiste ouvrier hongrois renonce à son rôle dirigeant.
1999 : la Hongrie est intégrée à l'OTAN.
2004 : elle adhère à l'Union européenne.

L'Irlande, au climat doux et humide, est formée à la périphérie de hautes collines et de moyennes montagnes, et, au centre, d'une vaste plaine tourbeuse, parsemée de lacs, difficilement drainée par le Shannon.

Superficie : 70 273 km²
Population (2007) : 4 301 000 hab.
Capitale : Dublin 505 739 hab. (r. 2006), 1 037 000 hab. (e. 2005) dans l'agglomération
Nature de l'État et du régime politique : république à régime semi-présidentiel
Chef de l'État : (présidente de la République) Mary McAleese
Chef du gouvernement : (Premier ministre) Bertie Ahern
Organisation administrative : 4 provinces
Langues officielles : anglais et gaélique
Monnaie : euro

DÉMOGRAPHIE

Densité : 61 hab./km²
Part de la population urbaine (2005) : 60,5 %
Structure de la population par âge (2005) : moins de 15 ans : 20,8 %, 15-60 ans : 63,9 %, plus de 60 ans : 15,3 %
Taux de natalité (2005) : 15,5 ‰
Taux de mortalité (2005) : 7 ‰
Taux de mortalité infantile (2005) : 4,9 ‰
Espérance de vie (2004) : hommes : 75,8 ans, femmes : 80,7 ans

ÉCONOMIE

PNB (2004) : 140 milliards de $
PNB/hab. (2005) : 40 150 $
PNB/hab. PPA (2005) : 34 720 dollars internationaux
IDH (2004) : 0,956
Taux de croissance annuelle du PIB (2006) : 5,8 %
Taux annuel d'inflation (2005) : 2,4 %
Structure de la population active (2004) : agriculture : 6,4 %, mines et industries : 27,7 %, services : 65,9 %
Structure du PIB (2003) : agriculture : 3 %, mines et industries : 41 %, services : 56 %
Dette publique brute (2005) : 27,4 % du PIB
Taux de chômage (2006) : 4,4 %

Irlande

— autoroute
— route
— voie ferrée
✈ aéroport
— limite de province
★ site touristique important
● plus de 500 000 h.
● de 100 000 à 500 000 h.
● de 50 000 à 100 000 h.
● moins de 50 000 h.

Agriculture et pêche

Cultures
blé (2004) : 1 037 190 t.
orge (2004) : 1 326 600 t.
avoine (2004) : 155 200 t.
pommes de terre (2004) : 552 200 t.
betterave à sucre (2004) : 1 861 400 t.

Élevage et pêche
bovins (2005) : 6 888 000 têtes
ovins (2005) : 4 556 700 têtes
porcins (2005) : 1 681 100 têtes
chevaux (2003) : 70 000 têtes
pêche (2004) : 368 588 t.

Énergie et produits miniers
électricité totale (2004) : 23 258 millions de kWh
hydroélectricité (2004) : 639 millions de kWh
gaz naturel (2005) : 534 millions de m³
plomb (2005) : 63 800 t.
zinc (2005) : 429 000 t.

Productions industrielles
lait (2004) : 5 500 000 t.
beurre (2003) : 148 000 t.
fromage (2003) : 110 750 t.
sucre (2002) : 215 000 t.
viande (2003) : 984 000 t.

acier (2001) : 150 000 t.
filés de coton (1998) : 21 000 t.
laine (2005) : 12 000 t.
textiles synthétiques (1999) : 109 700 t.

Tourisme
Recettes touristiques (2004) : 5 962 millions de $

Commerce extérieur
Exportations de biens (2005) : 104 080 millions de dollars
Importations de biens (2005) : 67 271 millions de dollars

Défense
Forces armées (2004) : 10 460 individus
Budget de la Défense (2004) : 0,51 % du PIB

Niveau de vie
Nombre d'habitants pour un médecin (1996) : 476
Apport journalier moyen en calories (2004) : 3 670 (minimum FAO : 2 400)
Nombre d'automobiles pour 1 000 hab. (2000) : 349
Nombre de téléviseurs pour 1 000 hab. (2002) : 694

65

REPÈRES HISTORIQUES

Les origines

IVe s. av. J.-C. : une population celtique, les Gaëls, s'implante sur le sol irlandais. Les nombreux petits royaumes qui se fondent s'agrègent en cinq grandes unités politiques.

IIe s. apr. J.-C. : les rois de Connacht affirment leur prééminence.

432 - 461 : saint Patrick évangélise l'Irlande.

VIe - VIIe s. : les moines irlandais créent d'importantes abbayes sur le continent.

Fin du VIIe s. - début du XIe s. : l'Irlande est envahie par les Scandinaves.

1014 : l'expansion de ces derniers est stoppée par Brian Boru (victoire de Clontarf).

La domination anglaise

1175 : Henri II d'Angleterre impose sa souveraineté à l'Irlande.

1541 : Henri VIII prend le titre de roi d'Irlande. Sa réforme religieuse provoque la révolte des Irlandais, attachés à la foi catholique. Il réplique en redistribuant les terres irlandaises à des Anglais. Les confis-cations se poursuivent sous Édouard VI et Élisabeth Ire.

XVIIe - XVIIIe s. : les Irlandais multiplient les révoltes en s'appuyant sur les adversaires de l'Angleterre : Espagnols et Français.

1649 : Oliver Cromwell mène une sanglante répression contre les Irlandais, qui ont pris le parti des Stuarts (massacre de Drogheda). Cette répression est suivie d'une spoliation générale des terres.

1690 : Jacques II est défait à la Boyne par Guillaume III. Le pays est désormais complètement dominé par l'aristocratie anglaise.

1796 - 1798 : les Irlandais se révoltent sous l'influence des révolutions américaine et française.

1800 : Pitt fait proclamer l'union de l'Irlande et de l'Angleterre.

1829 : Daniel O'Connell obtient l'émancipation des catholiques.

1846 - 1848 : une effroyable crise alimentaire (Grande Famine) plonge l'île dans la misère ; une énorme émigration (notamment vers les États-Unis) dépeuple le pays.

1902 : Arthur Griffith fonde le Sinn Féin, partisan de l'indépendance.

1916 : une insurrection nationaliste est durement réprimée.

L'Irlande indépendante

1921 : le traité de Londres donne naissance à l'État libre d'Irlande, membre du Commonwealth, et maintient le nord-est du pays au sein du Royaume-Uni (Irlande du Nord).

1922 : une véritable guerre civile oppose le gouvernement provisoire à ceux qui refusent la partition de l'Irlande.

1937 : une nouvelle Constitution est adoptée et l'Irlande prend le nom d'Éire.

1948 : l'Éire devient la république d'Irlande et rompt avec le Commonwealth.

1973 : l'Irlande entre dans la CEE.

1985 : un accord est signé entre Dublin et Londres sur la gestion des affaires de l'Irlande du Nord.

1993 - 1994 : le processus de paix en Irlande du Nord est relancé.

1999 : conformément à l'accord conclu en 1998, des institutions semi-autonomes sont mises en place en Irlande du Nord.

LES ORANGISTES ET GUILLAUME D'ORANGE

Les traditionnels défilés « orangistes » des extrémistes protestants sont chaque année l'occasion d'affrontements avec les catholiques. Les protestants célèbrent ainsi les victoires de Guillaume d'Orange sur les Irlandais catholiques (partisans des Stuarts), à la fin du XVIIe s. Né à La Haye en 1650, fils posthume de Guillaume II de Nassau et de Marie Stuart, fille de Charles Ier, Guillaume d'Orange devient stathouder des Provinces-Unies en 1672. Il sauve sa patrie de l'invasion française en ouvrant les écluses afin d'inonder le pays, et préserve l'intégrité du territoire néerlandais au traité de Nimègue (1678). Défenseur du protestantisme, il va s'opposer pendant près de trente ans aux ambitions territoriales de Louis XIV. Inquiet de la politique profrançaise du roi d'Angleterre Jacques II, son beau-père, s'appuyant sur l'opposition anglaise, il débarque en Angleterre. Il détrône le roi, et, après avoir ratifié la Déclaration des droits (1689), est proclamé roi en 1689, et son épouse, Marie II Stuart, devient reine. C'est par la victoire de la Boyne (1690) qu'il s'impose par la force en Irlande. Il se consacre ensuite à la guerre contre la France aux Pays-Bas. À la paix de Ryswick (1697), LouisXIV doit reconnaître Guillaume comme roi d'Angleterre. La présence presque continue du roi sur le continent contribue à étendre les droits du Parlement britannique. Après la mort du fils d'Anne Stuart, l'Acte d'établissement (1701) résout le problème de la succession au trône d'Angleterre. Mais Guillaume meurt au moment où commence la guerre de la Succession d'Espagne (1702).

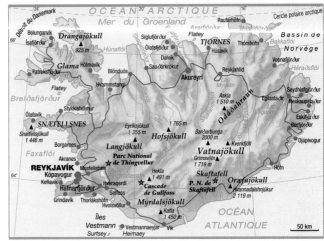

Islande

glacier 200 600 1000 m

— route

★ site touristique important

● plus de 100 000 h.
● de 10 000 à 100 000 h.
● moins de 10 000 h.

Pays de glaciers (ils occupent le dixième du territoire) et de volcans, bordé par le cercle polaire, mais avec un climat plus humide que réellement froid, l'Islande vit de l'élevage des moutons et surtout de la pêche. Reykjavik regroupe plus de la moitié de la population totale.

Superficie : 103 000 km²
Population (2007) : 301 000 hab.
Capitale : Reykjavík 114 800 hab.
(e. 2005), 185 000 hab. (e. 2005) dans l'agglomération
Nature de l'État et du régime politique : république à régime semi-présidentiel
Chef de l'État : (président de la République) Ólafur Ragnar Grímsson
Chef du gouvernement : (Premier ministre) Geir Hilmar Haarde
Organisation administrative : 8 régions
Langue officielle : islandais
Monnaie : krona (couronne islandaise)

DÉMOGRAPHIE

Densité : 3 hab./km²
Part de la population urbaine (2005) : 92,8 %
Structure de la population par âge (2005) : moins de 15 ans : 22,1 %, 15-60 ans : 62,1 %, plus de 60 ans : 15,8 %
Taux de natalité (2005) : 14,3 ‰
Taux de mortalité (2005) : 6,2 ‰
Taux de mortalité infantile (2005) : 2,9 ‰
Espérance de vie (2004) : hommes : 78 ans, femmes : 82,1 ans

ÉCONOMIE

PNB (2004) : 11,1 milliards de $
PNB/hab. (2005) : 46 320 $
PNB/hab. PPA (2005) : 34 760 dollars internationaux
IDH (2004) : 0,96

Taux de croissance annuelle du PIB (2006) : 4 %
Taux annuel d'inflation (2005) : 4,16 %
Structure de la population active (2004) : agriculture : 6,3 %, mines et industries : 22,4 %, services : 71,3 %
Structure du PIB (2002) : agriculture : 10 %, mines et industries : 28,5 %, services : 61,5 %
Dette publique brute (2003) : 41,4 % du PIB
Taux de chômage (2005) : 2,6 %

Agriculture et pêche

Cultures
pommes de terre (2004) : 12 000 t.
Élevage et pêche
bovins (2005) : 63 370 têtes
ovins (2005) : 451 550 têtes
porcins (2005) : 41 150 têtes
chevaux (2005) : 74 000 têtes
pêche (2004) : 1 758 423 t.

Énergie et produits miniers

électricité totale (2004) : 8 474 millions de kWh
hydroélectricité (2004) : 7 059 millions de kWh

Productions industrielles

lait (2004) : 112 030 t.
beurre (2003) : 1 650 t.
fromage (2003) : 4 560 t.
aluminium (2005) : 272 000 t.
laine (2005) : 759 t.
ciment (2005) : 95 000 t.

Tourisme

Recettes touristiques (2004) : 558 M. de $

Commerce extérieur

Exportations de biens (2005) : 3 107 millions de dollars
Importations de biens (2005) : 4 590 millions de dollars

Défense

Forces de sécurité (2004) : 130 individus
Budget de la sécurité (2004) : 0,3 % du PIB

Niveau de vie

Nombre d'habitants pour un médecin (1994) : 333
Apport journalier moyen en calories (2004) : 3 270 (minimum FAO : 2 400)
Nombre d'automobiles pour 1 000 hab. (2002) : 561
Nombre de téléviseurs pour 1 000 hab. (2000) : 509

67

IXᵉ s. : les Scandinaves commencent la colonisation de l'Islande.
930 : l'Althing, assemblée des hommes libres, est constituée.
1056 : le premier évêché autonome est créé.
1262 : Haakon IV de Norvège soumet l'île à son pouvoir.

1380 : l'Islande et la Norvège tombent sous l'autorité du Danemark.
1550 : Christian III impose la réforme luthérienne.
1602 : le monopole commercial est conféré aux Danois.
XVIIIᵉ s. : la variole, des éruptions volcaniques et une terrible famine déciment la population.

1903 : l'île devient autonome.
1918 : elle est indépendante tout en conservant le même roi que le Danemark.
1944 : la République islandaise est proclamée.
1958 - 1961 : un conflit au sujet de la pêche (« guerre de la morue ») oppose l'Islande à la Grande-Bretagne.

ITALIE

ALLEMAGNE
RÉP. TCHÈQUE
SLOVAQUIE
VIENNE
Bratislava
Munich
Salzbourg
AUTRICHE
BUDAPEST
FRANCE
Lac de Constance
HONGRIE
Pecs
Bâle
Zurich
Berne
SUISSE
Innsbruck
VADUZ
LIECHTENSTEIN
Col du Brenner
SLOVÉNIE
Lac de Neuchâtel
C. du Splügen
TRENTIN-HAUT-ADIGE
Col de Tarvis
LJUBLJANA
ZAGREB
Lac Balaton
Léman
Méran
Cortina d'Ampezzo
Udine
Gorizia
FRIOUL-VÉNÉTIE JULIENNE
CROATIE
Mt Blanc 4 808 m
Tunnel du Simplon
Ortler 3 905 m
Bolzano
Belluno
Trieste
Rijeka
Istrie
Mt Cervin 4 478 m
Bernina 4 049 m
Mermolada 3 342 m
Trente
Feltre
Aquilée
BOSNIE-HERZÉGOVINE
SARAJEVO
Aoste
D'AOSTE
Mt Rose 4 634 m
Sondrio
Alpes Bergamasques
Trévise
Murano
VÉNÉTIE
Gd Paradis 4 061 m
Col du Prélus
Varese
Lecco
Côme
LOMBARDIE
Bergame
Vicence
Vérone
Padoue
Mestre
Venise
G. de Venise
Dalmatie
Suse
Biella Turbigo
Novare
Milan
Brescia
Villafranca di Verona
Este
Rovigo
Chioggia
Zadar
Sestrières
Ivrée
Gorgonzola
Monza
Sirmione
Mantoue
PIÉMONT
Vercell
Vigevano
Pavie
Crémone
S. Giovanni
Ferrare
Delta du Pô
Split
Mt Viso 3 841 m
Pignerol
Nichelino
Asti
Lodi
Plaisance
Plaine du Pô
Modène
Lagune de Comacchio
Turin
Moncalieri
Casale
Alexandrie
Parme
Reggio nell'Emilia
Bologne
Dubrovnik
Saluces
C. de Larche
Novi Ligure
LIGURIE
ÉMILIE-ROMAGNE
Imola
Ravenne
Cuneo
Savone
Gênes
Rapallo
Faenza
MER ADRIATIQUE
FR.
Riviera du Levant
La Spezia
Pistoia
Cesena
St Marin
Rimini
MONACO
Riviera du Ponant
Massa
Lucques
Prato
Fiesole
Urbino
Fano
Pesaro
Imperia
San Remo
Viareggio
Pise
Florence
Arezzo
Gubbio
Macerata
Marotta
Senigallia
Ancône
Bordighera
MER LIGURIENNE
Livourne
S. Gemignano
TOSCANE
Mts del Chianti
Jesi
Lorette
Vintimille
Archipel
Volterra
Sienne
Mts Métallifères
Chiusi
MARCHES
S. Benedetto del Tronto
Piombino
Pertoferraio
Mt Amiata 1 734 m
Orvieto
OMBRIE
Assise
Pérouse
Foligno
Ascoli Piceno
I. d'Elbe
Grosseto
Lac de Bolsena
Terni
Spolète
Teramo
Corse
I. de Montecristo
Viterbe
Rieti
ABRUZZES
Pescara
Tarquinia
Civitavecchia
CITÉ DU VATICAN
L'Aquila
Chieti
I. Tremiti
Ajaccio
Cerveteri Nécropoles
LATIUM
Mentana
Avezzano
P. N. des Abruzzes
Vasto
L. de Lesina
L. de Varano
ROME
Tivoli
Subiaco
Gargano
Fiumicino
Frascati
Anagni
S. Severo
Manfredonia
Ostie
Frosinone
MOLISE
Foggia
Golfe de Manfredonia
Bouches de Bonifacio
I. Caprera
Anzio
Mt Cassin
Campobasso
Barletta
Île Asinara
G. de L'Asinara
Costa Smeralda
Latina
Gaète
Capoue
Vésuve 1 281 m
Caserte
Bénévent
Andria
Molfetta
Bari
Bitonto
Porto Torres
Olbia
Golfe de Gaète
Herculanum
Avellino
POUILLE
Monopoli
Sassari
Îles Pontines
Pouzzoles
Pompéi
Salerne
Potenza
Matera
Martina Franca
Brindisi
Alghero
I. d'Ischia
Naples
Lecce
SARDAIGNE
Nuoro
Portici
CAMPANIE
G. de Salerne
BASILICATE
Otrante
Oristano
MER TYRRHÉNIENNE
Torre del Greco
Torre Annunziata
Sorrente
Capri
Ravello
Paestum
Mt Pollino 2 271 m
Golfe de Tarente
Péninsule Salentine
G. d'Oristano
Gennargentu 1 834 m
Golfe de Policastro
I. S. Pietro
G. de Cagliari
Cagliari
Sybaris Copia
Rossano
C. Santa Maria di Leuca
Î. S. Antioco
C. Spartivento
CALABRE
La Sila 1 929 m
Cosenza
Crotone
MER
I. d'Ustica
Nicastro-Samblase
Catanzaro
G. de Squillace
Golfe de Ste-Euphémie
Stromboli
Vibo Valentia
IONIENNE
Îles Lipari
Apennins Calabrais
Palerme
I. Vulcano
Messine
Aspromonte 1 956 m
Trapani
Erice
Cefalù
Reggio di Calabria
Îles Égates
Monreale
Ségeste
Etna 3 345 m
Taormina
Détroit de Messine
Marsala
SICILE
Enna
Acireale
Bizerte
Mazara del Vallo
Sélinonte
Caltanissetta
Piazza Armerina
Catane
C. Bon
Agrigente
Gela
Augusta
TUNIS
Licata
Raguse
Syracuse
Annaba
Modica
Avola
ALGÉRIE
Pantelleria
C. Passero
TUNISIE
MER MÉDITERRANÉE
Détroit de Malte
MALTE
LA VALETTE

50 km

Italie

▲ volcan
200 400 1000 2000 m

═ autoroute
─ route
─ voie ferrée

✈ aéroport
★ site touristique important

limite de province
Milan capitale de région
Urbino chef-lieu de province

● plus de 1 000 000 h.
● de 500 000 à 1 000 000 h.
● de 100 000 à 500 000 h.
● moins de 100 000 h.

68

Étirée sur plus de 10° de latitude, l'Italie présente des paysages variés, avec prédominance des collines (42 % du territoire), devant la montagne (35 %) et la plaine (23 %). Trois ensembles naturels se dégagent. Au nord, l'Italie possède le versant méridional de l'arc alpin, élevé mais coupé de nombreuses vallées. Il domine la plaine du Pô (50 000 km²), qui s'élargit vers l'Adriatique. Au sud enfin, de la Ligurie à la Calabre, l'Apennin forme l'ossature du pays ; en Italie centrale, il est bordé de collines, de plateaux et de plaines alluviales. Le climat méditerranéen ne se manifeste véritablement que sur l'Italie centrale et méridionale (îles incluses), les Alpes ayant un climat plus rude et la plaine du Pô, un climat à tendance continentale.

Superficie : 301 318 km²
Population (2007) : 58 877 000 hab.
Capitale : Rome 2 546 804 hab. (r. 2001),
3 348 000 hab. (e. 2005) dans
l'agglomération
Nature de l'État et du régime politique :
république à régime parlementaire
Chef de l'État : (président de la
République) Giorgio Napolitano
Chef du gouvernement : (président du
Conseil) Romano Prodi
Organisation administrative : 20 régions
Langue officielle : italien
Monnaie : euro

DÉMOGRAPHIE
Densité : 195 hab./km²
Part de la population urbaine (2005) :
67,6 %
Structure de la population par âge (2005) :
moins de 15 ans : 14 %, 15-60 ans :
60,7 %, plus de 60 ans : 25,3 %
Taux de natalité (2005) : 9,2 ‰

Taux de mortalité (2005) : 10,5 ‰
Taux de mortalité infantile (2005) : 5 ‰
Espérance de vie (2004) : hommes :
77 ans, femmes : 83 ans

ÉCONOMIE
PNB (2004) : 1 513 milliards de $
PNB/hab. (2005) : 30 010 $
PNB/hab. PPA (2005) : 28 840 dollars
internationaux
IDH (2004) : 0,94
Taux de croissance annuelle du PIB (2006) :
1,5 %
Taux annuel d'inflation (2005) : 2 %
Structure de la population active (2004) :
agriculture : 4,5 %, mines et industries :
31 %, services : 64,5 %
Structure du PIB (2004) : agriculture :
2,6 %, mines et industries : 27,7 %,
services : 69,7 %
Dette publique brute (2005) : 106,6 %
du PIB
Taux de chômage (2005) : 7,7 %

Agriculture et pêche
Cultures
blé (2004) : 8 638 720 t.
maïs (2004) : 11 366 920 t.
riz (2004) : 1 523 440 t.
pommes de terre (2004) : 1 821 510 t.
betterave à sucre (2004) : 8 473 020 t.
soja (2002) : 566 000 t.
olives (2004) : 4 534 230 t.
tomates (2004) : 7 682 500 t.
raisin (2004) : 8 691 970 t.
pêches (2004) : 1 710 010 t.
citrons (2004) : 583 440 t.
mandarines (1998) : 505 000 t.
oranges (2004) : 2 105 050 t.
pommes (2004) : 2 136 230 t.
noisettes (2004) : 143 360 t.

Élevage et pêche
bovins (2005) : 6 255 000 têtes
ovins (2005) : 7 954 000 têtes
caprins (2005) : 945 000 têtes
porcins (2005) : 9 200 000 têtes
pêche (2004) : 406 726 t.

Énergie et produits miniers
électricité totale (2004) :
277 581 millions de kWh
hydroélectricité (2004) :
40 847 millions de kWh
pétrole (2005) : 6 100 000 t.

gaz naturel (2005) :
12 000 millions de m³

Productions industrielles
lait (2004) : 11 051 250 t.
fromage (2003) : 1 131 363 t.
huile d'olive (2002) : 615 000 t.
sucre (2002) : 1 532 000 t.
tabac (2005) : 110 000 t.
viande (2003) : 4 093 000 t.
vin (2005) : 50 566 480 hl
acier (2005) : 29 350 000 t.
aluminium (2005) : 195 000 t.
fonte (1998) : 10 704 000 t.
plomb métal (2005) : 206 000 t.
zinc métal (2005) : 121 000 t.
automobiles (2005) : 725 500 unités
véhicules utilitaires (2005) :
312 800 unités
construction navale (2001) : 499 000 tpl
filés de coton (1998) : 230 000 t.
laine (2005) : 11 000 t.
lin (2001) : 150 t.
textiles artificiels (1999) : 25 900 t.
textiles synthétiques (1999) : 582 900 t.
ciment (2005) : 46 404 000 t.
caoutchouc synthétique (2001) :
276 000 t.
papier (2005) : 9 999 371 t.

Tourisme
Recettes touristiques (2004) :
37 872 millions de $

Commerce extérieur
Exportations de biens (2005) :
372 750 millions de dollars
Importations de biens (2005) :
372 690 millions de dollars

Défense
Forces armées (2004) : 191 875 individus
Budget de la Défense (2004) : 1,05 % du
PIB

Niveau de vie
**Nombre d'habitants pour un
médecin (1996)** : 181
**Apport journalier moyen en
calories (2004)** : 3 730
(minimum FAO : 2 400)
**Nombre d'automobiles
pour 1 000 hab. (1999)** : 542
**Nombre de téléviseurs
pour 1 000 hab. (2000)** : 494

69

REPÈRES HISTORIQUES

L'Antiquité
L'Italie est peuplée dès le IIIe millénaire.
VIIIe s. av. J.-C. : les Étrusques s'installent entre Pô et Campanie ; les Grecs établissent des comptoirs sur les côtes méridionales.
IVe s. : les Celtes occupent la plaine du Pô.
IVe - IIe s. : Rome (fondée en 753, selon la légende) profite des dissensions entre ces différents peuples pour conquérir progressivement l'ensemble de la péninsule, en même temps que, après sa victoire sur Carthage, elle domine l'ensemble de la Méditerranée occidentale.

58 - 51 av. J.-C. : avec César, l'Italie devient maîtresse de la Gaule.
42 av. J.-C. : Octave incorpore la Gaule Cisalpine à l'Italie.
27 av. J.-C. - Ve s. apr. J.-C. : à partir d'Auguste, l'Italie est le centre d'un vaste empire. Le christianisme, introduit au Ier s., longtemps persécuté, triomphe au IVe s. à Rome, qui devient le siège de la papauté.

Le Moyen Âge
Ve s. : les invasions barbares réduisent l'empire d'Occident à l'Italie, qui n'est pas elle-même épargnée (sacs de Rome, 410 et 476).

VIe s. : l'Italie se développe autour de trois pôles : Milan, centre du royaume lombard ; Ravenne, sous domination byzantine ; le territoire pontifical, autour de Rome.
VIIIe s. : contre les progrès lombards, le pape fait appel aux Francs ; Charlemagne devient roi des Lombards (774), avant d'être couronné empereur (800).
Xe s. : le roi de Germanie Otton Ier est couronné empereur à Rome (962) et l'Italie est intégrée dans le Saint Empire romain germanique.
1075 - 1122 : la querelle des Investitures s'achève par la victoire de la papauté sur l'Empire. →

ITALIE

REPÈRES HISTORIQUES

1122 - 1250 : une nouvelle force se constitue, celle des cités (Pise, Gênes, Florence, Milan, Venise). Lorsque le conflit entre Rome et l'Empire rebondit, les cités se déchirent entre guelfes (partisans du pape) et gibelins (qui soutiennent l'empereur).
1309 - 1376 : la papauté doit quitter Rome pour Avignon ; elle est affaiblie par le Grand Schisme d'Occident (1378-1417).
XVe s. : une nouvelle puissance naît dans le Nord, le duché de Savoie ; les cités voient l'apogée de la Renaissance.

Du déclin du XVIe s. au Risorgimento
1494 - 1559 : les guerres d'Italie s'achèvent par l'établissement de la prépondérance espagnole sur la péninsule.
1713 : le pays passe sous la domination des Habsbourg d'Autriche.
1792 - 1799 : la France annexe la Savoie et Nice et occupe la république de Gênes.

1802 - 1804 : Bonaparte conquiert l'ensemble de la péninsule, et constitue le Nord en une « République italienne ».
1805 - 1814 : celle-ci, devenue royaume d'Italie, a pour souverain Napoléon ; le royaume de Naples est occupé en 1806.
1814 : la domination autrichienne est restaurée dans le Nord et le Centre.
1846 - 1849 : l'entreprise de libération nationale, le *Risorgimento*, échoue devant la résistance autrichienne ; mais le Piémont, avec Victor-Emmanuel II et son ministre Cavour, s'impose à sa tête, et obtient l'appui de la France.
1859 : les troupes franco-piémontaises sont victorieuses de l'Autriche.
1860 : la Savoie et Nice reviennent à la France. Des mouvements révolutionnaires, en Italie centrale et dans le royaume de Naples conquis par Garibaldi, aboutissent à l'union de ces régions avec le Piémont.
1861 : le royaume d'Italie est proclamé, avec pour souverain Victor-Emmanuel II.

1866 : il s'agrandit de la Vénétie grâce à l'aide prussienne.

Du royaume d'Italie à nos jours
1900 : Victor-Emmanuel III accède au trône.
1915 - 1918 : l'Italie participe à la Première Guerre mondiale aux côtés des Alliés.
1922 : Mussolini est appelé au pouvoir par le roi après la « marche sur Rome » de ses Chemises noires. Il instaure un régime fasciste.
1929 : accords du Latran.
1935 - 1936 : conquête de l'Éthiopie.
1943 : Mussolini, qui était entré en guerre aux côtés de l'Allemagne en 1940, se réfugie dans le Nord où il constitue la république de Salo ; il est arrêté et fusillé en 1945.
1944 : Victor-Emmanuel III abdique.
1946 : la république est proclamée.
1958 : l'Italie entre dans la CEE.

LES RÉGIONS

région	superficie (en km²)	population*	capitale ou chef-lieu	provinces
Abruzzes	10 798	1 262 392	L'Aquila	4 (L'Aquila, Chieti, Pescara et Teramo).
Aoste (Val d')	3 263	119 548	Aoste	
Basilicat	9 992	597 768	Potenza	2 (Matera et Potenza).
Calabre	15 080	2 011 466	Catanzaro	5 (Catanzaro, Cosenza, Crotone, Reggio di Calabria et Vibo Valentia).
Campanie	13 595	5 701 931	Naples	5 (Avellino, Bénévent, Caserte, Naples et Salerne).
Émilie-Romagne	22 124	3 983 346	Bologne	8 (Bologne, Ferrare, Forli, Modène, Parme, Plaisance, Ravenne et Reggio nell'Emilia).
Frioul-Vénétie Julienne	7 855	1 183 764	Trieste	4 (Gorizia, Trieste, Udine et Pordenone).
Latium	17 203	5 112 413	Rome	5 (Frosinone, Latina, Rieti, Rome et Viterbe).
Ligurie	5 421	1 571 783	Gênes	4 (Gênes, Imperia, Savone et La Spezia).
Lombardie	23 850	9 032 554	Milan	9 (Bergame, Brescia, Côme, Crémone, Mantoue, Milan, Pavie, Sondrio et Varèse).
Marches	9 694	1 470 581	Ancône	4 (Pesaro et Urbino, Ancône, Macerata et Ascoli Piceno).
Molise	4 438	320 601	Campobasso	2 (Campobasso et Isernia).
Ombrie	8 456	825 826	Pérouse	2 (Pérouse et Terni).
Piémont	25 399	4 214 677	Turin	6 (Alexandrie, Asti, Cuneo, Novare, Turin et Verceil).
Pouille	19 362	4 020 707	Bari	5 (Bari, Brindisi, Foggia, Lecce et Tarente).
Sardaigne	24 090	1 631 880	Cagliari	4 (Cagliari, Nuoro, Oristano et Sassari).
Sicile	25 708	4 968 991	Palerme	9 (Agrigente, Caltanisetta, Catane, Enna, Messine, Palerme, Raguse, Syracuse et Trapani).
Toscan	22 997	3 497 806	Florence	9 (Arezzo, Florence, Grosseto, Livourne, Lucques, Massa e Carrare, Pise, Pistoia et Sienne).
Trentin-Haut-Adige	13 607	940 016	Trente	2 (Trente et Bolzano).
Vénétie	18 391	4 527 694	Venise	7 (Belluno, Padoue, Rovigo, Trévise, Venise, Vérone et Vicence).

* recensement de 2001.

70

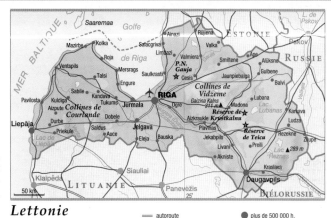

Traversée par le Daugava, la Lettonie possède un relief faiblement accidenté et largement couvert de forêts ou d'herbages, sous un climat humide et frais.

Lettonie

★ site touristique important

| 100 | 200 m |

— autoroute
— route
— voie ferrée
✈ aéroport

● plus de 500 000 h.
● de 100 000 à 500 000 h.
● de 50 000 à 100 000 h.
● moins de 50 000 h.

Superficie : 64 600 km²
Population (2007) : 2 277 000 hab.
Capitale : Riga 764 328 hab. (r. 2000)
Nature de l'État et du régime politique : république à régime parlementaire
Chef de l'État : (président de la République) Valdis Zatlers (prise de fonction prévue le 7 juillet 2007)
Chef du gouvernement : (Premier ministre) Aigars Kalvītis
Organisation administrative : 26 districts et 7 municipalités
Langue officielle : letton
Monnaie : lats letton

DÉMOGRAPHIE

Densité : 36 hab./km²
Part de la population urbaine (2005) : 67,8 %
Structure de la population par âge (2005) : moins de 15 ans : 14,4 %, 15-60 ans : 63,2 %, plus de 60 ans : 22,4 %
Taux de natalité (2005) : 9,3 ‰
Taux de mortalité (2005) : 13,6 ‰
Taux de mortalité infantile (2005) : 10,4 ‰
Espérance de vie (2004) : hommes : 65,5 ans, femmes : 77,6 ans

ÉCONOMIE

PNB (2004) : 12,9 milliards de $
PNB/hab. (2005) : 6 760 $
PNB/hab. PPA (2005) : 13 480 dollars internationaux
IDH (2004) : 0,845

Taux de croissance annuelle du PIB (2006) : 11 %
Taux annuel d'inflation (2005) : 6,8 %
Structure de la population active (2003) : agriculture : 13,8 %, mines et industries : 27 %, services : 59,2 %
Structure du PIB (2004) : agriculture : 4,2 %, mines et industries : 22,4 %, services : 73,4 %
Dette publique brute (2005) : 12,1 % du PIB
Taux de chômage (2005) : 8,7 %

Agriculture et pêche

Cultures
blé (2004) : 499 900 t.
orge (2004) : 274 800 t.
seigle (2004) : 96 800 t.
pommes de terre (2004) : 628 400 t.
betterave à sucre (2004) : 505 600 t.

Élevage et pêche
bovins (2005) : 371 100 têtes
ovins (2005) : 38 600 têtes
porcins (2005) : 435 700 têtes
pêche (2004) : 125 936 t.

Énergie et produits miniers
électricité totale (2004) : 4 550 millions de kWh

Productions industrielles
lait (2004) : 786 400 t.
sucre (2002) : 91 000 t.
production de bois (2005) : 12 842 600 m³

Tourisme
Recettes touristiques (2004) : 343 M. de $

Commerce extérieur
Exportations de biens (2005) : 5 308 M. de $
Importations de biens (2005) : 8 272 M. de $

Défense
Forces armées (2004) : 5 238 individus
Budget de la Défense (2004) : 1,78 % du PIB

Niveau de vie
Nombre d'habitants pour un médecin (1996) : 333
Apport journalier moyen en calories (2004) : 3 030 (minimum FAO : 2 400)
Nombre d'automobiles pour 1 000 hab. (2002) : 266
Nombre de téléviseurs pour 1 000 hab. (2003) : 859

71

REPÈRES HISTORIQUES

Au début de l'ère chrétienne, des peuples du groupe finno-ougrien et du groupe balte s'établissent dans la région.
Début du XIIIᵉ s. - 1561 : les chevaliers Teutoniques et Porte-Glaive fusionnent (1237) pour former l'ordre livonien. Celui-ci gouverne et christianise le pays.
1561 : la Livonie est annexée par la Pologne, et la Courlande, érigée en duché sous suzeraineté polonaise.

1795 : après le troisième partage de la Pologne, la totalité du pays est intégrée à l'Empire russe.
1918 : la Lettonie proclame son indépendance.
1920 : celle-ci est reconnue par la Russie soviétique au traité de Riga.
1940 : conformément au pacte germano-soviétique, la Lettonie est annexée par l'URSS.

1941 - 1944 : occupation par l'Allemagne.
1944 : la Lettonie redevient république soviétique.
1991 : l'indépendance restaurée est reconnue par la communauté internationale.
1994 : les troupes russes achèvent leur retrait du pays.
2004 : la Lettonie adhère à l'OTAN et à l'Union européenne.

LIECHTENSTEIN

L'extrémité alpestre du Vorarlberg (2 500 m) domine la plaine du Rhin, élargie seulement au nord.

Superficie : 160 km²
Population (2007) : 35 000 hab.
Capitale : Vaduz 5 047 hab. (e. 2005)
Nature de l'État et du régime politique : monarchie constitutionnelle à régime parlementaire
Chef de l'État : (prince) Hans-Adam II
Chef du gouvernement : (chef du gouvernement) Otmar Hasler
Organisation administrative : 11 communes
Langue officielle : allemand
Monnaie : franc suisse

DÉMOGRAPHIE

Densité : 219 hab./km²
Part de la population urbaine (2005) : 22 %
Structure de la population par âge (2003) : moins de 15 ans : 18 %, 15-60 ans : n.d., plus de 60 ans : n.d.
Taux de natalité (2003) : 10,2 ‰
Taux de mortalité (2003) : 6,4 ‰
Taux de mortalité infantile (2001) : 10 ‰
Espérance de vie (2003) : hommes : 72,1 ans, femmes : 76,3 ans

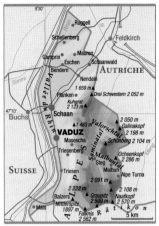

Liechtenstein

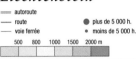

=== autoroute
— route
— voie ferrée
● plus de 5 000 h.
• moins de 5 000 h.
500 800 1000 1500 2000 m

ÉCONOMIE

PNB : n.d.
PNB/hab. : n.d.
PNB/hab. PPA : n.d.
IDH : n.d.
Taux de croissance annuelle du PIB : n.d.
Taux annuel d'inflation (2003) : 0,6 %
Structure de la population active (2003) : agriculture : 1,2 %, mines et industries : 45,3 %, services : 53,5 %
Structure du PIB (2003) : agriculture : 5 %, mines et industries : 40 %, services : 55 %
Dette publique brute : n.d.

Taux de chômage (2003) : 2,3 %
Énergie et produits miniers
électricité totale (2003) :
59 millions de kWh
Tourisme
Recettes touristiques : n.d.
Commerce extérieur
Exportations de biens (1996) :
1 400 millions de dollars
Importations de biens (1996) :
700 millions de dollars
Défense
Forces armées : n.d.
Budget de la Défense : n.d.
Niveau de vie
Nombre d'habitants pour un médecin : n.d.
Apport journalier moyen en calories (1995) : 3 440
(minimum FAO : 2 400)
Nombre d'automobiles pour 1 000 hab. (2004) : 698
Nombre de téléviseurs pour 1 000 hab. (2002) : 512

REPÈRES HISTORIQUES

1719 : constitué par la réunion des seigneuries de Vaduz et de Schellenberg, le Liechtenstein est érigé en principauté.
1806 - 1813 : il entre dans la Confédération du Rhin.
1815 - 1866 : il est rattaché à la Confédération germanique.
1921 : le pays est doté d'une Constitution démocratique.
1923 : il est lié économiquement à la Suisse (Union douanière et financière).
1990 : le Liechtenstein devient membre de l'ONU.

LE DERNIER VESTIGE DU SAINT EMPIRE ROMAIN GERMANIQUE

Le Liechtenstein est le dernier vestige du Saint Empire romain germanique, désignation officielle de l'empire fondé en 962 par Otton Ier. Le Saint Empire comprenait les royaumes de Germanie, d'Italie et, à partir de 1032, celui de Bourgogne. Affaibli par la querelle des Investitures (1076-1122) et la lutte du Sacerdoce et de l'Empire (1157 - 1250), il perdit, de la fin du XIIIe s. au XVe s., ses possessions italiennes, bourguignonnes et suisses, tendant à se confondre avec le domaine germanique. Pourtant, l'un de ses empereurs les plus célèbres fut Charles Quint, qui gouvernait un immense territoire « sur lequel jamais le soleil ne se couche ». À la fin de la guerre de Trente Ans, les traités de Westphalie (1648) consacrèrent le morcellement territorial de l'Empire. Celui-ci ne put résister aux conquêtes napoléoniennes et fut dissous en 1806 lors de la renonciation de l'empereur François II à la couronne impériale d'Allemagne.

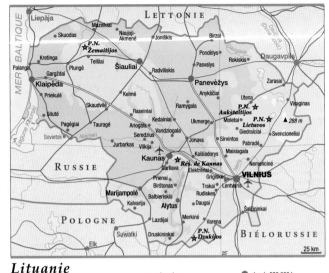

Le plus grand et le plus peuplé des États baltes a, contrairement à ses voisins, logtemps eu une vocation continentale. Bocager et boisé, il occupe une région de collines morainiques parsemée de lacs et de petites plaines.

Superficie : 65 200 km²
Population (2007) : 3 390 000 hab.
Capitale : Vilnius 554 800 hab. (r. 2001)
Nature de l'État et du régime politique : république à régime semi-présidentiel
Chef de l'État : (président de la République) Valdas Adamkus
Chef du gouvernement : (Premier ministre) Gediminas Kirkilas
Organisation administrative : 10 régions
Langue officielle : lituanien
Monnaie : litas lituanien

DÉMOGRAPHIE

Densité : 52 hab./km²
Part de la population urbaine (2005) : 66,6 %
Structure de la population par âge (2005) : moins de 15 ans : 16,8 %, 15-60 ans : 62,9 %, plus de 60 ans : 20,3 %
Taux de natalité (2005) : 9,1 ‰
Taux de mortalité (2005) : 12,3 ‰
Taux de mortalité infantile (2005) : 8,5 ‰
Espérance de vie (2004) : hommes : 66,3 ans, femmes : 77,7 ans

ÉCONOMIE

PNB (2004) : 19,7 milliards de $
PNB/hab. (2005) : 7 050 $
PNB/hab. PPA (2005) : 14 220 dollars internationaux
IDH (2004) : 0,857
Taux de croissance annuelle du PIB (2006) : 6,8 %
Taux annuel d'inflation (2005) : 2,7 %
Structure de la population active (2003) : agriculture : 17,8 %, mines et industries : 28,1 %, services : 54,1 %
Structure du PIB (2004) : agriculture : 6,1 %, mines et industries : 33,7 %, services : 60,2 %
Dette publique brute (2005) : 18,7 % du PIB
Taux de chômage (2005) : 8,3 %

Agriculture et pêche

Cultures
blé (2004) : 1 430 200 t.
orge (2004) : 859 800 t.
seigle (2004) : 140 600 t.
pommes de terre (2004) : 1 021 400 t.
betterave à sucre (2004) : 904 900 t.

Élevage et pêche
bovins (2005) : 791 960 têtes
ovins (2005) : 22 140 têtes
porcins (2005) : 1 073 340 têtes
poulets (2005) : 8 227 800 têtes
pêche (2004) : 160 837 t.

Énergie et produits miniers
électricité totale (2004) : 17 799 millions de kWh
électricité nucléaire (2004) : 14 350 millions de kWh

Productions industrielles
sucre (2002) : 150 000 t.
lin (2001) : 7 200 t.

Tourisme
Recettes touristiques (2004) : 874 millions de $

Commerce extérieur
Exportations de biens (2005) : 11 789,3 millions de dollars
Importations de biens (2005) : 14 632,3 millions de dollars

Défense
Forces armées (2004) : 13 510 individus
Budget de la Défense (2004) : 1,41 % du PIB

Niveau de vie
Nombre d'habitants pour un médecin (1996) : 250
Apport journalier moyen en calories (2004) : 3 410 (minimum FAO : 2 400)
Nombre d'automobiles pour 1 000 hab. (2002) : 346
Nombre de téléviseurs pour 1 000 hab. (2002) : 487

Lituanie

★ site touristique important
100 200 m

━━━ autoroute
━━━ route
━━━ voie ferrée
✈ aéroport

● plus de 500 000 h.
● de 100 000 à 500 000 h.
● de 50 000 à 100 000 h.
• moins de 50 000 h.

REPÈRES HISTORIQUES

Vᵉ s. environ : des tribus balto-slaves de la région s'organisent pour lutter contre les invasions scandinaves.
V. 1240 : Mindaugas fonde le grand-duché de Lituanie.
Seconde moitié du XIIIᵉ s. - XIVᵉ s. : cet État combat les chevaliers Teutoniques et étend sa domination sur les principautés russes du Sud-Ouest.
1385 - 1386 : la Lituanie s'allie à la Pologne ; le grand-duc de Jagellon devient roi de Pologne sous le nom de Ladislas II (1386 - 1434).
1392 - 1430 : sous Vytautas, qui règne sur le grand-duché sous la suzeraineté de son cousin Ladislas II, la Lituanie s'étend jusqu'à la mer Noire.
1569 : l'Union de Lublin crée l'État polono-lituanien.
1795 : la majeure partie du pays est annexée par l'Empire russe.
1915 - 1918 : la Lituanie est occupée par les Allemands.
1918 : elle proclame son indépendance.
1920 : la Russie soviétique la reconnaît.
1940 : conformément au pacte germano-soviétique, la Lituanie est annexée par l'URSS.
1941 - 1944 : occupation par l'Allemagne.
1944 : la Lituanie redevient une république soviétique.
1991 : l'indépendance, proclamée en 1990, est reconnue par la communauté internationale.
1993 : les troupes russes achèvent leur retrait du pays.
2004 : la Lituanie adhère à l'OTAN et à l'Union européenne.

La région septentrionale (Ösling) appartient au plateau ardennais, souvent forestier, entaillé par des vallées encaissées (Sûre) et dont la mise en valeur est limitée par des conditions naturelles défavorables. Elle s'oppose au Sud (Gutland), prolongement de la Lorraine, où la fertilité des sols et un climat moins rude ont facilité l'essor d'une agriculture variée et de l'élevage bovin.

Superficie : 2 586 km²
Population (2007) : 467 000 hab.
Capitale : Luxembourg 76 688 hab. (r. 2001)
Nature de l'État et du régime politique : monarchie constitutionnelle à régime parlementaire
Chef de l'État : (grand-duc) Henri
Chef du gouvernement : (Premier ministre) Jean-Claude Juncker
Organisation administrative : 3 districts
Langues officielles : luxembourgeois, allemand et français
Monnaie : euro

DÉMOGRAPHIE
Densité : 181 hab./km²
Part de la population urbaine (2005) : 82,8 %
Structure de la population par âge (2005) : moins de 15 ans : 18,5 %, 15-60 ans : 62,8 %, plus de 60 ans : 18,7 %
Taux de natalité (2005) : 11,5 ‰
Taux de mortalité (2005) : 8,7 ‰
Taux de mortalité infantile (2005) : 4,5 ‰
Espérance de vie (2004) : hommes : 75,2 ans, femmes : 81,2 ans

ÉCONOMIE
PNB (2004) : 25,6 milliards de $
PNB/hab. (2005) : 65 630 $
PNB/hab. PPA (2005) : 65 630 dollars internationaux
IDH (2004) : 0,945
Taux de croissance annuelle du PIB (2006) : 4 %
Taux annuel d'inflation (2005) : 2,5 %
Structure de la population active (2004) : agriculture : 1,3 %, mines et industries : 21,2 %, services : 77,5 %
Structure du PIB (2004) : agriculture : 0,6 %, mines et industries : 19,3 %, services : 80,1 %
Dette publique brute (2005) : 6 % du PIB
Taux de chômage (2006) : 4,8 %

Agriculture
Cultures
blé (2003) : 69 000 t.
orge (2003) : 55 000 t.
pommes de terre (2003) : 18 300 t.

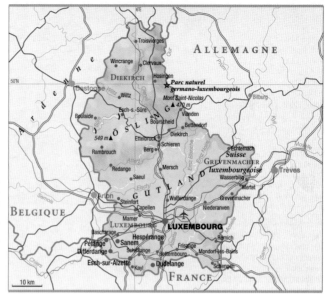

Luxembourg

200   500 m

═══ autoroute
─── route

▨▨▨ limite de district
─── voie ferrée
✈ aéroport

● plus de 50 000 h.
● de 10 000 à 50 000 h.
● moins de 10 000 h.

Élevage
bovins (2005) : 185 230 têtes
porcins (2005) : 90 140 têtes

Énergie et produits miniers
électricité totale (2004) : 2 767 millions de kWh

Productions industrielles
acier (2005) : 2 194 000 t.
ciment (2005) : 750 000 t.

Tourisme
Recettes touristiques (2004) : 3 889 millions de $

Commerce extérieur
Exportations de biens (2005) : 14 371 millions de dollars

Importations de biens (2005) : 18 602 millions de dollars

Défense
Forces armées (2004) : 900 individus
Budget de la Défense (2004) : 0,76 % du PIB

Niveau de vie
Nombre d'habitants pour un médecin (1993) : 455
Apport journalier moyen en calories (2000) : 3 701 (minimum FAO : 2 400)
Nombre d'automobiles pour 1 000 hab. (2000) : 602
Nombre de téléviseurs pour 1 000 hab. (2003) : 598

REPÈRES HISTORIQUES

963 : issu du morcellement de la Lotharingie, le comté de Luxembourg est créé au sein du Saint Empire romain germanique.
1354 : Charles IV de Luxembourg érige le comté en duché de Luxembourg.
1441 : le Luxembourg passe à Philippe le Bon, duc de Bourgogne.
1506 : il devient possession des Habsbourg d'Espagne.
1714 : au traité de Rastatt, le Luxembourg est cédé à l'Autriche.
1795 : il est annexé par la France.
1815 : le congrès de Vienne en fait un grand-duché, lié à titre personnel au roi des Pays-Bas et membre de la Confédération germanique.
1831 : la moitié occidentale du grand-duché devient belge (province de Luxembourg).

1867 : le traité de Londres fait du Luxembourg un État neutre, sous la garantie des grandes puissances.
1890 : la couronne passe à la famille de Nassau.
1912 : la loi salique est abrogée et Marie-Adélaïde devient grande-duchesse.
1914 - 1918 : le Luxembourg est occupé par les Allemands.
1919 : Charlotte de Nassau devient grande-duchesse et donne une Constitution démocratique au pays.
1940 - 1944 : nouvelle occupation allemande.
1948 : le Luxembourg abandonne sa neutralité.
1958 : il entre dans la CEE.
1964 : Jean devient grand-duc.
2000 : il abdique en faveur de son fils Henri.

Macédoine

| 200 | 500 | 1000 | 2000 m |

— autoroute   voie ferrée
— route   ★ site touristique important

● plus de 400 000 h.
● de 50 000 à 400 000 h.
● de 30 000 à 50 000 h.
• moins de 30 000 h.

En grande partie montagneuse, ouverte cependant par quelques bassins et vallées (dont celle du Vardar), la Macédoine associe élevage et cultures. Le pays souffre de son enclavement.

Superficie : 25 713 km²
Population : 2 038 000 hab. (2007)
Capitale : Skopje 467 257 hab. (r. 2002)
Nature de l'État et du régime politique :
république à régime semi-présidentiel
Chef de l'État : (président de la République) Branko Crvenkovski
Chef du gouvernement : (Premier ministre) Nikola Gruevski
Organisation administrative :
123 municipalités
Langues officielles : macédonien et albanais
Monnaie : denar

DÉMOGRAPHIE

Densité : 79 hab./km²
Part de la population urbaine (2005) :
68,9 %
Structure de la population par âge (2005) :
moins de 15 ans : 19,8 %, 15-60 ans :
64,7 %, plus de 60 ans : 15,5 %
Taux de natalité (2005) : 10,9 ‰
Taux de mortalité (2005) : 9,2 ‰
Taux de mortalité infantile (2005) : 14,8 ‰
Espérance de vie (2004) : hommes :
71 ans, femmes : 76,1 ans

ÉCONOMIE

PNB (2004) : 4,9 milliards de $
PNB/hab. (2005) : 2 830 $
PNB/hab. PPA (2005) : 7 080 dollars internationaux
IDH (2004) : 0,796
Taux de croissance annuelle du PIB (2006) :
4 %
Taux annuel d'inflation (2005) : 0,1 %
Structure de la population active (2003) :
agriculture : 22,4 %, mines et industries :
33,9 %, services : 43,7 %
Structure du PIB (2004) : agriculture :
13,2 %, mines et industries : 27,9 %,
services : 58,9 %
Dette publique brute : n.d.
Taux de chômage (2005) : 37,3 %

Agriculture

Cultures
blé (2004) : 358 350 t.
maïs (2004) : 146 100 t.
pommes de terre (2004) : 199 000 t.
raisin (2004) : 247 670 t.
betterave à sucre (2004) : 52 200 t.
orge (2004) : 149 960 t.

Élevage
bovins (2005) : 248 180 têtes
ovins (2005) : 1 244 000 têtes
porcins (2005) : 155 750 têtes
poulets (2005) : 2 617 000 têtes

Énergie et produits miniers
électricité totale (2004) :
6 439 millions de kWh
cuivre (2005) : 22 000 t.
plomb (2002) : 3 500 t.
zinc (2002) : 2 100 t.

Productions industrielles
vin (2005) : 1 058 500 hl
sucre (2002) : 4 600 t.
plomb métal (2005) : 300 t.
zinc métal (2005) : 25 000 t.

Tourisme
Recettes touristiques (2004) :
77 millions de $

Commerce extérieur
Exportations de biens (2005) :
2 039,6 millions de dollars
Importations de biens (2005) :
3 097,1 millions de dollars

Défense
Forces armées (2004) : 10 890 individus
Budget de la Défense (2004) : 2,63 % du PIB

Niveau de vie
Nombre d'habitants pour un médecin (1995) : 435
Apport journalier moyen en calories (2004) : 2 900
(minimum FAO : 2 400)
Nombre d'automobiles pour 1 000 hab. (1996) : 142
Nombre de téléviseurs pour 1 000 hab. (2000) : 282

REPÈRES HISTORIQUES

VIIᵉ - VIᵉ s. av. J.-C. : les tribus de Macédoine sont unifiées.
356 - 336 : Philippe II porte le royaume à son apogée et impose son hégémonie à la Grèce.
336 - 323 : Alexandre le Grand conquiert l'Égypte et l'Orient.
323 - 276 : après sa mort, ses généraux (les diadoques) se disputent la Macédoine.
276 - 168 : les Antigonides règnent sur le pays.
168 : la victoire romaine de Pydna met un terme à l'indépendance macédonienne.
148 av. J.-C. : la Macédoine devient province romaine.
IVᵉ s. apr. J.-C. : elle est rattachée à l'Empire romain d'Orient.
VIIᵉ s. : les Slaves occupent la région.
IXᵉ - XIVᵉ s. : Byzantins, Bulgares et Serbes se disputent le pays.
1371 - 1912 : la Macédoine fait partie de l'Empire ottoman.
1912 - 1913 : la première guerre balkanique la libère des Turcs.
1913 : la question du partage de la Macédoine oppose la Serbie, la Grèce et la Bulgarie au cours de la seconde guerre balkanique.
1915 - 1918 : la région est le théâtre d'une campagne menée par les Alliés contre les forces austro-germano-bulgares.
1945 : la République fédérée de Macédoine est créée au sein de la Yougoslavie.
1991 : elle se déclare indépendante.
1993 : elle est admise à l'ONU sous le nom d'ex-République yougoslave de Macédoine.

75

Malte

— route

✈ aéroport

★ site touristique important

200   500 m

● plus de 10 000 h.

● moins de 10 000 h.

Situé au centre de la Méditerranée, l'archipel commande le bassin oriental de cette mer et constitue une position stratégique remarquable. L'île de Malte, formée de terrains calcaires, a un relief accidenté, mais peu élevé (258 m). Le climat doux, aux pluies d'hiver, permet des cultures variées.

Superficie : 316 km²
Population (2007) : 407 000 hab.
Capitale : La Valette 6 315 hab. (r. 2005), 210 000 hab. (e. 2005) dans l'agglomération
Nature de l'État et du régime politique : république à régime parlementaire
Chef de l'État : (président de la République) Edward, dit Eddie Fenech-Adami
Chef du gouvernement : (Premier ministre) Lawrence Gonzi
Organisation administrative : pas de division
Langues officielles : maltais et anglais
Monnaie : livre maltaise

DÉMOGRAPHIE

Densité : 1 272 hab./km²
Part de la population urbaine (2005) : 95,3 %
Structure de la population par âge (2005) : moins de 15 ans : 17,4 %, 15-60 ans : 64,2 %, plus de 60 ans : 18,4 %
Taux de natalité (2005) : 9,8 ‰
Taux de mortalité (2005) : 8 ‰
Taux de mortalité infantile (2005) : 6,5 ‰
Espérance de vie (2004) : hommes : 76,6 ans, femmes : 80,8 ans

ÉCONOMIE

PNB (2004) : 4,834 milliards de $
PNB/hab. (2005) : 13 590 $
PNB/hab. PPA (2005) : 18 960 dollars internationaux
IDH (2004) : 0,875
Taux de croissance annuelle du PIB (2006) : 1,6 %
Taux annuel d'inflation (2005) : 3 %
Structure de la population active (2003) : agriculture : 1,7 %, mines et industries : 29,5 %, services : 67,3 %
Structure du PIB (2003) : agriculture : 3 %, mines et industries : 23 %, services : 74 %
Dette publique brute (2005) : 74,2 % du PIB
Taux de chômage (2005) : 7,5 %

Agriculture et pêche

Cultures
pommes de terre (2004) : 28 560 t.
raisin (2004) : 2 670 t.
Élevage et pêche
bovins (2005) : 17 900 têtes
ovins (2005) : 14 900 têtes
porcins (2005) : 73 000 têtes
poulets (2005) : 1 000 000 têtes
pêche (2004) : 2 002 t.

Énergie et produits miniers
électricité totale (2004) :
2 291 millions de kWh

Tourisme
Recettes touristiques (2004) : 963 millions de $

Commerce extérieur
Exportations de biens (2005) : 2 480,7 millions de dollars
Importations de biens (2005) : 3 662,4 millions de dollars

Défense
Forces armées (2004) : 2 237 individus
Budget de la Défense (2004) : 0,97 % du PIB

Niveau de vie
Nombre d'habitants pour un médecin (1993) : 400
Apport journalier moyen en calories (2004) : 3 530 (minimum FAO : 2 400)
Nombre d'automobiles pour 1 000 hab. (2002) : 505
Nombre de téléviseurs pour 1 000 hab. (2002) : 566

REPÈRES HISTORIQUES

IVᵉ - IIᵉ millénaire : Malte est le centre d'une civilisation mégalithique.
IXᵉ s. av. J.-C. : l'île devient un poste phénicien. Elle est occupée ensuite par les Grecs (VIIIᵉ s.) puis par les Carthaginois (VIᵉ s.).
218 av. J.-C. : Malte est annexée par les Romains.
870 : l'île est occupée par les Arabes.
1090 : Roger Iᵉʳ s'empare de Malte, dont le sort est lié au royaume de Sicile jusqu'au XVIᵉ s.
1530 : Charles Quint cède l'île aux chevaliers de Saint-Jean de Jérusalem, à condition que ceux-ci s'opposent à l'avance ottomane.
1798 : Bonaparte occupe l'île.
1800 : la Grande-Bretagne en fait une base stratégique.
1940 - 1943 : Malte joue un rôle déterminant dans la guerre en Méditerranée.
1964 : l'île accède à l'indépendance, dans le cadre du Commonwealth.
1974 : Malte devient une république.
2004 : Malte adhère à l'Union européenne.

L'ORDRE DE MALTE

Son titre exact est : « ordre souverain militaire et hospitalier de Saint-Jean-de-Jérusalem ». Il est issu des Frères de l'hôpital Saint-Jean-de-Jérusalem, fondé vers 1070.
Lors de l'entrée des croisés à Jérusalem (1099), les hospitaliers de Saint-Jean constituent un ordre religieux dont la règle servira de modèle aux autres ordres hospitaliers. Après la prise de Saint-Jean-d'Acre, l'ordre s'installe à Chypre (1191), à Rhodes (1309) puis à Malte (1530) jusqu'à la prise de l'île par Bonaparte (1798). Alors divisé en 8 langues (ou nations), il est placé sous l'autorité d'un grand maître élu dont dépendent environ 600 commanderies ; il s'installe à Rome en 1834 et se dote d'une nouvelle Constitution, approuvée par le Saint-Siège. L'action des 10 000 membres de l'ordre s'exerce essentiellement dans le domaine caritatif avec ses léproseries, hôpitaux, dispensaires, ambulances. Des branches non catholiques existent en Allemagne, en Scandinavie, aux Pays-Bas.

La Moldavie présente un relief ondulé de collines et de plaines alluviales très fertiles, un climat doux et humide, des ressources en eau pour l'irrigation, conditions naturelles propices au développement de l'agriculture.

Superficie : 33 851 km²
Population (2007) : 3 794 000 hab.
Capitale : Chişinău 592 600 hab. (e. 2005)
Nature de l'État et du régime politique : république à régime semi-présidentiel
Chef de l'État : (président de la République) Joseph John Urusemal
Chef du gouvernement : (Premier ministre) Immanuel, dit Manny Mori
Organisation administrative : 10 districts, 1 territoire autonome, 1 territoire et 1 municipalité
Langue officielle : moldave
Monnaie : leu moldave

DÉMOGRAPHIE

Densité : 112 hab./km²
Part de la population urbaine (2005) : 46,7 %
Structure de la population par âge (2005) : moins de 15 ans : 20 %, 15-60 ans : 65,1 %, plus de 60 ans : 14,9 %
Taux de natalité (2005) : 11,4 ‰
Taux de mortalité (2005) : 12,5 ‰
Taux de mortalité infantile (2005) : 15,8 ‰
Espérance de vie (2004) : hommes : 64,8 ans, femmes : 71,9 ans

ÉCONOMIE

PNB (2004) : 2,6 milliards de $
PNB/hab. (2005) : 880 $
PNB/hab. PPA (2005) : 2 150 dollars internationaux
IDH (2004) : 0,694
Taux de croissance annuelle du PIB (2006) : 3 %
Taux annuel d'inflation (2005) : 13,1 %

Moldavie

— route
— voie ferrée
✈ aéroport
200 m

● plus de 500 000 h.
● de 100 000 à 500 000 h.
● de 50 000 à 100 000 h.
● moins de 50 000 h.

50 km

Structure de la population active (2003) : agriculture : 43 %, mines et industries : 16 %, services : 41 %
Structure du PIB (2004) : agriculture : 21,3 %, mines et industries : 24 %, services : 54,7 %
Dette publique brute : n.d.
Taux de chômage (2005) : 7,3 %

Agriculture

Cultures
blé (2004) : 870 700 t.
maïs (2004) : 1 794 500 t.
orge (2004) : 268 300 t.
betterave à sucre (2004) : 911 300 t.
pommes de terre (2004) : 317 700 t.
raisin (2004) : 600 000 t.
tabac (2005) : 6 200 t.
noisettes (2003) : 800 t.
avoine (2004) : 3 000 t.

Énergie et produits miniers
électricité totale (2004) : 3 506 millions de kWh

Productions industrielles
sucre (2002) : 115 000 t.
vin (2005) : 2 300 000 hl
tabac (2005) : 6 200 t.
acier (2005) : 1 016 000 t.

Tourisme
Recettes touristiques (2004) : 119 millions de $

Commerce extérieur
Exportations de biens (2005) : 1 104,4 millions de dollars
Importations de biens (2005) : 2 295,2 millions de dollars

Défense
Forces armées (2004) : 6 750 individus
Budget de la Défense (2004) : 0,45 % du PIB

Niveau de vie
Nombre d'habitants pour un médecin (1996) : 278
Apport journalier moyen en calories (2004) : 2 720 (minimum FAO : 2 400)
Nombre d'automobiles pour 1 000 hab. (2002) : 74
Nombre de téléviseurs pour 1 000 hab. (2001) : 296

REPÈRES HISTORIQUES

1538 : la Bessarabie, qui constitue la majeure partie de la Moldavie, est annexée par l'Empire ottoman.
1812 : elle est cédée à la Russie.
1918 : la Bessarabie est rattachée à la Roumanie.
1924 : les Soviétiques créent, sur la rive droite du Dniestr, la République autonome de Moldavie, rattachée à l'Ukraine.
1940 : conformément au pacte germano-soviétique, les Soviétiques annexent la Bessarabie, dont le sud est rattaché à l'Ukraine. Le reste de la Bessarabie et une partie de la République autonome de Moldavie forment, au sein de l'URSS, la République socialiste soviétique de Moldavie.
1941 - 1944 : celle-ci est occupée par la Roumanie alliée à l'Allemagne.
1991 : la Moldavie proclame son indépendance et adhère à la CEI.
1994 : l'éventualité d'un rattachement de la Moldavie à la Roumanie est rejetée par référendum. Une nouvelle Constitution prévoit un statut d'autonomie pour la Transnistrie et la minorité gagaouze.

77

Monaco est un micro-État, dont le site, rocailleux, ne permet aucune forme d'exploitation agricole.

Superficie : 2 km²
Population (2007) : 33 000 hab.
Capitale : Monaco
Nature de l'État et du régime politique :
monarchie constitutionnelle
Chef de l'État : (prince) Albert II
Chef du gouvernement :
(ministre d'État) Jean-Paul Proust
Organisation administrative :
pas de division
Langue officielle : français
Monnaie : euro

DÉMOGRAPHIE

Densité : 17 500 hab./km²
Part de la population urbaine (2005) :
100 %
Structure de la population par âge :
moins de 15 ans : n.d., 15-60 ans : n.d.,
plus de 60 ans : n.d.
Taux de natalité : n.d.
Taux de mortalité : n.d.
Taux de mortalité infantile : n.d.
Espérance de vie : hommes : n.d.,
femmes : n.d.

ÉCONOMIE

PNB : n.d.
PNB/hab. : n.d.
PNB/hab. PPA : n.d.
IDH : n.d.
Taux de croissance annuelle du PIB : n.d.
Taux annuel d'inflation : n.d.
Structure de la population active :
agriculture : n.d., mines et industries :
n.d., services : n.d.
Structure du PIB : agriculture : n.d.,
mines et industries : n.d., services : n.d.
Dette publique brute : n.d.
Taux de chômage : n.d.

Tourisme
Recettes touristiques : n.d.

Commerce extérieur
Exportations de biens : n.d.
Importations de biens : n.d.

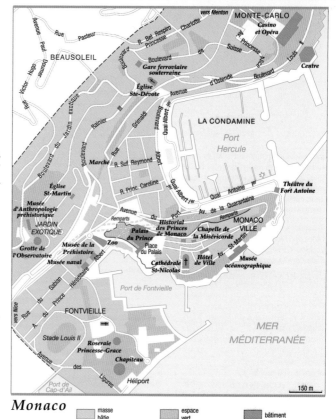

Monaco

masse bâtie — espace vert — bâtiment

Défense
Forces armées : n.d.
Budget de la Défense : n.d.

Niveau de vie
Nombre d'habitants pour un médecin : n.d.

Apport journalier moyen en calories : n.d.
Nombre d'automobiles
pour 1 000 hab. (1996) : 528
Nombre de téléviseurs
pour 1 000 hab. (2001) : 761

78

REPÈRES HISTORIQUES

Colonie phénicienne dans l'Antiquité, la ville passe sous la domination de la colonie grecque de Marseille et prend le nom de Monoïkos.
1297 : elle échoit à la famille Grimaldi mais, enjeu des querelles génoises entre guelfes et gibelins, elle ne lui revient définitivement qu'en 1419.
1512 : la France reconnaît son indépendance.
1793 - 1814 : les Français annexent la principauté.
1815 - 1817 : le protectorat français est remplacé par celui de la Sardaigne.

1865 : Monaco se replace sous la protection de la France en signant avec elle l'union douanière.
1911 : un régime libéral y remplace l'absolutisme.
1949 : Rainier III devient prince de Monaco.
1962 : Rainier III libéralise encore la Constitution.
1993 : la principauté est admise à l'ONU.
2005 : à la mort de Rainier III, son fils lui succède sous le nom d'Albert II.

Monténégro

— route
— voie ferrée
★ site touristique important
200 500 1500 m

● plus de 1 000 000 h.
● de 100 000 à 1 000 000 h.
● de 50 000 à 100 000 h.
• moins de 50 000 h.

Le littoral, abrupt, très découpé et méditerranéen, s'étend sur environ 200 km entre la Croatie et l'Albanie. Essentiellement montagneux, le Monténégro est recouvert pour plus de la moitié par les forêts. Les montagnes, dont les plus hauts sommets avoisinent les 2 500 m, s'inscrivent dans l'ensemble des Alpes Dinariques. C'est dans les plaines dominées par les cultures méditerranéennes et où se sont établies les principales villes (Podgorica, Shkodër) que se situe la plus grande partie de la population

Superficie : 13 812 km²
Population (2005) : 658 000 hab.
Capitale : Podgorica 136 473 hab. (r. 2003)
Nature de l'État et du régime politique :
Constitution en cours d'élaboration
Chef de l'État : (président de la République) Filip Vujanović
Chef du gouvernement : (Premier ministre) Željko Šturanović
Organisation administrative :
21 municipalités
Langue officielle : monténégrin
Monnaies : euro

DÉMOGRAPHIE

Densité : 48 hab./km²
Part de la population urbaine (2005) : 56,2 %
Structure de la population par âge (2005) :
moins de 15 ans : 16,8 %, 15-60 ans :
67,1 %, plus de 60 ans : 16,1 %
Taux de natalité (2005) : 10 ‰
Taux de mortalité (2005) : 10 ‰
Taux de mortalité infantile (2005) : 6,9 ‰
Espérance de vie (2004) : hommes :
70,3 ans, femmes : 77,8 ans

ÉCONOMIE*

PNB (2004) : 21,8 milliards de $
PNB/hab. (2005) : 3 280 $
PNB/hab. PPA : n.d.
IDH : n.d.
Taux de croissance annuelle du PIB (2005) :
4,7 %

Taux annuel d'inflation (2003) : 11,3 %
Structure de la population active :
agriculture : n.d., mines et industries :
n.d., services : n.d.
Structure du PIB (2004) : agriculture :
18,6 %, mines et industries : 36,3 %,
services : 45,1 %
Dette publique brute : n.d.
Taux de chômage (2003) : 15,2 %

Agriculture

Cultures
blé (2004) : 2 761 000 t.
maïs (2004) : 6 579 000 t.
orge (2004) : 409 000 t.
tournesol (2004) : 450 000 t.
soja (2002) : 244 000 t.
raisin (2004) : 467 000 t.
pommes de terre (2004) : 1 108 000 t.
betterave à sucre (2004) : 2 643 030 t.
Élevage
bovins (2005) : 1 096 180 têtes
ovins (2005) : 1 609 230 têtes
caprins (2005) : 138 600 têtes
porcins (2005) : 3 211 590 têtes

Énergie et produits miniers
électricité totale (2004) : 38 320 M. de kWh
pétrole (2004) : 800 000 t.
lignite (2001) : 35 750 000 t.
cuivre (2005) : 25 000 t.
plomb (2002) : 4 600 t.
zinc (2002) : 1 000 t.
bauxite (2005) : 610 000 t.

Productions industrielles
lait (2004) : 1 832 000 t.
sucre (2002) : 271 000 t.

vin (2005) : 323 940 hl
aluminium (2005) : 115 000 t.
cuivre métal (2005) : 30 000 t.
zinc métal (2005) : 100 t.
automobiles (2004) : 13 400 unités
laine (2005) : 2 872 t.
ciment (2005) : 2 200 000 t.

Tourisme
Recettes touristiques (2002) : 77 millions
de $

Commerce extérieur
Exportations de biens (1997) :
1 088 millions de dollars
Importations de biens (1997) :
2 527 millions de dollars

Défense
Forces armées (2004) : 65 300 individus
Budget de la Défense (2004) : 3,17 % du PIB

Niveau de vie
Nombre d'habitants pour un
médecin (1995) : 500
Apport journalier moyen en calories (2004) :
2 720 (minimum FAO : 2 400)
Nombre d'automobiles
pour 1 000 hab. (1999) : 163
Nombre de téléviseurs
pour 1 000 hab. (2000) : 282

*Toutes les données concernent l'ancien
ensemble Serbie-et- Monténégro.

REPÈRES HISTORIQUES

XIᵉ s. : la région, appelée Dioclée puis Zeta (actuel Monténégro), devient le centre d'un État.
1360 : inclus dans le royaume serbe aux XIIIᵉ - XIVᵉ s., le royaume de Zeta redevient indépendant.
1479 - 1878 : le Monténégro est sous domination ottomane.
1914-1918 : pendant la Première Guerre mondiale, le Monténégro se range aux côtés de la Serbie, avec laquelle il décide de s'unir, puis c'est l'intégration dans la Yougoslavie (voir Serbie).
1992 : la Serbie et le Monténégro créent la République fédérale de Yougoslavie.
2003 : la République fédérale de Yougoslavie prend le nom de Serbie-et-Monténégro.
2006 : l'union entre la Serbie et le Monténégro prend fin, ce dernier ayant choisi de recouvrer son indépendance (juin).
2007 : les élections législatives (janvier) sont marquées par une percée des nationalistes.

Occupant la partie occidentale de la péninsule scandinave, la Norvège, étirée sur plus de 1 500 km est une région montagneuse (en dehors du Nord, où dominent les plateaux) et forestière. Le littoral est découpé de fjords, sur lesquels se sont établies les principales villes, Oslo, Bergen, Trondheim, Stavanger.

Superficie : 323 877 km²
Population (2007) : 4 698 000 hab.
Capitale : Oslo 506 944 hab. (r. 2001), 794 356 hab. (r. 2003) dans l'agglomération
Nature de l'État et du régime politique : monarchie constitutionnelle à régime parlementaire
Chef de l'État : (roi) Harald V
Chef du gouvernement : (Premier ministre) Jens Stoltenberg
Organisation administrative : 19 départements et 5 dépendances
Langue officielle : norvégien
Monnaie : krone (couronne norvégienne)

DÉMOGRAPHIE
Densité : 14 hab./km²
Part de la population urbaine (2005) : 77,4 %
Structure de la population par âge (2005) : moins de 15 ans : 19,6 %, 15-60 ans : 60,7 %, plus de 60 ans : 19,7 %
Taux de natalité (2005) : 11,9 ‰
Taux de mortalité (2005) : 9,1 ‰
Taux de mortalité infantile (2005) : 3,3 ‰
Espérance de vie (2004) : hommes : 77,5 ans, femmes : 82,3 ans

ÉCONOMIE
PNB (2004) : 238 milliards de $
PNB/hab. (2005) : 59 590 $
PNB/hab. PPA (2005) : 40 420 dollars internationaux
IDH (2004) : 0,965
Taux de croissance annuelle du PIB (2006) : 2,4 %
Taux annuel d'inflation (2005) : 1,5 %
Structure de la population active (2004) : agriculture : 3,5 %, mines et industries : 20,9 %, services : 75,6 %
Structure du PIB (2004) : agriculture : 1,5 %, mines et industries : 39,5 %, services : 59 %
Dette publique brute (2003) : 44,9 % du PIB
Taux de chômage (2006) : 3,5 %

Agriculture et pêche
Cultures
blé (2004) : 409 500 t.
orge (2004) : 619 300 t.

avoine (2004) : 359 200 t.
pommes de terre (2004) : 349 800 t.
Élevage et pêche
bovins (2005) : 920 300 têtes
ovins (2005) : 2 417 000 têtes
porcins (2005) : 515 400 têtes
pêche (2004) : 330 854 t.

Énergie et produits miniers
électricité totale (2004) : 108 932 millions de kWh
hydroélectricité (2004) : 107 676 millions de kWh
houille (2001) : 1 971 000 t.
gaz naturel (2005) : 85 000 millions de m³
pétrole (2005) : 138 200 000 t.
fer (2004) : 408 000 t.
zinc (1999) : 12 000 t.
cuivre (1998) : 3 000 t.
nickel (2004) : 200 t.

Productions industrielles
lait (2004) : 1 721 670 t.
beurre (2003) : 14 300 t.
fromage (2003) : 83 200 t.
acier (2005) : 705 000 t.
aluminium (2005) : 1 372 000 t.
cuivre métal (2005) : 38 500 t.

nickel métal (2004) : 71 400 t.
zinc métal (2005) : 148 000 t.
construction navale (2001) : 71 000 tpl
filés de coton (1996) : 2 000 t.
laine (2005) : 5 010 t.
production de bois (2005) : 9 667 000 m³
papier (2005) : 2 223 000 t.

Tourisme
Recettes touristiques (2004) : 3 400 millions de $

Commerce extérieur
Exportations de biens (2005) : 104 362 millions de dollars
Importations de biens (2005) : 54 224 millions de dollars

Défense
Forces armées (2004) : 25 800 individus
Budget de la Défense (2004) : 1,74 % du PIB

Niveau de vie
Nombre d'habitants pour un médecin (1996) : 357
Apport journalier moyen en calories (2004) : 3 550 (minimum FAO : 2 400)
Nombre d'automobiles pour 1 000 hab. (2002) : 417
Nombre de téléviseurs pour 1 000 hab. (2001) : 884

Norvège

★ site touristique important
200 400 1000 1500 m

━━ autoroute
━━ route
━━ voie ferrée
✈ aéroport

● plus de 500 000 h.
● de 100 000 à 500 000 h.
● de 50 000 à 100 000 h.
· moins de 50 000 h.

REPÈRES HISTORIQUES

Des origines au Moyen Âge

VIIIe - XIe s. : les Vikings s'aventurent vers les îles Britanniques, l'Empire carolingien, le Groenland.

IXe s. : Harald Ier Hârfager unifie la Norvège.

995 - 1000 : le roi Olav Ier Tryggvesson commence à convertir ses sujets au christianisme.

1016 - 1030 : son œuvre est poursuivie par Olav II Haraldsson, ou saint Olav.

XIIe s. : les querelles dynastiques affaiblissent le pouvoir royal.

1163 : Magnus V Erlingsson est sacré roi de Norvège. L'Église donne ainsi une autorité spirituelle à la monarchie norvégienne.

1223 - 1263 : Haakon IV Haakonsson établit son autorité sur les îles de l'Atlantique (Féroé, Orcades, Shetland) ainsi que sur l'Islande et le Groenland.

1263 - 1280 : son fils, Magnus VI Lagaböte, améliore la législation et l'administration.

XIIIe s. : les marchands de la Hanse établissent leur suprématie économique sur le pays.

1319 - 1343 : Magnus VII Eriksson unit momentanément la Norvège et la Suède.

1363 : son fils, Haakon VI Magnusson, épouse Marguerite, fille de Valdemar IV, roi de Danemark.

1380 : devenue régente à la mort de son mari, Marguerite Ire Valdemarsdotter gouverne le Danemark et la Norvège au nom de son fils mineur, Olav, puis seule à la mort de celui-ci en 1387. Profitant alors d'une révolte des Suédois contre leur roi, elle se fait proclamer reine de Suède.

De l'union à l'indépendance

1397 : l'Union de Kalmar unit le Danemark, la Norvège et la Suède sous l'autorité d'Erik de Poméranie, désigné comme héritier par Marguerite Ire Valdemarsdotter.

1523 : alors que la Suède retrouve son indépendance, la Norvège tombe pour trois siècles sous la domination des rois de Danemark, qui lui imposent le luthéranisme et la langue danoise.

XVIIe s. : le pays, entraîné dans les conflits européens, doit céder des territoires à la Suède.

1814 : par le traité de Kiel, le Danemark cède la Norvège à la Suède. La Norvège obtient une Constitution propre, avec une Assemblée, ou *Storting*, chaque État formant un royaume autonome sous l'autorité d'un même roi.

1884 : le chef de la résistance nationale, Johan Sverdrup (1816 - 1892), obtient un régime parlementaire.

La Norvège indépendante

1905 : après un plébiscite décidé par le Storting, c'est la rupture avec la Suède. La Norvège choisit un prince danois, qui devient roi sous le nom de Haakon VII.

1940 - 1945 : les Allemands occupent la Norvège.

1957 : Olav V devient roi.

1991 : Harald V lui succède.

VIKINGS, NORMANDS, VARÈGUES

Les Vikings Norvégiens, Danois et Suédois furent appelés Normands à l'époque carolingienne, quand, poussés par la surpopulation et la recherche de débouchés commerciaux et de butins, ils déferlèrent sur l'Europe à partir du VIIIe s. Sous le nom de « Varègues », les Suédois occupèrent, vers le milieu du IXe s., la vallée supérieure du Dniepr et atteignirent même Constantinople. Ils furent les intermédiaires entre Byzance et l'Occident, entre chrétiens et musulmans. Ils découvrirent l'Islande (vers 860) et le Groenland (Xe s.). Les Norvégiens colonisèrent le nord de l'Écosse et l'Irlande. Les Danois s'installèrent dans le nord-est de l'Angleterre (XIe s.). Dans l'Empire carolingien, les Normands se livrèrent à des actes de piraterie fréquents après la mort de Charlemagne. Organisés en petites bandes, embarqués sur des flottilles de snekkja (ou drakkar), ils menèrent des raids dévastateurs dans l'arrière-pays, en remontant les fleuves. Charles II le Chauve dut acheter plus d'une fois leur retraite. En 885 - 886, les Normands assiégèrent Paris, vaillamment défendue par le comte Eudes et l'évêque Gozlin, mais Charles III le Gros leur versa une énorme rançon et les autorisa à piller la Bourgogne. En 911, au traité de Saint-Clair-sur-Epte, Charles III le Simple abandonna au chef normand Rollon le pays appelé aujourd'hui Normandie, d'où les Normands partirent au XIe s. pour conquérir l'Angleterre. Rollon et ses sujets reçurent le baptême, et reconnurent Charles III le Simple comme suzerain. Les Normands fondèrent également des principautés en Italie du Sud et en Sicile aux XIe et XIIe s.

PAYS-BAS

Limités à l'ouest par la mer du Nord, les Pays-Bas sont avant tout un pays plat, dont une partie (polders), située au-dessous du niveau de la mer, est préservée de l'océan par des digues. Le climat est océanique, doux et humide pour une latitude relativement élevée, avec des précipitations suffisantes (700 à 800 mm en moyenne) et qui, régulièrement réparties dans l'année, sont favorables à l'agriculture.

Superficie : 41 526 km²
Population (2007) : 16 419 000 hab.
Capitale : Amsterdam 741 875 hab.
(e. 2005), 1 147 000 hab. (e. 2005) dans l'agglomération
Capitale (siège des pouvoirs publics et de la Cour) : La Haye 474 007 hab. (e. 2005)
Nature de l'État et du régime politique : monarchie constitutionnelle à régime parlementaire
Chef de l'État : (reine) Béatrice
Chef du gouvernement : (Premier ministre) Jan Peter Balkenende
Organisation administrative : 12 provinces et 2 parties autonomes
Langue officielle : néerlandais
Monnaie : euro

Pays-Bas

✈ aéroport — autoroute
— route
0 m — voie ferrée

🚢 port pétrolier et complexe industriel
★ site touristique important
— limite de province
Zwolle capitale de province

● plus de 1 000 000 h.
● de 100 000 à 1 000 000 h.
● de 30 000 à 100 000 h.
• moins de 30 000 h.

DÉMOGRAPHIE

Densité : 395 hab./km²
Part de la population urbaine (2005) : 80,2 %
Structure de la population par âge (2005) : moins de 15 ans : 18,4 %, 15-60 ans : 62,3 %, plus de 60 ans : 19,3 %
Taux de natalité (2005) : 11,1 ‰
Taux de mortalité (2005) : 8,6 ‰
Taux de mortalité infantile (2005) : 4,7 ‰
Espérance de vie (2004) : hommes : 76,4 ans, femmes : 81 ans

ÉCONOMIE

PNB (2004) : 523 milliards de $
PNB/hab. (2005) : 36 620 $
PNB/hab. PPA (2005) : 32 480 dollars internationaux
IDH (2004) : 0,947
Taux de croissance annuelle du PIB (2006) : 2,9 %
Taux annuel d'inflation (2005) : 1,7 %
Structure de la population active (2004) : agriculture : 3 %, mines et industries : 20,4 %, services : 76,6 %
Structure du PIB (2004) : agriculture : 2,6 %, mines et industries : 25,5 %, services : 71,9 %
Dette publique brute (2005) : 52,7 % du PIB
Taux de chômage (2006) : 3,9 %

Agriculture et pêche

Cultures
blé (2004) : 1 223 900 t.
orge (2004) : 287 600 t.
betterave à sucre (2004) : 6 292 200 t.
pommes de terre (2004) : 7 487 700 t.
lin (2001) : 25 600 t.

Élevage et pêche
bovins (2005) : 3 799 000 têtes
ovins (2005) : 1 363 000 têtes
porcins (2005) : 11 312 000 têtes
poulets (2005) : 92 914 000 têtes
pêche (2004) : 600 561 t.

Énergie et produits miniers
électricité totale (2004) : 92 699 millions de kWh
électricité nucléaire (2004) : 3 630 millions de kWh
pétrole (2005) : 2 267 000 t.
gaz naturel (2005) : 62 900 millions de m³

Productions industrielles
beurre (2003) : 117 000 t.
lait (2004) : 10 905 000 t.
fromage (2003) : 654 000 t.
bière (2002) : 24 836 000 hl
acier (2005) : 6 919 000 t.
aluminium (2005) : 325 000 t.
zinc métal (2005) : 228 000 t.
automobiles (2005) : 115 100 unités
véhicules utilitaires (2005) : 65 600 unités
construction navale (2001) : 164 000 tpl
filés de coton (1996) : 3 000 t.
production de bois (2005) : 1 110 000 m³
caoutchouc synthétique (2001) : 188 000 t.
pâte à papier (2005) : 117 000 t.

Tourisme
Recettes touristiques (2002) : 7 706 millions de $

Commerce extérieur
Exportations de biens (2005) : 344 511 millions de dollars
Importations de biens (2005) : 297 559 millions de dollars

Défense
Forces armées (2004) : 53 130 individus
Budget de la Défense (2004) : 1,65 % du PIB

Niveau de vie
Nombre d'habitants pour un médecin (1991) : 398
Apport journalier moyen en calories (2004) : 3 490 (minimum FAO : 2 400)
Nombre d'automobiles pour 1 000 hab. (1999) : 384
Nombre de téléviseurs pour 1 000 hab. (2002) : 648

REPÈRES HISTORIQUES

Des origines à la période espagnole

La présence ancienne de l'homme est attestée par des monuments mégalithiques et des tumulus de l'âge du bronze.

57 av. J.-C. : César conquiert le pays, peuplé par des tribus celtes et germaniques.

15 av. J.-C. : les futurs Pays-Bas forment la province de Gaule Belgique.

IVe s. : les envahisseurs saxons s'établissent à l'est, tandis que les Francs occupent les territoires méridionaux.

VIIe - VIIIe s. : la christianisation de ces peuples ne s'achève qu'avec Charlemagne.

Xe - XIIe s. : affaibli au IXes. par les invasions normandes et les divisions territoriales (traité de Verdun, 843), le pays se décompose en de multiples principautés féodales.

XIIe - XIIIe s. : les villes connaissent un essor remarquable (Gand, Bruges).

XVe s. : par achats, mariages, héritages, les ducs de Bourgogne incorporent peu à peu tous les Pays-Bas.

1477 : à la mort de Charles le Téméraire, le mariage de sa fille avec Maximilien d'Autriche fait passer le pays sous la domination des Habsbourg.

1515 : Charles Quint porte à dix-sept le nombre des provinces et érige l'ensemble en cercle d'Empire (1548). Les idées de la Réforme se diffusent largement dans le pays.

Les Pays-Bas du XVIe au XVIIIe s.

1566 : la politique de Philippe II, absolutiste et hostile aux protestants, provoque le soulèvement de la Flandre, du Hainaut, puis des provinces du Nord.

1567 - 1573 : la répression menée par le duc d'Albe débouche sur la révolte générale de la Hollande et de la Zélande (1568) sous la direction de Guillaume d'Orange, bientôt suivies des autres provinces.

1579 : les provinces du Sud, en majorité catholiques, se soumettent à l'Espagne (Union d'Arras) ; celles du Nord, calvinistes, proclament l'Union d'Utrecht, qui pose les bases des Provinces-Unies.

1648 : l'indépendance des Provinces-Unies est reconnue par l'Espagne, qui conserve cependant les provinces méridionales.

1714 : les Pays-Bas espagnols passent sous domination autrichienne.

1795 : ils sont annexés par la France ; les Provinces-Unies deviennent la République batave.

Du royaume des Pays-Bas à nos jours

1815 : le congrès de Vienne réunit l'ensemble des provinces en un royaume des Pays-Bas. Guillaume Ier devient roi.

1839 : il reconnaît l'indépendance de la Belgique, proclamée en 1830.

1890 : Wilhelmine accède au pouvoir.

1914 - 1918 : la neutralité néerlandaise est maintenue pendant la Première Guerre mondiale.

1940 - 1945 : les Pays-Bas sont occupés par l'Allemagne.

1948 : Wilhelmine abdique en faveur de sa fille Juliana.

1949 : l'Indonésie accède à l'indépendance.

1958 : les Pays-Bas entrent dans la CEE.

1980 : Béatrice accède au trône.

LE PLAN DELTA

Les gigantesques travaux de génie hydraulique du plan Delta ont été réalisés de 1958 à 1986 pour relier par des digues les îles de la Hollande-Méridionale (Voorne, Overflakkee) et de la Zélande (Schouwen, Noord-Beveland, Walcheren). Conçu à la suite du raz-de-marée désastreux de 1953, le plan Delta était destiné à la lutte contre l'inondation ; il a permis la constitution de réserves d'eau douce, l'amélioration des communications routières, l'aménagement de la navigation intérieure entre l'Escaut et le Rhin, l'accroissement du potentiel touristique régional et, enfin, dans une certaine mesure, la création de nouveaux polders.

POLOGNE

Pologne

★ site touristique important	═══ autoroute
200 500 1000 m	─── route
	── voie ferrée
✈ aéroport	

● plus de 1 000 000 h.
● de 500 000 à 1 000 000 h.
● de 100 000 à 500 000 h.
• moins de 100 000 h.

En bordure de la Baltique, la Pologne est d'abord un pays de plaines (parfois lacustres) et de plateaux, avec une frange montagneuse qui occupe le sud du pays. S'y juxtaposent les montagnes jeunes des Carpates (Beskides) dans l'Est et les massifs anciens du Nord-Ouest (montagne de Sainte-Croix) et de l'Ouest (Sudètes). Le climat est continental, les hivers sont rudes, souvent enneigés, et les étés relativement chauds et humides.

Superficie : 323 250 km²
Population (2007) : 38 082 000 hab.
Capitale : Varsovie 1 671 700 hab.
(r. 2002), 2 200 000 hab. dans l'agglomération (e. 2003)
Nature de l'État et du régime politique : république à régime semi-présidentiel
Chef de l'État : (président de la République) Lech Kaczyński
Chef du gouvernement : (président du Conseil des ministres) Jarosław Kaczyński
Organisation administrative : 16 voïvodies
Langue officielle : polonais
Monnaie : złoty

DÉMOGRAPHIE

Densité : 118 hab./km²
Part de la population urbaine (2005) : 62 %
Structure de la population par âge (2005) : moins de 15 ans : 16,3 %, 15-60 ans : 66,5 %, plus de 60 ans : 17,2 %
Taux de natalité (2005) : 9,5 ‰
Taux de mortalité (2005) : 10 ‰
Taux de mortalité infantile (2005) : 6,7 ‰
Espérance de vie (2004) : hommes : 70 ans, femmes : 79 ans

ÉCONOMIE

PNB (2004) : 232 milliards de $
PNB/hab. (2005) : 7 110 $
PNB/hab. PPA (2005) : 13 490 dollars internationaux
IDH (2004) : 0,862
Taux de croissance annuelle du PIB (2006) : 5 %
Taux annuel d'inflation (2005) : 2,1 %
Structure de la population active (2004) : agriculture : 18 %, mines et industries : 28,8 %, services : 53,2 %
Structure du PIB (2004) : agriculture : 3,3 %, mines et industries : 32,5 %, services : 64,2 %
Dette publique brute (2005) : 42 % du PIB
Taux de chômage (2006) : 14 %

Agriculture et pêche

Cultures
blé (2004) : 9 892 480 t.
orge (2004) : 3 570 790 t.
seigle (2004) : 4 280 720 t.
avoine (2004) : 1 430 470 t.
colza (2002) : 953 000 t.
pommes de terre (2004) : 13 998 650 t.
betterave à sucre (2004) : 12 730 370 t.
pommes (2004) : 2 521 510 t.

Élevage et pêche
bovins (2005) : 5 483 290 têtes
ovins (2005) : 315 960 têtes
porcins (2005) : 18 112 380 têtes
chevaux (2003) : 550 000 têtes
pêche (2004) : 227 367 t.

Énergie et produits miniers
électricité totale (2004) : 143 483 millions de kWh
gaz naturel (2005) : 4 300 millions de m³
pétrole (2005) : 857 000 t.
houille (2001) : 112 999 000 t.
lignite (2001) : 59 540 000 t.
argent (2005) : 1 300 t.
cuivre (2005) : 523 000 t.
plomb (2005) : 48 000 t.
zinc (2005) : 117 000 t.

Productions industrielles
beurre (2003) : 185 000 t.
lait (2004) : 11 823 130 t.
fromage (2003) : 530 095 t.
viande (2003) : 3 315 000 t.
acier (2005) : 8 444 000 t.
fonte (1998) : 6 178 000 t.
aluminium (2005) : 43 000 t.
cuivre métal (2005) : 560 000 t.
plomb métal (2005) : 70 000 t.
zinc métal (2005) : 163 600 t.
filés de coton (1998) : 110 000 t.
construction navale (2001) : 695 000 tpl
textiles artificiels (1999) : 2 300 t.
textiles synthétiques (1999) : 83 400 t.
caoutchouc synthétique (2001) : 90 000 t.
ciment (2005) : 12 646 000 t.
pâte à papier (2005) : 1 051 000 t.
production de bois (2005) : 31 944 000 m³

Tourisme
Recettes touristiques (2004) : 6 499 millions de $

Commerce extérieur
Exportations de biens (2005) : 96 395 millions de dollars
Importations de biens (2005) : 99 161 millions de dollars

Défense
Forces armées (2004) : 141 500 individus
Budget de la Défense (2004) : 1,83 % du PIB

Niveau de vie
Nombre d'habitants pour un médecin (1996) : 416
Apport journalier moyen en calories (2004) : 3 420 (minimum FAO : 2 400)
Nombre d'automobiles pour 1 000 hab. (2000) : 259
Nombre de téléviseurs pour 1 000 hab. (2003) : 229

84

Les origines et la dynastie des Piast

Ve - VIe s. : les Slaves s'établissent entre l'Odra et l'Elbe.

VIIe - Xe s. : l'ethnie polonaise se particularise au sein de la communauté des Slaves occidentaux, entre les bassins de l'Odra et de la Vistule.

966 : baptême du duc Mieszko Ier (vers 960 - 992), fondateur de la dynastie des Piast.

1025 : Boleslas Ier le Vaillant (992 - 1025) est couronné roi.

XIIe s. : les partages successoraux morcellent et affaiblissent le pays, en proie aux incursions des Germains.

1226 : pour repousser les Prussiens païens, Conrad de Mazovie fait appel aux chevaliers Teutoniques, qui conquièrent la Prusse (1230 - 1283), puis la Poméranie orientale (1308 - 1309).

1320 - 1333 : Ladislas Ier Łokietek restaure l'unité du pays, dont le territoire demeure amputé de la Silésie et de la Poméranie.

1333 - 1370 : Casimir III le Grand, fils de Łokietek, lance l'expansion vers l'est (Ruthénie, Volhynie) et fonde l'université de Cracovie (1364).

1370 : la couronne passe à Louis Ier le Grand, roi de Hongrie.

Les Jagellons et la république nobiliaire

1385 - 1386 : l'acte de Krewo établit une union personnelle entre la Lituanie et la Pologne ; Jogaila, grand-duc de Lituanie, roi de Pologne sous le nom de Ladislas II (1386- 1434), fonde la dynastie des Jagellons.

1506 - 1572 : les règnes de Sigismond Ier le Vieux (1506 - 1548) et de Sigismond II Auguste (1548 - 1572) voient l'apogée de la Pologne, marqué par la diffusion de l'humanisme, la tolérance religieuse et l'essor économique.

1569 : l'Union de Lublin assure la fusion de la Pologne et de la Lituanie en une « république » gouvernée par une Diète unique et un souverain élu en commun.

1587 - 1632 : Sigismond III Vasa mène des guerres ruineuses contre la Russie, les Ottomans et la Suède.

1648 - 1660 : la Russie conquiert la Biélorussie et la Lituanie, tandis que la Suède occupe presque tout le pays.

XVIIIe s. : l'ingérence des puissances étrangères dans les affaires intérieures du pays conduit à la guerre de la Succession de Pologne.

Les trois partages de la Pologne et la domination étrangère

1772 : la Russie, l'Autriche et la Prusse procèdent au premier partage de la Pologne.

1788 - 1791 : les patriotes réunissent la Grande Diète et adoptent la Constitution du 3 mai 1791.

1793 : la Russie et la Prusse réalisent le deuxième partage de la Pologne.

1794 : l'insurrection de Kościuszko est écrasée.

1795 : le troisième partage de la Pologne supprime même le nom du pays.

1807 - 1813 : Napoléon crée le grand-duché de Varsovie.

1815 : le congrès de Vienne crée un royaume de Pologne réuni à l'Empire russe.

1864 - 1918 : après les insurrections de 1830 et de 1864, la partie prussienne et la partie russe de la Pologne sont soumises à une politique d'assimilation.

La Pologne indépendante

1918 : Piłsudski proclame à Varsovie la République indépendante de Pologne.

1920 - 1921 : à l'issue de la guerre polono-soviétique, la frontière est reportée à 200 km à l'est de la ligne Curzon.

1926 - 1935 : Piłsudski, démissionnaire en 1922, reprend le pouvoir et le conserve jusqu'en 1935. La Pologne signe des pactes de non-agression avec l'URSS (1932) et avec l'Allemagne (1934).

1939 : la Pologne est envahie par les troupes allemandes, puis soviétiques. L'Allemagne et l'URSS se partagent la Pologne conformément au pacte germano-soviétique.

1940 : le gouvernement en exil, dirigé par Sikorski, s'établit à Londres.

1943 : insurrection et anéantissement du ghetto de Varsovie.

1945 : les troupes soviétiques pénètrent à Varsovie et y installent le comité de Lublin, qui se transforme en gouvernement provisoire. Les frontières du pays sont fixées à Yalta et à Potsdam.

La Pologne depuis 1945

1948 : Gomułka partisan d'une voie polonaise vers le socialisme, est écarté au profit de Bierut, qui s'aligne sur le modèle soviétique.

1956 : Gomułka revient au pouvoir après les émeutes ouvrières de Poznań.

1970 : Gierek veut remédier aux problèmes de la société polonaise en modernisant l'économie avec l'aide de l'Occident.

1978 : élection de Karol Wojtyła, archevêque de Cracovie, à la papauté (sous le nom de Jean-Paul II).

1980 : le syndicat Solidarność est créé avec à sa tête Lech Wałęsa.

Déc. 1981 - déc. 1982 : le général Jaruzelski instaure l'« état de guerre ».

1989 : des négociations entre le pouvoir et l'opposition aboutissent au rétablissement du pluralisme syndical et à la démocratisation des institutions.

1990 : L. Wałęsa est élu à la présidence de la République au suffrage universel.

1991 : à l'issue des premières élections législatives entièrement libres, une trentaine de partis sont représentés à la Diète.

1997 : une nouvelle Constitution est adoptée.

1999 : la Pologne est intégrée dans l'OTAN.

2004 : elle adhère à l'Union européenne.

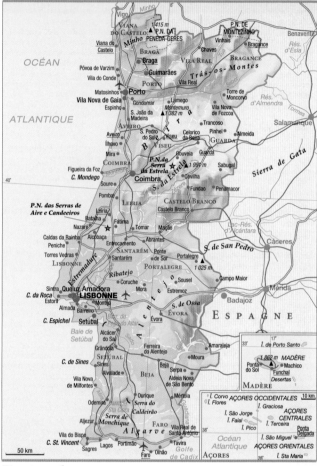

Largement ouvert sur l'Atlantique, le Portugal occupe l'extrémité sud-ouest de l'Europe et a l'Espagne pour seul voisin. Son climat devient plus chaud et plus sec du Nord vers le Sud, et ses reliefs prolongent ceux de la meseta espagnole ; le socle ancien est modelé en plateaux qui descendent en gradins vers l'Atlantique. Les altitudes les plus élevées se rencontrent dans le Nord : près de 2 000 m dans les serras de Lousã et da Estrela. Le pays n'a que le cours inférieur de ses trois grands fleuves : Douro, Tage et Guadiana.

Superficie : 91 982 km²
Population (2007) : 10 623 000 hab.
Capitale : Lisbonne 564 657 hab.
(r. 2001), 2 761 000 hab. (e. 2005) dans l'agglomération
Nature de l'État et du régime politique : république à régime semi-présidentiel
Chef de l'État : (président de la République) Aníbal Cavaco Silva
Chef du gouvernement : (Premier ministre) José Sócrates Carvalho Pinto de Sousa, dit José Sócrates
Organisation administrative : 18 districts et 2 régions autonomes
Langue officielle : portugais
Monnaie : euro

DÉMOGRAPHIE

Densité : 114 hab./km²
Part de la population urbaine (2005) : 57,6 %

Structure de la population par âge (2005) : moins de 15 ans : 15,6 %, 15-60 ans : 62,3 %, plus de 60 ans : 22,1 %
Taux de natalité (2005) : 10,5 ‰
Taux de mortalité (2005) : 10,6 ‰
Taux de mortalité infantile (2005) : 5 ‰
Espérance de vie (2004) : hommes : 74,3 ans, femmes : 80,6 ans

ÉCONOMIE

PNB (2004) : 149 milliards de $
PNB/hab. (2005) : 16 170 $
PNB/hab. PPA (2005) : 19 730 dollars internationaux
IDH (2004) : 0,904
Taux de croissance annuelle du PIB (2006) : 1,2 %
Taux annuel d'inflation (2005) : 2,2 %
Structure de la population active (2004) : agriculture : 12,1 %, mines et industries : 31,4 %, services : 56,5 %
Structure du PIB (2004) : agriculture : 3,6 %, mines et industries : 26,8 %, services : 69,6 %
Dette publique brute (2005) : 64 % du PIB

Taux de chômage (2006) : 7,4 %

Agriculture et pêche

Cultures
blé (2004) : 292 880 t.
maïs (2004) : 789 410 t.
orge (2004) : 26 240 t.
riz (2004) : 149 260 t.
avoine (2004) : 61 320 t.
olives (2004) : 270 000 t.
pommes de terre (2004) : 1 250 000 t.
raisin (2004) : 1 000 000 t.
tomates (2004) : 1 200 930 t.
noisettes (2004) : 500 t.
citrons (2004) : 12 330 t.
mandarines (1998) : 36 000 t.
oranges (2004) : 250 320 t.

Élevage et pêche
bovins (2005) : 1 443 000 têtes
ovins (2005) : 5 500 000 têtes
porcins (2003) : 2 344 000 têtes
pêche (2004) : 228 382 t.

Énergie et produits miniers
électricité totale (2004) : 42 522 millions de kWh
hydroélectricité (2004) : 9 819 millions de kWh
houille (1990) : 280 000 t.
cuivre (2005) : 89 000 t.
étain (2005) : 200 t.
uranium (2002) : 2 t.

Productions industrielles
lait (2004) : 2 076 960 t.
beurre (2003) : 26 285 t.
fromage (2003) : 74 862 t.
vin (2005) : 7 051 300 hl
huile d'olive (2002) : 36 000 t.
acier (2005) : 1 400 000 t.
construction navale (2001) : 17 000 tpl

filés de coton (1998) : 119 000 t.
laine (2005) : 7 829 t.
textiles synthétiques (1998) : 73 000 t.
ciment (2005) : 9 000 000 t.
pâte à papier (2005) : 1 932 000 t.
production de bois (2005) : 11 106 000 m³

Tourisme
Recettes touristiques (2004) :
8 922 millions de $

Commerce extérieur
Exportations de biens (2005) :
38 167 millions de dollars
Importations de biens (2005) :
59 022 millions de dollars

Défense
Forces armées (2004) : 44 900 individus
Budget de la Défense (2004) : 1,27 % du PIB

Niveau de vie
Nombre d'habitants pour un médecin (1996) : 333
Apport journalier moyen en calories (2004) : 3 750
(minimum FAO : 2 400)
Nombre d'automobiles pour 1 000 hab. (2001) : 426
Nombre de téléviseurs pour 1 000 hab. (2001) : 413

REPÈRES HISTORIQUES

La formation de la nation

Le pays est occupé par des tribus en relation avec les Phéniciens, les Carthaginois et les Grecs.
IIᵉ s. av. J.-C. : l'ouest de la Péninsule est conquis par les Romains. La province de Lusitanie est créée par Auguste.
Vᵉ s. apr. J.-C. : elle est envahie par les Suèves et les Alains, puis par les Wisigoths.
711 : les musulmans conquièrent le pays.
866 - 910 : Alphonse III, roi des Asturies, reprend le contrôle de la région de Porto.
1064 : Ferdinand Iᵉʳ, roi de Castille, libère la région située entre Douro et Mondego.
1097 : Alphonse VI, roi de Castille et de León, confie le comté de Portugal à son gendre, Henri de Bourgogne, fondateur de la dynastie de Bourgogne.
1139 - 1185 : son fils, Alphonse Henriques, prend le titre de roi de Portugal après sa victoire d'Ourique sur les Maures (1139) et fait reconnaître l'indépendance du Portugal.
1249 : Alphonse III (1248 - 1279) parachève la Reconquête en occupant l'Algarve.
1385 : Jean Iᵉʳ (1385 - 1433) fonde la dynastie d'Aviz et remporte sur les Castillans la victoire d'Aljubarrota.

L'âge d'or

XVᵉ - XVIᵉ s. : le Portugal joue un grand rôle dans les voyages de découvertes, animés par Henri le Navigateur (1394 - 1460).
1488 : Bartolomeu Dias double le cap de Bonne-Espérance.
1494 : le traité de Tordesillas établit une ligne de partage entre les possessions extraeuropéennes de l'Espagne et celles du Portugal.
1497 : Vasco de Gama découvre la route des Indes.
1500 : Cabral prend possession du Brésil.
1505 - 1515 : l'Empire portugais des Indes est constitué.

Les crises et le déclin

1580 : Philippe II d'Espagne s'empare du Portugal.
1640 : les Portugais se soulèvent et proclament roi le duc de Bragance, Jean IV (1640 - 1656).
1668 : l'Espagne reconnaît l'indépendance du Portugal.
Fin du XVIIᵉ s. : se résignant à l'effondrement de ses positions en Asie et à son recul en Afrique, le Portugal se consacre à l'exploitation du Brésil.
1707 - 1750 : sous Jean V, l'or du Brésil ne parvient pas à stimuler l'économie métropolitaine.
1750 - 1777 : Joseph Iᵉʳ fait appel à Pombal, qui impose un régime de despotisme

éclairé et reconstruit Lisbonne après le séisme de 1755.
1807 : Jean VI s'enfuit au Brésil tandis que les Anglo-Portugais, dirigés par le régent Beresford, luttent jusqu'en 1811 contre les Français qui ont envahi le pays.
1822 : Jean VI (1816 - 1826) revient à Lisbonne. Son fils, Pierre Iᵉʳ, se proclame empereur du Brésil, dont l'indépendance est reconnue en 1825.
1826 : à la mort de Jean VI, un conflit dynastique oppose Pierre Iᵉʳ, devenu roi de Portugal sous le nom de Pierre IV, sa fille Marie II (1826-1853) et son frère Miguel qui s'était proclamé roi sous le nom de Michel Iᵉʳ.
1852 - 1908 : le Portugal connaît sous les rois Pierre V (1853 - 1861), Louis Iᵉʳ (1861- 1889) et Charles Iᵉʳ (1889 - 1908) un véritable régime parlementaire ; le pays tente de se reconstituer un empire colonial autour de l'Angola et du Mozambique.

La république

1910 : la république est proclamée.
1933 - 1968 : Salazar instaure l'« État nouveau » (*Estado Novo*), corporatiste et nationaliste.
1974 : une junte prend le pouvoir et inaugure la « révolution des œillets ».
1975 : les anciennes colonies portugaises accèdent à l'indépendance.
1986 : le Portugal entre dans la CEE.
1999 : le territoire de Macao est rétrocédé à la Chine.

Les Carpates constituent les principaux reliefs. La chaîne forme un arc de cercle qui entoure la Transylvanie, d'où émergent les monts Apuseni. À la périphérie de cet ensemble se succèdent plateaux et plaines. Le climat est de type continental.

Superficie : 238 391 km²
Population (2007) : 21 438 000 hab.
Capitale : Bucarest 1 926 334 hab. (r. 2002)
Nature de l'État et du régime politique :
république à régime semi-présidentiel
Chef de l'État : (président de la
République) Traian Băsescu
Chef du gouvernement : (Premier
ministre) Călin Popescu-Tăriceanu
Organisation administrative :
41 départements et 1 municipalité
Langue officielle : roumain
Monnaie : leu

DÉMOGRAPHIE

Densité : 90 hab./km²
Part de la population urbaine (2005) : 53,7 %
Structure de la population par âge (2005) :
moins de 15 ans : 15,7 %, 15-60 ans :
65,1 %, plus de 60 ans : 19,2 %
Taux de natalité (2005) : 9,8 ‰
Taux de mortalité (2005) : 12,4 ‰
Taux de mortalité infantile (2005) : 14,9 ‰
Espérance de vie (2004) : hommes :
67,6 ans, femmes : 75 ans

ÉCONOMIE

PNB (2004) : 64 milliards de $
PNB/hab. (2005) : 3 830 $
PNB/hab. PPA (2005) : 8 980 dollars
internationaux
IDH (2004) : 0,805
Taux de croissance annuelle du PIB (2006) :
5,5 %
Taux annuel d'inflation (2005) : 9 %
Structure de la population active (2003) :
agriculture : 35,7 %, mines et industries :
29,7 %, services : 34,6 %
Structure du PIB (2004) : agriculture :
14,3 %, mines et industries : 36,8 %,
services : 48,9 %
Dette publique brute (2005) : 15,2 % du PIB
Taux de chômage (2005) : 7,2 %

Agriculture

Cultures
blé (2004) : 7 812 430 t.
maïs (2004) : 14 541 560 t.
orge (2004) : 1 406 000 t.
avoine (2004) : 447 080 t.
soja (2002) : 146 000 t.
pommes de terre (2004) : 4 230 210 t.
lin (2001) : 3 000 t.
tournesol (2004) : 1 720 000 t.
raisin (2004) : 1 230 400 t.
noix (2003) : 50 819 t.

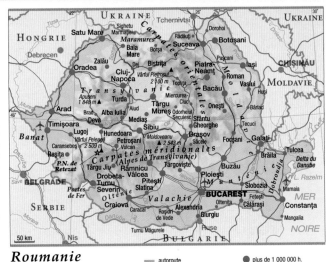

Roumanie

★ site touristique important

200 500 1000 m

━━ autoroute
── route
── voie ferrée
✈ aéroport

● plus de 1 000 000 h.
● de 100 000 à 1 000 000 h.
● de 50 000 à 100 000 h.
· moins de 50 000 h.

Élevage
bovins (2005) : 2 808 000 têtes
ovins (2005) : 7 425 000 têtes
porcins (2005) : 6 495 000 têtes
chevaux (2003) : 879 000 têtes
poulets (2005) : 87 014 000 têtes

Énergie et produits miniers
électricité totale (2004) : 54 534 M. de kWh
hydroélectricité (2004) : 16 830 M. de kWh
gaz naturel (2005) : 12 900 millions de m³
pétrole (2005) : 5 400 000 t.
houille (2001) : 133 000 t.
lignite (2001) : 29 694 000 t.
bauxite (1998) : 162 000 t.
fer (2004) : 74 000 t.
uranium (2004) : 90 t.

Productions industrielles
vin (2005) : 5 750 000 hl
sucre (2002) : 73 000 t.
acier (2005) : 6 235 000 t.
fonte (1998) : 4 525 000 t.
aluminium (2005) : 244 000 t.
automobiles (2005) : 174 500 unités
véhicules utilitaires (2005) : 20 200 unités
construction navale (2001) : 96 000 tpl
laine (2005) : 17 600 t.

lin (2001) : 3 000 t.
textiles artificiels (1999) : 6 100 t.
textiles synthétiques (1999) : 27 900 t.
caoutchouc synthétique (2001) : 23 200 t.
ciment (2005) : 7 032 000 t.
production de bois (2005) : 14 501 000 m³

Tourisme
Recettes touristiques (2004) : 607 M. de $

Commerce extérieur
Exportations de biens (2005) :
27 730 millions de dollars
Importations de biens (2005) :
37 348 millions de dollars

Défense
Forces armées (2004) : 97 200 individus
Budget de la Défense (2004) : 2,09 % du PIB

Niveau de vie
**Nombre d'habitants pour un
médecin (1996) :** 556
Apport journalier moyen en calories (2004) :
3 620 (minimum FAO : 2 400)
**Nombre d'automobiles
pour 1 000 hab. (2001) :** 144
**Nombre de téléviseurs
pour 1 000 hab. (2002) :** 697

REPÈRES HISTORIQUES

Les Daces sont les premiers habitants connus de l'actuelle Roumanie.
106 apr. J.-C. : Trajan conquiert la Dacie.
VIe s. : la région est envahie par les Slaves.
XIe s. : les Hongrois conquièrent la Transylvanie.
XIVe - XIXe s. : les principautés de Valachie et de Moldavie, formées au XIVe s., deviennent vassales de l'Empire ottoman.
1829 - 1856 : protectorats ottoman et russe sur la Moldavie et la Valachie.
1878 : l'indépendance du pays, qui prend le nom de Roumanie en 1866, est reconnue.
1919 - 1920 : à l'issue de la Première Guerre mondiale, les traités de paix attribuent à la Roumanie la Dobroudja, la Bucovine, la Transylvanie et le Banat.
1944 : le dictateur Antonescu, qui a engagé le pays, aux côtés de Hitler, contre l'URSS (1941), est renversé.
1947 : une république populaire est proclamée.
1974 : Ceaușescu, président du Conseil d'État depuis 1967, est président de la République. Il maintient un régime centralisé et répressif.
1989 : une insurrection renverse Ceaușescu, qui est exécuté avec son épouse. Un Conseil du Front de salut national assure la direction du pays.
1990 : les premières élections libres sont remportées par le Front de salut national.
2004 : la Roumanie adhère à l'OTAN.
2007 : la Roumanie adhère à l'Union européenne.

La Russie est, de loin, le plus vaste pays du monde (plus de trente fois la superficie de la France), s'étendant sur environ 10 000 km d'ouest en est, de la Baltique au Pacifique (onze fuseaux horaires). Elle est formée essentiellement de plaines et de plateaux, la montagne apparaissant toutefois dans le Sud (Caucase, confins de la Mongolie et de la Chine) et l'Est (en bordure du Pacifique). L'Oural constitue une barrière traditionnelle entre la Russie d'Europe à l'ouest et la Russie d'Asie (la Sibérie) à l'est. La latitude, mais surtout l'éloignement de l'océan et l'orientation du relief expliquent la continentalité (forts écarts de température) du climat, marquée vers l'est avec des hivers très rigoureux, ainsi que la disposition zonale des formations végétales : du nord au sud se succèdent la toundra, la taïga, les feuillus et les steppes herbacées.

Superficie : 17 075 400 km^2
Population (2007) : 142 499 000 hab.
Capitale : Moscou 10 101 500 hab. (r. 2002) 10 654 000 hab. dans l'agglomération (e.2005)
Nature de l'État et du régime politique : république à régime semi-présidentiel
Chef de l'État : (président de la République) Vladimir Vladimirovitch Poutine
Chef du gouvernement : (président du gouvernement) Mikhaïl Efimovitch Fradkov
Organisation administrative : 7 arrondissements fédéraux
Langue officielle : russe
Monnaie : rouble russe

DÉMOGRAPHIE

Densité : 8 hab./km^2
Part de la population urbaine (2005) : 73 %
Structure de la population par âge (2005) : moins de 15 ans : 15,1 %, 15-60 ans : 67,8 %, plus de 60 ans : 17,1 %
Taux de natalité (2005) : 10,7 ‰
Taux de mortalité (2005) : 16,2 ‰
Taux de mortalité infantile (2005) : 16,6 ‰

Espérance de vie (2004) : hommes : 58,7 ans, femmes : 71,9 ans

ÉCONOMIE

PNB (2004) : 488 milliards de $
PNB/hab. (2005) : 4 460 $
PNB/hab. PPA (2005) : 10 640 dollars internationaux
IDH (2004) : 0,797
Taux de croissance annuelle du PIB (2006) : 6,5 %
Taux annuel d'inflation (2005) : 12,7 %
Structure de la population active (2003) : agriculture : 10 %, mines et industries : 31,3 %, services : 58,7 %
Structure du PIB (2004) : agriculture : 5 %, mines et industries : 35,1 %, services : 59,9 %
Dette publique brute : n.d.
Taux de chômage (2004) : 7,8 %

Agriculture et pêche

Cultures
blé (2004) : 45 412 710 t.
maïs (2004) : 3 515 690 t.
riz (2004) : 471 060 t.
avoine (2004) : 4 954 780 t.
seigle (2004) : 2 871 870 t.
millet (2004) : 1 117 240 t.
soja (2002) : 423 000 t.
tournesol (2004) : 4 300 000 t.
pommes de terre (2004) : 35 914 240 t.
betterave à sucre (2004) : 21 848 320 t.
noisettes (2004) : 3 000 t.
pêches (2004) : 50 000 t.
pommes (2004) : 2 030 000 t.
tomates (2004) : 2 017 860 t.
orge (2004) : 17 179 740 t.

Élevage et pêche
bovins (2005) : 22 987 700 têtes
ovins (2005) : 15 494 010 têtes
porcins (2005) : 13 412 770 têtes
caprins (2005) : 2 277 360 têtes
chevaux (2003) : 1 565 000 têtes
poulets (2005) : 328 707 000 têtes
pêche (2004) : 3 109 637 t.

Énergie et produits miniers
électricité totale (2004) : 881 596 millions de kWh
électricité nucléaire (2004) : 137 470 millions de kWh
hydroélectricité (2004) : 165 330 millions de kWh
gaz naturel (2005) : 598 000 millions de m^3
pétrole (2005) : 470 000 000 t.
houille (2001) : 165 219 000 t.
lignite (2001) : 100 080 000 t.
argent (2005) : 1 350 t.
bauxite (2005) : 6 400 000 t.
chrome (2004) : 320 000 t.

cuivre (2005) : 700 000 t.
diamant (2005) : 38 000 000 carats
étain (2005) : 3 000 t.
fer (2004) : 56 200 000 t.
molybdène (2003) : 2 900 t.
nickel (2004) : 315 000 t.
or (2005) : 169 297 kg
phosphate (2003) : 11 000 000 t.
plomb (2005) : 36 000 t.
uranium (2004) : 3 200 t.
zinc (2005) : 180 000 t.

Productions industrielles
beurre (2003) : 280 000 t.
fromage (2003) : 515 000 t.
lait (2004) : 31 933 130 t.
miel (2003) : 50 000 t.
sucre (2002) : 1 742 000 t.
vin (2005) : 3 174 400 hl
oeufs (2003) : 2 052 000 t.
viande (2003) : 4 934 000 t.
acier (2005) : 66 146 000 t.
fonte (1998) : 34 736 000 t.
aluminium (2005) : 3 647 000 t.
cuivre métal (2005) : 933 000 t.
nickel métal (2004) : 265 000 t.
plomb métal (2005) : 66 000 t.
zinc métal (2005) : 220 000 t.
automobiles (2005) : 1 068 100 unités
véhicules utilitaires (2005) : 283 000 unités
construction navale (2001) : 30 000 tpl
filés de coton (1998) : 156 000 t.
jute (1997) : 45 000 t.
laine (2005) : 47 978 t.
lin (2001) : 48 000 t.
caoutchouc synthétique (2001) : 920 000 t.
production de bois (2005) : 186 500 000 m^3
papier (2005) : 7 024 000 t.

Tourisme
Recettes touristiques (2004) : 6 958 millions de $

Commerce extérieur
Exportations de biens (2005) : 243 569 millions de dollars
Importations de biens (2005) : 125 303 millions de dollars

Défense
Forces armées (2004) : 1 037 000 individus
Budget de la Défense (2004) : 2,46 % du PIB

Niveau de vie
Nombre d'habitants pour un médecin (1995) : 263
Apport journalier moyen en calories (2004) : 3 090 (minimum FAO : 2 400)
Nombre d'automobiles pour 1 000 hab. (2000) : 132
Nombre de téléviseurs pour 1 000 hab. (2000) : 538

REPÈRES HISTORIQUES

Les origines et les principautés médiévales
Ve s. apr. J.-C. : les Slaves de l'Est descendent vers le sud-est, où ils recueillent les vestiges des civilisations scythe et sarmate.
VIIIe - IXe s. : des Vikings, les Varègues, dominent les deux voies du commerce entre Baltique et mer Noire, le Dniepr et la Volga. Ils fondent des principautés dont les chefs sont semi-légendaires (Askold à Kiev, Riourik à Novgorod).
882 : Oleg, prince riourikide, fonde l'État de Kiev.
989 : Vladimir Ier (vers 980 - 1015) impose à ses sujets le « baptême de la Russie ».

1019 - 1054 : sous Iaroslav le Sage, la Russie kiévienne connaît une brillante civilisation, inspirée de Byzance.
1169 : Vladimir est choisie pour capitale du second État russe, la principauté de Vladimir-Souzdal.
1238 - 1240 : les Mongols conquièrent presque tout le pays. →

90

MER DE BÉRING
Îles Kouriles
Îles du Commandeur
JAPON
Honshu
Hokkaïdo
Ioujno-Sakhalinsk
Komsomolsk-sur-l'Amour
Nakhodka
Vladivostok
Harbin
Changchun
CORÉE DU Nord
CHINE
OULAN-BATOR
MONGOLIE

Kliout chevskaïa 4.750 m
Petropavlovsk-Kamtchatski
Kamtchatka
Mts des Koriaks
Détroit de Tatarie
Sakhaline
MER D'OKHOTSK
Sikhote-Alin
Mts de Bouréïa
Oussouri
Birobidian
Blagovechtchensk
Tchita

Pén. des Tchouktches
Détroit de Béring
Ouelen
Golfe de l'Anadyr
Anadyr
Markovo
Kamenskoïe
Palana
Evensk
Magadan
Monts de la Kolyma
Kolyma
Mts de l'Anïouï
MER DES TCHOUKTCHES
I. Vrangel
MER DE SIBÉRIE ORIENTALE

Tchersk
Indiguirka
Tchokourdakh
Mts Tcherski
Mts Dïougdjour
Monts de Verkhoïansk
Iana
Iakoutsk
Lena
Aldan
Mts Stanovoï
Néverski
Tchernychevski
Oulan-Oude
Angarsk
Oust-Ilimsk
Bratsk

Archipel de la Nouvelle-Sibérie
Île de la Nouvelle-Sibérie
Grande Île Liakhov
Petite Île Liakhov
I. Kotelnyi
MER DES LAPTEV
Severnaïa Zemlia (Terre du Nord)
I. Bolchevik
I. de la Révolution d'Octobre
I. Komsomolets

Bouloun
Tiksi
Olenek
Khatanga
Norvïk
Nordvik
Toungouska
Plaine de la Sibérie septentrionale
Mts Byrranga
Péninsule de Taïmyr
Monts Poutorana
Plateau de Sibérie centrale
Angara
Krasnoïarsk
Ienisseï

Iakoutie
Vitim
Lena
Mirny
Olekminsk
Lensk
Kyzyl

Péninsule de Gyda
Péninsule de Iamal
Norilsk
Doudinka
Igarka
Novyi-Port
Plaine de Sibérie occidentale
Sourgout
Nijnevartovsk
Tomsk
Kemerovo
Novossibirsk
Prokopievsk
Novokouznetsk
Leninsk-Kouznetski
Atchinsk
Krasnoïarsk
Abakan
Biïsk
Barnaoul
Gorno-Altaïsk
Béloukha 4.506 m
Roubtsovsk

OCÉAN GLACIAL ARCTIQUE
Terre François-Joseph
Svalbard (Norv.)
Cap Nord
MER DE NORVÈGE
Nouvelle-Zemble
MER DE KARA
MER DE BARENTS
Pén. de Kanin
Vorkouta
Narian-Mar
Oural
Mts Oural

NORVÈGE
Laponie
Petsamo
Mourmansk
Montchegorsk
Kandalakcha
Mts de Kola
Severodvinsk
Arkhangelsk
Dvina Sept.
Syktyvkar
Oukhta
Solikamsk
Berezniki
Perm
Ivdel

SUÈDE
FINLANDE
HELSINKI
STOCKHOLM
Golfe de Botnie
Cercle Polaire Arctique
Petrozavodsk
Saint-Pétersbourg
Tsarskoïe Selo
Tsarskaïe Selo
Kronstadt
Novgorod
Vologda
Tcherepovets
Rybinsk
Iaroslavl
Ivanovo
Kostroma
Kinechma

DANEMARK
COPENHAGUE
BERLIN
VARSOVIE
POLOGNE
BIÉLORUSSIE
ESTONIE
LETTONIE
LITUANIE
TALLINN
RIGA
VILNIUS
Kaliningrad
Pskov
Velikié Louki
Viatka
Glazov
Ijevsk
Naberejnyé Tchelny
Kazan
Ielabouga
Oufa
Sterlitamak

MOSCOU
Smolensk
Briansk
Orel
Koursk
Belgorod
Lipetsk
Voronej
Tambov
Penza
Saransk
Oulianovsk
Toliatti
Samara
Syzran
Saratov
Volgograd
Balakovo

UKRAINE
Kharkov
Donbass
Rostov-le-Don
Taganrog
Novotcherkassk
Volgodonsk
Armavir
Maïkop
Krasnodar
Novorossisk
MER NOIRE
Sotchi

GÉORGIE
TBILISSI
Vladikavkaz
Groznyï
Makhatchkala
MER CASPIENNE
Astrakhan
Elbrous 5 642 m
Kazbek 5 047 m
Mts du Caucase
CAUCASE
AZERBAÏDJAN
BAKOU
ARMÉNIE
EREVAN
TURQUIE
Syrie

Orenbourg
Orsk
Magnitogorsk
Tcheliabinsk
Miass
Iékaterinbourg
Nijni-Taguil
Kamensk-Ouralski
Kourgan
Tioumen
Omsk
Petropavlovsk
Kokchetaou
Karagandy
Kyzylyar
Astana
KAZAKHSTAN
MER D'ARAL
OUZBÉKISTAN

Légende :
- route
- voie ferrée
- ✈ aéroport
- limite de république

populations :
- ● plus de 5 000 000 h.
- ● de 1 000 000 à 5 000 000 h.
- ● de 100 000 à 1 000 000 h.
- ○ moins de 100 000 h.

altitudes : 0 — 200 — 500 — 1000 — 2000 m

échelles : 150 km, 300 km

Républiques :
- 1 - Rép. des Adygués
- 2 - Rép. de l'Altaï
- 3 - Rép. du Bachkortostan
- 4 - Rép. de Bouriatie
- 5 - Rép. de Carélie
- 6 - Rép. du Daguestan
- 7 - Rép. d'Ingouchie
- 8 - Rép. de Kabardino-Balkarie
- 9 - Rép. de Kalmoukie
- 10 - Rép. des Karatchaïs-Tcherkesses
- 11 - Rép. de Khakassie
- 12 - Rép. des Komis
- 13 - Rép. des Maris
- 14 - Rép. de Mordovie
- 15 - Rép. d'Ossétie du Nord
- 16 - Rép. d'Oudmourtie
- 17 - Rép. de Sakha (Iakoutie)
- 18 - Rép. du Tatarstan
- 19 - Rép. de Tchétchénie
- 20 - Rép. de Tchouvachie
- 21 - Rép. de Touva

L'État moscovite

XIVᵉ s. : la principauté de Moscou acquiert la suprématie sur les autres principautés russes.

1380 : Dimitri Donskoï bat les Mongols à Koulikovo.

1462 - 1505 : Ivan III organise un État puissant et centralisé et met fin à la suzeraineté mongole (1480).

1533 - 1584 : Ivan IV le Terrible, qui prend le titre de tsar (1547), commence la conquête de la Sibérie.

1605 - 1613 : après le règne de Boris Godounov (1598 - 1605), la Russie connaît des troubles politiques et sociaux ; elle est envahie par les Suédois et les Polonais.

1649 : le Code fait du servage une institution.

1666 - 1667 : la condamnation des vieux-croyants par l'Église orthodoxe russe provoque le schisme.

L'Empire russe jusqu'au milieu du XIXᵉ s.

1682 - 1725 : Pierre le Grand entreprend l'occidentalisation du pays et crée l'Empire russe (1721).

1762 - 1796 : Catherine II mène une politique d'expansion et de prestige. En 1774, la Russie obtient un accès à la mer Noire ; à l'issue des trois partages de la Pologne, elle acquiert la Biélorussie, l'Ukraine occidentale et la Lituanie.

1796 - 1801 : règne de Paul Iᵉʳ, qui participe aux deux premières coalitions contre la France.

1801 - 1825 : règne d'Alexandre Iᵉʳ qui, vaincu par Napoléon, s'allie ensuite avec lui (Tilsit, 1807) puis prend une part active à sa chute (campagne de Russie, 1812). En 1815, il participe au congrès de Vienne et adhère à la Sainte-Alliance.

1825 - 1835 : Nicolas Iᵉʳ mène une politique autoritaire en matant la conspiration décabriste (1825) et la révolte polonaise (1831).

1854 - 1856 : la Russie est battue par la France et la Grande-Bretagne, alliées de l'Empire ottoman pendant la guerre de Crimée.

La modernisation et le maintien de l'autocratie

1860 : la Russie annexe la région comprise entre l'Amour, l'Oussouri et le Pacifique, puis conquiert l'Asie centrale (1865 - 1897).

1861 - 1864 : Alexandre II (1855 - 1881) affranchit les serfs. Insatisfaite, l'intelligentsia révolutionnaire adhère au nihilisme puis, dans les années 1870, au populisme.

1881 - 1894 : Alexandre III limite l'application des réformes du règne précédent. Le pays connaît une rapide industrialisation à la fin des années 1880.

1904 - 1905 : la guerre russo-japonaise est un désastre pour la Russie et favorise la révolution de 1905. Après avoir fait des concessions libérales, Nicolas II revient à l'autocratisme. La Russie se rapproche de la Grande-Bretagne pour former avec elle et la France la Triple-Entente.

1915 : engagée dans la Première Guerre mondiale, elle subit de lourdes pertes lors des offensives austro-allemandes en Pologne, en Galicie et en Lituanie.

1917 : la révolution de Février abat le tsarisme ; la révolution d'Octobre donne le pouvoir aux bolcheviques.

L'URSS

1918 - 1920 : la République socialiste fédérative soviétique de Russie (RSFSR) est proclamée. L'Allemagne lui impose le traité de Brest-Litovsk. La guerre civile oppose l'Armée rouge et les armées blanches. Le « communisme de guerre » est instauré et les nationalisations sont généralisées.

1920 : la Russie soviétique reconnaît l'indépendance des États baltes. L'Armée rouge occupe l'Arménie.

1921 : la nouvelle politique économique (NEP) est adoptée.

1922 : Staline devient secrétaire général du Parti communiste. La Russie, la Transcaucasie, l'Ukraine et la Biélorussie s'unissent au sein de l'URSS.

1929 : la NEP est abandonnée. Le premier plan quinquennal donne la priorité à l'industrie lourde, et la collectivisation massive des terres est entreprise.

1936 : une Constitution précise l'organisation de l'URSS en 11 républiques fédérées : Russie, Ukraine, Biélorussie, Kazakhstan, Kirghizistan, Ouzbékistan, Tadjikistan, Turkménistan, Arménie, Azerbaïdjan, Géorgie.

1939 : le pacte germano-soviétique est conclu.

1939 - 1940 : l'URSS annexe la Pologne orientale, les États baltes, la Carélie, la Bessarabie et la Bucovine du Nord.

1941 : l'Allemagne envahit l'URSS.

1943 : l'Armée rouge remporte la bataille de Stalingrad.

1944 - 1945 : les forces soviétiques progressent en Europe orientale et, conformément aux accords de Yalta (février 1945), occupent la partie orientale de l'Allemagne.

1947 - 1949 : le Kominform est créé. La guerre froide se développe.

1955 : l'URSS signe avec sept démocraties populaires le pacte de Varsovie.

1956 : l'armée soviétique écrase la tentative de libéralisation de la Hongrie.

1962 : l'installation à Cuba de missiles soviétiques provoque une grave crise avec les États-Unis.

1968 : l'URSS intervient militairement en Tchécoslovaquie.

1979 : les troupes soviétiques occupent l'Afghanistan.

1985 - 1987 : M. Gorbatchev met en œuvre la perestroïka.

1989 : l'URSS achève le retrait de ses troupes d'Afghanistan. Les premières élections à candidatures multiples ont lieu, les revendications nationales se développent.

1990 : le rôle dirigeant du parti est aboli et un régime présidentiel est instauré. L'URSS, en signant le traité de Moscou, accepte l'unification de l'Allemagne.

La Fédération de Russie

1991 : la restauration de l'indépendance des pays Baltes est suivie par la dissolution de l'URSS. La Russie, l'Ukraine, la Biélorussie, la Moldavie, les républiques d'Asie centrale et celles du Caucase (excepté la Géorgie), qui ont proclamé leur indépendance, créent la Communauté d'États indépendants (CEI). La Russie prend le nom officiel de Fédération de Russie.

Saint-Marin

200   300   500 m

— route

● plus de 4 000 h.
● moins de 4 000 h.

3 km

Enclavé en plein territoire italien, au sud de Rimini, et accroché sur les pentes abruptes du mont Titano dans l'Apennin calcaire, Saint-Marin est la plus ancienne république d'Europe.

Superficie : 61 km²
Population (2007) : 31 000 hab.
Capitale : Saint-Marin 4 483 hab.
(e. 2002), 5 000 hab. (e. 2003) dans l'agglomération
Nature de l'État et du régime politique : république
Chefs de l'État et du gouvernement : (capitaines-régents) Alessandro Mancini et Alessandro Rossi
Organisation administrative : 9 castelli
Langue officielle : italien
Monnaie : euro

DÉMOGRAPHIE

Densité : 459 hab./km²
Part de la population urbaine (2005) : 97,2 %
Structure de la population par âge (2002) : moins de 15 ans : 14,1 %, 15-60 ans : 63,5 %, plus de 60 ans : 22,4 %
Taux de natalité (2002) : 10,4 ‰
Taux de mortalité (2002) : 7,1 ‰
Taux de mortalité infantile (2002) : 6,8 ‰

Espérance de vie : hommes : n.d., femmes : n.d.

ÉCONOMIE

PNB (2003) : 0,653 milliards de $
PNB/hab. (1995) : 17 000 $
PNB/hab. PPA : n.d.
IDH : n.d.
Taux de croissance annuelle du PIB : n.d.
Taux annuel d'inflation : n.d.
Structure de la population active (2003) : agriculture : 0,6 %, mines et industries : 41,2 %, services : 58,2 %
Structure du PIB : agriculture : n.d., mines et industries : n.d., services : n.d.
Dette publique brute : n.d.
Taux de chômage (2004) : 2,8 %

Tourisme
Recettes touristiques : n.d.
Commerce extérieur
Exportations de biens : n.d.
Importations de biens : n.d.
Défense
Forces armées : n.d.
Budget de la Défense : n.d.
Niveau de vie
Nombre d'habitants pour un médecin : n.d.
Apport journalier moyen en calories (1995) : 3 561
(minimum FAO : 2 400)
Nombre d'automobiles pour 1 000 hab. : n.d.
Nombre de téléviseurs pour 1 000 hab. (2002) : 863

REPÈRES HISTORIQUES

Selon la tradition, Saint-Marin est fondé au IVᵉ s. par un ermite retiré sur le mont Titano, dont la réputation de sainteté attira une petite communauté religieuse qui s'élargit peu à peu en une communauté laïque.
IXᵉ s. : la ville accède à l'autonomie.
XIIIᵉ s. : Saint-Marin devient une république.
1992 : il est admis à l'ONU.

UNE RÉPUBLIQUE DIFFÉRENTE

Issue d'une commune médiévale établie sur le sol italien, la république de Saint-Marin a échappé à l'unification italienne. Cet État souverain est régi par une Constitution datant de 1600 ; c'est la plus ancienne Constitution encore en vigueur. Le pouvoir exécutif est exercé par deux capitaines-régents élus en son sein, tous les six mois, par le Grand Conseil général. Aucun autre pays ne connaît un renouvellement aussi fréquent de son chef d'État, fonction qui, en outre, est exercée ici collégialement. Les deux capitaines-régents sont assistés par un Conseil d'État composé de dix secrétaires d'État. Le pouvoir législatif est dévolu au Grand Conseil général, dont les 60 membres sont élus au suffrage universel direct pour cinq ans. Saint-Marin est divisé en neuf collectivités locales dont chacune a son propre conseil local.

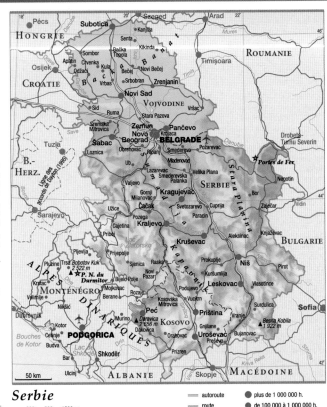

Située au cœur de la péninsule balkanique, la Serbie s'étend sur les bassins du Danube, de la Morava méridionale et de la Morava occidentale. C'est un pays de collines et de moyennes montagnes plus que de plaines, transition structurale entre le système dinarique à l'ouest, la Stara Planina et le Rhodope à l'est. La partie la plus active, outre Belgrade, est la vallée de la Morava, riche région agricole.

Superficie : 88 361 km²
Population (2007) : 9 858 000 hab.
Capitale : Belgrade 1 118 000 hab. (r. 2003)
Nature de l'État et du régime politique : république à régime parlementaire
Chef de l'État : (président de la République) Boris Todić
Chef du gouvernement : (Premier ministre) Vojislav Koštunica
Organisation administrative : 29 préfectures et une municipalité
Langue officielle : serbe
Monnaie : dinar serbe

DÉMOGRAPHIE

Densité : 107 hab./km²
Part de la population urbaine (2005) : 52,2 %
Structure de la population par âge (2005) : moins de 15 ans : 18,3 %, 15-60 ans : 63,2 %, plus de 60 ans : 18,5 %
Taux de natalité (2003) : 11,8 ‰
Taux de mortalité (2003) : 10,7 ‰
Taux de mortalité infantile (2003) : 13 ‰
Espérance de vie (2004) : hommes : 70,8 ans, femmes : 75,6 ans

ÉCONOMIE*

PNB (2004) : 21,8 milliards de $
PNB/hab. (2005) : 3 280 $
PNB/hab. PPA : n.d.
IDH : n.d.
Taux de croissance annuelle du PIB (2005) : 4,7 %
Taux annuel d'inflation (2003) : 11,3 %
Structure de la population active : agriculture : n.d., mines et industries : n.d., services : n.d.
Structure du PIB (2004) : agriculture : 18,6 %, mines et industries : 36,3 %, services : 45,1 %
Dette publique brute : n.d.
Taux de chômage (2003) : 15,2 %

Agriculture

Cultures
blé (2004) : 2 761 000 t.
maïs (2004) : 6 579 000 t.
orge (2004) : 409 000 t.
tournesol (2004) : 450 000 t.
soja (2002) : 244 000 t.
raisin (2004) : 467 000 t.
pommes de terre (2004) : 1 108 000 t.
betterave à sucre (2004) : 2 643 030 t.

Élevage
bovins (2005) : 1 096 180 têtes
ovins (2005) : 1 609 230 têtes
caprins (2005) : 138 600 têtes
porcins (2005) : 3 211 590 têtes

Énergie et produits miniers
électricité totale (2004) : 38 320 millions de kWh
pétrole (2002) : 800 000 t.
lignite (2001) : 35 750 000 t.
cuivre (2005) : 25 000 t.
plomb (2002) : 4 600 t.
zinc (2002) : 1 000 t.
bauxite (2005) : 610 000 t.

Productions industrielles
lait (2004) : 1 832 000 t.
sucre (2002) : 271 000 t.
vin (2005) : 323 940 hl
aluminium (2005) : 115 000 t.
cuivre métal (2005) : 30 000 t.
zinc métal (2005) : 100 t.
automobiles (2004) : 13 400 unités
laine (2005) : 2 872 t.
ciment (2005) : 2 200 000 t.

Tourisme
Recettes touristiques (2002) : 77 millions de $

Commerce extérieur
Exportations de biens (1997) : 1 088 millions de dollars
Importations de biens (1997) : 2 527 millions de dollars

Défense
Forces armées (2004) : 65 300 individus
Budget de la Défense (2004) : 3,17 % du PIB

Niveau de vie
Nombre d'habitants pour un médecin (1995) : 500
Apport journalier moyen en calories (2004) : 2 720 (minimum FAO : 2 400)
Nombre d'automobiles pour 1 000 hab. (1999) : 163
Nombre de téléviseurs pour 1 000 hab. (2000) : 282

*toutes les données concernent l'ancien ensemble Serbie-et-Monténégro

Serbie
200 500 1500 m
★ site touristique important
— autoroute
— route
— voie ferrée
✈ aéroport
— limite d'État fédéré
- - limite de région
● plus de 1 000 000 h.
● de 100 000 à 1 000 000 h.
● de 50 000 à 100 000 h.
• moins de 50 000 h.
50 km

La formation d'un État yougoslave

IIᵉ s. av. J.-C. : la région, peuplée d'Il-lyriens, de Thraces puis de Celtes, est intégrée à l'Empire romain.

VIᵉ - VIIᵉ s. : elle est submergée par les Slaves.

2ᵉ moitié du IXᵉ s. : sous l'influence de Byzance, les Serbes sont christianisés.

XIᵉ s. : la région, appelée Dioclée puis Zeta (actuel Monténégro), devient le centre d'un État.

Vers 1170 - vers 1196 : Étienne Nemanja émancipe les terres serbes de la tutelle by-zantine.

1217 : son fils Étienne Iᵉʳ Nemanjić (vers 1196 - 1227) devient roi. Il crée une Église serbe indépendante.

1360 : inclus dans le royaume serbe aux XIIIᵉ - XIVᵉ s., le royaume de Zeta redevient indépendant.

1489 - 1830 : défaits par les Turcs à Kosovo (1389), les Serbes sont intégrés à l'Empire ottoman. Le Monténégro est également sous domination ottomane de 1479 à 1878.

1804 - 1813 : les Serbes se révoltent sous la conduite de Karageorges.

1830 : Miloš Obrenović, reconnu prince de Serbie par les Ottomans (1815), obtient l'autonomie complète.

1878 : le Monténégro et la Serbie obtien-nent leur indépendance (congrès de San Stefano et de Berlin).

1908 : Pierre Karadjordjević (1903 - 1921) se rapproche de la Russie. Il doit accepter l'annexion de la Bosnie-Herzégovine par l'Autriche.

1912 - 1913 : la Serbie participe aux deux guerres balkaniques et obtient la majeure partie de la Macédoine.

1914 : à la suite de l'attentat de Sarajevo, la Serbie rejette l'ultimatum autrichien, déclenchant ainsi la Première Guerre mondiale.

1915 - 1918 : elle est occupée par les forces des puissances centrales et de la Bulgarie.

1918 : le royaume des Serbes, Croates et Slovènes est créé au profit de Pierre Iᵉʳ Karadjordjević. Il réunit les Slaves du Sud, qui, avant la Première Guerre mondiale, étaient divisés entre la Serbie et l'Empire austro-hongrois.

1919 - 1920 : les traités de Neuilly-sur-Seine, de Saint-Germain-en-Laye, de Tria-non et de Rapallo fixent ses frontières.

1921 : une Constitution centraliste et parlementaire est adoptée.

1929 : le pays prend le nom de Yougo-slavie.

1941 : la résistance est organisée par D. Mihailović, Serbe de tendance royaliste et nationaliste, d'une part, et par le Croate et communiste J. Broz, dit Tito, d'autre part. Pierre II se réfugie à Londres.

La République socialiste fédérative de Yougoslavie sous Tito

1945 - 1946 : la République populaire fédérative est créée, constituée de six ré-publiques. Tito dirige le gouvernement.

1948 - 1949 : Staline exclut la Yougoslavie du monde socialiste et du Kominform.

1950 : l'autogestion est instaurée.

1963 : la République socialiste fédérative de Yougoslavie (RSFY) est instaurée.

1974 : une nouvelle Constitution renforce les droits des républiques.

1980 : après la mort de Tito, les fonctions présidentielles sont exercées collégiale-ment.

L'éclatement de la fédération yougoslave

À partir de 1988 : les tensions inter-ethniques se développent (notamment au Kosovo) et la situation économique, politique et sociale se détériore.

1990 : la Ligue communiste yougoslave renonce au monopole politique. La Croa-tie et la Slovénie, désormais dirigées par l'opposition démocratique, s'opposent à la Serbie et cherchent à redéfinir leur statut dans la fédération yougoslave.

1991 : elles proclament leur indépen-dance. Après des affrontements, l'armée fédérale se retire de Slovénie ; des combats meurtriers opposent les Croates à l'ar-mée fédérale et aux Serbes de Croatie. La Macédoine proclame son indépendance (septembre).

1992 : la communauté internationale reconnaît l'indépendance de la Croatie et de la Slovénie, puis celle de la Bosnie-Herzégovine, où éclate une guerre meur-trière. La Serbie et le Monténégro créent la République fédérale de Yougoslavie.

1999 : en réponse à la répression serbe au Kosovo, l'OTAN intervient militaire-ment en Yougoslavie. Le Kosovo est placé provisoirement sous administration in-ternationale.

2003 : la République fédérale de Yougo-slavie prend le nom de Serbie-et-Mon-ténégro.

2006 : l'union entre la Serbie et le Monté-négro prend fin, ce dernier ayant choisi de recouvrer son indépendance (juin).

2007 : les élections législatives (janvier) sont marquées par une percée des natio-nalistes.

LES BALKANS, UNE PÉNINSULE AGITÉE

La péninsule des Balkans (ou péninsule balkanique) est limitée approximativement au nord par la Save et le Danube. La péninsule englobe l'Albanie, la Bosnie-Herzégovine, la Bulgarie, la Croatie, la Grèce, la Macédoine, la Turquie d'Europe, la Serbie et le Monténégro. La région, creuset où se mêlèrent divers peuples, est depuis longtemps une zone de grande instabilité politique.

La péninsule balkanique fut soumise aux Turcs (Ottomans) à partir de la fin du XIVᵉ s. L'Europe chrétienne (et particulièrement la maison d'Autriche et la Russie) amorça sa reconquête au XVIIIᵉ s. La lutte des peuples balkaniques contre la domination ottomane, les dissensions religieuses entre orthodoxes, catholiques et musulmans, et la rivalité des grandes puissances ont donné lieu à de nombreux conflits : guerres russo-turque (1877 - 1878) et gréco-turque (1897), guerres balkani-ques (1912 - 1913), campagnes des Dardanelles, de Serbie et de Macédoine pendant la Première Guerre mondiale, campagne des Balkans (1940 - 1941). Les problèmes des minorités nationales et des frontières étatiques ont ressurgi lors de l'éclatement de la Yougoslavie en 1991 - 1992 et sont à l'origine de la guerre en Croatie (1991 - 1992) et en Bosnie-Herzégovine (1992 - 1995), ainsi que du conflit du Kosovo (1999).

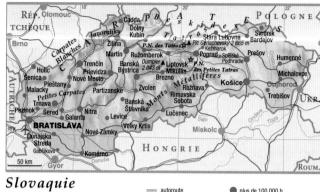

Occupant principalement l'extrémité nord-ouest des Carpates, la Slovaquie est un pays en grande partie montagneux, au climat continental. Le noyau le plus élevé est occupé par les Hautes Tatras (2 655 m) séparées des Basses Tatras par le Vah supérieur. Au nord s'étend l'arc des Beskides.

Superficie : 49 012 km²
Population (2007) : 5 390 000 hab.
Capitale : Bratislava 428 672 hab. (r. 2001)
Nature de l'État et du régime politique : république à régime parlementaire
Chef de l'État : (président de la République) Ivan Gašparovič
Chef du gouvernement : (Premier ministre) Róbert Fico
Organisation administrative : 8 régions
Langue officielle : slovaque
Monnaie : koruna (couronne slovaque)

DÉMOGRAPHIE

Densité : 110 hab./km²
Part de la population urbaine (2005) : 56,2 %
Structure de la population par âge (2005) : moins de 15 ans : 16,8 %, 15-60 ans : 67,1 %, plus de 60 ans : 16,1 %
Taux de natalité (2005) : 10 ‰
Taux de mortalité (2005) : 10 ‰
Taux de mortalité infantile (2005) : 6,9 ‰
Espérance de vie (2004) : hommes : 70,3 ans, femmes : 77,8 ans

ÉCONOMIE

PNB (2004) : 34,9 milliards de $
PNB/hab. (2005) : 7 950 $
PNB/hab. PPA (2005) : 15 760 dollars internationaux
IDH (2004) : 0,856
Taux de croissance annuelle du PIB (2006) : 6,5 %
Taux annuel d'inflation (2005) : 2,7 %
Structure de la population active (2004) : agriculture : 5,1 %, mines et industries : 39 %, services : 55,9 %
Structure du PIB (2004) : agriculture : 3,6 %, mines et industries : 29,8 %, services : 66,6 %
Dette publique brute (2005) : 34,5 % du PIB
Taux de chômage (2005) : 16,2 %

Agriculture

Cultures
blé (2004) : 1 764 850 t.
maïs (2004) : 862 430 t.
orge (2004) : 915 900 t.
seigle (2004) : 124 340 t.
pommes de terre (2004) : 381 890 t.
betterave à sucre (2004) : 1 598 770 t.

Élevage
bovins (2005) : 527 880 têtes
ovins (2005) : 320 480 têtes
porcins (2005) : 1 108 260 têtes
poulets (2005) : 13 619 000 têtes

Énergie et produits miniers
électricité totale (2004) : 28 812 millions de kWh
électricité nucléaire (2004) : 16 180 millions de kWh
gaz naturel (2005) : 148 millions de m³
fer (2004) : 112 000 t.
houille (1993) : 2 286 000 t.
lignite (2001) : 3 423 000 t.

Productions industrielles
sucre (2002) : 200 000 t.
vin (2005) : 395 190 hl
acier (2005) : 4 485 000 t.
zinc métal (2005) : 1 000 t.
automobiles (2005) : 218 300 unités
filés de coton (1997) : 17 000 t.
lin (2001) : 2 000 t.
ciment (2005) : 3 499 000 t.
production de bois (2005) : 9 302 000 m³
papier (2005) : 858 000 t.

Tourisme
Recettes touristiques (2004) : 932 millions de $

Commerce extérieur
Exportations de biens (2003) : 21 944 millions de dollars
Importations de biens (2003) : 22 593 millions de dollars

Défense
Forces armées (2004) : 20 195 individus
Budget de la Défense (2004) : 1,75 % du PIB

Niveau de vie
Nombre d'habitants pour un médecin (1995) : 333
Apport journalier moyen en calories (2004) : 2 780 (minimum FAO : 2 400)
Nombre d'automobiles pour 1 000 hab. (2002) : 247
Nombre de téléviseurs pour 1 000 hab. (2001) : 409

REPÈRES HISTORIQUES

Xe s. : les Hongrois détruisent la Grande-Moravie et annexent la Slovaquie, qui constitue dès lors la Haute-Hongrie.
1526 : celle-ci entre avec le reste de la Hongrie dans le domaine des Habsbourg.
Apr. 1540 : la plaine hongroise étant occupée par les Ottomans, le gouvernement hongrois s'établit à Presbourg (aujourd'hui Bratislava) et y demeure jusqu'au 1848.
XIXe s. : le mouvement national slovaque se développe.
1918 : la Slovaquie est intégrée à l'État tchécoslovaque.
1939 : un État slovaque séparé, sous protectorat allemand, est créé.
1945 - 1948 : la région est réintégrée dans la Tchécoslovaquie, et la centralisation, rétablie.
1948 - 1953 : le communiste Gottwald préside à l'alignement sur l'URSS. Des procès (1952 - 1954) condamnent Slánský et les « nationalistes slovaques ».
1968 : lors du « printemps de Prague », le parti, dirigé par Dubček, tente de s'orienter vers un « socialisme à visage humain ». L'intervention soviétique, en août, met un terme au cours novateur.
1969 : la Slovaquie est dotée du statut de république fédérée. Husák remplace Dubček à la tête du parti. C'est le début de la « normalisation ».
1989 : à la suite d'importantes manifestations, les principales autorités démissionnent et le rôle dirigeant du parti est aboli. Le dissident Havel est élu président.
1990 : les députés slovaques obtiennent que la Tchécoslovaquie prenne le nom de République fédérative tchèque et slovaque.
1992 : Havel démissionne. Le processus de partition de la Tchécoslovaquie en deux États indépendants est négocié par les gouvernements tchèque et slovaque.
1er janvier 1993 : la Slovaquie devient un État indépendant.
2004 : elle adhère à l'OTAN et à l'Union européenne.

95

SLOVÉNIE

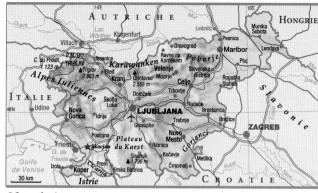

Ouverte par les vallées de la Drave et de la Save, la Slovénie s'étend sur trois régions naturelles : les Alpes Juliennes (2 863 m au Triglav), le plateau du Karst au sud-ouest, humide et boisé, et les plaines et les collines du piémont alpin.

Slovénie

Superficie : 20 256 km²
Population (2007) : 2 002 000 hab.
Capitale : Ljubljana 265 881 hab. (r. 2002)
Nature de l'État et du régime politique : république à régime semi-présidentiel
Chef de l'État : (président de la République) Janez Drnovšek
Chef du gouvernement : (Premier ministre) Janez Janša
Organisation administrative : 12 régions
Langue officielle : slovène
Monnaie : tolar

DÉMOGRAPHIE

Densité : 99 hab./km²
Part de la population urbaine (2005) : 51 %
Structure de la population par âge (2005) : moins de 15 ans : 14,1 %, 15-60 ans : 65,3 %, plus de 60 ans : 20,6 %
Taux de natalité (2005) : 9 ‰
Taux de mortalité (2005) : 9,9 ‰
Taux de mortalité infantile (2005) : 4,8 ‰
Espérance de vie (2004) : hommes : 72,8 ans, femmes : 80,4 ans

ÉCONOMIE

96

PNB (2004) : 29,5 milliards de $
PNB/hab. (2005) : 17 350 $
PNB/hab. PPA (2005) : 22 160 dollars internationaux
IDH (2004) : 0,91
Taux de croissance annuelle du PIB (2006) : 4,2 %
Taux annuel d'inflation (2005) : 2,5 %
Structure de la population active (2003) : agriculture : 8,1 %, mines et industries : 36,9 %, services : 54 %
Structure du PIB (2002) : agriculture : 3,1 %, mines et industries : 36,2 %, services : 60,7 %
Dette publique brute (2005) : 28 % du PIB
Taux de chômage (2005) : 5,8 %

Agriculture et pêche

Cultures
blé (2004) : 146 830 t.
maïs (2004) : 357 620 t.
pommes de terre (2004) : 171 470 t.
betterave à sucre (2004) : 213 090 t.
raisin (2004) : 134 790 t.
pommes (2004) : 230 000 t.

Élevage et pêche
bovins (2005) : 451 130 têtes
ovins (2005) : 94 000 têtes
porcins (2005) : 533 990 têtes
pêche (2004) : 2 592 t.

Énergie et produits miniers
électricité totale (2004) : 14 461 millions de kWh
houille (2001) : 755 000 t.

Productions industrielles
sucre (2002) : 25 000 t.
vin (2005) : 500 000 hl
bière (2002) : 2 200 000 hl
viande (2003) : 208 000 t.
acier (2005) : 583 000 t.
aluminium (2005) : 139 000 t.
ciment (2005) : 1 200 000 t.

Tourisme
Recettes touristiques (2004) : 1 726 millions de $

Commerce extérieur
Exportations de biens (2005) : 18 145,8 millions de dollars
Importations de biens (2005) : 19 404 millions de dollars

Défense
Forces armées (2004) : 6 550 individus
Budget de la Défense (2004) : 1,61 % du PIB

Niveau de vie
Nombre d'habitants pour un médecin (1995) : 476
Apport journalier moyen en calories (2004) : 2 950 (minimum FAO : 2 400)
Nombre d'automobiles pour 1 000 hab. (2002) : 438
Nombre de téléviseurs pour 1 000 hab. (2002) : 366

REPÈRES HISTORIQUES

VIᵉ s. : des tribus slaves (Slovènes) s'établissent dans la région.
788 : celle-ci est incorporée à l'empire de Charlemagne.
VIIIᵉ s. : christianisée par des missionnaires de Salzbourg, elle adopte la Réforme, qui contribue au développement du slovène, puis revient au catholicisme.
1278 : elle passe sous la domination des Habsbourg.
XVIᵉ et XVIIᵉ s. : les incursions turques, rendant le pays peu sûr, arrêtent la colonisation allemande pour un temps.
1809 - 1813 : l'administration française (en Istrie depuis 1805, en Carinthie et en Carniole depuis 1809) des Provinces Illyriennes prépare le réveil national qui s'accentue lors de la restitution des régions slovènes à l'Autriche (1914).
1848 : la révolution entraîne des révoltes paysannes ; elle permet l'abolition du servage.
1918 : la Slovénie entre dans le royaume des Serbes, Croates et Slovènes, qui prend en 1929 le nom de Yougoslavie.
1920 : elle doit céder Klagenfurt à l'Autriche, et l'Istrie et les Alpes Juliennes à l'Italie.
1941 - 1945 : elle est partagée entre l'Allemagne, l'Italie et la Hongrie.
1945 : la Slovénie devient une des républiques fédérées de Yougoslavie.
1990 : l'opposition démocratique remporte les premières élections libres.
1991 : la Slovénie proclame son indépendance (reconnue par la communauté internationale en 1992).
2004 : elle adhère à l'OTAN et à l'Union européenne.

La moitié nord du pays, correspondant au Norrland, au climat rude (les températures moyennes en février varient de -6 °C à -12 °C), s'oppose à la Suède centrale, formant une dépression traversée pa la ligne de partage des eaux entre le Skagerrak et la Baltique. Quant à la partie méridionale, aux températures plus douces, elle est bordée par les îles Gotland et Öland où alternent lacs et forêts.

Superficie : 449 964 km²
Population (2007) : 9 119 000 hab.
Capitale : Stockholm 776 545 hab.
(e. 2006), 1 708 000 hab. (e. 2005) dans l'agglomération
Nature de l'État et du régime politique : monarchie constitutionnelle à régime parlementaire
Chef de l'État : (roi) Charles XVI Gustave
Chef du gouvernement : (Premier ministre) Fredrik Reinfeldt
Organisation administrative : 21 départements
Langue officielle : suédois
Monnaie : krona (couronne suédoise)

DÉMOGRAPHIE

Densité : 20 hab./km²
Part de la population urbaine (2005) : 84,2 %
Structure de la population par âge (2005) : moins de 15 ans : 17,4 %, 15-60 ans : 59,2 %, plus de 60 ans : 23,4 %
Taux de natalité (2005) : 11,3 ‰
Taux de mortalité (2005) : 10,1 ‰
Taux de mortalité infantile (2005) : 3,2 ‰
Espérance de vie (2004) : hommes : 78,4 ans, femmes : 82,6 ans

ÉCONOMIE

PNB (2004) : 322 milliards de $
PNB/hab. (2005) : 41 060 $
PNB/hab. PPA (2005) : 31 420 dollars internationaux
IDH (2004) : 0,951
Taux de croissance annuelle du PIB (2006) : 4 %
Taux annuel d'inflation (2005) : 0,45 %
Structure de la population active (2004) : agriculture : 2,1 %, mines et industries : 22,6 %, services : 75,3 %
Structure du PIB (2004) : agriculture : 1,8 %, mines et industries : 28,7 %, services : 69,5 %
Dette publique brute (2005) : 50,4 % du PIB
Taux de chômage (2004) : 6,3 %

Suède

★ site touristique important

200 400 1000 1500 m

═══ autoroute
——— route
——— voie ferrée
✈ aéroport

● plus de 500 000 h.
● de 100 000 à 500 000 h.
● de 50 000 à 100 000 h.
• moins de 50 000 h.

Agriculture et pêche

Cultures
blé (2004) : 2 412 300 t.
orge (2004) : 1 691 900 t.
avoine (2004) : 925 300 t.
seigle (2004) : 133 400 t.
colza (2002) : 159 000 t.
pommes de terre (2004) : 979 100 t.
betterave à sucre (2004) : 2 287 100 t.

Élevage et pêche
bovins (2005) : 1 619 000 têtes
ovins (2005) : 479 400 têtes
porcins (2005) : 1 823 470 têtes
pêche (2004) : 275 911 t.

Énergie et produits miniers

électricité totale (2004) : 150 535 millions de kWh
hydroélectricité (2004) : 63 524 millions de kWh
électricité nucléaire (2004) : 73 430 millions de kWh
fer (2004) : 14 700 000 t.
cuivre (2005) : 97 800 t.
plomb (2005) : 61 000 t.
zinc (2005) : 216 000 t.
argent (2005) : 267 t.

Productions industrielles

lait (2004) : 3 229 200 t.
beurre (2003) : 49 000 t.
fromage (2003) : 129 000 t.
sucre (2002) : 470 000 t.
acier (2005) : 13 248 000 t.
fonte (1998) : 3 370 000 t.
aluminium (2005) : 102 000 t.
cuivre métal (2005) : 222 000 t.
plomb métal (2005) : 73 000 t.
automobiles (2005) : 288 600 unités
véhicules utilitaires (2005) : 49 900 unités
textiles artificiels (1999) : 22 200 t.
ciment (2005) : 2 600 000 t.
production de bois (2005) : 98 700 000 m³
papier (2005) : 11 736 000 t.

Tourisme

Recettes touristiques (2002) : 4 233 millions de $

Commerce extérieur

Exportations de biens (2005) : 134 904 millions de dollars
Importations de biens (2005) : 115 203 millions de dollars

Défense

Forces armées (2004) : 27 600 individus

Budget de la Défense (2004) : 1,55 % du PIB

Niveau de vie

Nombre d'habitants pour un médecin (1996) : 322

Apport journalier moyen en calories (2004) : 3 190 (minimum FAO : 2 400)

Nombre d'automobiles pour 1 000 hab. (2002) : 452

Nombre de téléviseurs pour 1 000 hab. (2001) : 965

REPÈRES HISTORIQUES

Des origines à la formation de la nation suédoise

V. 1800 av. J.-C. : peuplée dès le néolithique, la Suède établit des relations avec les pays méditerranéens.

IXᵉ - XIᵉ s. apr. J.-C. : les Suédois, appelés *Varègues*, commercent surtout en Russie. Le christianisme progresse après le baptême du roi Olof Skötkonung (1008).

1157 : Erik le Saint entreprend une croisade contre les Finnois.

1250 - 1266 : Birger Jarl, fondateur de la dynastie des Folkung, établit sa capitale à Stockholm et renforce l'unité du pays.

1319 - 1363 : les Folkung unissent la Suède et la Norvège.

1389 : Marguerite Iʳᵉ Valdemarsdotter, déjà reine de Danemark et de Norvège, devient reine de Suède.

1397 : l'Union de Kalmar unit le Danemark, la Norvège et la Suède sous l'autorité d'Erik de Poméranie, désigné comme héritier par Marguerite Iʳᵉ Valdemarsdotter.

1440 - 1520 : l'opposition nationale suédoise se regroupe autour des Sture.

La période de grandeur

1523 - 1560 : Gustave Iᵉʳ Vasa, qui a chassé les Danois, rend l'indépendance à son pays. Le luthéranisme devient religion d'État.

1568 - 1592 : Jean III Vasa entreprend la construction d'un empire suédois en Baltique.

1611 - 1632 : Gustave II Adolphe intervient victorieusement dans la guerre de Trente Ans.

1632 - 1654 : la reine Christine lui succède sous la régence d'Oxenstierna. Bénéficiant des traités de Westphalie (1648), la Suède est maîtresse de la Baltique.

1654 - 1660 : Charles X Gustave écrase les Danois.

1697 - 1718 : Charles XII, entraîné dans la guerre du Nord (1700 - 1721), fait perdre à son pays la maîtrise de la Baltique.

De l'ère de la liberté à nos jours

XVIIIᵉ s. : les règnes de Frédéric Iᵉʳ (1720 - 1751) et d'Adolphe-Frédéric (1751 - 1771) sont marqués par l'opposition entre le parti pacifiste des Bonnets et le parti des Chapeaux (militariste et profrançais).

1771 - 1792 : Gustave III règne en despote éclairé, puis (1789) restaure l'absolutisme.

1808 : Gustave IV Adolphe doit abandonner la Finlande à la Russie.

1810 : Charles XIII adopte comme successeur le maréchal français Bernadotte, qui s'allie avec l'Angleterre et la Russie contre Napoléon (1812).

1814 : par le traité de Kiel, la Norvège est unie à la Suède.

1818 - 1844 : Bernadotte devient roi sous le nom de Charles XIV.

1905 : la Suède doit accepter la sécession de la Norvège.

1907 - 1950 : sous le règne de Gustave V, le pays observe une stricte neutralité durant les deux guerres mondiales.

1973 : le roi Charles XVI Gustave succède à Gustave VI Adolphe.

1995 : la Suède adhère à l'Union européenne.

LE MARÉCHAL BERNADOTTE ROI DE SUÈDE !

Jean-Baptiste Bernadotte naît à Pau en 1763. Il est engagé à 17 ans. Colonel, puis général de division, il prend une part importante à la bataille de Fleurus (1794). Lieutenant de Bonaparte en Italie (1797), ambassadeur à Vienne (1798), il devient ministre de la Guerre (1799). Il passe pour un des meilleurs généraux de la République et pour un rival possible de Bonaparte. Maréchal en 1804, il participe brillamment aux campagnes de 1806 et 1807. Brouillé en 1809 avec Napoléon, qui lui a enlevé un commandement, il accepte sa nomination comme prince héritier par les États de Suède (1810) et se comporte dès lors en Suédois. En 1813, il décide de la victoire des Alliés sur Napoléon à Leipzig et obtient en récompense l'union de la Suède et de la Norvège (1815). Définitivement roi (Charles XIV) en 1818, à la mort de Charles XIII, il est le fondateur de la dynastie qui règne encore en Suède. Il meurt à Stockholm en 1844.

Essentiellement montagneuse, la Suisse se compose de trois unités géographiques : le Jura, le Plateau suisse ou Mittelland, et les Alpes, qui occupent environ 60 % du territoire et surplombent les vallées du Rhône et du Rhin. Au sud, les Alpes Pennines dominent la plaine du Pô. Entre les Alpes et le Jura, le Plateau est plutôt un ensemble de collines et de vallées qui s'abaissent vers le sud.

Superficie : 41 284 km^2
Population (2007) : 7 484 000 hab.
Capitale : Berne 128 634 hab. (r. 2000), 342 900 hab. (e. 2003) dans l'agglomération
Nature de l'État et du régime politique : république à régime parlementaire
Chef de l'État et du gouvernement : (présidente de la Confédération) Micheline Calmy-Rey
Organisation administrative : 23 cantons (3 sont composés de 2 demi-cantons)
Langues officielles : allemand, français, italien et romanche
Monnaie : franc suisse

DÉMOGRAPHIE

Densité : 181 hab./km^2
Part de la population urbaine (2005) : 75,2 %
Structure de la population par âge (2005) : moins de 15 ans : 16,7 %, 15-60 ans : 62,2 %, plus de 60 ans : 21,1 %
Taux de natalité (2005) : 9,2 ‰
Taux de mortalité (2005) : 8,1 ‰
Taux de mortalité infantile (2005) : 4,1 ‰
Espérance de vie (2004) : hommes : 78,5 ans, femmes : 83,6 ans

ÉCONOMIE

PNB (2004) : 367 milliards de $
PNB/hab. (2005) : 54 930 $
PNB/hab. PPA (2005) : 37 080 dollars internationaux
IDH (2004) : 0,947
Taux de croissance annuelle du PIB (2006) : 3 %
Taux annuel d'inflation (2005) : 1,2 %
Structure de la population active (2004) : agriculture : 3,7 %, mines et industries : 23,7 %, services : 72,6 %
Structure du PIB (2002) : agriculture : 1,4 %, mines et industries : 26,5 %, services : 72,1 %
Dette publique brute : n.d.
Taux de chômage (2005) : 4,4 %

Agriculture

Cultures
blé (2004) : 563 020 t.

maïs (2004) : 186 470 t.
orge (2004) : 265 380 t.
pommes de terre (2004) : 526 700 t.
betterave à sucre (2004) : 1 449 000 t.
pommes (2004) : 284 330 t.

Élevage
bovins (2005) : 1 544 540 têtes
ovins (2005) : 446 350 têtes
porcins (2005) : 1 609 490 têtes

Énergie et produits miniers
électricité totale (2004) : 61 972 millions de kWh
hydroélectricité (2004) : 33 404 millions de kWh
électricité nucléaire (2004) : 25 610 millions de kWh

Productions industrielles
lait (2004) : 3 939 000 t.
beurre (2003) : 40 950 t.
fromage (2003) : 173 167 t.
viande (2003) : 441 000 t.
sucre (2002) : 241 000 t.
vin (2005) : 1 000 960 hl
aluminium (2005) : 45 000 t.
filés de coton (1998) : 26 000 t.

textiles synthétiques (1999) : 90 500 t.
ciment (2005) : 4 022 000 t.
production de bois (2005) : 5 044 061 m^3
papier (2005) : 1 751 000 t.

Tourisme
Recettes touristiques (2004) : 12 208 millions de $

Commerce extérieur
Exportations de biens (2005) : 150 053 millions de dollars
Importations de biens (2005) : 145 218 millions de dollars

Défense
Forces armées (2004) : 4 300 individus
Budget de la Défense (2004) : 1,1 % du PIB

Niveau de vie
Nombre d'habitants pour un médecin (1996) : 312
Apport journalier moyen en calories (2004) : 3 550 (minimum FAO : 2 400)
Nombre d'automobiles pour 1 000 hab. (2002) : 507
Nombre de téléviseurs pour 1 000 hab. (2001) : 552

REPÈRES HISTORIQUES

Les origines et la Confédération
IXe - Ier s. av. J.-C. : à l'âge du fer, les civilisations de Hallstatt et de La Tène se développent.
58 av. J.-C. : le pays est conquis par César.
Ve s. : l'Helvétie est envahie par les Burgondes et les Alamans, qui germanisent le Nord et le Centre.
VIIe - IXe s. : elle est christianisée.
888 : elle entre dans le royaume de Bourgogne.
1032 : elle est intégrée avec celui-ci dans le Saint Empire.
XIe - XIIIe s. : les Habsbourg acquièrent de grandes possessions dans la région.
Fin du XIIIe s. : dans des circonstances devenues légendaires (Tell), les cantons défendent leurs libertés.
1291 : les trois cantons forestiers (Uri, Schwyz, Unterwald) se lient en un pacte perpétuel ; c'est l'acte de naissance de la Confédération suisse.
1353 : la Confédération comprend huit cantons après l'adhésion de Lucerne (1332), Zurich (1351), Glaris, Zoug (1352) et Berne (1353). Après les victoires de Sempach (1386) et de Näfels (1388), elle fait reconnaître son indépendance par les Habsbourg.
1499 : Maximilien Ier signe la paix de Bâle avec les Confédérés ; le Saint Empire n'exerce plus qu'une suzeraineté nominale.
1513 : la Confédération compte treize cantons après l'adhésion de Soleure et Fribourg (1481), Bâle et Schaffhouse (1501) puis Appenzell (1513).
1516 : après leur défaite à Marignan, les Suisses signent avec la France une paix perpétuelle.

1519 : la Réforme est introduite à Zurich par Zwingli.
1536 : Calvin fait de Genève la « Rome du protestantisme ».
1648 : les traités de Westphalie reconnaissent l'indépendance de la Confédération.

L'époque contemporaine
1798 : le Directoire impose une République helvétique, qui devient vite ingouvernable.
1803 : l'Acte de médiation, reconstituant l'organisation confédérale, est ratifié par Bonaparte.
1813 : il est abrogé.
1815 : un nouveau pacte confédéral entre vingt-deux cantons est ratifié par le congrès de Vienne, qui reconnaît la neutralité de la Suisse.
1845 - 1847 : sept cantons catholiques forment une ligue (le Sonderbund), qui est réprimée militairement.
1848 : une nouvelle Constitution instaure un État fédératif, doté d'un gouvernement central siégeant à Berne.
1874 : le droit de référendum est introduit.
1891 : celui d'initiative populaire l'est également.
1914 - 1918, 1939 - 1945 : la neutralité et la vocation humanitaire de la Suisse sont respectées.
1979 : un nouveau canton de langue française, le Jura, est créé.
1999 : une nouvelle Constitution est adoptée.
2002 : la Suisse vote en faveur de son entrée à l'ONU.

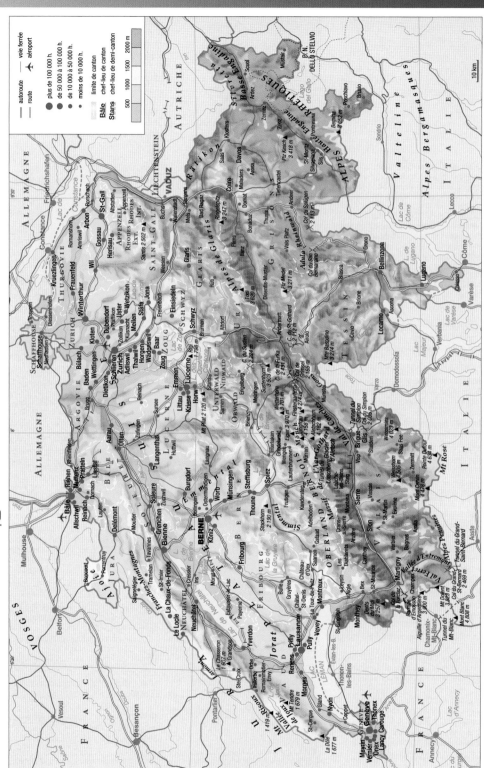

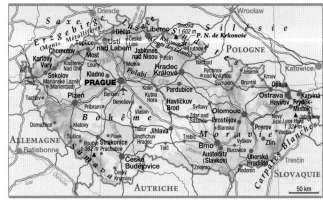

République tchèque

Le pays est constitué de la Bohême, quadrilatère de moyennes montagnes entourant la plaine fertile du Polabí, et de la Moravie.

Superficie : 78 866 km²
Population (2007) : 10 186 000 hab.
Capitale : Prague 1 178 576 hab. (r. 2001)
Nature de l'État et du régime politique : république à régime parlementaire
Chef de l'État : (président de la République) Václav Klaus
Chef du gouvernement : (Premier ministre) Mirek Topolánek
Organisation administrative : 13 régions et 1 municipalité
Langue officielle : tchèque
Monnaie : koruna (couronne tchèque)

DÉMOGRAPHIE
Densité : 129 hab./km²
Part de la population urbaine (2005) : 73,5 %
Structure de la population par âge (2005) : moins de 15 ans : 14,8 %, 15-60 ans : 65,3 %, plus de 60 ans : 19,9 %
Taux de natalité (2005) : 9,2 ‰
Taux de mortalité (2005) : 10,9 ‰
Taux de mortalité infantile (2005) : 3,8 ‰
Espérance de vie (2004) : hommes : 72,5 ans, femmes : 79 ans

ÉCONOMIE
PNB (2004) : 93,3 milliards de $
PNB/hab. (2005) : 10 710 $
PNB/hab. PPA (2005) : 20 140 dollars internationaux
IDH (2004) : 0,885
Taux de croissance annuelle du PIB (2006) : 6 %
Taux annuel d'inflation (2005) : 1,8 %
Structure de la population active (2004) : agriculture : 4,3 %, mines et industries : 39,4 %, services : 56,3 %
Structure du PIB (2004) : agriculture : 3,1 %, mines et industries : 38,1 %, services : 58,8 %
Dette publique brute (2003) : 38,3 % du PIB
Taux de chômage (2006) : 7,2 %

Agriculture
Cultures
blé (2004) : 5 042 520 t.
orge (2004) : 2 330 580 t.
maïs (2004) : 551 630 t.
colza (2002) : 742 000 t.
pommes de terre (2004) : 993 200 t.
betterave à sucre (2004) : 3 579 280 t.

Élevage
bovins (2005) : 1 397 300 têtes
ovins (2005) : 140 190 têtes
porcins (2005) : 2 876 830 têtes

Énergie et produits miniers
électricité totale (2004) : 79 141 millions de kWh
électricité nucléaire (2004) : 25 010 millions de kWh
hydroélectricité (2004) : 1 998 millions de kWh
pétrole (2005) : 589 000 t.
gaz naturel (2005) : 176 millions de m³
houille (2001) : 72 311 000 t.
lignite (2001) : 453 000 t.

Productions industrielles
lait (2004) : 2 613 960 t.
beurre (2003) : 65 200 t.
sucre (2002) : 574 000 t.
vin (2005) : 550 000 hl
bière (2002) : 18 000 000 hl
acier (2005) : 6 189 000 t.
fonte (1998) : 4 982 000 t.
plomb métal (2005) : 26 000 t.
zinc métal (2003) : 250 t.
automobiles (2004) : 443 000 unités
véhicules utilitaires (1998) : 70 000 unités
filés de coton (1998) : 66 000 t.
laine (2005) : 300 t.
lin (2001) : 17 100 t.
textiles artificiels (1999) : 17 600 t.
textiles synthétiques (1999) : 17 400 t.
ciment (2002) : 3 500 000 t.
papier (2005) : 969 000 t.

Tourisme
Recettes touristiques (2004) : 4 956 millions de $

Commerce extérieur
Exportations de biens (2005) : 78 243 millions de dollars
Importations de biens (2005) : 76 507 millions de dollars

Défense
Forces armées (2004) : 22 272 individus
Budget de la Défense (2004) : 1,83 % du PIB

Niveau de vie
Nombre d'habitants pour un médecin (1996) : 344
Apport journalier moyen en calories (2004) : 3 330 (minimum FAO : 2 400)
Nombre d'automobiles pour 1 000 hab. (2002) : 356
Nombre de téléviseurs pour 1 000 hab. (2001) : 538

REPÈRES HISTORIQUES

Fin du VIIIᵉ s. - début du Xᵉ s. : les Slaves, établis en Bohême depuis le Vᵉ s., organisent l'empire de Grande-Moravie.
900 - 1306 : les Přemyslides règnent sur le pays.
1310 - 1347 : la dynastie des Luxembourg dirige le royaume, qui atteint son apogée sous Charles IV (1346 - 1378).
1526 : Ferdinand Iᵉʳ de Habsbourg est proclamé roi de Bohême et de Hongrie.
1526 - 1648 : renouvelée à chaque élection royale, l'union avec l'Autriche est renforcée par la Constitution de 1627, qui donne, à titre héréditaire, la couronne de Bohême aux Habsbourg.
XIXᵉ s. : les Tchèques participent à la révolution de 1848.
1918 : ils accèdent à l'indépendance et forment avec les Slovaques la république de Tchécoslovaquie.
1938 : à la suite des accords de Munich, le pays cède à l'Allemagne les Sudètes.
1939 : l'Allemagne occupe la Bohême-Moravie et y instaure son protectorat. La Slovaquie forme un État séparé.
1945 : Prague est libérée par l'armée soviétique.
Févr. 1948 : les communistes s'emparent du pouvoir.
1968 : l'intervention soviétique brise le mouvement de libéralisation du régime initié par Dubček.
1969 : la Tchécoslovaquie devient un État fédéral formé des Républiques tchèque et slovaque.
1989 : à la suite d'importantes manifestations, le rôle dirigeant du parti est aboli. Le dissident Havel est élu président.
1992 : le processus de partition de la Tchécoslovaquie en deux États indépendants est négocié par les gouvernements tchèque et slovaque.
1993 : la République tchèque devient indépendante.
1999 : elle est intégrée dans l'OTAN.
2004 : elle adhère à l'Union européenne.

La Russie exclue, l'Ukraine est, devant la France, le plus vaste État d'Europe. Sous un climat continental aux hivers modérés froids et aux étés chauds et humides, le territoire appartient au domaine de la steppe, boisée au nord et à tendance aride aux approches de la mer Noire.

Superficie : 603 700 km²
Population (2007) : 46 205 000 hab.
Capitale : Kiev 2 611 327 hab. (r. 2001)
Nature de l'État et du régime politique : république à régime semi-présidentiel
Chef de l'État : (président de la République) Viktor Iouchtchenko
Chef du gouvernement : (Premier ministre) Viktor Ianoukovitch
Organisation administrative : 24 régions, 2 municipalités et 1 république
Langue officielle : ukrainien
Monnaie : hrivna

DÉMOGRAPHIE

Densité : 77 hab./km²
Part de la population urbaine (2005) : 67,8 %
Structure de la population par âge (2005) : moins de 15 ans : 14,7 %, 15-60 ans : 64,7 %, plus de 60 ans : 20,6 %
Taux de natalité (2005) : 9,2 ‰
Taux de mortalité (2005) : 16,4 ‰
Taux de mortalité infantile (2005) : 12,8 ‰
Espérance de vie (2004) : hommes : 62,5 ans, femmes : 74 ans

ÉCONOMIE

PNB (2004) : 60 milliards de $
PNB/hab. (2005) : 1 520 $
PNB/hab. PPA (2005) : 6 720 dollars internationaux
IDH (2004) : 0,774
Taux de croissance annuelle du PIB (2006) : 5 %
Taux annuel d'inflation (2005) : 13,5 %
Structure de la population active (2003) : agriculture : 18,9 %, mines et industries : 29,9 %, services : 51,2 %
Structure du PIB (2004) : agriculture : 12,1 %, mines et industries : 36,5 %, services : 51,4 %
Dette publique brute : n.d.
Taux de chômage (2005) : 7,2 %

Agriculture et pêche

Cultures
blé (2004) : 17 520 200 t.
maïs (2004) : 8 866 800 t.
orge (2004) : 11 084 400 t.
seigle (2004) : 1 592 500 t.
avoine (2004) : 1 007 000 t.
millet (2004) : 458 800 t.
tournesol (2004) : 3 400 000 t.
pommes de terre (2004) : 20 754 800 t.
betterave à sucre (2004) : 16 600 400 t.
tomates (2004) : 1 145 700 t.
pommes (2004) : 716 900 t.
noix (2003) : 78 952 t.

Élevage et pêche
bovins (2005) : 6 902 900 têtes
ovins (2005) : 875 200 têtes
porcins (2005) : 6 466 100 têtes
chevaux (2003) : 700 000 têtes
pêche (2004) : 229 154 t.

Énergie et produits miniers
électricité totale (2004) : 177 271 millions de kWh
électricité nucléaire (2004) : 82 690 millions de kWh
hydroélectricité (2004) : 9 009 millions de kWh
pétrole (2002) : 3 900 000 t.
gaz naturel (2005) : 18 800 millions de m³
houille (2001) : 70 627 000 t.
uranium (2004) : 800 t.
fer (2004) : 36 000 000 t.
manganèse (2004) : 810 000 t.

Productions industrielles
lait (2004) : 13 776 940 t.
beurre (2003) : 145 000 t.

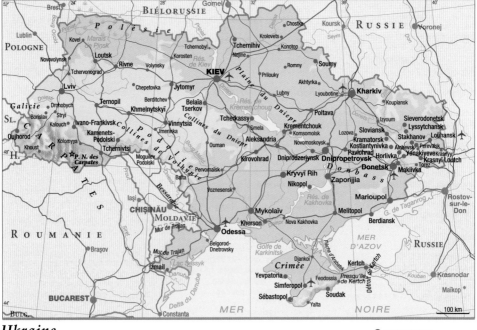

Ukraine

sucre (2002) : 1 554 000 t.
miel (2003) : 53 550 t.
vin (2005) : 2 070 000 hl
acier (2005) : 38 641 000 t.
fonte (1998) : 20 777 000 t.
aluminium (2005) : 114 000 t.
plomb métal (2002) : 12 000 t.
construction navale (2001) : 12 000 tpl
filés de coton (1997) : 12 000 t.
lin (2001) : 10 000 t.

Tourisme
Recettes touristiques (2004) :
1 512 millions de $
Commerce extérieur
Exportations de biens (2005) :
35 024 millions de dollars
Importations de biens (2005) :
36 159 millions de dollars
Défense
Forces armées (2004) : 187 600 individus

Budget de la Défense (2004) : 1,81 % du PIB
Niveau de vie
**Nombre d'habitants pour un
médecin (1995) :** 222
Apport journalier moyen en calories (2004) :
3 080 (minimum FAO : 2 400)
**Nombre d'automobiles
pour 1 000 hab. (2002) :** 108
**Nombre de téléviseurs
pour 1 000 hab. (2000) :** 456

REPÈRES HISTORIQUES

IXᵉ - XIIᵉ s. : l'État de Kiev se développe.
XIIᵉ s. : la Galicie-Volhynie recueille les traditions kiéviennes.
1238 - 1240 : la conquête mongole ruine la région de Kiev.
XIIIᵉ - XIVᵉ s. : la Lituanie et la Pologne annexent toutes les régions où se développe la civilisation ukrainienne, hormis la Ruthénie subcarpatique, sous domination hongroise depuis le XIᵉ s.
XVᵉ - XVIᵉ s. : des communautés cosaques s'organisent sur le Don et le Dniepr.
1654 : l'hetman (chef) des Cosaques Khmelnitski se place sous la protection de la Moscovie.

1667 : l'Ukraine est partagée entre la Pologne et la Russie.
1709 : Pierre le Grand écrase à Poltava l'hetman Mazeppa, qui a tenté de constituer une Ukraine réunifiée et indépendante.
1793 - 1795 : à la suite des partages de la Pologne, toute l'Ukraine est sous la domination des Empires russe et autrichien.
Fin 1917 - début 1918 : une république soviétique est créée à Kharkov par les bolcheviques, et une république indépendante est proclamée à Kiev par les nationalistes.

1919 - 1920 : les armées russes blanches puis les Polonais interviennent en Ukraine.
1922 : la République soviétique d'Ukraine adhère à l'Union soviétique.
1939 - 1940 : l'URSS annexe les territoires polonais peuplés d'Ukrainiens, ainsi que la Bucovine du Nord et la Bessarabie.
1941 - 1944 : un régime d'occupation très rigoureux est imposé par les nazis.
1945 : l'Ukraine s'agrandit de la Ruthénie subcarpatique.
1954 : la Crimée lui est rattachée.
1991 : l'Ukraine accède à l'indépendance et adhère à la CEI.

103

LA MER EN COULEURS

La mer Noire, mer intérieure qui baigne l'Ukraine (et la Russie, la Géorgie, la Turquie, la Bulgarie et la Roumanie), n'est pas la seule mer du monde à avoir reçu un nom correspondant à une couleur. La mer Blanche (en russe *Beloïe more*) est formée par l'océan Arctique, à l'extrémité nord-ouest de la Russie. La mer Jaune est une mer bordière du Pacifique occidental, adjacente à la mer de Chine orientale, entre la Chine du Nord et la Corée. La plus connue est la mer Rouge, partie nord-ouest de l'océan Indien, qui communique avec le golfe d'Oman par le détroit de Bab al-Mandab.
Il existe bien une « mer Bleue », mais il s'agit du nom d'une province de Chine, le Qinghai, au nord-est du Tibet, où naissent le Huang He, le Yangzi Jiang et le Mékong. Et point de mer Verte non plus (malgré des Baie Verte au Canada, au Nouveau-Brunswick et à Terre-Neuve) ! Mais une mer d'Émeraude offre ses merveilles à la sortie de la baie d'Antsiranana (Madagascar), et, en France, sur la Manche, vers Dinard et Saint-Malo, la Côte d'Émeraude est une région touristique très fréquentée. Enfin, on désigne souvent du nom de mer de Jade le lac Turkana, au Kenya.

Le Vatican englobe la place et la basilique Saint-Pierre, le palais du Vatican et ses annexes, les jardins du Vatican. S'ajoute à ce domaine la pleine propriété des bâtiments, à Rome et à Castel Gandolfo (droits extraterritoriaux)

Superficie : 0,439 km^2
Population (2005) : 557 hab.
Chef de l'État : (pape) Benoît XVI
Organisation administrative : pas de division
Langue officielle : italien
Monnaie : euro

DÉMOGRAPHIE

Densité : 1 257 hab./km^2
Part de la population urbaine : n.d.
Structure de la population par âge : moins de 15 ans : n.d., 15-60 ans : n.d., plus de 60 ans : n.d.
Taux de natalité : n.d.
Taux de mortalité : n.d.
Taux de mortalité infantile : n.d.
Espérance de vie : hommes : n.d., femmes : n.d.

ÉCONOMIE

PNB : n.d.
PNB/hab. : n.d.
PNB/hab. PPA : n.d.
IDH : n.d.
Taux de croissance annuelle du PIB : n.d.
Taux annuel d'inflation : n.d.
Structure de la population active : agriculture : n.d., mines et industries : n.d., services : n.d.

Structure du PIB : agriculture : n.d., mines et industries : n.d., services : n.d.
Dette publique brute : n.d.
Taux de chômage : n.d.

Tourisme
Recettes touristiques : n.d.

Commerce extérieur
Exportations de biens : n.d.
Importations de biens : n.d.

Défense
Forces armées : n.d.
Budget de la Défense : n.d.

Niveau de vie
Nombre d'habitants pour un médecin : n.d.
Apport journalier moyen en calories : n.d.

Nombre d'automobiles pour 1 000 hab. : n.d.
Nombre de téléviseurs pour 1 000 hab. : n.d.

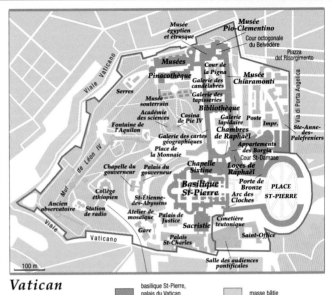

Vatican

basilique St-Pierre, palais du Vatican et musées

autres bâtiments de la Cité du Vatican

masse bâtie

espace vert

100 m

REPÈRES HISTORIQUES

756-1870 : le Vatican est la capitale d'un État temporel, les États pontificaux, constitués par la partie centrale de l'Italie, sous le gouvernement des papes.
1870 : les nationalistes s'emparent de Rome, qui devient la capitale du jeune royaume d'Italie. Les papes se considèrent désormais comme prisonniers au Vatican.
1929 : les accords du Latran, signés entre Pie XI et Mussolini, reconnaissent la souveraineté du Vatican.

LA DÉSIGNATION DU PAPE ET LE CONCLAVE

Longtemps réservée au clergé romain, l'élection du pape donna lieu fréquemment à des rivalités parfois sordides. Si bien que Nicolas II, en 1059, fit des cardinaux-évêques les seuls électeurs officiels du pontife romain. En 1179, le troisième concile du Latran étendit cette prérogative à l'ensemble des cardinaux mais, les ambitions de ces derniers et de leurs protecteurs respectifs provoquant blocages et abus, le deuxième concile de Lyon (1274) les obligea et à la clôture absolue et au secret : c'est l'origine du conclave (du latin médiéval *conclave*, pièce fermant à clef, du latin classique *clavis*, clef), mot qui désigne à la fois l'enceinte où sont enfermés les cardinaux et leur assemblée elle-même. Paul VI, en 1967, décréta que les cardinaux électeurs devaient avoir moins de 80 ans et simplifia encore le rituel des conclaves, qui se déroulent dans des locaux construits spécialement à cet effet avec, comme lieu électif, la chapelle Sixtine. La fumée blanche dégagée par la combustion des bulletins de vote annonce l'élection du nouveau pape et la fin du conclave. L'élu doit obtenir plus des deux tiers des voix, mais son acceptation est indispensable.

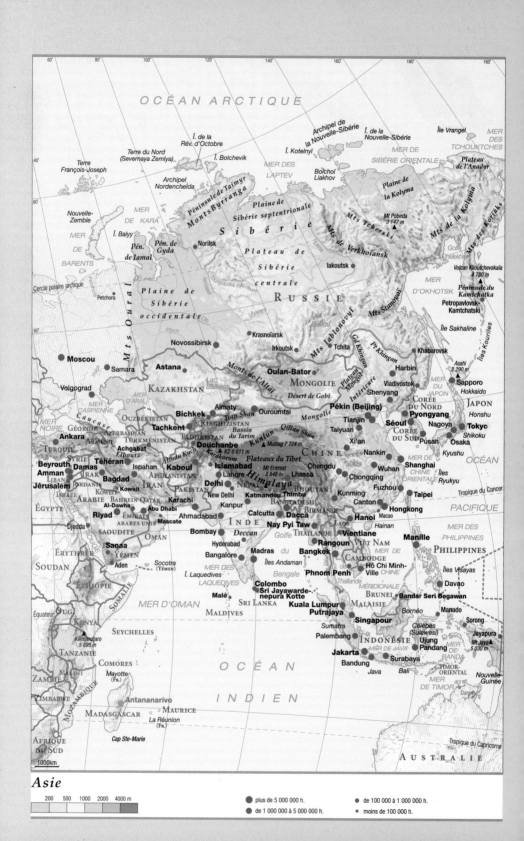

Asie

OCÉAN ARCTIQUE

MER DES TCHOUKTCHES

Î. Vrangel

MER DE SIBÉRIE ORIENTALE

Plateau de l'Anadyr

Î. de la Rév. d'Octobre
Terre du Nord (Severnaya Zemlya)
Î. Bolchevik
Î. Kotelnyï
Archipel de la Nouvelle-Sibérie
Î. de la Nouvelle-Sibérie

Terre François-Joseph

Péninsule de Taïmyr
Monts Byrranga
Archipel Nordenchelda

MER DES LAPTEV

Bolchoï Liakhov
Plaine de la Kolyma

Mt Pobeda 3 147 m

Mts Tcherski

Mts de la Kolyma

Mts des Koriaks

Nouvelle-Zemble
MER DE KARA
Î. Balyy
Pén. de Iamal
Pén. de Gyda

Plaine de Sibérie septentrionale

Sibérie

Norilsk

Volcan Klioutchevskaïa 4 750 m

Péninsule du Kamtchatka
Petropavlovsk-Kamtchatski

MER D'OKHOTSK

Plateau de Sibérie centrale

RUSSIE

Î. Sakhaline

Îles Kouriles

MER DE BARENTS

MER DE

Cercle polaire arctique

Petchora

Plaine de Sibérie occidentale

Iakoutsk

Mts de Verkhoïansk

Lac Baïkal

Krasnoïarsk

Mts Iablonovyï

Tchita

Mts Stanovoï

Khabarovsk

Asahi 2 290 m

MER DU JAPON

Moscou

Samara

Novossibirsk

Irkoutsk

Pt Khingan

Harbin

Sapporo
Hokkaido

Volgograd

Astana

Oulan-Bator

MONGOLIE

Plateau Mongol

Gd Khingan

Mongolie Intérieure

Shenyang

Vladivostok

CORÉE DU NORD

Pyongyang

JAPON

Honshu

Nagoya

MER CASPIENNE

KAZAKHSTAN

Monts de l'Altaï

Désert de Gobi

Pékin (Beijing)

Séoul

CORÉE DU SUD

Tokyo

Shikoku

Lac Balkhach

Almaty

Tianjin

Taiyuan

Pusan

Osaka

MER NOIRE

MER D'ARAL

OUZBÉKISTAN

Bichkek

KIRGHIZISTAN

Tian Shan

Ouroumtsi

Mongolie

Xi'an

Kyushu

OCÉAN

GÉORGIE
AZERBAÏDJAN

Tachkent

TADJIKISTAN

Bassin du Tarim

Qilian Shan

Nankin

MER DE CHINE ORIENTALE

Îles Ryukyu

Ankara

ARMÉNIE

TURKMÉNISTAN

Achgabat

Karakorum

Kunlun

Muztag 7 724 m

CHINE

Shanghai

TURQUIE

Caucase

Elbourz

K2 8 611 m

Plateaux du Tibet

Chengdu

Wuhan

Taipei

Tropique du Cancer

Beyrouth
Amman

SYRIE

Téhéran

Ispahan

Hindu Kuch

Kaboul

Islamabad

Mt Everest 8 848 m

Lhassa

Chongqing

Fuzhou

Hongkong

PACIFIQUE

Damas

IRAK

Bagdad

IRAN

AFGHANISTAN

Lahore

Himalaya

NÉPAL

BHOUTAN

Thimbu

Kunming

Canton

Macao

Jérusalem
ISRAËL
JORDANIE

Koweït

PAKISTAN

Delhi

Katmandou

BANGLADESH

Hanoi

Hainan

ÉGYPTE

ARABIE

BAHREÏN QATAR

Karachi

New Delhi

Kanpur

Dacca

BIRMANIE

MER DES PHILIPPINES

Al-Dawha
Abu Dhabi

Mascate

Ahmadabad

INDE

Calcutta

Nay Pyi Taw

LAOS

Manille

Riyad

ÉMIRATS ARABES UNIS

Bombay

Deccan

Golfe du Bengale

THAÏLANDE

Vientiane

PHILIPPINES

SAOUDITE

OMAN

Hyderabad

Madras

Bangkok

MER DE CHINE MÉRIDIONALE

Djedda

Sanaa

Bangalore

Îles Andaman

CAMBODGE

Hô Chi Minh-Ville

Îles Visayas

ÉRYTHRÉE

YÉMEN

Aden

Socotra (Yémen)

Î. Laquedives

MER DES LAQUEDIVES

Phnom Penh

Thaïlande

VIÊT NAM

Davao

SOUDAN

ÉTHIOPIE

SOMALIE

MER D'OMAN

Colombo

Sri Jayawarde-nepura Kotte

SRI LANKA

BRUNEI

Bandar Seri Begawan

MALAISIE

MER DES CÉLÈBES

Manado

Sorong

OUG

KENYA

Malé

MALDIVES

Kuala Lumpur
Putrajaya

Bornéo

Jayapura

Équateur

Singapour

Célèbes (Sulawesi)

Mt Jaya 5 030 m

TANZANIE

Kilimandjaro 5 895 m

SEYCHELLES

Sumatra

Palembang

INDONÉSIE

Ujung Pandang

TIMOR-ORIENTAL

MALAWI

COMORES

Jakarta

MER DE JAVA

MER DE BANDA

ZAMBIE

Mayotte (Fr.)

Bandung

Surabaya

ZIMBABWE

MOZAMBIQUE

OCÉAN

Java

Bali

MER DE TIMOR

AFRIQUE DU SUD

Antananarivo

MAURICE

INDIEN

Darwin

MADAGASCAR

La Réunion (Fr.)

Nouvelle-Guinée

Cap Ste-Marie

Tropique du Capricorne

AUSTRALIE

1000km

Asie

200 500 1000 2000 4000 m

● plus de 5 000 000 h.   ● de 100 000 à 1 000 000 h.
● de 1 000 000 à 5 000 000 h.   • moins de 100 000 h.

ASIE

AFGHANISTAN

ARABIE SAOUDITE

ARMÉNIE

AZERBAÏDJAN

BAHREÏN

BANGLADESH

BHOUTAN

BIRMANIE

BRUNEI

CAMBODGE

CHINE

CHYPRE

CORÉE DU NORD

CORÉE DU SUD

ÉMIRATS ARABES
UNIS

GÉORGIE

INDE

INDONÉSIE

IRAN

IRAQ

ISRAËL

JAPON

JORDANIE

KAZAKHSTAN

KIRGHIZISTAN

KOWEÏT

LAOS

LIBAN

MALAISIE

MALDIVES

MONGOLIE

NÉPAL

OMAN

OUZBÉKISTAN

PAKISTAN

PHILIPPINES

QATAR

SINGAPOUR

SRI LANKA

SYRIE

TADJIKISTAN

TAÏWAN

THAÏLANDE

TIMOR-ORIENTAL

TURKMÉNISTAN

TURQUIE

VIÊT NAM

YÉMEN

ASIE
44 000 000 km²
4 030 millions d'habitants*

AFRIQUE
30 310 000 km²
965 millions d'habitants*

AMÉRIQUE
42 000 000 km²
911 millions d'habitants*

EUROPE
10 500 000 km²
731 millions d'habitants*

OCÉANIE
9 000 000 km²
33 millions d'habitants*

*estimation pour 2007

AFGHANISTAN

Afghanistan

L'Afghanistan est un pays en majeure partie montagneux (surtout au nord : Hindu Kuch) et aride (souvent moins de 250 mm de pluies), ouvert par quelques vallées (Amou-Daria au nord, Helmand au sud). Au pied des reliefs, relativement arrosés, se sont implantées les principales villes (Kaboul, Kandahar, Harat).

Superficie : 652 090 km²
Population (2007) : 27 145 000 hab.
Capitale : Kaboul 2 994 000 hab. (e. 2005)
Nature de l'État et du régime politique : république à régime présidentiel
Chef de l'État et du gouvernement : (président de la République) Hamid Karzai
Organisation administrative : 34 provinces
Langues officielles : persan (dari) et pachto
Monnaie : afghani

DÉMOGRAPHIE

Densité : 42 hab./km²
Part de la population urbaine (2005) : 22,9 %
Structure de la population par âge (2005) : moins de 15 ans : 47 %, 15-60 ans : 49,3 %, plus de 60 ans : 3,7 %
Taux de natalité (2005) : 48,2 ‰
Taux de mortalité (2005) : 19,9 ‰
Taux de mortalité infantile (2005) : 157 ‰
Espérance de vie (2003) : hommes : 45,8 ans, femmes : 46,3 ans

ÉCONOMIE

108
PNB (2004) : 5,5 milliards de $
PNB/hab. (1980) : 260 $
PNB/hab. PPA : n.d.
IDH : n.d.
Taux de croissance annuelle du PIB (2006) : 12 %
Taux annuel d'inflation (1990) : 41 %
Structure de la population active : agriculture : n.d., mines et industries : n.d., services : n.d.
Structure du PIB (2002) : agriculture : 52 %, mines et industries : 24,1 %, services : 23,9 %
Dette publique brute : n.d.
Taux de chômage (2005) : 8,5 %

Agriculture

Cultures
blé (2002) : 2 686 000 t.
canne à sucre (2000) : 38 000 t.
maïs (2002) : 298 000 t.
orge (2002) : 345 000 t.
riz (2002) : 388 000 t.
raisin (2002) : 365 000 t.
opium (2006) : 6 100 t. (estimation)

Élevage
chameaux (2005) : 180 000 têtes
bovins (2005) : 3 700 000 têtes

caprins (2005) : 7 300 000 têtes
ovins (2005) : 8 800 000 têtes
chevaux (1998) : 300 000 têtes

Énergie et produits miniers
électricité totale (2004) : 734 millions de kWh
gaz naturel (2000) : 3 000 millions de m3
houille (2001) : 1 000 t.

Tourisme
Recettes touristiques (1998) : 1 million de $

Commerce extérieur
Exportations de biens (1997) : 148 millions de dollars

--- route
--- voie ferrée
✈ aéroport

● plus de 1 000 000 h.
● de 100 000 à 1 000 000 h.
● de 25 000 à 100 000 h.
• moins de 25 000 h.

1000   2000   4000 m

150 km

Importations de biens (1997) : 566 millions de dollars

Défense
Forces armées (2004) : 27 000 individus
Budget de la Défense (1985) : 9,43 % du PIB

Niveau de vie
Nombre d'habitants pour un médecin (1993) : 7 000
Apport journalier moyen en calories : n.d.
Nombre d'automobiles pour 1 000 hab. (1996) : 1
Nombre de téléviseurs pour 1 000 hab. (2001) : 14

REPÈRES HISTORIQUES

L'Afghanistan antique et médiéval
Province de l'Empire iranien achéménide (VIᵉ- IVᵉ s. av. J.-C.), hellénisée après la conquête d'Alexandre (329 av. J.-C.) partic. en Bactriane, le région fait partie de l'empire Kushana (Iᵉʳ s. av. J.-C.-Vᵉ s. apr. J.-C.), influencé par le bouddhisme. Puis l'Afghanistan est progressivement intégré au monde musulman ; commencée lors de la conquête de Harat par les Arabes (651), l'islamisation se poursuit sous les Ghaznévides (Xᵉ- XIIᵉ s.).
1221 - 1222 : la région est ravagée par les invasions mongoles.

L'époque moderne et contemporaine
XVIᵉ - XVIIᵉ s. : le pays est dominé par l'Inde et l'Iran, qui se le partagent.
1747 : fondation de la première dynastie nationale afghane.
1839 - 1842 et 1878 - 1880 : guerres anglo-afghanes.
1921 : traité d'amitié avec la Russie soviétique et reconnaissance de l'indépendance de l'Afghanistan.

1973 : coup d'État qui renverse le roi Zaher Chah. Proclamation de la république.
1978 : coup d'État communiste.
1979 - 1989 : intervention militaire de l'URSS pour soutenir le gouvernement de Kaboul dans la lutte qui l'oppose aux moudjahidin.
1992 : les moudjahidin établissent un régime islamiste.
1996 : les talibans, soutenus par le Pakistan, s'emparent du pouvoir et imposent un islamisme radical.
2001 : après les attentats perpétrés sur leur territoire (11 septembre), les États-Unis, appuyés par la communauté internationale, interviennent militairement en Afghanistan contre le réseau islamiste al-Qaida et son chef Oussama Ben Laden, et contre les talibans, accusés de les soutenir. Sous le coup des bombardements américains et des assauts de l'Alliance du Nord, le régime des talibans s'effondre. Un gouvernement de transition multiethnique est mis en place.
2004 : une nouvelle Constitution est adoptée.

Superficie : 2 149 690 km²
Population (2007) : 24 735 000 hab.
Capitale : Riyad 4 087 152 hab. (r. 2004)
Nature de l'État et du régime politique :
monarchie
Chef de l'État et du gouvernement :
(roi) Abd Allah ibn Abd al-Aziz al-Saud
Organisation administrative : 13 émirats
Langue officielle : arabe
Monnaie : riyal saoudien

DÉMOGRAPHIE

Densité : 12 hab./km²
Part de la population urbaine (2005) : 81 %
Structure de la population par âge (2005) :
moins de 15 ans : 34,5 %, 15-60 ans :
61,3 %, plus de 60 ans : 4,2 %
Taux de natalité (2005) : 24,9 ‰
Taux de mortalité (2005) : 3,9 ‰
Taux de mortalité infantile (2005) : 18,8 ‰
Espérance de vie (2004) : hommes :
70,4 ans, femmes : 74,3 ans

Occupant la majeure partie de la péninsule
d'Arabie, l'Arabie saoudite est un pays vaste
(près de quatre fois la superficie de la France)
et doit son importance politique et économique au pétrole. Membre influent de l'OPEP,
il est le premier producteur et surtout expor-
tateur de pétrole, puisqu'il détient environ le
quart des réserves mondiales.

ÉCONOMIE

PNB (2004) : 243 milliards de $
PNB/hab. (2005) : 11 710 $
PNB/hab. PPA (2005) : 14 740 dollars
internationaux
IDH (2004) : 0,777
Taux de croissance annuelle du PIB (2006) :
5,8 %
Taux annuel d'inflation (2005) : 0,7 %
Structure de la population active :
agriculture : n.d., mines et industries :
n.d., services : n.d.
Structure du PIB (2004) : agriculture :
3,9 %, mines et industries : 58,8 %,
services : 37,3 %
Dette publique brute : n.d.
Taux de chômage (2002) : 5,2 %

Agriculture

Cultures
blé (2004) : 2 358 000 t.
sorgho (2004) : 243 750 t.
dattes (2004) : 900 540 t.
Élevage
chameaux (2005) : 260 000 têtes

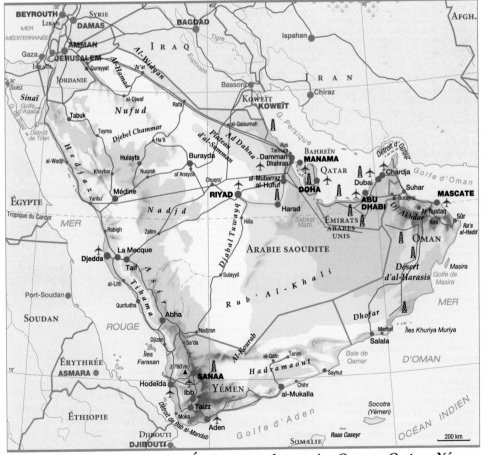

Arabie saoudite, Bahreïn, Émirats arabes unis, Oman, Qatar, Yémen

| 200 | 500 | 1000 | 2000 | 3000 m |

— route ⊥ puits de pétrole ● plus de 1 000 000 h. ● de 50 000 à 100 000 h.
— voie ferrée ✈ aéroport → oléoduc et gazoduc ● de 100 000 à 1 000 000 h. • moins de 50 000 h.

ARABIE SAOUDITE

bovins (2005) : 350 000 têtes
caprins (2005) : 2 200 000 têtes
ovins (2005) : 7 000 000 têtes
chevaux (2003) : 3 000 têtes

Énergie et produits miniers
électricité totale (2004) :
155 248 millions de kWh
pétrole (2005) : 526 200 000 t.
gaz naturel (2005) : 69 500 millions de m³
or (2005) : 9 200 kg

Productions industrielles
acier (2005) : 4 186 000 t.
ciment (2005) : 26 064 000 t.

Tourisme
Recettes touristiques (2004) :
6 540 millions de $

Commerce extérieur
Exportations de biens (2005) :
174 635 millions de dollars
Importations de biens (2005) :
51 327 millions de dollars

Défense
Forces armées (2004) : 199 500 individus
Budget de la Défense (2004) : 8,18 % du PIB

Niveau de vie
**Nombre d'habitants pour un
médecin (1993)** : 769

Apport journalier moyen en calories (2004) :
2 800 (minimum FAO : 2 400)
**Nombre d'automobiles pour
1 000 hab. (1996)** : 98
**Nombre de téléviseurs pour
1 000 hab. (2002)** : 265

REPÈRES HISTORIQUES

En 1932, l'Arabie saoudite naît de la réunion en un seul royaume des régions conquises par Abd al-Aziz ibn Saud, dit Ibn Séoud, depuis 1902.
1932 - 1953 : Ibn Séoud modernise le pays grâce aux fonds procurés par le pétrole.
1953 - 1964 : son fils Saud est roi ; il cède en 1958 la réalité du pouvoir à son frère Faysal, qui le dépose en 1964.
1964 - 1975 : Faysal se fait le champion du panislamisme et le protecteur des régimes conservateurs arabes.
1975 - 1982 : son frère Khalid règne sur le pays.
1982 : son frère Fahd lui succède.
1991 : une force multinationale, déployée sur le territoire saoudien, intervient contre l'Iraq (guerre du Golfe.)
2005 : à la mort de Fahd, son demi-frère Abd Allah devient roi.

BAHREÏN

Situé sur le golfe Persique, Bahreïn est un archipel (les deux îles principales sont celle de Bahreïn, proprement dite, où se trouve la capitale, Manama, et la petite île voisine de Muharraq).

Superficie : 694 km²
Population (2007) : 753 000 hab.
Capitale : Manama 162 000 hab.
(e. 2005) dans l'agglomération
Nature de l'État et du régime politique :
monarchie constitutionnelle
Chef de l'État : (roi) Hamad ibn Isa
al-Khalifa
Chef du gouvernement : (Premier
ministre) Khalifa ibn Salman al-Khalifa
Organisation administrative : 5 gouvernorats
Langue officielle : arabe
Monnaie : dinar de Bahreïn

DÉMOGRAPHIE
Densité : 1 085 hab./km²
Part de la population urbaine (2005) : 96,5 %
Structure de la population par âge (2005) :
moins de 15 ans : 26,2 %, 15-60 ans :
69,3 %, plus de 60 ans : 4,5 %
Taux de natalité (2005) : 17,1 ‰
Taux de mortalité (2005) : 3,2 ‰
Taux de mortalité infantile (2005) : 11,2 ‰
Espérance de vie (2004) : hommes :
73,2 ans, femmes : 76,1 ans

ÉCONOMIE
PNB (2004) : 10,288 milliards de $
PNB/hab. (2005) : 14 370 $
PNB/hab. PPA (2005) : 21 290 dollars
internationaux
IDH (2004) : 0,859
Taux de croissance annuelle du PIB (2006) :
7,1 %
Taux annuel d'inflation (2005) : 2,6 %
Structure de la population active :
agriculture : n.d., mines et industries :
n.d., services : n.d.
Structure du PIB (1995) : agriculture :
0,9 %, mines et industries : 43,3 %,
services : 55,8 %

Dette publique brute : n.d.
Taux de chômage : n.d.

Agriculture
Cultures
dattes (2003) : 17 000 t.
tomates (2003) : 2 100 t.
Élevage
chameaux (2005) : 920 têtes
bovins (2005) : 9 000 têtes
caprins (2005) : 26 000 têtes
ovins (2005) : 40 000 têtes

Énergie et produits miniers
électricité totale (2004) :
7 794 millions de kWh
pétrole (2002) : 8 664 000 t.
gaz naturel (2005) : 9 900 millions de m³

Productions industrielles
lait (2003) : 18 500 t.
aluminium (2005) : 751 000 t.
ciment (2005) : 191 000 t.

Tourisme
Recettes touristiques (2004) :
1 504 millions de $

Commerce extérieur
Exportations de biens (2005) :
10 131,1 millions de dollars
Importations de biens (2005) :
7 606 millions de dollars

Défense
Forces armées (2004) : 11 200 individus
Budget de la Défense (2004) : 4,4 % du PIB

Niveau de vie
**Nombre d'habitants pour un
médecin (1991)** : 769
Apport journalier moyen en calories : n.d.
**Nombre d'automobiles pour
1 000 hab. (2002)** : 307
**Nombre de téléviseurs pour
1 000 hab. (2002)** : 428

REPÈRES HISTORIQUES
1914 : les Britanniques établissent leur protectorat sur l'émirat.
1971 : Bahreïn acquiert son indépendance.
2002 : l'émirat devient une monarchie constitutionnelle.

ÉMIRATS ARABES UNIS

Le pays regroupe 7 émirats (**Abu Dhabi, Dubai, Chardja, Fudjayra, Adjman, Umm al-Qaywayn** et **Ras al-Khayma**).

Superficie : 83 600 km²
Population (2007) : 4 380 000 hab.
Capitale : Abu Dhabi 597 000 hab. (r. 2005)
Nature de l'État et du régime politique :
monarchie
Chef de l'État : (président du Conseil
suprême des souverains)
Khalifa ibn Zayid al-Nahyan
Chef du gouvernement : (Premier
ministre) Muhammad ibn Rachid
al-Maktum
Organisation administrative : 7 émirats

Langue officielle : arabe
Monnaie : dirham des EAU

DÉMOGRAPHIE
Densité : 52 hab./km²
Part de la population urbaine (2005) :
76,7 %
Structure de la population par âge (2005) :
moins de 15 ans : 19,8 %, 15-60 ans :
78,4 %, plus de 60 ans : 1,8 %
Taux de natalité (2005) : 16,2 ‰
Taux de mortalité (2005) : 1,4 ‰
Taux de mortalité infantile (2005) : 8,2 ‰
Espérance de vie (2004) : hommes :
76,7 ans, femmes : 81,2 ans

ÉCONOMIE

PNB (2004) : 103 milliards de $
PNB/hab. (2005) : 23 770 $
PNB/hab. PPA (2005) : 24 090 dollars
internationaux
IDH (2004) : 0,839
Taux de croissance annuelle du PIB (2006) :
11,5 %
Taux annuel d'inflation (2003) : 2,8 %
Structure de la population active :
agriculture : n.d., mines et industries :
n.d., services : n.d.
Structure du PIB (2004) : agriculture :
2,6 %, mines et industries : 55,1 %,
services : 42,3 %
Dette publique brute : n.d.
Taux de chômage (2000) : 2,3 %

Agriculture et pêche

Cultures
dattes (2004) : 760 000 t.
tomates (2004) : 240 000 t.
Élevage et pêche
bovins (2005) : 115 000 têtes
caprins (2005) : 1 520 000 têtes
ovins (2005) : 580 000 têtes
chameaux (2005) : 250 000 têtes
pêche (2004) : 9 057 000 t.

Énergie et produits miniers

électricité totale (2004) : 49 521 millions
de kWh
gaz naturel (2005) : 46 600 millions de m³
pétrole (2005) : 129 000 000 t.
chrome (2004) : 7 090 t.

Productions industrielles

aluminium (2003) : 560 000 t.
ciment (2005) : 8 000 000 t.

Tourisme

Recettes touristiques (2004) :
1 594 millions de $

Commerce extérieur

Exportations de biens (1997) :
30 423 millions de dollars
Importations de biens (1997) :
31 050 millions de dollars

Défense

Forces armées (2004) : 50 500 individus
Budget de la Défense (2004) : 2,89 % du PIB

Niveau de vie

Nombre d'habitants pour un
médecin (1993) : 1 100
Apport journalier moyen en
calories (2004) : 3 250
(minimum FAO : 2 400)
Nombre d'automobiles pour
1 000 hab. (1996) : 11
Nombre de téléviseurs pour
1 000 hab. (2001) : 252

1892-1971 : les « États de la Trêve »
(Trucial States), du nom du traité de
paix perpétuelle signé en 1853 avec la
Grande-Bretagne, sont placés sous protectorat britannique.
1971-1972 : ils forment la fédération
indépendante des Émirats arabes unis
dirigée par l'émir Zayid ibn Sultan al-
Nahyan (1971-2004), puis par son fils
l'émir Khalifa ibn Zayid al-Nahyan
(depuis 2004).

OMAN

Le pays est désertique dans sa plus grande
partie et possède une longue façade maritime. Seules les montagnes de l'Oman
(3 000 m), au nord, et les collines du Dhofar,
au sud, reçoivent quelques pluies.

Superficie : 212 457 km²
Population (2007) : 2 595 000 hab.
Capitale : Mascate 565 000 hab. (e. 2005),
638 000 hab. dans l'agglomération
(e. 2003)
Nature de l'État et du régime politique :
monarchie
Chef de l'État et du gouvernement :
(sultan) Qabus ibn Said
Organisation administrative : 8 régions
Langue officielle : arabe
Monnaie : rial omanais

DÉMOGRAPHIE

Densité : 12 hab./km²
Part de la population urbaine (2005) :
71,5 %
Structure de la population par âge (2005) :
moins de 15 ans : 33,8 %, 15-60 ans :
62 %, plus de 60 ans : 4,2 %
Taux de natalité (2005) : 22,1 ‰
Taux de mortalité (2005) : 2,7 ‰
Taux de mortalité infantile (2005) : 12,3 ‰
Espérance de vie (2004) : hommes :
73,1 ans, femmes : 76 ans

ÉCONOMIE

PNB (2004) : 23 milliards de $
PNB/hab. (2005) : 9 070 $
PNB/hab. PPA (2005) : 14 680 dollars
internationaux
IDH (2004) : 0,81
Taux de croissance annuelle du PIB (2006) :
7,1 %
Taux annuel d'inflation (2005) : 1,2 %
Structure de la population active :
agriculture : n.d., mines et industries :
n.d., services : n.d.
Structure du PIB (2004) : agriculture : 1,8 %,
mines et industries : 55,9 %, services :
42,3 %
Dette publique brute : n.d.
Taux de chômage : n.d.

Agriculture et pêche

Cultures
dattes (2003) : 239 000 t.
bananes (2003) : 32 900 t.
pommes de terre (2003) : 15 500 t.
tabac (2005) : 1 200 t.
Élevage et pêche
bovins (2005) : 335 000 têtes
ovins (2005) : 375 000 têtes
caprins (2005) : 1 070 000 têtes
poulets (2005) : 4 200 000 têtes
chameaux (2005) : 123 000 têtes
pêche (2004) : 165 532 t.

Énergie et produits miniers

électricité totale (2004) :
14 328 millions de kWh
gaz naturel (2005) : 17 500 millions de m³
pétrole (2005) : 38 500 000 t.
argent (2002) : 4 t.
cuivre (1996) : 12 000 t.
or (2003) : 4 kg

Tourisme

Recettes touristiques (2004) : 708 millions
de $

Commerce extérieur

Exportations de biens (2005) :
18 692 millions de dollars
Importations de biens (2005) :
8 029 millions de dollars

Défense

Forces armées (2004) : 41 700 individus
Budget de la Défense (2004) : 10,59 % du PIB

Niveau de vie

Nombre d'habitants pour un
médecin (1993) : 1 111
Apport journalier moyen en calories : n.d.
Nombre d'automobiles pour
1 000 hab. (1996) : 103
Nombre de téléviseurs pour
1 000 hab. (2002) : 553

XVIIe - XIXe s. : les sultans d'Oman gouvernent un empire maritime, acquis aux
dépens du Portugal et dont le centre est
Zanzibar.
Depuis 1970 : le sultan Qabus ibn Said a
entrepris de moderniser le pays.

QATAR

Péninsule désertique, le Qatar est très riche
en pétrole et surtout en gaz naturel.

Superficie : 11 000 km²
Population (2007) : 841 000 hab.
Capitale : Doha 357 000 hab. (e. 2005)
Nature de l'État et du régime politique :
monarchie
Chef de l'État : (émir) Hamad ibn Khalifa
al-Thani
Chef du gouvernement : Hamad ibn
Jassim ibn Jabr al-Thani
Organisation administrative : 9 municipalités

Langue officielle : arabe
Monnaie : riyal du Qatar

DÉMOGRAPHIE

Densité : 76 hab./km²
Part de la population urbaine (2005) : 95,4 %
Structure de la population par âge (2005) :
moins de 15 ans : 21,7 %, 15-60 ans :
75,6 %, plus de 60 ans : 2,7 %
Taux de natalité (2005) : 16,2 ‰
Taux de mortalité (2005) : 2,4 ‰
Taux de mortalité infantile (2005) : 8,2 ‰

Espérance de vie (2004) : hommes :
71,5 ans, femmes : 76,3 ans

ÉCONOMIE

PNB (1997) : 9,51 milliards de $
PNB/hab. (1995) : 15 570 $
PNB/hab. PPA (1996) : 16 330 dollars
internationaux
IDH (2004) : 0,844
Taux de croissance annuelle du PIB (2006) :
6,7 %
Taux annuel d'inflation (2005) : 8,8 %
Structure de la population active :
agriculture : n.d., mines et industries :
n.d., services : n.d.
Structure du PIB (1991) : agriculture : 1 %,
mines et industries : 45 %, services : 54 %
Dette publique brute : n.d.
Taux de chômage (2001) : 3,9 %

Agriculture et pêche

Cultures
dattes (2003) : 16 500 t.

Élevage et pêche
bovins (2005) : 11 000 têtes
ovins (2005) : 200 000 têtes
caprins (2005) : 150 000 têtes
poulets (2005) : 4 500 000 têtes
chevaux (2003) : 2 800 têtes
chameaux (2005) : 34 000 têtes
pêche (2005) : 11 134 t.

Énergie et produits miniers

électricité totale (2004) :
12 397 millions de kWh
gaz naturel (2005) :
43 500 millions de m³
pétrole (2005) : 48 800 000 t.

Productions industrielles

acier (2005) : 1 057 000 t.

Tourisme

Recettes touristiques : n.d.

Commerce extérieur

Exportations de biens (1997) :
5 560 millions de dollars
Importations de biens (1997) :
4 489 millions de dollars

Défense

Forces armées (2004) : 12 400 individus
Budget de la Défense (2004) : 7,35 % du
PIB

Niveau de vie

Nombre d'habitants pour un
médecin (1990) : 667
Apport journalier moyen en calories : n.d.
Nombre d'automobiles pour
1 000 hab. (1996) : 217
Nombre de téléviseurs pour
1 000 hab. (2003) : 426

112

REPÈRES HISTORIQUES

1868 : le Qatar est lié à la Grande-Bretagne par un traité.
1979 : il accède à l'indépendance, avec à sa tête l'émir Hamad ibn Khalifa al-Thani (1972 - 1995).
1995 : son fils Hamad ibn Khalifa al-Thani lui succède.

YÉMEN

Presque aussi vaste que la France, le Yémen est en grande partie désertique. Un haut plateau culminant à 3 760 m occupe la partie occidentale du pays. C'est sur ces hautes terres qu'est concentrée la majeure partie de la population et que se situe la capitale, Sanaa. Sur la côte méridionale, Aden, principal port, est la capitale économique du pays.

Superficie : 537 968 km²
Population (2007) : 22 389 000 hab.
Capitale : Sanaa 1 801 000 hab. (e. 2005) dans l'agglomération
Nature de l'État et du régime politique : république à régime semi-présidentiel
Chef de l'État : (président de la République) Ali Abdallah al-Salih
Chef du gouvernement : (Premier ministre) Ali Muhammad Mujawar
Organisation administrative : 19 gouvernorats
Langue officielle : arabe
Monnaie : rial yéménite

DÉMOGRAPHIE

Densité : 42 hab./km²
Part de la population urbaine (2005) : 27,3 %
Structure de la population par âge (2005) : moins de 15 ans : 45,9 %, 15-60 ans : 50,4 %, plus de 60 ans : 3,7 %
Taux de natalité (2005) : 38,3 ‰
Taux de mortalité (2005) : 7,4 ‰
Taux de mortalité infantile (2005) : 58,6 ‰
Espérance de vie (2004) : hommes : 59,9 ans, femmes : 62,6 ans

ÉCONOMIE

PNB (2004) : 11,2 milliards de $
PNB/hab. (2005) : 600 $
PNB/hab. PPA (2005) : 920 dollars
internationaux
IDH (2004) : 0,492
Taux de croissance annuelle du PIB (2006) :
3,9 %
Taux annuel d'inflation (2003) : 10,8 %
Structure de la population active (1999) :
agriculture : 54,1 %, mines et industries :
11,1 %, services : 34,8 %
Structure du PIB (2004) : agriculture :
13,8 %, mines et industries : 37,6 %,
services : 48,6 %
Dette publique brute : n.d.
Taux de chômage : n.d.

Agriculture et pêche

Cultures
dattes (2004) : 28 600 t.
sorgho (2004) : 263 430 t.
bananes (2004) : 85 600 t.
blé (2004) : 105 270 t.
pommes de terre (2004) : 213 200 t.
tomates (2004) : 200 440 t.
raisin (2004) : 169 000 t.
café (2004) : 11 600 t.

Élevage et pêche
bovins (2003) : 1 358 000 têtes
ovins (2003) : 6 589 000 têtes
caprins (2003) : 7 311 000 têtes

chameaux (2003) : 277 000 têtes
pêche (2004) : 2 563 t.

Énergie et produits miniers

électricité totale (2004) :
4 077 millions de kWh
pétrole (2005) : 20 100 000 t.

Productions industrielles

lait (2004) : 263 750 t.
viande (2003) : 202 000 t.
filés de coton (2002) : 9 790 t.
ciment (2005) : 1 550 000 t.

Tourisme

Recettes touristiques (2002) :
38 millions de $

Commerce extérieur

Exportations de biens (2005) :
6 379,8 millions de dollars
Importations de biens (2005) :
4 124,1 millions de dollars

Défense

Forces armées (2004) : 66 700 individus
Budget de la Défense (2004) : 6,26 % du
PIB

Niveau de vie

Nombre d'habitants pour un
médecin (1990) : 10 000
Apport journalier moyen en
calories (2004) : 2 010
(minimum FAO : 2 400)
Nombre d'automobiles pour
1 000 hab. (1996) : 14
Nombre de téléviseurs pour
1 000 hab. (2002) : 308

REPÈRES HISTORIQUES

Iᵉʳ millénaire av. J.-C. : divers royaumes se développent en Arabie du Sud, dont ceux de Saba et de l'Hadramaout.
VIᵉ s. apr. J.-C. : la région est occupée par les Éthiopiens puis par les Perses Sassanides.
Après 628 : conquête musulmane.
1570 - 1635 : le Yémen est intégré à l'Empire ottoman, qui, après 1635, n'a plus d'autorité réelle.
1839 : les Britanniques conquièrent Aden et établissent leur protectorat sur le sud du Yémen.
1871 : les Ottomans organisent, après la conquête de Sanaa, le vilayet du Yémen.
1920 : l'indépendance du royaume gouverné par les imams zaydites est reconnue.
1959 - 1963 : Aden et la plupart des sultanats du protectorat britannique forment la fédération de l'Arabie du Sud, qui devient indépendante en 1967.
1962 : au nord, la république est proclamée à l'issue d'un coup d'État. La guerre civile oppose les royalistes aux républicains (1962 - 1970).
1970 : au sud est instaurée une république démocratique et populaire, marxiste-léniniste.
1990 : réunification des deux Yémens.

D'une superficie égale à celle de la Belgique, située dans le Petit Caucase, limitrophe de la Turquie, l'Arménie est un pays montagneux (90 % du territoire au-dessus de 1 000 m), coupé de dépressions, dont celle ouverte par l'Araxe, ou de bassins, dont l'un est occupé par le lac Sevan.

Superficie : 29 800 km²
Population (2007) : 3 002 000 hab.
Capitale : Erevan 1 103 488 hab. (r. 2001)
Nature de l'État et du régime politique :
république à régime semi-présidentiel
Chef de l'État : (président de la
République) Robert Kotcharian
Chef du gouvernement : (Premier
ministre) Serge Sarkissian
Organisation administrative :
1 municipalité et 10 régions
Langue officielle : arménien
Monnaie : dram arménien

DÉMOGRAPHIE

Densité : 101 hab./km²
Part de la population urbaine (2005) : 64,1 %
Structure de la population par âge (2005) :
moins de 15 ans : 20,8 %, 15-60 ans :
64,7 %, plus de 60 ans : 14,5 %
Taux de natalité (2005) : 12,5 ‰
Taux de mortalité (2005) : 9,6 ‰
Taux de mortalité infantile (2005) : 28,9 ‰
Espérance de vie (2004) : hommes :
68,1 ans, femmes : 74,8 ans

ÉCONOMIE

PNB (2004) : 3,2 milliards de $
PNB/hab. (2005) : 1 470 $
PNB/hab. PPA (2005) : 5 060 dollars
internationaux
IDH (2004) : 0,768
Taux de croissance annuelle du PIB (2006) :
7,5 %
Taux annuel d'inflation (2005) : 0,6 %
Structure de la population active :
agriculture : n.d., mines et industries :
n.d., services : n.d.
Structure du PIB (2004) : agriculture :
23,4 %, mines et industries : 37,1 %,
services : 39,5 %
Dette publique brute : n.d.
Taux de chômage (2005) : 8,1 %

Agriculture

Cultures
blé (2004) : 291 600 t.
orge (2004) : 131 100 t.
pommes de terre (2004) : 575 940 t.
tomates (2004) : 222 050 t.
pommes (2004) : 56 000 t.
raisin (2004) : 148 890 t.

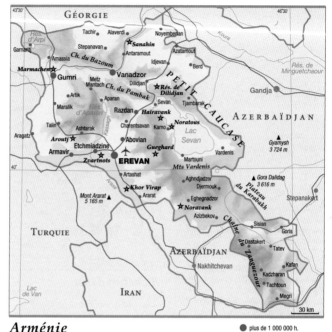

Arménie

500 1000 1500 2000 m

— route
— voie ferrée
★ site touristique important

● plus de 1 000 000 h.
● de 100 000 à 1 000 000 h.
● de 30 000 à 100 000 h.
• moins de 30 000 h.

Élevage
bovins (2005) : 573 260 têtes
ovins (2005) : 556 590 têtes
caprins (2005) : 46 655 têtes
porcins (2005) : 89 080 têtes
chevaux (2003) : 12 100 têtes

Énergie et produits miniers
électricité totale (2004) :
5 716 millions de kWh
électricité nucléaire (2004) :
2 210 millions de kWh
molybdène (2003) : 2 760 t.
cuivre (2005) : 16 400 t.

Productions industrielles
vin (2005) : 72 590 hl
laine (2005) : 1 306 t.
ciment (2005) : 605 000 t.

Tourisme
Recettes touristiques (2004) :
103 millions de $

Commerce extérieur
Exportations de biens (2005) :
1 004,85 millions de dollars
Importations de biens (2005) :
1 592,78 millions de dollars

Défense
Forces armées (2004) : 48 160 individus
Budget de la Défense (2004) : 3,05 % du PIB

Niveau de vie
**Nombre d'habitants pour un
médecin (1995) :** 323
Apport journalier moyen en calories (2004) :
2 340 (minimum FAO : 2 400)
**Nombre d'automobiles pour
1 000 hab. (1996) :** 0
**Nombre de téléviseurs pour
1 000 hab. (2001) :** 229

VIIe s. av. J.-C. : les Arméniens, établis dans la région du lac de Van, fondent un État vassal des Mèdes puis des Perses.
189 av. J.-C. : soumise aux Séleucides depuis la fin du IVe s. av. J.-C., l'Arménie reconquiert son indépendance.
Ier s. av. J.-C. : elle passe sous domination romaine puis parthe, et se convertit au christianisme dès la fin du IIIe s.
640 : les Arabes envahissent le pays.
Milieu XIe s. - début XVe s. : la Grande Arménie est ravagée par les invasions turques et mongoles. La Petite Arménie, créée en Cilicie par Rouben (1080), soutient les croisés dans leur lutte contre l'islam, puis succombe sous les coups des Mamelouks (1375). Les Ottomans soumettent toute l'Arménie et la placent sous l'autorité du patriarche de Constantinople.
1813 - 1828 : les Russes conquièrent l'Arménie orientale.
1915 : 1 500 000 Arméniens sont victimes du génocide perpétré par le gouvernement jeune-turc.
1918 : la république d'Arménie est proclamée et reconnue par les Alliés, mais les troupes turques kémalistes et l'Armée rouge occupent le pays.
1922 : elle est intégrée à l'URSS et devient une république fédérée en 1936.
1988 : elle réclame le rattachement du Haut-Karabakh ; les gouvernements de l'URSS et de l'Azerbaïdjan s'y opposent.
1991 : l'Arménie devient indépendante.

113

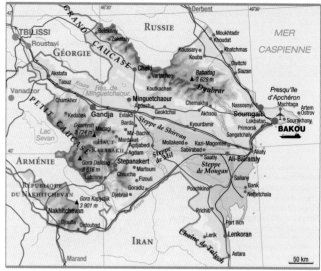

Azerbaïdjan

— route
— voie ferrée
✈ aéroport
⊶ oléoduc

● plus de 1 000 000 h.
● de 100 000 à 1 000 000 h.
● de 30 000 à 100 000 h.
• moins de 30 000 h.

port pétrolier

0   500   1000   2000 m

Au sud du Grand Caucase, largement ouvert sur la Caspienne, l'Azerbaïdjan correspond à la vaste plaine deltaïque de la Koura et de l'Araxe et à son pourtour montagneux. C'est un pays au climat méditerranéen, aride, chaud et sec.

Superficie : 86 600 km²
Population (2007) : 8 467 000 hab.
Capitale : Bakou 1 856 000 hab. (e. 2005) dans l'agglomération
Nature de l'État et du régime politique : république à régime présidentiel
Chef de l'État : (président de la République) Ilkham Aliev
Chef du gouvernement : (Premier ministre) Artour Rasizade
Organisation administrative : 66 rayons et 11 municipalités
Langue officielle : azéri
Monnaie : manat azerbaïdjanais

DÉMOGRAPHIE

Densité : 98 hab./km²
Part de la population urbaine (2005) : 51,5 %
Structure de la population par âge (2005) : moins de 15 ans : 25,3 %, 15-60 ans : 65,4 %, plus de 60 ans : 9,3 %
Taux de natalité (2005) : 16,2 ‰
Taux de mortalité (2005) : 7,6 ‰
Taux de mortalité infantile (2005) : 72,3 ‰
Espérance de vie (2004) : hommes : 69,5 ans, femmes : 75,1 ans

ÉCONOMIE

PNB (2004) : 7,8 milliards de $
PNB/hab. (2005) : 1 240 $
PNB/hab. PPA (2005) : 4 890 dollars internationaux
IDH (2004) : 0,736
Taux de croissance annuelle du PIB (2006) : 25,6 %
Taux annuel d'inflation (2005) : 9,5 %
Structure de la population active (2003) : agriculture : 40 %, mines et industries : 11,5 %, services : 48,4 %
Structure du PIB (2004) : agriculture : 12,3 %, mines et industries : 55,4 %, services : 32,3%
Dette publique brute : n.d.
Taux de chômage (2005) : 8,5 %

Agriculture

Cultures
blé (2004) : 1 573 010 t.
orge (2004) : 349 850 t.

tomates (2004) : 425 040 t.
pommes (2004) : 137 280 t.
pommes de terre (2004) : 930 450 t.
raisin (2004) : 54 900 t.

Élevage
bovins (2005) : 2 007 200 têtes
caprins (2005) : 601 380 têtes
ovins (2005) : 6 887 440 têtes
porcins (2005) : 22 930 têtes
chevaux (2003) : 68 000 têtes
buffles (2005) : 308 550 têtes

Énergie et produits miniers

électricité totale (2004) : 20 350 millions de kWh
gaz naturel (2005) : 5 300 millions de m3
pétrole (2005) : 22 400 000 t.

Productions industrielles

lait (2004) : 1 213 630 t.
viande (2003) : 134 000 t.
vin (2005) : 40 050 hl
acier (2000) : 25 000 t.

Tourisme

Recettes touristiques (2004) : 79 millions de $

Commerce extérieur

Exportations de biens (2005) : 7 649 millions de dollars
Importations de biens (2005) : 4 349 millions de dollars

Défense

Forces armées (2004) : 66 490 individus
Budget de la Défense (2004) : 2,47 % du PIB

Niveau de vie

Nombre d'habitants pour un médecin (1996) : 263
Apport journalier moyen en calories (2004) : 2 730 (minimum FAO : 2 400)

Nombre d'automobiles pour 1 000 hab. (2002) : 43
Nombre de téléviseurs pour 1 000 hab. (2003) : 334

Ancienne province de l'Iran, l'Azerbaïdjan est envahi au XIᵉ s. par les Turcs Seldjoukides.
1828 : l'Iran cède l'Azerbaïdjan septentrional à l'Empire russe.
1918 : une république indépendante est proclamée.
1920 : elle est occupée par l'Armée rouge et soviétisée.
1922 : elle est intégrée à l'URSS.
1923 - 1924 : la République autonome du Nakhitchevan et la Région autonome du Haut-Karabakh sont instituées et rattachées à l'Azerbaïdjan.
1936 : l'Azerbaïdjan devient une république fédérée.
1988 : il s'oppose aux revendications arméniennes sur le Haut-Karabakh. Le nationalisme azéri se développe et des pogroms antiarméniens se produisent.
1990 : les communistes remportent les premières élections libres.
1991 : l'Azerbaïdjan obtient son indépendance et adhère à la CEI.
1993 : l'armée arménienne du Haut-Karabakh prend le contrôle de cette région et occupe le sud-ouest de l'Azerbaïdjan.

BAHREÏN
➜ ARABIE SAOUDITE

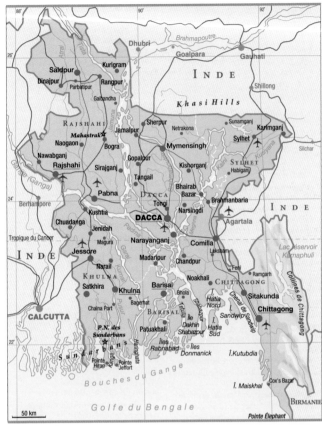

Bangladesh

★ site touristique important — route ● plus de 1 000 000 h.
limite de division — voie ferrée ● de 100 000 à 1 000 000 h.
Sylhet capitale de division ✈ aéroport ● de 30 000 à 100 000 h.
● moins de 30 000 h.

Situé sur le golfe du Bengale, le Bangladesh s'étend sur la plus grande partie du delta du Gange et du Brahmapoutre. C'est une région très chaude et très humide subissant de fréquentes inondations, surtout pendant l'été (saison de la mousson).

Superficie : 143 998 km²
Population (2007) : 158 665 000 hab.
Capitale : Dacca 5 378 023 hab. (r. 2001), 12 430 000 hab. (e. 2005) dans l'agglomération
Nature de l'État et du régime politique : république à régime parlementaire
Chef de l'État : (président de la République) Iajuddin Ahmed
Chef du gouvernement : (Premier ministre) Fakhruddin Ahmed
Organisation administrative : 6 divisions
Langue officielle : bengali
Monnaie : taka

DÉMOGRAPHIE
Densité : 1 102 hab./km²
Part de la population urbaine (2005) : 25,1 %
Structure de la population par âge (2005) : moins de 15 ans : 35,2 %, 15-60 ans : 59,1 %, plus de 60 ans : 5,7 %
Taux de natalité (2005) : 24,8 ‰
Taux de mortalité (2005) : 7,5 ‰
Taux de mortalité infantile (2005) : 52,5 ‰
Espérance de vie (2004) : hommes : 62,6 ans, femmes : 64,3 ans

ÉCONOMIE
PNB (2004) : 61 milliards de $
PNB/hab. (2005) : 470 $
PNB/hab. PPA (2005) : 2 090 dollars internationaux
IDH (2004) : 0,53
Taux de croissance annuelle du PIB (2006) : 6,2 %
Taux annuel d'inflation (2005) : 7 %
Structure de la population active (2000) : agriculture : 62,1 %, mines et industries : 10,3 %, services : 27,6 %
Structure du PIB (2004) : agriculture : 21 %, mines et industries : 26,6 %, services : 52,4 %
Dette publique brute : n.d.
Taux de chômage (2005) : 4 %

Agriculture et pêche
Cultures
blé (2003) : 1 507 000 t.
pommes de terre (2004) : 3 907 000 t.
riz (2004) : 37 548 000 t.
arachide (2004) : 34 000 t.
colza (2002) : 233 000 t.
canne à sucre (2004) : 6 801 000 t.
thé (2004) : 58 000 t.

Élevage et pêche
buffles (2005) : 850 000 têtes
bovins (2005) : 24 500 000 têtes
caprins (2005) : 36 900 000 têtes
ovins (2005) : 1 260 000 têtes
poulets (2005) : 142 000 000 têtes
pêche (2004) : 2 102 026 t.

Énergie et produits miniers
électricité totale (2004) : 18 087 millions de kWh
gaz naturel (2005) : 14 200 millions de m³

Productions industrielles
lait (2004) : 2 263 930 t.
sucre (2002) : 222 000 t.
viande (2003) : 441 000 t.
tabac (2005) : 39 00 t.
filés de coton (2002) : 15 000 t.
jute (2005) : 801 000 000 t.
textiles synthétiques : n.d.
ciment (2005) : 5 100 000 t.
papier (2005) : 58 000 t.

Tourisme
Recettes touristiques (2002) : 57 millions de $

Commerce extérieur
Exportations de biens (2005) : 9 186,2 millions de dollars
Importations de biens (2005) : 12 291,7 millions de dollars

Défense
Forces armées (2004) : 125 500 individus
Budget de la Défense (2004) : 1,33 % du PIB

Niveau de vie
Nombre d'habitants pour un médecin (1995) : 5 000
Apport journalier moyen en calories (2004) : 2 200 (minimum FAO : 2 400)
Nombre d'automobiles pour 1 000 hab. (1999) : 1
Nombre de téléviseurs pour 1 000 hab. (2002) : 59

115

1971 : le Pakistan oriental, issu du partage du Bengale en 1947, obtient son indépendance et devient le Bangladesh.

BHOUTAN

Cet État d'Asie, situé sur la bordure de l'Himalya entre la Chine (Tibet) et l'Inde (Assam), est un pays de hautes terres, coupées de vallées nord-sud (vers le Brahmapoutre) où se concentre la population. Il est en majeure partie recouvert par la forêt. Le climat est tempéré ou très humide selon l'altitude.

Superficie : 47 000 km²
Population (2005) : 2 163 000 hab.
Capitale : Thimbu 85 000 hab. (e. 2005)
Nature de l'État et du régime politique : monarchie
Chef de l'État : (roi) Jigme Khesar Namgyel Wangchuk
Chef du gouvernement : (président du Conseil des ministres) Lyonpo Khandu Wangchuk
Organisation administrative : 20 districts
Langue officielle : tibétain (dzongkha)
Monnaies : ngultrum et roupie indienne

DÉMOGRAPHIE

Densité : 46 hab./km²
Part de la population urbaine (2005) : 11,1 %

Structure de la population par âge (2005) : moins de 15 ans : 33 %, 15-60 ans : 60,1 %, plus de 60 ans : 6,9 %
Taux de natalité (2005) : 18,5 ‰
Taux de mortalité (2005) : 7,2 ‰
Taux de mortalité infantile (2005) : 45 ‰
Espérance de vie (2004) : hommes : 62,3 ans, femmes : 64,8 ans

ÉCONOMIE

PNB (2004) : 0,677 milliards de $
PNB/hab. (2005) : 870 $
PNB/hab. PPA (2001) : 1 530 dollars internationaux
IDH (2004) : 0,538
Taux de croissance annuelle du PIB (2006) : 12,7 %
Taux annuel d'inflation (2005) : 5,3 %
Structure de la population active : agriculture : n.d., mines et industries : n.d., services : n.d.
Structure du PIB (2003) : agriculture : 33,6 %, mines et industries : 39,6 %, services : 26,9 %
Dette publique brute : n.d.
Taux de chômage : n.d.

Agriculture

Cultures
riz (2003) : 46 000 t.
pommes de terre (2003) : 40 500 t.
oranges (2003) : 36 300 t.
maïs (2003) : 50 000 t.

Élevage
bovins (2005) : 372 000 têtes
caprins (2005) : 30 000 têtes
ovins (2005) : 20 000 têtes
porcins (2005) : 41 000 têtes

Énergie et produits miniers
électricité totale (2004) : 2 050 millions de kWh
houille (2001) : 55 000 t.
hydroélectricité (2004) : 2 050 millions de kWh

Productions industrielles
lait (2003) : 41 400 t.
viande (2003) : 6 890 t.
ciment (2005) : 170 000 t.
production de bois (2005) : 4 679 168 m³

Tourisme
Recettes touristiques (2004) : 13 millions de $

Commerce extérieur
Exportations de biens (1995) : 3 349 millions de dollars
Importations de biens (1995) : 3 802 millions de dollars

Défense
Forces armées : n.d.
Budget de la Défense : n.d.

Niveau de vie
Nombre d'habitants pour un médecin (1994) : 5 000
Apport journalier moyen en calories (1995) : 2 058 (minimum FAO : 2 400)
Nombre d'automobiles pour 1 000 hab. : n.d.
Nombre de téléviseurs pour 1 000 hab. (2001) : 27

REPÈRES HISTORIQUES

Occupé au XVIIᵉ s. par des Tibétains, le Bhoutan devient vassal de l'Inde à partir de 1865.
1910 - 1949 : le pays est contrôlé par les Britanniques.
1949 : il est soumis à un semi-protectorat indien.
1971 : le Bhoutan devient indépendant.

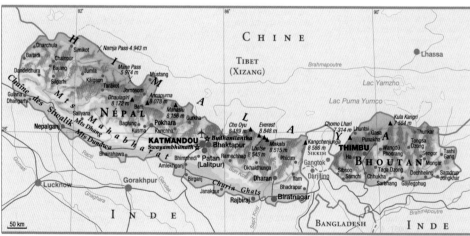

Bhoutan, Népal

400 1000 2000 4000 m

— route
— voie ferrée
★ site touristique important
✈ aéroport

● plus de 500 000 h.
● de 100 000 à 500 000 h.
● de 30 000 à 100 000 h.
● moins de 30 000 h.

NÉPAL

Le Népal est un État de l'Himalaya, presque exclusivement montagneux, enclavé entre la Chine et l'Inde, dont il dépend étroitement. Du nord au sud se succèdent le haut Himalaya, où plus de 250 sommets dépassent 7 000 m (dont l'Everest, le Makalu, le Dhaulagiri, l'Annapurna), et le moyen Himalaya, qui regroupe dans son étage tempéré (au-dessous de 2 000 m) la majeure partie de la population et les plaines forestières du Terai.

Superficie : 147 181 km²
Population (2007) : 28 196 000 hab.
Capitale : Katmandou 671 846 hab.
(r. 2001)
Nature de l'État et du régime politique : gouvernement provisoire
Chef de l'État : (à la place du Roi) Girija Prasad Koirala
Chef du gouvernement : (Premier ministre) Girija Prasad Koirala
Organisation administrative : 5 régions de développement
Langue officielle : népalais
Monnaie : roupie népalaise

DÉMOGRAPHIE

Densité : 192 hab./km²
Part de la population urbaine (2005) : 15,8 %
Structure de la population par âge (2005) : moins de 15 ans : 39 %, 15-60 ans : 55,2 %, plus de 60 ans : 5,8 %
Taux de natalité (2005) : 28,1 ‰
Taux de mortalité (2005) : 7,7 ‰
Taux de mortalité infantile (2005) : 53,9 ‰
Espérance de vie (2004) : hommes : 61,7 ans, femmes : 62,6 ans

ÉCONOMIE

PNB (2004) : 6,6 milliards de $
PNB/hab. (2005) : 270 $
PNB/hab. PPA (2005) : 1 530 dollars internationaux

IDH (2004) : 0,527
Taux de croissance annuelle du PIB (2006) : 1,9 %
Taux annuel d'inflation (2005) : 6,8 %
Structure de la population active : agriculture : n.d., mines et industries : n.d., services : n.d.
Structure du PIB (2004) : agriculture : 40,2 %, mines et industries : 23,2 %, services : 36,6 %
Dette publique brute : n.d.
Taux de chômage : n.d.

Agriculture

Cultures
blé (2004) : 1 387 190 t.
maïs (2004) : 1 590 100 t.
riz (2004) : 4 289 830 t.
millet (2004) : 283 380 t.
orge (2004) : 30 670 t.
pommes de terre (2004) : 1 643 360 t.
canne à sucre (2004) : 2 305 t.
jute (2005) : 17 661 t.
tabac (2005) : 3 000 t.

Élevage
bovins (2005) : 6 994 460 têtes
caprins (2005) : 7 153 520 têtes
ovins (2005) : 816 720 têtes
porcins (2005) : 947 710 têtes
buffles (2005) : 4 081 460 têtes

Énergie et produits miniers
électricité totale (2004) : 2 357 millions de kWh
hydroélectricité (2004) : 2 347 millions de kWh

Productions industrielles
laine (2005) : 590 t.
production de bois (2005) : 13 951 840 m³

Tourisme
Recettes touristiques (2004) : 260 millions de $

Commerce extérieur
Exportations de biens (2005) : 902,9 millions de dollars
Importations de biens (2005) : 2 276,5 millions de dollars

Défense
Forces armées (2004) : 69 000 individus
Budget de la Défense (2004) : 1,62 % du PIB

Niveau de vie
Nombre d'habitants pour un médecin (1995) : 13 633
Apport journalier moyen en calories (2004) : 2 430 (minimum FAO : 2 400)
Nombre d'automobiles pour 1 000 hab. : n.d.
Nombre de téléviseurs pour 1 000 hab. (2001) : 8

REPÈRES HISTORIQUES

IVᵉ - VIIIᵉ s. : les Newar de la vallée de Katmandou adoptent la civilisation indienne.
À partir du XIIᵉ s. : le reste du pays, sauf les vallées du Nord occupées par des Tibétains, est peu à peu colonisé par des Indo-Népalais.
1744 - 1780 : la dynastie de Gurkha unifie le pays.
1816 : elle doit accepter une sorte de protectorat de la Grande-Bretagne.
1846 - 1951 : une dynastie de Premiers ministres, les Rana, détient le pouvoir effectif.
1923 : la Grande-Bretagne reconnaît formellement l'indépendance du Népal.
1951 : Tribhuvana Bir Bikram rétablit l'autorité royale.
1991 : les premières élections multipartites ont lieu. Deux partis, le Congrès népalais et le Parti communiste, dominent la vie politique.
Depuis 1996 : le pouvoir est confronté au développement d'une guérilla maoïste.
2001 : Birendra Bir Bikram ayant été assassiné, son frère Gyanendra Bir Bikram accède au trône.

BIRMANIE

Le cœur de ce pays, coupé par le tropique et situé dans le domaine de la mousson (pluies d'été), est une longue dépression drainée par l'Irrawaddy, plus humide au sud, dans la basse Birmanie, correspondant approximativement au delta du fleuve, qu'au nord, dans la haute Birmanie, autour de Mandalay. Le pourtour est montagneux : chaîne de l'Arakan à l'ouest, monts des Kachins au nord, plateau Chan et Tenasserim à l'est. Il est souvent très arrosé et boisé, difficilement pénétrable.

Superficie : 676 578 km²
Population (2007) : 48 798 000 hab.
Capitale : Rangoun 4 107 000 hab.
(e. 2005) dans l'agglomération
Capitale admistrative : Nay Pyi Taw : n.d.
Nature de l'État et du régime politique :
république
Chef de l'État : Than Shwe
Chef du gouvernement : Soe Win
Organisation administrative : 7 États et 7 divisions
Langue officielle : birman
Monnaie : kyat

DÉMOGRAPHIE

Densité : 72 hab./km²
Part de la population urbaine (2005) :
30,6 %
Structure de la population par âge (2005) :
moins de 15 ans : 27,3 %, 15-60 ans : 64,7 %, plus de 60 ans : 8 %
Taux de natalité (2005) : 18,2 ‰
Taux de mortalité (2005) : 9,7 ‰
Taux de mortalité infantile (2005) : 66 ‰
Espérance de vie (2004) : hommes : 57,9 ans, femmes : 63,6 ans

ÉCONOMIE

PNB : n.d.
PNB/hab. : n.d.
PNB/hab. PPA (1992) : 115 dollars internationaux
IDH (2004) : 0,581
Taux de croissance annuelle du PIB (2006) : 7 %
Taux annuel d'inflation (2005) : 9,4 %
Structure de la population active (1998) :
agriculture : 63,4 %, mines et industries : 11,2 %, services : 25,4 %
Structure du PIB (2000) : agriculture : 57,2 %, mines et industries : 9,7 %, services : 33,1 %
Dette publique brute : n.d.
Taux de chômage : n.d.

Birmanie

200   500   1000 m

★ site touristique important
— route
⚞ voie ferrée
✈ aéroport

● plus de 1 000 000 h.
● de 500 000 à 1 000 000 h.
● de 100 000 à 500 000 h.
• moins de 100 000 h.

Agriculture et pêche

Cultures
arachide (2004) : 715 000 t.
canne à sucre (2004) : 6 678 000 t.
riz (2004) : 23 700 000 t.
maïs (2004) : 810 000 t.
caoutchouc (2003) : 36 000 t.
haricots secs (2005) : 1 550 000 t.
Élevage et pêche
bovins (2005) : 12 500 000 têtes
buffles (2005) : 2 700 000 têtes
caprins (2005) : 1 900 000 têtes
ovins (2005) : 500 000 têtes
porcins (2005) : 5 700 000 têtes
chevaux (2003) : 120 000 têtes
pêche (2004) : 198 702 t.

Énergie et produits miniers

électricité totale (2004) : 6 310 millions de kWh
pétrole (2002) : 500 000 t.
gaz naturel (2005) : 13 000 millions de m³
étain (2002) : 190 t.

lignite (2001) : 120 000 t.
cuivre (2005) : 34 500 t.
plomb (2005) : 500 t.

Productions industrielles

lait (2004) : 677 000 t.
viande (2003) : 560 000 t.
sucre (2002) : 88 000 t.
cuivre métal (2002) : 27 500 t.
étain métal (2002) : 30 t.
plomb métal (2002) : 1 000 t.
filés de coton (2002) : 47 000 t.
jute (2005) : 26 199 t.
production de bois (2005) : 42 548 000 m³

Tourisme

Recettes touristiques (2004) :
98 millions de $

Commerce extérieur

Exportations de biens (2003) :
2 510,1 millions de dollars
Importations de biens (2003) :
1 932,4 millions de dollars

Défense

Forces armées (2004) : 428 000 individus
Budget de la Défense (2004) : 0,49 % du PIB

Niveau de vie

Nombre d'habitants pour un
médecin (1993) : 12 900
Apport journalier moyen en
calories (2004) : 2 940
(minimum FAO : 2 400)
Nombre d'automobiles pour
1 000 hab. (1996) : 1
Nombre de téléviseurs pour
1 000 hab. (2003) : 7

REPÈRES HISTORIQUES

Les royaumes des Thaïs (Chan), des Môn et des Birmans

IXe s. : les Birmans venant du Nord-Est atteignent la Birmanie centrale.
XIe s. : ils y constituent un État autour de Pagan (fondée en 849), qui tombe aux mains des Sino-Mongols puis des Chan (1287 - 1299).
1347 - 1752 : les Birmans recréent un royaume dont la capitale est Toungoo.
1539 - 1541 : ils conquièrent le territoire môn et unifient le pays.
1752 : les Môn s'emparent d'Ava et mettent fin au royaume de Toungoo.
1752 - 1760 : Alaungpaya reconstitue l'Empire birman.

La domination britannique

1852 - 1855 : les Britanniques conquièrent Pegu et annexent la Birmanie à l'empire des Indes.
1942-1948 : envahie par les Japonais (1942), reconquise par les Alliés en 1944 - 1945, la Birmanie accède à l'indépendance (1948).

La Birmanie indépendante

1948-1962 : U Nu, Premier ministre de l'Union birmane (1948 - 1958 ; 1960 - 1962), est confronté à la guerre civile déclenchée par les communistes et à la rébellion des Karen (1949 - 1955).
1962 : le général Ne Win prend le pouvoir. Un régime socialiste et autoritaire est instauré.
1990 : l'opposition remporte les élections mais les militaires gardent le pouvoir.
1997 : la Birmanie devient membre de l'ASEAN.

LA ROUTE DE BIRMANIE

On a donné le nom de « route de Birmanie » à l'itinéraire ferré et routier reliant Rangoun à Kunming (Yunnan), construit en 1938.
Elle était destinée à ravitailler la Chine nationaliste après le blocus naval de ses côtes par les Japonais. Sa partie routière, très montagneuse de Lashio à Kunming, fut achevée en 1939. Rendue inutilisable dès mars 1942 par l'occupation japonaise de Birmanie, elle fut d'abord remplacée par un acrobatique pont aérien de Lado, en Assam (terminus de la voie ferrée de Calcutta), à Kunming (débit 75 000 t par mois en 1945). La construction d'une bretelle joignant Ledo à Bhamo, sur l'ancien itinéraire, suivit au plus près l'offensive sino-américaine du général Stilwell, entreprise à cet effet dès fin 1943. Mais la résistance japonaise ne permit au premier convoi terrestre d'atteindre Kunming que fin janvier 1945. Construite par des dizaines de milliers de coolies, la route de Birmanie demeure l'un des plus impressionnants aménagements en milieu montagnard.

119

BRUNEI → MALAISIE

CAMBODGE

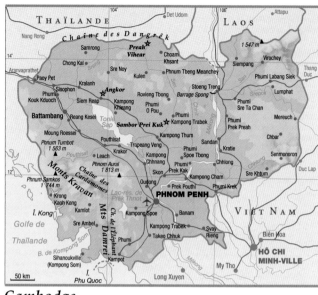

Cambodge

★ site archéologique
— route
— voie ferrée
✈ aéroport

● plus de 1 000 000 h.
● de 250 000 à 1 000 000 h.
● de 10 000 à 250 000 h.
· moins de 10 000 h.

200 500 1000 m

Le Cambodge est formé de plaines et de plateaux recouverts de forêts et de savanes, entourant une dépression centrale drainée par le Mékong. C'est dans cette zone que se concentre la population.

Superficie : 181 035 km²
Population (2007) : 14 444 000 hab.
Capitale : Phnom Penh 1 364 000 hab.
(e. 2005) dans l'agglomération
Nature de l'État et du régime politique : monarchie constitutionnelle à régime parlementaire
Chef de l'État : (roi) Norodom Sihamoni
Chef du gouvernement :
(Premier ministre) Hun Sen
Organisation administrative : 4 municipalités autonomes et 20 provinces
Langue officielle : khmer
Monnaie : riel

DÉMOGRAPHIE

Densité : 77 hab./km²
Part de la population urbaine (2005) : 19,7 %
Structure de la population par âge (2005) : moins de 15 ans : 37,6 %, 15-60 ans : 57,3 %, plus de 60 ans : 5,1 %
Taux de natalité (2005) : 26,4 ‰
Taux de mortalité (2005) : 9 ‰
Taux de mortalité infantile (2005) : 62,7 ‰
Espérance de vie (2004) : hommes : 53,1 ans, femmes : 60,2 ans

ÉCONOMIE

PNB (2004) : 4,8 milliards de $
PNB/hab. (2005) : 380 $
PNB/hab. PPA (2005) : 2 490 dollars internationaux
IDH (2004) : 0,583
Taux de croissance annuelle du PIB (2006) : 5 %
Taux annuel d'inflation (2005) : 5,6 %
Structure de la population active : agriculture : n.d., mines et industries : n.d., services : n.d.
Structure du PIB (2004) : agriculture : 32,9 %, mines et industries : 29,2 %, services : 37,9 %
Dette publique brute : n.d.
Taux de chômage (2001) : 1,8 %

Agriculture et pêche

Cultures
riz (2004) : 4 170 280 t.
soja (2002) : 38 800 t.
canne à sucre (2004) : 130 360 t.

thé (2005) : 110 000 t.
bananes (2004) : 148 000 t.

Élevage et pêche
buffles (2005) : 650 000 têtes
bovins (2005) : 3 100 000 têtes
porcins (2005) : 2 500 000 têtes
pêche (2004) : 343 492 t.

Énergie et produits miniers
électricité totale (2004) : 131 millions de kWh

Productions industrielles
sucre (2002) : 9 400 t.
viande (2003) : 195 000 t.
caoutchouc (2003) : 45 500 t.
production de bois (2005) : 9 334 072 m³

Tourisme
Recettes touristiques (2004) : 674 millions de $

Commerce extérieur
Exportations de biens (2005) : 2 910,3 millions de dollars
Importations de biens (2005) : 1 017,6 millions de dollars

Défense
Forces armées (2004) : 124 300 individus
Budget de la Défense (2004) : 1,54 % du PIB

Niveau de vie
Nombre d'habitants pour un médecin (1994) : 10 000
Apport journalier moyen en calories (2004) : 2 070 (minimum FAO : 2 400)
Nombre d'automobiles pour 1 000 hab. (2000) : 312
Nombre de téléviseurs pour 1 000 hab. (2001) : 8

VIᵉ s. : le royaume du Funan est conquis par les ancêtres des Khmers.
IXᵉ s. : Jayavarman II (802 - vers 836) et ses successeurs fondent un vaste empire.
XIIIᵉ s. : la brillante civilisation du Cambodge décline et le bouddhisme triomphe.
1432 : sa capitale Angkor est abandonnée au profit de Phnom Penh.
Fin du XVIᵉ s. : le Cambodge devient vassal du Siam.
XVIIIᵉ s. : il perd le delta du Mékong, colonisé par les Vietnamiens.
1863 : établissement du protectorat français.
1953 : Norodom Sihanouk, roi depuis 1941, obtient l'indépendance totale du Cambodge.
1955 : il abdique en faveur de son père.
1960-1970 : devenu chef de l'État, Norodom Sihanouk est renversé par un coup d'État militaire, appuyé par les États-Unis.
1975 : les Khmers rouges prennent le pouvoir. Devenu le Kampuchéa démocratique, le pays est soumis à une dictature meurtrière dirigée par Pol Pot.
1978 : l'armée vietnamienne occupe le Cambodge. La République populaire du Kampuchéa est proclamée.
1989 : les troupes vietnamiennes quittent le pays, redevenu l'État du Cambodge.
1993 : la monarchie parlementaire est rétablie ; Norodom Sihanouk redevient roi.
1999 : le Cambodge devient membre de l'ASEAN.
2004 : Norodom Sihanouk se retire. Un de ses fils, Norodom Sihamoni, lui succède.

On distingue une Chine occidentale (aride, voire désertique et presque vide), formée de vastes plateaux et de dépressions (plateaux tibétains et mongols, bassin du Tsaidam, du Tarim), qui sont cernés de hautes chaînes (Himalaya, Karakorum, Tian Shan), et une Chine orientale, au relief plus morcelé, descendant par paliers vers la mer. Dans cette dernière se juxtaposent plateaux, collines et plaines, et le climat, variant avec la latitude, introduit une division essentielle entre une Chine du Nord et une Chine du Sud, séparées par la chaîne des Qinling. La Chine orientale est presque entièrement dans le domaine de la mousson, apportant des pluies d'été, beaucoup plus abondantes au sud qu'au nord. C'est dans cette région que se concentre la quasi-totalité de la population. Aujourd'hui, une quarantaine de villes dépassent le million d'habitants. Shanghai, Pékin, Hongkong et Tianjin comptent parmi les grandes métropoles mondiales.

Superficie : 9 596 961 km²
Population (2007) : 1 328 630 000 hab.
Capitale : Pékin 13 820 000 hab. (r. 2000) dans l'agglomération
Nature de l'État et du régime politique : république, régime socialiste
Chef de l'État : (président de la République) Hu Jintao
Chef du gouvernement : (Premier du Conseil d'État) Wen Jiabao
Organisation administrative : 22 provinces, 5 régions autonomes, 4 municipalités, 2 régions administratives spéciales
Langue officielle : chinois
Monnaie : yuan

DÉMOGRAPHIE

Densité : 138 hab./km²
Part de la population urbaine (2005) : 40,4 %
Structure de la population par âge (2005) : moins de 15 ans : 21,6 %, 15-60 ans : 67,4 %, plus de 60 ans : 11 %
Taux de natalité (2005) : 13,1 ‰
Taux de mortalité (2005) : 7,1 ‰
Taux de mortalité infantile (2005) : 23 ‰

Espérance de vie (2004) : hommes : 69,7 ans, femmes : 73,2 ans

ECONOMIE

PNB (2004) : 1 938 milliards de $
PNB/hab. (2005) : 1 740 $
PNB/hab. PPA (2005) : 6 600 dollars internationaux
IDH (2004) : 0,768
Taux de croissance annuelle du PIB (2006) : 10 %
Taux annuel d'inflation (2005) : 1,8 %
Structure de la population active (2000) : agriculture : 47,7 %, mines et industries : 16,7 %, services : 35,6 %
Structure du PIB (2004) : agriculture : 13,2 %, mines et industries : 46,2 %, services : 40,6 %
Dette publique brute : n.d.
Taux de chômage (2002) : 4 %

Agriculture et pêche

Cultures
agrumes (2003) : 13 921 000 t.
ananas (2004) : 1 403 500 t.
arachide (2004) : 14 410 300 t.
avoine (2004) : 600 000 t.
bananes (2004) : 6 245 900 t.
blé (2004) : 91 952 240 t.
canne à sucre (2004) : 90 979 000 t.
colza (2002) : 10 565 000 t.
miel (2003) : 275 935 t.
millet (2004) : 1 812 800 t.
noisettes (2004) : 14 000 t.
orge (2004) : 3 222 000 t.
patates douces (2003) : 103 843 000 t.
pommes (2004) : 23 681 490 t.
pommes de terre (2004) : 70 036 280 t.
raisin (2004) : 5 532 880 t.
riz (2004) : 180 522 610 t.
soja (2002) : 16 900 000 t.
tomates (2004) : 30 143 930 t.
tournesol (2004) : 1 880 000 t.

Élevage et pêche
buffles (2003) : 22 733 000 têtes
bovins (2003) : 103 468 000 têtes
ovins (2003) : 143 793 000 têtes
porcins (2003) : 469 809 000 têtes
poulets (2003) : 3 980 546 000 têtes
chevaux (2003) : 8 090 000 têtes
pêche (2004) : 5 877 463 t.

Énergie et produits miniers

électricité totale (2004) : 2 079 748 millions de kWh
hydroélectricité (2004) : 327 680 millions de kWh
pétrole (2004) : 180 800 000 t.
gaz naturel (2005) : 50 000 millions de m³
houille (2001) : 1 138 038 000 t.
argent (2005) : 2 500 t.
bauxite (2005) : 18 000 000 t.
cuivre (2005) : 755 000 t.
diamant (2005) : 200 000 carats
étain (2005) : 120 000 t.

fer (2004) : 102 000 000 t.
manganèse (2004) : 900 000 t.
molybdène (2003) : 31 000 t.
nickel (2004) : 64 000 t.
or (2005) : 225 000 kg
phosphate (2003) : 25 200 000 t.
plomb (2005) : 1 000 000 t.
uranium (2004) : 750 t.
zinc (2005) : 2 450 000 t.

Productions industrielles

lait (2004) : 27 023 070 t.
sucre (2002) : 11 754 000 t.
vin (2005) : 13 000 000 hl
bière (2002) : 244 274 000 hl
viande (2003) : 70 899 000 t.
huile de palme (2002) : 220 000 t.
acier (2005) : 355 790 000 t.
fonte (1998) : 118 629 000 t.
aluminium (2005) : 7 800 000 t.
cuivre métal (2005) : 2 615 000 t.
étain métal (2004) : 115 000 t.
plomb métal (2005) : 2 390 000 t.
zinc métal (2005) : 2 800 000 t.
automobiles (2005) : 3 078 100 unités
véhicules utilitaires (2005) : 2 629 500 unités
coton fibre (2005) : 5 714 000 t.
jute (2005) : 83 000 t.
laine (2005) : 393 172 t.
sisal (2003) : 18 000 t.
soie (2002) : 100 101 t.
textiles artificiels (1999) : 472 000 t.
textiles synthétiques (1999) : 3 586 000 t.
caoutchouc synthétique (2001) : 1 052 000 t.
ciment (2005) : 1 038 300 000 t.
production de bois (2005) : 284 083 000 m³
papier (2005) : 48 933 999 t.

Tourisme

Recettes touristiques (2004) : 27 755 millions de $

Commerce extérieur

Exportations de biens (2005) : 952 063 millions de dollars
Importations de biens (2005) : 925 501 millions de dollars

Défense

Forces armées (2004) : 2 255 000 individus
Budget de la Défense (2004) : 1,49 % du PIB

Niveau de vie

Nombre d'habitants pour un médecin (1995) : 1 062
Apport journalier moyen en calories (2004) : 2 930 (minimum FAO : 2 400)
Nombre d'automobiles pour 1 000 hab. (2000) : 7
Nombre de téléviseurs pour 1 000 hab. (2002) : 350

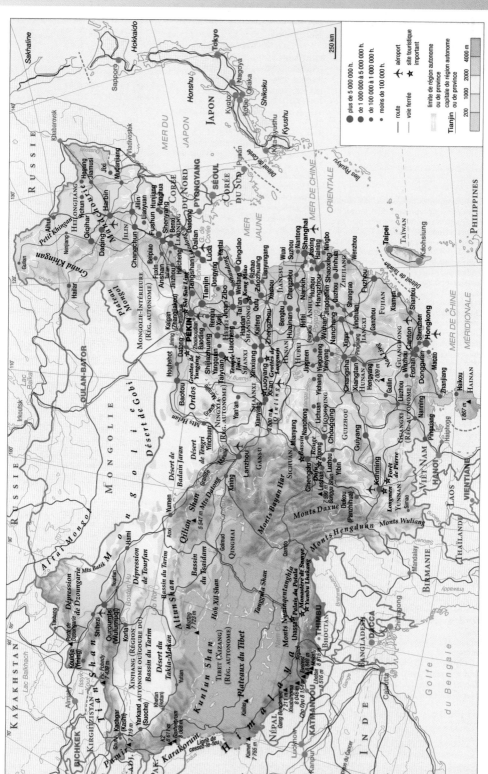

L'existence de la dynastie légendaire des Xia, entre le XXIᵉ et le XVIIIᵉ s. av. J.-C., est attestée par l'archéologie. La civilisation du bronze, née dans les Shang (XVIIIᵉ s.-v. 1025 av. J.-C.), se perpétue sous les Zhou (v. 1025-256 av. J.-C.).

Vᵉ - IIIᵉ s. : période des Royaumes combattants, marquée par la désunion politique et par l'épanouissement de la culture antique avec Confucius.

La Chine impériale jusqu'à la conquête mongole

221 - 206 av. J.-C. : l'empire Qin est fondé par Qin Shi Huangdi, qui unifie l'ensemble des royaumes chinois.

206 av. J.-C. - 220 apr. J.-C. : dynastie des Han, qui étendent leur empire en Mandchourie, en Corée, en Mongolie, au Viêt Nam et en Asie centrale. Ils fondent le mandarinat et remettent à l'honneur le confucianisme. Ils contrôlent la route de la soie et s'ouvrent aux influences étrangères, notamment au bouddhisme.

220 - 581 : période de morcellement territorial et de guerres. L'influence du bouddhisme se développe. À la période des Trois Royaumes (220 - 265) succède celle des dynasties du Nord et du Sud (317 - 589).

581 - 618 : dynastie Sui, qui réunifie le pays.

618 - 907 : dynastie des Tang. La Chine connaît une administration remarquable et poursuit son expansion militaire avec les empereurs Tang Taizong (627 - 649) et Tang Gaozong (650 - 683).

907 - 960 : elle est à nouveau morcelée pendant la période des Cinq Dynasties.

960 - 1279 : dynastie des Song, qui gouvernent un territoire beaucoup moins étendu que celui des Tang depuis que les « barbares du Nord » ont créé les empires Liao (947 - 1124) et Jin (1115 - 1234). La civilisation scientifique et technique chinoise est très en avance sur celle de l'Occident. Repliés dans le Sud à partir de 1127, les Song sont éliminés par les Mongols, qui conquièrent le pays.

1279 - 1368 : la dynastie mongole des Yuan gouverne la Chine, qui se soulève sous la conduite de Zhu Yuanzhang (Hongwu), fondateur de la dynastie Ming.

La Chine des Ming et des Qing

1368 - 1644 : dynastie des Ming. Ses empereurs renouent avec la tradition nationale mais instaurent des pratiques autocratiques. Yongle (1403 - 1424) conquiert la Mandchourie.

1644 - 1911 : dynastie Qing, fondée par les Mandchous, qui ont envahi le pays. Les Qing, avec les empereurs Kangxi (1662 - 1722), Yongzheng (1723 - 1736) et Qianlong (1736 - 1796), établissent leur domination sur un territoire plus étendu que jamais (protectorat sur le Tibet, 1751 ; progression en Mongolie et en Asie centrale).

1839 - 1842 : guerre de l'opium.

1851 - 1864 : insurrection des Taiping.

1875 - 1908 : l'impératrice Cixi détient le pouvoir. Vaincue par le Japon (1894 - 1895), la Chine doit céder à ce dernier le Liaodong et Taïwan (anciennement Formose). La Russie, l'Allemagne, la Grande-Bretagne et la France se partagent le pays en zones d'influence.

1900 : la révolte des Boxers est réprimée.

La république de Chine

1911 : la république est instaurée.

1927 : les nationalistes du Guomindang, dirigés par Sun Yat-sen puis, après 1925, par Jiang Jieshi (Tchang Kaï-chek), rompent avec les communistes.

1934 - 1935 : les communistes gagnent le Nord au terme de la « Longue Marche ».

1937 - 1945 : le Japon, qui occupe la Chine du Nord depuis 1937, progresse vers le Sud en 1944.

1945 - 1949 : après la capitulation japonaise, la guerre civile oppose nationalistes et communistes.

La République populaire de Chine jusqu'en 1976

1949 : création de la République populaire de Chine. Mao Zedong en assure la direction. Zhou Enlai est Premier ministre et ministre des Affaires étrangères. Les nationalistes se sont repliés à Taïwan.

1956 : devant les résistances et les difficultés économiques, Mao lance la campagne des « Cent Fleurs », qui est un grand débat d'idées.

1958 : Mao impose lors du « Grand Bond en avant » la collectivisation des terres et la création des communes populaires ; c'est un échec économique.

1960 : l'URSS rappelle ses experts et provoque l'arrêt des grands projets industriels.

1966 : Mao lance la « Grande Révolution culturelle prolétarienne ». Au cours de dix années de troubles (1966 - 1976), les responsables du Parti communiste sont éliminés en avant, organisés en gardes rouges, et par l'armée.

1969 : la détérioration des relations avec l'URSS aboutit à des incidents frontaliers.

1971 : admission de la République populaire de Chine à l'ONU, où elle remplace Taïwan. Rapprochement avec les États-Unis.

Les nouvelles orientations

1976 : mort de Mao Zedong ; arrestation de la « Bande des Quatre ».

1977 : Deng Xiaoping mène une politique de réformes économiques, d'ouverture sur l'étranger et de révision du maoïsme.

1979 : un conflit armé oppose la Chine au Viêt Nam.

1989 : la visite de Gorbatchev à Pékin consacre la normalisation des relations avec l'URSS. Les étudiants et la population réclament la libéralisation du régime. Deng Xiaoping fait intervenir l'armée contre les manifestants, qui sont victimes d'une répression sanglante (juin, notamment à Pékin, place Tian'anmen).

1997 : la Grande-Bretagne rétrocède Hongkong à la Chine.

1999 : le Portugal rétrocède Macao à la Chine.

LES PROVINCES

La Chine est constituée de 22 provinces – hors Taïwan –, de 5 régions autonomes, de 4 municipalités autonomes et de 2 régions administratives spéciales.

Les provinces :
Anhui (capitale Hefei) ; **Fujian** (Fuzhou) ; **Gansu** (Lanzhou) ; **Guangdong** (Canton) ; **Guizhou** (Guiyang) ; **Hainan** (Haikou) ; **Hebei** (Shijiazhuang) ; **Heilongjiang** (Harbin) ; **Henan** (Zhengzhou) ; **Hubei** (Wuhan) ; **Hunan** (Changsha) ; **Jiangsu** (Nankin) ; **Jiangxi** (Nanchang) ; **Jilin** (Changchun) ; **Liaoning** (Shenyang) ; **Qinghai** (Xining) ; **Shaanxi** (Xi'an) ; **Shandong** (Jinan) ; **Shanxi** (Taiyuan) ; **Sichuan** (Chengdu) ; **Yunnan** ou **Yun-nan** (Kunming) ; **Zhejiang** (Hangzhou).

Les régions autonomes :
Guangxi (capitale Nanning) ; **Mongolie-Intérieure** (Houhehot) ; **Ningxia** (Yinchuan) ; **Tibet** (Lhassa) ; **Xinjiang** (Ouroumtsi).

Les municipalités autonomes : Chongqing, Pékin, Shangai, Tianjin.

Les régions administratives spéciales : Hongkong ; Macao.

CHYPRE

Chypre

— route
✈ aéroport

200 500 m

● plus de 100 000 h.
● de 30 000 à 100 000 h.
• moins de 30 000 h.
★ site touristique important
‑ ‑ ‑ ligne de cessez-le-feu
(août 1974)

Proche des côtes turque et syrienne, l'île de Chypre est en grande partie montagneuse, avec une dépression centrale où se situe sa capitale, Nicosie. Le climat est méditerranéen avec une tendance à l'aridité.

Superficie : 9 251 km²
Population (2007) : 855 000 hab.
Capitale : Nicosie 47 832 hab. (r. 2001), 211 000 hab. (e. 2005) dans l'agglomération
Nature de l'État et du régime politique : république à régime présidentiel
Chef de l'État et du gouvernement : (président de la République) Tássos Papadhópoulos
Organisation administrative : 6 districts
Langues officielles : grec et turc
Monnaie : livre cypriote

DÉMOGRAPHIE

Densité : 92 hab./km²
Part de la population urbaine (2005) : 69,3 %
Structure de la population par âge (2005) : moins de 15 ans : 19,9 %, 15-60 ans : 63,3 %, plus de 60 ans : 16,8 %
Taux de natalité (2005) : 12,2 ‰
Taux de mortalité (2005) : 7,5 ‰
Taux de mortalité infantile (2005) : 5,9 ‰
Espérance de vie (2004) : hommes : 76,9 ans, femmes : 81,4 ans

ÉCONOMIE

PNB (2004) : 13,633 milliards de $
PNB/hab. (2005) : 16 510 $
PNB/hab. PPA (2005) : 22 230 dollars internationaux
IDH (2004) : 0,903
Taux de croissance annuelle du PIB (2006) : 3,5 %

Taux annuel d'inflation (2005) : 2,6 %
Structure de la population active (2003) : agriculture : 5,2 %, mines et industries : 22,8 %, services : 71 %
Structure du PIB (1994) : agriculture : 5,1 %, mines et industries : 23,2 %, services : 71,7%
Dette publique brute (2005) : 69,2 % du PIB
Taux de chômage (2005) : 5,3 %

Agriculture

Cultures
pamplemousses (2004) : 30 400 t.
olives (2004) : 26 000 t.
pommes de terre (2004) : 116 000 t.
oranges (2004) : 35 000 t.
tomates (2004) : 37 200 t.
orge (2004) : 94 000 t.

Élevage
caprins (2005) : 329 290 têtes
ovins (2005) : 268 870 têtes
porcins (2005) : 427 910 têtes
poulets (2005) : 3 060 000 têtes

Énergie et produits miniers
électricité totale (2004) : 3 926 millions de kWh

Productions industrielles
vin (2005) : 385 000 hl
bière (2002) : 389 000 hl
ciment (2005) : 1 805 000 t.

Tourisme
Recettes touristiques (2004) : 2 550 millions de $

Commerce extérieur
Exportations de biens (2005) : 1 454 millions de dollars

Importations de biens (2005) : 5 745,7 millions de dollars

Défense
Forces armées (2004) : 10 000 individus
Budget de la Défense (2004) : 1,79 % du PIB

Niveau de vie
Nombre d'habitants pour un médecin (1990) : 556
Apport journalier moyen en calories (2004) : 3 280 (minimum FAO : 2 400)
Nombre d'automobiles pour 1 000 hab. (2002) : 404
Nombre de téléviseurs pour 1 000 hab. (2001) : 386

REPÈRES HISTORIQUES

De l'Antiquité à l'époque moderne
Peuplée dès le VIIᵉ millénaire, l'île de Chypre est colonisée par les Grecs, puis par les Phéniciens.
IIIᵉ - Iᵉʳ s. av. J.-C. : l'île passe sous la domination des Ptolémées, puis des Lagides.
58 av. J.-C. : Chypre devient une province romaine.
395 apr. J.-C. : elle est englobée dans l'Empire byzantin.
1191 - 1489 : conquise par Richard Cœur de Lion, elle est cédée aux Lusignan.
1489 : elle devient vénitienne.
1570 - 1571 : elle est conquise par les Turcs.

L'époque contemporaine
1925 : passée sous administration britannique (1878), elle est annexée par la Grande-Bretagne (1914) qui l'érige en colonie.
1959 : l'indépendance est accordée dans le cadre du Commonwealth.
1960 : la république est proclamée, avec un président grec et un vice-président turc.
1974 : un coup d'État favorable à l'*Enôsis* (Union avec la Grèce) provoque un débarquement turc dans le nord de l'île.
1983 : proclamation unilatérale d'une « République turque de Chypre du Nord ».
2004 : après le rejet, par référendum, d'un plan de réunification de l'île, la République (grecque) de Chypre adhère à l'Union européenne.

Occupant la partie nord de la péninsule coréenne, la Corée du Nord est un pays montagneux presque entièrement recouvert par les forêts. Le climat est rude, les hivers sont rigoureux et les précipitations parfois insuffisantes.

Superficie : 120 538 km²
Population (2007) : 23 790 000 hab.
Capitale : Pyongyang 3 351 000 hab. (e. 2005)
Nature de l'État et du régime politique : république, régime socialiste
Chef de l'État : (chef de la Commission de défense nationale) Kim Jong-il
Chef du gouvernement : (Premier du Conseil d'administration) Kim Yong-il
Organisation administrative : 9 provinces et 4 municipalités
Langue officielle : coréen
Monnaie : won nord-coréen

DÉMOGRAPHIE
Densité : 197 hab./km²
Part de la population urbaine (2005) : 61,6 %
Structure de la population par âge (2005) : moins de 15 ans : 24,2 %, 15-60 ans : 62,5 %, plus de 60 ans : 13,3 %
Taux de natalité (2005) : 13,2 ‰
Taux de mortalité (2005) : 9,9 ‰
Taux de mortalité infantile (2005) : 48,2 ‰
Espérance de vie (2004) : hommes : 60,7 ans, femmes : 66,6 ans

ÉCONOMIE
PNB : n.d.
PNB/hab. : n.d.
PNB/hab. PPA : n.d.
IDH : n.d.
Taux de croissance annuelle du PIB : n.d.
Taux annuel d'inflation : n.d.
Structure de la population active : agriculture : n.d., mines et industries : n.d., services : n.d.
Structure du PIB : agriculture : n.d., mines et industries : n.d., services : n.d.
Dette publique brute : n.d.
Taux de chômage : n.d.

Agriculture et pêche
Cultures
soja (2002) : 360 000 t.
maïs (2004) : 1 727 000 t.
riz (2004) : 2 370 000 t.
pommes de terre (2004) : 2 052 000 t.
Élevage et pêche
bovins (2005) : 578 000 têtes
porcins (2005) : 3 200 000 têtes

Corée du Nord

500 1000 2000 m

— voie ferrée
— route
✈ aéroport

● plus de 2 000 000 h.
● de 500 000 à 2 000 000 h.
● de 100 000 à 500 000 h.
· moins de 100 000 h.

caprins (2005) : 2 750 000 têtes
pêche (2004) : 712 995 t.

Énergie et produits miniers
électricité totale (2004) : 21 711 millions de kWh
hydroélectricité (2004) : 12 805 millions de kWh
houille (2001) : 25 463 000 t.
zinc (2003) : 60 000 t.
cuivre (2005) : 12 000 t.
plomb (2005) : 20 000 t.
lignite (2001) : 67 561 000 t.
fer (2004) : 1 300 000 t.

Productions industrielles
soie (2002) : 200 t.
cuivre métal (2005) : 15 000 t.
zinc métal (2005) : 72 000 t.
plomb métal (2005) : 9 000 t.
phosphate (2003) : 300 000 t.
production de bois (2005) : 7 296 953 m³

Tourisme
Recettes touristiques : n.d.

Commerce extérieur
Exportations de biens (1997) : 907 millions de dollars
Importations de biens (1997) : 1 686 millions de dollars

Défense
Forces armées (2004) : 1 106 000 individus
Budget de la Défense (2004) : 8,14 % du PIB

Niveau de vie
Nombre d'habitants pour un médecin (1990) : 370

Apport journalier moyen en calories (2004) : 2 180 (minimum FAO : 2 400)
Nombre d'automobiles pour 1 000 hab. : n.d.
Nombre de téléviseurs pour 1 000 hab. (2003) : 160

REPÈRES HISTORIQUES
Ier s. av. J.-C. : la Chine établit des commanderies en Corée.
IVe s. apr. J.-C. : introduction du bouddhisme.
918 : naissance de la dynastie Koryo.
1231 : invasion mongole.
1392 : naissance de la dynastie Li (ou Yi), qui adopte le confucianisme.
1637 : elle doit reconnaître la suzeraineté de la dynastie chinoise des Qing.
1910 : le Japon annexe le pays.
1945 : occupation par les troupes soviétiques et américaines.
1948 : la république de Corée est établie au sud du pays et la République populaire démocratique de Corée au nord. Kim Il-sung dirige la Corée du Nord jusqu'à sa mort en 1994.
1953 : à l'issue de la guerre de Corée (1950 - 1953), la division du pays est maintenue.
1991 : les deux Corées entrent à l'ONU et signent un accord de réconciliation.
2000 : rencontre historique de leurs chefs d'État à Pyongyang.

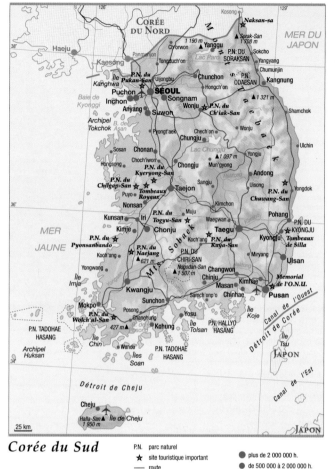

Corée du Sud

	P.N.	parc naturel
★	site touristique important	● plus de 2 000 000 h.
—	route	● de 500 000 à 2 000 000 h.
	voie ferrée	● de 100 000 à 500 000 h.
✈	aéroport	· moins de 100 000 h.

200 500 1000 m

Le pays bénéficie de conditions de relief et de climat assez favorables, avec une notable extension des plaines et des collines, des températures clémentes et une pluviosité suffisante.

Superficie : 99 268 km²
Population (2007) : 48 224 000 hab.
Capitale : Séoul 9 853 972 hab. (r. 2000)
Nature de l'État et du régime politique : république à régime semi-présidentiel
Chef de l'État : (président de la République) Roh Moo-hyun
Chef du gouvernement : (Premier ministre) Han Duck-soo
Organisation administrative : 9 provinces, 6 municipalités et la capitale
Langue officielle : coréen
Monnaie : won

DÉMOGRAPHIE

Densité : 486 hab./km²
Part de la population urbaine (2005) : 80,8 %
Structure de la population par âge (2005) : moins de 15 ans : 18,6 %, 15-60 ans : 67,7 %, plus de 60 ans : 13,7 %
Taux de natalité (2005) : 9,3 ‰
Taux de mortalité (2005) : 5,9 ‰
Taux de mortalité infantile (2005) : 4,1 ‰
Espérance de vie (2004) : hommes : 73,6 ans, femmes : 80,7 ans

ÉCONOMIE

PNB (2004) : 673 milliards de $
PNB/hab. (2005) : 15 850 $
PNB/hab. PPA (2005) : 21 850 dollars internationaux
IDH (2004) : 0,912
Taux de croissance annuelle du PIB (2006) : 5 %
Taux annuel d'inflation (2005) : 2,7 %
Structure de la population active (2004) : agriculture : 8,1 %, mines et industries : 27,5 %, services : 64,4 %
Structure du PIB (2004) : agriculture : 3,6 %, mines et industries : 40,8 %, services : 55,6 %
Dette publique brute (1998) : 11 % du PIB
Taux de chômage (2006) : 3,5 %

Agriculture et pêche

Cultures
mandarines (1998) : 649 000 t.
pêches (2004) : 200 530 t.
riz (2004) : 6 945 000 t.
soja (2002) : 115 000 t.
tabac (2005) : 36 400 t.

Élevage et pêche
bovins (2005) : 2 298 000 têtes
porcins (2005) : 8 962 000 têtes
poulets (2005) : 110 000 000 têtes
pêche (2004) : 2 537 253 t.

Énergie et produits miniers

électricité totale (2004) : 345 190 millions de kWh
électricité nucléaire (2004) : 124 180 millions de kWh
argent (2005) : 4 t.

Productions industrielles

lait (2004) : 2 260 220 t.
viande (2003) : 1 768 000 t.
acier (2005) : 47 820 000 t.
ciment (2005) : 51 391 000 t.
fonte (1998) : 23 299 000 t.
zinc métal (2005) : 644 800 t.
caoutchouc synthétique (2001) : 663 000 t.
automobiles (2005) : 3 357 000 unités
véhicules utilitaires (2005) : 342 200 unités
construction navale (2001) : 11 882 000 tpl
filés de coton (1998) : 275 000 t.
soie (2002) : 4 t.
textiles synthétiques (1999) : 2 569 700 t.
production de bois (2005) : 4 876 989 m³

Tourisme

Recettes touristiques (2004) : 7 870 millions de $

Commerce extérieur

Exportations de biens (2003) : 197 637 millions de dollars
Importations de biens (2003) : 175 476 millions de dollars

Défense

Forces armées (2004) : 687 700 individus
Budget de la Défense (2004) : 2,43 % du PIB

Niveau de vie

Nombre d'habitants pour un médecin (1996) : 909
Apport journalier moyen en calories (2004) : 3 030 (minimum FAO : 2 400)
Nombre d'automobiles pour 1 000 hab. (2002) : 205
Nombre de téléviseurs pour 1 000 hab. (2003) : 458

REPÈRES HISTORIQUES

Ier s. av. J.-C. : la Chine établit des commanderies en Corée.
IVe s. apr. J.-C. : introduction du bouddhisme.
918 : naissance de la dynastie Koryo.
1231 : invasion mongole.
1392 : naissance de la dynastie Li (ou Yi), qui adopte le confucianisme.
1637 : elle doit reconnaître la suzeraineté de la dynastie chinoise des Qing.

1910 : le Japon, qui a éliminé les Qing de Corée en 1985, annexe le pays.
1945 : occupation par les troupes soviétiques et américaines.
1948 : la république de Corée est établie au sud du pays et la République populaire démocratique de Corée au nord.
1953 : à l'issue de la guerre de Corée (1950 - 1953), la division du pays est maintenue.

1987 : un processus de démocratisation s'engage en Corée du Sud, jusque-là soumise à un régime autoritaire.
1991 : les deux Corées entrent à l'ONU et signent un accord de réconciliation.
2000 : un dialogue s'engage entre les deux Corées (rencontre historique des deux chefs d'État, en juin, à Pyongyang). Le président sud-coréen Kim Dae-jung reçoit le prix Nobel de la paix.

LA CORÉE ANCIENNE

L'histoire légendaire rapporte que l'ancien pays de Choson, situé dans le bassin du fleuve Taedong, c'est-à-dire au nord-ouest de la péninsule, a été fondé par Tangun, fils d'une ourse métamorphosée en femme et d'un certain Hang-ung. Le royaume de Choson fut très tôt au contact de la culture chinoise, comme en témoignent les récits légendaires qui attribuent à un chef d'origine chinoise, Kija, la fondation d'une nouvelle dynastie en 1122 avant J.-C.

Après plusieurs tentatives, les Chinois parvinrent finalement à soumettre cette dynastie et établirent, un siècle avant notre ère, quatre commanderies. La plus importante, Luolang, occupait le bassin inférieur du fleuve Taedong, tandis que les trois autres (Zhenfan, Xuantu, Lindun) étaient installées respectivement au nord, à l'est et au sud de celle-ci.

Cependant, ces commanderies ne purent résister longtemps aux pressions des populations locales, et Luolang, la plus puissante pourtant, disparut au début du Ier s. avant J.-C. C'est à cette époque que s'opérèrent de nouveaux remaniements territoriaux, qui aboutirent à la formation de trois royaumes distincts : celui de Koguryo, qui débordait au nord et au sud de part et d'autre du cours moyen du Yalu et conservait la vieille capitale Pyongyang ; celui de Paikche, au sud-ouest, en relations étroites avec l'archipel japonais ; celui de Silla, au sud-est. Ces trois États se disputaient le bassin de la rivière Han, région riche en ressources naturelles et porte maritime vers la Chine. Koguryo se heurta rapidement aux Chinois et, en 384, prit ce qui restait des commanderies chinoises sous son contrôle. Mais le royaume de Silla finit par l'emporter. Il s'allia avec la Chine, qui, après avoir subi de graves échecs au début du VIIe s., parvint en 660 à détruire les forces de Paikche et des alliés japonais de celui-ci. Tout en reconnaissant la suzeraineté chinoise des Tang, Silla étendit peu à peu son influence sur une grande partie du territoire de Koguryo (668) et unifia la péninsule sous son hégémonie (735).

127

ÉMIRATS ARABE UNIS → ARABIE SAOUDITE

GÉORGIE

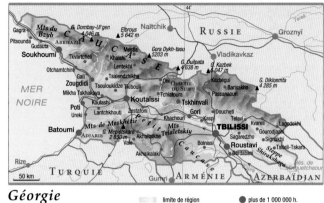

Géorgie

200 500 1000 2000 m

limite de région ●● plus de 1 000 000 h.
— route ● de 100 000 à 1 000 000 h.
—— voie ferrée ● de 30 000 à 100 000 h.
←— oléoduc • moins de 30 000 h.

Enclavée entre les monts du Grand Caucase au nord et ceux du Petit Caucase au sud, la plaine de Colchide, ouverte sur la mer Noire, est drainée par le Rioni et la haute Koura, et se resserre vers l'est (bassins de Gori et de Tbilissi). Cette disposition du relief induit une diversité climatique et donc une variété des milieux naturels et des mises en valeur.

Superficie : 69 700 km²
Population (2007) : 4 395 000 hab.
Capitale : Tbilissi 1 081 500 hab. (r. 2002)
Nature de l'État et du régime politique : république à régime semi-présidentiel
Chef de l'État : (président de la République) Mikhaïl Saakachvili
Chef du gouvernement : (Premier ministre) Zourab Nogaïdeli
Organisation administrative : 2 républiques autonomes, 9 régions et 1 municipalité
Langue officielle : géorgien
Monnaie : lari

DÉMOGRAPHIE

Densité : 63 hab./km²
Part de la population urbaine (2005) : 52,2 %
Structure de la population par âge (2005) : moins de 15 ans : 18,9 %, 15-60 ans : 63,2 %, plus de 60 ans : 17,9 %
Taux de natalité (2005) : 10,8 ‰
Taux de mortalité (2005) : 11,8 ‰
Taux de mortalité infantile (2005) : 38,7 ‰
Espérance de vie (2004) : hommes : 66,7 ans, femmes : 74,4 ans

ÉCONOMIE

PNB (2004) : 4,8 milliards de $
PNB/hab. (2005) : 1 350 $
PNB/hab. PPA (2005) : 3 270 dollars internationaux
IDH (2004) : 0,743
Taux de croissance annuelle du PIB (2006) : 7,5 %
Taux annuel d'inflation (2005) : 8,2 %
Structure de la population active (2003) : agriculture : 54,9 %, mines et industries : 8,6 %, services : 36,5 %

Structure du PIB (2004) : agriculture : 17,7 %, mines et industries : 25,5 %, services : 56,8 %
Dette publique brute : n.d.
Taux de chômage (2005) : 13,8 %

Agriculture

Cultures
blé (2004) : 185 830 t.
maïs (2004) : 410 610 t.
orge (2004) : 61 350 t.
tournesol (2004) : 25 000 t.
pommes de terre (2004) : 419 530 t.
raisin (2004) : 180 000 t.
thé (2004) : 24 000 t.
betterave à sucre (2004) : 150 t.

Élevage
bovins (2005) : 1 250 670 têtes
ovins (2005) : 689 200 têtes
porcins (2005) : 483 850 têtes
poulets (2005) : 9 100 000 têtes

Énergie et produits miniers
électricité totale (2004) : 6 804 millions de kWh
pétrole (2002) : 100 000 t.
or (2005) : 2 000 kg
zinc (2005) : 400 t.

Productions industrielles
vin (2005) : 650 000 hl
bière (2002) : 270 000 hl
sucre (2002) : 2 000 t.
acier (1999) : 105 000 t.

Tourisme
Recettes touristiques (2004) : 209 millions de $

Commerce extérieur
Exportations de biens (2005) : 1 472,4 millions de dollars
Importations de biens (2005) : 2 686,3 millions de dollars

Défense
Forces armées (2004) : 11 130 individus
Budget de la Défense (2004) : 0,76 % du PIB

Niveau de vie
Nombre d'habitants pour un médecin (1996) : 263
Apport journalier moyen en calories (2004) : 2 630 (minimum FAO : 2 400)
Nombre d'automobiles pour 1 000 hab. (2002) : 56
Nombre de téléviseurs pour 1 000 hab. (2002) : 357

REPÈRES HISTORIQUES

Colonisée par les Grecs et les Romains (Colchide) puis dominée par les Sassanides (Ibérie), la région est conquise par les Arabes (v. 650).
IXᵉ - XIIIᵉ s. : elle connaît une remarquable renaissance, atteint son apogée sous la reine Thamar (1184 - 1213), puis est ravagée par les Mongols.
XVIᵉ - XVIIIᵉ s. : la Géorgie perd des territoires au profit de l'Iran et de l'Empire ottoman et se place sous la protection de la Russie (1783).
1801 : elle est annexée par la Russie.
1918 : une république indépendante est proclamée.
1921 : l'Armée rouge intervient et un régime soviétique est instauré.
1922 : la Géorgie est intégrée à l'URSS.
1991 : elle accède à l'indépendance.
1993 : la Géorgie rejoint la CEI.
1995 : adoption d'une nouvelle Constitution.

L'Inde est constituée de trois grandes régions d'extension inégale. Elle atteint l'Himalaya au nord, mais n'en possède qu'une frange. Le cœur du pays est la vaste plaine drainée ou irriguée par le Gange (et ses affluents), auquel vient se joindre le Brahmapoutre pour former le delta du Gange, périodiquement ravagé par les cyclones et les inondations. La plaine gangétique est valorisée par les pluies de la mousson (de juin à septembre), moins abondantes vers le sud (au-delà du tropique), dans l'intérieur du Deccan, qui est protégé par la barrière des Ghats occidentaux. Le Deccan, où la forêt claire a été presque totalement défrichée, est même localement sec. Les variations des précipitations y sont notables.

Superficie : 3 287 263 km²
Population (2007) : 1 169 016 000 hab.
Capitale : New Delhi englobée dans Delhi 14 146 000 hab. (e. 2003) dans l'agglomération
Nature de l'État et du régime politique : république à régime parlementaire
Chef de l'État : (président de la République) Avul Pakir Jainulabdeen Abdul Kalam
Chef du gouvernement : (Premier ministre) Manmohan Singh
Organisation administrative : 28 États et 7 territoires de l'Union
Langues officielles : hindi et anglais
Monnaie : roupie indienne

DÉMOGRAPHIE

Densité : 356 hab./km²
Part de la population urbaine (2005) : 28,7 %
Structure de la population par âge (2005) : moins de 15 ans : 33 %, 15-60 ans : 59,6 %, plus de 60 ans : 7,4 %
Taux de natalité (2005) : 23 ‰
Taux de mortalité (2005) : 8,2 ‰
Taux de mortalité infantile (2005) : 55 ‰

Espérance de vie (2004) : hommes : 62,6 ans, femmes : 64,2 ans

ÉCONOMIE

PNB (2004) : 673 milliards de $
PNB/hab. (2005) : 720 $
PNB/hab. PPA (2005) : 3 460 dollars internationaux
IDH (2004) : 0,611
Taux de croissance annuelle du PIB (2006) : 8,3 %
Taux annuel d'inflation (2005) : 4,2 %
Structure de la population active : agriculture : n.d., mines et industries : n.d., services : n.d.
Structure du PIB (2004) : agriculture : 21,2 %, mines et industries : 27,1 %, services : 51,7 %
Dette publique brute : n.d.
Taux de chômage : n.d.

Agriculture et pêche

Cultures
blé (2004) : 72 060 000 t.
maïs (2004) : 14 100 000 t.
riz (2004) : 128 000 000 t.
manioc (2004) : 6 700 000 t.
millet (2004) : 9 400 000 t.
sorgho (2004) : 7 700 000 t.
arachide (2004) : 7 000 000 t.
colza (2004) : 5 083 000 t.
coprah (2001) : 455 000 t.
soja (2002) : 4 558 000 t.
coton (2003) : 7 040 000 t.
caoutchouc (2003) : 694 000 t.
pommes de terre (2004) : 25 000 000 t.
patates douces (2003) : 900 000 t.
canne à sucre (2004) : 236 180 000 t.
agrumes (2003) : 4 720 000 t.
citrons (2004) : 1 420 000 t.
oranges (2004) : 3 100 000 t.
pamplemousses (2004) : 142 000 t.
café (2004) : 270 000 t.
thé (2004) : 850 500 t.
tabac (2005) : 598 000 t.
ananas (2004) : 1 300 000 t.
bananes (2004) : 16 820 000 t.
noix (2003) : 31 000 t.
noix de cajou (2004) : 460 000 t.
pommes (2003) : 1 470 000 t.
tomates (2004) : 7 600 000 t.

Élevage et pêche
bovins (2005) : 185 000 000 têtes
caprins (2005) : 120 000 000 têtes
ovins (2005) : 62 500 000 têtes
porcins (2005) : 14 300 000 têtes
poulets (2005) : 430 000 000 têtes
chameaux (2005) : 635 000 têtes
chevaux (2003) : 788 000 têtes
buffles (2005) : 98 000 000 têtes
canards (2055) : 33 000 000 têtes
pêche (2004) : 6 096 809 t.

Énergie et produits miniers

électricité totale (2004) : 630 568 millions de kWh
hydroélectricité (2004) : 83 764 millions de kWh
électricité nucléaire (2004) : 15 040 millions de kWh
pétrole (2005) : 36 200 000 t.
gaz naturel (2005) : 30 400 millions de m³
houille (2001) : 357 833 000 t.
lignite (2001) : 22 255 000 t.
bauxite (2005) : 11 957 000 t.
chrome (2004) : 2 949 000 t.
fer (2004) : 77 200 000 t.
manganèse (2004) : 630 000 t.
phosphate (2003) : 1 175 000 t.
uranium (2004) : 230 t.
zinc (2005) : 446 000 t.

Productions industrielles

beurre (2003) : 2 500 000 t.
lait (2004) : 91 000 000 t.
oeufs (2003) : 2 155 000 t.
miel (2003) : 52 000 t.
sucre (2002) : 20 475 000 t.
acier (2005) : 38 083 000 t.
aluminium (2005) : 898 000 t.
cuivre métal (2005) : 517 000 t.
plomb métal (2005) : 59 000 t.
zinc métal (2005) : 293 000 t.
automobiles (2005) : 1 264 000 unités
véhicules utilitaires (2005) : 362 700 unités
construction navale (2001) : 6 000 tpl
coton fibre (2005) : 2 475 000 t.
laine (2005) : 51 400 t.
soie (2002) : 17 341 t.
jute (2005) : 2 100 000 t.
textiles artificiels (1999) : 247 700 t.
textiles synthétiques (1999) : 1 431 000 t.
ciment (2005) : 145 000 000 t.
production de bois (2005) : 328 677 293 m³

Tourisme

Recettes touristiques (2002) : 2 923 M. de $

Commerce extérieur

Exportations de biens (2002) : 52 743 M. de $
Importations de biens (2002) : 65 159 millions de dollars

Défense

Forces armées (2004) : 1 325 000 individus
Budget de la Défense (2004) : 3 % du PIB

Niveau de vie

Nombre d'habitants pour un médecin (1993) : 2 500
Apport journalier moyen en calories (2004) : 2 470 (minimum FAO : 2 400)
Nombre d'automobiles pour 1 000 hab. (2000) : 6
Nombre de téléviseurs pour 1 000 hab. (2001) : 83

129

Les origines et l'Inde ancienne

2500 - 1800 av. J.-C. : la civilisation de l'Indus (Mohenjo-Daro) est à son apogée.
IIᵉ millénaire av. J.-C. : les Aryens arrivent d'Asie centrale et colonisent l'Inde du Nord, qui adopte leur langue, le sanskrit, leur religion védique (à la base de

l'hindouisme) et leur conception de la hiérarchie sociale (système des castes).
V. 560 - 480 av. J.-C. : l'Inde entre dans l'histoire à l'époque de la vie du Bouddha, contemporain de Mahavira, fondateur du jaïnisme.
V. 327 - 325 av. J.-C. : Alexandre le Grand atteint l'Indus et y établit des colonies grecques.

V. 320 - 176 av. J.-C. : l'Empire maurya est porté à son apogée par Ashoka (vers 269 - 232 av. J.-C.), qui étend sa domination de l'Afghanistan au Deccan et envoie des missions bouddhiques en Inde du Sud et à Ceylan.
Iᵉʳ s. apr. J.-C. : l'Inde, morcelée, subit les invasions des Kushana. →

INDE

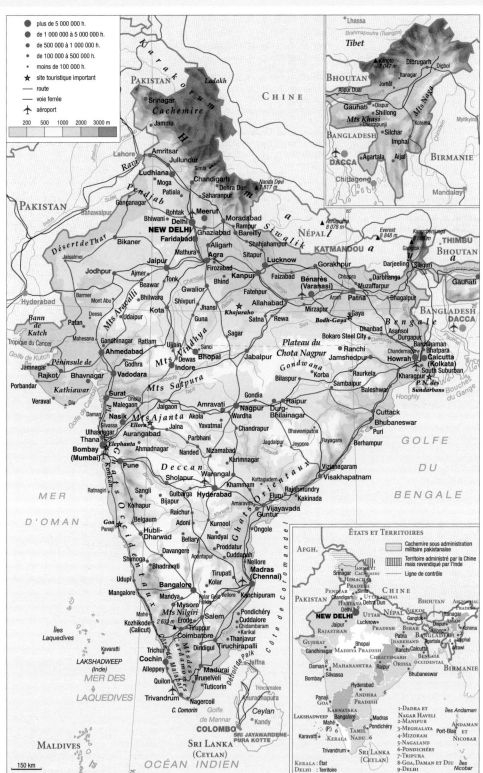

Légende

- plus de 5 000 000 h.
- de 1 000 000 à 5 000 000 h.
- de 500 000 à 1 000 000 h.
- de 100 000 à 500 000 h.
- moins de 100 000 h.
- ★ site touristique important
- — route
- — voie ferrée
- ✈ aéroport

200 500 1000 2000 3000 m

Carte principale

PAKISTAN · CHINE · Karakorum · Ladakh · Srinagar · Cachemire · Jammu · Himalaya

Lahore · Amritsar · Jullundur · Ludhiana · Moga · Chandigarh · Dehra Dun · Nanda Devi 7.817 m · Patiala · Saharanpur · Siwalik · NÉPAL

PAKISTAN · Ganganagar · Bhiwani · Rohtak · Meerut · Moradabad · Rampur · Bareilly · Shahjahanpur · Annapurna 8 078 m · Everest 8 848 m · Kangchenjunga 8 586 m · THIMBU · BHOUTAN

Désert de Thar · Bikaner · Delhi · NEW DELHI · Faridabad · Ghaziabad · Aligarh · Sitapur · Lucknow · Gorakhpur · KATMANDOU · Darjeeling · Siliguri · Gauhati

Jaisalmer · Mathura · Agra · Firozabad · Bhind · Kanpur · Faizabad · Bénarès (Varanasi) · Chhapra · Darbhanga · Muzaffarpur · BANGLADESH · DACCA

Jodhpur · Jaipur · Ajmer · Tonk · Gwalior · Jhansi · Fatehpur · Allahabad · Mirzapur · Arrah · Patna · Bhagalpur · Bengale

Barmer · Mont Abu · Beawar · Bhilwara · Kota · Shivpuri · Guna · Satna · Rewa · Khajuraho · Bodh-Gaya · Gaya · Dhanbad · Asansol · Durgapur · Bandharman · Bhatpara

Tropique du Cancer · Deesa · Mahesana · Udaipur · Ratlam · Ujjain · Sanci · Sagar · Plateau du Chota Nagpur · Bokaro Steel City · Ranchi · Jamshedpur · Raurkela · Chandernagore · Calcutta (Kolkata) · Howrah · South Suburban

Bann de Kutch · Gandhinagar · Ahmedabad · Dewas · Bhopal · Indore · Jabalpur · Gondwana · Bilaspur · Korba · Sambalpur · Baleshwar · Kharagpur · Sundarbans · Bouches du Gange

Jamnagar · Rajkot · Bhavnagar · Vadodara · Godhra · Mts Vindhya · Mts Satpura · Gondia · Raipur · I. des

Porbandar · Kathiawar · Diu · Surat · Dhulia · Malegaon · Jalgaon · Amravati · Akola · Wardha · Durg-Bhilainagar · Cuttack · GOLFE

Veraval · Daman · Nasik · Mts Ajanta · Jalna · Yavatmal · Nagpur · Bhawanipatna · Bhubaneswar · DU

Ulhasnagar · Aurangabad · Parbhani · Chandrapur · Jagdalpur · Puri · BENGALE

Thana · Ahmadnagar · Nanded · Nizamabad · Karimnagar · Jeypore · Rayagara · Berhampur

Bombay (Mumbai) · Pune · Deccan · Sholapur · Warangal · Khammam · Kottagudem · Vizianagaram · Visakhapatnam

Ratnagiri · Sangli · Gulbarga · Hyderabad · Eluru · Rajahmundry

Kolhapur · Bijapur · Raichur · Amaravati · Vijayavada · Kakinada · Guntur

Belgaum · Adoni · Kurnool · Ongole

Goa · Hubli-Dharwad · Bellary · Nandyal · Proddatur · Cuddapah

Panaji · Davangere · Anantapur · Nellore

Shimoga · Bhadravati · Tirupati · Madras (Chennai)

Udupi · Bangalore · Kolar · Kolar Gold Fields · Vellore · Kanchipuram

Mangalore · Mandya · Mysore · Mts Nilgiri 2 633 m · Salem · Erode · Pondichéry · Cuddalore · Chidambaram · Karikal

Mahé · Kozhikode (Calicut) · Tiruppur · Coimbatore · Dindigul · Thanjavur · Tiruchirapalli

Îles Laquedives · Kavaratti · Trichur · Cochin · Alleppey · Madurai · Tirunelveli · Tuticorin · Détroit de Palk · Jaffna · Trincomalee

LAKSHADWEEP (Inde) · MER DES LAQUEDIVES · Quilon · Trivandrum · Nagercoil · C. Comorin · Golfe de Mannar · Ceylan (Kandy) · Anuradhapura

MALDIVES · SRI LANKA (CEYLAN) · COLOMBO · SRI JAYAWARDENE-PURA KOTTE · OCÉAN INDIEN

MER D'OMAN · Ghats Occidentaux · Konkan · Ghats Orientaux · Côte de Coromandel · Mts des Cardamomes · Côtes de Malabar

Encart Tibet

Lhassa · Brahmaputre (Tsangpo) · Tibet · BHOUTAN · Alipur Duar · Kangto 7 047 m · Dibrugarh · Digbol · Itanagar · Jorhat · Gauhati · Dispur · Shillong · Mts Khasi · Cherrapunji · Silchar · Mts Naga · Kohima · Myitkyina · BANGLADESH · Imphal · DACCA · Agartala · Aijal · BIRMANIE · Chittagong · Mandalay

Encart ÉTATS ET TERRITOIRES

ÉTATS ET TERRITOIRES

- Cachemire sous administration militaire pakistanaise
- Territoire administré par la Chine mais revendiqué par l'Inde
- Ligne de contrôle

AFGH. · PAKISTAN · JAMMU ET CACHEMIRE · Srinagar · CHINE · HIMACHAL PRADESH · PENDJAB · Chandigarh · Simla · Dehra Dun · UTTARANCHAL · BHOUTAN · SIKKIM · ARUNACHAL PRADESH · Gangtok · Itanagar

HARYANA · Delhi · NEW DELHI · UTTAR PRADESH · NÉPAL · Jaipur · Lucknow · Patna · ASSAM · NAGALAND · Kohima · RAJASTHAN · BANGLADESH · Shillong · Aizwal

GUJERAT · Gandhinagar · MADHYA PRADESH · Bhopal · JHARKHAND · Ranchi · Calcutta · BENGALE OCCIDENTAL · MIZORAM · BIRMANIE

Daman · Silvassa · CHHATTISGARH · Raipur · ORISSA · Bombay · MAHARASHTRA · Hyderabad · Bhubaneswar

Panaji · GOA · ANDHRA PRADESH · Îles Andaman · LAKSHADWEEP · Bangalore · Madras · ANDAMAN ET NICOBAR · Port-Blair

KARNATAKA · Mahé (P.) · Pondichéry · TAMIL NADU · Karavatti · KERALA · Trivandrum · SRI LANKA (CEYLAN)

1-DADRA ET NAGAR HAVELI
2-MANIPUR
3-MEGHALAYA
4-MIZORAM
5-NAGALAND
6-PONDICHÉRY
7-TRIPURA
8-GOA, DAMAN ET DIU
9-DELHI

KERALA : État
DELHI : Territoire

Îles Nicobar

150 km

320 - 550 : les Gupta favorisent la renaissance de l'hindouisme.
606 - 647 : le roi Harsha parvient à réunifier le pays.
VIIe - XIIe s. : l'Inde est à nouveau morcelée. Établis en Inde du Sud, les Pallava (VIIIe - IXe s.) puis les Cola (X[e] -XIIe s.) exportent la civilisation indienne en Asie du Sud-Est. Le Sind est dominé par les Arabes (VIIIe s.), et la vallée de l'Indus tombe aux mains des Ghaznévides (XIe s.).

L'Inde musulmane

1206 - 1414 : le sultanat de Delhi est créé ; il s'étend de la vallée du Gange au Deccan ; l'Inde est placée pour cinq siècles et demi sous l'hégémonie musulmane.
XIVe - XVIe s. : des sultanats autonomes sont créés au Bengale, au Deccan et au Gujerat ; l'empire de Vijayanagar, au sud, se mobilise pour la défense politique de l'hindouisme.
1497 - 1498 : le Portugais Vasco de Gama découvre la route des Indes.
1526 : Baber fonde la dynastie des Grands Moghols.
1526 - 1857 : ces derniers dominent l'Inde grâce à leur armée, à leur administration efficace et à leur attitude conciliante à l'égard de la majorité hindoue. Après les brillants règnes d'Akbar (1556 - 1605) et de Chah Djahan (1628 - 1658), celui d'Aurangzeb (1658 - 1707) prélude au déclin.
1600 : la Compagnie anglaise des Indes orientales est créée.
1664 : la Compagnie française des Indes orientales est fondée.

1674 : les Marathes, profitant du déclin moghol, constituent un royaume hindou, puis se rendent maîtres de l'Inde dans la première moitié du XVIIIe s.
1742 - 1754 : Dupleix soumet à l'influence française le Carnatic et six provinces du Deccan.
1757 : Clive remporte la victoire de Plassey sur le nabab du Bengale.
1763 : le traité de Paris réduit l'Inde française à cinq comptoirs ; les Britanniques conservent Bombay, Madras et le Bengale.

La domination britannique

1772 - 1785 : W. Hastings organise la colonisation du Bengale.
1799 - 1819 : la Grande-Bretagne conquiert l'Inde du Sud, la vallée du Gange, Delhi, et bat les Marathes.
1849 : elle annexe le royaume sikh du Pendjab.
1857 - 1858 : révolte des cipayes.
1858 : la Compagnie anglaise des Indes orientales est supprimée, et l'Inde, rattachée à la Couronne britannique.
1876 : Victoria est couronnée impératrice des Indes.
1885 : fondation du parti du Congrès.
1906 : la Ligue musulmane est créée.
1920 - 1922 : Gandhi lance une campagne de désobéissance civile.
1929 : J. Nehru devient président du Congrès.
1935 : le *Government of India Act* accorde l'autonomie aux provinces.

L'Inde indépendante

1947 : l'indépendance est proclamée et l'Inde est divisée en deux États : l'Union indienne, à majorité hindoue, et le Pakistan, à majorité musulmane. Cette partition s'accompagne de massacres (de 300 000 à 500 000 victimes) et du déplacement de dix à quinze millions de personnes.
1947 - 1964 : J. Nehru, Premier ministre et président du Congrès, met en œuvre un programme de développement et prône le non-alignement.
1947 - 1948 : une guerre oppose l'Inde et le Pakistan pour le contrôle du Cachemire.
1948 : Gandhi est assassiné.
1950 : la Constitution fait de l'Inde un État fédéral, laïque et parlementaire, composé d'États organisés sur des bases ethniques et linguistiques.
1962 : un conflit oppose la Chine et l'Inde au Ladakh.
1965 : une deuxième guerre indo-pakistanaise éclate à propos du Cachemire. L'Inde se rapproche de l'URSS.
1966 : Indira Gandhi arrive au pouvoir.
1971 : une troisième guerre indo-pakistanaise est provoquée par la sécession du Bangladesh.
1984 : I. Gandhi, revenue au pouvoir en 1980, est assassinée par des extrémistes sikhs.
1992 : la destruction de la mosquée d'Ayodhya (Uttar Pradesh) par des militants nationalistes hindous entraîne de graves affrontements intercommunautaires.

MALDIVES

Archipel corallien de l'océan Indien, les Maldives sont constituées par 19 atolls comprenant plus de 1000 petites îles coralliennes, dont 200 environ sont habitées. C'est le pays le plus bas du monde (altitude moyenne de 2 m).

Superficie : 298 km²
Population (2007) : 306 000 hab.
Capitale : Malé 89 000 hab. (e. 2005)
Nature de l'État et du régime politique :
république à régime semi-présidentiel
Chef de l'État et du gouvernement :
(président de la République) Maumoon Abdul Gayoom
Organisation administrative : 1 municipalité et 19 atolls administratifs
Langue officielle : divehi
Monnaie : rufiyaa (roupie des Maldives)

DÉMOGRAPHIE

Densité : 1 027 hab./km²
Part de la population urbaine (2005) : 29,6 %
Structure de la population par âge (2005) :
moins de 15 ans : 34 %, 15-60 ans :
60,4 %, plus de 60 ans : 5,6 %
Taux de natalité (2005) : 23,4 ‰
Taux de mortalité (2005) : 5,7 ‰
Taux de mortalité infantile (2005) : 34,1 ‰

Espérance de vie (2004) : hommes :
67,5 ans, femmes : 66,8 ans

ÉCONOMIE

PNB (2004) : 0,773 milliards de $
PNB/hab. (2005) : 2 390 $
PNB/hab. PPA (2001) : 4 520 dollars internationaux
IDH (2004) : 0,739
Taux de croissance annuelle du PIB (2006) : 13 %
Taux annuel d'inflation (2005) : 3,3 %
Structure de la population active (2000) :
agriculture : 13,7 %, mines et industries : 19 %, services : 67,3 %
Structure du PIB (1998) : agriculture : 16,4 %, mines et industries : n.d., services : n.d.
Dette publique brute : n.d.
Taux de chômage : n.d.

Agriculture et pêche

Cultures
coprah (2001) : 1 420 t.
Pêche
pêche (2004) : 158 576 t.

Énergie et produits miniers

électricité totale (2004) :
150 millions de kWh

Tourisme

Recettes touristiques (2002) :
318 millions de $

Commerce extérieur

Exportations de biens (2005) :
161,6 millions de dollars
Importations de biens (2005) :
655,5 millions de dollars

Défense

Forces armées (1995) : 700 individus
Budget de la Défense : n.d.

Niveau de vie

Nombre d'habitants pour un médecin (1990) : 15 000
Apport journalier moyen en calories (2004) : 2 600
(minimum FAO : 2 400)
Nombre d'automobiles pour 1 000 hab. (1996) : 4
Nombre de téléviseurs pour 1 000 hab. (2002) : 131

1887 : les Maldives passent sous protectorat britannique.
1965 : le pays accède à l'indépendance.
1968 : la république est proclamée.

INDONÉSIE

État insulaire (plus de 13 000 îles, dont moins de la moitié est habitée), l'Indonésie s'étend sur 5 000 km d'ouest en est et sur 2 000 km du nord au sud. La plupart des îles sont montagneuses, souvent volcaniques, et les plaines n'ont qu'une extension réduite. La latitude (proche de l'équateur) explique la chaleur constante (26-27°C environ) et la forte humidité, presque permanente. Associés, ces deux facteurs ont provoqué le développement de la forêt dense, qui recouvre plus de 60% du territoire.

Superficie : 1 919 443 km²
Population (2007) : 231 627 000 hab.
Capitale : Jakarta 13 215 000 hab.
(e. 2005) dans l'agglomération
Nature de l'État et du régime politique :
république à régime présidentiel
Chef de l'État et du gouvernement :
(président de la République)
Susilo Bambang Yudhoyono
Organisation administrative : 28 provinces,
1 district spécial et 2 régions spéciales
Langue officielle : indonésien
Monnaie : rupiah (roupie indonésienne)

DÉMOGRAPHIE
Densité : 121 hab./km²
Part de la population urbaine (2005) : 48,1 %

132

Structure de la population par âge (2005) :
moins de 15 ans : 28,4 %, 15-60 ans :
63,3 %, plus de 60 ans : 8,3 %
Taux de natalité (2005) : 18,7 ‰
Taux de mortalité (2005) : 6,3 ‰
Taux de mortalité infantile (2005) : 26,6 ‰
Espérance de vie (2004) : hommes :
65,5 ans, femmes : 69,3 ans

ÉCONOMIE
PNB (2004) : 248 milliards de $
PNB/hab. (2005) : 1 280 $
PNB/hab. PPA (2005) : 3 720 dollars
internationaux
IDH (2004) : 0,711
Taux de croissance annuelle du PIB (2006) :
5,2 %
Taux annuel d'inflation (2005) : 10,4 %
Structure de la population active (2003) :
agriculture : 46,4 %, mines et industries :
13,1 %, services : 40,5 %
Structure du PIB (2004) : agriculture :
15,5 %, mines et industries : 43,7 %,
services : 40,8 %
Dette publique brute : n.d.
Taux de chômage (2002) : 9,1 %

Agriculture et pêche
Cultures
maïs (2004) : 11 225 240 t.
riz (2004) : 54 088 470 t.
manioc (2004) : 19 424 710 t.
arachide (2004) : 1 469 000 t.
noix de coco (2005) : 16 300 000 t.
coprah (2001) : 930 000 t.
soja (2002) : 653 000 t.
caoutchouc (2003) : 1 792 000 t.
patates douces (2003) : 1 998 000 t.
canne à sucre (2004) : 26 955 000 t.
ananas (2004) : 709 920 t.
cacao (2004) : 601 270 t.
café (2004) : 700 040 t.
thé (2004) : 164 820 t.
tabac (2005) : 141 000 t.
bananes (2004) : 4 874 440 t.
noix de cajou (2004) : 120 000 t.
vanille (2005) : 2 399 t.
huile de palme (2005) : 14 070 000 t.

Élevage et pêche
bovins (2005) : 11 500 000 têtes
ovins (2005) : 8 306 930 têtes
caprins (2005) : 13 182 100 têtes
porcins (2005) : 6 267 370 têtes
poulets (2005) : 1 249 426 000 têtes
canards (2005) : 34 275 000 têtes
buffles (2005) : 2 428 190 têtes
chevaux (2003) : 453 000 têtes
pêche (2004) : 6 350 377 000 t.

Énergie et produits miniers
électricité totale (2004) :
112 579 millions de kWh
hydroélectricité (2004) :
9 370 millions de kWh
pétrole (2005) : 55 000 000 t.
gaz naturel (2005) : 76 000 millions de m³
houille (2001) : 102 015 000 t.
bauxite (2005) : 1 400 000 t.
cuivre (2005) : 1 065 000 t.
étain (2005) : 80 000 t.
nickel (2004) : 133 000 t.
or (2005) : 140 t.
argent (2005) : 280 t.

Productions industrielles
sucre (2002) : 1 902 000 t.
huile de palme (2005) : 14 070 000 t.
aluminium (2005) : 240 000 t.
cuivre métal (2005) : 262 900 t.
étain métal (2004) : 65 000 t.
nickel métal (2004) : 7 900 t.
coton fibre (2005) : 10 656 t.
jute (1997) : 9 000 t.
textiles artificiels (1999) : 225 000 t.
textiles synthétiques (1999) : 1 250 400 t.
automobiles (2005) : 233 400 unités
véhicules utilitaires (2005) :
261 000 unités
papier (2005) : 7 223 000 t.
production de bois (2005) : 106 216 356 m³

Tourisme
Recettes touristiques (2004) :
5 226 millions de $

Commerce extérieur
Exportations de biens (2005) :
86 179 millions de dollars

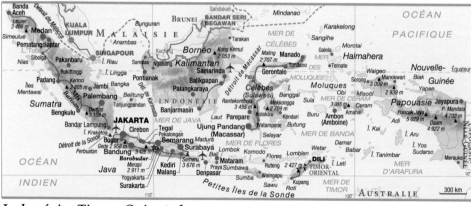

Indonésie, Timor-Oriental

200 500 1000 m

— route
✈ aéroport
▲ volcan
★ site touristique important

● plus de 7 000 000 h.
● de 1 000 000 à 7 000 000 h.
● de 100 000 à 1 000 000 h.
● moins de 100 000 h.

300 km

Importations de biens (2005) :
63 856 millions de dollars

Défense

Forces armées (2004) : 302 000 individus
Budget de la Défense (2004) : 0,93 % du PIB

Niveau de vie

Nombre d'habitants pour un médecin (1994) : 5 000
Apport journalier moyen en calories (2004) : 2 890
(minimum FAO : 2 400)
Nombre d'automobiles pour 1 000 hab. (1998) : 14
Nombre de téléviseurs pour 1 000 hab. (2001) : 153

Des origines aux Indes néerlandaises

D'abord morcelée en petits royaumes de culture indianisée, l'Indonésie est dominée du VIIᵉ au XIVᵉ s. par le royaume bouddhiste de Srivijaya.

XIIIᵉ - XVIᵉ s. : l'islamisation gagne tout l'archipel, à l'exception de Bali, qui reste fidèle à l'hindouisme ; l'empire de Majapahit règne sur l'archipel aux XIVᵉ-XVᵉ s.
1511 : les Portugais prennent Malacca.
1602 : la Compagnie hollandaise des Indes orientales est fondée.
1799 : la Compagnie perd son privilège et les Néerlandais pratiquent la colonisation directe.
Début du XXᵉ s. : la pacification des Indes néerlandaises est réalisée.
1942 - 1945 : le Japon occupe l'archipel.

L'Indonésie indépendante

1945 : Sukarno proclame l'indépendance de l'Indonésie.
1949 : les Pays-Bas reconnaissent le nouveau statut.

1950 - 1967 : Sukarno tente d'instituer un socialisme « à l'indonésienne » et est confronté à divers mouvements séparatistes.
1963 - 1969 : la Nouvelle-Guinée occidentale est rétrocédée par les Pays-Bas et rattachée à l'Indonésie.
1966 - 1967 : Sukarno est éliminé au profit de Suharto. Régulièrement réélu à partir de 1968, Suharto applique une politique anticommuniste et se rapproche de l'Occident.
1975 - 1976 : l'annexion du Timor-Oriental déclenche une guérilla.
Depuis les années 1980 : l'islam fondamentaliste se propage.
1998 : sous la pression d'une opposition renforcée par la crise économique, Suharto démissionne.
1999 : l'opposition démocratique remporte les élections législatives. Mais le pays est en proie à la multiplication des troubles séparatistes et interconfessionnels (Aceh, Irian Jaya, Moluques).
2002 : l'indépendance du Timor-Oriental est proclamée.

TIMOR-ORIENTAL

Situé au nord de la mer de Timor et appartenant à l'archipel de la Sonde, le Timor-Oriental est un pays montagneux.

Superficie : 14 874 km²
Population (2007) : 1 155 000 hab.
Capitale : Dili 156 000 hab. (e. 2005)
Nature de l'État et du régime politique : république à régime semi-présidentiel
Chef de l'État : (président de la République) José Alexandre, dit Xanana Gusmão
Chef du gouvernement : (Premier ministre) José Ramos-Horta
Organisation administrative : 13 districts
Langues officielles : tétum et portugais
Monnaie : dollar des États-Unis

DÉMOGRAPHIE

Densité : 78 hab./km²
Part de la population urbaine (2005) : 26,5 %
Structure de la population par âge (2005) : moins de 15 ans : 45 %, 15-60 ans : 50,4 %, plus de 60 ans : 4,6 %
Taux de natalité (2005) : 42,1 ‰
Taux de mortalité (2005) : 8,9 ‰
Taux de mortalité infantile (2005) : 66,7 ‰

Espérance de vie (2003) : hommes : 54,1 ans, femmes : 56,3 ans

ÉCONOMIE

PNB (2004) : 0,506 milliards de $
PNB/hab. (2005) : 750 $
PNB/hab. PPA : n.d.
IDH (2004) : 0,512
Taux de croissance annuelle du PIB (2006) : 0,9 %
Taux annuel d'inflation (2003) : 7,1 %
Structure de la population active : agriculture : n.d., mines et industries : n.d., services : n.d.
Structure du PIB (2004) : agriculture : 31,7 %, mines et industries : 14,8 %, services : 53,5 %
Dette publique brute : n.d.
Taux de chômage : n.d.

Tourisme

Recettes touristiques : n.d.

Commerce extérieur

Exportations de biens : n.d.
Importations de biens : n.d.

Défense

Forces armées (2004) : 1 250 individus
Budget de la Défense : n.d.

Niveau de vie

Nombre d'habitants pour un médecin : n.d.
Apport journalier moyen en calories (2004) : 2 750
(minimum FAO : 2 400)
Nombre d'automobiles pour 1 000 hab. : n.d.
Nombre de téléviseurs pour 1 000 hab. : n.d

À partir du XVIIᵉ s., les Portugais et les Hollandais se partagent l'île.
1950 : la partie néerlandaise est englobée par la République indépendante d'Indonésie.
1975 - 1976 : la partie portugaise (Timor-Oriental) est annexée par la république d'Indonésie : un mouvement de guérilla se développe.
1999 : à l'issue d'un référendum organisé sous l'égide de l'ONU, les Timorais de l'Est se prononcent massivement pour l'indépendance. Le territoire est placé sous administration provisoire de l'ONU.
2002 : le Timor-Oriental devient un État indépendant et adhère à l'ONU.

133

IRAN

Situé entre la Caspienne et l'océan Indien, l'Iran est un pays de hautes plaines steppiques et désertiques, au climat contrasté (chaud en été, froid en hiver). Ces plaines sont cernées au nord et à l'ouest par de puissants massifs (Elbourz, dépassant 5 600 m) et chaînes (Zagros étiré sur 1 800 km), humides et encore largement boisés, dont le piémont est jalonné de villes (Téhéran, Ispahan, Chiraz).

Superficie : 1 633 188 km²
Population (2007) : 71 208 000 hab.
Capitale : Téhéran 7 314 000 hab. (e. 2005)
Nature de l'État et du régime politique :
république à régime semi-présidentiel
Chef de l'État et du gouvernement :
(président de la République)
Mahmud Ahmadinejad
Guide de la révolution islamique :
Ali Hoseini Khamenei
Organisation administrative : 28 provinces
Langue officielle : persan
Monnaie : rial iranien

DÉMOGRAPHIE

Densité : 44 hab./km²
Part de la population urbaine (2005) : 66,9 %
Structure de la population par âge (2005) :
moins de 15 ans : 28,8 %, 15-60 ans :
64,9 %, plus de 60 ans : 6,4 %
Taux de natalité (2005) : 20,3 ‰
Taux de mortalité (2005) : 5,4 ‰
Taux de mortalité infantile (2005) : 30,6 ‰
Espérance de vie (2004) : hommes :
69,3 ans, femmes : 72,4 ans

ÉCONOMIE

PNB (2004) : 155 milliards de $
PNB/hab. (2005) : 2 770 $
PNB/hab. PPA (2005) : 8 050 dollars
internationaux
IDH (2004) : 0,746
Taux de croissance annuelle du PIB (2006) :
5,4 %
Taux annuel d'inflation (2005) : 13,4 %
Structure de la population active :
agriculture : n.d., mines et industries :
n.d., services : n.d.
Structure du PIB (2004) : agriculture :
10,7 %, mines et industries : 41,5 %,
services : 47,8 %
Dette publique brute : n.d.
Taux de chômage (2005) : 11,5 %

Agriculture et pêche

Cultures
blé (2004) : 14 000 000 t.

134

Iran

═══	autoroute	★	site touristique important
───	route		
───	voie ferrée	⛏	puits de pétrole
✈	aéroport	→→	oléoduc

400 1000 2000 3000 m

● plus de 1 000 000 h.
● de 250 000 à 1 000 000 h.
● de 50 000 à 250 000 h.
• moins de 50 000 h.

riz (2004) : 3 400 000 t.
orge (2004) : 2 000 000 t.
coton (2003) : 350 000 t.
betterave à sucre (2004) : 4 900 000 t.
canne à sucre (2004) : 6 100 000 t.
agrumes (2003) : 3 703 000 t.
citrons (2004) : 1 100 000 t.
mandarines (1998) : 684 000 t.
oranges (2004) : 1 900 000 t.
amandes (2004) : 80 000 t.
dattes (2004) : 880 000 t.
noisettes (2004) : 13 000 t.
noix (2003) : 160 000 t.
pêches (2004) : 390 000 t.
pistaches (2004) : 190 000 t.
pommes (2004) : 2 400 000 t.
raisin (2004) : 2 800 000 t.
tomates (2004) : 4 200 000 t.
thé (2004) : 52 000 t.

Élevage et pêche
bovins (2005) : 8 800 000 têtes
caprins (2005) : 26 500 000 têtes
ovins (2005) : 54 000 000 têtes
poulets (2003) : 280 000 000 têtes
pêche (2004) : 47 432 t.

Énergie et produits miniers
électricité totale (2004) :
155 710 millions de kWh
hydroélectricité (2004) :
10 556 millions de kWh
pétrole (2004) : 200 400 000 t.
gaz naturel (2005) : 87 000 millions de m³
bauxite (2005) : 500 000 t.
chrome (2004) : 183 000 t.
cuivre (2005) : 197 000 t.
molybdène (2003) : 1 400 t.

plomb (2005) : 22 000 t.
zinc (2005) : 125 000 t.

Productions industrielles
beurre (2003) : 148 736 t.
oeufs (2003) : 585 000 t.
sucre (2002) : 1 041 000 t.
acier (2005) : 9 404 000 t.
aluminium (2005) : 220 000 t.
cuivre métal (2005) : 175 100 t.
plomb métal (2005) : 68 000 t.
coton fibre (2005) : 120 000 t.
laine (2005) : 75 000 t.
soie (2002) : 900 t.
production de bois (2005) : 774 000 m³

Tourisme
Recettes touristiques (2004) :
1 324 millions de $

Commerce extérieur
Exportations de biens (2000) :
28 345 millions de dollars
Importations de biens (2000) :
15 207 millions de dollars

Défense
Forces armées (2004) : 420 000 individus
Budget de la Défense (2004) : 2,73 % du PIB

Niveau de vie
**Nombre d'habitants pour un
médecin (1993) :** 3 333
**Apport journalier moyen en
calories (2004) :** 3 120
(minimum FAO : 2 400)
**Nombre d'automobiles pour
1 000 hab. (1996) :** 26
**Nombre de téléviseurs pour
1 000 hab. (2002) :** 173

L'Iran ancien

IIᵉ millénaire : les Aryens progressent du nord-est à l'ouest de l'Iran.

IXᵉ s. av. J.-C. : leurs descendants, les Perses et les Mèdes, atteignent le Zagros.

vers 612 - 550 : après l'effondrement de l'Assyrie, les Mèdes posent les bases de la puissance iranienne.

550 : l'Achéménide Cyrus II détruit l'Empire mède et fonde l'Empire perse, qui domine l'ensemble de l'Iran et une partie de l'Asie centrale.

490 - 479 : les guerres médiques entreprises par Darios Iᵉʳ (522 - 486), puis par Xerxès Iᵉʳ (486 - 465), se soldent par la défaite des Achéménides.

330 : après la mort de Darios III, Alexandre le Grand est le maître de l'Empire perse.

312 av. J.-C. : Séleucos fonde la dynastie séleucide, qui perd le contrôle de l'Iran.

250 av. J.-C. - 224 apr. J.-C. : la dynastie parthe des Arsacides règne sur les régions iraniennes.

224 : les Sassanides renversent les Arsacides.

224 - 651 : l'Empire sassanide, fortement centralisé, s'étend des confins de l'Inde à ceux de l'Arabie.

L'Iran musulman

642 : conquête arabe.

661 : l'Iran est intégré à l'empire musulman des Omeyyades, puis (750) à celui des Abbassides. Il est islamisé.

XIᵉ - XVᵉ s. : il passe ensuite aux mains de dynasties turques (Seldjoukides XIIᵉ - XIIIᵉs.) et mongoles (XIIIᵉ - XVᵉ s.).

1501 - 1736 : la dynastie séfévide règne sur l'Iran et fait du chiisme duodécimain la religion d'État.

1587 - 1629 : les Séfévides sont à leur apogée sous Abbas Iᵉʳ.

1736 - 1747 : Nader Chah chasse les Afghans, qui s'étaient emparés d'Ispahan (1722), et entreprend de nombreuses conquêtes.

L'Iran contemporain

1796 : la dynastie qadjar (1796 - 1925) accède au pouvoir.

1813 - 1828 : l'Iran perd les provinces de la Caspienne, annexées par l'Empire russe.

1906 : l'opposition nationaliste, libérale et religieuse obtient l'octroi d'une constitution.

1907 : un accord anglo-russe divise l'Iran en deux zones d'influence.

1925 : Reza Khan, au pouvoir depuis 1921, impose la modernisation, l'occidentalisation et la sécularisation du pays.

1941 : Soviétiques et Britanniques occupent une partie de l'Iran. Reza Chah abdique en faveur de son fils Mohammad Reza.

1963 : le chah lance un programme de modernisation.

1979 : l'opposition l'oblige à quitter le pays. Une république islamique est instaurée, dirigée par l'ayatollah Khomeyni.

1980 - 1988 : guerre avec l'Iraq.

1981 : l'Iran s'érige en guide de la « révolution islamique » à travers le monde.

1989 : après la mort de Khomeyni, Ali Khamenei lui succède avec le titre de « guide de la révolution islamique ».

135

PERSÉPOLIS

Persépolis (nom grec de Parsa) est l'une des résidences des rois perses Achéménides, située dans le sud de l'Iran, aux environs de Chiraz. Fondée par Darios Iᵉʳ (522 - 486 avant J.-C.) au début de son règne, elle est agrandie et embellie par ses successeurs Xerxès Iᵉʳ et Artaxerxès Iᵉʳ. Elle est détruite par le feu en 330 avant J.-C., lors de la conquête d'Alexandre le Grand. Le site demeure ensuite inhabité.

Grandiose complexe palatial, Persépolis est l'exemple le plus parfait de l'architecture achéménide. Les bâtiments se dressent sur une terrasse en partie artificielle et en partie taillée dans la montagne. On accède à cette terrasse par un escalier monumental à double révolution, débouchant sur la porte de Xerxès. Au-delà se trouvent de grandioses salles d'audience (apadana de Darios, salle aux Cent Colonnes) et des palais (de Darios, de Xerxès). Le reste de la terrasse est occupé par des bâtiments administratifs. Toutes ces constructions utilisent un parti pris architectural identique. Il s'agit de salles hypostyles dans la lignée des constructions de Cyrus à Pasargades. Si de nombreux éléments architecturaux sont empruntés à la Grèce d'Asie (moulures, volutes des chapiteaux), d'autres viennent d'Égypte ou de Mésopotamie. Le même éclectisme se retrouve dans le décor sculpté (scènes mythologiques, porteurs d'offrandes, etc.). Tous ces emprunts cherchent à symboliser la fusion, souhaitée par les souverains achéménides, des différentes parties du monde oriental.

IRAQ ★ ★ ★

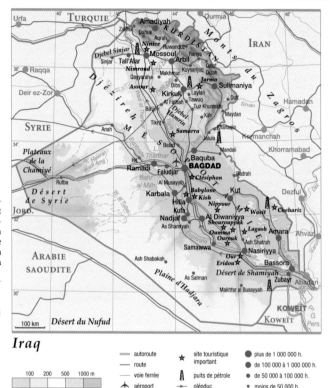

Iraq

autoroute	★	site touristique important
route	⛏	puits de pétrole
voie ferrée		oléoduc
✈ aéroport		

● plus de 1 000 000 h.
● de 100 000 à 1 000 000 h.
● de 50 000 à 100 000 h.
• moins de 50 000 h.

100 200 500 1000 m

Occupant la majeure partie de la Mésopotamie, entre le Tigre et l'Euphrate, l'Iraq est un pays au relief monotone, semi-désertique, avec des étés torrides. Cette région est bordée à l'ouest par l'extrémité orientale du désert de Syrie et, au nord, au-delà de la Djézireh, par la terminaison du Taurus, à laquelle succède le piémont du Zagros.

Superficie : 438 317 km²
Population (2007) : 28 993 000 hab.
Capitale : Bagdad 5 909 000 hab. (e. 2005) dans l'agglomération
Nature de l'État et du régime politique : république
Chef de l'État : (président de la République) Djalal Talabani
Chef du gouvernement : (Premier ministre) Nuri al-Maliki
Organisation administrative : 18 gouvernorats
Langues officielles : arabe et kurde
Monnaie : dinar irakien

DÉMOGRAPHIE
Densité : 66 hab./km²
Part de la population urbaine (2005) : 66,9 %
Structure de la population par âge (2005) : moins de 15 ans : 41,5 %, 15-60 ans : 54 %, plus de 60 ans : 4,5 %
Taux de natalité (2005) : 31,7 ‰
Taux de mortalité (2005) : 9,1 ‰
Taux de mortalité infantile (2005) : 81,5 ‰
Espérance de vie (2003) : hommes : 57,3 ans, femmes : 60,4 ans

ÉCONOMIE
PNB (1990) : 48,66 milliards de $
PNB/hab. (1990) : 2 170 $
PNB/hab. PPA : n.d.
IDH : n.d.
Taux de croissance annuelle du PIB (1991) : -50,6 %
Taux annuel d'inflation : n.d.
Structure de la population active : agriculture : n.d., mines et industries : n.d., services : n.d.
Structure du PIB (1991) : agriculture : 23 %, mines et industries : 6 %, services : 71 %

136

Dette publique brute : n.d.
Taux de chômage (2004) : 26,8 %

Agriculture et pêche
Cultures
blé (2002) : 1 856 000 t.
maïs (2002) : 60 000 t.
riz (2002) : 150 000 t.
orge (2002) : 1 032 000 t.
canne à sucre (2001) : 65 000 t.
pommes de terre (2002) : 625 000 t.
agrumes (2002) : 321 000 t.
dattes (2001) : 400 000 t.
raisin (2002) : 265 000 t.
tabac (2005) : 2 500 t.

Élevage et pêche
bovins (2005) : 1 500 000 têtes
caprins (2005) : 1 650 000 têtes
ovins (2005) : 6 200 000 têtes
chevaux (2001) : 47 000 têtes
buffles (2005) : 120 000 têtes
chameaux (2005) : 9 500 têtes
poulets (2005) : 33 000 000 têtes
pêche (2004) : 26 883 t.

Énergie et produits miniers
électricité totale (2004) : 29 330 millions de kWh

pétrole (2005) : 89 500 000 t.

Productions industrielles
laine (2005) : 13 000 t.
sucre (2002) : 2 000 t.
production de bois (2005) : 115 427 m³

Tourisme
Recettes touristiques (1998) : 13 millions de $

Commerce extérieur
Exportations de biens (1997) : 2 309 millions de dollars
Importations de biens (1997) : 765 millions de dollars

Défense
Forces armées (2004) : 179 800 individus
Budget de la Défense (2001) : 9,33 % du PIB

Niveau de vie
Nombre d'habitants pour un médecin (1993) : 1 667
Apport journalier moyen en calories (2000) : 2 197 (minimum FAO : 2 400)
Nombre d'automobiles pour 1 000 hab. (1996) : 1
Nombre de téléviseurs pour 1 000 hab. (2000) : 83

De l'Antiquité à la conquête ottomane

L'Iraq actuel est constitué par l'ancienne Mésopotamie, berceau des civilisations de Sumer, d'Akkad, de Babylone et de l'Assyrie.

224 - 633 : les Sassanides dominent le pays où est située leur capitale, Ctésiphon.

633 - 642 : les Arabes le conquièrent.

661 - 750 : sous les Omeyyades, l'Iraq, islamisé, est le théâtre des luttes de ces derniers contre les Alides (mort de Husayn à Karbala, en 680).

750 - 1258 : les Abbassides règnent sur l'Empire musulman.

762 : ils fondent Bagdad.

1055 : les Turcs Seldjoukides s'emparent de Bagdad.

1258 : les Mongols de Hulagu détruisent Bagdad.

1258 - 1515 : le pays, ruiné, est dominé par des dynasties mongoles ou turkmènes.

1401 : Bagdad est mise à sac par Timur Lang (Tamerlan).

1515 - 1546 : les Ottomans conquièrent l'Iraq.

Le royaume hachémite

1914 - 1918 : la Grande-Bretagne occupe le pays.

1920 : elle obtient un mandat de la SDN.

1921 : l'émir hachémite Faysal devient roi d'Iraq (1921 - 1933).

1930 : le traité anglo-irakien accorde une indépendance nominale à l'Iraq.

1941 : un courant nationaliste arabe pro-allemand prend le pouvoir. La Grande-Bretagne occupe le pays et rétablit le roi, qui entre en guerre aux côtés des Alliés.

La République irakienne

1958 : après un coup d'État, la république est proclamée.

1961 : la rébellion kurde éclate.

1968 : le parti Baath s'empare du pouvoir par un putsch militaire.

1975 : un accord avec l'Iran entraîne l'arrêt de la rébellion kurde.

1979 : Saddam Husayn devient président de la République.

1980 - 1988 : guerre Iran-Iraq.

1990-1991 : guerre du Golfe. L'Iraq envahit puis annexe le Koweït (août 1990) et refuse de s'en retirer malgré la condamnation de l'ONU. À l'expiration de l'ultimatum fixé par l'ONU, une force multinationale, à prépondérance américaine, attaque l'Iraq (janvier 1991) et libère le Koweït (février).

Depuis 1996 : l'ONU assouplit l'embargo sur le pétrole, imposé à l'Iraq en 1990, pour atténuer les pénuries frappant la population. Mais les relations de la communauté internationale avec le pouvoir irakien restent soumises à des crises récurrentes.

2003 : le régime irakien s'effondre à la suite d'une offensive militaire américano-britannique – contestée par une grande partie de la communauté internationale – contre l'Iraq. Le pays est provisoirement placé sous administration civile des États-Unis. Par ailleurs, un Conseil intérimaire de gouvernement irakien est mis en place.

2005 : bien que l'Iraq reste en proie à une insécurité permanente, à de fortes tensions – ethniques, religieuses, politiques – et aux difficultés de la reconstruction, plusieurs scrutins se succèdent, qui suscitent une forte mobilisation de la population. Les élections législatives (janvier et, à nouveau, décembre) comme le référendum approuvant la nouvelle Constitution (octobre) marquent la prééminence des partis chiites, devant les partis kurdes (les partis sunnites restant le plus souvent en retrait). Djalal Talabani devient président de la République et un gouvernement d'union nationale est installé.

2006 : les antagonismes entre communautés ne cessent de s'aggraver (en particulier la lutte opposant sunnites et chiites, que vient encore exacerber l'exécution, en décembre, de S. Husayn). Le pays connaît un climat de guerre civile.

AUX SOURCES DE LA CIVILISATION : LA MÉSOPOTAMIE

L'Iraq, qui doit son nom à l'expression arabe *Iraq al-Arabi*, introduite lors de la conquête musulmane du VIIe s., recouvre à peu près le territoire de l'ancienne Mésopotamie, où sont nées les premières civilisations de l'Orient – auxquelles l'humanité doit, entre autres, l'invention de l'écriture.

Dans ce couloir fertile, formé par les vallées du Tigre et de l'Euphrate, des peuplements humains ont été détectés dès le IXe millénaire avant J.-C. Tour à tour, les Sumériens, les Akkadiens (fondateurs de Babylone au IIIe millénaire avant J.-C.), les Assyriens (fondateurs de Ninive au IIe millénaire avant J.-C.), les Élamites (installés à Suse en 3500 avant J.-C.) ont occupé cette zone charnière du Moyen-Orient, successivement envahie par des peuples venus de Turquie (les Hittites) ou de Perse (les Mèdes et les Parthes), avant de passer sous domination arménienne, puis grecque, et d'être finalement incorporée à l'Empire romain.

ISRAËL

Israël

→	oléoduc
autoroute	
route	▬ limite de district
✈ aéroport	**Haïfa** capitale de district
★ site touristique important	● plus de 250 000 h.
0 200 500 m	● de 100 000 à 250 000 h.
	● de 50 000 à 100 000 h.
	• moins de 50 000 h.

De la Méditerranée au fossé du Jourdain et à la mer Morte se succèdent, en retrait d'un littoral rectiligne, une plaine côtière puis une plus vaste région de collines (« monts » de Galilée et de Judée). Le climat, méditerranéen au nord (400 à 800 mm de pluies), devient plus sec vers le sud, semi-désertique même dans le Néguev, qui couvre plus de la moitié de la superficie.

Superficie : 21 056 km²
Population (2007) : 6 928 000 hab.
Capitale : Jérusalem 704 900 hab. (e. 2004)
Nature de l'État et du régime politique :
république à régime parlementaire
Chef de l'État : (président de la
République) Shimon Peres
(prise de fonction prévue le 15 juillet 2007)
Chef du gouvernement :
(Premier ministre) Ehoud Olmert
Organisation administrative : 6 districts
Langues officielles : hébreu et arabe
Monnaie : shekel

DÉMOGRAPHIE
Densité : 329 hab./km²
Part de la population urbaine (2005) : 91,6 %
Structure de la population par âge (2005) :
moins de 15 ans : 27,9 %, 15-60 ans :
58,9 %, plus de 60 ans : 13,2 %
Taux de natalité (2005) : 19,7 ‰
Taux de mortalité (2005) : 5,5 ‰
Taux de mortalité infantile (2005) : 4,7 ‰
Espérance de vie (2004) : hommes :
77,3 ans, femmes : 81,4 ans

ÉCONOMIE
PNB (2004) : 118 milliards de $
PNB/hab. (2005) : 18 620 $
PNB/hab. PPA (2005) : 25 280 dollars
internationaux
IDH (2004) : 0,927
Taux de croissance annuelle du PIB (2006) : 4,1 %
Taux annuel d'inflation (2005) : 0,4 %
Structure de la population active (2003) :
agriculture : 1,7 %, mines et industries :
22,5 %, services : 74,8 %
Structure du PIB : agriculture : n.d.,
mines et industries : n.d., services : n.d.
Dette publique brute : n.d.
Taux de chômage (2005) : 9 %

Agriculture et pêche
Cultures
blé (2004) : 165 630 t.
orge (2004) : 10 700 t.
pommes de terre (2004) : 599 780 t.
agrumes (2003) : 508 000 t.
pamplemousses (2004) : 235 500 t.

138

bananes (2004) : 129 250 t.
olives (2004) : 62 000 t.
raisin (2004) : 139 850 t.
coton (2003) : 58 000 t.
Élevage et pêche
bovins (2005) : 357 000 têtes
caprins (2005) : 83 000 têtes
ovins (2005) : 435 000 têtes
poulets (2005) : 30 828 000 têtes
pêche (2004) : 25 643 t.

Énergie et produits miniers
électricité totale (2004) : 46 071 M. de kWh
gaz naturel (2001) : 9,5 millions de m³
phosphate (2003) : 3 208 000 t.

Productions industrielles
lait (2004) : 1 245 400 t.
vin (2005) : 65 000 hl
filés de coton (2002) : 18 800 t.
laine (2005) : 880 t.
textiles synthétiques (1998) : 12 000 t.
production de bois (2005) : 27 000 m³

Tourisme
Recettes touristiques (2004) : 2 819 M. de $
Commerce extérieur
Exportations de biens (2005) : 40 101 M. de $
Importations de biens (2005) : 43 868 M. de $
Défense
Forces armées (2004) : 168 300 individus
Budget de la Défense (2004) : 6,65 % du PIB
Niveau de vie
**Nombre d'habitants pour un
médecin (1990) :** 350
Apport journalier moyen en calories (2004) :
3 610 (minimum FAO : 2 400)
**Nombre d'automobiles pour
1 000 hab. (2002) :** 230
**Nombre de téléviseurs pour
1 000 hab. (2001) :** 330

REPÈRES HISTORIQUES

29 novembre 1947 : l'Assemblée générale de l'ONU adopte une résolution sur un « plan de partage » de la Palestine, qui est rejeté par les nations arabes limitrophes.
14 mai 1948 : l'État d'Israël est créé.
1948 - 1949 : Israël agrandit son territoire à l'issue de la première guerre israélo-arabe.
1956 : la deuxième guerre israélo-arabe est provoquée par la nationalisation par l'Égypte du canal de Suez.
1967 : au cours de la troisième guerre israélo-arabe (guerre des Six-Jours), Israël occupe le Sinaï, Gaza, la Cisjordanie et le Golan.
À partir de 1970 : Israël favorise l'implantation de colonies de peuplement juif dans les territoires occupés.
1973 : quatrième guerre israélo-arabe (guerre du Kippour).
1979 : aux termes du traité de Washington, l'Égypte reconnaît une frontière définitive avec Israël, qui lui restitue (en 1982) le Sinaï.
1981 : annexion du Golan.
1982 - 1983 : Israël occupe le Liban jusqu'à Beyrouth puis se retire dans le sud du pays.
À partir de 1987 : les territoires occupés (Cisjordanie et Gaza) sont le théâtre d'un soulèvement populaire palestinien (Intifada).
1993 : la reconnaissance mutuelle d'Israël et de l'OLP est suivie par la signature de l'accord israélo-palestinien de Washington.
1994 : conformément à cet accord, un régime d'autonomie est mis en place à Gaza et à Jéricho. Parallèlement, Israël signe un traité de paix avec la Jordanie.
1995 : l'autonomie est étendue aux grandes villes arabes de Cisjordanie.
1996 : blocage du processus de paix avec les Palestiniens.
2000 : regain de tension entre Israéliens et Palestiniens (reprise de l'Intifada).
2006-2007 : après l'espoir né du changement de leadership du côté palestinien en 2004-2005, le gouvernement de l'Autorité palestinienne se divise en deux camps : partisans de son président d'un côté, islamistes du Hamas de l'autre.

Le pays est formé essentiellement de quatre îles (Honshu, Hokkaido, Shikoku et Kyushu). De dimension moyenne (environ les deux tiers de la superficie de la France), le Japon est densément peuplé (plus du double de la population française). Le milieu naturel est peu favorable : la montagne domine, les plaines ne couvrent que 16 % du territoire et la forêt en recouvre plus de la moitié. Le volcanisme est parfois actif, alors que les séismes sont souvent accompagnés de raz de marée. L'hiver est rigoureux dans le Nord ; la majeure partie de l'archipel, dans le domaine de la mousson, connaît un été doux et humide.

Superficie : 377 829 km²
Population (2007) : 127 967 000 hab.
Capitale : Tokyo 8 134 688 hab. (r. 2000), 35 197 000 hab. (e. 2005) dans l'agglomération
Nature de l'État et du régime politique : monarchie constitutionnelle à régime parlementaire
Chef de l'État : (empereur) Akihito
Chef du gouvernement : (Premier ministre) Abe Shinzo
Organisation administrative : 47 préfectures
Langue officielle : japonais
Monnaie : yen

DÉMOGRAPHIE

Densité : 339 hab./km²
Part de la population urbaine (2005) : 65,8 %
Structure de la population par âge (2005) : moins de 15 ans : 13,9 %, 15-60 ans : 59,7 %, plus de 60 ans : 26,4 %
Taux de natalité (2005) : 8,3 ‰
Taux de mortalité (2005) : 9 ‰
Taux de mortalité infantile (2005) : 3,2 ‰
Espérance de vie (2004) : hommes : 78,3 ans, femmes : 85,4 ans

ÉCONOMIE

PNB (2004) : 4 734 milliards de $
PNB/hab. (2005) : 38 980 $
PNB/hab. PPA (2005) : 31 410 dollars internationaux
IDH (2004) : 0,949
Taux de croissance annuelle du PIB (2006) : 2,7 %
Taux annuel d'inflation (2005) : 0,3 %
Structure de la population active (2004) : agriculture : 4,5 %, mines et industries : 28,4 %, services : 67,1 %
Structure du PIB (2003) : agriculture : 1,3 %, mines et industries : 30,7 %, services : 68 %
Dette publique brute (2003) : 157,6 % du PIB
Taux de chômage (2006) : 4,1 %

Agriculture et pêche

Cultures
blé (2004) : 860 300 t.
riz (2004) : 10 912 000 t.
soja (2002) : 270 000 t.
betterave à sucre (2004) : 4 656 000 t.
pommes de terre (2004) : 2 842 000 t.
patates douces (2003) : 941 000 t.
agrumes (2003) : 1 421 000 t.
mandarines (1998) : 1 553 000 t.
igname (2003) : 180 000 t.
pêches (2004) : 151 900 t.
pommes (2004) : 754 600 t.
thé (2004) : 101 000 t.

Élevage et pêche
bovins (2005) : 4 402 000 têtes
caprins (2005) : 34 000 têtes
ovins (2005) : 11 000 têtes
porcins (2005) : 9 600 000 têtes
poulets (2005) : 265 200 000 têtes
pêche (2004) : 5 778 061 t.

Énergie et produits miniers

électricité totale (2004) : 974 398 millions de kWh
électricité nucléaire (2004) : 271 580 millions de kWh
hydroélectricité (2004) : 93 547 millions de kWh
pétrole (2005) : 709 000 t.
gaz naturel (2005) : 3 119 millions de m³
houille (2001) : 3 267 000 t.
zinc (2005) : 41 400 t.

Productions industrielles

lait (2004) : 8 329 000 t.
oeufs (2003) : 2 505 508 t.
viande (2003) : 3 018 000 t.
sucre (2002) : 945 000 t.
acier (2005) : 112 471 000 t.
cuivre métal (2005) : 1 395 300 t.
étain métal (2004) : 707 t.
nickel métal (2004) : 169 100 t.
zinc métal (2005) : 675 000 t.
automobiles (2005) : 9 016 700 unités
véhicules utilitaires (2005) : 1 782 900 unités
motos (1992) : 3 197 000 unités
construction navale (2001) : 11 042 000 tpl
soie (2002) : 391 t.
textiles artificiels (1999) : 216 000 t.
textiles synthétiques (1999) : 1 222 800 t.
caoutchouc synthétique : 1 465 000 t.
ciment (2005) : 69 629 000 t.

Tourisme

Recettes touristiques (2004) : 14 343 millions de $

Commerce extérieur

Exportations de biens (2005) : 567 570 millions de dollars
Importations de biens (2005) : 473 610 millions de dollars

Défense

Forces armées (2004) : 239 900 individus
Budget de la Défense (2004) : 0,97 % du PIB

Niveau de vie

Nombre d'habitants pour un médecin (1996) : 555
Apport journalier moyen en calories (2004) : 2 770 (minimum FAO : 2 400)
Nombre d'automobiles pour 1 000 hab. (2002) : 428
Nombre de téléviseurs pour 1 000 hab. (2002) : 785

139

REPÈRES HISTORIQUES

Les origines

IXᵉ millénaire : peuplement par des populations paléolithiques venues du continent nord-asiatique.

VIIᵉ millénaire : période pré-Jomon. Culture précéramique en voie de néolithisation.

VIᵉ millénaire - IIIᵉ s. av. J.-C. : période Jomon. Poteries décorées, outillage lithique poli, mortiers en pierre.

IIIᵉ s. av. J.-C. - IIIᵉ s. apr. J.-C. : période Yayoi. Culture du riz, métallurgie du bronze et du fer, tissage et tour de potier. Dans le même temps arrivent, dans l'extrême nord des îles, des populations venues de Sibérie, les Aïnous.

IIIᵉ - VIᵉ s. : période des kofuns, grands tumulus à chambre funéraire et décor mural évoquant la vie quotidienne ; autour, des haniwa en terre cuite en forme d'animaux, de guerriers. Architecture religieuse shintoïste : Ise et Izumo.

L'État antique

Vᵉ - VIᵉ s. : l'État de Yamato bénéficie de l'influence chinoise, qui lui parvient à travers les relais coréens.

V. 538 : introduction du bouddhisme, venu de Corée.

600 - 622 : le régent Shotoku Taishi crée le sanctuaire d'Horyu-ji.

645 : le clan des Nakatomi élimine celui des Soga et établit un gouvernement imité de celui de la Chine des Tang.

710 - 794 : période de Nara. Six sectes bouddhistes imposent leurs conceptions à la Cour, établie à Nara.

794 - 1185 : période de Heian. La nouvelle capitale, Heiankyo (Kyoto), est fondée. Des colons-guerriers s'établissent dans le nord de Honshu.

858 - milieu du XIIᵉ s. : les Fujiwara détiennent le pouvoir.　→

JAPON

Mts Hira
Nagahama
Gifu
Ogaki
Ichinomiya
Fukuchiyama
Ayabe
Hikone
Nagoya
Hikami
Kasuga
Kurama-Yama
570 m
1 084 m
Ryozen-Yama
Toyota
Omihachiman
Nishiwaki
Kyoto
Otsu
Gozaisho-Yama
1 238 m
Yokkaichi
Okazaki
Ono
Itami
Takatsuki
Hirakata
Suzuka
Pén. de Chita
Lac Hamana
Nishinomiya
Suita
Amagasaki
Shigaraki
Ueno
B. d'Ise
Kobe
Osaka
Nara
Naban
Tsu
Pén. d'Atsumi
Akashi
Higashi-Osaka
Yao
Sakai
Matsusaka
Cap Irago
OCÉAN PACIFIQUE
Baie d'Osaka
Kishiwada
Kongo-Zan
1 113 m
Kuroso-Yama 1 038 m

Mts de Suzuka
RUSSIE
Sakhaline (RUSSIE)
Iouno-Sakhalinsk
Détroit de La Pérouse
MER D'OKHOTSK
I. Rebun
Wakkanai
I. Rishiri
HOKKAIDO
Mombetsu
Péninsule de Shiretoko

Moroyama
Kawagoe
Kasukabe
Ageo
Omiya
Koshigaya
Abiko
P.N. Chichibu-Tama
Urawa
Kawaguchi
Kashiwa
Matsudo
Narita
Ome
Tokorozawa
Tachikawa
Koganei
Palais Impérial
Ichikawa
Sakura
Hachioji
Koganei
TOKYO
Funabashi
Chiba
Machida
Tanzawa-yama
1 567 m
Kawasaki
Tokyo Disneyland
Ichihara
Yokohama
Fujisawa
Baie de Tokyo
Mobara
Hadano
Hiratsuka
Kamakura
Yokosuka
Kisarazu
Odawara
Chigasaki
Ohara
C. Manazuru
Futtsu
Katsuura
Mishima
Baie de Sagami
Pte Ken
Kamogawa
Pén. d'Izu
Cap Su-no
Tateyama
Péninsule de Boso
P.N. Fuji-Hakone-Izu
Pte Nojima
OCÉAN PACIFIQUE

Asahikawa
Mts Daisetsu
Kitami
Plaine de Konsen
Takikawa
Asahi-dake 2 290 m
Nemuro
Otaru
Mts Hidaka
Obihiro
Kushiro
Sapporo
Tomakomai
Muroran
I. Okushiri
G. d'Uchiura
Cap Erimo
Péninsule d'Oshima
Hakodate
Détroit de Tsugaru
Péninsule de Shimokita
Aomori
Hachinohe
Hirosaki
Odate
Kuji
CORÉE DU SUD
Mts Kitakami
Morioka
MER
Akita
DU JAPON
Sakata
Tsuruoka
Ishinomaki
Matsushima
Yamagata
Sendai
Île Sado
Niigata
Aizu-Wakamatsu
Fukushima
Péninsule de Noto
Nagaoka
Koriyama
HONSHU
Îles Oki
Dogo
Joetsu
Mts Echigo
Iwaki
Dozen
B. de Toyama
Nagano
P.N. Nikko
Hitachi
Takaoka
Nikko
Mito
Kanazawa
Toyama
Utsunomiya
Tsuchiura
Komatsu
Matsumoto
Maebashi
Oyama
Funabashi
Izumo
Matsue
Yonago
Tottori
Fukui
Takasaki
Plaine de Kanto
Chiba
Kobe
Biwa
Gifu
Kofu
TOKYO
Kawasaki
Côte du Sanin
Masuda
Okayama
Kyoto
Nagoya
Toyota
Fuji-Yama
3 776 m
Kawagoe
Yokohama
Pusan
Tsushima
Yamaguchi
Himeji
Kurashiki
Otsu
Suzuka
Okazaki
Fuji
Numazu
Yokosuka
Péninsule de Boso
Détroit de Corée
Hiroshima
Iwakuni
Fukuyama
Nara
Toyohashi
Shizuoka
Îles Izu
Shimonoseki
Kure
Inabari
Takamatsu
Osaka
Sakai
Hamamatsu
Kita-kyushu
Ube
Hofu
Matsuyama
Niihama
Tokushima
Wakayama
Fukuoka
Saga
Kurume
Beppu
Kochi
Péninsule de Kii
Sasebo
Oita
B. de Tosa
Détroit de Kii
I. Goto
Omuta
Aso
592 m
Kuju 1 788 m
SHIKOKU
Nagasaki
Kumamoto
Nakamura
Yatsushiro
Nobeoka
Détroit de Bungo
Îles Amakusa
Miyazaki
KYUSHU
OCÉAN
Fukuyama
Miyakonojo
Kagoshima
Pén. de Satsuma
Péninsule d'Osumi
PACIFIQUE
Makurasaki
MER DE CHINE ORIENTALE
Îles Osumi
I. Tanega
I. Yaku
Archipel Nansei
Îles Tokara
Île Amami
Tokuno

MER DE CHINE ORIENTALE
Îles Osumi
Tanega
Yaku
Île Tokara
Île Amami
Tokuno
Île Okinawa
Naha
ÎLES RYUKYU
Minami-Daito
Daito

100 km
100 km

Japon

200   1000   2000 m

— route et autoroute
— voie ferrée

✈ aéroport
★ site touristique important

● plus de 5 000 000 h.
● de 1 000 000 à 5 000 000 h.
● de 500 000 à 1 000 000 h.
● de 100 000 à 500 000 h.
· moins de 100 000 h.

1185 : les Taira sont vaincus par les Minamoto.

Le shogunat

1192 : le chef du clan Minamoto, Yoritomo, est nommé général (*shogun*). Désormais, il y a un double pouvoir central : celui de l'empereur (*tenno*) et de la Cour, et celui du shogun et de son gouvernement (*bakufu*).

1185/1192 - 1333 : période de Kamakura. Le bakufu, établi à Kamakura, est dominé par Yoritomo et ses fils, puis par les Hojo.

1274 - 1281 : les tentatives d'invasion mongoles sont repoussées.

1338 - 1573 : période de Muromachi. Les shoguns Ashikaga sont établis à Kyoto. Des guerres civiles ensanglantent le pays : guerre des Deux Cours (1336 - 1392), puis d'incessants conflits entre seigneurs (*daimyo*). Cependant, des marchands portugais pénètrent au Japon (1542), que François Xavier, arrivé en 1549, commence à évangéliser.

1582 : après neuf ans de luttes, Oda Nobunaga écarte les Ashikaga.

1585 - 1598 : Toyotomi Hideyoshi, Premier ministre de l'empereur, unifie le Japon en soumettant les daimyo indépendants.

1603 - 1616 : Tokugawa Ieyasu s'installe à Edo (Tokyo), se déclare shogun héréditaire et établit des institutions stables.

1616 - 1867 : période d'Edo ou des Tokugawa. Le pays est fermé aux étrangers (sauf aux Chinois et aux Néerlandais) après la rébellion de 1637. La classe des marchands et les villes se développent.

1854 - 1864 : les Occidentaux interviennent militairement pour obliger le Japon à s'ouvrir au commerce international.

Le Japon contemporain

1867 : le dernier shogun, Yoshinobu, démissionne et l'empereur Mutsuhito (1867 - 1912) s'installe à Tokyo.

1868 - 1912 : ère Meiji. Les techniques et les institutions occidentales sont adoptées (Constitution de 1889) afin de faire du Japon une grande puissance économique et politique. C'est une période d'expansion extérieure : au terme de la guerre sino-japonaise (1894 - 1895), le Japon acquiert Formose ; sorti vainqueur de la guerre russo-japonaise (1905), il s'impose en Mandchourie et en Corée, qu'il annexe en 1910.

1912 - 1926 : ère Taisho. Pendant le règne de Yoshihito, le Japon entre dans la Première Guerre mondiale aux côtés des Alliés et obtient les possessions allemandes du Pacifique.

1926 - 1989 : ère Showa. Hirohito succède à son père Yoshihito.

1931 : le Japon occupe la Mandchourie.

1937 - 1938 : il occupe le nord-est de la Chine.

1940 : il signe un traité tripartite avec l'Allemagne et l'Italie.

Décembre 1941 : l'aviation japonaise attaque la flotte américaine à Pearl Harbor.

1942 : le Japon occupe la majeure partie de l'Asie du Sud-Est et le Pacifique.

Août 1945 : il capitule après les bombardements atomiques d'Hiroshima et de Nagasaki.

1946 : une nouvelle Constitution instaure une monarchie constitutionnelle.

1951 : le traité de paix de San Francisco restaure la souveraineté du Japon.

1960 : un traité d'alliance militaire avec les États-Unis est signé.

1960 - 1970 : le Japon devient une des premières puissances économiques du monde.

1978 : il signe avec la Chine un traité de paix et d'amitié.

1989 : à la mort d'Hirohito, son fils Akihito lui succède (ère Heisei).

141

LES GRANDES ÎLES DU JAPON

nom	superficie	nombre d'habitants*	ville(s) principale(s)
Hokkaido	78 500 km²	5 683 062	Sapporo
Honshu	230 000 km²	106 479 000	Tokyo, Osaka, Yokohama, Kyoto et Kobe
Kyushu	42 000 km²	13 445 561	Kita-kyushu et Fukuoka
Shikoku	18 800 km²	4 154 039	Matsuyama

* recensement de 2000.

JORDANIE

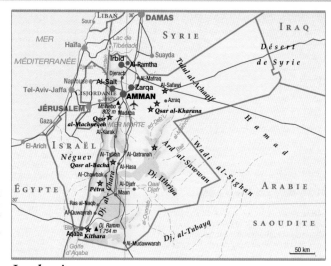

Jordanie

★ site touristique important

200   500   1000 m

— route
— voie ferrée
✈ aéroport

● plus de 1 000 000 h.
● de 100 000 à 1 000 000 h.
● de 50 000 à 100 000 h.
● moins de 50 000 h.

La Jordanie est un pays désertique, au sol aride et au climat chaud et sec. La dépression du Ghor et les hauteurs périphériques constituent les parties vitales du pays.

Superficie : 97 740 km²
Population (2007) : 5 924 000 hab.
Capitale : Amman 1 292 000 hab.
(e. 2005), 1 824 177 hab. (r. 2004) dans l'agglomération
Nature de l'État et du régime politique : monarchie constitutionnelle à régime parlementaire
Chef de l'État : (roi) Abd Allah II
Chef du gouvernement : (Premier ministre) Marouf al-Bakhit
Organisation administrative : 12 gouvernorats
Langue officielle : arabe
Monnaie : dinar jordanien

DÉMOGRAPHIE

Densité : 61 hab./km²
Part de la population urbaine (2005) : 82,3 %
Structure de la population par âge (2005) : moins de 15 ans : 37,2 %, 15-60 ans : 57,7 %, plus de 60 ans : 5,1 %
Taux de natalité (2005) : 25,9 ‰
Taux de mortalité (2005) : 3,9 ‰
Taux de mortalité infantile (2005) : 19,4 ‰
Espérance de vie (2004) : hommes : 70,2 ans, femmes : 73,3 ans

ÉCONOMIE

PNB (2004) : 11,9 milliards de $
PNB/hab. (2005) : 2 500 $
PNB/hab. PPA (2005) : 5 280 dollars internationaux
IDH (2004) : 0,76
Taux de croissance annuelle du PIB (2006) : 6 %
Taux annuel d'inflation (2005) : 3,5 %
Structure de la population active : agriculture : n.d., mines et industries : n.d., services : n.d.
Structure du PIB (2004) : agriculture : 2,7 %, mines et industries : 28,8 %, services : 68,3 %

Dette publique brute : n.d.
Taux de chômage (2000) : 13,2 %

Agriculture

Cultures
blé (2004) : 13 170 t.
orge (2004) : 20 980 t.
agrumes (2003) : 171 000 t.
bananes (2004) : 37 050 t.
olives (2004) : 160 740 t.
raisin (2004) : 32 410 t.

Élevage
bovins (2005) : 69 100 têtes
caprins (2005) : 516 140 têtes
ovins (2005) : 1 890 440 têtes
chameaux (2005) : 18 000 têtes

Énergie et produits miniers
électricité totale (2004) : 8 431 millions de kWh
phosphate (2003) : 6 763 000 t.

Productions industrielles
huile d'olive (2002) : 29 200 t.

Tourisme
Recettes touristiques (2004) : 1 621 millions de $

Commerce extérieur
Exportations de biens (2005) : 4 301,4 millions de dollars
Importations de biens (2005) : 9 317,3 millions de dollars

Défense
Forces armées (2004) : 100 500 individus
Budget de la Défense (2004) : 8,36 % du PIB

Niveau de vie
Nombre d'habitants pour un médecin (1994) : 625
Apport journalier moyen en calories (2004) : 2 730 (minimum FAO : 2 400)
Nombre d'automobiles pour 1 000 hab. (1996) : 48
Nombre de téléviseurs pour 1 000 hab. (2002) : 177

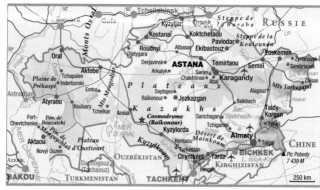

Kazakhstan

★ site touristique important

| 0 | 200 | 500 | 1000 m |

— route
— voie ferrée
✈ aéroport

● plus de 1 000 000 h.
● de 500 000 à 1 000 000 h.
● de 100 000 à 500 000 h.
● moins de 100 000 h.

250 km

Le Kazakhstan est le plus vaste pays d'Asie centrale, grand comme cinq fois la France. Son territoire, dont le cœur est occupé par le plateau kazakh, touche au nord la plaine de Sibérie occidentale et au sud-ouest les semi-déserts des bords de la mer d'Aral. Il comporte néanmoins une bordure montagneuse dans sa partie orientale. L'ensemble a un climat aride, rude en hiver.

Superficie : 2 724 900 km²
Population (2007) : 15 422 000 hab.
Capitale : Astana 332 000 hab. (e. 2003) dans l'agglomération
Nature de l'État et du régime politique : république à régime semi-présidentiel
Chef de l'État : (président de la République) Noursoultan Nazarbaev
Chef du gouvernement : (Premier ministre) Karim Massimov
Organisation administrative : 14 régions et 3 municipalités
Langues officielles : kazakh et russe
Monnaie : tenge

DÉMOGRAPHIE
Densité : 6 hab./km²
Part de la population urbaine (2005) : 57,3 %
Structure de la population par âge (2005) : moins de 15 ans : 24,2 %, 15-60 ans : 65,4 %, plus de 60 ans : 10,4 %
Taux de natalité (2005) : 19,7 ‰
Taux de mortalité (2005) : 10,1 ‰
Taux de mortalité infantile (2005) : 24,1 ‰
Espérance de vie (2004) : hommes : 60 ans, femmes : 71 ans

ÉCONOMIE
PNB (2004) : 33,8 milliards de $
PNB/hab. (2005) : 2 930 $
PNB/hab. PPA (2005) : 7 730 dollars internationaux
IDH (2004) : 0,774
Taux de croissance annuelle du PIB (2006) : 8,3 %
Taux annuel d'inflation (2005) : 7,6 %
Structure de la population active (2003) : agriculture : 35,2 %, mines et industries : 17,1 %, services : 47,7 %

Structure du PIB (2004) : agriculture : 8,4 %, mines et industries : 39,5 %, services : 52,1 %
Dette publique brute : n.d.
Taux de chômage (2004) : 8,4 %

Agriculture et pêche
Cultures
blé (2004) : 9 936 930 t.
maïs (2004) : 457 800 t.
riz (2004) : 275 850 t.
avoine (2004) : 130 260 t.
millet (2004) : 50 750 t.
orge (2004) : 1 387 930 t.
seigle (2004) : 20 350 t.
tournesol (2004) : 290 000 t.
pommes de terre (2004) : 2 260 630 t.
betterave à sucre (2004) : 397 920 t.
raisin (2004) : 53 200 t.
coton (2003) : 403 000 t.

Élevage et pêche
bovins (2005) : 5 181 000 têtes
ovins (2005) : 11 286 700 têtes
porcins (2005) : 1 292 100 têtes
chevaux (2003) : 1 019 000 têtes
chameaux (2005) : 123 000 têtes
pêche (2004) : 34 485 t.

Énergie et produits miniers
électricité totale (2004) : 63 262 millions de kWh
pétrole (2005) : 63 000 000 t.
gaz naturel (2005) : 23 500 millions de m³
houille (2001) : 79 565 000 t.
argent (2005) : 832 t.
bauxite (2005) : 4 800 000 t.
chrome (2004) : 3 267 000 t.
cuivre (2005) : 402 000 t.
fer (2004) : 11 499 000 t.
manganèse (2004) : 580 000 t.
molybdène (2003) : 230 t.
plomb (2005) : 44 000 t.
uranium (2004) : 3 719 t.
zinc (2005) : 400 000 t.

Productions industrielles
acier (2005) : 4 451 000 t.
cuivre métal (2005) : 418 800 t.
zinc métal (2005) : 356 900 t.
filés de coton (2002) : 90 000 t.
production de bois (2005) : 300 800 m³

Tourisme
Recettes touristiques (2004) : 793 millions de $

Commerce extérieur
Exportations de biens (2005) : 28 300,6 millions de dollars
Importations de biens (2005) : 17 978,8 millions de dollars

Défense
Forces armées (2004) : 65 800 individus
Budget de la Défense (2004) : 0,9 % du PIB

Niveau de vie
Nombre d'habitants pour un médecin (1996) : 286
Apport journalier moyen en calories (2004) : 2 820 (minimum FAO : 2 400)
Nombre d'automobiles pour 1 000 hab. (2002) : 72
Nombre de téléviseurs pour 1 000 hab. (2001) : 338

143

REPÈRES HISTORIQUES
À partir du XVIIIe s. : la région est progressivement intégrée à l'Empire russe.
1920 : elle est érigée en République autonome de Kirghizie, au sein de la RSFS de Russie.
1925 : cette république prend le nom de Kazakhstan.
1936 : elle devient une république fédérée.
1991 : le Soviet suprême proclame l'indépendance du pays, qui adhère à la CEI.

KIRGHIZISTAN

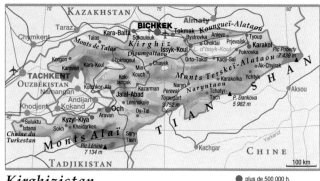

Kirghizistan

1000 3000 5000 m

— route
— voie ferrée

● plus de 500 000 h.
● de 100 000 à 500 000 h.
● de 50 000 à 100 000 h.
● moins de 50 000 h.

Enclavé et essentiellement montagneux (occupant une partie du Tian Shan), le Kirghizistan est un pays au climat continental avec de fortes amplitudes thermiques.

Superficie : 199 900 km²
Population (2007) : 5 317 000 hab.
Capitale : Bichkek 798 000 hab. (e. 2005)
Nature de l'État et du régime politique : république à régime semi-présidentiel
Chef de l'État : (président de la République) Kourmanbek Bakiev
Chef du gouvernement : (Premier ministre) Almazbek Atambaïev
Organisation administrative : 7 régions et 1 municipalité
Langue officielle : kirghiz
Monnaie : som

DÉMOGRAPHIE
Densité : 27 hab./km²
Part de la population urbaine (2005) : 35,8 %
Structure de la population par âge (2005) : moins de 15 ans : 31,1 %, 15-60 ans : 61,6 %, plus de 60 ans : 7,3 %
Taux de natalité (2005) : 21,8 ‰
Taux de mortalité (2005) : 8,1 ‰
Taux de mortalité infantile (2005) : 53,1 ‰
Espérance de vie (2004) : hommes : 64,3 ans, femmes : 72,1 ans

ÉCONOMIE
PNB (2004) : 2,1 milliards de $
PNB/hab. (2005) : 440 $
PNB/hab. PPA (2005) : 1 870 dollars internationaux
IDH (2004) : 0,705
Taux de croissance annuelle du PIB (2006) : 5 %
Taux annuel d'inflation (2005) : 4,3 %

Structure de la population active (2003) : agriculture : 43,2 %, mines et industries : 15,1 %, services : 41,7 %
Structure du PIB (2004) : agriculture : 36,5 %, mines et industries : 21,1 %, services : 42,3 %
Dette publique brute : n.d.
Taux de chômage (2004) : 8,5 %

Agriculture
Cultures
blé (2004) : 998 250 t.
maïs (2004) : 452 950 t.
orge (2004) : 233 400 t.
pommes de terre (2004) : 1 362 530 t.
tabac (2005) : 13 400 t.
noisettes (2004) : 1 100 t.
betterave à sucre (2004) : 642 390 t.
Élevage
bovins (2005) : 1 034 890 têtes
ovins (2005) : 2 965 220 têtes
porcins (2005) : 82 650 têtes
chevaux (2003) : 361 000 têtes
Énergie et produits miniers
électricité totale (2004) : 14 062 millions de kWh
hydroélectricité (2004) : 13 205 millions de kWh
molybdène (2003) : 250 t.
or (2005) : 16 700 kg
Productions industrielles
coton fibre (2005) : 118 089 t.
sucre (2002) : 55 000 t.
soie (2002) : 96 t.
production de bois (2005) : 27 300 m³

Tourisme
Recettes touristiques (2004) : 97 millions de $
Commerce extérieur
Exportations de biens (2005) : 686,8 millions de dollars
Importations de biens (2005) : 1 105,5 millions de dollars
Défense
Forces armées (2004) : 12 500 individus
Budget de la Défense (2004) : 2,87 % du PIB
Niveau de vie
Nombre d'habitants pour un médecin (1995) : 312
Apport journalier moyen en calories (2004) : 3 110 (minimum FAO : 2 400)
Nombre d'automobiles pour 1 000 hab. (2002) : 38
Nombre de téléviseurs pour 1 000 hab. (2001) : 49

REPÈRES HISTORIQUES
Conquise par les Russes, la région est intégrée au Turkestan organisé en 1865 - 1867.
1924 : elle est érigée en région autonome des Kara-Kirghiz, au sein de la RSFS de Russie.
1926 : elle devient la République autonome du Kirghizistan.
1936 : elle reçoit le statut de république fédérée.
1991 : le Soviet suprême proclame l'indépendance du pays, qui adhère à la CEI.

144

Koweït

- ● plus de 100 000 h.
- — autoroute
- — route
- ● de 50 000 à 100 000 h.
- ● moins de 50 000 h.
- ✈ aéroport
- ▮ puits de pétrole
- ⚓ port pétrolier
- → pipeline

100   200 m

Situé sur le golfe Persique, le Koweït est une plaine désertique ponctuée de rares oasis. Sa capitale concentre près de la moitié de la population.

Superficie : 17 818 km²
Population (2007) : 2 851 000 hab.
Capitale : Koweït 1 810 000 hab.
(e. 2005) dans l'agglomération
Nature de l'État et du régime politique :
monarchie
Chef de l'État : (émir) Sabah al-Ahmad al-Djabir al-Sabah
Chef du gouvernement : (Premier ministre) Nasser Muhammad al-Ahmad al-Sabah
Organisation administrative : 5 gouvernorats
Langue officielle : arabe
Monnaie : dinar koweïtien

DÉMOGRAPHIE

Densité : 160 hab./km²
Part de la population urbaine (2005) : 98,3 %
Structure de la population par âge (2005) :
moins de 15 ans : 23,8 %, 15-60 ans :
73,1 %, plus de 60 ans : 3,1 %
Taux de natalité (2005) : 17,9 ‰
Taux de mortalité (2005) : 1,9 ‰
Taux de mortalité infantile (2005) : 8,1 ‰
Espérance de vie (2004) : hommes :
75,2 ans, femmes : 79,4 ans

ÉCONOMIE

PNB (2004) : 55 milliards de $
PNB/hab. (2005) : 24 040 $
PNB/hab. PPA (2005) : 24 010 dollars internationaux
IDH (2004) : 0,871
Taux de croissance annuelle du PIB (2006) :
6,2 %
Taux annuel d'inflation (2005) : 4,1 %
Structure de la population active :
agriculture : n.d., mines et industries :
n.d., services : n.d.
Structure du PIB (1995) : agriculture :
0,4 %, mines et industries : 53,3 %,
services : 46,3 %
Dette publique brute : n.d.
Taux de chômage (2002) : 1,1 %

Agriculture et pêche

Cultures
dattes (2004) : 16 000 t.
tomates (2004) : 64 000 t.

Élevage et pêche
bovins (2005) : 28 000 têtes
caprins (2005) : 150 000 têtes
ovins (2005) : 900 000 têtes
poulets (2005) : 32 500 000 têtes
chameaux (2005) : 5 000 têtes
pêche (2004) : 5 208 t.

Énergie et produits miniers
électricité totale (2004) :
40 366 millions de kWh
pétrole (2005) : 130 100 000 t.
gaz naturel (2005) : 9 700 millions de m³

Productions industrielles
lait (2004) : 44 140 t.
oeufs (2003) : 25 000 t.

Tourisme
Recettes touristiques (2004) :
414 millions de $

Commerce extérieur
Exportations de biens (2003) :
20 959 millions de dollars
Importations de biens (2003) :
9 698 millions de dollars

Défense
Forces armées (2004) : 15 500 individus
Budget de la Défense (2004) : 7,83 % du PIB

Niveau de vie
Nombre d'habitants pour un médecin (1990) : 5 000
Apport journalier moyen en calories (2002) : 3 010
(minimum FAO : 2 400)
Nombre d'automobiles pour 1 000 hab. (1996) : 359
Nombre de téléviseurs pour 1 000 hab. (2001) : 418

REPÈRES HISTORIQUES

1914 : le protectorat britannique est établi.
1961 : le Koweït accède à l'indépendance.
1990 : envahi en août par l'Iraq, il est libéré en février 1991 à l'issue de la guerre du Golfe.

LES ROIS DU PÉTROLE

Le Koweït est, eu égard à sa superficie, un puissant État pétrolier. Voici ses « concurrents ».

rang	pays	valeur (en milliers de tonnes)	rang	pays	valeur (en milliers de tonnes)
1	Arabie saoudite	526 200	12	Nigeria	125 400
2	Russie	458 900	13	Iraq	89 500
3	États-Unis	322 372	14	Algérie	86 500
4	Iran	200 400	15	Brésil	84 700
5	Mexique	193 100	16	Grande-Bretagne	84 665
6	Chine	180 800	17	Libye	80 100
7	Venezuela	154 700	18	Angola	61 200
8	Norvège	136 000	19	Indonésie	55 000
9	Koweït	130 100	20	Qatar	48 800
10	Canada	104 370	21	Kazakhstan	48 300
11	Émirats arabes unis	129 000	22	Oman	38 500

Donnée 2005

LAOS

Laos

Couvert surtout par la forêt ainsi que par la savane, le Laos est un pays enclavé, étiré entre le Viêt Nam et la Thaïlande. Il est formé de plateaux et de montagnes recevant des pluies en été (mousson). Ces régions sont traversées par le Mékong, qui a édifié quelques plaines alluviales. La vallée du Mékong concentre l'essentiel de la population.

Superficie : 236 800 km²
Population (2007) : 5 859 000 hab.
Capitale : Vientiane 702 000 hab. (e. 2005)
Nature de l'État et du régime politique :
république, régime socialiste
Chef de l'État : (président de la
République) Choummaly Sayasone
Chef du gouvernement : (Premier
ministre) Bouasone Bouphavanh
Organisation administrative : 16 provinces,
1 municipalité et 1 zone spéciale
Langue officielle : lao
Monnaie : kip

DÉMOGRAPHIE

Densité : 25 hab./km²
Part de la population urbaine (2005) : 20,6 %
Structure de la population par âge (2005) :
moins de 15 ans : 39,8 %, 15-60 ans :
55 %, plus de 60 ans : 5,2 %
Taux de natalité (2005) : 26,8 ‰
Taux de mortalité (2005) : 7,1 ‰
Taux de mortalité infantile (2005) : 51,4 ‰
Espérance de vie (2004) : hommes :
54 ans, femmes : 56,5 ans

ÉCONOMIE

PNB (2004) : 2,3 milliards de $
PNB/hab. (2005) : 440 $
PNB/hab. PPA (2005) : 2 020 dollars
internationaux
IDH (2004) : 0,553
Taux de croissance annuelle du PIB (2006) :
7,3 %
Taux annuel d'inflation (2005) : 7,2 %
Structure de la population active :
agriculture : n.d., mines et industries :
n.d., services : n.d.
Structure du PIB (2004) : agriculture :
46,7 %, mines et industries : 27,5 %,
services : 25,7 %
Dette publique brute : n.d.
Taux de chômage : n.d.

Agriculture et pêche

Cultures
maïs (2004) : 203 500 t.
manioc (2004) : 55 500 t.
riz (2004) : 2 529 000 t.

canne à sucre (2004) : 223 300 t.
patates douces (2003) : 194 000 t.
agrumes (2003) : 68 000 t.
ananas (2004) : 36 000 t.
bananes (2004) : 46 000 t.
Élevage et pêche
bovins (2005) : 1 272 000 têtes
porcins (2005) : 1 827 000 têtes
buffles (2005) : 1 097 000 têtes
pêche (2004) : 947 t.

Énergie et produits miniers
électricité totale (2004) :
3 936 millions de kWh
étain minerai (2002) : 366 t.
or (2005) : 6 338 kg
gypse (2005) : 250 000 t.

Productions industrielles
production de bois (2005) : 6 335 968 m³

Tourisme
Recettes touristiques (2002) :
113 millions de $

Commerce extérieur
Exportations de biens (2001) :
311,1 millions de dollars
Importations de biens (2001) :
527,9 millions de dollars

Défense
Forces armées (2004) : 29 100 individus
Budget de la Défense (2002) : 0,64 % du PIB

Niveau de vie
**Nombre d'habitants pour un
médecin (1993) :** 4 450

**Apport journalier moyen en
calories (2004) :** 2 370
(minimum FAO : 2 400)
**Nombre d'automobiles pour
1 000 hab. (1996) :** 3
**Nombre de téléviseurs pour
1 000 hab. (2001) :** 52

REPÈRES HISTORIQUES

Le pays lao a une histoire mal connue
jusqu'au XIIIe s.
1353 : Fa Ngum fonde un royaume lao
indépendant.
1574 - 1591 : suzeraineté birmane.
XVIIIe s. : après la restauration du XVIIe s., le
pays est divisé en trois royaumes rivaux.
1778 : le Siam impose sa domination.
1893 - 1904 : il signe plusieurs traités
reconnaissant le protectorat français
sur le Laos.
1949 - 1954 : le Laos devient indépendant au sein de l'Union française (1949).
Le Pathet Lao, mouvement d'indépendance soutenu par les communistes du
Viêt-minh, occupe le nord du pays.
1954 - 1957 : dès les accords de Genève,
le Pathet Lao obtient le contrôle de plusieurs provinces.
1964 - 1973 : le Laos est impliqué dans
la guerre du Viêt Nam.
1975 : la République populaire démocratique du Laos est proclamée.

Le territoire est dominé par les massifs calcaires du mont Liban et de l'Anti-Liban (formant la frontière avec la Syrie), qui encadrent la dépression aride de la Beqaa. À l'ouest s'étire une plaine côtière étroite et discontinue (où se concentre l'essentiel de la population), bordée de plateaux étagés et intensément mise en valeur. Le climat, doux et humide sur la côte, devient plus rude et plus sec vers l'intérieur.

Superficie : 10 400 km²
Population (2007) : 4 099 000 hab.
Capitale : Beyrouth 1 777 000 hab. (e. 2005) dans l'agglomération
Nature de l'État et du régime politique : république à régime parlementaire
Chef de l'État : (président de la République) Émile Lahoud
Chef du gouvernement : (Premier ministre) Fouad Siniora
Organisation administrative : 6 gouvernorats
Langue officielle : arabe
Monnaie : livre libanaise

DÉMOGRAPHIE

Densité : 394 hab./km²
Part de la population urbaine (2005) : 86,6 %
Structure de la population par âge (2005) : moins de 15 ans : 28,6 %, 15-60 ans : 61,2 %, plus de 60 ans : 10,2 %
Taux de natalité (2005) : 18,2 ‰
Taux de mortalité (2005) : 7 ‰
Taux de mortalité infantile (2005) : 22 ‰
Espérance de vie (2004) : hommes : 70,1 ans, femmes : 74,5 ans

ÉCONOMIE

PNB (2004) : 21,3 milliards de $
PNB/hab. (2005) : 6 180 $
PNB/hab. PPA (2005) : 5 740 dollars internationaux
IDH (2004) : 0,774
Taux de croissance annuelle du PIB (2006) : -3,2 %
Taux annuel d'inflation (2003) : 1,3 %
Structure de la population active : agriculture : n.d., mines et industries : n.d., services : n.d.
Structure du PIB (2004) : agriculture : 6,9 %, mines et industries : 20,7 %, services : 72,4 %

Dette publique brute : n.d.
Taux de chômage : n.d.

Agriculture et pêche

Cultures
blé (2004) : 136 800 t.
pommes de terre (2004) : 499 000 t.
agrumes (2003) : 289 000 t.
pamplemousses (2004) : 15 300 t.
amandes (2004) : 27 500 t.
bananes (2004) : 72 000 t.
pommes (2004) : 113 300 t.
tomates (2004) : 225 300 t.
Élevage et pêche
bovins (2005) : 90 000 têtes
caprins (2005) : 430 000 têtes
ovins (2005) : 340 000 têtes
poulets (2005) : 35 000 000 têtes
pêche (2004) : 4 656 t.

Énergie et produits miniers
électricité totale (2004) : 9 762 millions de kWh

Productions industrielles
huile d'olive (2002) : 5 300 t.
vin (2005) : 15 000 hl

ciment (2005) : 3 300 000 t.
production de bois (2005) : 88 504 m³

Tourisme
Recettes touristiques (2004) : 5 931 millions de $

Commerce extérieur
Exportations de biens (2005) : 2 278 millions de dollars
Importations de biens (2005) : 8 368 millions de dollars

Défense
Forces armées (2004) : 72 100 individus
Budget de la Défense (2003) : 2,82 % du PIB

Niveau de vie
Nombre d'habitants pour un médecin (1993) : 526
Apport journalier moyen en calories (2004) : 3 190 (minimum FAO : 2 400)
Nombre d'automobiles pour 1 000 hab. (1996) : 298
Nombre de téléviseurs pour 1 000 hab. (2001) : 357

Liban

aéroport international — route
port pétrolier — voie ferrée
200 500 1000 2000 2500 m

★ site touristique important
→ oléoduc
raffinerie de pétrole
limite de gouvernorat
Zahlé chef-lieu de gouvernorat

● plus de 1 000 000 h.
● de 100 000 à 1 000 000 h.
● de 10 000 à 100 000 h.
• moins de 10 000 h.

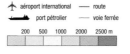

LIBAN

Des origines à l'indépendance

À partir du IIIe millénaire : la côte est occupée par les Cananéens, puis par les Phéniciens, qui fondent les cités-États de Byblos, Berytos (aujourd'hui Beyrouth), Sidon et Tyr.

Début du Ier millénaire : les Phéniciens dominent le commerce méditerranéen.

VIIe - Ier s. av. J.-C. : le pays connaît les dominations assyrienne, égyptienne, perse, babylonienne puis grecque.

64/63 av. J.-C. - 636 : le Liban fait partie de la province romaine puis byzantine de Syrie.

636 : il est conquis par les Arabes.

VIIe - XIe s. : la côte et la montagne servent de refuge à diverses communautés chrétiennes, chiites, puis druzes.

1099 - 1289/1291 : les Latins du royaume de Jérusalem et du comté de Tripoli dominent le littoral, conquis ensuite par les Mamelouks d'Égypte.

1516 : le Liban est annexé à l'Empire ottoman.

1593 - 1840 : les émirs druzes, notamment Fakhr al-Din (1593 - 1633) et Chihab Bachir II (1788 - 1840), unifient la montagne libanaise et cherchent à obtenir son autonomie.

1858 - 1860 : des affrontements opposent les druzes et les maronites (qui sont en plein essor démographique et économique).

1861 : la France obtient la création de la province du Mont-Liban, dotée d'une certaine autonomie.

1918 : le Liban est libéré des Turcs. Il forme avec la plaine de la Beqaa le « Grand-Liban ».

1920 - 1943 : il est placé par la SDN sous mandat français.

La République libanaise

1943 : l'indépendance est proclamée. Le « pacte national » institue un système politique confessionnel répartissant les pouvoirs entre les maronites, les sunnites, les chiites, les Grecs orthodoxes, les druzes et les Grecs catholiques.

1952 - 1958 : Camille Chamoun pratique une politique pro-occidentale.

1958 : les nationalistes arabes favorables à Nasser déclenchent la guerre civile, que fait cesser l'intervention américaine.

1958 - 1970 : la République est présidée par Fouad Chehab (1958 - 1964) puis par Charles Hélou.

1967 : les Palestiniens, réfugiés au Liban depuis 1948, s'organisent de façon autonome.

1970 - 1976 : sous la présidence de Soleiman Frangié, des affrontements avec les Palestiniens se produisent.

1976 : ils dégénèrent en guerre civile ; la Syrie intervient. S'affrontent alors une coalition de « gauche » (favorable aux Palestiniens, en majorité sunnite, druze puis chiite et dont les principales forces armées sont les fedayins, les milices druzes et celles du mouvement Amal) et une coalition de « droite » (favorable à Israël, en majorité maronite et dont les principales forces sont les Phalanges et l'Armée du Liban-Sud, alliée à Israël).

1978 : création d'une Force intérimaire des Nations unies au Liban (FINUL).

1982 : l'armée israélienne fait le blocus de Beyrouth, dont elle chasse les forces armées palestiniennes. Amine Gemayel succède comme président de la République à son frère Bachir, assassiné.

1984 : un gouvernement d'union nationale est constitué, appuyé par la Syrie.

1985 : l'armée israélienne se retire du Liban, à l'exception de la partie sud du territoire, dite « zone de sécurité » (en dépit de la résolution 425 du Conseil de sécurité demandant son retrait inconditionnel). La guerre civile se poursuit, compliquée par des affrontements à l'intérieur de chaque camp, surtout entre diverses tendances musulmanes : sunnites, chiites modérés du mouvement Amal, chiites partisans de l'Iran (Hezbollah). Ces derniers, à partir de 1985, prennent en otages des Occidentaux (notamment Français et Américains). Cette situation provoque le retour, en 1987, des troupes syriennes à Beyrouth-Ouest.

1988 : le mandat d'Amine Gemayel s'achève sans que l'élection de son successeur ait eu lieu. Deux gouvernements sont mis en place : l'un, civil et musulman, à Beyrouth-Ouest, dirigé par Selim Hoss ; l'autre, militaire et chrétien, à Beyrouth-Est, présidé par le général Michel Aoun, hostile à la présence syrienne.

1989 : Elias Hraoui devient président de la République.

1990 : une nouvelle Constitution entérine les accords, signés à Taïf en 1989, qui prévoient un rééquilibrage du pouvoir en faveur des musulmans. L'armée libanaise, aidée par la Syrie, met fin à la résistance du général Aoun.

1991 : le désarmement des milices et le déploiement de l'armée libanaise dans le Grand Beyrouth et le sud du pays (à l'exception de la « zone de sécurité », et malgré l'implantation du Hezbollah) marquent l'amorce d'une restauration de l'autorité de l'État, sous tutelle syrienne.

1995 : sous la pression de la Syrie, le mandat présidentiel d'Elias Hraoui est prorogé de trois ans par le Parlement, sans élection.

1996 : les attaques opposant le Hezbollah et l'armée israélienne dans le sud du pays connaissent un nouveau paroxysme (avril).

2000 : l'armée israélienne se retire du Liban-Sud (mai).

2005 : la Syrie retire ses troupes du pays.

Malaisie, Brunei

200 500 1000 m

— route
— voie ferrée
✈ aéroport

● plus de 1 000 000 h.
● de 100 000 à 1 000 000 h.
● de 50 000 à 100 000 h.
● moins de 50 000 h.

Le pays est formé d'une partie continentale (Malaisie occidentale ou péninsulaire) et d'une partie insulaire (Malaisie orientale, correspondant à deux régions de Bornéo, le Sabah et le Sarawak). À une latitude équatoriale, possédant un climat constamment chaud et souvent humide, il est recouvert en majeure partie par la forêt. La population se concentre dans les plaines alluviales et les vallées bordant ou entaillant la montagne intérieure.

Superficie : 329 758 km²
Population (2007) : 26 572 000 hab.
Capitale constitutionnelle :
Kuala Lumpur 1 405 000 hab.
(e. 2005) dans l'agglomération
Capitale administrative :
Putrajaya 7 500 hab.
Nature de l'État et du régime politique :
monarchie constitutionnelle à régime parlementaire
Chef de l'État : (Yang di-Pertuan Agong) Mizan Zainal Abidin ibni al-Marhum Sultan Mahmud
Chef du gouvernement : (Premier ministre) Abdullah Ahmad Badawi
Organisation administrative :
13 États et 3 territoires fédéraux
Langue officielle : malais
Monnaie : ringgit (dollar de la Malaisie)

DÉMOGRAPHIE

Densité : 81 hab./km²
Part de la population urbaine (2005) :
67,3 %
Structure de la population par âge (2005) :
moins de 15 ans : 31,4 %, 15-60 ans :
61,9 %, plus de 60 ans : 6,7 %
Taux de natalité (2005) : 20,6 ‰
Taux de mortalité (2005) : 4,5 ‰
Taux de mortalité infantile (2005) : 8,9 ‰
Espérance de vie (2004) : hommes :
71,2 ans, femmes : 75,8 ans

ÉCONOMIE

PNB (2004) : 112,6 milliards de $
PNB/hab. (2005) : 4 960 $
PNB/hab. PPA (2005) : 10 320 dollars internationaux
IDH (2004) : 0,805

Taux de croissance annuelle du PIB (2006) :
5,5 %
Taux annuel d'inflation (2005) : 3 %
Structure de la population active (2003) :
agriculture : 14,3 %, mines et industries :
32 %, services : 53,7 %
Structure du PIB (2004) : agriculture :
9,4 %, mines et industries : 50,4 %,
services : 40,2 %
Dette publique brute : n.d.
Taux de chômage (2003) : 3,6 %

Agriculture et pêche

Cultures
riz (2004) : 2 196 200 t.
manioc (2004) : 430 000 t.
caoutchouc (2003) : 986 000 t.
thé (2004) : 3 900 t.
bananes (2004) : 530 000 t.
cacao (2004) : 33 420 t.
noix de cajou (2004) : 13 000 t.
noix de coco et coprah (2001) : 21 000 t.
palmiste (2002) : 3 268 000 t.
Élevage et pêche
bovins (2005) : 801 000 têtes
caprins (2005) : 271 000 têtes
ovins (2005) : 109 000 têtes
porcins (2005) : 2 168 000 têtes
poulets (2005) : 185 000 000 têtes
buffles (2005) : 137 000 têtes
pêche (2004) : 154 207 t.

Énergie et produits miniers

électricité totale (2004) :
78 242 millions de kWh
pétrole (2005) : 36 800 000 t.
gaz naturel (2005) : 59 900 millions de m³
bauxite (2005) : 2 000 t.
étain (2005) : 3 000 t.
fer (2004) : 384 000 t.
or (2005) : 4 300 kg

Productions industrielles

acier (2005) : 5 296 000 t.
étain métal (2004) : 30 t.
automobiles (2005) : 405 000 unités
véhicules utilitaires (2005) : 158 800 unités
construction navale (1998) : 25 000 tpl
filés de coton (1998) : 56 000 t.
textiles synthétiques (1999) : 355 000 t.
huile de palme (2005) : 14 961 700 t.
production de bois (2005) : 28 237 261 m³

Tourisme

Recettes touristiques (2002) :
6 785 millions de $

Commerce extérieur

Exportations de biens (2005) :
141 808 millions de dollars
Importations de biens (2005) :
108 653 millions de dollars

Défense

Forces armées (2004) : 110 000 individus
Budget de la Défense (2004) : 1,92 % du PIB

Niveau de vie

Nombre d'habitants pour un médecin (1994) : 2 500
Apport journalier moyen en calories (2004) :
2 880 (minimum FAO : 2 400)
Nombre d'automobiles pour
1 000 hab. (2000) : 181
Nombre de téléviseurs pour
1 000 hab. (2002) : 210

REPÈRES HISTORIQUES

La péninsule malaise subit très tôt l'influence de l'Inde. L'islam y pénètre dès le début du XIVᵉ s.
1511 : les Portugais s'emparent de Malacca.
1641 : les Néerlandais évincent les Portugais.
1795 : occupation britannique.
1830 : Malacca, Penang et Singapour constituent les établissements des Détroits, érigés en colonie en 1867.
1942 - 1945 : le Japon occupe la péninsule.
1948 : une première fédération de Malaisie est créée.
1957 : elle obtient son indépendance.
1963 : la Fédération de Malaisie regroupe la Malaisie continentale, Singapour et les anciennes colonies britanniques de Sarawak et de Sabah. Le nouvel État est membre du Commonwealth.
1965 : Singapour se retire de la fédération.
1970 : la Malaisie est troublée par les conflits opposant les Malais et la communauté chinoise, ainsi que par l'afflux des réfugiés du Cambodge et du Viêt Nam.

149

BRUNEI

L'État de Brunei forme deux enclaves dans le nord-ouest de l'île de Bornéo (Brunei-Muara, Tutong et Belait à l'ouest, Temburong à l'est). C'est une région basse et humide.

Superficie : 5 765 km²
Population (2007) : 390 000 hab.
Capitale : Bandar Seri Begawan
64 000 hab. (e. 2005) dans l'agglomération
Nature de l'État et du régime politique : monarchie
Chef de l'État et du gouvernement : (sultan) Hassanal Bolkiah
Organisation administrative : 4 districts
Langue officielle : malais
Monnaie : dollar de Brunei

DÉMOGRAPHIE

Densité : 68 hab./km²
Part de la population urbaine (2005) : 73,5 %
Structure de la population par âge (2005) : moins de 15 ans : 29,6 %, 15-60 ans : 65,7 %, plus de 60 ans : 4,7 %
Taux de natalité (2005) : 21,5 ‰
Taux de mortalité (2005) : 2,8 ‰
Taux de mortalité infantile (2005) : 5,5 ‰
Espérance de vie (2004) : hommes : 74,5 ans, femmes : 79,2 ans

ÉCONOMIE

PNB (1998) : 7,75 milliards de $
PNB/hab. (1998) : 24 100 $
PNB/hab. PPA (1998) : 24 910 dollars internationaux
IDH (2004) : 0,871

Taux de croissance annuelle du PIB (2006) : 3,7 %
Taux annuel d'inflation (2003) : 0,3 %
Structure de la population active : agriculture : n.d., mines et industries : n.d., services : n.d.
Structure du PIB (1998) : agriculture : 2,8 %, mines et industries : 44,4 %, services : 52,8 %
Dette publique brute : n.d.
Taux de chômage : n.d.

Agriculture et pêche

Cultures
manioc (2004) : 1 800 t.
riz (2004) : 620 t.
ananas (2004) : 990 t.
bananes (2004) : 640 t.
caoutchouc (2003) : 210 t.

Élevage et pêche
bovins (2005) : 1 300 têtes
caprins (2005) : 3 000 têtes
poulets (2005) : 13 000 000 têtes
buffles (2005) : 5 000 têtes
pêche (2004) : 3 136 t.

Énergie et produits miniers

électricité totale (2004) : 2 806 millions de kWh
pétrole (2005) : 10 100 000 t.
gaz naturel (2005) : 12 000 millions de m³

Productions industrielles

lait (2004) : 120 t.
viande (2003) : 17 700 t.
production de bois (2005) : 228 637 m³

Tourisme

Recettes touristiques (1998) : 37 millions de $

Commerce extérieur

Exportations de biens (1997) : 2 330 millions de dollars
Importations de biens (1997) : 3 919 millions de dollars

Défense

Forces armées (2004) : 7 000 individus
Budget de la Défense (2004) : 5,65 % du PIB

Niveau de vie

Nombre d'habitants pour un médecin (1991) : 1 429
Apport journalier moyen en calories (2004) : 2 800 (minimum FAO : 2 400)
Nombre d'automobiles pour 1 000 hab. (1999) : 225
Nombre de téléviseurs pour 1 000 hab. (2001) : 629

REPÈRES HISTORIQUES

1906 : le protectorat de la Couronne britannique est établi.
1984 : Brunei devient indépendant dans le cadre du Commonwealth.

MALDIVES → INDE

LE CAOUTCHOUC

Les Indiens Mayas et les Aztèques utilisaient déjà la sécrétion de cet « arbre qui pleure », *cao-chu*, pour confectionner des jouets, des balles et imperméabiliser leurs mocassins. En 1876, le Britannique Henry Wickham récolta et exporta hors du Brésil 70 000 graines. Des 2 600 qui allaient germer, il ne resterait que 22 plants, point de départ de la diffusion de l'hévéa à travers le Sud-Est asiatique et de toutes les plantations existant à ce jour.

Le caoutchouc naturel provient du latex d'un arbre d'origine amazonienne, *Hevea brasiliensis*. Le latex est contenu dans un réseau de fins canaux reliés entre eux, logés dans l'écorce de l'arbre, le « manteau laticifère ». Le latex, liquide blanc, laiteux, s'écoule de l'arbre après saignée pendant 2 à 4 heures ; il est recueilli dans un récipient. Produit très instable s'il n'est pas préservé par des produits chimiques appropriés, il coagule spontanément. Quelle que soit sa présentation, solide ou liquide, il est transporté en usine, où il subit un traitement chimique, mécanique et thermique.

Une plantation d'un hectare d'hévéas sélectionnés peut produire actuellement 2 000 kg de latex par an, soit 5 à 7 kg par arbre suivant l'âge et la densité. L'exploitation d'un arbre commence 5 à 7 ans après sa plantation et dure de 25 à 30 ans.

Si le caoutchouc naturel subit aujourd'hui la concurrence des élastomères de synthèse, il conserve une place privilégiée grâce à ses propriétés spécifiques, notamment : faible échauffement interne au roulement (pneus d'avions, et de poids lourds) ; haute qualité d'amortissement des vibrations et du bruit ; haute résistance au déchirement et à la propagation d'entailles.

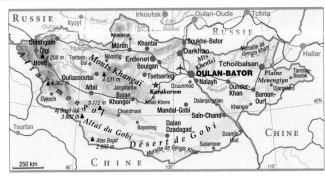

Mongolie

★ site touristique important
   1000 2000 3000 m

— route
— voie ferrée
✈ aéroport

● plus de 500 000 h.
● de 50 000 à 500 000 h.
● de 10 000 à 50 000 h.
• moins de 10 000 h.

Enclavé, le pays a un climat continental accusé : très faibles précipitations, amplitudes thermiques annuelles élevées et fortes variations quotidiennes. Les massifs de la moitié occidentale (Khangaï et surtout Altaï), séparés par des lacs, sont les zones les plus arrosées. Le Sud et l'Est, constitués de dépressions, de plaines et de plateaux semi-désertiques ou désertiques, forment une partie du désert de Gobi.

Superficie : 1 566 500 km²
Population (2007) : 2 629 000 hab.
Capitale : Oulan-Bator 863 000 hab.
(e. 2005) dans l'agglomération
Nature de l'État et du régime politique : république à régime semi-présidentiel
Chef de l'État : (président de la République) Nambaryn Enkhbayar
Chef du gouvernement : (Premier ministre) Miegombyn Enkhbold
Organisation administrative : 21 provinces et 1 municipalité
Langue officielle : mongol (khalkha)
Monnaie : tugrik

DÉMOGRAPHIE

Densité : 2 hab./km²
Part de la population urbaine (2005) : 56,7 %
Structure de la population par âge (2005) : moins de 15 ans : 28,9 %, 15-60 ans : 65,2 %, plus de 60 ans : 5,9 %
Taux de natalité (2005) : 18,4 ‰
Taux de mortalité (2003) : 7,3 ‰
Taux de mortalité infantile (2005) : 39,8 ‰
Espérance de vie (2004) : hommes : 61,5 ans, femmes : 67,8 ans

ÉCONOMIE

PNB (2004) : 1,5 milliard de $
PNB/hab. (2005) : 690 $
PNB/hab. PPA (2005) : 2 190 dollars internationaux
IDH (2004) : 0,691

Taux de croissance annuelle du PIB (2006) : 6,5 %
Taux annuel d'inflation (2005) : 8,9 %
Structure de la population active (2003) : agriculture : 41,7 %, mines et industries : 15,8 %, services : 42,5 %
Structure du PIB (2004) : agriculture : 20,8 %, mines et industries : 29,9 %, services : 49,3 %
Dette publique brute : n.d.
Taux de chômage (2005) : 3,3 %

Agriculture

Cultures
blé (2004) : 135 620 t.
pommes de terre (2004) : 80 190 t.
Élevage
bovins (2005) : 1 841 600 têtes
caprins (2005) : 12 238 000 têtes
ovins (2005) : 11 686 400 têtes
porcins (2005) : 6 000 têtes
chevaux (2003) : 2 200 000 têtes
chameaux (2005) : 256 600 têtes

Énergie et produits miniers

électricité totale (2004) : 3 758 millions de kWh
houille (2001) : 882 000 t.
lignite (2001) : 4 999 000 t.
cuivre (2005) : 126 500 t.
molybdène (2003) : 1 790 t.
or (2005) : 19 240 kg

Productions industrielles

lait (2004) : 386 600 t.
laine (2005) : 15 000 t.
production de bois (2005) : 631 000 m³

Tourisme

Recettes touristiques (2004) : 205 millions de $

Commerce extérieur

Exportations de biens (2002) : 524 millions de dollars
Importations de biens (2002) : 680,2 millions de dollars

Défense

Forces armées (2004) : 8 600 individus
Budget de la Défense (2004) : 1,44 % du PIB

Niveau de vie

Nombre d'habitants pour un médecin (1993) : 360
Apport journalier moyen en calories (2004) : 2 250 (minimum FAO : 2 400)
Nombre d'automobiles pour 1 000 hab. (2002) : 26
Nombre de téléviseurs pour 1 000 hab. (2003) : 81

REPÈRES HISTORIQUES

151

1911 : la Mongolie-Extérieure devient autonome.
1921 - 1945 : elle reçoit l'aide de la Russie soviétique.
1924 : la Mongolie-Extérieure devient une république populaire.
1945 : elle accède à l'indépendance.
1990 : le parti unique renonce au monopole du pouvoir.
1992 : une nouvelle Constitution consacre l'abandon de la référence au marxisme-léninisme.
1993 : première élection présidentielle au suffrage universel.

NÉPAL → BHOUTAN

OMAN
→ ARABIE SAOUDITE

OUZBÉKISTAN

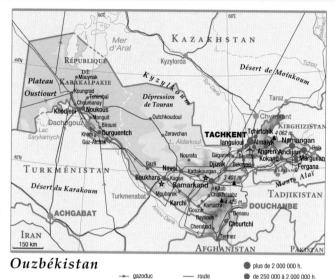

Ouzbékistan

L'Ouzbékistan s'étend du pourtour de la mer d'Aral aux montagnes du Tian Shan et du Pamir. Le territoire est formé en majeure partie de déserts (dont le Kyzylkoum). Son climat, continental, est souvent aride.

Superficie : 447 400 km²
Population (2007) : 27 372 000 hab.
Capitale : Tachkent 2 181 000 hab.
(e. 2005) dans l'agglomération
Nature de l'État et du régime politique :
république
Chef de l'État : (président de la République) Islam Karimov
Chef du gouvernement : (Premier ministre) Chavkat Mirzioïev
Organisation administrative : 12 régions, 1 république et 1 municipalité
Langue officielle : ouzbek
Monnaie : soum ouzbek

DÉMOGRAPHIE
Densité : 61 hab./km²
Part de la population urbaine (2005) : 36,7 %
Structure de la population par âge (2005) : moins de 15 ans : 33,2 %, 15-60 ans : 60,6 %, plus de 60 ans : 6,2 %
Taux de natalité (2005) : 22,6 ‰
Taux de mortalité (2005) : 6,7 ‰
Taux de mortalité infantile (2005) : 55 ‰
Espérance de vie (2004) : hommes : 63,8 ans, femmes : 70,3 ans

ÉCONOMIE
PNB (2004) : 11,9 milliards de $
PNB/hab. (2005) : 510 $
PNB/hab. PPA (2005) : 2 020 dollars internationaux
IDH (2004) : 0,696
Taux de croissance annuelle du PIB (2006) : 7,2 %
Taux annuel d'inflation (2003) : 14,8 %
Structure de la population active (1999) : agriculture : 38,5 %, mines et industries : 19,4 %, services : 42,1 %
Structure du PIB (2004) : agriculture : 31,1 %, mines et industries : 25,1 %, services : 43,7 %
Dette publique brute : n.d.
Taux de chômage (1995) : 0,4 %

Agriculture et pêche
Cultures
blé (2004) : 5 377 510 t.
riz (2004) : 181 230 t.

maïs (2004) : 156 400 t.
orge (2004) : 107 900 t.
seigle (2004) : 2 500 t.
pommes de terre (2004) : 895 730 t.
raisin (2004) : 589 110 t.
coton (2003) : 2 823 000 t.
tabac (2005) : 20 000 t.

Élevage et pêche
bovins (2005) : 6 571 400 têtes
caprins (2005) : 1 797 200 têtes
ovins (2005) : 9 554 700 têtes
porcins (2005) : 86 900 têtes
pêche (2004) : 4 323 t.

Énergie et produits miniers
électricité totale (2004) : 46 447 millions de kWh
hydroélectricité (2004) : 5 940 millions de kWh
gaz naturel (2005) : 55 700 millions de m³
pétrole (2005) : 5 500 000 t.
uranium (2004) : 2 016 t.
lignite (2001) : 2 599 000 t.
cuivre (2005) : 100 000 t.
or (2005) : 90 000 kg
zinc (1993) : 50 000 t.

Productions industrielles
lait (2004) : 4 271 200 t.
sucre (2001) : 6 000 t.
viande (2003) : 533 000 t.
acier (2005) : 595 000 t.
filés de coton (2002) : 1 008 000 t.
laine (2005) : 16 000 t.
ciment (2005) : 5 068 000 t.
molybdène (2003) : 500 t.
zinc métal (2005) : 30 000 t.
soie (2002) : 1 200 t.
production de bois (2005) : 26 700 m³

Tourisme
Recettes touristiques (2002) : 68 millions de $

Commerce extérieur
Exportations de biens (1997) : 2 893 millions de dollars
Importations de biens (1997) : 4 842 millions de dollars

Défense
Forces armées (2004) : 55 000 individus
Budget de la Défense (2004) : 0,58 % du PIB

Niveau de vie
Nombre d'habitants pour un médecin (1995) : 303
Apport journalier moyen en calories (2004) : 2 290 (minimum FAO : 2 400)
Nombre d'automobiles pour 1 000 hab. : n.d.
Nombre de téléviseurs pour 1 000 hab. (2001) : 280

REPÈRES HISTORIQUES
1918 : une République autonome du Turkestan, rattachée à la république de Russie, est créée dans la partie occidentale de l'Asie centrale conquise par les Russes à partir des années 1860.
1924 : la République socialiste soviétique d'Ouzbékistan est instaurée sur le territoire de la république du Turkestan et sur la majeure partie des anciens khanats de Boukhara et de Khiva (Kharezm).
1929 : une république autonome constituée en son sein, le Tadjikistan, s'en sépare.
1991 : le Soviet suprême proclame l'indépendance de l'Ouzbékistan, qui adhère à la CEI.

Le nord du pays est formé de montagnes qui dépassent souvent 7 000 m (Hindu Kuch, Karakorum, et Himalaya proprement dit), puis la plaine alluviale de l'Indus et de ses affluents unit le Pendjab au Sind, qui constituent les parties vitales du Pakistan. L'Ouest est occupé par le Baloutchistan (partiellement iranien).

Superficie : 796 095 km²
Population (2007) : 163 902 000 hab.
Capitale : Islamabad 529 180 hab. (r. 1998), 698 000 hab. (e. 2003) dans l'agglomération
Nature de l'État et du régime politique : république à régime parlementaire
Chef de l'État : (président de la République) Pervez Mucharraf
Chef du gouvernement : (Premier ministre) Chaukat Aziz
Organisation administrative : 1 territoire fédéral, 4 provinces, 1 territoire et 2 zones administrées
Langues officielles : ourdou et anglais
Monnaie : roupie pakistanaise

DÉMOGRAPHIE
Densité : 206 hab./km²
Part de la population urbaine (2005) : 34,9 %
Structure de la population par âge (2005) : moins de 15 ans : 37,2 %, 15-60 ans : 56,9 %, plus de 60 ans : 5,9 %
Taux de natalité (2005) : 27,2 ‰
Taux de mortalité (2005) : 7,1 ‰
Taux de mortalité infantile (2005) : 67,5 ‰
Espérance de vie (2004) : hommes : 64,1 ans, femmes : 65,7 ans

ÉCONOMIE
PNB (2004) : 91 milliards de $
PNB/hab. (2005) : 690 $
PNB/hab. PPA (2005) : 2 350 dollars internationaux
IDH (2004) : 0,539
Taux de croissance annuelle du PIB (2006) : 6,2 %
Taux annuel d'inflation (2005) : 9,1 %
Structure de la population active (2000) : agriculture : 48,4 %, mines et industries : 18,1 %, services : 33,5 %
Structure du PIB (2004) : agriculture : 22,3 %, mines et industries : 25 %, services : 52,7 %
Dette publique brute : n.d.
Taux de chômage (2005) : 7,7 %

Agriculture et pêche
Cultures
blé (2004) : 19 499 800 t.
maïs (2004) : 2 797 000 t.

Pakistan

★ site touristique important
— route
— voie ferrée
✈ aéroport

200 1000 2000 4000 m

● plus de 1 000 000 h.
● de 500 000 à 1 000 000 h.
● de 100 000 à 500 000 h.
• moins de 100 000 h.

riz (2004) : 7 537 100 t.
canne à sucre (2004) : 53 419 000 t.
agrumes (2003) : 1 612 000 t.
coton (2003) : 5 197 000 t.
tabac (2005) : 100 500 t.
dattes (2004) : 622 100 t.
colza (2002) : 259 000 t.
oranges (2004) : 1 169 000 t.
Élevage et pêche
bovins (2005) : 24 200 000 têtes
caprins (2005) : 56 700 000 têtes
ovins (2005) : 24 900 000 têtes
poulets (2005) : 166 000 000 têtes
buffles (2005) : 26 300 000 têtes
chameaux (2005) : 736 000 têtes
pêche (2004) : 57 055 t.

Énergie et produits miniers
électricité totale (2004) : 80 235 M. de kWh
électricité nucléaire (2004) : 1 930 M. de kWh
hydroélectricité (2004) : 27 098 M. de kWh
pétrole (2002) : 2 988 000 t.
gaz naturel (2005) : 29 900 millions de m³
houille (2001) : 3 668 000 t.
chrome (2004) : 10 000 t.

Productions industrielles
lait (2004) : 28 770 000 t.
coton fibre (2005) : 2 214 300 t.
laine (2005) : 40 700 t.
beurre (2003) : 539 858 t.
sucre (2002) : 3 507 000 t.
viande (2003) : 1 909 000 t.
textiles synthétiques (1999) : 466 000 t.
ciment (2005) : 18 000 000 t.
production de bois (2005) : 29 270 000 m³

Tourisme
Recettes touristiques (2004) : 763 millions de $

Commerce extérieur
Exportations de biens (2005) : 15 382 millions de dollars
Importations de biens (2005) : 21 560 millions de dollars

Défense
Forces armées (2004) : 619 000 individus
Budget de la Défense (2004) : 3,51 % du PIB

Niveau de vie
Nombre d'habitants pour un médecin (1993) : 2 000
Apport journalier moyen en calories (2004) : 2 320 (minimum FAO : 2 400)
Nombre d'automobiles pour 1 000 hab. (2002) : 7
Nombre de téléviseurs pour 1 000 hab. (2001) : 150

REPÈRES HISTORIQUES
1947 : lors de l'indépendance et de la partition de l'Inde, le Pakistan est créé. Il est constitué de deux provinces : le Pakistan occidental et le Pakistan oriental.
1947 - 1949 : un conflit oppose l'Inde au Pakistan à propos du Cachemire.
1956 : la Constitution établit la République islamique du Pakistan, fédération des deux provinces qui le composent.
1965 : la deuxième guerre indo-pakistanaise éclate.
1971 : le Pakistan oriental fait sécession et devient le Bangladesh. L'Inde intervient militairement pour le soutenir.

153

PHILIPPINES

Philippines

200 · 1000 · 2000 m

— autoroute
— route
---- voie ferrée
✈ aéroport

● plus de 1 000 000 h.
● de 250 000 à 1 000 000 h.
● de 100 000 à 250 000 h.
● moins de 100 000 h.

Les Philippines sont un archipel montagneux et volcanique formé de plus de 7 000 îles et îlots, Luçon et Mindanao regroupant les deux tiers de la superficie et de la population totales.

Superficie : 300 000 km²
Population (2007) : 87 960 000 hab.
Capitale : Manille 1 581 052 hab.
(r. 2000), 10 686 000 hab. (e. 2005) dans l'agglomération
Nature de l'État et du régime politique : république à régime présidentiel
Chef de l'État et du gouvernement : (présidente de la République)
Gloria Macapagal Arroyo
Organisation administrative : 15 régions et 1 région autonome
Langues officielles : filipino et anglais
Monnaie : peso philippin

DÉMOGRAPHIE

Densité : 293 hab./km²
Part de la population urbaine (2005) : 62,7 %
Structure de la population par âge (2005) :
moins de 15 ans : 36,2 %, 15-60 ans : 57,8 %, plus de 60 ans : 6 %
Taux de natalité (2005) : 25,8 ‰
Taux de mortalité (2005) : 4,8 ‰
Taux de mortalité infantile (2005) : 23,1 ‰
Espérance de vie (2004) : hommes : 68,6 ans, femmes : 72,9 ans

ÉCONOMIE

PNB (2004) : 95,1 milliards de $
PNB/hab. (2005) : 1 300 $
PNB/hab. PPA (2005) : 5 300 $ internationaux
IDH (2004) : 0,763
Taux de croissance annuelle du PIB (2005) : 5,1 %
Taux annuel d'inflation (2005) : 7,6 %
Structure de la population active (2000) :
agriculture : 37,4 %, mines et industries : 16 %, services : 46,6 %
Structure du PIB (2004) : agriculture : 13,6 %, mines et industries : 32,6 %, services : 53,8 %
Dette publique brute : n.d.
Taux de chômage (2005) : 7,4 %

Agriculture et pêche
Cultures
ananas (2004) : 1 759 290 t.
bananes (2004) : 5 631 200 t.
canne à sucre (2004) : 32 500 000 t.
caoutchouc (2003) : 88 000 t.
noix de coco (2005) : 14 796 000 t.
patates douces (2003) : 530 000 t.
riz (2004) : 14 496 800 t.
maïs (2004) : 5 413 390 t.
soja (2002) : 990 t.
manioc (2004) : 1 640 520 t.
café (2004) : 100 910 t.
arachide (2004) : 27 090 t.
cacao (2004) : 5 650 t.
tabac (2005) : 45 000 t.

154

Élevage et pêche
bovins (2005) : 2 489 100 têtes
caprins (2005) : 6 500 000 têtes
ovins (2005) : 30 000 têtes
porcins (2005) : 12 140 000 têtes
poulets (2005) : 136 001 000 têtes
buffles (2005) : 3 327 000 têtes
pêche (2004) : 3 931 797 t.

Énergie et produits miniers
électricité totale (2004) :
53 132 millions de kWh
or (2005) : 37 500 kg
nickel (2004) : 17 000 t.
chrome (2004) : 25 000 t.
cuivre (2005) : 16 300 t.
argent (2005) : 2 t.
houille (2001) : 1 353 000 t.
pétrole (2002) : 697 000 t.

Productions industrielles
huile de palme (2002) : 56 300 t.
sucre (2002) : 1 965 000 t.
viande (2003) : 2 348 000 t.
cuivre métal (2005) : 172 000 t.
plomb métal (2005) : 29 000 t.
automobiles (2004) : 61 000 unités
textiles synthétiques (1998) : 9 000 t.
production de bois (2005) : 15 819 034 m³

Tourisme
Recettes touristiques (2004) : 2 412 M. de $

Commerce extérieur
Exportations de biens (2005) : 40 231 M. de $
Importations de biens (2005) : 47 777 M. de $

Défense
Forces armées (2004) : 106 000 individus
Budget de la Défense (2004) : 0,95 % du PIB

Niveau de vie
Nombre d'habitants pour un médecin (1990) : 10 000
Apport journalier moyen en calories (2004) : 2 490 (minimum FAO : 2 400)
Nombre d'automobiles pour 1 000 hab. (2002) : 9
Nombre de téléviseurs pour 1 000 hab. (2002) : 182

REPÈRES HISTORIQUES

VIIIᵉ millénaire - XIIIᵉ s. apr. J.-C. : l'archipel est peuplé de Négritos, de Proto-Indonésiens et de Malais.
1521 : Magellan découvre l'archipel.
1565 : les Philippines passent sous la suzeraineté espagnole.
1896 : insurrection nationaliste.
1898 : les États-Unis, alliés aux insurgés, s'emparent de l'archipel à la faveur de la guerre hispano-américaine.
1944 - 1945 : les États-Unis reconquièrent le pays, après une brève occupation japonaise (1941 - 1942).
1946 : l'indépendance est proclamée.

QUATAR → ARABIE SAOUDITE

Singapour

| masse bâtie | espace vert | bâtiment |

Proche de l'équateur, cette cité-État est située au sud-est de la Malaisie occidentale. Singapour comprend 55 îles, dont la principale, Singapour, longue de 42 km, est reliée à la péninsule par un viaduc routier et ferroviaire. La population est très dense.

Superficie : 618 km²
Population (2007) : 4 436 000 hab.
Capitale : Singapour
Nature de l'État et du régime politique :
république à régime semi-présidentiel
Chef de l'État : (président de la
République) Sellapan Rama Nathan
Chef du gouvernement : (Premier
ministre) Lee Hsien Loong
Organisation administrative :
pas de division
Langues officielles : anglais, chinois,
malais et tamoul
Monnaie : dollar de Singapour

DÉMOGRAPHIE

Densité : 7 178 hab./km²
Part de la population urbaine (2005) :
100 %
Structure de la population par âge (2005) :
moins de 15 ans : 19,5 %, 15-60 ans :
68,2 %, plus de 60 ans : 12,3 %
Taux de natalité (2005) : 8,2 ‰
Taux de mortalité (2005) : 5,3 ‰
Taux de mortalité infantile (2005) : 3 ‰
Espérance de vie (2004) : hommes :
77,4 ans, femmes : 81,3 ans

ÉCONOMIE

PNB (2004) : 105 milliards de $
PNB/hab. (2005) : 27 490 $
PNB/hab. PPA (2005) : 29 780 dollars
internationaux
IDH (2004) : 0,916
Taux de croissance annuelle du PIB (2006) :
6,9 %
Taux annuel d'inflation (2005) : 0,5 %
Structure de la population active (2003) :
agriculture : 0,2 %, mines et industries :
24,1 %, services : 75,7 %

Structure du PIB (2004) : agriculture :
0,1 %, mines et industries : 35,1 %,
services : 64,8 %
Dette publique brute : n.d.
Taux de chômage (2004) : 5,3 %

Agriculture et pêche

Élevage et pêche
porcins (2005) : 250 000 têtes
poulets (2005) : 2 000 000 têtes
pêche (2004) : 7 579 t.

Énergie et produits miniers
électricité totale (2004) :
32 636 millions de kWh

Productions industrielles
oeufs (2003) : 17 200 t.
construction navale (2001) : 65 000 tpl

Tourisme
Recettes touristiques (2002) :
4 932 millions de $

Commerce extérieur
Exportations de biens (2005) :
232 257 millions de dollars
Importations de biens (2005) :
194 367 millions de dollars

Défense
Forces armées (2004) : 72 500 individus
Budget de la Défense (2004) : 4,81 % du
PIB

Niveau de vie
**Nombre d'habitants pour un
médecin (1995) :** 714
**Apport journalier moyen en
calories (1995) :** 3 121
(minimum FAO : 2 400)
**Nombre d'automobiles pour
1 000 hab. (1999) :** 97
**Nombre de téléviseurs pour
1 000 hab. (2002) :** 303

155

SRI LANKA

Sri Lanka

- ● plus de 500 000 h.
- ● de 100 000 à 500 000 h.
- ● de 50 000 à 100 000 h.
- ● moins de 50 000 h.
- ★ site touristique important
- — route
- — voie ferrée
- ✈ aéroport

200 500 1000 2000 m

Île tropicale exposée à la mousson, le Sri Lanka est formé de plateaux et de collines entourant un massif montagneux central.

Superficie : 65 610 km²
Population (2007) : 19 299 000 hab.
Capitale commerciale :
Colombo 652 000 hab. (e. 2005),
1 221 904 hab. (r. 2001) dans l'agglomération
Capitale administrative et législative :
Sri Jayawardenepura Kotte
115 826 hab.
Nature de l'État et du régime politique :
république
Chef de l'État : (président de la République) Mahinda Rajapakse
Chef du gouvernement : (Premier ministre) Ratnasiri Wickremanayake
Organisation administrative : 9 provinces
Langues officielles : cinghalais et tamoul
Monnaie : roupie du Sri Lanka

DÉMOGRAPHIE

Densité : 294 hab./km²
Part de la population urbaine (2005) : 15,1 %
Structure de la population par âge (2005) : moins de 15 ans : 24,2 %, 15-60 ans : 66,1 %, plus de 60 ans : 9,7 %
Taux de natalité (2005) : 15 ‰
Taux de mortalité (2005) : 7,2 ‰
Taux de mortalité infantile (2005) : 11 ‰
Espérance de vie (2004) : hommes : 71,8 ans, femmes : 77,1 ans

ÉCONOMIE

PNB (2004) : 19,5 milliards de $
PNB/hab. (2005) : 1 160 $
PNB/hab. PPA (2005) : 4 520 dollars internationaux
IDH (2004) : 0,755
Taux de croissance annuelle du PIB (2006) : 5,6 %
Taux annuel d'inflation (2005) : 11,6 %
Structure de la population active (2003) : agriculture : 38,2 %, mines et industries : 23,3 %, services : 38,5 %

Structure du PIB (2004) : agriculture : 17,8 %, mines et industries : 26,9 %, services : 55,3 %
Dette publique brute : n.d.
Taux de chômage (2005) : 7,7 %

Agriculture et pêche

Cultures
riz (2004) : 2 628 000 t.
bananes plantain (2005) : 600 000 t.
patates douces (2003) : 44 100 t.
manioc (2004) : 220 780 t.
cacao (2004) : 2 890 t.
café (2004) : 8 690 t.
thé (2004) : 308 090 t.
noix de cajou (2004) : 6 130 t.
noix de coco et coprah (2005) : 889 610 t.
canne à sucre (2004) : 990 430 t.
caoutchouc (2003) : 92 000 t.

Élevage et pêche
bovins (2005) : 1 185 020 têtes
caprins (2005) : 405 250 têtes
porcins (2005) : 85 020 têtes
buffles (2005) : 307 750 têtes
pêche (2004) : 286 961 t.

Énergie et produits miniers
électricité totale (2004) : 7 714 millions de kWh
hydroélectricité (2004) : 2 931 millions de kWh

Productions industrielles
lait (2004) : 165 580 t.
filés de coton (1998) : 14 000 t.
production de bois (2005) : 6 277 917 m³

Tourisme
Recettes touristiques (2004) : 808 millions de $

Commerce extérieur
Exportations de biens (2005) : 6 347 millions de dollars
Importations de biens (2005) : 7 977 millions de dollars

Défense
Forces armées (2004) : 111 000 individus
Budget de la Défense (2004) : 2,6 % du PIB

Niveau de vie
Nombre d'habitants pour un médecin (1993) : 10 000
Apport journalier moyen en calories (2004) : 2 390 (minimum FAO : 2 400)
Nombre d'automobiles pour 1 000 hab. (1999) : 37
Nombre de téléviseurs pour 1 000 hab. (2001) : 117

156

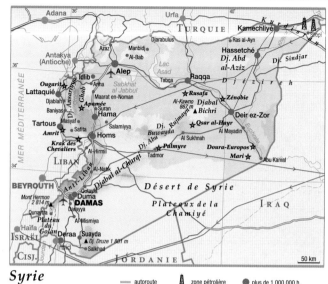

Syrie

★ site touristique important

200   500   1000   2000 m

— autoroute
— route
— voie ferrée
✈ aéroport

⛽ zone pétrolière
→ oléoduc
--- ligne de cessez-le-feu

● plus de 1 000 000 h.
● de 100 000 à 1 000 000 h.
● de 50 000 à 100 000 h.
● moins de 50 000 h.

Une barrière montagneuse (djabal Ansariyya, prolongé au sud par les chaînons de l'Anti-Liban et de l'Hermon) sépare une étroite plaine littorale, au climat méditerranéen, des plateaux de l'Est, désertiques.

Superficie : 185 180 km²
Population (2007) : 19 929 000 hab.
Capitale : Damas 2 272 000 hab.
(e. 2005) dans l'agglomération
Nature de l'État et du régime politique :
république à régime parlementaire
Chef de l'État : (président de la
République) Bachar al-Asad
Chef du gouvernement : (Premier
ministre) Muhammad Naji al-Otari
Organisation administrative : 14 gouvernorats
Langue officielle : arabe
Monnaie : livre syrienne

DÉMOGRAPHIE

Densité : 108 hab./km²
Part de la population urbaine (2005) : 50,6 %
Structure de la population par âge (2005) :
moins de 15 ans : 36,6 %, 15-60 ans :
58,7 %, plus de 60 ans : 4,7 %
Taux de natalité (2005) : 26,7 ‰
Taux de mortalité (2005) : 3,4 ‰
Taux de mortalité infantile (2005) : 16 ‰
Espérance de vie (2004) : hommes :
71,8 ans, femmes : 75,4 ans

ÉCONOMIE

PNB (2004) : 22,8 milliards de $
PNB/hab. (2005) : 1 380 $
PNB/hab. PPA (2005) : 3 740 dollars
internationaux
IDH (2004) : 0,716
Taux de croissance annuelle du PIB (2006) :
3,2 %
Taux annuel d'inflation (2003) : 5 %
Structure de la population active :
agriculture : n.d., mines et industries :
n.d., services : n.d.

Structure du PIB (2004) : agriculture :
23,2 %, mines et industries : 27,1 %,
services : 49,7 %
Dette publique brute : n.d.
Taux de chômage (2002) : 11,7 %

Agriculture et pêche

Cultures
orge (2004) : 527 190 t.
agrumes (2003) : 756 000 t.
tabac (2005) : 26 500 t.
oranges (2004) : 427 000 t.
raisin (2004) : 300 000 t.
amandes (2004) : 130 000 t.
coton (2003) : 829 000 t.
olives (2004) : 950 000 t.
pistaches (2004) : 40 000 t.
blé (2004) : 4 537 460 t.
betterave à sucre (2004) : 1 100 000 t.

Élevage et pêche
bovins (2005) : 1 082 620 têtes
caprins (2005) : 1 295 720 têtes
ovins (2005) : 19 651 050 têtes
chevaux (2003) : 17 000 têtes
pêche (2004) : 1 721 t.

Énergie et produits miniers

électricité totale (2004) :
29 642 millions de kWh
pétrole (2005) : 23 300 000 t.
phosphate (2003) : 2 414 000 t.

Productions industrielles

sucre (2002) : 60 000 t.
huile d'olive (2002) : 183 000 t.
coton fibre (2005) : 331 000 t.
laine (2005) : 33 650 t.
production de bois (2005) : 58 100 m³

Tourisme

Recettes touristiques (2004) :
1 888 millions de $

Commerce extérieur

Exportations de biens (2005) :
6 542 millions de dollars
Importations de biens (2005) :
8 482 millions de dollars

Défense

Forces armées (2004) : 307 600 individus
Budget de la Défense (2004) : 7,4 % du PIB

Niveau de vie

**Nombre d'habitants pour un
médecin (1990) :** 1 250
**Apport journalier moyen en
calories (2004) :** 3 070
(minimum FAO : 2 400)
**Nombre d'automobiles pour
1 000 hab. (1999) :** 9
**Nombre de téléviseurs pour
1 000 hab. (2002) :** 182

REPÈRES HISTORIQUES

La Syrie antique

IIe millénaire : par vagues successives s'infiltrent Cananéens (dont les Phéniciens sont un rameau), Amorrites, Hourrites, Araméens (auxquels appartiennent les Hébreux) et Peuples de la Mer.

539 av. J.-C. : la prise de Babylone par Cyrus II met fin à la domination assyrobabylonienne et fait de la Syrie une satrapie perse.

332 : le pays est conquis par Alexandre le Grand. La Syrie est intégrée au royaume séleucide, dont la capitale, Antioche, est fondée en 301.

64/63 av. J.-C. : la Syrie devient une province romaine.

395 apr. J.-C. : elle est rattachée à l'Empire romain d'Orient.   →

SYRIE

La Syrie musulmane

636 : les Arabes, vainqueurs des Byzantins sur la rivière Yarmouk, conquièrent le pays.

661 - 750 : les Omeyyades font de la Syrie et de Damas le centre de l'Empire musulman.

VIIIᵉ s. : sous les Abbassides, Bagdad devient la capitale de l'empire au détriment de Damas.

1076 - 1077 : les Turcs Seldjoukides prennent Damas puis Jérusalem.

XIᵉ - XIIIᵉ s. : les croisés organisent la principauté d'Antioche (1098 - 1268), le royaume de Jérusalem (1099 - 1291) et le comté de Tripoli (1109 - 1289). Saladin (1171 - 1193) et ses successeurs ayyubides entretiennent des relations pacifiques avec les Francs.

1260 - 1291 : les Mamelouks arrêtent les Mongols, puis reconquièrent les dernières possessions franques de Palestine et de Syrie. Ils gouvernent la région jusqu'à la conquête ottomane (1516).

La Syrie ottomane puis française

1516 : les Ottomans s'emparent de la Syrie, qu'ils conserveront jusqu'en 1918.

1831 - 1840 : ils sont momentanément chassés par Méhémet-Ali et Ibrahim Pacha.

1860 : la France intervient au Liban en faveur des maronites.

1916 : l'accord Sykes-Picot délimite les zones d'influence de la France et de la Grande-Bretagne au Moyen-Orient. Les Syriens rallient les forces anglo-françaises et hachémites.

1920 - 1943 : la France exerce le mandat que lui a confié la SDN, établissant une République syrienne (avec Damas et Alep), une république des Alaouites et un État druze.

La Syrie indépendante

1941 : le général Catroux, au nom de la France libre, proclame l'indépendance du pays.

1943 - 1944 : le mandat français sur la Syrie prend fin.

1946 : les dernières troupes françaises et britanniques quittent le pays.

1958 - 1961 : l'Égypte et la Syrie forment la République arabe unie.

1967 : la guerre des Six-Jours entraîne l'occupation du Golan par Israël.

À partir de 1976 : la Syrie intervient militairement au Liban et renforce, en 1985, sa tutelle sur le pays, consacrée en 1991 par un traité de fraternité syro-libanais.

2005 : la Syrie retire ses troupes du Liban

Tadjikistan

500 1000 2000 4000 m

✈ aéroport
— route
— voie ferrée

● plus de 500 000 h.
● de 100 000 à 500 000 h.
● de 50 000 à 100 000 h.
● moins de 50 000 h.

Le Tadjikistan est un pays de hautes montagnes, particulièrement à l'est, où la chaîne du Pamir (pic Ismaïl-Samani, culminant à 7 495 m) forme la frontière avec la Chine et domine des plateaux pouvant atteindre 4 000 m. Le climat est rude, les hivers sont rigoureux et les étés souvent arides.

Superficie : 143 100 km²
Population (2007) : 6 736 000 hab.
Capitale : Douchanbe 646 400 hab. (e. 2005)
Nature de l'État et du régime politique : république
Chef de l'État : (président de la République) Emamoli Rakhmonov
Chef du gouvernement : (président du Conseil des ministres) Akil Akilov
Organisation administrative : 3 régions, 1 région autonome et 1 municipalité
Langue officielle : tadjik
Monnaie : somoni

DÉMOGRAPHIE
Densité : 47 hab./km²
Part de la population urbaine (2005) : 24,7 %
Structure de la population par âge (2005) : moins de 15 ans : 39,4 %, 15-60 ans : 55,5 %, plus de 60 ans : 5,1 %
Taux de natalité (2005) : 27,3 ‰
Taux de mortalité (2005) : 6,4 ‰
Taux de mortalité infantile (2005) : 60,2 ‰
Espérance de vie (2004) : hommes : 61,2 ans, femmes : 66,5 ans

ÉCONOMIE
PNB (2004) : 1,8 milliard de $
PNB/hab. (2005) : 330 $
PNB/hab. PPA (2005) : 1 260 dollars internationaux
IDH (2004) : 0,652
Taux de croissance annuelle du PIB (2006) : 8 %
Taux annuel d'inflation (2003) : 16,4 %
Structure de la population active (1997) : agriculture : 49,8 %, mines et industries : 18,8 %, services : 31,4 %

Structure du PIB (2004) : agriculture : 24,3 %, mines et industries : 30,5 %, services : 45,2 %
Dette publique brute : n.d.
Taux de chômage (1997) : 2,7 %

Agriculture
Cultures
blé (2004) : 631 330 t.
maïs (2004) : 112 950 t.
orge (2004) : 63 410 t.
pommes de terre (2004) : 527 240 t.
tomates (2004) : 198 500 t.
raisin (2004) : 93 200 t.
pommes (2004) : 84 700 t.
noisettes (2004) : 1 000 t.

Élevage
bovins (2005) : 1 303 300 têtes
caprins (2005) : 975 000 têtes
ovins (2005) : 1 782 000 têtes
porcins (2005) : 700 têtes
poulets (2005) : 2 296 200 têtes
chameaux (2005) : 40 000 têtes

Énergie et produits miniers
électricité totale (2004) : 16 504 millions de kWh
pétrole (2000) : 20 000 t.
gaz naturel (2000) : 40 millions de m³
houille (2001) : 22 000 t.

Productions industrielles
aluminium (2005) : 380 000 t.
coton fibre (2005) : 162 000 t.
soie (2002) : 300 t.

Tourisme
Recettes touristiques (2004) : 9 millions de $

Commerce extérieur
Exportations de biens (2005) : 1 108,09 millions de dollars
Importations de biens (2005) : 1 430,93 millions de dollars

Défense
Forces armées (2004) : 7 600 individus
Budget de la Défense (2004) : 2,43 % du PIB

Niveau de vie
Nombre d'habitants pour un médecin (1995) : 423
Apport journalier moyen en calories (2002) : 1 828 (minimum FAO : 2 400)
Nombre d'automobiles pour 1 000 hab. (1996) : n.d.
Nombre de téléviseurs pour 1 000 hab. (2001) : 357

REPÈRES HISTORIQUES

159

La frontière entre, d'une part, les régions du sud-est de l'Asie centrale conquises par les Russes (à partir de 1865) et le khanat de Boukhara, et, d'autre part, l'Afghanistan, est fixée de 1886 à 1895 par une commission anglo-russe.
1924 : la République autonome du Tadjikistan est créée au sein de l'Ouzbékistan.
1925 : le Pamir septentrional lui est rattaché.
1929 : le Tadjikistan devient une république fédérée de l'URSS.
1991 : le Soviet suprême proclame l'indépendance du Tadjikistan, qui adhère à la CEI.

TAÏWAN

L'île, traversée par le tropique du Cancer et abondamment arrosée par la mousson en été, est formée, à l'est, de montagnes élevées (la chaîne des Zhongyang culmine à près de 4 000 m) et, à l'ouest, de collines et de grandes plaines alluviales intensément mises en valeur.

Superficie : 36 000 km²
Population (2006) : 22 800 000 hab.
Capitale : Taipei 2 500 000 hab. (e. 2003) dans l'agglomération
Nature de l'État et du régime politique : république à régime semi-présidentiel
Chef de l'État : (président de la République) Chen Shui-bian
Chef du gouvernement : (président du Yuan exécutif) Su Tseng-chang
Organisation administrative : 2 municipalités spéciales, 5 municipalités à statut particulier, 16 districts et 2 districts dépendants du gouvernement provincial du Fukien
Langue officielle : chinois
Monnaie : dollar de Taïwan

DÉMOGRAPHIE

Densité : 633 hab./km²
Part de la population urbaine (1991) : 73 %
Structure de la population par âge : moins de 15 ans : n.d., 15-60 ans : n.d., plus de 60 ans : n.d.
Taux de natalité : n.d.
Taux de mortalité : n.d.
Taux de mortalité infantile : n.d.
Espérance de vie : hommes : n.d., femmes : n.d.

ÉCONOMIE

PNB : n.d.
PNB/hab. : n.d.
PNB/hab. PPA : n.d.
IDH : n.d.
Taux de croissance annuelle du PIB (2006) : 4 %
Taux annuel d'inflation (2003) : – 0,3 %
Structure de la population active : agriculture : n.d., mines et industries : n.d., services : n.d.
Structure du PIB (1989) : agriculture : 5 %, mines et industries : 43 %, services : 52 %
Dette publique brute : n.d.
Taux de chômage (2005) : 5 %

Agriculture et pêche

Cultures
riz (2001) : 1 724 000 t.
canne à sucre (2001) : 123 000 t.

160

arachide (2001) : 56 000 t.
thé (2005) : 18 803 t.
mangues (2005) : 149 996 t.
ananas (2005) : 439 872 t.
bananes (2005) : 148 715 t.
maïs (2001) : 107 000 t.
tabac (2001) : 9 200 t.
Élevage et pêche
bovins (2001) : 5 057 000 têtes
caprins (2001) : 7 219 000 têtes
porcins (2001) : 1 166 000 têtes
poulets (2001) : 376 196 000 têtes
buffles (2002) : 11 200 000 têtes
pêche (2004) : 1 235 442 t.

Énergie et produits miniers
électricité totale (2004) : 172 960 millions de kWh
électricité nucléaire (2004) : 37 940 millions de kWh
hydroélectricité (2004) : 6 435 millions de kWh
pétrole (2002) : 40 000 t.
gaz naturel (2002) : 868 millions de m³
houille (2000) : 83 000 t.
lignite (2000) : 83 000 t.

Productions industrielles
acier (2005) : 18 942 000 t.
automobiles (2005) : 323 800 unités
véhicules utilitaires (2005) : 122 500 unités
textiles artificiels (1999) : 143 700 t.
textiles synthétiques (1999) : 2 915 200 t.
filés de coton (1998) : 364 000 t.
construction navale (2001) : 279 000 tpl
caoutchouc synthétique (2001) : 480 000 t.
production de bois (2005) : 1 925 000 m³

Tourisme
Recettes touristiques : n.d.

Commerce extérieur
Exportations de biens (1991) : 76 140 millions de dollars

Importations de biens (1991) : 63 078 millions de dollars

Défense
Forces armées (2004) : 290 000 individus
Budget de la Défense (2004) : 2,46 % du PIB

Niveau de vie
Nombre d'habitants pour un médecin : n.d.
Apport journalier moyen en calories (1995) : 3 020 (minimum FAO : 2 400)
Nombre d'automobiles pour 1 000 hab. : n.d.
Nombre de téléviseurs pour 1 000 hab. : n.d.

REPÈRES HISTORIQUES

Depuis le XIIᵉ s., des marchands et des pirates chinois fréquentent l'île.
XVIIᵉ s. : celle-ci est peuplée par des immigrants chinois ; Hollandais et Espagnols s'y établissent.
1683 : l'île passe sous le contrôle des empereurs Qing.
1895 : le traité de Shimonoseki cède Formose au Japon.
1945 : l'île est restituée à la Chine.
1949 : elle sert de refuge au gouvernement du Guomindang, présidé par Jiang Jieshi (Tchang Kaï-chek).
1950-1971 : ce gouvernement représente la Chine au Conseil de sécurité de l'ONU.
1979 : l'île refuse l'« intégration pacifique » que lui propose la Chine populaire.
1991 : l'état de guerre avec la Chine est levé.
1996 : première élection présidentielle au suffrage universel.
2000 : l'élection présidentielle, remportée par un indépendantiste, met fin à un demi-siècle de pouvoir du Guomindang.

Taïwan

200 1000 2000 m

══ autoroute
── route
── voie ferrée

✈ aéroport
★ site touristique important

● plus de 1 000 000 h.
● de 100 000 à 1 000 000 h.
● de 50 000 à 100 000 h.
○ moins de 50 000 h.

50 km

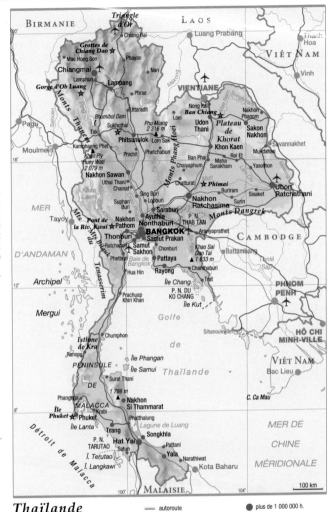

La Thaïlande possède une superficie et une population comparables à celles de la France. Caractérisée par un climat tropical humide, elle s'articule autour d'une plaine centrale drainée par le Chao Phraya et de régions montagneuses abondamment arrosées et recouvertes en grande partie par la forêt (teck).

Superficie : 513 115 km²
Population (2007) : 63 884 000 hab.
Capitale : Bangkok 6 593 000 hab.
(e. 2005) dans l'agglomération
Nature de l'État et du régime politique : monarchie constitutionnelle à régime parlementaire
Chef de l'État : (roi) Bhumibol Adulyadej, roi sous le nom de Rama IX
Chef du gouvernement : (Premier ministre) Surayud Chulanont
Organisation administrative : 76 provinces
Langue officielle : thaï
Monnaie : baht

DÉMOGRAPHIE

Densité : 125 hab./km²
Part de la population urbaine (2005) : 32,3 %
Structure de la population par âge (2005) : moins de 15 ans : 21,7 %, 15-60 ans : 67 %, plus de 60 ans : 11,3 %
Taux de natalité (2005) : 14,6 ‰
Taux de mortalité (2005) : 8,5 ‰
Taux de mortalité infantile (2005) : 10,6 ‰
Espérance de vie (2004) : hommes : 67 ans, femmes : 74,1 ans

ÉCONOMIE

PNB (2004) : 158,4 milliards de $
PNB/hab. (2005) : 2 750 $
PNB/hab. PPA (2005) : 8 440 dollars internationaux
IDH (2004) : 0,784
Taux de croissance annuelle du PIB (2006) : 4,5 %
Taux annuel d'inflation (2005) : 4,5 %
Structure de la population active (2003) : agriculture : 44,9 %, mines et industries : 19,7 %, services : 35,4 %
Structure du PIB (2004) : agriculture : 10,2 %, mines et industries : 43,4 %, services : 46,4 %
Dette publique brute : n.d.
Taux de chômage (2003) : 1,5 %

Thaïlande
★ site touristique important
200 500 1000 m
══ autoroute
── route
┼─┼ voie ferrée
✈ aéroport
● plus de 1 000 000 h.
● de 100 000 à 1 000 000 h.
● de 50 000 à 100 000 h.
• moins de 50 000 h.

Agriculture et pêche

Cultures
riz (2004) : 23 860 000 t.
manioc (2004) : 21 440 490 t.
sorgho (2004) : 93 000 t.
soja (2002) : 289 000 t.
ananas (2004) : 1 997 000 t.
mandarines (1998) : 630 000 t.
café (2004) : 61 770 t.
bananes (2004) : 2 000 000 t.
canne à sucre (2004) : 64 973 800 t.
caoutchouc (2003) : 2 506 000 t.
noix de coco (2005) : 1 500 000 t.
jute (2005) : 31 000 t.
noix de cajou (2004) : 24 000 t.
huile de palme (2005) : 685 000 t.
pêche (2004) : 4 099 000 t.
tabac (2005) : 70 000 t.

Élevage et pêche

bovins (2005) : 5 609 790 têtes
porcins (2005) : 7 533 690 têtes
poulets (2005) : 260 000 000 têtes
buffles (2005) : 1 770 620 têtes
pêche (2004) : 5 017 954 t.

Énergie et produits miniers

électricité totale (2004) : 121 748 millions de kWh
hydroélectricité (2004) : 5 980 millions de kWh
pétrole (2005) : 11 200 000 t.
gaz naturel (2005) : 21 400 millions de m³
lignite (2001) : 19 603 000 t.
étain (2005) : 600 t.

Productions industrielles

oeufs (2003) : 814 000 t.
étain métal (2002) : 17 548 t.

THAÏLANDE

zinc métal (2005) : 101 200 t.
véhicules utilitaires (2005) :
847 700 unités
jute (2005) : 31 000 t.
textiles artificiels (1999) : 65 000 t.
textiles synthétiques (1999) : 652 000 t.
huile de palme (2005) : 685 000 t.
soie (2002) : 1 550 t.
sucre (2002) : 5 947 000 t.
production de bois (2005) :
28 566 024 m³

Tourisme
Recettes touristiques (2004) :
13 054 millions de $
Commerce extérieur
Exportations de biens (2005) :
109 216 millions de dollars
Importations de biens (2005) :
106 054 millions de dollars
Défense
Forces armées (2004) : 306 600 individus
Budget de la Défense (2004) : 1,19 % du PIB

Niveau de vie
Nombre d'habitants pour un médecin (1993) : 4 420
Apport journalier moyen en calories (2004) : 2 400
(minimum FAO : 2 400)
Nombre d'automobiles pour 1 000 hab. (1996) : 27
Nombre de téléviseurs pour 1 000 hab. (2001) : 300

REPÈRES HISTORIQUES

VIIᵉ s. : le royaume de Dvaravati, de culture bouddhique et peuplé de Môn, se développe.
XIᵉ - XIIᵉ s. : les Khmers conquièrent la région.
XIIIᵉ s. : les Thaïs, connus sous le nom de Syam (Siamois), fondent les royaumes de Sukhothai et de Lan Na (capitale Chiangmai).
V. 1350 : ils créent le royaume d'Ayuthia.

1569 - 1592 : le Siam est occupé par les Birmans.
XVIᵉ - XVIIᵉ s. : il entretient des relations avec l'Occident, notamment avec la France de Louis XIV.
1767 : les Birmans mettent à sac Ayuthia.
1782 : Rama Iᵉʳ est couronné à Bangkok, la nouvelle capitale, et fonde la dynastie Chakri.
1782 - 1851 : le Siam domine en partie le

Cambodge, le Laos et la Malaisie.
1893 - 1909 : il doit reculer ses frontières au profit de l'Indochine française et de la Malaisie.
1932 : un coup d'État provoque l'abdication de Rama VII (1935).
1938 : le pays prend le nom de Thaïlande.
1941 - 1944 : il s'allie au Japon.
1950 : Bhumibol Adulyadej est couronné roi sous le nom de Rama IX.

LE MÉKONG

Le Mékong est le plus long fleuve du Sud-Est asiatique (environ 4 200 km) et l'un des plus puissants du monde, avec un bassin de 800 000 km² et un débit moyen annuel de l'ordre de 17 000 m³/s. Né sur le plateau du Tibet, à plus de 5 000 m d'altitude, il parcourt sur près de 2 000 km des gorges profondes et sauvages. À sa sortie de Chine, à 300 m d'altitude, il forme la frontière entre la Birmanie et le Laos. Il coule alors au Laos avant de servir de frontière, sur 820 km, entre la Thaïlande et le Laos. Il est navigable de Vientiane à Savannakhet, puis il reçoit de Thaïlande son principal affluent (Chi et Mun réunis). Il pénètre au Cambodge, se sépare en plusieurs branches, dont l'une communique avec le Tonlé Sap. À Phnom Penh commence le delta, qui s'épanouit au Viêt Nam en deux bras principaux. Le Mékong est alimenté par la fonte des neiges dans son bassin supérieur et par la mousson en aval.

Offrant à la navigation des conditions médiocres – de nombreux rapides entravent son cours –, le Mékong avec le réseau de ses affluents a néanmoins mis en relation les différentes populations et les régions qu'il traverse ; en favorisant les pénétrations culturelles et les échanges, il a permis l'établissement de civilisations plus évoluées que celles des montagnes, et la création d'États organisés, comme l'Empire khmer.

Connaissant un climat continental caractérisé par de fortes amplitudes thermiques, le Turkménistan est en grande partie désertique (Karakoum).

Superficie : 488 100 km²
Population (2007) : 4 965 000 hab.
Capitale : Achgabat 711 000 hab.
(e. 2005) dans l'agglomération
Nature de l'État et du régime politique :
république
Chef de l'État et du gouvernement :
(président de la République)
Gourbangouly Berdymoukhammedov
Organisation administrative : 5 régions
Langue officielle : turkmène
Monnaie : manat

DÉMOGRAPHIE

Densité : 10 hab./km²
Part de la population urbaine (2005) :
46,2 %
Structure de la population par âge (2005) :
moins de 15 ans : 31,8 %, 15-60 ans :
62 %, plus de 60 ans : 6,2 %
Taux de natalité (2005) : 21,8 ‰
Taux de mortalité (2005) : 8,2 ‰
Taux de mortalité infantile (2005) : 74,7 ‰
Espérance de vie (2004) : hommes :
58,5 ans, femmes : 67 ans

ÉCONOMIE

PNB (2004) : 6,62 milliards de $
PNB/hab. (2004) : 1 340 $
PNB/hab. PPA (2004) : 6 910 dollars
internationaux
IDH (2004) : 0,724
Taux de croissance annuelle du PIB (2006) :
9 %
Taux annuel d'inflation (2003) : 5,6 %
Structure de la population active :
agriculture : n.d., mines et industries :
n.d., services : n.d.

Turkménistan

| 0 | 200 | 500 | 1000 m |

— route
— voie ferrée
✈ aéroport

● plus de 1 000 000 h.
● de 100 000 à 1 000 000 h.
● de 50 000 à 100 000 h.
● moins de 50 000 h.

Structure du PIB (2001) : agriculture :
28,8 %, mines et industries : 50,7 %,
services : 20,5 %
Dette publique brute : n.d.
Taux de chômage : n.d.

Agriculture et pêche

Cultures
blé (2004) : 2 600 000 t.
maïs (2004) : 15 000 t.
orge (2004) : 60 000 t.
pommes de terre (2004) : 160 000 t.
coton (2003) : 714 000 t.
tabac (2005) : 3 000 t.
raisin (2004) : 180 000 t.

Élevage et pêche
bovins (2005) : 2 024 500 têtes
ovins (2005) : 14 267 000 têtes
porcins (2005) : 30 000 têtes
poulets (2005) : 7 000 000 têtes
pêche (2004) : 15 008 t.

Énergie et produits miniers

électricité totale (2004) :
10 785 millions de kWh
pétrole (2005) : 9 500 000 t.
gaz naturel (2005) :
58 800 millions de m³

Productions industrielles

ciment (2005) : 450 000 t.
coton fibre (2005) : 330 000 t.
soie (2002) : 4 500 t.

Tourisme

Recettes touristiques (1998) :
192 millions de $

Commerce extérieur

Exportations de biens (1997) :
549 millions de dollars
Importations de biens (1997) :
1 201 millions de dollars

Défense

Forces armées (2004) : 26 000 individus
Budget de la Défense (2004) : 1,46 % du
PIB

Niveau de vie

**Nombre d'habitants pour un
médecin (1995) :** 305
**Apport journalier moyen en
calories (2004) :** 2 820
(minimum FAO : 2 400)
**Nombre d'automobiles pour
1 000 hab. :** n.d.
**Nombre de téléviseurs pour
1 000 hab. (2001) :** 182

163

REPÈRES HISTORIQUES

1863 - 1885 : l'est de la Caspienne est
conquis par les Russes.
1897 : il est intégré au Turkestan.
1924 : la République socialiste soviétique
du Turkménistan est créée.
1991 : le Soviet suprême proclame l'indépendance du pays, qui adhère à la CEI.

TURQUIE

Excepté dans sa partie européenne (moins du trentième de la superficie totale), la Turquie est un pays de hautes terres. Les chaînes Pontiques, au nord, et le Taurus, au sud, enserrent le plateau anatolien, qui s'élève par gradins au-dessus de la mer Égée et cède la place, vers l'est, au massif arménien, affecté par le volcanisme (mont Ararat). En dehors du littoral, souvent méditerranéen, le climat est caractérisé par des hivers rudes et des étés chauds et, la plupart du temps, secs.

Superficie : 774 815 km²
Population (2007) : 74 877 000 hab.
Capitale : Ankara 3 573 000 hab.
(e. 2005) dans l'agglomération
Nature de l'État et du régime politique :
république à régime parlementaire
Chef de l'État : (président de la
République) Ahmet Necdet Sezer
Chef du gouvernement : (Premier
ministre) Recep Tayyip Erdoğan
Organisation administrative :
81 départements
Langue officielle : turc
Monnaie : livre turque

DÉMOGRAPHIE

Densité : 97 hab./km²
Part de la population urbaine (2005) : 67,3 %
Structure de la population par âge (2005) :
moins de 15 ans : 28,3 %, 15-60 ans :
63,5 %, plus de 60 ans : 8,2 %
Taux de natalité (2005) : 18,4 ‰
Taux de mortalité (2005) : 5,9 ‰
Taux de mortalité infantile (2005) : 27,5 ‰
Espérance de vie (2004) : hommes :
68,8 ans, femmes : 71 ans

ÉCONOMIE

PNB (2004) : 269 milliards de $
PNB/hab. (2005) : 4 710 $
PNB/hab. PPA (2005) : 8 420 dollars
internationaux
IDH (2004) : 0,757
Taux de croissance annuelle du PIB (2006) :
5 %
Taux annuel d'inflation (2005) : 8,2 %
Structure de la population active (2004) :
agriculture : 34 %, mines et industries :
23 %, services : 43 %
Structure du PIB (2004) : agriculture :
12,9 %, mines et industries : 22,5 %,
services : 64,6 %
Dette publique brute (2005) : 69,6 % du PIB
Taux de chômage (2005) : 10 %

Agriculture et pêche

Cultures
blé (2004) : 21 000 000 t.
orge (2004) : 9 000 000 t.
seigle (2004) : 270 000 t.
pommes de terre (2004) : 4 800 000 t.
betterave à sucre (2004) : 13 517 000 t.
agrumes (2003) : 2 373 000 t.
oranges (2004) : 1 300 000 t.
citrons (2004) : 600 000 t.
mandarines (2005) : 585 000 t.
pamplemousses (2004) : 135 000 t.
raisin (2004) : 3 500 000 t.
pêches (2004) : 372 000 t.

pommes (2004) : 2 100 000 t.
tomates (2004) : 9 440 000 t.
amandes (2004) : 37 000 t.
noisettes (2004) : 350 000 t.
noix (2003) : 125 000 t.
olives (2004) : 1 600 000 t.
miel (2003) : 75 000 t.
pistaches (2004) : 30 000 t.
tournesol (2004) : 650 000 t.
thé (2004) : 201 660 t.
tabac (2004) : 140 700 t.
coton (2003) : 2 490 000 t.

Élevage et pêche
bovins (2005) : 10 069 340 têtes
ovins (2005) : 25 201 150 têtes
poulets (2005) : 296 876 000 têtes
pêche (2004) : 644 492 t.

Énergie et produits miniers
électricité totale (2004) :
143 290 millions de kWh
houille (2001) : 2 598 000 t.
pétrole (2005) : 2 258 000 t.
hydroélectricité (2004) :
45 590 millions de kWh
fer (2004) : 2 000 000 t.
chrome (2004) : 437 000 t.
bauxite (2004) : 365 000 t.

Productions industrielles
lait (2004) : 10 679 410 t.
oeufs (2003) : 791 674 t.
beurre (2003) : 97 390 t.
huile d'olive (2002) : 169 000 t.
sucre (2002) : 2 110 000 t.
viande (2003) : 1 493 000 t.
bière (2002) : 7 360 000 hl
acier (2005) : 20 961 000 t.
ciment (2005) : 42 787 000 t.
caoutchouc synthétique (2001) : 43 000 t.
textiles synthétiques (1999) : 874 000 t.
laine (2005) : 46 000 t.
coton fibre (2005) : 750 000 t.

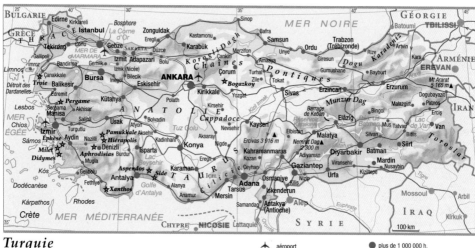

Turquie

200 1000 2000 m

— autoroute
— route
— voie ferrée

✈ aéroport
★ site touristique important
⊶ oléoduc

● plus de 1 000 000 h.
● de 500 000 à 1 000 000 h.
● de 100 000 à 500 000 h.
● moins de 100 000 h.

soie (2002) : 50 t.
production de bois (2005) : 16 185 000 m³

Tourisme
Recettes touristiques (2002) :
9 010 millions de $

Commerce extérieur
Exportations de biens (2005) :
76 887 millions de dollars

Importations de biens (2005) :
109 658 millions de dollars

Défense
Forces armées (2004) : 514 850 individus
Budget de la Défense (2004) : 2,84 % du PIB

Niveau de vie
Nombre d'habitants pour un
médecin (1995) : 976

Apport journalier moyen en
calories (2004) : 3 320
(minimum FAO : 2 400)

Nombre d'automobiles pour
1 000 hab. (2002) : 66

Nombre de téléviseurs pour
1 000 hab. (2002) : 423

REPÈRES HISTORIQUES

L'Anatolie antique

L'Anatolie est peuplée dès les temps préhistoriques. Elle possède, à Çatal Höyük, la plus vieille agglomération urbaine du monde (entre 6500 et 5500 av. J.-C.).
V. 3000 av. J.-C. : apparition de cités-États avec lesquelles commercent Mésopotamiens et Syriens.
XVIIIᵉ - XIIᵉ s. av J.-C. : divers royaumes (Hittites, Hourrites, Louvites) et les établissements grecs (Troie, Milet) se partagent l'Anatolie.
V. 1200 - 900 av. J.-C. : l'invasion des Barbares du Nord ouvre une période obscure.
IXᵉ s. av. J.-C. : l'Anatolie renaît avec les royaumes d'Ourartou (IXᵉ - VIᵉ s. av. J.-C.), de Phrygie et de Lydie (VIIᵉ - VIᵉ s. av J.-C.).
2ᵉ moitié du IIᵉ millénaire : les Grecs s'installent en Asie Mineure.
V. 283 - 133 av. J.-C. : celle-ci revient aux Attalides de Pergame.

Des Romains aux Byzantins

133 av. J.-C. : Attalos lègue ses possessions à Rome qui en fait la province d'Asie (129).
324 - 330 : Constantin fonde Constantinople sur le site de Byzance.
395 : à la mort de Théodose, l'Orient échoit à son fils Arcadius, et l'Occident, à son autre fils Honorius : ainsi naît l'Empire byzantin.
867 - 1057 : l'Empire connaît son apogée sous la dynastie macédonienne.
1071 : les Seldjoukides, d'un clan de Turcs Oghouz, battent l'armée byzantine à Malazgirt (Mantzikert). Les nomades turcs se répandent en Asie Mineure.
1077 - 1307/1308 : les Seldjoukides créent le sultanat de Rum.
1243 : victoire des Mongols en Anatolie.

L'Empire ottoman

1299 : Osman Iᵉʳ Gazi se rend indépendant des Seldjoukides et fonde la dynastie ottomane.
1326 : son fils Ohran Gazi conquiert Brousse, dont il fait sa capitale. Il crée l'armée régulière des janissaires.

1359 - 1389 : ses successeurs s'emparent d'Andrinople, de la Thrace, de la Macédoine et de la Bulgarie.
1402 : l'empire ainsi constitué est ébranlé par l'assaut de Timur Lang.
1451 - 1481 : Mehmed II s'empare de Constantinople (1453), dont il fait sa capitale, avant de conquérir la Serbie (1459), l'empire de Trébizonde (1461), la Bosnie (1463), et de vassaliser la Crimée (1475).
1514 - 1517 : Selim Iᵉʳ conquiert l'Anatolie orientale, la Syrie, l'Égypte.
1520 - 1566 : avec Soliman le Magnifique, l'Empire est à son apogée : domination établie sur la Hongrie (victoire de Mohács, 1526), sur l'Algérie, la Tunisie et la Tripolitaine, siège de Vienne (1529).
1571 : défaite de Lépante contre une coalition de princes chrétiens.
1699 : le traité de Karlowitz marque le premier recul des Ottomans.
1826 : suppression du corps des janissaires.
1830 : l'Empire doit reconnaître l'indépendance de la Grèce et la perte de l'Algérie.
1839 : début de l'ère des réformes (*Tanzimat*).
1840 : l'Égypte devient autonome.
1856 : le traité de Paris place l'Empire sous la garantie des puissances européennes.
1878 : le congrès de Berlin consacre la perte de la Roumanie et de la Serbie.
1908 : les Jeunes-Turcs, nationalistes partisans d'une modernisation de l'État, prennent le pouvoir.
1912 - 1913 : guerres balkaniques à l'issue desquelles les Ottomans ne conservent plus en Europe que la Thrace orientale.
1918 : l'Empire s'engage dans la Première Guerre mondiale aux côtés de l'Allemagne.

La Turquie moderne

1918 - 1920 : l'Empire est défait et occupé par les Alliés, qui imposent le traité de Sèvres.
1922 : Mustafa Kemal abolit le sultanat.
1923 : le traité de Lausanne fixe les frontières de la Turquie. La république est instaurée ; Mustafa Kemal en devient le président et gouverne avec le parti républicain

du Peuple. Il entreprend la « révolution nationale » pour faire de la Turquie un État laïque, moderne et occidentalisé.
1924 : le califat est aboli.
1938 : à la mort de Mustafa Kemal, dit *Atatürk*, Ismet Inönü devient président de la République.
1947 : restée neutre jusqu'en 1945, la Turquie bénéficie du plan Marshall.
1950 : A. Menderes, à la tête du Parti démocratique, accède au pouvoir. Il rompt avec le dirigisme étatique et tolère le retour aux traditions islamiques.
1952 : la Turquie devient membre de l'OTAN.
1960 : le général Gürsel prend le pouvoir et demeure à la présidence de la République de 1961 à 1966.
1961 - 1971 : des gouvernements de coalition sont formés par I. Inönü (1961-1965), puis S. Demirel (1965 - 1971).
1970 - 1972 : des troubles graves éclatent ; l'ordre est restauré par l'armée.
1974 : Bülent Ecevit, Premier ministre, fait débarquer les forces turques à Chypre.
1975 - 1980 : Demirel et Ecevit alternent au pouvoir.
1980 : l'aggravation des troubles, causés par la double agitation des marxistes et des intégristes musulmans, ainsi que par les séparatistes kurdes, provoque un coup d'État militaire, dirigé par Kenan Evren.
1983 : les partis politiques sont à nouveau autorisés et un gouvernement civil est formé par Turgut Özal.
1991 : les Kurdes accentuent leurs revendications.
1996 : vainqueurs des élections (décembre 1995), les islamistes dirigent le gouvernement.
1997 : sous la pression des tenants de la laïcité, ils doivent se retirer, et leur parti est dissous (1998).
1999 : le chef de la rébellion kurde, Abdullah Öcalan, est arrêté.
2002 : le parti musulman AKP obtient la majorité.
2005 : début des négociations avec l'Union européenne.

165

VIÊT NAM ★

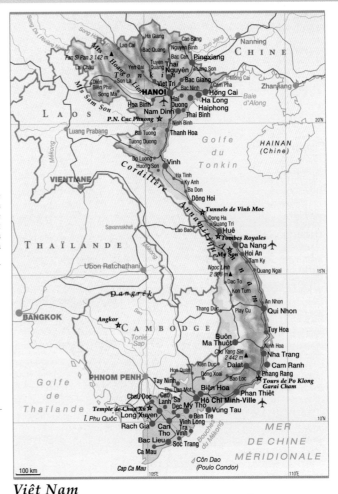

Le pays s'étire sur plus de 1 500 km. Une étroite bande de plateaux et de montagnes (l'Annam) sépare les deltas du fleuve Rouge (Tonkin) et du Mékong (Cochinchine). C'est dans les régions basses, chaudes et arrosées en été (par la mousson) que se concentre la majeure partie de la population.

Superficie : 331 689 km²
Population (2007) : 87 375 000 hab.
Capitale : Hanoi 4 164 000 hab. (e. 2005) dans l'agglomération
Nature de l'État et du régime politique : république, régime socialiste
Chef de l'État : (président de la République) Nguyen Minh Triet
Chef du gouvernement : (Premier ministre) Nguyen Tan Dung
Organisation administrative : 64 provinces
Langue officielle : vietnamien
Monnaie : dông

DÉMOGRAPHIE

Densité : 263 hab./km²
Part de la population urbaine (2005) : 26,4 %
Structure de la population par âge (2005) : moins de 15 ans : 29,6 %, 15-60 ans : 62,8 %, plus de 60 ans : 7,6 %
Taux de natalité (2005) : 18,8 ‰
Taux de mortalité (2005) : 5,1 ‰
Taux de mortalité infantile (2005) : 19,5 ‰
Espérance de vie (2004) : hommes : 67,9 ans, femmes : 72,8 ans

ÉCONOMIE

PNB (2004) : 44,6 milliards de $
PNB/hab. (2005) : 620 $
PNB/hab. PPA (2005) : 3 010 dollars internationaux
IDH (2004) : 0,709
Taux de croissance annuelle du PIB (2006) : 7,8 %
Taux annuel d'inflation (2005) : 8,2 %
Structure de la population active (2003) : agriculture : 59,9 %, mines et industries : 16,3 %, services : 23,8 %
Structure du PIB (2004) : agriculture : 21,7 %, mines et industries : 40,2 %, services : 38,1 %
Dette publique brute : n.d.
Taux de chômage (2004) : 2,1 %

Agriculture et pêche

Cultures
ananas (2004) : 422 200 t.
bananes (2004) : 1 353 800 t.

166

Viêt Nam

★ site touristique important
— route
— voie ferrée
✈ aéroport

● plus de 1 000 000 h.
● de 100 000 à 1 000 000 h.
● de 50 000 à 100 000 h.
· moins de 50 000 h.

200 500 1000 2000 m

arachide (2004) : 451 100 t.
canne à sucre (2004) : 15 879 600 t.
caoutchouc (2003) : 384 000 t.
coprah (2001) : 148 000 t.
jute (2005) : 11 700 t.
noix de cajou (2004) : 825 000 t.
patates douces (2003) : 1 592 000 t.
riz (2004) : 35 887 800 t.
café (2004) : 834 600 t.
thé (2004) : 108 420 t.
maïs (2004) : 3 453 600 t.
manioc (2004) : 5 572 800 t.
coton (2003) : 35 200 t.

Élevage et pêche
bovins (2005) : 5 540 700 têtes
porcins (2005) : 27 434 890 têtes
buffles (2005) : 2 922 150 têtes
chevaux (2003) : 113 000 têtes
pêche (2004) : 3 108 105 t.

Énergie et produits miniers

électricité totale (2004) : 40 111 millions de kWh
hydroélectricité (2004) : 19 157 millions de kWh
houille (1998) : 13 100 000 t.
pétrole (2005) : 19 100 000 t.
étain (2005) : 3 500 t.
chrome (2004) : 150 000 t.

Productions industrielles

viande (2003) : 2 487 000 t.
acier (2003) : 890 000 t.
ciment (2005) : 29 000 000 t.
étain métal (2004) : 1 200 t.
filés de coton (2002) : 12 400 t.
production de bois (2005) : 31 587 212 m³

Tourisme

Recettes touristiques (1998) : 86 millions de $

Commerce extérieur
Exportations de biens (2005) :
32 442 millions de dollars
Importations de biens (2005) :
33 280 millions de dollars

Défense
Forces armées (2004) : 484 000 individus

Budget de la Défense (2004) : 6,7 % du PIB

Niveau de vie
Nombre d'habitants pour un
médecin (1993) : 2 300
Apport journalier moyen en
calories (2004) : 2 630
(minimum FAO : 2 400)

Nombre d'automobiles pour
1 000 hab. : n.d.
Nombre de téléviseurs pour
1 000 hab. (2002) : 197

REPÈRES HISTORIQUES

Des origines à l'empire du Viêt Nam

Au néolithique, le brassage des Muong, des Viêt et d'éléments chinois dans le bassin du fleuve Rouge donne naissance au peuple vietnamien.

208 av. J.-C. : le royaume du Nam Viêt est créé.

111 av. J.-C. : il est annexé à l'Empire chinois des Han.

IIᵉ s. apr. J.-C. : le pays est pénétré par le bouddhisme.

939 apr. J.-C. : Ngô Quyên fonde la première dynastie nationale.

968 - 980 : la dynastie des Dinh règne sur le pays, appelé Dai Cô Viêt, encore vassal de la Chine.

980 - 1225 : sous les dynasties impériales des Lê antérieurs (980 - 1009) puis des Ly (1010 - 1225), le pays, devenu le Dai Viêt (1054), s'organise et adopte des structures mandarinales et féodales. Il s'étend vers le sud au détriment du Champa.

1225 - 1413 : sous la dynastie des Trân, les Mongols sont repoussés (1257, 1287), mais la Chine rétablit sa domination (1406).

1428 : Lê Loi reconquiert l'indépendance et fonde la dynastie des Lê postérieurs (1428 - 1789).

1471 : le Dai Viêt remporte une victoire décisive sur le Champa.

XVIᵉ - XVIIᵉ s. : les clans seigneuriaux rivaux, Mac, Nguyên (qui gouvernent le Sud) et Trinh (qui domine le Nord), s'affrontent. Les jésuites diffusent le catholicisme et latinisent la langue vietnamienne.

1773 - 1792 : les trois frères Tây Son dirigent la révolte contre les Nguyên et les Trinh.

L'empire du Viêt Nam et la domination française

Nguyên Anh, survivant de la famille Nguyên, reconquiert la Cochinchine, la région de Huê et celle de Hanoi avec l'aide des Français.

1802 : devenu empereur sous le nom de Gia Long, il fonde l'empire du Viêt Nam.

1859 - 1883 : la France conquiert la Cochinchine, qu'elle érige en colonie, et impose son protectorat à l'Annam et au Tonkin.

1885 : la Chine reconnaît ces conquêtes au traité de Tianjin.

1885 - 1896 : un soulèvement nationaliste agite le pays, qui est intégré à l'Union indochinoise, formée par la France en 1887.

1930 : Hô Chi Minh crée le Parti communiste indochinois.

1932 : Bao Dai devient empereur.

1941 : le Front de l'indépendance du Viêt Nam (Viêt-minh) est fondé.

1945 : les Japonais mettent fin à l'autorité française : Bao Dai abdique et une république indépendante est proclamée. La France reconnaît le nouvel État mais refuse d'y inclure la Cochinchine.

1946 - 1954 : la guerre d'Indochine oppose la France, qui a rappelé Bao Dai et reconnu l'indépendance du Viêt Nam au sein de l'Union française, au Viêt-minh.

1954 : la défaite française de Diên Biên Phu conduit aux accords de Genève, qui partagent le pays en deux de part et d'autre du 17ᵉ parallèle.

Nord et Sud Viêt Nam

1955 : dans le Sud, l'empereur Bao Dai est déposé par Ngô Dinh Diêm. La république du Viêt Nam est instaurée à Saigon.

Elle bénéficie de l'aide américaine. Dans le Nord, la République démocratique du Viêt Nam (capitale Hanoi) est dirigée par Hô Chi Minh.

1956 : les communistes rallient les opposants au régime de Ngô Dinh Diêm au sein du Viêt-cong.

1960 : le Front national de libération du Viêt Nam du Sud est créé.

1963 : assassinat de Ngô Dinh Diêm.

1964 : les États-Unis interviennent directement dans la guerre du Viêt Nam aux côtés des Sud-Vietnamiens.

1973 - 1975 : en dépit des accords de Paris et du retrait américain, la guerre continue.

1975 : les troupes du Nord prennent Saigon.

Le Viêt Nam réunifié

1976 : le Viêt Nam devient une république socialiste que des milliers d'opposants tentent de fuir (*boat people*).

1978 : le Viêt Nam signe un traité d'amitié avec l'URSS et envahit le Cambodge, dont le régime des Khmers rouges était soutenu par la Chine.

1979 : un conflit armé éclate avec la Chine.

1989 : les troupes vietnamiennes se retirent totalement du Cambodge.

1991 : la signature de l'accord de paix sur le Cambodge est suivie par la normalisation des relations avec la Chine.

1992 : une nouvelle Constitution est adoptée.

1994 : l'embargo imposé par les États-Unis depuis 1975 est levé.

1995 : le Viêt Nam devient membre de l'ASEAN.

167

YÉMEN
→ ARABIE SAOUDITE

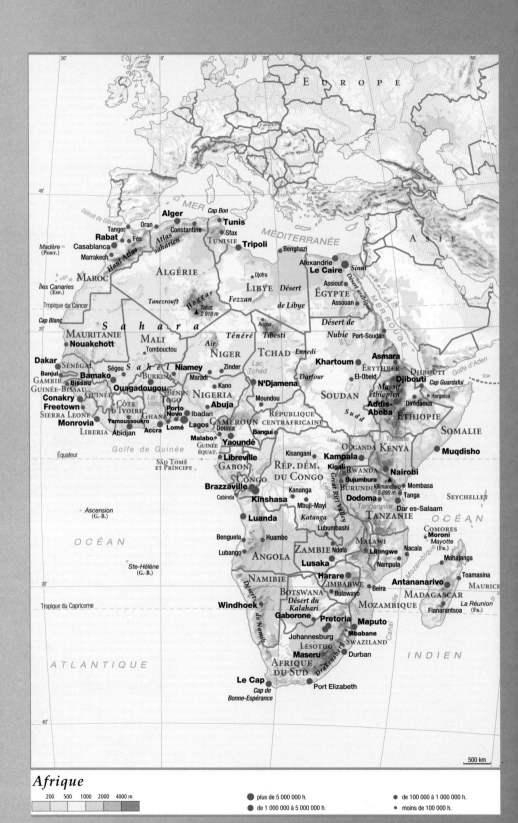

Afrique

200 500 1000 2000 4000 m

● plus de 5 000 000 h.   ● de 100 000 à 1 000 000 h.

● de 1 000 000 à 5 000 000 h.   · moins de 100 000 h.

AFRIQUE

AFRIQUE DU SUD
ALGÉRIE
ANGOLA
BÉNIN
BOTSWANA
BURKINA
BURUNDI
CAMEROUN
CAP-VERT
CENTRAFRICAINE
(RÉPUBLIQUE)
COMORES
CONGO
CONGO
(RÉPUBLIQUE
DÉMOCRATIQUE DU)
CÔTE D'IVOIRE
ÉGYPTE
ÉRYTHRÉE
ÉTHIOPIE
DJIBOUTI
GABON
GAMBIE
GHANA
GUINÉE
GUINÉE-BISSAU
GUINÉE ÉQUATORIALE
KENYA
LESOTHO

AFRIQUE
30 310 000 km^2
965 millions d'habitants*

AMÉRIQUE
42 000 000 km^2
911 millions d'habitants*

ASIE
44 000 000 km^2
4 030 millions d'habitants*

EUROPE
10 500 000 km^2
731 millions d'habitants*

OCÉANIE
9 000 000 km^2
33 millions d'habitants*

*estimation pour 2007

LIBERIA
LIBYE
MADAGASCAR
MALAWI
MALI
MAROC
MAURICE
MAURITANIE
MOZAMBIQUE
NAMIBIE
NIGER
NIGERIA
OUGANDA
RWANDA
SÃO TOMÉ
ET PRÍNCIPE
SÉNÉGAL
SEYCHELLES
SIERRA LEONE
SOMALIE
SOUDAN
SWAZILAND
TANZANIE
TCHAD
TOGO
TUNISIE
ZAMBIE
ZIMBABWE

Par la latitude, l'Afrique du Sud échappe largement à la zone tropicale, et l'altitude (haut plateau intérieur entre 1 200 et 1 800 m, bordé de régions basses) modère les températures. Les précipitations sont plus abondantes sur le versant de l'océan Indien. La barrière du Drakensberg provoque la semi-aridité d'une grande partie du bassin de l'Orange.

Superficie : 1 221 037 km²
Population (2007) : 48 577 000 hab.
Capitale (siège du gouvernement) :
Pretoria 1 985 998 hab. (r. 2001)
dans l'agglomération
Capitale (siège du Parlement) : Le Cap
2 893 232 hab. (r. 2001)
Nature de l'État et du régime politique :
république à régime parlementaire
Chef de l'État et du gouvernement :
(président de la République)
Thabo Mbeki

Organisation administrative : 9 provinces
Langues officielles : afrikaans, anglais, ndebele, pedi, sotho, swazi, tsonga, tswana, venda, xhosa et zoulou
Monnaie : rand

DÉMOGRAPHIE

Densité : 40 hab./km²
Part de la population urbaine (2005) : 59,3 %
Structure de la population par âge (2005) :
moins de 15 ans : 32,1 %, 15-60 ans :
61,2 %, plus de 60 ans : 6,7 %
Taux de natalité (2005) : 22,3 ‰
Taux de mortalité (2005) : 17 ‰
Taux de mortalité infantile (2005) : 44,8 ‰
Espérance de vie (2005) : hommes :
48,8 ans, femmes : 49.7 ans

ÉCONOMIE

PNB (2004) : 165 milliards de $
PNB/hab. (2005) : 4 960 $
PNB/hab. PPA (2005) :
12 120 dollars internationaux
IDH (2004) : 0,653
Taux de croissance annuelle du PIB (2006) : 4,2 %
Taux annuel d'inflation (2005) : 3,4 %
Structure de la population active (2003) :
agriculture : 10,3 %, mines et industries :
24,5 %, services : 65,2 %
Structure du PIB (2004) : agriculture :
3,5 %, mines et industries : 31,7 %,
services : 64,8 %
Dette publique brute (2004) : n.d.
Taux de chômage (2005) : 26,6 %

Agriculture et pêche

Cultures
agrumes (2003) : 1 856 000 t.
canne à sucre (2004) : 19 094 760 t.
maïs (2004) : 9 965 000 t.
oranges (2004) : 1 154 320 t.
pamplemousses (2004) : 233 350 t.
pêches (2004) : 226 360 t.
raisin (2004) : 1 682 950 t.
sisal (2003) : 1 560 t.
tournesol (2004) : 710 000 t.
blé (2004) : 1 680 000 t.
pommes de terre (2004) : 1 818 600 t.

Élevage et pêche
bovins (2005) : 13 764 000 têtes
caprins (2005) : 6 407 000 têtes
ovins (2005) : 25 316 420 têtes
poulets (2005) : 121 000 000 têtes
pêche (2004) : 917 950 t.

Énergie et produits miniers
électricité totale (2004) :
227 239 millions de kWh
électricité nucléaire (2004) :
14 280 millions de kWh
houille (2001) : 248 702 000 t.
argent (2005) : 89 t.
chrome (2004) : 7 626 000 t.
diamant (2005) : 15 160 000 carats
fer (2004) : 24 800 000 t.
manganèse (2004) : 1 905 000 t.
nickel (2004) : 39 800 t.
or (2005) : 294 803 kg
phosphate (2003) : 2 643 000 t.

Afrique du Sud, Lesotho

★ site touristique important

500 1000 1500 2000 m

Le Cap capitale de province
limite de province

═══ autoroute
─── route
─── voie ferrée
✈ aéroport

● plus de 1 000 000 h.
● de 500 000 à 1 000 000 h.
● de 100 000 à 500 000 h.
• moins de 100 000 h.

plomb (2005) : 42 000 t.
uranium (2004) : 755 t.
cuivre (2005) : 103 900 t.

Productions industrielles
laine (2005) : 44 156 t.
sucre (2002) : 2 626 000 t.
vin (2005) : 11 578 950 hl
aluminium (2005) : 851 000 t.
cuivre métal (2005) : 97 000 t.
nickel métal (2004) : 39 900 t.
plomb métal (2005) : 65 000 t.
zinc métal (2005) : 102 000 t.
automobiles (2005) : 324 800 unités
véhicules utilitaires (2005) : 200 300 unités

coton fibre (2005) : 21 902 t.
sisal (2003) : 1 560 t.
textiles synthétiques (1998) : 145 000 t.
ciment (2005) : 13 000 000 t.
caoutchouc synthétique (2001) : 63 000 t.
production de bois (2005) : 33 071 100 m³

Tourisme
Recettes touristiques (2004) :
6 729 millions de $

Commerce extérieur
Exportations de biens (2005) :
54 581 millions de dollars
Importations de biens (2005) :
56 459 millions de dollars

Défense
Forces armées (2004) : 55 750 individus
Budget de la Défense (2004) :
1,46 % du PIB

Niveau de vie
Nombre d'habitants pour un médecin (1990) : 1 640
Apport journalier moyen en calories (1990) : 2 980
(minimum FAO : 2 400)
Nombre d'automobiles pour 1 000 hab. (2002) : 94
Nombre de téléviseurs pour 1 000 hab. (2002) : 177

REPÈRES HISTORIQUES

Peuplée très tôt dans la préhistoire, l'Afrique du Sud est occupée par les Bochimans, les Hottentots (xii⁰ s.), puis les Bantous (xvi⁰ s.).

Période africaine et hollandaise
xvi⁰ s. : les Portugais découvrent le pays sans s'y fixer.
1652 : les Hollandais fondent Le Cap.
1685 : les colons (Boers) sont rejoints par les huguenots français, après la révocation de l'édit de Nantes. L'esclavage se développe. Les Hottentots et les Bochimans sont exterminés.

La domination britannique
1814 : la colonie hollandaise du Cap passe sous administration britannique.
1834 : l'abolition de l'esclavage (1833) mécontente les Boers, qui migrent vers l'est et le nord (« Grand Trek »). Ils sont évincés du Natal par les Britanniques et établissent deux républiques, le Transvaal et l'Orange, qui consolident leur indépendance après

un premier conflit avec la Grande-Bretagne (1877 - 1881). Les Xhosa s'opposent à la pénétration européenne (neuf guerres « cafres », 1779 - 1877) tandis que les Zoulous affrontent les Boers (bataille de Bloodriver, 1838) et les Britanniques (Isandhlwana, 1879).
1899 - 1902 : la guerre des Boers s'achève par la victoire des Britanniques sur le Transvaal et l'Orange, qui sont annexés.
1910 : création de l'Union sud-africaine (États du Cap, Natal, Orange et Transvaal), qui sera membre du Commonwealth.
1913 : premières lois de ségrégation raciale (apartheid).
1920 : l'ancienne colonie allemande du Sud-Ouest africain est confiée à l'Union sud-africaine par la SDN, puis par l'ONU.
1948 : le gouvernement du Dᵣ Malan (Parti national, afrikaner) durcit les lois d'apartheid.

La république d'Afrique du Sud
1961 : l'Union se transforme en république indépendante, puis se retire du Commonwealth. Après 1966, B. J. Vorster et P. Botha poursuivent la politique d'apartheid, au prix d'un isolement grandissant du pays.
1976 : graves émeutes à Soweto.
1985 - 1986 : l'instauration de l'état d'urgence et la violence de la répression sont condamnées par plusieurs pays occidentaux.
1988 : l'Afrique du Sud conclut un accord avec l'Angola et Cuba, qui entraîne un cessez-le-feu en Namibie.
1990 : F. De Klerk met en œuvre une politique d'ouverture vers la majorité noire. La Namibie accède à l'indépendance.
1994 : les premières élections multiraciales sont largement remportées par l'ANC de N. Mandela. Un gouvernement d'unité nationale est formé.
1996 : une nouvelle Constitution est adoptée.
1999 : T. Mbeki succède à N. Mandela.

LESOTHO

Le Lesotho est un pays montagneux totalement enclavé dans l'Afrique du Sud.

Superficie : 30 355 km²
Population (2007) : 2 008 000 hab.
Capitale : Maseru 172 000 hab. (e. 2005)
Nature de l'État et du régime politique : monarchie
Chef de l'État : (roi) Letsie III
Chef du gouvernement : (Premier ministre) Bethuel Pakalitha Mosisili
Organisation administrative : 10 districts
Langues officielles : sotho et anglais
Monnaies : rand et loti

DÉMOGRAPHIE
Densité : 66 hab./km²
Part de la population urbaine (2005) : 18,7 %
Structure de la population par âge (2005) :
moins de 15 ans : 40,4 %, 15-60 ans :
52,9 %, plus de 60 ans : 6,7 %
Taux de natalité (2005) : 29 ‰
Taux de mortalité (2005) : 19,2 ‰
Taux de mortalité infantile (2005) : 64,6 ‰
Espérance de vie (2004) : hommes :
34,6 ans, femmes : 36,6 ans

ÉCONOMIE
PNB (2004) : 1,3 milliard de $
PNB/hab. (2005) : 960 $
PNB/hab. PPA (2005) : 3 410 dollars internationaux
IDH (2004) : 0,494
Taux de croissance annuelle du PIB (2006) :
1,6 %
Taux annuel d'inflation (2005) : 3,4 %
Structure de la population active :
agriculture : n.d., mines et industries :
n.d., services : n.d.
Structure du PIB (2004) : agriculture :
17,6 %, mines et industries : 40,6 %,
services : 41,8 %
Dette publique brute : n.d.
Taux de chômage : n.d.

Agriculture
Cultures
maïs (2004) : 150 000 t.

Élevage
bovins (2003) : 540 000 têtes
caprins (2003) : 650 000 têtes
ovins (2003) : 850 000 têtes

Énergie et produits miniers
électricité totale (2004) :
250 millions de kWh

Productions industrielles
lait (2004) : 23 750 t.

Tourisme
Recettes touristiques (2002) :
20 millions de $

Commerce extérieur
Exportations de biens (2005) :
650 millions de dollars
Importations de biens (2005) :
1 259,8 millions de dollars

Défense
Forces armées (2004) : 2 000 individus
Budget de la Défense (2004) : 1,96 % du PIB

Niveau de vie
Nombre d'habitants pour un médecin (1990) : 18 610
Apport journalier moyen en calories (2002) : 2 638
(minimum FAO : 2 400)
Nombre d'automobiles pour 1 000 hab. (1996) : 6
Nombre de téléviseurs pour 1 000 hab. (2002) : 35

REPÈRES HISTORIQUES

1868 : le royaume du Lesotho, créé au xix⁰ s., devient protectorat britannique en 1868 sous le nom de Basutoland.
1966 : il acquiert son indépendance et reprend le nom de Lesotho.

ALGÉRIE

Le pays est formé au nord par un ensemble de hautes terres dont la largeur s'amenuise vers l'est. Les chaînons de l'Atlas saharien (djebel Amour, monts du Zab, Aurès) constituent la limite avec le désert. Le climat méditerranéen règne sur cet ensemble. Dans le Sud, l'Algérie possède une partie importante du Sahara. Cette vaste étendue désertique comprend des régions au relief varié : plateaux pierreux (regs), cuvettes tapissées de dunes (ergs) et massifs montagneux (Hoggar).

Superficie : 2 381 741 km²
Population (2007) : 33 858 000 hab.
Capitale : Alger 3 200 000 hab. (e. 2005) dans l'agglomération
Nature de l'État et du régime politique : république à régime semi-présidentiel
Chef de l'État : (président de la République) Abdelaziz Bouteflika
Chef du gouvernement : (Premier ministre) Abdelaziz Belkhadem
Organisation administrative : 48 wilayas
Langues officielles : arabe et tamazight
Monnaie : dinar algérien

DÉMOGRAPHIE
Densité : 14 hab./km²
Part de la population urbaine (2005) : 63,3 %
Structure de la population par âge (2005) : moins de 15 ans : 29,6 %, 15-60 ans : 63,9 %, plus de 60 ans : 6,5 %
Taux de natalité (2005) : 20,6 ‰
Taux de mortalité (2005) : 4,9 ‰
Taux de mortalité infantile (2005) : 31,1 ‰
Espérance de vie (2004) : hommes : 70,1 ans, femmes : 72,8 ans

ÉCONOMIE
PNB (2004) : 73 milliards de $
PNB/hab. (2005) : 2 730 $
PNB/hab. PPA (2005) : 6 770 dollars internationaux
IDH (2004) : 0,728
Taux de croissance annuelle du PIB (2006) : 4,9 %
Taux annuel d'inflation (2005) : 1,6 %
Structure de la population active (2000) : agriculture : 15,6 %, mines et industries : 24,4 %, services : 60 %
Structure du PIB (2004) : agriculture : 9,8 %, mines et industries : 56,7 %, services : 33,5 %
Dette publique brute : n.d.
Taux de chômage (2004) : 17,7 %

Agriculture et pêche
Cultures
amandes (2004) : 37 980 t.
dattes (2004) : 470 000 t.
olives (2004) : 170 000 t.
blé (2004) : 2 602 000 t.
orge (2004) : 1 314 000 t.
agrumes (2003) : 515 000 t.
oranges (2004) : 390 000 t.
pommes de terre (2004) : 1 800 000 t.
raisin (2004) : 275 000 t.

Élevage et pêche
bovins (2005) : 1 586 100 têtes
caprins (2005) : 3 590 000 têtes
ovins (2005) : 18 909 100 têtes
poulets (2005) : 125 000 000 têtes
chameaux (2005) : 268 600 têtes
pêche (2004) : 140 580 t.

Énergie et produits miniers
électricité totale (2004) : 29 386 millions de kWh
hydroélectricité (2004) : 248 millions de kWh
pétrole (2005) : 86 500 000 t.
gaz naturel (2005) : 87 800 millions de m³
fer (2004) : 720 000 t.
phosphate (2003) : 905 000 t.

Productions industrielles
lait (2004) : 1 668 100 t.
viande (2003) : 555 000 t.
huile d'olive (2002) : 46 000 t.
acier (2005) : 1 007 000 t.
coton fibre (2005) : 20 t.
vin (2005) : 770 000 hl

Tourisme
Recettes touristiques (2002) : 133 millions de $

Commerce extérieur
Exportations de biens (1997) : 13 894 millions de dollars
Importations de biens (1997) : 8 688 millions de dollars

Défense
Forces armées (2004) : 137 500 individus
Budget de la Défense (2004) : 3,66 % du PIB

Niveau de vie
Nombre d'habitants pour un médecin (1993) : 1 250
Apport journalier moyen en calories (2004) : 3 070 (minimum FAO : 2 400)
Nombre d'automobiles pour 1 000 hab. (1996) : 25
Nombre de téléviseurs pour 1 000 hab. (2001) : 114

172

REPÈRES HISTORIQUES

De l'Algérie antique à la régence d'Alger
Peuplée par les Berbères, l'Algérie est influencée par les civilisations phénicienne (fin du IIᵉ millénaire) puis carthaginoise (VIIᵉ-IIᵉ s. av. J.-C.). Les Berbères, les Maures et les Numides organisent des royaumes puissants en Numidie et en Mauritanie.
IIᵉ s. av. J.-C. : sous la domination romaine (victoire de Marius sur Jugurtha en 105 av. J.-C.), l'Algérie connaît un réel essor (Timgad, Tébessa). Elle est christianisée.
Vᵉ s. : les Vandales dévastent le pays.
VIᵉ - VIIᵉ s. : domination de Byzance.
VIIᵉ s. : arrivée des Arabes (raids d'Uqba ibn Nafi, 681 - 682). L'Algérie est islamisée et gouvernée de Damas par des califes omeyyades, puis de Bagdad par des califes abbassides. Les Berbères résistent à la domination arabe.
Xᵉ - XIᵉ s. : suzeraineté des Fatimides (dynastie chiite).
XIᵉ - XIIᵉ s. : deux dynasties berbères, les Almoravides puis les Almohades, dominent le Maghreb et une partie de l'Espagne.
XIIIᵉ - XVIᵉ s. : le pays est morcelé en de nombreuses principautés (dont une des plus importantes à Tlemcen), confédérations tribales ou ports libres. Le littoral s'ouvre à la civilisation andalouse.
1518 : face à la menace espagnole, les Algérois font appel aux corsaires turcs. L'un d'eux, Barberousse, place Alger sous la protection ottomane.
1587 : l'Algérie forme la régence d'Alger.

Elle est gouvernée par les deys à partir du XVIIᵉ s. et s'intéressant essentiellement à la course des navires corsaires en Méditerranée.

La colonisation française
Juillet 1830 : le gouvernement de Charles X fait occuper Alger.
1832 - 1847 : résistance d'Abd el-Kader, qui déclare la guerre à la France (1839) et qui est vaincu par le général Bugeaud.
1852 - 1870 : la conquête est achevée avec l'occupation de la Kabylie et des confins sahariens. De nombreux colons s'installent, surtout après 1870 (environ 984 000 « pieds-noirs » en 1954).
1870 - 1940 : l'économie connaît un certain essor, mais la situation des indigènes ne s'améliore pas.
1ᵉʳ novembre 1954 : insurrection algérienne qui marque le début de la guerre d'Algérie
1962 : l'Algérie devient indépendante.

L'Algérie indépendante
1963 : A. Ben Bella, président de la nouvelle république, établit un régime socialiste à parti unique (FLN).
1965 : il est renversé par H. Boumediene, qui oriente la politique extérieure dans le sens du non-alignement.
1989 : le multipartisme est instauré.
1992 et suivantes : le pays est en proie aux violences liées au terrorisme islamiste.
1999 : A. Bouteflika est élu à la présidence de la République (régulièrement réélu depuis).
2005 : une Charte pour la paix et la réconciliation nationale est approuvée par référendum.

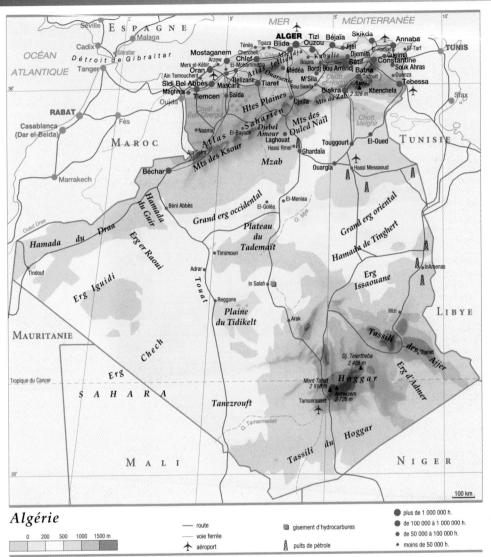

Algérie

0 200 500 1000 1500 m

— route
— voie ferrée
✈ aéroport

▨ gisement d'hydrocarbures
🛢 puits de pétrole

● plus de 1 000 000 h.
● de 100 000 à 1 000 000 h.
● de 50 000 à 100 000 h.
• moins de 50 000 h.

173

COUCHANT ET LEVANT

L'Algérie est un pays du Maghreb. Ce nom signifie en arabe « le Couchant ». Le Maroc et la Tunisie font aussi partie du Maghreb. Le Grand Maghreb recouvre, outre ces trois pays, la Libye et la Mauritanie. En 1989, les pays du Grand Maghreb ont créé une union économique, l'Union du Maghreb arabe (UMA). On désigne sous le nom de Machreq (« le Levant ») les pays arabes d'Asie et du nord-est de l'Afrique (Égypte, Libye).

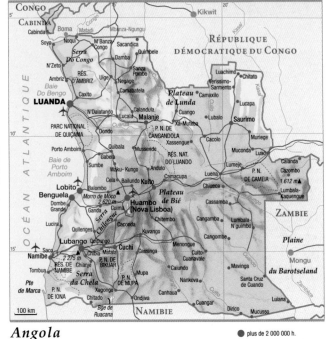

Occupant plus du double de la superficie de la France, l'Angola est formé d'un haut plateau, relativement arrosé et couvert de savanes, qui domine une étroite plaine côtière aride.

Superficie : 1 246 700 km²
Population (2007) : 17 024 000 hab.
Capitale : Luanda 2 766 000 hab.
(e. 2005) dans l'agglomération
Nature de l'État et du régime politique : république à régime semi-présidentiel
Chef de l'État : (président de la République) José Eduardo Dos Santos
Chef du gouvernement : (Premier ministre) Fernando da Piedade Dias Dos Santos
Organisation administrative : 18 provinces
Langue officielle : portugais
Monnaie : kwanza

DÉMOGRAPHIE

Densité : 14 hab./km²
Part de la population urbaine (2005) : 53,3 %
Structure de la population par âge (2005) : moins de 15 ans : 46,4 %, 15-60 ans : 49,7 %, plus de 60 ans : 3,9 %
Taux de natalité (2005) : 47,3 ‰
Taux de mortalité (2005) : 20,5 ‰
Taux de mortalité infantile (2005) : 131,9 ‰
Espérance de vie (2004) : hommes : 39,7 ans, femmes : 42,6 ans

ÉCONOMIE

PNB (2004) : 14,4 milliards de $
PNB/hab. (2005) : 1 350 $
PNB/hab. PPA (2005) : 2 210 dollars internationaux
IDH (2004) : 0,439
Taux de croissance annuelle du PIB (2006) : 14,3 %
Taux annuel d'inflation (2005) : 24 %
Structure de la population active : agriculture : n.d., mines et industries : n.d., services : n.d.
Structure du PIB (2004) : agriculture : 9 %, mines et industries : 57,7 %, services : 33,3 %
Dette publique brute : n.d.
Taux de chômage : n.d.

Agriculture et pêche

Cultures
manioc (2004) : 6 650 000 t.
maïs (2004) : 577 000 t.
café (2004) : 1 250 t.
millet (2004) : 123 420 t.
patates douces (2005) : 659 000 t.

bananes (2004) : 300 000 t.
canne à sucre (2004) : 360 000 t.

Élevage et pêche
bovins (2005) : 4 150 000 têtes
caprins (2005) : 2 050 000 têtes
ovins (2005) : 340 000 têtes
porcins (2005) : 780 000 têtes
pêche (2004) : 240 000 t.

Énergie et produits miniers

électricité totale (2004) : 2 194 millions de kWh
hydroélectricité (2004) : 1 334 millions de kWh
pétrole (2005) : 61 200 000 t.
diamant (2005) : 6 200 000 carats

Productions industrielles

bière (2002) : 1 050 000 hl

Tourisme

Recettes touristiques (2004) : 82 millions de $

Commerce extérieur

Exportations de biens (2005) : 13 475 millions de dollars
Importations de biens (2005) : 5 831,8 millions de dollars

Défense

Forces armées (2004) : 108 400 individus
Budget de la Défense (2004) : 0,06 % du PIB

Niveau de vie

Nombre d'habitants pour un médecin (1990) : 14 290

Apport journalier moyen en calories (2004) : 2 120 (minimum FAO : 2 400)
Nombre d'automobiles pour 1 000 hab. (1996) : 18
Nombre de téléviseurs pour 1 000 hab. (2001) : 52

REPÈRES HISTORIQUES

1482 : le Portugais Diogo Cão découvre le pays.
1580 - 1625 : la traite est la première activité du pays.
1889 - 1901 : des traités fixent les limites de la colonie portugaise.
1961 : l'insurrection de Luanda inaugure la guerre d'indépendance, mais le mouvement nationaliste est divisé.
1975 : l'indépendance est proclamée.
1976 - 1988 : Cuba soutient le gouvernement dans sa lutte contre la guérilla (Union nationale pour l'indépendance totale de l'Angola, ou UNITA).
1991 : le multipartisme est instauré. Un accord de paix est signé avec l'UNITA.
1992 : le parti gouvernemental remporte les premières élections libres. Mais le refus de l'UNITA de reconnaître sa défaite entraîne une reprise de la guerre civile, qui se poursuit malgré un nouvel accord de paix en 1994.
2002 : signature d'un cessez-le-feu entre l'armée gouvernementale et l'UNITA, qui se transforme en parti légal d'opposition.

Angola

200   500   1000   1500 m

— route
— voie ferrée
✈ aéroport

● plus de 2 000 000 h.
● de 100 000 à 2 000 000 h.
● de 50 000 à 100 000 h.
• moins de 50 000 h.

BÉNIN

Le pays est formé d'une étroite bande de terre, étirée sur près de 700 km du golfe de Guinée au fleuve Niger. Le Sud, au climat équatorial, est le domaine des plaines, le Centre, plus sec, comprend des plateaux, tandis que le Nord est accidenté par les modestes hauteurs de l'Atakora.

Superficie : 112 622 km²
Population (2007) : 9 033 000 hab.
Capitale : Porto-Novo 223 552 hab. (r. 2002)
Nature de l'État et du régime politique : république à régime présidentiel
Chef de l'État et du gouvernement : (président de la République) Yayi Boni
Organisation administrative : 12 départements
Langue officielle : français
Monnaie : franc CFA

DÉMOGRAPHIE

Densité : 80 hab./km²
Part de la population urbaine (2005) : 40,1 %
Structure de la population par âge (2005) : moins de 15 ans : 44,2 %, 15-60 ans : 51,5 %, plus de 60 ans : 4,3 %
Taux de natalité (2005) : 40,2 ‰
Taux de mortalité (2005) : 11,2 ‰
Taux de mortalité infantile (2005) : 98 ‰
Espérance de vie (2004) : hommes : 53,8 ans, femmes : 55,3 ans

ÉCONOMIE

PNB (2004) : 3,7 milliards de $
PNB/hab. (2005) : 510 $
PNB/hab. PPA (2005) : 1 110 dollars internationaux
IDH (2004) : 0,428
Taux de croissance annuelle du PIB (2006) : 4,5 %
Taux annuel d'inflation (2005) : 5,4 %
Structure de la population active : agriculture : n.d., mines et industries : n.d., services : n.d.

Bénin

limite de département
— route   Cotonou chef-lieu de département
— voie ferrée   ● plus de 500 000 h.
✈ aéroport   ● de 100 000 à 500 000 h.
100 300 500 m   ● de 50 000 à 100 000 h.
● moins de 50 000 h.

Structure du PIB (2004) : agriculture : 36,8 %, mines et industries : 14,8 %, services : 48,4 %
Dette publique brute : n.d.
Taux de chômage : n.d.

Agriculture

Cultures
igname (2003) : 2 409 000 t.
noix de cajou (2004) : 40 000 t.
maïs (2004) : 842 630 t.
manioc (2004) : 2 955 010 t.
sorgho (2004) : 163 830 t.
arachide (2004) : 130 000 t.

Élevage
bovins (2005) : 1 800 000 têtes
caprins (2005) : 1 380 000 têtes
ovins (2005) : 750 000 têtes
porcins (2005) : 322 000 têtes
poulets (2005) : 13 000 000 têtes

Énergie et produits miniers

électricité totale (2004) : 82 millions de kWh
pétrole (2001) : 50 000 t.

Productions industrielles

huile de palme (2005) : 36 000 t.
coton fibre (2005) : 150 000 t.
ciment (2005) : 250 000 t.

Tourisme

Recettes touristiques (2002) : 60 millions de $

Commerce extérieur

Exportations de biens (2001) : 373,5 millions de dollars
Importations de biens (2001) : 553 millions de dollars

Défense

Forces armées (2004) : 4 550 individus
Budget de la Défense (2004) : 1,69 % du PIB

Niveau de vie

Nombre d'habitants pour un médecin (1994) : 10 000
Apport journalier moyen en calories (2004) : 2 590 (minimum FAO : 2 400)
Nombre d'automobiles pour 1 000 hab. (1996) : 7
Nombre de téléviseurs pour 1 000 hab. (2001) : 12

REPÈRES HISTORIQUES

Une migration adja-fon venue du royaume de Tado (Togo actuel) est à l'origine de la création du royaume d'Allada (XVIᵉ s. ?) dont sont issus les royaumes de Porto-Novo et d'Abomey.
Vers 1720 : ce dernier (le Dan Homé ou Dahomey) conquiert le port de Ouidah qui lui donne accès au commerce atlantique.
XIXᵉ s. : l'influence française s'accroît malgré les efforts du roi Glélé et de son fils Béhanzin, fait prisonnier en 1894.
1895 : la colonie du Dahomey est incluse dans l'Afrique-Occidentale française.
1946 : elle devient un territoire d'outre-mer.
1958 : elle est membre de la Communauté.
1960 : le pays accède à l'indépendance.
1975 : il prend le nom de République populaire du Bénin.

175

BOTSWANA

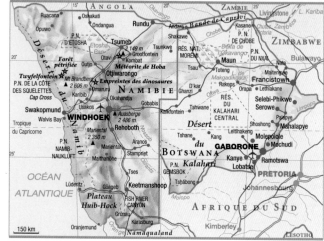

Botswana, Namibie

★ site touristique important

400 | 1000 | 1500 | 2000 m

═══ autoroute
─── route
─── voie ferrée
✈ aéroport

● plus de 100 000 h.
● de 50 000 à 100 000 h.
● de 10 000 à 50 000 h.
· moins de 10 000 h.

Le Botswana est en majeure partie désertique (désert du Kalahari) avec, au nordouest, le delta de l'Okavango, fleuve dont le pays tire l'essentiel de ses ressources.

Superficie : 581 730 km²
Population (2007) : 1 882 000 hab.
Capitale : Gaborone 186 007 hab.
(r. 2001)
Nature de l'État et du régime politique :
république à régime parlementaire
Chef de l'État et du gouvernement :
(président de la République)
Festus Mogae
Organisation administrative : 9 districts
Langue officielle : anglais
Monnaie : pula

DÉMOGRAPHIE

Densité : 3 hab./km²
Part de la population urbaine (2005) : 57,4 %
Structure de la population par âge (2005) :
moins de 15 ans : 35,6 %, 15-60 ans :
59,3 %, plus de 60 ans : 5,1 %
Taux de natalité (2005) : 24,9 ‰
Taux de mortalité (2005) : 14,1 ‰
Taux de mortalité infantile (2005) : 46,5 ‰
Espérance de vie (2004) : hommes :
35,6 ans, femmes : 35,3 ans

ÉCONOMIE

PNB (2004) : 7,7 milliards de $
PNB/hab. (2005) : 5 180 $
PNB/hab. PPA (2005) : 10 250 dollars
internationaux
IDH (2004) : 0,57
Taux de croissance annuelle du PIB (2006) : 4,2 %
Taux annuel d'inflation (2005) : 8,6 %
Structure de la population active (2000) :
agriculture : 19,7 %, mines et industries :
20,9 %, services : 59,4 %
Structure du PIB (2004) : agriculture :
2,5 %, mines et industries : 50,9 %,
services : 46,6 %

Dette publique brute : n.d.
Taux de chômage (2003) : 23,8 %

Agriculture

Cultures
sorgho (2004) : 32 000 t.

Élevage
bovins (2005) : 3 100 000 têtes
caprins (2005) : 1 950 000 têtes

Énergie et produits miniers

électricité totale (2004) :
823 millions de kWh
diamant (2005) : 31 900 000 carats
nickel (2004) : 33 000 t.
cuivre (2005) : 26 100 t.
houille (2001) : 1 047 000 t.

Productions industrielles

bière (2002) : 130 000 hl
viande (2003) : 57 000 t.
lait (2004) : 105 350 t.
production de bois (2005) : 765 750 m³

Tourisme

Recettes touristiques (2002) :
309 millions de $

Commerce extérieur

Exportations de biens (1999) :
2 671 millions de dollars
Importations de biens (1999) :
1 996,5 millions de dollars

Défense

Forces armées (2004) : 9 000 individus
Budget de la Défense (2004) : 4,01 % du PIB

Niveau de vie

Nombre d'habitants pour un médecin (1993) : 5 000
Apport journalier moyen en calories (2002) : 2 151
(minimum FAO : 2 400)
Nombre d'automobiles pour 1 000 hab. (1999) : 30
Nombre de téléviseurs pour 1 000 hab. (2001) : 44

REPÈRES HISTORIQUES

1885 : le Bechuanaland devient un protectorat britannique.
1966 : il accède à l'indépendance et prend le nom de Botswana.

NAMIBIE

Une haute muraille, le Grand Escarpement, sépare le désert côtier du Namib, dont la largeur varie de 150 à 300 km, des hautes terres de l'Est (plus de 1 350 m), qui occupent environ les 4/5 du territoire et s'abaisse doucement vers la cuvette du Kalahari.

Superficie : 824 292 km²
Population (2007) : 2 074 000 hab.
Capitale : Windhoek 289 000 hab. (e. 2005)
Nature de l'État et du régime politique : république à régime semi-présidentiel
Chef de l'État et du gouvernement : (président de la République)
Hifikepunye Pohamba
Premier ministre : Nahas Angula
Organisation administrative : 13 régions
Langue officielle : anglais
Monnaies : rand et dollar namibien

DÉMOGRAPHIE

Densité : 3 hab./km²
Part de la population urbaine (2005) : 35,1 %
Structure de la population par âge (2005) : moins de 15 ans : 39,1 %, 15-60 ans : 55,7 %, plus de 60 ans : 5,2 %
Taux de natalité (2005) : 25,7 ‰
Taux de mortalité (2005) : 12,4 ‰
Taux de mortalité infantile (2005) : 42,3 ‰
Espérance de vie (2004) : hommes : 47,2 ans, femmes : 47,6 ans

ÉCONOMIE

PNB (2004) : 4,8 milliards de $
PNB/hab. (2005) : 2 990 $
PNB/hab. PPA (2005) : 7 910 dollars internationaux
IDH (2004) : 0,626
Taux de croissance annuelle du PIB (2006) : 4,5 %
Taux annuel d'inflation (2005) : 2,2 %
Structure de la population active (2000) : agriculture : 34,2 %, mines et industries : 13,5 %, services : 52,3 %

Structure du PIB (2004) : agriculture : 9,8 %, mines et industries : 31,7 %, services : 58,5 %
Dette publique brute : n.d.
Taux de chômage : n.d.

Agriculture et pêche

Cultures
maïs (2004) : 33 000 t.
millet (2004) : 60 000 t.

Élevage et pêche
bovins (2005) : 3 133 880 têtes
caprins (2005) : 2 043 470 têtes
ovins (2005) : 2 663 790 têtes
poulets (2005) : 3 500 000 têtes
pêche (2004) : 570 820 t.

Énergie et produits miniers

électricité totale (2004) : 1 397 millions de kWh
diamant (2005) : 1 900 000 carats
uranium (2004) : 3 038 t.
plomb (2005) : 14 000 t.
zinc (2005) : 70 000 t.
or (2005) : 2 200 kg
cuivre (2005) : 10 900 t.

Productions industrielles

cuivre métal (2002) : 26 700 t.

Tourisme

Recettes touristiques (2004) : 426 millions de $

Commerce extérieur

Exportations de biens (2003) : 1 260,2 millions de dollars
Importations de biens (2003) : 1 726 millions de dollars

Défense

Forces armées (2004) : 9 200 individus
Budget de la Défense (2004) : 3,09 % du PIB

Niveau de vie

Nombre d'habitants pour un médecin (1993) : 4 320

Apport journalier moyen en calories (2002) : 2 278 (minimum FAO : 2 400)
Nombre d'automobiles pour 1 000 hab. (2002) : 82
Nombre de téléviseurs pour 1 000 hab. (2001) : 77

REPÈRES HISTORIQUES

Fin du XVᵉ - XVIIIᵉ s. : quelques Européens, Portugais puis Hollandais, s'aventurent sur les côtes. Cependant, l'intérieur est occupé par les Bantous (Herero et Hottentots), qui refoulent Bochimans et Namaqua.
1892 : l'Allemagne s'assure la domination de la région (sauf une enclave devenue colonie britannique en 1878), qu'elle baptise Sud-Ouest africain.
1904 - 1906 : elle doit lutter contre le soulèvement des Herero.
1914 - 1915 : l'Union sud-africaine (aujourd'hui Afrique du Sud) conquiert la région.
1920 : elle la reçoit en mandat de la SDN.
1922 : l'enclave britannique est rattachée au Sud-Ouest africain.
1949 : l'ONU refuse l'annexion de la région à l'Union sud-africaine, qui conserve son mandat sur elle et y étend le système de l'apartheid.
1966 : l'ONU révoque le mandat de l'Afrique du Sud.
1968 : l'ONU change le nom du Sud-Ouest africain en Namibie. L'Afrique du Sud ignore cette décision, mais ne peut empêcher la formation d'un parti indépendantiste, la SWAPO (South West Africa People's Organization).
1974 : celle-ci engage des opérations de guérilla contre l'Afrique du Sud.
1988 : des accords entre l'Afrique du Sud, l'Angola et Cuba entraînent un cessez-le-feu dans le nord de la Namibie et ouvrent la voie à l'indépendance du territoire.
1990 : la Namibie accède à l'indépendance.

177

Enclavé au cœur du Sahel, le Burkina est un pays pauvre, souvent aride, domaine d'une agriculture médiocre.

Superficie : 274 000 km²
Population (2007) : 14 784 000 hab.
Capitale : Ouagadougou 926 000 hab.
(e. 2005)
Nature de l'État et du régime politique :
république à régime semi-présidentiel
Chef de l'État : (président du Faso)
Blaise Compaoré
Chef du gouvernement : (Premier
ministre) Pertius Zongo
Organisation administrative : 45 provinces
Langue officielle : français
Monnaie : franc CFA

DÉMOGRAPHIE
Densité : 54 hab./km²
Part de la population urbaine (2005) :
18,3 %
Structure de la population par âge (2005) :
moins de 15 ans : 46,2 %, 15-60 ans :
49,4 %, plus de 60 ans : 4,4 %
Taux de natalité (2005) : 44 ‰
Taux de mortalité (2005) : 14,4 ‰
Taux de mortalité infantile (2005) :
104,4 ‰
Espérance de vie (2004) : hommes :
47,3 ans, femmes : 48,8 ans

ÉCONOMIE
178
PNB (2004) : 4,4 milliards de $
PNB/hab. (2005) : 400 $
PNB/hab. PPA (2005) : 1 220 dollars
internationaux
IDH (2004) : 0,342
Taux de croissance annuelle du PIB (2006) :
5,6 %
Taux annuel d'inflation (2005) : 6,4 %
Structure de la population active :
agriculture : n.d., mines et industries :
n.d., services : n.d.
Structure du PIB (2004) : agriculture :
30,7 %, mines et industries : 19,8 %,
services : 49,5 %
Dette publique brute : n.d.
Taux de chômage : n.d.

Burkina

| 200 | 300 | 500 m |

★ site touristique important
— route
— voie ferrée
✈ aéroport

● plus de 400 000 h.
● de 50 000 à 400 000 h.
● de 20 000 à 50 000 h.
• moins de 20 000 h.

Agriculture
Cultures
millet (2004) : 937 630 t.
sorgho (2004) : 1 399 300 t.
maïs (2004) : 481 470 t.
canne à sucre (2004) : 450 000 t.
arachide (2004) : 245 310 t.
Élevage
bovins (2005) : 8 010 150 têtes
caprins (2005) : 10 708 990 têtes
ovins (2005) : 7 009 400 têtes

Énergie et produits miniers
électricité totale (2004) :
400 millions de kWh
or (2005) : 1 397 kg

Productions industrielles
sucre (2002) : 40 000 t.
coton fibre (2005) : 250 386 t.

Tourisme
Recettes touristiques (2001) : 34 millions de $

Commerce extérieur
Exportations de biens (1997) :
190 millions de dollars
Importations de biens (1997) :
506 millions de dollars

Défense
Forces armées (2004) : 10 800 individus
Budget de la Défense (2004) : 1,22 % du PIB

Niveau de vie
**Nombre d'habitants pour un
médecin (1990)** : 33 330

Apport journalier moyen en
calories (2004) : 2 500
(minimum FAO : 2 400)
Nombre d'automobiles pour
1 000 hab. (1996) : 4
Nombre de téléviseurs pour
1 000 hab. (2003) : 12

REPÈRES HISTORIQUES
Le pays est peuplé en majorité par les Mossi, qui fondent au xvᵉ s. le royaume de Ouagadougou, d'où sont issus à diverses époques d'autres royaumes mossi.
XVIIIᵉ s. : les Dioula du royaume de Kong (actuelle Côte d'Ivoire) unifient l'ouest du pays en créant le Gwiriko, autour de Bobo-Dioulasso.
1898 : après les explorations de Binger (1886 - 1888) et de Monteil (1890 - 1891), la France, victorieuse de Samory Touré, occupe Bobo-Dioulasso.
1919 : d'abord incluse dans le Haut-Sénégal-Niger (1904), la Haute-Volta devient colonie particulière.
1932 : elle est partagée entre le Soudan, la Côte d'Ivoire et le Niger.
1960 : la Haute-Volta acquiert son indépendance.
1966 - 1983 : elle est secouée par divers coups d'État militaires, dont celui de Thomas Sankara en 1983.
1984 : la Haute-Volta devient le Burkina.
1991 : le multipartisme est instauré.

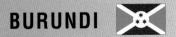

Pays de hauts plateaux et proche de l'équateur, le Burundi a un climat tempéré par l'altitude, rarement inférieure à 1 000 m.

Superficie : 27 834 km²
Population (2007) : 8 508 000 hab.
Capitale : Bujumbura 447 000 hab.
(e. 2005)
Nature de l'État et du régime politique : république
Chef de l'État et du gouvernement : (président de la République)
Pierre Nkurunziza
Organisation administrative : 16 provinces
Langues officielles : français et kirundi
Monnaie : franc du Burundi

DÉMOGRAPHIE

Densité : 306 hab./km²
Part de la population urbaine (2005) : 10 %
Structure de la population par âge (2005) :
moins de 15 ans : 45,1 %, 15-60 ans : 50,8 %, plus de 60 ans : 4,1 %
Taux de natalité (2005) : 47,1 ‰
Taux de mortalité (2005) : 15,6 ‰
Taux de mortalité infantile (2005) : 99,4 ‰
Espérance de vie (2004) : hommes : 43,2 ans, femmes : 45,2 ans

ÉCONOMIE

PNB (2004) : 0,7 milliard de $
PNB/hab. (2005) : 100 $
PNB/hab. PPA (2005) : 640 dollars internationaux
IDH (2004) : 0,384
Taux de croissance annuelle du PIB (2006) : 6,1 %
Taux annuel d'inflation (2005) : 13,5 %
Structure de la population active :
agriculture : n.d., mines et industries : n.d., services : n.d.
Structure du PIB (2004) : agriculture : 51,4 %, mines et industries : 19,9 %, services : 28,7 %
Dette publique brute : n.d.
Taux de chômage : n.d.

Agriculture et pêche

Cultures
bananes (2004) : 1 600 000 t.
patates douces (2005) : 835 000 t.
maïs (2004) : 123 200 t.
manioc (2004) : 709 570 t.
canne à sucre (2004) : 180 000 t.

Élevage et pêche
bovins (2005) : 395 740 têtes
caprins (2005) : 750 000 têtes
ovins (2005) : 242 930 têtes
porcins (2005) : 70 000 têtes
pêche (2004) : 13 630 t.

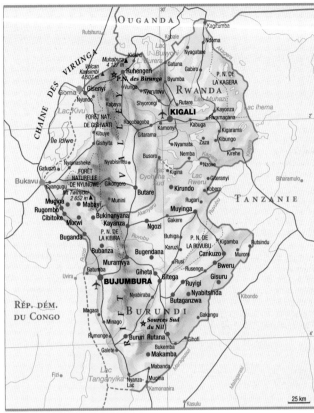

Burundi, Rwanda

— route	● plus de 200 000 h.
↑ aéroport	● de 20 000 à 200 000 h.
★ site touristique important	● moins de 20 000 h.

500 1000 1500 m

Énergie et produits miniers
électricité totale (2004) :
137 millions de kWh
or (2005) : 3 905 kg

Productions industrielles
bière (2002) : 710 000 hl

Tourisme
Recettes touristiques (2002) :
1 million de $

Commerce extérieur
Exportations de biens (2005) :
56,9 millions de dollars
Importations de biens (2005) :
240,7 millions de dollars

Défense
Forces armées (2004) : 50 500 individus
Budget de la Défense (2004) : 6,47 % du PIB

Niveau de vie
Nombre d'habitants pour un médecin (1993) : 17 240
Apport journalier moyen en calories (2004) : 1 660
(minimum FAO : 2 400)
Nombre d'automobiles pour 1 000 hab. : n.d.

Nombre de téléviseurs pour 1 000 hab. (2003) : 35

REPÈRES HISTORIQUES

Le Burundi est un royaume africain fondé peut-être à la fin du XVIIᵉ s.
1890 : le pays est annexé par l'Afrique-Orientale allemande.
1916 - 1962 : il est, avec le Ruanda-Urundi, sous mandat, puis sous tutelle belge.
1962 : le Burundi accède à l'indépendance.
1966 : la royauté y est abolie au profit de la république. La vie politique est dominée par des conflits intercommunautaires permanents entre les Hutu (85 % de la population) et les Tutsi, minoritaires mais qui, traditionnellement, détiennent le pouvoir.
1992 : une nouvelle Constitution instaure le multipartisme.
2001 : un gouvernement d'union nationale est mis en place, un accord prévoyant l'alternance au pouvoir d'un président tutsi et d'un président hutu.

RWANDA

Petit pays enclavé, le Rwanda est formé de hauts plateaux où l'altitude modère les températures équatoriales.

Superficie : 26 338 km²
Population (2007) : 9 725 000 hab.
Capitale : Kigali 608 141 hab. (r. 2002)
◆Nature de l'État et du régime politique : république à régime semi-présidentiel
Chef de l'État : (président de la République) Paul Kagame
Chef du gouvernement : (Premier ministre) Bernard Makuza
Organisation administrative : 5 régions
Langues officielles : anglais, français et kinyarwanda
Monnaie : franc rwandais

DÉMOGRAPHIE

Densité : 369 hab./km²
Part de la population urbaine (2005) : 19,3 %
Structure de la population par âge (2005) : moins de 15 ans : 43,5 %, 15-60 ans : 52,8 %, plus de 60 ans : 3,7 %
Taux de natalité (2005) : 44,5 ‰
Taux de mortalité (2005) : 17,2 ‰
Taux de mortalité infantile (2005) : 112,4 ‰
Espérance de vie (2004) : hommes : 42,3 ans, femmes : 45,5 ans

ÉCONOMIE

PNB (2004) : 1,9 milliard de $
PNB/hab. (2005) : 230 $
PNB/hab. PPA (2005) : 1 320 dollars internationaux
IDH (2004) : 0,45
Taux de croissance annuelle du PIB (2006) : 5 %

Taux annuel d'inflation (2005) : 9,1 %
Structure de la population active : agriculture : n.d., mines et industries : n.d., services : n.d.
Structure du PIB (2004) : agriculture : 40,4 %, mines et industries : 21,4 %, services : 38,2 %
Dette publique brute : n.d.
Taux de chômage : n.d.

Agriculture et pêche

Cultures
bananes plantain (2005) : 2 593 080 000 t.
patates douces (2005) : 885 000 t.
manioc (2004) : 765 750 t.
sorgho (2004) : 163 770 t.
Élevage et pêche
bovins (2005) : 1 004 100 têtes
caprins (2005) : 1 339 740 têtes
ovins (2005) : 464 330 têtes
pêche (2004) : 8 420 t.

Énergie et produits miniers

électricité totale (2004) : 93 millions de kWh
étain (2002) : 197 t.
or (2003) : 2 kg

Productions industrielles

bière (2002) : 400 000 hl
ciment (2005) : 105 000 t.

Tourisme

Recettes touristiques (2002) : 31 millions de $

Commerce extérieur

Exportations de biens (2005) : 128 millions de dollars
Importations de biens (2005) : 355 millions de dollars

Défense

Forces armées (2004) : 51 000 individus

Budget de la Défense (2004) : 2,59 % du PIB

Niveau de vie

Nombre d'habitants pour un médecin (1990) : 50 000
Apport journalier moyen en calories (2004) : 2 110 (minimum FAO : 2 400)
Nombre d'automobiles pour 1 000 hab. (1996) : 1
Nombre de téléviseurs pour 1 000 hab. (1998) : 0

REPÈRES HISTORIQUES

XIVe - XIXe s. : le Rwanda entre dans l'histoire avec la dynastie des rois Nyiginya, issus du groupe pastoral et guerrier des Tutsi.
Fin du XIXe s. : le pays est difficilement contrôlé par les Allemands.
1923 : la Belgique reçoit un mandat sur la région, qui prend le nom de Ruanda-Urundi.
1962 : le Rwanda devient indépendant. De graves conflits opposent les Hutu aux Tutsi, qui émigrent ou sont totalement évincés des affaires.
1973 : coup d'État du général Juvénal Habyarimana (hutu).
1991 : une nouvelle Constitution restaure le multipartisme.
1994 : la mort du président Habyarimana (probablement dans un attentat) ouvre un épisode sanglant de l'histoire du pays. La minorité tutsi est victime d'un véritable génocide, organisé par les milices extrémistes hutu, et les populations hutu, elles-mêmes victimes de tueries, fuient devant la progression du FPR (Front patriotique rwandais). Ce dernier prend le contrôle du pays. Mais l'ampleur du traumatisme rend la réconciliation nationale problématique.

Le Cameroun est formé de plaines (sur le littoral), de hauteurs volcaniques isolées (mont Cameroun : 4 070 m), de chaînes massives au centre (Adamaoua), de collines et de plateaux aux extrémités sud et nord. Toujours chaud, le climat devient plus sec vers le nord.

Superficie : 475 442 km²
Population (2007) : 18 549 000 hab.
Capitale : Yaoundé 1 485 000 hab.
(e. 2005) dans l'agglomération
Nature de l'État et du régime politique :
république à régime semi-présidentiel
Chef de l'État : (président de la
République) Paul Biya
Chef du gouvernement : (Premier
ministre) Ephraïm Inoni
Organisation administrative : 10 régions
Langues officielles : anglais et français
Monnaie : franc CFA

DÉMOGRAPHIE

Densité : 39 hab./km²
Part de la population urbaine (2005) :
54,6 %
Structure de la population par âge (2005) :
moins de 15 ans : 41,8 %, 15-60 ans :
52,8 %, plus de 60 ans : 5,4 %
Taux de natalité (2005) : 34,5 ‰
Taux de mortalité (2005) : 14,4 ‰
Taux de mortalité infantile (2005) : 87,5 ‰
Espérance de vie (2004) : hommes :
45,3 ans, femmes : 46,6 ans

ÉCONOMIE

PNB (2004) : 13 milliards de $
PNB/hab. (2005) : 1 010 $
PNB/hab. PPA (2005) : 2 150 dollars
internationaux
IDH (2004) : 0,506
Taux de croissance annuelle du PIB (2006) :
4,2 %
Taux annuel d'inflation (2005) : 2 %
Structure de la population active :
agriculture : n.d., mines et industries :
n.d., services : n.d.
Structure du PIB (2004) : agriculture :
44,1 %, mines et industries : 16,1 %,
services : 39,8 %
Dette publique brute : n.d.
Taux de chômage (2001) : 7,5 %

Agriculture et pêche

Cultures
arachide (2004) : 225 720 t.
bananes (2004) : 797 740 t.
bananes plantain (2005) : 1 355 660 t.
cacao (2004) : 166 750 t.
café (2004) : 60 000 t.
caoutchouc (2003) : 46 000 t.

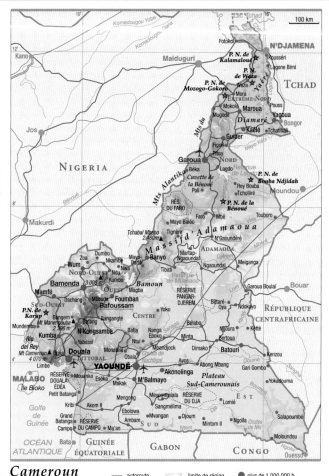

Cameroun

★	site touristique important
500 1000 1500 2000 m	

— autoroute
— route
— voie ferrée
✈ aéroport

Douala capitale de région

limite de région
capitale
de région
— oléoduc

● plus de 1 000 000 h.
● de 100 000 à 1 000 000 h.
● de 50 000 à 100 000 h.
• moins de 50 000 h.

181

palmiste (2002) : 67 000 t.
sorgho (2004) : 607 810 t.
maïs (2004) : 966 110 t.
manioc (2004) : 1 127 560 t.
millet (2004) : 60 000 t.
canne à sucre (2004) : 1 450 000 t.
jute (2005) : 100 000 t.

Élevage et pêche
bovins (2005) : 6 000 000 têtes
caprins (2005) : 4 400 000 têtes
ovins (2005) : 3 800 000 têtes
porcins (2005) : 1 350 000 têtes
poulets (2005) : 31 000 000 têtes
pêche (2004) : 133 584 t.

Énergie et produits miniers
électricité totale (2004) :
3 924 millions de kWh
hydroélectricité (2004) :
3 729 millions de kWh
or (2005) : 1 500 kg
pétrole (2005) : 3 000 000 t.

Productions industrielles
huile de palme (2005) : 158 700 t.

aluminium (2005) : 90 000 t.
coton fibre (2005) : 95 000 t.
production de bois (2005) : 11 285 000 m³

Tourisme
Recettes touristiques (2000) : 39 millions de $

Commerce extérieur
Exportations de biens (1995) :
1 735,9 millions de dollars
Importations de biens (1995) :
1 109 millions de dollars

Défense
Forces armées (2004) : 23 100 individus
Budget de la Défense (2004) : 2,1 % du PIB

Niveau de vie
**Nombre d'habitants pour un
médecin (1993) :** 12 000
Apport journalier moyen en calories (2004) :
2 260 (minimum FAO : 2 400)
**Nombre d'automobiles pour
1 000 hab. (1996) :** 7
**Nombre de téléviseurs pour
1 000 hab. (2001) :** 75

Avant la colonisation

XIIIᵉ s. : la première vague d'immigrants bantous arrive du sud (notamment les Douala), suivie par celle des Fang. Au nord se trouvent des locuteurs de langue soudanaise (Sao, Peul), venus de la vallée du Niger en deux vagues (xiᵉ et xixᵉ s.). Au sud, les Bamiléké et les Bamoum fondent des chefferies et des royaumes. Les Pygmées sont les plus anciens habitants de la forêt.

L'époque coloniale et l'indépendance

1860 : les Européens (Britanniques, Allemands) interviennent ; des mission-naires arrivent et les premières factoreries s'installent.

1884 : G. Nachtigal obtient le premier traité de protectorat sur le Cameroun, qui devient colonie allemande.

1911 : un traité franco-allemand étend les possessions allemandes.

1916 : les Alliés expulsent les Alle-mands.

1919 et 1922 : le Cameroun est divisé en deux zones, sous mandats britannique et français.

1946 : les mandats sont transformés en tutelles.

1959 : le Cameroun sous tutelle française acquiert la pleine autonomie interne.

1960 : il est proclamé indépendant. Ahmadou Ahidjo devient président de la République.

1961 : après le rattachement du sud de l'ex-Cameroun britannique (le nord est réuni au Nigeria), la république devient fédérale.

1966 : Ahidjo, au pouvoir jusqu'en 1982, instaure un régime à parti unique.

1972 : la fédération devient une républi-que unitaire.

1990 : le multipartisme est rétabli.

1995 : le Cameroun devient membre du Commonwealth.

UNE COLONIE ALLEMANDE

Les Allemands prirent pied au Cameroun en 1860. L'explorateur Gustav Nachtigal signa des traités de protectorat avec divers chefs locaux en 1884, puis la conquête du pays commença. La France, qui voulait ménager l'Allemagne à la suite de l'affaire du Maroc, lui céda en 1911 une partie du territoire du Congo et de l'Oubangui-Chari (actuelle République centrafricaine). Mais dès le début de la Première Guerre mondiale, en 1914, Belges, Français et Britanniques attaquè-rent le « Kamerun » à partir de leurs possessions respectives. Les Allemands durent se retirer en 1916, et la France et le Royaume-Uni se partagèrent le pays (les quatre cinquièmes du territoire allant à la première). Les traités signés à la fin de la guerre restituèrent à l'Afrique-Équatoriale française (A.-É.F.) les territoires cédés en 1911 et entérinèrent l'accord de 1916. La France et le Royaume-Uni reçurent un mandat de la SDN. pour administrer leur zone. Le Cameroun britan-nique fut de fait intégré au Nigeria, avec toutefois quelques modalités spécifiques, et le Came-roun français fut traité peu ou prou comme les colonies de l'A.-É.F.

Malgré sa brièveté, la colonisation allemande est à l'origine de la mise en valeur du pays – sur-tout le Sud –, à travers d'importants travaux d'infrastructure, dont les chemins de fer, et l'ins-tallation de plantations variées (café, cacao, bananes, palmiers à huile, hévéas, etc.).

CENTRAFRICAINE (RÉPUBLIQUE)

Plus vaste que la France, le pays possède une faible densité de population. Assez abondamment arrosé au sud, proche de l'équateur, il est plus sec et plus chaud vers le nord, où domine la forêt claire ou la savane arborée.

Superficie : 622 984 km²
Population (2007) : 4 343 000 hab.
Capitale : Bangui 531 763 hab. (r. 2003)
Nature de l'État et du régime politique : république à régime semi-présidentiel
Chef de l'État : (président de la République) François Bozizé
Chef du gouvernement : (Premier ministre) Élie Doté
Organisation administrative : 1 commune autonome et 16 préfectures
Langues officielles : français et sango
Monnaie : franc CFA

DÉMOGRAPHIE

Densité : 7 hab./km²
Part de la population urbaine (2005) : 38 %
Structure de la population par âge (2005) : moins de 15 ans : 42,7 %, 15-60 ans : 51,5 %, plus de 60 ans : 5,8 %
Taux de natalité (2005) : 36,1 ‰
Taux de mortalité (2005) : 18,1 ‰
Taux de mortalité infantile (2005) : 96,8 ‰
Espérance de vie (2004) : hommes : 38,6 ans, femmes : 40,1 ans

ÉCONOMIE

PNB (2004) : 1,2 milliard de $
PNB/hab. (2005) : 350 $
PNB/hab. PPA (2005) : 1 140 dollars internationaux
IDH (2004) : 0,353
Taux de croissance annuelle du PIB (2006) : 3,2 %
Taux annuel d'inflation (2005) : 2,9 %
Structure de la population active : agriculture : n.d., mines et industries : n.d., services : n.d.
Structure du PIB (2004) : agriculture : 55,6 %, mines et industries : 21,8 %, services : 22,6 %
Dette publique brute : n.d.
Taux de chômage : n.d.

Agriculture

Cultures
bananes (2004) : 110 000 t.
bananes plantain (2005) : 80 000 t.

igname (2003) : 350 000 t.
maïs (2004) : 110 000 t.
manioc (2004) : 563 000 t.
arachide (2004) : 140 000 t.
canne à sucre (2004) : 90 000 t.
café (2004) : 3 900 t.

Élevage
bovins (2005) : 3 423 000 têtes
caprins (2005) : 3 087 000 têtes
porcins (2005) : 805 000 têtes

Énergie et produits miniers
électricité totale (2004) : 109 millions de kWh
hydroélectricité (2004) : 85 millions de kWh
diamant (2005) : 353 000 carats

Productions industrielles
bière (2002) : 105 000 hl
coton fibre (2005) : 400 t
production de bois (2005) : 2 832 000 m³

Tourisme
Recettes touristiques (1998) : 6 millions de $

Commerce extérieur
Exportations de biens (1997) : 270 millions de dollars
Importations de biens (1997) : 163 millions de dollars

Défense
Forces armées (2004) : 2 550 individus
Budget de la Défense (2004) : 1,15 % du PIB

Niveau de vie
Nombre d'habitants pour un médecin (1990) : 25 000
Apport journalier moyen en calories (2004) : 1 960 (minimum FAO : 2 400)

Nombre d'automobiles pour 1 000 hab. (1997) : 0
Nombre de téléviseurs pour 1 000 hab. (2002) : 6

République centrafricaine

— route
— voie ferrée
✈ aéroport

● plus de 100 000 h.
● de 40 000 à 100 000 h.
● de 20 000 à 40 000 h.
· moins de 20 000 h.

REPÈRES HISTORIQUES

Le pays est peuplé anciennement par des Pygmées et par quelques Bantous puis, massivement au XIXe s., par d'autres Bantous (Baya, Banda) venus du Soudan, du Congo et du Tchad pour fuir la traite esclavagiste.
1877 : la descente du Congo par Stanley ouvre la voie à l'exploration européenne.
1889 - 1910 : soucieuse de s'ouvrir les routes du Tchad et du Nil, la France crée le poste de Bangui, renforce son implantation avec la mission Marchand (1896 - 1898), constitue l'Oubangui-Chari en colonie (1905) et l'intègre dans l'Afrique-Équatoriale française.
1946 : l'Oubangui-Chari devient territoire d'outre-mer.
1960 : la République centrafricaine, proclamée en 1958, devient indépendante.
1965 : un coup d'État amène au pouvoir Bokassa, président à vie (1972), puis empereur (1976).
1979 : avec l'aide de la France, Bokassa est renversé, et la république, rétablie.
À partir de 1996 : le pays connaît une crise militaire (mutineries) et politique permanente.
2005 : François Bozizé est confirmé à la tête de l'état par une élection présidentielle.

183

COMORES
→ MADAGASCAR

Traversé par l'équateur, le pays s'étend sur la cuvette forestière humide et chaude qui correspond à la majeure partie du bassin du fleuve Congo et sur les plateaux ou hauteurs de l'Est.

Superficie : 2 344 858 km²
Population (2007) : 62 636 000 hab.
Capitale : Kinshasa 6 049 000 hab. (e. 2005)
Nature de l'État et du régime politique : république à régime semi-présidentiel
Chef de l'État : (président de la République) Joseph Kabila
Chef du gouvernement : (Premier ministre) Antoine Gizenga
Organisation administrative : 10 provinces et 1 municipalité
Langue officielle : français
Monnaie : franc congolais

DÉMOGRAPHIE

Densité : 27 hab./km²
Part de la population urbaine (2005) : 32,1 %
Structure de la population par âge (2005) :
moins de 15 ans : 47,2 %, 15-60 ans : 48,7 %, plus de 60 ans : 4,1 %
Taux de natalité (2005) : 49,6 ‰
Taux de mortalité (2005) : 11,4 ‰
Taux de mortalité infantile (2005) : 113,5 ‰
Espérance de vie (2004) : hommes : 42,7 ans, femmes : 44,7 ans

ÉCONOMIE

PNB (2004) : 6,4 milliards de $
184 **PNB/hab. (2005) :** 120 $
PNB/hab. PPA (2005) : 720 dollars internationaux
IDH (2004) : 0,391
Taux de croissance annuelle du PIB (2006) : 6,5 %
Taux annuel d'inflation (2005) : 21 %
Structure de la population active : agriculture : n.d., mines et industries : n.d., services : n.d.
Structure du PIB (2002) : agriculture : 58,3 %, mines et industries : 19,4 %, services : 22,3 %
Dette publique brute : n.d.
Taux de chômage : n.d.

Agriculture et pêche

Cultures
arachide (2004) : 363 850 t.
igname (2003) : 330 000 t.
manioc (2004) : 14 950 520 t.
palmiste (2002) : 81 000 t.
patates douces (2003) : 223 000 t.
bananes plantain (2005) : 1 193 024 t.
maïs (2004) : 1 155 030 t.
canne à sucre (2004) : 1 550 550 t.

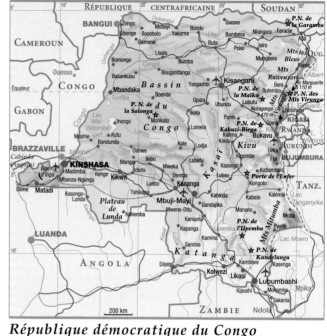

République démocratique du Congo

★ site touristique important — route
500 1000 2000 m — voie ferrée
✈ aéroport

● plus de 1 000 000 h.
● de 500 000 à 1 000 000 h.
● de 100 000 à 500 000 h.
• moins de 100 000 h.

riz (2004) : 315 130 t.
café (2004) : 32 020 t.

Élevage et pêche
caprins (2005) : 4 021 920 têtes
porcins (2005) : 959 080 têtes
poulets (2005) : 19 769 000 têtes
pêche (2004) : 222 960 t.

Énergie et produits miniers
électricité totale (2004) :
6 847 millions de kWh
hydroélectricité (2004) :
6 827 millions de kWh
diamant (2005) : 31 500 000 carats
pétrole (2002) : 1 145 000 t.
cuivre (2005) : 56 500 t.
or (2005) : 5 700 kg
étain (2005) : 80 t.

Productions industrielles
huile de palme (2005) : 176 000 t.
bière (2002) : 997 000 hl
cuivre métal (2002) : 10 000 t.
ciment (2005) : 410 000 t.
production de bois (2005) : 74 719 400 m³

Tourisme
Recettes touristiques (1998) : 2 millions de $

Commerce extérieur
Exportations de biens (1997) :
1 744,1 millions de dollars
Importations de biens (1997) :
802,9 millions de dollars

Défense
Forces armées (2004) : 64 800 individus
Budget de la Défense (2001) : 8,88 % du PIB

Niveau de vie
Nombre d'habitants pour un médecin (1990) : 10 000
Apport journalier moyen en calories (2004) : 1 590 (minimum FAO : 2 400)
Nombre d'automobiles pour 1 000 hab. (1996) : 17
Nombre de téléviseurs pour 1 000 hab. (2001) : 2

REPÈRES HISTORIQUES

La région est occupée par les Pygmées et les Bantous.
XVIIᵉ - XVIIIᵉ s. : le royaume kuba est créé sur la rivière Kasaï, tandis qu'au Katanga le royaume luba est à son apogée ; le royaume lunda s'en détache vers 1750.
1885 : la conférence de Berlin reconnaît au roi des Belges Léopold II la propriété personnelle de l'État indépendant du Congo.
1908 : la Belgique assume l'héritage de Léopold II.
1960 : le Congo belge accède à l'indépendance sous le nom de république du Congo.
1965 : Sese Seko Mobutu accède par un coup d'État à la présidence de la République.
1971 : la république du Congo prend le nom de Zaïre.
1997 : Mobutu est contraint par une rébellion à abandonner le pouvoir. Le pays, rebaptisé République démocratique du Congo, reste menacé par les conflits internes et les ingérences des pays voisins.

Vaste, mais cependant peu peuplé, sinon au sud des plateaux Batéké, où se concentrent plus des deux tiers de la population, le pays, traversé par l'équateur, possède un climat chaud et humide qui explique l'extension de la forêt.

Superficie : 342 000 km²
Population (2007) : 3 768 000 hab.
Capitale : Brazzaville 1 173 000 hab. (e. 2005)
Nature de l'État et du régime politique : république à régime présidentiel
Chef de l'État : (président de la République) Denis Sassou-Nguesso
Premier ministre : Isidore Mvouba
Organisation administrative : 10 régions et la capitale
Langue officielle : français
Monnaie : franc CFA

DÉMOGRAPHIE

Densité : 11 hab./km²
Part de la population urbaine (2005) : 60,2 %
Structure de la population par âge (2005) : moins de 15 ans : 41,9 %, 15-60 ans : 53,1 %, plus de 60 ans : 5 %
Taux de natalité (2005) : 35,1 ‰
Taux de mortalité (2005) : 18,1 ‰
Taux de mortalité infantile (2005) : 70,3 ‰
Espérance de vie (2004) : hommes : 51,2 ans, femmes : 53,7 ans

ÉCONOMIE

PNB (2004) : 2,9 milliards de $
PNB/hab. (2005) : 950 $
PNB/hab. PPA (2005) : 810 dollars internationaux
IDH (2004) : 0,52
Taux de croissance annuelle du PIB (2006) : 7,4 %
Taux annuel d'inflation (2003) : 1,2 %
Structure de la population active : agriculture : n.d., mines et industries : n.d., services : n.d.
Structure du PIB (2004) : agriculture : 6,1 %, mines et industries : 56,5 %, services : 37,4 %
Dette publique brute : n.d.
Taux de chômage : n.d.

Agriculture

Cultures
manioc (2004) : 880 000 t.
bananes plantain (2004) : 73 000 t.
bananes (2004) : 88 000 t.
arachide (2004) : 23 700 t.
canne à sucre (2004) : 460 000 t.

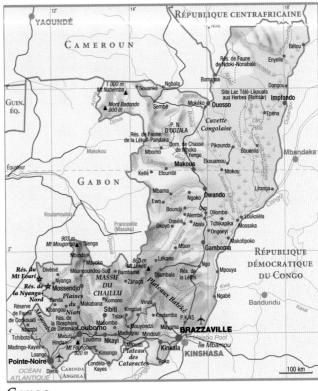

Congo

200	400	600	800 m

— route
— voie ferrée
✈ aéroport

● plus de 1 000 000 h.
● de 100 000 à 1 000 000 h.
● de 50 000 à 100 000 h.
• moins de 50 000 h.

Élevage
caprins (2005) : 295 000 têtes
poulets (2005) : 2 400 000 têtes

Énergie et produits miniers
électricité totale (2004) : 353 millions de kWh
hydroélectricité (2004) : 352 millions de kWh
pétrole (2005) : 13 100 000 t.

Productions industrielles
huile de palme (2002) : 16 700 t.
sucre (2002) : 44 100 t.
production de bois (2005) : 2 265 000 m³

Tourisme
Recettes touristiques (2002) : 25 millions de $

Commerce extérieur
Exportations de biens (2005) : 4 729,8 millions de dollars
Importations de biens (2005) : 1 356,1 millions de dollars

Défense
Forces armées (2004) : 10 000 individus
Budget de la Défense (2004) : 1,25 % du PIB

Niveau de vie
Nombre d'habitants pour un médecin (1990) : 3 333
Apport journalier moyen en calories (2004) : 2 160 (minimum FAO : 2 400)

Nombre d'automobiles pour 1 000 hab. (1996) : 14
Nombre de téléviseurs pour 1 000 hab. (2001) : 13

REPÈRES HISTORIQUES

XVᵉ s. - XVIIIᵉ s. : deux royaumes existent, celui des Téké, dans le Nord ; celui du Loango, dans le Sud.
1875 : le Français P. Savorgnan de Brazza explore la région.
1910 : la colonie du Moyen-Congo, créée dans le cadre du Congo français (1891), est intégrée dans l'A.-É.F. (capitale Brazzaville).
1940 : à Brazzaville, le gouverneur général Félix Éboué choisit la France libre.
1958 : le Congo devient république autonome. Il accède à l'indépendance en 1960.
À partir de 1963 : le régime s'oriente vers le socialisme.
1969 - 1977 : le pays devient la République populaire du Congo.
À partir de 1990 : un processus de démocratisation est engagé : retour au multipartisme, abandon des références au marxisme, nouvelle Constitution (1992).

Des plateaux recouverts par la savane apparaissent au nord, en arrière de la région littorale, bordée par des lagunes et occupée partiellement par la forêt dense.

Superficie : 322 463 km²
Population (2007) : 19 262 000 hab.
Capitale : Yamoussoukro 155 803 hab. (r. 1998), 490 000 hab. (e. 2005) dans l'agglomération
Nature de l'État et du régime politique : république à régime présidentiel
Chef de l'État : (président de la République) Laurent Gbagbo
Chef du gouvernement : (Premier ministre) Guillaume Soro
Organisation administrative : 16 régions
Langue officielle : français
Monnaie : franc CFA

DÉMOGRAPHIE

Densité : 60 hab./km²
Part de la population urbaine (2005) : 45 %
Structure de la population par âge (2005) :
moins de 15 ans : 41,7 %, 15-60 ans : 53,2 %, plus de 60 ans : 5,1 %
Taux de natalité (2005) : 35,3 ‰
Taux de mortalité (2005) : 15,4 ‰
Taux de mortalité infantile (2005) : 116,9 ‰
Espérance de vie (2004) : hommes : 45,3 ans, femmes : 46,9 ans

ÉCONOMIE

PNB (2004) : 13,6 milliards de $
PNB/hab. (2005) : 840 $
PNB/hab. PPA (2005) : 1 490 dollars internationaux
IDH (2004) : 0,421
Taux de croissance annuelle du PIB (2006) : 1,9 %
Taux annuel d'inflation (2005) : 3,9 %
Structure de la population active : agriculture : n.d., mines et industries : n.d., services : n.d.
Structure du PIB (2004) : agriculture : 22 %, mines et industries : 20,5 %, services : 57,5 %
Dette publique brute : n.d.
Taux de chômage : n.d.

Agriculture et pêche

Cultures
ananas (2004) : 176 920 t.
cacao (2004) : 1 331 490 t.
café (2004) : 159 770 t.
caoutchouc (2003) : 123 000 t.
igname (2004) : 3 000 000 t.
noix de cajou (2004) : 90 000 t.
palmiste (2002) : 40 000 t.
bananes (2004) : 252 420 t.
maïs (2004) : 910 000 t.

186

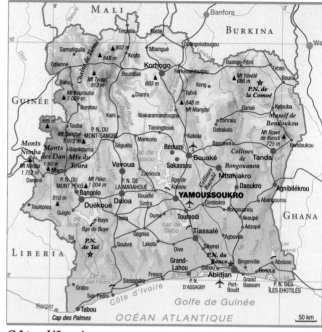

Côte d'Ivoire

★ site touristique important

| 200 | 300 | 400 | 500 m |

═══ autoroute
─── route
┄┄┄ voie ferrée
✈ aéroport

● plus de 2 000 000 h.
● de 100 000 à 2 000 000 h.
● de 50 000 à 100 000 h.
• moins de 50 000 h.

manioc (2004) : 1 500 000 t.
riz (2004) : 1 150 000 t.
canne à sucre (2004) : 1 000 000 t.
arachide (2004) : 150 000 t.

Élevage et pêche
bovins (2005) : 1 500 000 têtes
caprins (2005) : 1 192 000 têtes
ovins (2005) : 1 523 000 têtes
poulets (2005) : 33 000 000 têtes
pêche (2004) : 55 260 t.

Énergie et produits miniers
électricité totale (2004) : 4 625 millions de kWh
or (2005) : 1 638 kg
pétrole (2002) : 249 000 t.
diamant (2005) : 300 000 carats

Productions industrielles
coprah (2001) : 16 400 t.
huile de palme (2005) : 292 278 t.
coton fibre (2005) : 139 140 t.
production de bois (2005) : 10 046 970 m³

Tourisme
Recettes touristiques (2002) : 50 millions de $

Commerce extérieur
Exportations de biens (2003) : 5 844,1 millions de dollars
Importations de biens (2003) : 3 320 millions de dollars

Défense
Forces armées (2004) : 17 050 individus
Budget de la Défense (2004) : 1,25 % du PIB

Niveau de vie
Nombre d'habitants pour un médecin (1990) : 10 000

Apport journalier moyen en calories (2004) : 2 640 (minimum FAO : 2 400)
Nombre d'automobiles pour 1 000 hab. (1996) : 18
Nombre de téléviseurs pour 1 000 hab. (2001) : 61

REPÈRES HISTORIQUES

Les plus anciennes populations sont les Kru (au sud-ouest), puis les Sénoufo (au nord-est). Vers le XVᵉ s., les Kru se replient sous la poussée des Mandé, qui fonderont le royaume de Kong. Les Akan (Agni, Baoulé), implantés au début du XVIIIᵉ s., fondent des chefferies ou royaumes (sud-est).
1893 : présents dès la fin du XVIIᵉ s., les Français créent la colonie de Côte d'Ivoire, bientôt rattachée à l'A.-O.F.
1958 : territoire d'outre-mer depuis 1946, la Côte d'Ivoire devient république autonome.
1960 : elle accède à l'indépendance, avec pour président Félix Houphouët-Boigny, fidèle à la coopération avec la France.
1990 : une grave crise politique et sociale conduit le pouvoir à ouvrir le pays au multipartisme.
À partir de 1993 : après la mort d'Houphouët-Boigny, la situation économique, sociale et politique se dégrade.

DJIBOUTI → ÉTHIOPIE

Situé à une latitude subtropicale, le pays constitue l'extrémité orientale du Sahara. La quasi-totalité de la population se concentre dans la vallée du Nil, qui représente moins de 5 % de la superficie du pays, dont le reste est formé de déserts parsemés d'oasis. La chaleur est torride en été, s'accroissant vers le sud, où disparaissent pratiquement les précipitations, déjà très faibles dans le delta, où elles avoisinent 50 mm par an.

Superficie : 1 001 449 km²
Population (2007) : 75 498 000 hab.

Capitale : Le Caire 6 800 992 hab. (r. 1996), 11 128 000 hab. (e. 2005) dans l'agglomération
Nature de l'État et du régime politique : république à régime semi-présidentiel
Chef de l'État : (président de la République) Hosni Moubarak
Chef du gouvernement : (président du Conseil des ministres) Ahmed Nazif
Organisation administrative : 26 gouvernorats
Langue officielle : arabe
Monnaie : livre égyptienne

DÉMOGRAPHIE

Densité : 75 hab./km²
Part de la population urbaine (2005) : 42,8 %
Structure de la population par âge (2005) : moins de 15 ans : 33,3 %, 15-60 ans : 59,5 %, plus de 60 ans : 7,2 %
Taux de natalité (2005) : 24,2 ‰
Taux de mortalité (2005) : 5,6 ‰
Taux de mortalité infantile (2005) : 29,3 ‰
Espérance de vie (2004) : hommes : 68 ans, femmes : 72,4 ans

ÉCONOMIE

PNB (2004) : 91 milliards de $
PNB/hab. (2005) : 1 250 $
PNB/hab. PPA (2005) : 4 440 dollars internationaux
IDH (2004) : 0,702
Taux de croissance annuelle du PIB (2006) : 5,6 %
Taux annuel d'inflation (2005) : 4,5 %
Structure de la population active (2000) : agriculture : 29,6 %, mines et industries : 21,3 %, services : 49,1 %
Structure du PIB (2004) : agriculture : 15 %, mines et industries : 36,9 %, services : 48,1 %
Dette publique brute : n.d.
Taux de chômage (2003) : 11 %

Agriculture et pêche

Cultures
agrumes (2003) : 2 551 000 t.
citrons (2004) : 338 130 t.
coton (2003) : 550 000 t.
dattes (2004) : 1 166 180 t.
maïs (2004) : 6 236 140 t.
mandarines (1998) : 435 000 t.
olives (2004) : 315 190 t.

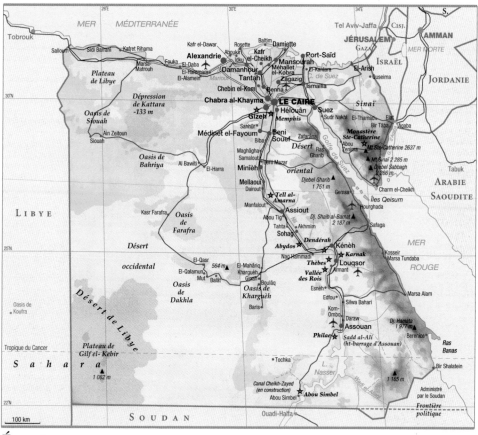

Égypte

0   200   500   1000 m

=== Autoroute
— Route
— Voie ferrée
★ Site touristique important
✈ Aéroport
● plus de 9 000 000 h.
● de 1 000 000 à 9 000 000 h.
● de 100 000 à 1 000 000 h.
● de 50 000 à 100 000 h.
• moins de 50 000 h.

oranges (2004) : 1 850 030 t.
raisin (2004) : 1 275 290 t.
riz (2004) : 6 352 370 t.
sorgho (2004) : 863 720 t.
tomates (2004) : 7 640 820 t.
blé (2004) : 7 177 850 t.
pommes de terre (2004) : 2 546 610 t.
canne à sucre (2004) : 16 230 440 t.
bananes (2004) : 875 120 t.
arachide (2004) : 191 850 t.

Élevage et pêche
bovins (2005) : 4 500 000 têtes
caprins (2005) : 3 960 000 têtes
ovins (2005) : 5 150 000 têtes
chameaux (2005) : 120 000 têtes
buffles (2005) : 3 920 000 têtes
pêche (2005) : 889 302 t.

Énergie et produits miniers
électricité totale (2004) :
91 715 millions de kWh

hydroélectricité (2004) :
12 527 millions de kWh
pétrole (2005) : 33 900 000 t.
phosphate (2003) : 2 183 000 t.

Productions industrielles
fromage (2003) : 660 750 t.
acier (2005) : 5 603 000 t.
aluminium (2005) : 244 000 t.
automobiles (2005) : 48 000 unités
coton fibre (2005) : 263 000 t.
lin (2001) : 14 000 t.
textiles synthétiques (1998) : 40 000 t.
ciment (2005) : 29 000 000 t.
papier (2005) : 460 000 t.

Tourisme
Recettes touristiques (2004) :
6 328 millions de $

Commerce extérieur
Exportations de biens (2005) :
16 073 millions de dollars
Importations de biens (2005) :
23 818 millions de dollars

Défense
Forces armées (2004) : 468 500 individus
Budget de la Défense (2004) : 2,94 % du PIB

Niveau de vie
Nombre d'habitants pour un médecin (1994) : 556
Apport journalier moyen en calories (2004) : 3 330
(minimum FAO : 2 400)
Nombre d'automobiles pour 1 000 hab. (1996) : 22
Nombre de téléviseurs pour 1 000 hab. (2002) : 229

REPÈRES HISTORIQUES

Au IVe millénaire, l'Égypte est divisée entre deux royaumes : Basse-Égypte au nord et Haute-Égypte au sud.

L'Égypte des pharaons
3150 - 2700 av. J.-C. : époque thinite, Ire et IIe dynasties. Ménès (ou Narmer) unifie l'Égypte. Apparition du relief (palette de Narmer) et de l'écriture hiéroglyphique.
2700 - 2190 : Ancien Empire, IIIe - VIedynastie. Memphis devient capitale de l'Égypte. Temps des pyramides : pyramide à degrés de Djoser à Saqqarah (IIIe dynastie) ; pyramides de Kheops, Khephren et Mykerinus à Gizeh (IVe dynastie). Nécropoles des dignitaires aux mastabas ornés de reliefs polychromes.
Vers 2160 - vers 2060 : première période intermédiaire, VIIe ? - XIe dynastie. Période de troubles politiques et sociaux.
Vers 2060 - 1785 : Moyen Empire, ou premier Empire thébain, fin de la XIe - XIIe dynastie. L'Égypte conquiert la Syrie et la Nubie. La XIIe dynastie favorise le culte d'Amon. Constructions du complexe funéraire de Deir el-Bahari, mise en valeur du Fayoum.
Vers 1780 - vers 1550 : seconde période intermédiaire, XIIIe - XVIIe dynastie. Invasion des Hyksos venus d'Asie.
Vers 1580 - 1085 : Nouvel Empire, ou second Empire thébain, XVIIIe- XXe dynastie. Avec Thèbes pour capitale, l'Égypte est une des grandes puissances du Proche-Orient. Sous les règnes de Thoutmosis III, d'Aménophis IV, initiateur du culte d'Aton (sous le nom d'Akhenaton), et de Ramsès II, elle connaît un épanouissement artistique inégalé avec la construction de grands ensembles architecturaux : Karnak, temples funéraires d'Hatshepsout, de Ramsès II et de Ramsès III à Deir el-Bahari, hypogées royaux de la Vallée des Rois ; aboutissement architectural du temple divin (Louqsor).
1085 - VIe s. av. J.-C. : Basse Époque, XXe - XXVIe dynastie. 1085 marque la fin de l'unité égyptienne. Des dynasties étrangères ou nationales alternent au pouvoir (XXIe - XXVe dynastie, dynastie saïte) ;

grande activité architecturale (temples de Philae, Dendérah, Edfou). Le pays subit l'invasion assyrienne. En 525, le roi perse Cambyse conquiert l'Égypte.
VIe - IVe s. av. J.-C. : XXVIIe - XXXe dynastie. Des rois perses et indigènes se succèdent.

L'Égypte hellénistique, romaine et byzantine
332 : Alexandre Ier le Grand s'empare de l'Égypte.
305 - 30 : les Lagides, dynastie grecque, règnent sur le pays.
30 av. J.-C. - 395 apr. J.-C. : l'Égypte est dans la dépendance romaine. Le christianisme se développe.
395 - 639 : l'Égypte est dans la mouvance byzantine. Les chrétiens forment l'Église copte.

L'Égypte musulmane jusqu'à Méhémet-Ali
640 - 642 : les Arabes conquièrent le pays.
642 - 868 : intégrée à l'Empire musulman des Omeyyades puis des Abbassides, l'Égypte est islamisée. Les coptes ne représentent plus qu'un quart de la population en 750.
868 - 905 : les Tulunides, affranchis de la tutelle abbasside, gouvernent le pays.
969 - 1171 : les Fatimides, dynastie chiite ismaélienne, fondent Le Caire et l'université d'al-Azhar (973).
1171 - 1250 : la dynastie ayyubide fondée par Saladin s'empare de la quasi-totalité des États latins du Levant et restaure le sunnisme.
1250 - 1517 : la caste militaire des Mamelouks domine le pays.
1517 : l'Égypte devient une province ottomane.
1798 - 1801 : elle est occupée par les troupes françaises commandées par Bonaparte.

L'Égypte moderne
1805 - 1848 : Méhémet-Ali, qui s'est déclaré pacha à vie, massacre les Mamelouks (1811) et modernise le pays. Il conquiert le Soudan (1820).

1867 : Ismaïl Pacha obtient le titre de khédive (vice-roi).
1869 : le canal de Suez est inauguré. Endettée, l'Égypte doit accepter la tutelle des Français et des Britanniques, puis celle de ces derniers seulement. Les Britanniques établissent une domination de fait sur le pays dès 1882.
1914 - 1922 : mettant fin à la suzeraineté ottomane, le protectorat britannique est établi.
1922 : il est supprimé, et l'Égypte devient un royaume.
1936 : le traité anglo-égyptien confirme l'indépendance de l'Égypte, qui accepte le stationnement de troupes britanniques sur son territoire.
1936 - 1952 : les Frères musulmans radicalisent le mouvement nationaliste, qui se renforce encore après la défaite infligée aux armées arabes par Israël (1948 - 1949).

L'Égypte républicaine
1953 : la république est proclamée.
1954 : Nasser devient le seul maître du pays.
1956 : il obtient des Soviétiques le financement du haut barrage d'Assouan et nationalise le canal de Suez, ce qui provoque un conflit avec Israël et l'intervention militaire franco-britannique.
1958 - 1961 : l'Égypte et la Syrie forment la République arabe unie, présidée par Nasser.
1967 : la guerre des « Six-Jours » entraîne la fermeture du canal de Suez et l'occupation du Sinaï par Israël.
1970 : Sadate succède à Nasser.
1973 : « guerre du Kippour » : l'Égypte récupère le contrôle du canal de Suez.
1976 : l'Égypte rompt ses relations avec l'URSS.
1979 : le traité de paix avec Israël est signé à Washington, conformément aux accords de Camp David.
1982 : le Sinaï est restitué à l'Égypte.
À partir de 1983 : sévère répression du gouvernement contre les islamistes.

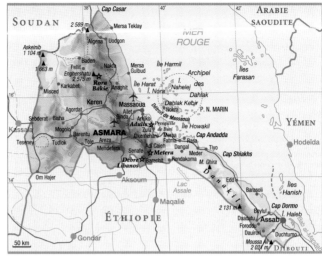

L'Érythrée se compose d'une étroite plaine côtière, aride et dominée par un plateau plus arrosé.

Superficie : 117 600 km²
Population (2007) : 4 851 000 hab.
Capitale : Asmara 551 000 hab. (e. 2005)
Nature de l'État et du régime politique : république à régime parlementaire
Chef de l'État et du gouvernement : (président de la République) Issayas Afeworki
Organisation administrative : 6 provinces
Langues officielles : tigrigna et arabe
Monnaie : nakfa

DÉMOGRAPHIE

Densité : 41 hab./km²
Part de la population urbaine (2005) : 19,4 %
Structure de la population par âge (2005) : moins de 15 ans : 43 %, 15-60 ans : 53 %, plus de 60 ans : 4 %
Taux de natalité (2005) : 39,3 ‰
Taux de mortalité (2005) : 9,2 ‰
Taux de mortalité infantile (2005) : 55,3 ‰
Espérance de vie (2004) : hommes : 52,5 ans, femmes : 56,3 ans

ÉCONOMIE

PNB (2004) : 0,8 milliard de $
PNB/hab. (2005) : 220 $
PNB/hab. PPA (2005) : 1 010 dollars internationaux
IDH (2004) : 0,454
Taux de croissance annuelle du PIB (2006) : 2 %
Taux annuel d'inflation (2003) : 22,7 %
Structure de la population active : agriculture : n.d., mines et industries : n.d., services : n.d.
Structure du PIB (2004) : agriculture : 15,1 %, mines et industries : 24,2 %, services : 60,7 %
Dette publique brute : n.d.
Taux de chômage : n.d.

Agriculture et pêche

Cultures
sorgho (2004) : 44 650 t.

Élevage et pêche

bovins (2005) : 1 950 000 têtes
caprins (2005) : 1 700 000 têtes
ovins (2005) : 2 100 000 têtes
poulets (2005) : 1 370 000 têtes
chameaux (2005) : 75 000 têtes
pêche (2004) : 7 400 t.

Énergie et produits miniers

électricité totale (2004) : 276 millions de kWh

Productions industrielles

lait (2004) : 56 730 t.
viande (2003) : 30 900 t.

Tourisme

Recettes touristiques (2004) : 73 millions de $

Commerce extérieur

Exportations de biens (2001) : 36,8 millions de dollars
Importations de biens (2000) : 471,4 millions de dollars

Défense

Forces armées (2004) : 201 750 individus
Budget de la Défense (2004) : 9 % du PIB

Niveau de vie

Nombre d'habitants pour un médecin : n.d.
Apport journalier moyen en calories (2002) : 1 513 (minimum FAO : 2 400)

Nombre d'automobiles pour 1 000 hab. (1996) : 2
Nombre de téléviseurs pour 1 000 hab. (2003) : 53

Érythrée

★ site touristique important
0   200   500   1000 m

— route
— voie ferrée
✈ aéroport

● plus de 300 000 h.
● de 50 000 à 300 000 h.
● de 20 000 à 50 000 h.
● moins de 20 000 h.

REPÈRES HISTORIQUES

L'Érythrée a longtemps constitué la seule province maritime de l'Éthiopie.
1890 : elle devient une colonie italienne.
1941 - 1952 : les Britanniques occupent la région, puis l'administrent après la guerre.
1952 : l'Érythrée est réunie à l'Éthiopie avec le statut d'État fédéré.
1962 : devenue une province de l'Éthiopie, elle s'oppose à la politique autoritaire du gouvernement d'Addis-Abeba, contre lequel se bat le Front populaire de libération de l'Érythrée (FPLE), fondé en 1970.
1991 : après la chute de Mengistu, le nouveau régime éthiopien accepte le principe d'un référendum d'autodétermination.
1993 : le pays accède à l'indépendance.
1998 - 2000 : un conflit frontalier oppose l'Érythrée à l'Éthiopie.

189

En dehors des plateaux de l'Est (Ogaden) et de la dépression Danakil, plus au nord, l'Éthiopie est un pays essentiellement montagneux (Massif éthiopien), ce qui lui vaut, à cette latitude, de ne pas être désertique.

Superficie : 1 104 300 km²
Population (2007) : 83 099 000 hab.
Capitale : Addis-Abeba 2 893 000 hab. (e. 2005)
Nature de l'État et du régime politique : république à régime parlementaire
Chef de l'État : (président de la République) Girma Wolde-Giorgis
Chef du gouvernement : (Premier ministre) Meles Zenawi
Organisation administrative :
9 États régionaux et 2 municipalités
Langue officielle : amharique
Monnaie : birr éthiopien

DÉMOGRAPHIE

Densité : 75 hab./km²
Part de la population urbaine (2005) : 16 %
Structure de la population par âge (2005) : moins de 15 ans : 44,5 %, 15-60 ans : 50,9 %, plus de 60 ans : 4,6 %
Taux de natalité (2005) : 38,2 ‰
Taux de mortalité (2005) : 13 ‰
Taux de mortalité infantile (2005) : 86,9 ‰
Espérance de vie (2004) : hommes : 41,7 ans, femmes : 43,2 ans

ÉCONOMIE

190

PNB (2004) : 7,6 milliards de $
PNB/hab. (2005) : 160 $
PNB/hab. PPA (2005) : 1 000 dollars internationaux
IDH (2004) : 0,371
Taux de croissance annuelle du PIB (2005) : 8,7 %
Taux annuel d'inflation (2005) : 11,6 %
Structure de la population active : agriculture : n.d., mines et industries : n.d., services : n.d.
Structure du PIB (2004) : agriculture : 46,8 %, mines et industries : 9,5 %, services : 43,7 %
Dette publique brute : n.d.
Taux de chômage (2005) : 5 %

Agriculture et pêche

Cultures
blé (2004) : 1 618 090 t.
maïs (2004) : 2 743 880 t.
orge (2004) : 1 087 370 t.
café (2004) : 259 980 t.
igname (2003) : 300 000 t.
miel (2003) : 29 000 t.
millet (2004) : 305 100 t.

sisal (2003) : 700 t.
sorgho (2004) : 1 784 280 t.
pommes de terre (2004) : 400 000 t.
canne à sucre (2004) : 2 454 280 t.

Élevage et pêche
bovins (2005) : 38 500 000 têtes
caprins (2005) : 9 626 000 têtes
ovins (2005) : 17 000 000 têtes
chameaux (2003) : 327 000 têtes
chevaux (2003) : 1 300 000 têtes
poulets (2005) : 39 000 000 têtes
pêche (2004) : 10 000 t.

Énergie et produits miniers

électricité totale (2004) : 2 294 millions de kWh
hydroélectricité (2004) : 2 256 millions de kWh
or (2005) : 3 900 kg

Productions industrielles

lait (2004) : 1 582 250 t.
viande (2003) : 549 000 t.
bière (2002) : 4 117 000 hl
coton fibre (2005) : 23 000 t.
laine (2005) : 12 000 t.
ciment (2005) : 1 568 000 t.

production de bois (2005) : 97 408 670 m³

Tourisme

Recettes touristiques (2004) : 457 millions de $

Commerce extérieur

Exportations de biens (2005) : 917,3 millions de dollars
Importations de biens (2005) : 3 700,9 millions de dollars

Défense

Forces armées (2004) : 182 500 individus
Budget de la Défense (2004) : 3,93 % du PIB

Niveau de vie

Nombre d'habitants pour un médecin (1990) : 33 330
Apport journalier moyen en calories (2004) : 1 850 (minimum FAO : 2 400)
Nombre d'automobiles pour 1 000 hab. (2002) : 1
Nombre de téléviseurs pour 1 000 hab. (2001) : 6

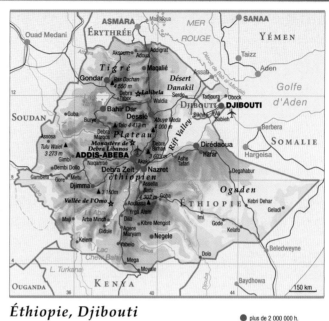

Éthiopie, Djibouti

★ site touristique important

| 0 | 500 | 1000 | 2000 | 3000 m |

— route
— voie ferrée
✈ aéroport

● plus de 2 000 000 h.
● de 100 000 à 2 000 000 h.
● de 50 000 à 100 000 h.
• moins de 50 000 h.

150 km

REPÈRES HISTORIQUES

Iᵉʳ - IXᵉ s. apr. J.-C. : le royaume d'Aksoum étend sa domination jusqu'au Nil Bleu. Christianisé par l'Église égyptienne (copte) au IVᵉ s., il connaît sa période la plus brillante au VIᵉ s. avant de sombrer sous les coups de l'islam au Xᵉ s.

XVIᵉ s. : les Portugais découvrent le pays et le libèrent (1543) de l'occupation musulmane imposée en 1527.

XVIIᵉ - XVIIIᵉ s. : le pays est pénétré par des populations païennes et sombre bientôt dans des luttes entre seigneurs féodaux. ➡

1869 : après l'ouverture du canal de Suez, l'Éthiopie est convoitée par les puissances européennes.
1889 - 1909 : Ménélik II bat les Italiens à Adoua (1896) et fonde Addis-Abeba.
1917 : les Européens, maîtres des côtes, imposent Tafari comme régent.
1930 : Tafari, négus depuis 1928, devient empereur (Hailé Sélassié Ier).
1935 - 1936 : guerre contre l'Italie. Vaincue, l'Éthiopie constitue, avec l'Érythrée et la Somalie, l'Afrique-Orientale italienne.
1941 : les troupes franco-anglaises libèrent le pays.
1962 : l'Érythrée, réunie à l'Éthiopie en 1952 avec le statut d'État fédéré, forme alors une province. La rébellion s'y développe.
1974 : l'armée dépose le négus et instaure un régime de type socialiste.
1977 - 1998 : soutenue par l'URSS et Cuba, l'Éthiopie est engagée dans un conflit frontalier contre la Somalie à propos de l'Ogaden.
1987 : l'Éthiopie devient une république populaire et démocratique, à parti unique.
1991 : confronté à la montée de la guerre civile, Mengistu doit abandonner le pouvoir.
1993 : l'Érythrée accède à l'indépendance.
1998 - 2000 : un conflit frontalier oppose l'Éthiopie à l'Érythrée.

DJIBOUTI

À l'entrée de la mer Rouge, Djibouti est un petit pays au relief contrasté mais unifié par un climat chaud et aride.

Superficie : 23 200 km^2
Population (2007) : 833 000 hab.
Capitale : Djibouti 555 000 hab. (e. 2005) dans l'agglomération
Nature de l'État et du régime politique : république à régime présidentiel
Chef de l'État et du gouvernement : (président de la République)
Ismaïl Omar Guelleh
Premier ministre : Dileita Mohamed Dileita
Organisation administrative : 6 régions
Langues officielles : arabe et français
Monnaie : franc de Djibouti

DÉMOGRAPHIE

Densité : 36 hab./km^2
Part de la population urbaine (2005) : 86,1 %
Structure de la population par âge (2005) : moins de 15 ans : 38,5 %, 15-60 ans : 56,6 %, plus de 60 ans : 4,9 %
Taux de natalité (2005) : 28,7 ‰
Taux de mortalité (2005) : 11,3 ‰
Taux de mortalité infantile (2005) : 85,3 ‰
Espérance de vie (2004) : hommes : 51,9 ans, femmes : 54,3 ans

ÉCONOMIE

PNB (2004) : 0,739 milliard de $
PNB/hab. (2005) : 1 020 $
PNB/hab. PPA (2005) : 2 240 dollars internationaux
IDH (2004) : 0,494
Taux de croissance annuelle du PIB (2006) : 4,2 %
Taux annuel d'inflation (2003) : 2 %
Structure de la population active : agriculture : n.d., mines et industries : n.d., services : n.d.
Structure du PIB (2000) : agriculture : 3,7 %, mines et industries : 14,2 %, services : 82,1 %
Dette publique brute : n.d.
Taux de chômage : n.d.

Agriculture et pêche

Cultures
tomates (2004) : 1 200 t.
Élevage et pêche
bovins (2005) : 297 000 têtes
caprins (2005) : 512 000 têtes
ovins (2005) : 466 000 têtes
chameaux (2005) : 69 000 têtes
pêche (2005) : 260 t
Énergie et produits miniers
électricité totale (2004) : 200 millions de kWh

Tourisme
Recettes touristiques (1998) : 4 millions de $
Commerce extérieur
Exportations de biens (1995) : 33,5 millions de dollars
Importations de biens (1995) : 205 millions de dollars
Défense
Forces armées (2004) : 9 850 individus
Budget de la Défense (2004) : 4,09 % du PIB

Niveau de vie
Nombre d'habitants pour un médecin (1990) : 4 180
Apport journalier moyen en calories (2004) : 2 270 (minimum FAO : 2 400)
Nombre d'automobiles pour 1 000 hab. (2005) : 17
Nombre de téléviseurs pour 1 000 hab. (2001) : 78

1896 : création de la « Côte française des Somalis ».
1946 : elle reçoit le statut de territoire d'outre-mer.
1967 : celui-ci devient le Territoire français des Afars et des Issas.
1977 : il accède à l'indépendance et prend le nom de république de Djibouti, présidée par Hassan Gouled Aptidon (qui reste à la tête de l'État jusqu'en 1999).

GABON

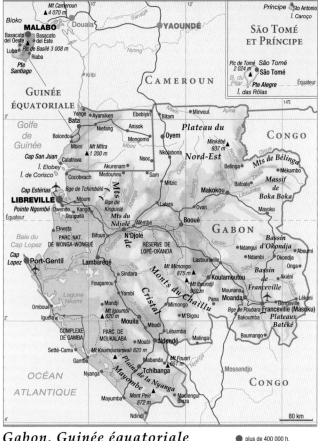

Vaste comme la moitié de la France et correspondant au bassin de l'Ogoooué, le Gabon est un pays peu peuplé, au climat équatorial, chaud et humide. Il est recouvert par la forêt dense.

Superficie : 267 668 km²
Population (2007) : 1 331 000 hab.
Capitale : Libreville 556 000 hab. (e. 2005)
Nature de l'État et du régime politique : république à régime semi-présidentiel
Chef de l'État : (président de la République) Omar Bongo
Chef du gouvernement : (Premier ministre) Jean Eyeghe Ndong
Organisation administrative : 9 provinces
Langue officielle : français
Monnaie : franc CFA

DÉMOGRAPHIE

Densité : 5 hab./km²
Part de la population urbaine (2005) : 83,6 %
Structure de la population par âge (2005) : moins de 15 ans : 35,9 %, 15-60 ans : 57,4 %, plus de 60 ans : 6,7 %
Taux de natalité (2005) : 25,7 ‰
Taux de mortalité (2005) : 11,7 ‰
Taux de mortalité infantile (2005) : 53,8 ‰
Espérance de vie (2004) : hommes : 53,5 ans, femmes : 54,6 ans

ÉCONOMIE

PNB (2004) : 5,6 milliards de $
PNB/hab. (2005) : 5 010 $
PNB/hab. PPA (2005) : 5 890 dollars internationaux
IDH (2004) : 0,633
Taux de croissance annuelle du PIB (2006) : 2,2 %
Taux annuel d'inflation (2005) : 0,1 %
Structure de la population active : agriculture : n.d., mines et industries : n.d., services : n.d.
Structure du PIB (2004) : agriculture : 8,2 %, mines et industries : 60,6 %, services : 31,2 %
Dette publique brute : n.d.
Taux de chômage : n.d.

Agriculture et pêche

Cultures
cacao (2001) : 600 t.
manioc (2004) : 230 000 t.
igname (2003) : 155 000 t.
canne à sucre (2004) : 235 000 t.
arachide (2004) : 20 000 t.

Élevage et pêche
bovins (2005) : 35 000 têtes
ovins (2005) : 195 000 têtes
porcins (2005) : 212 000 têtes
poulets (2005) : 3 100 000 têtes
pêche (2004) : 40 600 t.

192

Gabon, Guinée équatoriale

— route
— voie ferrée
✈ aéroport
→ oléoduc
marais

● plus de 400 000 h.
● de 50 000 à 400 000 h.
● de 20 000 à 50 000 h.
• moins de 20 000 h.

200 500 1000 m

80 km

Énergie et produits miniers
électricité totale (2004) : 1 543 millions de kWh
hydroélectricité (2004) : 900 millions de kWh
manganèse (2004) : 1 090 000 t.
pétrole (2005) : 11 700 000 t.
uranium (1999) : 294 t.

Productions industrielles
huile de palme (2005) : 6 400 t.
ciment (2005) : 260 000 t.
production de bois (2005) : 3 728 100 m³

Tourisme
Recettes touristiques (2001) : 7 millions de $

Commerce extérieur
Exportations de biens (1999) : 2 498,8 millions de dollars
Importations de biens (2000) : 910,5 millions de dollars

Défense
Forces armées (2004) : 4 700 individus
Budget de la Défense (2004) : 0,18 % du PIB

Niveau de vie
Nombre d'habitants pour un médecin (1993) : 2 000
Apport journalier moyen en calories (2004) : 2 680 (minimum FAO : 2 400)
Nombre d'automobiles pour 1 000 hab. (1996) : 17
Nombre de téléviseurs pour 1 000 hab. (2002) : 308

GUINÉE ÉQUATORIALE

Une partie du pays regroupe diverses îles, dont Bioko et Annobón; l'autre partie correspond au territoire oriental du Mbini, entre le Cameroun et le Gabon. La forêt couvre une grande partie du territoire.

Superficie : 28 051 km²
Population (2007) : 507 000 hab.
Capitale : Malabo 96 000 hab. (e. 2005)
Nature de l'État et du régime politique : république
Chef de l'État : (président de la République) Teodoro Obiang Nguema Mbasogo
Chef du gouvernement : (Premier ministre) Ricardo Mangue Obama Nfubea
Organisation administrative : 2 régions
Langues officielles : espagnol et français
Monnaie : franc CFA

DÉMOGRAPHIE
Densité : 18 hab./km²
Part de la population urbaine (2005) : 38,9 %
Structure de la population par âge (2005) : moins de 15 ans : 42,4 %, 15-60 ans : 51,4 %, plus de 60 ans : 6,2 %
Taux de natalité (2005) : 38,5 %
Taux de mortalité (2005) : 14,8 ‰
Taux de mortalité infantile (2005) : 92,3 ‰
Espérance de vie (2004) : hommes : 42,2 ans, femmes : 43,1 ans

ÉCONOMIE
PNB (2002) : 0,437 milliard de $
PNB/hab. (2002) : 930 $
PNB/hab. PPA (2005) : 7 580 dollars internationaux
IDH (2004) : 0,653
Taux de croissance annuelle du PIB (2006) : -1 %
Taux annuel d'inflation (2003) : 7,6 %
Structure de la population active : agriculture : n.d., mines et industries : n.d., services : n.d.
Structure du PIB (2003) : agriculture : 6,8 %, mines et industries : 88,9 %, services : 4,3 %
Dette publique brute : n.d.
Taux de chômage : n.d.

Agriculture et pêche
Cultures
patates douces (2003) : 36 000 t.
Élevage et pêche
ovins (2005) : 37 600 têtes
pêche (2005) : 3 500 t.

Énergie et produits miniers
électricité totale (2004) : 26 millions de kWh
pétrole (2005) : 17 600 000 t.

Productions industrielles
huile de palme (2005) : 4 600 t.
production de bois (2005) : 866 000 m³

Tourisme
Recettes touristiques (1998) : 2 millions de $

Commerce extérieur
Exportations de biens (1996) : 175,31 millions de dollars

Importations de biens (1996) : 292,04 millions de dollars

Défense
Forces armées (2004) : 1 320 individus
Budget de la Défense (2004) : 0,12 % du PIB

Niveau de vie
Nombre d'habitants pour un médecin : n.d.
Apport journalier moyen en calories (1995) : 2 230 (minimum FAO : 2 400)
Nombre d'automobiles pour 1 000 hab. (1996) : 3
Nombre de téléviseurs pour 1 000 hab. (1998) : 116

REPÈRES HISTORIQUES
1777 - 1778 : noyau de la Guinée équatoriale, les îles d'Annobón et de Fernando Poo sont cédées à l'Espagne par le Portugal, qui les occupait depuis le xvᵉ s.
XIXᵉ s. : à partir de 1840, la province continentale (le Río Muni) est convoitée par la France et l'Espagne.
1900 : les frontières du pays sont définitivement fixées ; l'intérieur du Río Muni n'est occupé qu'en 1926.
1959 : la colonie devient une province espagnole.
1968 : elle accède à l'indépendance et est soumise à un régime despotique.
1979 : rétablissement des relations avec l'Espagne et l'Occident.
1992 : le pays s'engage sur la voie du multipartisme.

SÃO TOMÉ ET PRÍNCIPE 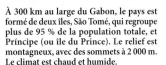 ★ ★

À 300 km au large du Gabon, le pays est formé de deux îles, São Tomé, qui regroupe plus de 95 % de la population totale, et Príncipe (ou île du Prince). Le relief est montagneux, avec des sommets à 2 000 m. Le climat est chaud et humide.

Superficie : 964 km²
Population (2007) : 158 000 hab.
Capitale : São Tomé 57 000 hab. (e. 2005)
Nature de l'État et du régime politique : république à régime semi-présidentiel
Chef de l'État : (président de la République) Fradique de Menezes
Chef du gouvernement : (Premier ministre) Tomé Vera Cruz
Organisation administrative : 2 provinces
Langue officielle : portugais
Monnaie : dobra

DÉMOGRAPHIE
Densité : 164 hab./km²
Part de la population urbaine (2005) : 58 %
Structure de la population par âge (2005) : moins de 15 ans : 41,6 %, 15-60 ans : 52,6 %, plus de 60 ans : 5,8 %
Taux de natalité (2005) : 32,4 ‰
Taux de mortalité (2005) : 7,5 ‰
Taux de mortalité infantile (2005) : 72,3 ‰
Espérance de vie (2004) : hommes : 62,2 ans, femmes : 64,3 ans

ÉCONOMIE
PNB (2004) : 0,06 milliard de $
PNB/hab. (2005) : 390 $
PNB/hab. PPA (1999) : 1 335 dollars internationaux
IDH (2004) : 0,607
Taux de croissance annuelle du PIB (2006) : 5,5 %
Taux annuel d'inflation (2003) : 9,8 %
Structure de la population active : agriculture : n.d., mines et industries : n.d., services : n.d.
Structure du PIB (2003) : agriculture : 17,1 %, mines et industries : 16,2 %, services : 66,7 %
Dette publique brute : n.d.

Taux de chômage : n.d.

Agriculture et pêche
Cultures
bananes (2004) : 27 900 t.
maïs (2004) : 2 500 t.
café (2004) : 020 t.
coprah (2005) : 400 t.
Pêche
pêche (2004) : 4 140 t.

Énergie et produits miniers
électricité totale (2004) : 18 millions de kWh

Productions industrielles
huile de palme (2002) : 2 025 t.

Tourisme
Recettes touristiques (2002) : 10 millions de $

Commerce extérieur
Exportations de biens (1993) : 7 millions de dollars
Importations de biens (2002) : 28 millions de dollars

Défense
Forces armées : n.d.
Budget de la Défense : n.d.

Niveau de vie
Nombre d'habitants pour un médecin (1990) : 2 000
Apport journalier moyen en calories (2004) : 2 490 (minimum FAO : 2 400)
Nombre d'automobiles pour 1 000 hab. (1996) : 29
Nombre de téléviseurs pour 1 000 hab. (2002) : 93

REPÈRES HISTORIQUES
1471 : les deux îles sont découvertes par João de Santárem et Pêdro Escobar.
1493 : les premiers colons venus de Madère introduisent la canne à sucre et l'esclavage pour mettre en valeur de grandes plantations.
1975 : São Tomé et Príncipe accède à l'indépendance.

193

GAMBIE → SÉNÉGAL

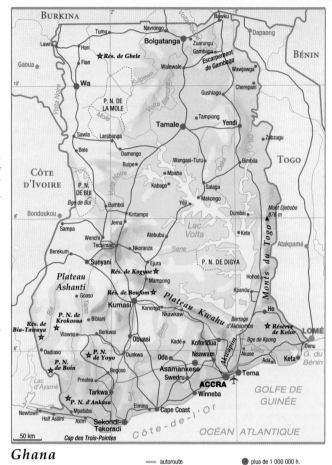

Pays au climat tropical, le Ghana se compose d'un littoral formé d'une succession de grands plateaux, couverts par la forêt dense. Le Nord est le domaine de la savane.

Superficie : 238 533 km²
Population (2007) : 23 478 000 hab.
Capitale : Accra 1 981 000 hab. (e. 2005) dans l'agglomération
Nature de l'État et du régime politique : république
Chef de l'État et du gouvernement : (président de la République) John Kufuor
Organisation administrative : 10 régions
Langue officielle : anglais
Monnaie : cedi

DÉMOGRAPHIE

Densité : 98 hab./km²
Part de la population urbaine (2005) : 47,8 %
Structure de la population par âge (2005) : moins de 15 ans : 39 %, 15-60 ans : 55,4 %, plus de 60 ans : 5,6 %
Taux de natalité (2005) : 29,6 ‰
Taux de mortalité (2005) : 9,3 ‰
Taux de mortalité infantile (2005) : 56,6 ‰
Espérance de vie (2004) : hommes : 56,7 ans, femmes : 57,6 ans

ÉCONOMIE

PNB (2004) : 8,3 milliards de $
PNB/hab. (2005) : 450 $
PNB/hab. PPA (2005) : 2 370 dollars internationaux
IDH (2004) : 0,532
Taux de croissance annuelle du PIB (2006) : 6 %
Taux annuel d'inflation (2005) : 15,1 %
Structure de la population active : agriculture : n.d., mines et industries : n.d., services : n.d.
Structure du PIB (2004) : agriculture : 37,9 %, mines et industries : 24,7 %, services : 37,3 %
Dette publique brute : n.d.
Taux de chômage : n.d.

Agriculture et pêche

Cultures
riz (2004) : 241 810 t.
maïs (2004) : 1 157 620 t.
millet (2004) : 143 800 t.
sorgho (2004) : 399 300 t.
igname (2003) : 3 813 000 t.
manioc (2004) : 9 738 810 t.
palmiste (2002) : 36 000 t.
bananes plantain (2005) : 2 380 858 t.
noix de coco (2005) : 11 664 t.

oranges (2004) : 300 000 t.
tomates (2004) : 200 000 t.
cacao (2004) : 737 000 t.
arachide (2004) : 389 650 t.
canne à sucre (2004) : 140 000 t.
caoutchouc (2003) : 12 000 t.

Élevage et pêche
bovins (2005) : 1 385 000 têtes
caprins (2005) : 3 631 600 têtes
ovins (2005) : 3 211 100 têtes
porcins (2005) : 305 000 têtes
poulets (2005) : 30 000 000 têtes
pêche (2005) : 393 428 t.

Énergie et produits miniers
électricité totale (2004) : 6 489 millions de kWh
hydroélectricité (2004) : 4 800 millions de kWh
diamant (2005) : 1 013 000 carats
manganèse (2004) : 525 000 t.
or (2005) : 62 100 kg
bauxite (2005) : 734 000 t.

Productions industrielles
huile de palme (2005) : 117 000 t.
aluminium (2005) : 13 000 t.
ciment (2005) : 1 900 000 t.

Tourisme
Recettes touristiques (2004) : 495 millions de $

Commerce extérieur
Exportations de biens (2005) : 2 802,2 millions de dollars
Importations de biens (2005) : 5 345,4 millions de dollars

Défense
Forces armées (2004) : 7 000 individus
Budget de la Défense (2004) : 5,84 % du PIB

Niveau de vie
Nombre d'habitants pour un médecin (1990) : 25 000
Apport journalier moyen en calories (2004) : 2 690 (minimum FAO : 2 400)
Nombre d'automobiles pour 1 000 hab. (1996) : 5
Nombre de téléviseurs pour 1 000 hab. (2001) : 53

REPÈRES HISTORIQUES

1471 : les Portugais atteignent la côte du futur Ghana, qui recevra ensuite le nom de Côte-de-l'Or, ou Gold Coast. Ils y construisent le fort d'Elmina et parviennent à garder pendant un siècle et demi le monopole du commerce de l'or.

XVIIᵉ - XVIIIᵉ s. : ils sont évincés par les Hollandais, qui se partagent le littoral avec les Britanniques et d'autres marchands européens. À partir du milieu du XVIIᵉ s., le commerce de l'or est supplanté par celui des esclaves. À l'intérieur s'édifient de puissants États akan : en 1701, à l'hégémonie denkyéra succède celle des Ashanti.

XIXᵉ s. : nombreuses guerres entre les Ashanti et les Britanniques, auxquels les Fanti se sont ralliés (conquête de Kumasi par les Britanniques, 1896). La Grande-Bretagne domine seule le pays, qui passe petit à petit sous son protectorat. La traite étant abolie depuis 1807, l'expansion économique, remarquable, s'appuie sur les ressources minières et le cacao.

1957 : la Gold Coast devient indépendante, sous le nom de Ghana, dans le cadre du Commonwealth.

Depuis 1960 : après plusieurs coups d'État, une Constitution adoptée par référendum (1992) restaure le multipartisme.

UN AUTRE GHANA

Le nom de « Ghana » fut aussi donné à un ancien royaume du Soudan occidental (vᵉ - xiᵉ s.), qui s'étendait aux confins de la Mauritanie et du Mali actuels, en pays soninké. Situé en plein Sahel et tirant sa richesse du commerce du sel et de l'or (Ghana signifie « pays de l'or »), il connut son apogée au xiᵉ s. C'est à cette époque qu'il fut visité par le géographe andalou al-Bakri. Celui-ci, dans sa *Description géographique du monde connu*, évoque émerveillé le souverain du royaume, le Tounka Menin, capable de mettre en campagne 200 000 guerriers, et la capitale, appelée aussi Ghana, formée de deux villes séparées, celle du roi animiste et celle des marchands musulmans. Le royaume du Ghana fut détruit par les Almoravides, qui s'emparèrent de sa capitale en 1076.

GUINÉE

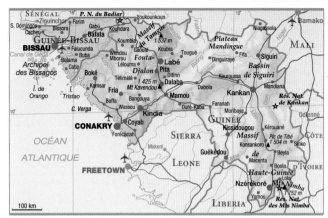

Le massif du Fouta-Djalon sépare la plaine côtière, très humide, et la haute Guinée intérieure, juxtaposant une région de dépression au nord (bassin de Siguiri) et des moyennes montagnes au sud-est (monts Nimba). Le climat est chaud, mais parfois tempéré par l'altitude, et comporte souvent une saison sèche marquée, expliquant la présence de la savane.

Superficie : 245 857 km²
Population (2005) : 9 402 000 hab.
Capitale : Conakry 1 425 000 hab.
(e. 2005)
Nature de l'État et du régime politique : république
Chef de l'État : (président de la République) Lansana Conté
Chef du gouvernement : (Premier ministre) Lansana Kouyaté
Organisation administrative : 7 gouvernorats et 1 municipalité
Langue officielle : français
Monnaie : franc guinéen

DÉMOGRAPHIE
Densité : 38 hab. /km².
Part de la population urbaine (2005) : 33 %
Structure de la population par âge (2005) : moins de 15 ans : 43,4 %, 15-60 ans : 51,6 %, plus de 60 ans : 5 %
Taux de natalité (2005) : 39,8 ‰
Taux de mortalité (2005) : 11,9 ‰
Taux de mortalité infantile (2005) : 102,5 ‰
Espérance de vie (2004) : hommes : 53,6 ans, femmes : 54,1 ans

ÉCONOMIE
PNB (2004) : 3,8 milliards de $
PNB/hab. (2005) : 370 $
PNB/hab. PPA (2005) : 2 240 dollars internationaux
IDH (2004) : 0,445
Taux de croissance annuelle du PIB (2006) : 5 %
Taux annuel d'inflation (2003) : 12,9 %
Structure de la population active : agriculture : n.d., mines et industries : n.d., services : n.d.
Structure du PIB (2004) : agriculture : 24,9 %, mines et industries : 36,6 %, services : 38,5 %

Guinée, Guinée-Bissau

★ site touristique important
200   500   1000 m
— route
— voie ferrée
✈ aéroport

● plus de 500 000 h.
● de 50 000 à 500 000 h.
● de 10 000 à 50 000 h.
● moins de 10 000 h.

100 km

Dette publique brute : n.d.
Taux de chômage : n.d.

Agriculture et pêche
Cultures
riz (2004) : 900 000 t.
bananes plantain (2005) : 430 000 t.
palmiste (2002) : 53 000 t.
manioc (2004) : 1 350 000 t.
patates douces (2005) : 60 000 t.
bananes (2005) : 150 000 t.
arachide (2004) : 300 000 t.
café (2004) : 20 500 t.
canne à sucre (2004) : 280 000 t.

Élevage et pêche
bovins (2005) : 3 756 350 têtes
caprins (2005) : 1 395 650 têtes
ovins (2005) : 1 168 740 têtes
poulets (2005) : 15 865 000 têtes
pêche (2005 : 96 571 t.

Énergie et produits miniers
électricité totale (2004) :
790 millions de kWh
bauxite (2005) : 15 000 000 t.
diamant (2005) : 553 000 carats
or (2003) : 16 226 kg

Tourisme
Recettes touristiques (2002) :
31 millions de $

Commerce extérieur
Exportations de biens (2003) :
609,3 millions de dollars
Importations de biens (2003) :
644,3 millions de dollars

Défense
Forces armées (2004) : 9 700 individus
Budget de la Défense (2004) : 2,39 % du PIB

Niveau de vie
Nombre d'habitants pour un médecin (1994) : 5 000
Apport journalier moyen en calories (2004) : 2 430
(minimum FAO : 2 400)
Nombre d'automobiles pour 1 000 hab. (1996) : 2
Nombre de téléviseurs pour 1 000 hab. (2001) : 47

REPÈRES HISTORIQUES
XIIᵉ s. : la haute Guinée, peuplée de Malinké, appartient en partie à l'empire du Mali.
1461 - 1462 : l'arrivée des Portugais inaugure la traite des Noirs, qui persistera au-delà de 1850.
XVIIIᵉ s. : les Peuls, venus au XVIᵉ s. des régions périphériques, instituent dans le centre du pays un État théocratique, le Fouta-Djalon.
Seconde moitié du XIXᵉ s. : la France entreprend la conquête de la région.
1889 - 1893 : la Guinée devient colonie française, englobée dans l'A.-O.F. en 1895.
1958 : la Guinée opte pour l'indépendance immédiate, rompant tout lien avec la France. Le président Sékou Touré impose un régime autoritaire.
1984 : à la mort de Sékou Touré, le pays est confronté à de graves difficultés économiques.
1990 : une nouvelle Constitution met fin au régime militaire et introduit le multipartisme.

GUINÉE-BISSAU

Une plaine littorale très découpée, marécageuse (mangrove), précède des plateaux et des collines, plus secs, qui sont le domaine de l'élevage.

Superficie : 36 125 km²
Population (2007) : 1 695 000 hab.
Capitale : Bissau 367 000 hab. (e. 2005)
Nature de l'État et du régime politique : république
Chef de l'État : (président de la République) João Bernardo Vieira
Chef du gouvernement : (Premier ministre) Martinho N'Dafa Cabi
Organisation administrative : 8 régions et 1 secteur autonome
Langue officielle : portugais
Monnaie : franc CFA

DÉMOGRAPHIE

Densité : 47 hab./km²
Part de la population urbaine (2005) : 29,6 %
Structure de la population par âge (2005) : moins de 15 ans : 47,4 %, 15-60 ans : 47,9 %, plus de 60 ans : 4,7 %
Taux de natalité (2005) : 49,6 ‰
Taux de mortalité (2005) : 18,4 ‰
Taux de mortalité infantile (2005) : 112,7 ‰
Espérance de vie (2004) : hommes : 43,5 ans, femmes : 46,3 ans

ÉCONOMIE

PNB (2004) : 0,3 milliard de $
PNB/hab. (2005) : 180 $

PNB/hab. PPA (2005) : 700 dollars internationaux
IDH (2004) : 0,349
Taux de croissance annuelle du PIB (2006) : 4,6 %
Taux annuel d'inflation (2005) : 3,3 %
Structure de la population active : agriculture : n.d., mines et industries : n.d., services : n.d.
Structure du PIB (2004) : agriculture : 62,5 %, mines et industries : 12,2 %, services : 25,3 %
Dette publique brute : n.d.
Taux de chômage : n.d.

Agriculture et pêche

Cultures
noix de cajou (2004) : 81 000 t.
arachide (2004) : 20 000 t.
riz (2004) : 89 190 t.

Élevage et pêche
bovins (2005) : 530 000 têtes
caprins (2005) : 335 000 têtes
ovins (2005) : 300 000 têtes
porcins (2005) : 370 000 têtes
pêche (2005) : 6 200 t.

Énergie et produits miniers

électricité totale (2004) : 58 millions de kWh

Tourisme

Recettes touristiques : n.d.

Commerce extérieur

Exportations de biens (1997) : 48,86 millions de dollars

Importations de biens (1997) : 62,49 millions de dollars

Défense

Forces armées (2004) : 9 250 individus
Budget de la Défense (2004) : 2,39 % du PIB

Niveau de vie

Nombre d'habitants pour un médecin (1990) : 7 260
Apport journalier moyen en calories (2004) : 2 030 (minimum FAO : 2 400)
Nombre d'automobiles pour 1 000 hab. (1996) : 6
Nombre de téléviseurs pour 1 000 hab. (2001) : 36

REPÈRES HISTORIQUES

1446 : les Portugais découvrent le pays, peuplé de Mandingues musulmans et de populations animistes.
Fin du XVIᵉ s. : ils y installent des comptoirs.
1879 : la Guinée portugaise devient une colonie, détachée administrativement du Cap-Vert.
1941 : Bissau devient le chef-lieu de la colonie.
1956 : Amilcar Cabral prend la tête du mouvement nationaliste.
1962 : guérilla antiportugaise.
1973 : la république de Guinée-Bissau est proclamée par Luís de Almeida Cabral, frère d'Amilcar, lequel vient d'être assassiné.
1974 : l'indépendance du pays est reconnue par le Portugal.
1991 : le régime, d'inspiration marxiste-léniniste, instaure le multipartisme.

LA PRÉSENCE PORTUGAISE EN AFRIQUE

Au xvᵉ s., le Portugal s'oriente vers l'expansion maritime, afin de se procurer de l'or et des épices. Les premiers établissements sont fondés sur les côtes de l'Afrique, sur le chemin des Indes, par le cap de Bonne-Espérance. Madère est occupée en 1418, et les Açores, en 1432. La Guinée-Bissau est découverte en 1446 par Nuno Tristão. En 1460, le Cap-Vert est atteint par Antonio da Noli et Diogo Gomes. L'archipel de São Tomé et Príncipe est découvert en 1471 par João de Santárem et Pêdro Escobar. Dès 1482, l'expédition de Diogo Cão touche la côte de l'Angola. Le Mozambique, où fait escale Vasco de Gama, est exploré à partir de 1498. La pénétration dans le continent reste limitée. La conférence de Berlin de 1885 reconnaît et limite les droits du Portugal en Afrique. En 1951, une loi organique décide la transformation des territoires en provinces d'outre-mer. Mais, dès 1960, des rébellions éclatent en Afrique. Après la révolution portugaise de 1974, le processus d'accession à l'indépendance se développe au profit de la Guinée-Bissau (1974), du Cap-Vert, de São Tomé et Príncipe, de l'Angola et du Mozambique (1975). Les îles atlantiques sont assimilées aux provinces métropolitaines.

KENYA

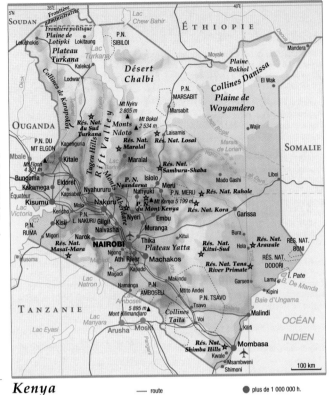

Kenya

Les hauts massifs volcaniques du Sud-Ouest, humides, sont bien peuplés car l'altitude modère les températures de latitude équatoriale. Les bas plateaux et les plaines du Nord et du Nord-Est, steppiques, sont presque vides. Le pays est traversé par la zone d'effondrement de l'Afrique orientale (la Rift Valley), jalonnée de lacs.

Superficie : 580 367 km²
Population (2007) : 37 538 000 hab.
Capitale : Nairobi 2 773 000 hab.
(e. 2005)
Nature de l'État et du régime politique : république
Chef de l'État et du gouvernement : (président de la République) Mwai Kibaki
Organisation administrative : 7 provinces et 1 municipalité
Langues officielles : anglais et swahili
Monnaie : shilling du Kenya

DÉMOGRAPHIE

Densité : 65 hab./km²
Part de la population urbaine (2005) : 20,7 %
Structure de la population par âge (2005) : moins de 15 ans : 42,6 %, 15-60 ans : 53,5 %, plus de 60 ans : 3,9 %
Taux de natalité (2005) : 39,2 ‰
Taux de mortalité (2005) : 11,8 ‰
Taux de mortalité infantile (2005) : 64,4 ‰
Espérance de vie (2004) : hommes : 49,1 ans, femmes : 47,4 ans

198

ÉCONOMIE

PNB (2004) : 16,1 milliards de $
PNB/hab. (2005) : 530 $
PNB/hab. PPA (2005) : 1 170 dollars internationaux
IDH (2004) : 0,491
Taux de croissance annuelle du PIB (2006) : 5,4 %
Taux annuel d'inflation (2005) : 10,3 %
Structure de la population active : agriculture : n.d., mines et industries : n.d., services : n.d.
Structure du PIB (2004) : agriculture : 26,7 %, mines et industries : 17,1 %, services : 56,2 %
Dette publique brute : n.d.
Taux de chômage : n.d.

Agriculture et pêche

Cultures
blé (2004) : 379 430 t.
maïs (2004) : 2 138 430 t.
sorgho (2004) : 69 510 t.
manioc (2004) : 642 870 t.
bananes plantain (2005) : 600 000 t.
patates douces (2005) : 230 700 t.
ananas (2004) : 600 000 t.
bananes (2005) : 510 000 t.
noix de cajou (2005) : 10 000 t.
miel (2003) : 22 000 t.
thé (2004) : 295 000 t.
café (2004) : 50 820 t.
canne à sucre (2004) : 4 660 990 t.
sisal (2003) : 20 000 t.

Élevage et pêche
bovins (2005) : 13 019 000 têtes
caprins (2005) : 13 882 600 têtes
ovins (2005) : 10 033 900 têtes
poulets (2005) : 28 657 000 têtes
chameaux (2005) : 931 300 têtes
pêche (2005) : 149 378 t.

Énergie et produits miniers
électricité totale (2004) : 5 709 millions de kWh
hydroélectricité (2004) : 3 446 millions de kWh

Productions industrielles
bière (2002) : 2 600 000 hl
sucre (2002) : 494 000 t.
production de bois (2005) : 22 355 560 m³

Tourisme
Recettes touristiques (2004) : 808 millions de $

Commerce extérieur
Exportations de biens (2005) : 3 239,8 millions de dollars
Importations de biens (2005) : 5 408,1 millions de dollars

Défense
Forces armées (2004) : 24 120 individus
Budget de la Défense (2004) : 1,81 % du PIB

Niveau de vie
Nombre d'habitants pour un médecin (1990) : 20 000
Apport journalier moyen en calories (2004) : 2 150 (minimum FAO : 2 400)
Nombre d'automobiles pour 1 000 hab. (2000) : 8
Nombre de téléviseurs pour 1 000 hab. (2001) : 26

Pays où l'on a découvert les plus anciens restes de préhominiens, le Kenya est occupé à l'origine par des populations proches des Bochimans.

500 av. J.-C. - XVIᵉ s. apr. J.-C. : des populations bantoues venues du nord se substituent à ce peuplement primitif ; les Arabes puis les Portugais (après 1497) installent des comptoirs sur le littoral.

1888 : la Grande-Bretagne obtient du sultan de Zanzibar une concession sur l'essentiel du pays.
1895 : le Kenya devient protectorat britannique.
1920 : il forme une colonie de la Couronne.
1925 : Jomo Kenyatta se place à la tête du mouvement nationaliste, qui exige la restitution des terres aux Kikuyu.

1952 - 1956 : la « révolte des Mau-Mau » (rébellion des Kikuyu) est sévèrement réprimée ; Kenyatta est arrêté.
1963 : le Kenya devient indépendant dans le cadre du Commonwealth.
1964 - 1978 : Kenyatta est président de la République.
1991 : abrogé en 1982, le multipartisme est rétabli.

LE MONT KENYA

Le mont Kenya, avec ses 5 199 m, est un des géants de l'Afrique, après le Kilimandjaro (5 895 m) et avant le Ruwenzori (5 119 m au pic Marguerite). En fait, il présente deux sommets voisins : le Batian (sommet principal : 5 199 m) et le Nelion (sommet oriental, 5188 m). Il fut découvert par le missionnaire allemand J. L. Krapf en 1849, et le Batian fut gravi pour la première fois en 1899. Sur les flancs du mont Kenya, la forêt s'élève jusque vers 4 200 m.

LIBERIA

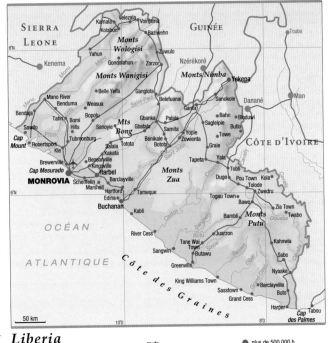

Le pays s'élève progressivement vers les monts Nimba. Le climat chaud et humide a favorisé le développement d'une forêt dense dans l'intérieur, couvrant un tiers du territoire.

Superficie : 111 369 km²
Population (2007) : 3 750 000 hab.
Capitale : Monrovia 936 000 hab. (e. 2005)
Nature de l'État et du régime politique : république
Chef de l'État et du gouvernement : (présidente de la République) Ellen Johnson-Sirleaf
Organisation administrative : 13 comtés
Langue officielle : anglais
Monnaie : dollar libérien

DÉMOGRAPHIE

Densité : 34 hab./km²
Part de la population urbaine (2005) : 58,1 %
Structure de la population par âge (2005) : moins de 15 ans : 46,9 %, 15-60 ans : 49,5 %, plus de 60 ans : 3,6 %
Taux de natalité (2005) : 49,6 ‰
Taux de mortalité (2005) : 18,3 ‰
Taux de mortalité infantile (2005) : 132,5 ‰
Espérance de vie (2004) : hommes : 41,5 ans, femmes : 43,3 ans

ÉCONOMIE

PNB (2004) : 0,4 milliard de $
PNB/hab. (2005) : 130 $
PNB/hab. PPA : n.d.
IDH : n.d.
Taux de croissance annuelle du PIB (2006) : 7 %
Taux annuel d'inflation (1992) : 75 %
Structure de la population active : agriculture : n.d., mines et industries : n.d., services : n.d.
Structure du PIB (1991) : agriculture : 41 %, mines et industries : 20 %, services : 39 %
Dette publique brute : n.d.
Taux de chômage : n.d.

Agriculture et pêche
Cultures
caoutchouc (2003) : 108 000 t.
manioc (2004) : 490 000 t.
canne à sucre (2004) : 255 000 t.
riz (2004) : 110 000 t.

Élevage et pêche
caprins (2005) : 220 000 têtes
ovins (2005) : 210 000 têtes
porcins (2005) : 130 000 têtes
poulets (2005) : 5 300 000 têtes
pêche (2004) : 10 250 t.

Énergie et produits miniers
électricité totale (2004) :
325 millions de kWh
diamant (2005) : 30 000 carats
or (2005) : 16 kg

Productions industrielles
huile de palme (2005) : 42 000 t.

Tourisme
Recettes touristiques : n.d.

Commerce extérieur
Exportations de biens (1997) : 949 millions de dollars
Importations de biens (1997) : 3 875 millions de dollars

Défense
Forces armées (2004) : 15 000 individus
Budget de la Défense (2004) : 0,2 % du PIB

Niveau de vie
Nombre d'habitants pour un médecin (1990) : 9 340
Apport journalier moyen en calories (2004) : 1 930 (minimum FAO : 2 400)
Nombre d'automobiles pour 1 000 hab. (1996) : 3
Nombre de téléviseurs pour 1 000 hab. (2000) : 25

REPÈRES HISTORIQUES

XVᵉ - XVIIIᵉ s. : la région est occupée par des populations de langues mandé et kru, pour l'essentiel.
1822 : la Société américaine de colonisation, fondée en 1816, commence à y établir des esclaves noirs libérés.
1847 : la république du Liberia, indépendante, est proclamée ; la capitale est nommée Monrovia en l'honneur du président américain J. Monroe.
1857 : fusion avec l'établissement voisin du Maryland.

1926 : début des grandes concessions aux entreprises américaines.
1980 : un coup d'État militaire amène au pouvoir le sergent-chef Samuel K. Doe.
1984 : une Constitution, prévoyant le retour à un régime civil, est approuvée par référendum.
1990 : le développement de la guérilla, conduite notamment par Charles Taylor, aboutit à la guerre civile (Doe est tué au cours des combats).
1996 : le conflit prend fin.

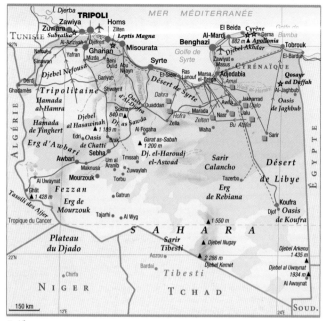

Libye

autoroute	route	★ site touristique important	● plus de 500 000 h.
voie ferrée	✈ aéroport	--- « grand fleuve » artificiel	● de 100 000 à 500 000 h.
200 500 1000 m		→• oléoduc	● de 10 000 à 100 000 h.
		◼ gisement d'hydrocarbures	• moins de 10 000 h.

Plat et désertique, le pays est parsemé d'oasis. Séparées par 500 km de côte aride (golfe de Syrte), les régions côtières de la Tripolitaine, à l'ouest, et de la Cyrénaïque, à l'est, sont moins arides et concentrent l'essentiel de la population.

Superficie : 1 759 540 km²
Population (2007) : 6 160 000 hab.
Capitale : Tripoli 2 098 000 hab. (e. 2005) dans l'agglomération
Nature de l'État et du régime politique : république
Chef de l'État : (leader révolutionnaire) Muammar al-Kadhafi ou al-Qadhdhafi
Chef du gouvernement : (secrétaire général) al-Baghdadi Ali al-Mahmudi
Organisation administrative : 34 municipalités
Langue officielle : arabe
Monnaie : dinar libyen

DÉMOGRAPHIE

Densité : 4 hab./km²
Part de la population urbaine (2005) : 84,8 %
Structure de la population par âge (2005) : moins de 15 ans : 30,3 %, 15-60 ans : 63,7 %, plus de 60 ans : 6 %
Taux de natalité (2005) : 23,4 ‰
Taux de mortalité (2005) : 4,1 ‰
Taux de mortalité infantile (2005) : 18 ‰
Espérance de vie (2004) : hommes : 71,8 ans, femmes : 76,5 ans

ÉCONOMIE

PNB (2004) : 25,3 milliards de $
PNB/hab. (2005) : 5 530 $
PNB/hab. PPA : n.d.
IDH (2004) : 0,798
Taux de croissance annuelle du PIB (2006) : 5 %
Taux annuel d'inflation (2003) : -2,1 %
Structure de la population active : agriculture : n.d., mines et industries : n.d., services : n.d.
Structure du PIB (1991) : agriculture : 8 %, mines et industries : 48 %, services : 44 %
Dette publique brute : n.d.
Taux de chômage : n.d.

Agriculture et pêche

Cultures
blé (2004) : 125 000 t.
orge (2004) : 80 000 t.
amandes (2004) : 25 000 t.
dattes (2004) : 150 000 t.
olives (2004) : 180 000 t.
agrumes (2003) : 67 000 t.
pommes de terre (2004) : 195 000 t.
tomates (2004) : 190 000 t.

Élevage et pêche
bovins (2005) : 130 000 têtes
caprins (2005) : 1 265 000 têtes
ovins (2005) : 4 500 000 têtes
chameaux (2005) : 47 000 têtes
pêche (2004) : 46 340 t.

Énergie et produits miniers
électricité totale (2004) : 19 439 millions de kWh
gaz naturel (2005) : 11 700 millions de m³
pétrole (2005) : 80 100 000 t.

Productions industrielles
huile d'olive (2002) : 7 750 t.
acier (2005) : 1 255 000 t.
laine (2005) : 9 500 t.

Tourisme
Recettes touristiques (2004) : 261 M. de $

Commerce extérieur
Exportations de biens (1999) : 7 276 millions de dollars
Importations de biens (1999) : 4 302 millions de dollars

Défense
Forces armées (2004) : 76 000 individus
Budget de la Défense (2004) : 2,01 % du PIB

Niveau de vie
Nombre d'habitants pour un médecin (1990) : 909
Apport journalier moyen en calories (2004) : 3 380 (minimum FAO : 2 400)
Nombre d'automobiles pour 1 000 hab. (1996) : 145
Nombre de téléviseurs pour 1 000 hab. (2000) : 137

REPÈRES HISTORIQUES

XIIIᵉ s. av. J.-C. : les habitants de la région, appelés « Libyens » par les Grecs, participent aux invasions des Peuples de la Mer en Égypte.
VIIᵉ s. : les Grecs fondent en Cyrénaïque les cinq colonies de la Pentapole.
106 - 19 av. J.-C. : l'ensemble du pays est conquis par Rome.
642 - 643 : conquête arabe.
1517 : les Ottomans conquièrent la Cyrénaïque, puis la Tripolitaine (1551).
1934 : création de la colonie italienne de Libye.
1940 - 1943 : à l'issue de la campagne de Libye, la France administre le Fezzan ; la Grande-Bretagne, la Tripolitaine et la Cyrénaïque.
1951 : la Libye devient un royaume indépendant, dont Idris Iᵉʳ est le souverain.
1969 : le coup d'État des « officiers libres » fait de Kadhafi le maître du pays. Celui-ci nationalise les compagnies pétrolières (1971), lance la révolution culturelle islamique (1973). Il intervient au Tchad (1973), où il a des prétentions sur la bande d'Aozou, et y intensifie son engagement (1980 - 1987).
1986 : son soutien aux organisations terroristes lui vaut de subir des bombardements de représailles américaines.
1988 : la Libye rétablit ses relations diplomatiques avec le Tchad, auquel elle restitue (1994) la bande d'Aozou.

201

L'île est formée, au centre, de hauts plateaux, parfois surmontés de massifs volcaniques, au climat tempéré par l'altitude et qui retombent brutalement à l'est sur une étroite plaine littorale, chaude, humide et forestière. L'Ouest est occupé par des plateaux et des collines, au climat plus sec, qui sont le domaine de la forêt claire, de la savane et de la brousse.

Superficie : 587 041 km²
Population (2007) : 19 683 000 hab.
Capitale : Antananarivo 1 052 835 hab.
(e. 2000), 1 585 000 hab. (e. 2005) dans l'agglomération
Nature de l'État et du régime politique : république à régime semi-présidentiel
Chef de l'État : (président de la République) Marc Ravalomanana
Chef du gouvernement : (Premier ministre) Charles Rabemananjara
Organisation administrative : 6 provinces
Langues officielles : malgache et français
Monnaie : ariary malgache

DÉMOGRAPHIE

Densité : 34 hab./km²
Part de la population urbaine (2005) : 26,8 %
Structure de la population par âge (2005) : moins de 15 ans : 43,8 %, 15-60 ans : 51,3 %, plus de 60 ans : 4,9 %
Taux de natalité (2005) : 36,4 ‰
Taux de mortalité (2005) : 9,7 ‰
Taux de mortalité infantile (2005) : 65,5 ‰
Espérance de vie (2004) : hommes : 54,3 ans, femmes : 56,9 ans

ÉCONOMIE

PNB (2004) : 5,2 milliards de $
PNB/hab. (2005) : 290 $
PNB/hab. PPA (2005) : 880 dollars internationaux
IDH (2004) : 0,509
Taux de croissance annuelle du PIB (2006) : 4,7 %
Taux annuel d'inflation (2005) : 18,5 %
Structure de la population active : agriculture : n.d., mines et industries : n.d., services : n.d.
Structure du PIB (2004) : agriculture : 28,7 %, mines et industries : 15,9 %, services : 55,4 %
Dette publique brute : n.d.
Taux de chômage (2005) : 4,5 %

Agriculture et pêche

Cultures
riz (2004) : 3 030 000 t.
maïs (2004) : 349 650 t.

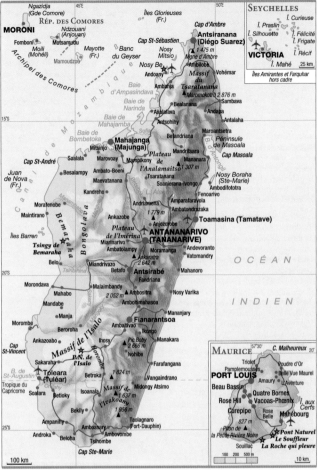

Madagascar, Comores, Maurice, Seychelles

★ site touristique important — route
● plus de 1 000 000 h.
● de 100 000 à 1 000 000 h.
● de 50 000 à 100 000 h.
· moins de 50 000 h.
500 1000 1500 m — voie ferrée
✈ aéroport

manioc (2004) : 2 191 420 t.
patates douces (2003) : 509 000 t.
pommes de terre (2004) : 280 500 t.
bananes (2004) : 290 000 t.
cacao (2004) : 4 500 t.
café (2004) : 65 000 t.
canne à sucre (2004) : 2 459 700 t.
sisal (2003) : 17 300 t.
vanille (2005) : 6 200 t.

Élevage et pêche
bovins (2005) : 9 687 300 têtes
caprins (2005) : 1 200 000 têtes
ovins (2005) : 703 340 têtes
porcins (2005) : 1 600 000 têtes
poulets (2005) : 24 000 000 têtes
pêche (2004) : 137 700 t.

Énergie et produits miniers
électricité totale (2004) : 984 millions de kWh

hydroélectricité (2004) : 637 millions de kWh
chrome (2004) : 77 000 t.

Productions industrielles
sucre (2002) : 35 000 t.
bière (2002) : 240 000 hl
ciment (2005) : 180 000 t.

Tourisme
Recettes touristiques (2001) : 115 millions de $

Commerce extérieur
Exportations de biens (2003) : 856 millions de dollars
Importations de biens (2003) : 1 109 millions de dollars

Défense
Forces armées (2004) : 13 500 individus
Budget de la Défense (2004) : 1,3 % du PIB

Niveau de vie

Nombre d'habitants pour un médecin (1990) : 10 000
Apport journalier moyen en calories (2004) : 2 050 (minimum FAO : 2 400)
Nombre d'automobiles pour 1 000 hab. (1996) : 4
Nombre de téléviseurs pour 1 000 hab. (2002) : 25

XIVᵉ s. - XVIIᵉ s. : à partir du XIVᵉ s., des commerçants arabes s'installent sur les côtes de l'île, peuplée d'un mélange de Négro-Africains et d'Indonésiens. Les Européens ne parviennent pas à créer des établissements durables.
XVIIIᵉ s. : le royaume merina (capitale Antananarivo) s'étend sur la quasi-totalité de l'île.
1817 : son souverain, Radama Iᵉʳ (1810-1828), reçoit de la Grande-Bretagne le titre de roi de Madagascar.
1885 : Rainilaiarivony doit accepter le protectorat français.
1895 - 1896 : l'expédition Duchesne aboutit à la déchéance de la reine Ranavalona III et à l'annexion de l'île par la France, qui abolit l'esclavage.
1896 - 1905 : Gallieni, gouverneur, travaille à la pacification.
1947 - 1948 : une violente rébellion est durement réprimée.
1960 : la République malgache, proclamée en 1958, obtient son indépendance.
1972 : à la suite de troubles importants, le président Tsiranana (au pouvoir depuis 1958) doit se retirer.
1975 : Didier Ratsiraka devient président de la République démocratique de Madagascar. Après l'échec d'une expérience socialiste de plus de dix ans, le régime est confronté à une opposition croissante, qui accède au pouvoir en 1993.
1997 - 2002 : D. Ratsiraka revient à la tête de l'État.

COMORES

Situé dans l'océan Indien, au nord-ouest de Madagascar, cet État comprend les îles de Ngazidja (anc. Grande Comore), de Moili (anc. Mohéli) et de Ndzouani (anc. Anjouan). La quatrième île de l'archipel, Mayotte, a choisi, en 1976, le maintien dans le cadre français.

Superficie : 2 235 km²
Population (2007) : 839 000 hab.
Capitale : Moroni 41 557 hab. (r. 2003)
Nature de l'État et du régime politique : république
Chef de l'État et du gouvernement : (président de l'Union) Ahmed Abdallah Sambi
Organisation administrative : 3 gouvernorats
Langues officielles : arabe et français
Monnaie : franc comorien

DÉMOGRAPHIE

Densité : 375 hab./km²
Part de la population urbaine (2005) : 37 %
Structure de la population par âge (2005) : moins de 15 ans : 42 %, 15-60 ans : 53,7 %, plus de 60 ans : 4,3 %
Taux de natalité (2005) : 33,3 ‰
Taux de mortalité (2005) : 6,5 ‰
Taux de mortalité infantile (2005) : 48,4 ‰
Espérance de vie (2004) : hommes : 61,2 ans, femmes : 64,5 ans

ÉCONOMIE

PNB (2004) : 0,328 milliard de $
PNB/hab. (2005) : 640 $
PNB/hab. PPA (2005) : 2 000 dollars internationaux
IDH (2004) : 0,556
Taux de croissance annuelle du PIB (2006) : 1,2 %
Taux annuel d'inflation (2003) : 4,5 %
Structure de la population active : agriculture : n.d., mines et industries : n.d., services : n.d.
Structure du PIB (2004) : agriculture : 41 %, mines et industries : 12 %, services : 47 %

Dette publique brute : n.d.
Taux de chômage : n.d.

Agriculture et pêche
Cultures
manioc (2004) : 58 000 t.
bananes (2004) : 65 000 t.
vanille (2005) : 65 t.
Élevage et pêche
bovins (2005) : 45 000 têtes
caprins (2005) : 115 000 têtes
pêche (2004) : 14 930 t.

Énergie et produits miniers
électricité totale (2004) : 19 millions de kWh

Tourisme
Recettes touristiques (2000) : 15 millions de $

Commerce extérieur
Exportations de biens (1995) : 11,32 millions de dollars
Importations de biens (1995) : 53,50 millions de dollars

Défense
Forces armées : n.d.
Budget de la Défense : n.d.

Niveau de vie
Nombre d'habitants pour un médecin : n.d.
Apport journalier moyen en calories (2004) : 1 770 (minimum FAO : 2 400)
Nombre d'automobiles pour 1 000 hab. (1996) : 13
Nombre de téléviseurs pour 1 000 hab. (2001) : 4

1886 : établissement du protectorat français.
1958 - 1975 : les Comores forment un territoire français d'outre-mer.
1978 : la République fédérale islamique est proclamée. Elle est confrontée à des mouvements séparatistes.
2001 : instauration de l'Union des Comores, fédération dans laquelle chaque île est largement autonome.

203

MAURICE

L'île, d'origine volcanique, humide, au climat subtropical, a une population hétérogène d'origine indienne (environ 70 %), européenne, africaine et chinoise.

Superficie : 2 040 km²
Population (2007) : 1 262 000 hab.
Capitale : Port Louis 172 000 hab. (r. 2000)
Nature de l'État et du régime politique : république à régime parlementaire
Chef de l'État : (président de la République) Anerood Jugnauth
Chef du gouvernement : (Premier ministre) Navin Ramgoolam
Organisation administrative : 9 districts et 3 dépendances
Langue officielle : anglais
Monnaie : roupie mauricienne

DÉMOGRAPHIE

Densité : 619 hab./km²
Part de la population urbaine (2005) : 42,4 %
Structure de la population par âge (2005) : moins de 15 ans : 24,4 %, 15-60 ans : 66 %, plus de 60 ans : 9,6 %
Taux de natalité (2005) : 14,9 ‰

Taux de mortalité (2005) : 7 ‰
Taux de mortalité infantile (2005) : 14 ‰
Espérance de vie (2004) : hommes : 69,3 ans, femmes : 76,1 ans

ÉCONOMIE

PNB (2004) : 5,7 milliards de $
PNB/hab. (2005) : 5 260 $
PNB/hab. PPA (2005) : 12 450 dollars internationaux
IDH (2004) : 0,8
Taux de croissance annuelle du PIB (2006) : 3,4 %
Taux annuel d'inflation (2005) : 4,9 %
Structure de la population active (2003) : agriculture : 9,3 %, mines et industries : 37,2 %, services : 53,5 %

MADAGASCAR

Structure du PIB (2004) : agriculture : 6,2 %, mines et industries : 29,6 %, services : 64,3 %
Dette publique brute : n.d.
Taux de chômage (2005) : 9,6 %

Agriculture et pêche

Cultures
thé (2004) : 1 450 t.
canne à sucre (2004) : 5 200 000 t.

Élevage et pêche
poulets (2005) : 9 800 000 têtes
pêche (2004) : 10 570 t.

Énergie et produits miniers
électricité totale (2004) :
2 107 millions de kWh
hydroélectricité (2004) :
161 millions de kWh

Productions industrielles
sucre (2002) : 521 000 t.
bière (2002) : 390 000 hl

Tourisme
Recettes touristiques (2004) :
1 156 millions de $

Commerce extérieur
Exportations de biens (2005) :
2 143,7 millions de dollars
Importations de biens (2005) :
2 938,4 millions de dollars

Défense
Forces armées (2004) : 2 000 individus
Budget de la Défense (2004) : 0,32 % du PIB

Niveau de vie
Nombre d'habitants pour un médecin (1995) : 1 111
Apport journalier moyen en calories (2004) : 2 980 (minimum FAO : 2 400)
Nombre d'automobiles pour 1 000 hab. (2002) : 86
Nombre de téléviseurs pour 1 000 hab. (2001) : 299

REPÈRES HISTORIQUES

Début du XVIe s. : l'île est reconnue par les Portugais (Afonso de Albuquerque).
1598 : les Néerlandais en prennent possession et lui donnent son nom, en l'honneur de Maurice de Nassau.
1638 - 1710 : un établissement néerlandais est fondé dans l'île, qui devient un centre de déportation.
1715 : l'île tombe sous la domination française et prend le nom d'*île de France*.
1810 : la Grande-Bretagne s'empare de l'île.
1814 : le traité de Paris confirme la domination britannique sur l'île, qui redevient *l'île Maurice*.
1833 : l'affranchissement des esclaves a pour conséquence l'immigration massive de travailleurs indiens.
1968 : l'île constitue un État indépendant, membre du Commonwealth.
1992 : l'île Maurice devient une république.

SEYCHELLES

C'est un archipel comprenant une trentaine d'îles et une soixantaine d'îlots. L'île principale est Mahé. Ce sont des îles coralliennes ou granitiques, au climat chaud, saisonnièrement humide.

Superficie : 455 km²
Population (2007) : 87 000 hab.
Capitale : Victoria 25 000 hab. (e. 2003) dans l'agglomération
Nature de l'État et du régime politique : république à régime semi-présidentiel
Chef de l'État et du gouvernement : (président de la République) James Michel
Organisation administrative : 23 districts
Langues officielles : anglais, créole et français
Monnaie : roupie des Seychelles

DÉMOGRAPHIE

Densité : 191 hab./km²
Part de la population urbaine (2005) : 52,9 %
Structure de la population par âge : moins de 15 ans : n.d., 15-60 ans : n.d., plus de 60 ans : n.d.
Taux de natalité (2005) : 12,8 ‰
Taux de mortalité : n.d.
Taux de mortalité infantile : n.d.
Espérance de vie : hommes : n.d., femmes : n.d.

ÉCONOMIE

PNB (2004) : 0,685 milliard de $
PNB/hab. (2005) : 8 290 $
PNB/hab. PPA (2005) : 15 940 dollars internationaux
IDH (2004) : 0,842
Taux de croissance annuelle du PIB (2006) : -1,4 %
Taux annuel d'inflation (2005) : 0,9 %
Structure de la population active : agriculture : n.d., mines et industries : n.d., services : n.d.
Structure du PIB (2004) : agriculture : 2,6 %, mines et industries : 27,6 %, services : 69,8 %
Dette publique brute : n.d.
Taux de chômage : n.d.

Agriculture et pêche

Cultures
bananes (2004) : 1 970 t.
thé (2004) : 210 t.

Pêche
pêche (2004) : 94 910 t.

Énergie et produits miniers
électricité totale (2004) :
208 millions de kWh

Tourisme
Recettes touristiques (2004) :
256 millions de $

Commerce extérieur
Exportations de biens (2005) :
355,83 millions de dollars
Importations de biens (2005) :
620,4 millions de dollars

Défense
Forces armées (2004) : 450 individus
Budget de la Défense (2004) : 1,75 % du PIB

Niveau de vie
Nombre d'habitants pour un médecin (1991) : 172
Apport journalier moyen en calories (2004) : 2 460 (minimum FAO : 2 400)
Nombre d'automobiles pour 1 000 hab. (1996) : 89
Nombre de téléviseurs pour 1 000 hab. (2001) : 202

REPÈRES HISTORIQUES

XVIe s. : les Portugais découvrent les Seychelles.
1756 : l'archipel est cédé à la France.
1814 : les Seychelles passent sous contrôle britannique.
1976 : elles forment un État indépendant, membre du Commonwealth.

Formé de hauts plateaux dans le Nord et le Centre, plus contrasté dans le Sud, le pays s'étend sur 900 km du nord au sud, surtout sur la rive ouest du lac Malawi. Le climat est tropical, avec une saison sèche de mai à octobre.

Superficie : 118 484 km²
Population (2007) : 13 925 000 hab.
Capitale : Lilongwe 676 000 hab. (e. 2005)
Nature de l'État et du régime politique : république à régime présidentiel
Chef de l'État et du gouvernement : (président de la République)
Bingu wa Mutharika
Organisation administrative : 3 régions
Langues officielles : anglais et chichewa
Monnaie : kwacha

DÉMOGRAPHIE

Densité : 118 hab./km²
Part de la population urbaine (2005) : 17,2 %
Structure de la population par âge (2005) : moins de 15 ans : 47,1 %, 15-60 ans : 48,3 %, plus de 60 ans : 4,6 %
Taux de natalité (2005) : 40,7 ‰
Taux de mortalité (2005) : 14,8 ‰
Taux de mortalité infantile (2005) : 89,4 ‰
Espérance de vie (2004) : hommes : 40,4 ans, femmes : 40 ans

ÉCONOMIE

PNB (2004) : 2 milliards de $
PNB/hab. (2005) : 160 $
PNB/hab. PPA (2005) : 650 dollars internationaux
IDH (2004) : 0,4
Taux de croissance annuelle du PIB (2006) : 8,4 %
Taux annuel d'inflation (2005) : 15,4 %
Structure de la population active : agriculture : n.d., mines et industries : n.d., services : n.d.
Structure du PIB (2004) : agriculture : 39 %, mines et industries : 16,6 %, services : 44,3 %

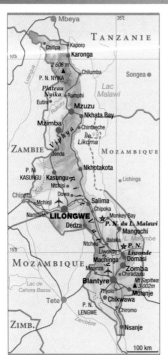

Malawi

✈ aéroport
— route
— voie ferrée

| 800 | 1000 | 1500 m |

● plus de 200 000 h.
● de 40 000 à 200 000 h.
● de 10 000 à 40 000 h.
● moins de 10 000 h.

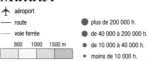

Dette publique brute : n.d.
Taux de chômage : n.d.

Agriculture et pêche

Cultures
maïs (2004) : 1 733 130 t.
pommes de terre (2004) : 1 784 750 t.
manioc (2004) : 2 559 320 t.
bananes plantain (2005) : 300 000 t.
canne à sucre (2004) : 2 100 000 t.
tabac (2005) : 69 500 t.

Élevage et pêche
bovins (2005) : 750 000 têtes
caprins (2005) : 1 900 000 têtes
ovins (2005) : 115 000 têtes
porcins (2005) : 456 300 têtes
pêche (2004) : 57 190 t.

Énergie et produits miniers
électricité totale (2004) : 1 293 millions de kWh
houille (1998) : 54 000 t.

Productions industrielles
sucre (2002) : 261 000 t.
bière (2002) : 209 000 hl
production de bois (2005) : 5 660 740 m³

Tourisme
Recettes touristiques (2003) : 43 millions de $

Commerce extérieur
Exportations de biens (2002) : 422,4 millions de dollars
Importations de biens (2002) : 573,2 millions de dollars

Défense
Forces armées (2004) : 5 300 individus
Budget de la Défense (2004) : 0,83 % du PIB

Niveau de vie
Nombre d'habitants pour un médecin (1993) : 50 360
Apport journalier moyen en calories (2004) : 2 120 (minimum FAO : 2 400)
Nombre d'automobiles pour 1 000 hab. (1996) : 2
Nombre de téléviseurs pour 1 000 hab. (2001) : 4

REPÈRES HISTORIQUES

Le pays est occupé par des populations bantoues qui subissent à partir de 1840 les razzias des négriers du Zanzibar.
1859 : Livingstone découvre le lac Malawi.
1889 : un protectorat britannique d'Afrique-Centrale est constitué.
1907 : il prend le nom de Nyassaland.
1953 : la Grande-Bretagne fédère le Nyassaland et la Rhodésie. Le Nyassaland African Congress, parti dirigé par Hastings Kamuzu Banda, réclame l'indépendance.
1962 : le Nyassaland quitte la fédération.
1964 : il accède à l'indépendance sous le nom de Malawi.
1966 : la république est proclamée. Le président instaure un système de parti unique ; le Malawi entretient des relations étroites avec l'Afrique du Sud.
1993 : confronté à une contestation intérieure grandissante, le chef de l'État doit rétablir le multipartisme.
1994 : premières élections pluralistes.

MALI

Vaste (plus du double de la superficie de la France), mais enclavé et situé, en majeure partie, dans la zone sèche sahélienne ou même saharienne, c'est l'un des pays les plus pauvres du monde.

Superficie : 1 240 192 km²
Population (2007) : 12 337 000 hab.
Capitale : Bamako 1 368 000 hab.
(e. 2005) dans l'agglomération
Nature de l'État et du régime politique : république à régime semi-présidentiel
Chef de l'État : (président de la République) Amadou Toumani Touré
Chef du gouvernement : (Premier ministre) Ousmane Issoufi Maïga
Organisation administrative : 8 régions et le district de Bamako
Langue officielle : français
Monnaie : franc CFA

DÉMOGRAPHIE

Densité : 10 hab./km²
Part de la population urbaine (2005) : 30,5 %
Structure de la population par âge (2005) : moins de 15 ans : 47,7 %, 15-60 ans : 47,3 %, plus de 60 ans : 5 %
Taux de natalité (2005) : 48,1 ‰
Taux de mortalité (2005) : 14,7 ‰
Taux de mortalité infantile (2005) : 128,5 ‰
Espérance de vie (2004) : hommes : 47,6 ans, femmes : 48,9 ans

ÉCONOMIE

PNB (2004) : 4,3 milliards de $
PNB/hab. (2005) : 380 $
PNB/hab. PPA (2005) : 1 000 dollars internationaux
IDH (2004) : 0,338
Taux de croissance annuelle du PIB (2006) : 5,1 %
Taux annuel d'inflation (2005) : 6,4 %
Structure de la population active : agriculture : n.d., mines et industries : n.d., services : n.d.
Structure du PIB (2004) : agriculture : 35,6 %, mines et industries : 25,8 %, services : 38,6 %
Dette publique brute : n.d.
Taux de chômage (2004) : 8,8 %

Agriculture et pêche

Cultures
millet (2004) : 974 680 t.
sorgho (2004) : 664 080 t.
riz (2004) : 718 090 t.
maïs (2004) : 459 460 t.
canne à sucre (2004) : 348 000 t.

Mali

★ site touristique important
— route
— voie ferrée
✈ aéroport

● plus de 800 000 h.
● de 50 000 à 800 000 h.
● de 20 000 à 50 000 h.
• moins de 20 000 h.

coton (2003) : 635 000 t.
arachide (2004) : 161 040 t.

Élevage et pêche
bovins (2005) : 7 682 000 têtes
caprins (2005) : 12 000 000 têtes
ovins (2005) : 8 403 000 têtes
chameaux (2005) : 472 000 têtes
pêche (2004) : 101 090 t.

Énergie et produits miniers
électricité totale (2004) : 410 millions de kWh
or (2005) : 44 400 kg

Productions industrielles
sucre (2002) : 32 000 t.
coton fibre (2005) : 250 386 t.
production de bois (2005) : 5 439 580 m³

Tourisme
Recettes touristiques (2000) : 71 millions de $

Commerce extérieur
Exportations de biens (2001) : 725,2 millions de dollars
Importations de biens (2001) : 734,7 millions de dollars

Défense
Forces armées (2004) : 7 350 individus
Budget de la Défense (2004) : 1,92 % du PIB

Niveau de vie
Nombre d'habitants pour un médecin (1993) : 21 180
Apport journalier moyen en calories (2004) : 2 200 (minimum FAO : 2 400)

Nombre d'automobiles pour 1 000 hab. (1996) : 3
Nombre de téléviseurs pour 1 000 hab. (2002) : 33

Le Maroc offre des paysages variés. Les chaînes de l'Atlas séparent le Maroc oriental, plateau dominant la dépression de la Moulouya, du Maroc atlantique, formé de plateaux et de plaines (en bordure du littoral). Le Nord est occupé par la chaîne du Rif, qui retombe brutalement sur la Méditerranée. Le Sud appartient déjà au Sahara. La

latitude et les reliefs expliquent la relative humidité du Maroc atlantique et l'aridité de la partie orientale et méridionale.

Superficie : 446 550 km²
Population (2007) : 31 224 000 hab.
Capitale : Rabat 627 932 hab. (r. 2004), 1 647 000 hab. (e. 2005) dans l'agglomération
Nature de l'État et du régime politique : monarchie constitutionnelle à régime parlementaire
Chef de l'État : (roi) Muhammad VI
Chef du gouvernement : (Premier ministre) Driss Jettou
Organisation administrative : 16 régions économiques
Langue officielle : arabe
Monnaie : dirham marocain

DÉMOGRAPHIE

Densité : 70 hab./km²
Part de la population urbaine (2005) : 58,7 %

Structure de la population par âge (2005) : moins de 15 ans : 30,3 %, 15-60 ans : 62,2 %, plus de 60 ans : 7,5 %
Taux de natalité (2005) : 20,5 ‰
Taux de mortalité (2005) : 5,8 ‰
Taux de mortalité infantile (2005) : 30,6 ‰
Espérance de vie (2004) : hommes : 67,9 ans, femmes : 72,3 ans

ÉCONOMIE

PNB (2004) : 46,9 milliards de $
PNB/hab. (2005) : 1 730 $
PNB/hab. PPA (2005) : 4 360 dollars internationaux
IDH (2004) : 0,64
Taux de croissance annuelle du PIB (2006) : 7,3 %
Taux annuel d'inflation (2005) : 1 %
Structure de la population active (2003) : agriculture : 43,9 %, mines et industries : 20,2 %, services : 35,9 %
Structure du PIB (2004) : agriculture :

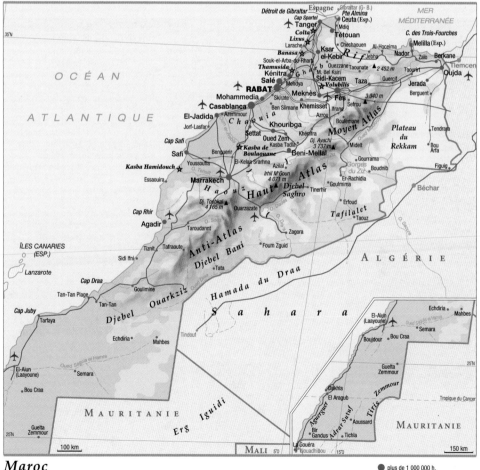

Maroc

500 1000 2000 3000 m

══ autoroute
— route
✈ aéroport

— voie ferrée
★ site touristique important
⇢ oléoduc

● plus de 1 000 000 h.
● de 500 000 à 1 000 000 h.
● de 100 000 à 500 000 h.
• de 50 000 à 100 000 h.
· moins de 50 000 h.

15,9 %, mines et industries : 30,4 %,
services : 53,7 %
Dette publique brute : n.d.
Taux de chômage (2005) : 11 %

Agriculture et pêche

Cultures
blé (2004) : 5 539 840 t.
orge (2004) : 2 760 340 t.
pommes de terre (2004) : 1 440 000 t.
amandes (2004) : 60 200 t.
dattes (2004) : 69 400 t.
mandarines (1998) : 462 000 t.
noix (2003) : 1 500 t.
olives (2004) : 470 000 t.
oranges (2004) : 719 300 t.
sisal (2003) : 2 200 t.
tomates (2004) : 1 201 230 t.
raisin (2004) : 267 000 t.
canne à sucre (2004) : 992 000 t.
agrumes (2003) : 1 325 000 t.

Élevage et pêche
bovins (2005) : 2 728 800 têtes
caprins (2005) : 5 358 600 têtes
ovins (2005) : 17 026 300 têtes
pêche (2004) : 909 450 t.

Énergie et produits miniers
électricité totale (2004) :
18 483 millions de kWh
hydroélectricité (2004) :
2 000 millions de kWh
houille (1998) : 264 000 t.
phosphate (2003) : 22 877 000 t.
plomb minerai (2005) : 31 000 t.
argent (2005) : 196 t.
zinc (2005) : 75 000 t.

Productions industrielles
huile d'olive (2002) : 68 000 t.
plomb métal (2005) : 39 000 t.
automobiles (2004) : 22 520 unités
véhicules utilitaires : n.d.
filés de coton (2002) : 250 t.
laine (2005) : 40 000 t.
ciment (2005) : 11 000 000 t.

Tourisme
Recettes touristiques (2004) :
4 541 millions de $

Commerce extérieur
Exportations de biens (2005) :
10 690 millions de dollars
Importations de biens (2005) :
18 894 millions de dollars

Défense
Forces armées (2004) : 200 800 individus
Budget de la Défense (2004) : 3,76 % du PIB

Niveau de vie
Nombre d'habitants pour un médecin (1994) : 2 500
Apport journalier moyen en calories (2004) : 3 110
(minimum FAO : 2 400)
Nombre d'automobiles pour 1 000 hab. (2001) : 44
Nombre de téléviseurs pour 1 000 hab. (2001) : 167

REPÈRES HISTORIQUES

Le Maroc antique
IXᵉ - VIIIᵉ s. av. J.-C. : les Phéniciens créent des comptoirs sur le littoral.
VIᵉ s. av. J.-C. : ceux-ci passent sous le contrôle de Carthage.
Vᵉ s. av. J.-C. : création du royaume de Mauritanie.
40 apr. J.-C. : la Mauritanie est annexée par Rome.
435 - 442 : invasion des Vandales.

Le Maroc islamique
700 - 710 : les Arabes conquièrent le pays et imposent l'islam aux tribus berbères, chrétiennes, juives ou animistes.
789 - 985 : la dynastie idriside gouverne le pays.
1061 - 1147 : les Almoravides unifient le Maghreb et l'Andalousie en un vaste empire.
1147 - 1269 : sous le gouvernement des Almohades, une brillante civilisation arabo-andalouse s'épanouit.
1269 - 1465 : le Maroc est aux mains des Marinides, qui doivent renoncer à l'Espagne (1340).

1415 : les Portugais conquièrent Ceuta.
1472 - 1554 : sous les Wattassides, la vie urbaine recule. Le nomadisme, les particularismes tribaux et la dévotion pour les marabouts se développent.
1554 - 1659 : sous les Sadiens, les Portugais sont défaits à Alcaçar Quivir (1578) par al-Mansur.
1591 : Tombouctou est conquise.
1666 : Mulay al-Rachid fonde la dynastie alawite, qui règne dès lors sur le Maroc.
XVIIᵉ - XVIIIᵉ s. : le pays connaît des querelles successorales et une sévère décadence économique.
XIXᵉ s. : la Grande-Bretagne, l'Espagne et la France obligent les sultans à ouvrir le pays à leurs produits. Mais leur rivalité permet au Maroc de sauvegarder son indépendance.

Des protectorats français et espagnols à nos jours
1906 - 1912 : après les accords d'Algésiras, la France occupe la majeure partie du pays.

1912 : le traité de Fès établit le protectorat français. L'Espagne obtient une zone nord (le Rif) et une zone sud (Ifni).
1912 - 1925 : Lyautey, résident général, entreprend la pacification du pays.
1921 - 1926 : Abd el-Krim anime la guerre du Rif.
1933 - 1934 : fin de la résistance des Berbères du Haut Atlas ; la France contrôle l'ensemble du pays. Le sultan Muhammad V a un pouvoir purement religieux.
1944 : le parti de l'Istiqlal, soutenu par Muhammad V, réclame l'indépendance.
1953 - 1955 : ce dernier est déposé et exilé par les autorités françaises.
1956 : l'indépendance est proclamée ; le Maroc est érigé en royaume (1957).
1961 : Hasan II accède au trône.
1975 - 1979 : le Maroc recouvre l'ex-Sahara espagnol revendiqué par le Front Polisario.
1999 : Hasan II meurt ; son fils aîné devient roi sous le nom de Muhammad VI.

MAURICE
→ MADAGASCAR

Le pays, à peu près deux fois grand comme la France, est en majeure partie saharien; les températures y sont élevées et les pluies n'atteignent pas 100 mm par an. Seul le tiers sud, sahélien, reçoit environ 500 mm d'eau par an.

Superficie : 1 025 520 km²
Population (2007) : 3 124 000 hab.
Capitale : Nouakchott 637 000 hab.
(e. 2005)
Nature de l'État et du régime politique :
république à régime semi-présidentiel
Chef de l'État : (président de la
République) Sidi Mohamed Ould
Cheikh Abdallahi
Chef du gouvernement : (Premier
ministre) Zeine Ould Zeidane
Organisation administrative :
12 wilayas et 1 district urbain
Langue officielle : arabe
Monnaie : ouguiya

DÉMOGRAPHIE

Densité : 3 hab./km²
Part de la population urbaine (2005) :
40,4 %
Structure de la population par âge (2005) :
moins de 15 ans : 40,3 %, 15-60 ans :
54,4 %, plus de 60 ans : 5,3 %
Taux de natalité (2005) : 32,5 ‰
Taux de mortalité (2005) : 7,9 ‰
Taux de mortalité infantile (2005) : 63 ‰
Espérance de vie (2004) : hommes :
51,7 ans, femmes : 54,9 ans

ÉCONOMIE

PNB (2004) : 1,6 milliard de $
PNB/hab. (2005) : 560 $
PNB/hab. PPA (2005) : 2 150 dollars
internationaux
IDH (2004) : 0,486
Taux de croissance annuelle du PIB (2006) :
14,1 %
Taux annuel d'inflation (2005) : 12,1 %
Structure de la population active :
agriculture : n.d., mines et industries :
n.d., services : n.d.
Structure du PIB (2004) : agriculture :
18,2 %, mines et industries : 33,6 %,
services : 48,2 %
Dette publique brute : n.d.
Taux de chômage (2003) : 10,2 %

Agriculture et pêche

Cultures
riz (2004) : 77 000 t.
sorgho (2004) : 40 000 t.
dattes (2004) : 24 000 t.

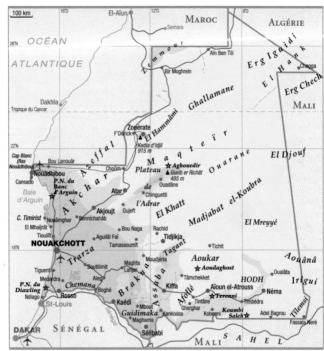

Mauritanie

★ site touristique important
— route
— voie ferrée
✈ aéroport
● plus de 500 000 h.
● de 10 000 à 500 000 h.
● moins de 10 000 h.

Élevage et pêche
bovins (2005) : 1 692 000 têtes
caprins (2005) : 5 600 000 têtes
ovins (2005) : 8 850 000 têtes
poulets (2005) : 4 200 000 têtes
chameaux (2005) : 1 397 000 têtes
pêche (2004) : 19 930 t.

Énergie et produits miniers
électricité totale (2004) :
177 millions de kWh
fer (2004) : 6 890 000 t.

Tourisme
Recettes touristiques (1999) :
28 millions de $

Commerce extérieur
Exportations de biens (1998) :
358,6 millions de dollars
Importations de biens (1998) :
318,7 millions de dollars

Défense
Forces armées (2004) : 15 870 individus
Budget de la Défense (2004) : 1,6 % du PIB

Niveau de vie
**Nombre d'habitants pour un
médecin (1993) :** 10 000
**Apport journalier moyen en
calories (2004) :** 2 740
(minimum FAO : 2 400)

**Nombre d'automobiles pour
1 000 hab. (1996) :** 8
**Nombre de téléviseurs pour
1 000 hab. (2003) :** 44

REPÈRES HISTORIQUES

209

Fin du néolithique : le dessèchement de la région entraîne la migration des premiers habitants, négroïdes, vers le sud.
Début de l'ère chrétienne : pénétration de pasteurs berbères (notamment San-hadja).
VIIIe - IXe s. : la Mauritanie est convertie à l'islam.
XIe s. : création de l'Empire almoravide, qui propage un islam austère.
XVe - XVIIIe s. : les Arabes Hassan organisent le pays en émirats ; les Européens s'installent sur les côtes.
1900 - 1912 : conquête française.
1920 : la Mauritanie devient colonie au sein de l'A.-O.F.
1960 : la République islamique de Mauritanie, proclamée en 1958, accède à l'indépendance.
1979 : entraînée dans des difficultés croissantes par la décolonisation du Sahara espagnol, elle renonce à la zone qu'elle avait occupée en 1976.
1991 : le multipartisme est instauré.

Pays en grande partie recouvert par la forêt et au climat humide, le Mozambique est formé d'une vaste plaine côtière, généralement bien arrosée, s'élevant vers l'intérieur.

Superficie : 801 590 km²
Population (2007) : 21 397 000 hab.
Capitale : Maputo 1 320 000 hab. (e. 2005) dans l'agglomération
Nature de l'État et du régime politique : république à régime semi-présidentiel
Chef de l'État : (président de la République) Armando Guebuza
Premier ministre : Luísa Diogo
Organisation administrative : 10 provinces et 1 municipalité
Langue officielle : portugais
Monnaie : metical

DÉMOGRAPHIE

Densité : 27 hab./km²
Part de la population urbaine (2005) : 34,5 %
Structure de la population par âge (2005) : moins de 15 ans : 44,2 %, 15-60 ans : 50,8 %, plus de 60 ans : 5 %
Taux de natalité (2005) : 39,5 ‰
Taux de mortalité (2005) : 19,8 ‰
Taux de mortalité infantile (2005) : 95,9 ‰
Espérance de vie (2004) : hommes : 41,2 ans, femmes : 42,4 ans

ÉCONOMIE

210

PNB (2004) : 5,3 milliards de $
PNB/hab. (2005) : 310 $
PNB/hab. PPA (2005) : 1 270 dollars internationaux
IDH (2004) : 0,39
Taux de croissance annuelle du PIB (2006) : 7,9 %
Taux annuel d'inflation (2005) : 7,1 %
Structure de la population active : agriculture : n.d., mines et industries : n.d., services : n.d.
Structure du PIB (2004) : agriculture : 21,5 %, mines et industries : 31,3 %, services : 47,2 %
Dette publique brute : n.d.
Taux de chômage : n.d.

Agriculture et pêche

Cultures
riz (2004) : 177 420 t.
maïs (2004) : 1 437 040 t.
sorgho (2004) : 337 040 t.
manioc (2004) : 6 412 770 t.
thé (2004) : 10 500 t.
canne à sucre (2004) : 400 000 t.
jute (1997) : 5 000 t.

noix de cajou (2004) : 58 000 t.
sisal (2003) : 600 t.
arachide (2004) : 127 500 t.

Élevage et pêche
bovins (2005) : 1 320 000 têtes
poulets (2005) : 28 000 000 têtes
pêche (2004) : 45 220 t.

Énergie et produits miniers
électricité totale (2004) : 11 576 millions de kWh
bauxite (2005) : 10 000 t.
houille (2001) : 31 000 t.

Productions industrielles
bière (2002) : 480 000 hl
sucre (2002) : 35 000 t.
coprah (2001) : 19 100 t.

aluminium (2005) : 555 000 t.
ciment (2005) : 400 000 t.
production de bois (2005) : 18 028 000 m³

Tourisme
Recettes touristiques (2004) : 96 millions de $

Commerce extérieur
Exportations de biens (2005) : 1 745,3 millions de dollars
Importations de biens (2005) : 2 242,3 millions de dollars

Défense
Forces armées (2004) : 11 200 individus
Budget de la Défense (2004) : 1,82 % du PIB

Mozambique, Swaziland

— route
— voie ferrée
✈ aéroport

● plus de 1 000 000 h.
● de 100 000 à 1 000 000 h.
● de 50 000 à 100 000 h.
• moins de 50 000 h.

200   500   1000 m

SWAZILAND

211

Niveau de vie
Nombre d'habitants pour un médecin (1990) : 50 000
Apport journalier moyen en calories (2004) : 2 080 (minimum FAO : 2 400)
Nombre d'automobiles pour 1 000 hab. (1996) : 0
Nombre de téléviseurs pour 1 000 hab. (2002) : 14

REPÈRES HISTORIQUES

Xᵉ - XVᵉ s. : le pays, peuplé de Bantous, est organisé en petites chefferies dirigées par des dynasties héréditaires, les royaumes Maravi. Il exporte vers le sud l'ivoire local.
1490 : les Portugais s'installent le long des côtes.
XVIIᵉ - XVIIIᵉ s. : l'influence portugaise s'affirme dans les basses vallées orientales.
1886 - 1893 : les frontières de la nouvelle colonie portugaise sont fixées par des accords avec l'Allemagne et la Grande-Bretagne.
1951 : le Mozambique devient « province portugaise » d'outre-mer.
1964 : le Front de libération du Mozambique (Frelimo) entame la guérilla contre la domination portugaise.
1975 : l'indépendance est proclamée. À partir de 1979, une rébellion armée anticommuniste se développe avec le soutien de l'Afrique du Sud.
1990 : une nouvelle Constitution instaure le pluralisme.
1992 : accord de paix mettant fin à la guerre civile.
1995 : le Mozambique devient membre du Commonwealth.

Montagneux et verdoyant, le Swaziland est un pays enclavé, entouré principalement par l'Afrique du Sud. Il jouxte aussi le Mozambique.

Superficie : 17 364 km²
Population (2007) : 1 141 000 hab.
Capitale : Mbabane 73 000 hab. (e. 2005)
Nature de l'État et du régime politique : monarchie
Chef de l'État : (roi) Mswati III
Chef du gouvernement : (Premier ministre) Themba Dlamini
Organisation administrative : 4 districts
Langues officielles : swazi et anglais
Monnaie : lilangeni

DÉMOGRAPHIE

Densité : 66 hab./km²
Part de la population urbaine (2005) : 24,1 %
Structure de la population par âge (2005) : moins de 15 ans : 39,8 %, 15-60 ans : 55,2 %, plus de 60 ans : 5 %
Taux de natalité (2005) : 28,5 ‰
Taux de mortalité (2005) : 21,2 ‰
Taux de mortalité infantile (2005) : 71 ‰
Espérance de vie (2004) : hommes : 42,5 ans, femmes : 41,7 ans

ÉCONOMIE

PNB (2004) : 1,9 milliard de $
PNB/hab. (2005) : 2 280 $
PNB/hab. PPA (2005) : 5 190 dollars internationaux
IDH (2004) : 0,5
Taux de croissance annuelle du PIB (2006) : 1,2 %
Taux annuel d'inflation (2003) : 7,3 %
Structure de la population active : agriculture : n.d., mines et industries : n.d., services : n.d.
Structure du PIB (2004) : agriculture : 12,5 %, mines et industries : 47,3 %, services : 40,2 %
Dette publique brute : n.d.
Taux de chômage : n.d.

Agriculture
Cultures
maïs (2004) : 68 090 t.
oranges (2004) : 36 000 t.
agrumes (2003) : 74 000 t.
Élevage
bovins (2005) : 580 000 têtes
caprins (2005) : 274 000 têtes
Énergie et produits miniers
électricité totale (2004) : 458 millions de kWh
Productions industrielles
sucre (2002) : 583 000 t.
production de bois (2005) : 890 000 m³
Tourisme
Recettes touristiques (2002) : 26 millions de $
Commerce extérieur
Exportations de biens (2002) : 955,2 millions de dollars
Importations de biens (2002) : 1 034,6 millions de dollars
Défense
Forces armées : n.d.
Budget de la Défense : n.d.
Niveau de vie
Nombre d'habitants pour un médecin (1990) : 18 820
Apport journalier moyen en calories (2002) : 2 322 (minimum FAO : 2 400)
Nombre d'automobiles pour 1 000 hab. (2001) : 41
Nombre de téléviseurs pour 1 000 hab. (2002) : 34

REPÈRES HISTORIQUES

1815 : fondation d'un royaume bantou indépendant, le Swaziland.
1902 : le Swaziland passe sous protectorat britannique.
1968 : il redevient indépendant.

NAMIBIE
→ BOSTSWANA

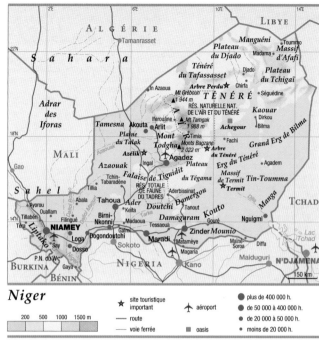

En dehors de la vallée du Niger où se concentre la majorité de la population, le Niger est un pays désertique ou steppique, très vaste mais enclavé.

Superficie : 1 267 000 km²
Population (2007) : 14 226 000 hab.
Capitale : Niamey 674 950 hab. (r. 2001)
Nature de l'État et du régime politique : république à régime semi-présidentiel
Chef de l'État : (président de la République) Mamadou Tandja
Chef du gouvernement : (Premier ministre) Segni Oumarou
Organisation administrative : 7 départements et 1 communauté urbaine
Langue officielle : français
Monnaie : franc CFA

DÉMOGRAPHIE

Densité : 11 hab./km²
Part de la population urbaine (2005) : 16,8 %
Structure de la population par âge (2005) : moins de 15 ans : 48 %, 15-60 ans : 47,3 %, plus de 60 ans : 4,7%
Taux de natalité (2005) : 49 ‰
Taux de mortalité (2005) : 13,8 ‰
Taux de mortalité infantile (2005) : 110,8 ‰
Espérance de vie (2004) : hommes : 44,6 ans, femmes : 44,7 ans

ÉCONOMIE

PNB (2004) : 2,8 milliards de $
PNB/hab. (2005) : 240 $
PNB/hab. PPA (2005) : 800 dollars internationaux
IDH (2004) : 0,311
Taux de croissance annuelle du PIB (2005) : 7 %
Taux annuel d'inflation (2005) : 7,8 %
Structure de la population active : agriculture : n.d., mines et industries : n.d., services : n.d.
Structure du PIB (2003) : agriculture : 39,9 %, mines et industries : 16,7 %, services : 43,4 %
Dette publique brute : n.d.
Taux de chômage : n.d.

Agriculture et pêche

Cultures
arachide (2004) : 110 000 t.
millet (2004) : 2 100 000 t.
sorgho (2004) : 500 000 t.
canne à sucre (2004) : 220 000 t.
manioc (2004) : 100 000 t.

Élevage et pêche
bovins (2005) : 2 260 000 têtes
caprins (2005) : 6 900 000 têtes
ovins (2005) : 4 500 000 têtes
poulets (2005) : 25 000 000 têtes
chameaux (2005) : 420 000 têtes
chevaux (2003) : 106 000 têtes
pêche (2004) : 51 500 t.

Énergie et produits miniers
électricité totale (2004) : 232 millions de kWh
étain minerai (2002) : 11 t.
or (2005) : 700 kg
uranium (2004) : 3 282 t.

Productions industrielles
bière (2002) : 20 000 hl
ciment (2005) : 55 000 t.
production de bois (2005) : 9 217 470 m³

Tourisme
Recettes touristiques (1999) : 24 millions de $

Commerce extérieur
Exportations de biens (1995) : 288,1 millions de dollars
Importations de biens (1995) : 305,6 millions de dollars

Défense
Forces armées (2004) : 5 300 individus
Budget de la Défense (2004) : 0,94 % du PIB

Niveau de vie
Nombre d'habitants pour un médecin (1993) : 35 140
Apport journalier moyen en calories (2004) : 2 150 (minimum FAO : 2 400)
Nombre d'automobiles pour 1 000 hab. (1996) : 4
Nombre de téléviseurs pour 1 000 hab. (2001) : 10

REPÈRES HISTORIQUES

L'occupation humaine de la région est fort ancienne.
Iᵉʳ millénaire av. J.-C. : les Berbères s'introduisent par une des routes transsahariennes, refoulant vers le sud les populations sédentaires ou se métissant avec elles.
VIIᵉ s. apr. J.-C. : l'empire des Songhaï, bientôt islamisé, se constitue.
Xᵉ s. : il a pour capitale Gao.
1591 : il est détruit par les Marocains.
XVIIᵉ - XIXᵉ s. : Touareg et Peul contrôlent le pays.
1897 : amorcée à partir de 1830, la pénétration française s'affirme.
1922 : la résistance des Touareg apaisée, le Niger devient colonie de l'A.-O.F.
1960 : autonome depuis 1956, république depuis 1958, il accède à l'indépendance. Le président s'appuie sur un parti unique.
1990 : le pouvoir engage la transition vers le multipartisme. Parallèlement, il doit faire face à la rébellion touareg et à une situation économique catastrophique.

Le Nigeria se compose d'une région littorale humide, densément peuplée et urbanisée (domaine de la forêt dense), et d'un Nord plus sec (domaine de la savane).

Superficie : 923 768 km²
Population (2007) : 148 093 000 hab.
Capitale : Abuja 612 000 hab. (e. 2005) dans l'agglomération
Nature de l'État et du régime politique : république
Chef de l'État et du gouvernement : (président de la République)
Umaru Musa Yar'Adua
Organisation administrative : 36 États et 1 territoire fédéral
Langue officielle : anglais
Monnaie : naira

DÉMOGRAPHIE

Densité : 160 hab./km²
Part de la population urbaine (2005) : 48,2 %
Structure de la population par âge (2005) : moins de 15 ans : 44,4 %, 15-60 ans : 51 %, plus de 60 ans : 4,6 %
Taux de natalité (2005) : 39,9 ‰
Taux de mortalité (2005) : 16,8 ‰
Taux de mortalité infantile (2005) : 109,5 ‰
Espérance de vie (2004) : hommes : 43,4 ans, femmes : 43,8 ans

ÉCONOMIE

PNB (2004) : 55 milliards de $
PNB/hab. (2005) : 560 $
PNB/hab. PPA (2005) : 1 040 dollars internationaux
IDH (2004) : 0,448
Taux de croissance annuelle du PIB (2006) : 5,2 %
Taux annuel d'inflation (2005) : 13,5 %
Structure de la population active : agriculture : n.d., mines et industries : n.d., services : n.d.
Structure du PIB (2004) : agriculture : 16,6 %, mines et industries : 56,9 %, services : 26,5 %
Dette publique brute : n.d.
Taux de chômage : n.d.

Agriculture et pêche

Cultures
agrumes (2003) : 3 250 000 t.
ananas (2004) : 889 000 t.
arachide (2004) : 2 937 000 t.
cacao (2004) : 366 000 t.
caoutchouc (2003) : 112 000 t.
igname (2003) : 27 000 000 t.
manioc (2004) : 38 179 000 t.
millet (2004) : 6 282 000 t.
noix de cajou (2004) : 213 000 t.
palmiste (2002) : 608 000 t.

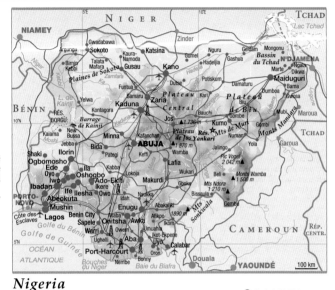

Nigeria

★	site touristique important
	100 300 600 1000 m
═══	autoroute
───	route
───	voie ferrée
✈	aéroport
⟶	oléoduc ou gazoduc
⛏	puits de pétrole
●	plus de 1 000 000 h.
●	de 250 000 à 1 000 000 h.
●	de 100 000 à 250 000 h.
•	moins de 100 000 h.

soja (2002) : 437 000 t.
sorgho (2004) : 8 028 000 t.
bananes plantain (2005) : 2 591 000 t.
maïs (2004) : 4 779 000 t.
riz (2004) : 3 542 000 t.
coton (2003) : 400 000 t.
patates douces (2003) : 2 150 000 t.

Élevage et pêche
bovins (2005) : 15 875 260 têtes
caprins (2005) : 28 000 000 têtes
ovins (2005) : 23 000 000 têtes
porcins (2005) : 6 650 000 têtes
poulets (2005) : 150 700 000 têtes
chevaux (2003) : 205 000 têtes
pêche (2004) : 509 200 t.

Énergie et produits miniers
électricité totale (2004) : 19 064 millions de kWh
hydroélectricité (2004) : 8 200 millions de kWh
gaz naturel (2005) : 21 800 millions de m³
houille (2001) : 69 000 t.
pétrole (2005) : 125 400 000 t.
étain (2002) : 2 800 t.

Productions industrielles
huile de palme (2005) : 1 170 000 t.
coton fibre (2005 : 140 000 t.
plomb métal (2005) : 5 000 t.
production de bois (2005) : 70 692 260 m³

Tourisme
Recettes touristiques (2001) : 156 millions de $

Commerce extérieur
Exportations de biens (1999) : 12 876 millions de dollars
Importations de biens (1999) : 8 588 millions de dollars

Défense
Forces armées (2004) : 78 500 individus
Budget de la Défense (2004) : 0,88 % du PIB

Niveau de vie

Nombre d'habitants pour un médecin (1993) : 5 000
Apport journalier moyen en calories (2004) : 2 720 (minimum FAO : 2 400)
Nombre d'automobiles pour 1 000 hab. (1996) : 9
Nombre de téléviseurs pour 1 000 hab. (2001) : 103

REPÈRES HISTORIQUES

900 av. J.-C. - 200 apr. J.-C. : la civilisation de Nok s'épanouit.
VIIᵉ - XIᵉ s. : les Haoussa s'installent dans le Nord, les Yoruba dans le Sud-Ouest.
XIᵉ - XVIᵉ s. : dans le Nord s'organisent les brillants royaumes du Kanem (apogée au XIVᵉ s.), puis du Kanem-Bornou (XVIᵉ s.). Dans le Sud, Ifé constitue le centre religieux et culturel commun du royaume d'Oyo et de celui du Bénin, qui entre en relation avec les Portugais au XVᵉ s.
1553 : l'Angleterre élimine le Portugal.
Début du XIXᵉ s. : les Peuls musulmans, dirigés par Ousmane dan Fodio, forment un empire dans le nord du pays (Sokoto).
1851 : les Britanniques occupent Lagos.
1900 : le Nigeria passe sous la juridiction du Colonial Office.
1960 : il accède à l'indépendance.
1967 - 1970 : les Ibo du Sud-Est, en majorité chrétiens, font sécession, formant la république du Biafra, qui capitule en janvier 1970 à l'issue d'une guerre meurtrière. Dès lors, sauf une brève période de retour à la démocratie (1979 - 1983), les coups d'État militaires se succèdent.
1999 : avec le retour à un pouvoir civil, le Nigeria retrouve sa place sur la scène internationale.

OUGANDA

Traversé par l'équateur, le pays est formé par un haut plateau dominé par de hauts reliefs (Ruwenzori, Elgon). La savane domine, sauf dans le Nord-Est, steppique, et sur les massifs boisés.

Superficie : 241 038 km²
Population (2007) : 30 884 000 hab.
Capitale : Kampala 1 208 544 hab. (r. 2002)
Nature de l'État et du régime politique : république à régime semi-présidentiel
Chef de l'État : (président de la République) Yoweri Kaguta Museveni
Premier ministre : Apolo Nsibambi
Organisation administrative : 56 districts
Langue officielle : anglais
Monnaie : shilling ougandais

DÉMOGRAPHIE

Densité : 128 hab./km²
Part de la population urbaine (2005) : 12,6 %
Structure de la population par âge (2005) : moins de 15 ans : 49,4 %, 15-60 ans : 46,8 %, plus de 60 ans : 3,8 %
Taux de natalité (2005) : 46,6 ‰
Taux de mortalité (2005) : 13,4 ‰
Taux de mortalité infantile (2005) : 76,9 ‰
Espérance de vie (2004) : hommes : 48,3 ans, femmes : 49,4 ans

ÉCONOMIE

PNB (2004) : 6,9 milliards de $
PNB/hab. (2005) : 280 $
PNB/hab. PPA (2005) : 1 500 dollars internationaux
IDH (2004) : 0,502
Taux de croissance annuelle du PIB (2006) : 5,5 %
Taux annuel d'inflation (2005) : 8,1 %
Structure de la population active (2003) : agriculture : 69,4 %, mines et industries : 7,5 %, services : 23,1 %
Structure du PIB (2004) : agriculture : 32,2 %, mines et industries : 21,2 %, services : 46,6 %
Dette publique brute : n.d.
Taux de chômage (2003) : 3,2 %

Agriculture et pêche

Cultures
millet (2004) : 700 000 t.
sorgho (2004) : 420 000 t.
maïs (2004) : 1 350 000 t.
manioc (2004) : 5 500 000 t.
bananes plantain (2005) : 9 045 000 t.
patates douces (2003) : 2 600 000 t.
pommes de terre (2004) : 573 000 t.
thé (2004) : 36 000 t.
café (2004) : 186 000 t.
canne à sucre (2004) : 1 600 000 t.
tabac (2005) : 31 400 t.

vanille (2005) : 70 t.
arachide (2004) : 155 000 t.

Élevage et pêche
bovins (2005) : 6 770 000 têtes
caprins (2005) : 7 800 000 têtes
ovins (2005) : 1 600 000 têtes
porcins (2005) : 2 000 000 têtes
poulets (2005) : 32 600 000 têtes
pêche (2005) : 377 320 t.

Énergie et produits miniers
électricité totale (2004) : 1 894 millions de kWh

Productions industrielles
coton fibre (20025) : 44 200 t.
sucre (2002) : 180 000 t.
bière (2002) : 850 000 hl
production de bois (2005) : 39 972 000 m³

Tourisme
Recettes touristiques (2004) : 306 M. de $

Commerce extérieur
Exportations de biens (2005) : 864,3 M. de $
Importations de biens (2005) : 1 785 M. de $

Défense
Forces armées (2004) : 45 000 individus
Budget de la Défense (2004) : 2,51 % du PIB

Niveau de vie
Nombre d'habitants pour un médecin (1990) : 25 000
Apport journalier moyen en calories (2004) : 2 370 (minimum FAO : 2 400)
Nombre d'automobiles pour 1 000 hab. (1999) : 2
Nombre de téléviseurs pour 1 000 hab. (2002) : 18

Ouganda

★ site touristique important
— route
— voie ferrée
✈ aéroport

● plus de 500 000 h.
● de 50 000 à 500 000 h.
● de 10 000 à 50 000 h.
• moins de 10 000 h.

1000 2000 3000 m

REPÈRES HISTORIQUES

La population de l'actuel Ouganda résulte du métissage ancien de Bantous et de peuples nilotiques
XVIᵉ - XIXᵉ s. : ces populations constituent de petits États faiblement structurés, mais, au XVIIᵉ s., le royaume du Buganda s'impose aux autres États.
1894 : la Grande-Bretagne établit son protectorat sur l'Ouganda.
1962 : l'Ouganda devient un État fédéral indépendant.
1966 : Milton Obote devient chef de l'État et met fin à la fédération des royaumes.
1967 : la république est proclamée.
1971 - 1979 : régime tyrannique d'Idi Amin Dada.
1980 : Obote retrouve le pouvoir.
1985 - 1986 : après plusieurs années d'anarchie, de rébellions tribales et de répression, deux coups d'État se succèdent.
1995 : la nouvelle Constitution maintient une démocratie autoritaire.

RWANDA → BURUNDI

SÃO TOMÉ ET PRÍNCIPE → GABON

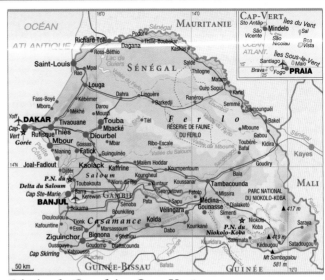

Sénégal, Gambie, Cap-Vert

● plus de 1 500 000 h.
● de 100 000 à 1 500 000 h.
● de 20 000 à 100 000 h.
● moins de 20 000 h.

— route
— voie ferrée
★ site touristique important
✈ aéroport

En dehors du Sud-Est, contrefort du Fouta-Djalon, le Sénégal est formé de plateaux peu élevés. La côte est sableuse. Les températures, élevées dans l'intérieur, s'abaissent un peu sur le littoral, tandis que les pluies diminuent du sud vers le nord. Les grandes forêts du sud font place à la savane au centre et au sud-est, puis à la steppe au nord.

Superficie : 196 722 km²
Population (2007) : 12 379 000 hab.
Capitale : Dakar 1 009 256 hab. (e. 2004), 2 159 000 hab. (e. 2005) dans l'agglomération
Nature de l'État et du régime politique : république à régime semi-présidentiel
Chef de l'État : (président de la République) Abdoulaye Wade
Chef du gouvernement : (Premier ministre) Cheikh Hadjibou Soumaré
Organisation administrative : 11 régions
Langue officielle : français
Monnaie : franc CFA

DÉMOGRAPHIE

Densité : 63 hab./km²
Part de la population urbaine (2005) : 41,6 %
Structure de la population par âge (2005) : moins de 15 ans : 42,2 %, 15-60 ans : 51,6 %, plus de 60 ans : 6,2 %
Taux de natalité (2005) : 35,2 ‰
Taux de mortalité (2005) : 9 ‰
Taux de mortalité infantile (2005) : 65,7 ‰
Espérance de vie (2004) : hommes : 54,9 ans, femmes : 57,4 ans

ÉCONOMIE

PNB (2004) : 7,2 milliards de $
PNB/hab. (2005) : 710 $
PNB/hab. PPA (2005) : 1 770 dollars internationaux
IDH (2004) : 0,46
Taux de croissance annuelle du PIB (2006) : 4 %
Taux annuel d'inflation (2005) : 1,7 %
Structure de la population active : agriculture : n.d., mines et industries : n.d., services : n.d.
Structure du PIB (2004) : agriculture : 16,9 %, mines et industries : 19,6 %, services : 63,5 %
Dette publique brute : n.d.
Taux de chômage : n.d.

Agriculture et pêche

Cultures
riz (2004) : 201 740 t.
millet (2004) : 323 750 t.
sorgho (2004) : 126 490 t.
patates douces (2005) : 27 809 t.
arachide (2004) : 602 620 t.
canne à sucre (2004) : 828 530 t.
Élevage et pêche
bovins (2005) : 3 070 000 têtes
caprins (2005) : 4 105 000 têtes
ovins (2005) : 4 872 000 têtes
poulets (2005) : 26 959 000 têtes
chevaux (2003) : 500 000 têtes
pêche (2004) : 445 460 t.

Énergie et produits miniers

électricité totale (2004) : 1 453 millions de kWh
phosphate (2003) : 1 472 000 t.

Productions industrielles

huile de palme (2002) : 5 600 t.
coton fibre (2005) : 22 000 t.
ciment (2005) : 1 700 000 t.
production de bois (2005) : 6 070 160 m³

Tourisme

Recettes touristiques (2000) : 140 millions de $

Commerce extérieur

Exportations de biens (1999) : 1 027,1 millions de dollars
Importations de biens (1999) : 1 372,8 millions de dollars

Défense

Forces armées (2004) : 13 620 individus
Budget de la Défense (2004) : 1,28 % du PIB

Niveau de vie

Nombre d'habitants pour un médecin (1990) : 10 000
Apport journalier moyen en calories (2004) : 2 360 (minimum FAO : 2 400)
Nombre d'automobiles pour 1 000 hab. (1999) : 11
Nombre de téléviseurs pour 1 000 hab. (2001) : 78

REPÈRES HISTORIQUES

Le pays, peuplé dès la préhistoire, a connu le passage de populations successives et des métissages.
IXᵉ s. : formation du royaume de Tekrour, progressivement islamisé et vassalisé par le Mali.
XIVᵉ s. : constitution du royaume Dyolof.
Vers 1456 : les Portugais installent des comptoirs sur la côte.
XVIᵉ s. : le royaume Dyolof se morcelle en plusieurs États.
XVIIᵉ s. : la France fonde Saint-Louis (1659) et occupe Gorée (1677).
1854 - 1865 : le général Faidherbe mène une politique d'expansion.
1879 - 1890 : la France achève la conquête du Sénégal.
1895 : le pays, intégré dans l'A.-O.F., dont le gouvernement général est fixé à Dakar, est doté d'un statut privilégié.
1958 : le Sénégal devient république autonome au sein de la Communauté.
1959 - 1960 : il forme avec le Mali une fédération éphémère.
1960 : il devient indépendant. Son président, Léopold S. Senghor, instaure en 1963 un régime à parti unique, remplacé par un régime tripartite en 1976.
À partir de 1980 : un mouvement séparatiste se développe en Casamance.
1981 : Senghor se retire du pouvoir ; le multipartisme est légalisé.
1982 - 1989 : le pays forme avec la Gambie la confédération de Sénégambie.

GAMBIE

La Gambie est constituée, de part et d'autre du fleuve Gambie, d'une bande de terre de 20 à 50 km de largeur sur une longueur de 300 km.

Superficie : 11 295 km²
Population (2007) : 1 709 000 hab.
Capitale : Banjul 381 000 hab. (e. 2005) dans l'agglomération
Nature de l'État et du régime politique : république à régime semi-présidentiel
Chef de l'État et du gouvernement : (président de la République) Yahya Jammeh
Organisation administrative : 5 divisions et 1 municipalité
Langue officielle : anglais
Monnaie : dalasi

DÉMOGRAPHIE

Densité : 151 hab./km²
Part de la population urbaine (2005) : 53,9 %
Structure de la population par âge (2005) : moins de 15 ans : 41,2 %, 15-60 ans : 53 %, plus de 60 ans : 5,8 %
Taux de natalité (2005) : 34,9 ‰
Taux de mortalité (2005) : 10,4 ‰
Taux de mortalité infantile (2005) : 74,2 ‰
Espérance de vie (2004) : hommes : 54,9 ans, femmes : 57,7 ans

ÉCONOMIE

PNB (2004) : 0,4 milliard de $
PNB/hab. (2005) : 290 $
PNB/hab. PPA (2005) : 1 920 dollars internationaux
IDH (2004) : 0,479
Taux de croissance annuelle du PIB (2006) : 4,5 %
Taux annuel d'inflation (2005) : 3,2 %
Structure de la population active : agriculture : n.d., mines et industries : n.d., services : n.d.
Structure du PIB (2004) : agriculture : 31,9 %, mines et industries : 14,5 %, services : 53,6 %
Dette publique brute : n.d.
Taux de chômage : n.d.

Agriculture

Cultures
arachide (2004) : 135 700 t.
millet (2004) : 132 490 t.

Élevage
bovins (2005) : 330 000 têtes
caprins (2005) : 270 000 têtes
ovins (2005) : 148 000 têtes
poulets (2005) : 650 000 têtes

Énergie et produits miniers
électricité totale (2004) : 145 millions de kWh

Productions industrielles
huile de palme (2005) : 2 500 t.

Tourisme
Recettes touristiques (1998) : 49 millions de $

Commerce extérieur
Exportations de biens (2005) : 100,98 millions de dollars
Importations de biens (2005) : 215,49 millions de dollars

Défense
Forces armées (2004) : 800 individus
Budget de la Défense (2004) : 0,62 % du PIB

Niveau de vie
Nombre d'habitants pour un médecin (1990) : 11 690
Apport journalier moyen en calories (2004) : 2 240 (minimum FAO : 2 400)
Nombre d'automobiles pour 1 000 hab. (1996) : 8
Nombre de téléviseurs pour 1 000 hab. (2001) : 15

REPÈRES HISTORIQUES

XIIIᵉ - XVIIᵉ s. : vassale du Mali, l'actuelle Gambie est découverte par les Portugais en 1455 - 1456.
XVIIᵉ s. : les marchands européens d'esclaves s'y installent.
XIXᵉ s. : la Gambie devient possession britannique.
1965 : indépendance dans le cadre du Commonwealth.
1970 : la république est proclamée.
1982 : confédération avec le Sénégal (Sénégambie).
1989 : la Sénégambie est suspendue.

CAP-VERT

État insulaire, à l'ouest du Sénégal, le Cap-Vert compte une dizaine d'îles habitées et de nombreux îlots.

Superficie : 4 033 km²
Population (2007) : 530 000 hab.
Capitale : Praia 117 000 hab. (e. 2005)
Nature de l'État et du régime politique : république à régime semi-présidentiel
Chef de l'État : (président de la République) Pedro Pires
Chef du gouvernement : (Premier ministre) José Maria Neves
Organisation administrative : 2 districts
Langue officielle : portugais
Monnaie : escudo du Cap-Vert

DÉMOGRAPHIE

Densité : 131 hab./km²
Part de la population urbaine (2005) : 57,3 %
Structure de la population par âge (2005) : moins de 15 ans : 39,6 %, 15-60 ans : 54,9 %, plus de 60 ans : 5,5 %
Taux de natalité (2005) : 28,9 ‰
Taux de mortalité (2005) : 4,7 ‰
Taux de mortalité infantile (2005) : 24,6 ‰
Espérance de vie (2004) : hommes : 67,3 ans, femmes : 73,5 ans

ÉCONOMIE

PNB (2004) : 0,852 milliard de $
PNB/hab. (2005) : 1 870 $
PNB/hab. PPA (2005) : 6 000 dollars internationaux
IDH (2004) : 0,722
Taux de croissance annuelle du PIB (2006) : 5,5 %
Taux annuel d'inflation (2005) : 0,4 %
Structure de la population active : agriculture : n.d., mines et industries : n.d., services : n.d.
Structure du PIB (2004) : agriculture : 6,7 %, mines et industries : 20,4 %, services : 72,9 %
Dette publique brute : n.d.
Taux de chômage : n.d.

Agriculture et pêche

Cultures
canne à sucre (2004) : 14 000 t.
maïs (2004) : 4 040 t.

Élevage et pêche
caprins (2005) : 112 750 têtes
porcins (2005) : 205 000 têtes
pêche (2004) : 8 440 t.

Productions industrielles
bière (2002) : 16 100 hl

Tourisme
Recettes touristiques (2002) : 66 millions de $

Commerce extérieur
Exportations de biens (2005) : 88,85 millions de dollars
Importations de biens (2005) : 437,67 millions de dollars

Défense
Forces armées (2004) : 1 200 individus
Budget de la Défense (2004) : 0,71 % du PIB

Niveau de vie
Nombre d'habitants pour un médecin (1990) : 5 130
Apport journalier moyen en calories (2002) : 3 243 (minimum FAO : 2 400)
Nombre d'automobiles pour 1 000 hab. (1996) : 7
Nombre de téléviseurs pour 1 000 hab. (2001) : 101

REPÈRES HISTORIQUES

1460 : l'archipel, découvert par le Portugais Diogo Gomes et le Génois Antonio da Noli, devient une possession portugaise.
1975 : il accède à l'indépendance.

Ce pays au climat chaud et humide est principalement formé de plaines et de plateaux.

Superficie : 71 740 km²
Population (2007) : 5 866 000 hab.
Capitale : Freetown 799 000 hab.
(e. 2005)
Nature de l'État et du régime politique : république
Chef de l'État et du gouvernement : (président de la République) Ahmad Tejan Kabbah
Organisation administrative : 3 provinces et 1 territoire
Langue officielle : anglais
Monnaie : leone

DÉMOGRAPHIE

Densité : 82 hab./km²
Part de la population urbaine (2005) : 40,7 %
Structure de la population par âge (2005) : moins de 15 ans : 42,8 %, 15-60 ans : 51,7 %, plus de 60 ans : 5,5 %
Taux de natalité (2005) : 46,2 ‰
Taux de mortalité (2005) : 22,1 ‰
Taux de mortalité infantile (2005) : 160,3 ‰
Espérance de vie (2004) : hommes : 39,7 ans, femmes : 42,5 ans

ÉCONOMIE

PNB (2004) : 1,1 milliard de $
PNB/hab. (2005) : 220 $
PNB/hab. PPA (2005) : 780 dollars internationaux
IDH (2004) : 0,335
Taux de croissance annuelle du PIB (2006) : 7,4 %
Taux annuel d'inflation (2005) : 12 %
Structure de la population active : agriculture : n.d., mines et industries : n.d., services : n.d.
Structure du PIB (2003) : agriculture : 52,7 %, mines et industries : 30,8 %, services : 16,5 %
Dette publique brute : n.d.
Taux de chômage : n.d.

Agriculture et pêche

Cultures
riz (2004) : 265 000 t.
manioc (2004) : 390 000 t.
café (2004) : 18 000 t.
agrumes (2003) : 80 000 t.
cacao (2004) : 11 000 t.

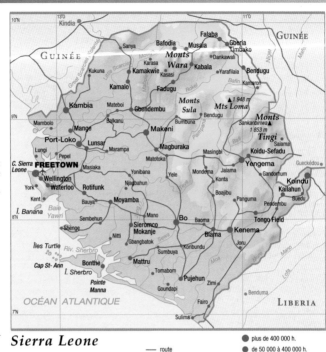

Sierra Leone

200 500 1000 m

— route
— voie ferrée
✈ aéroport

● plus de 400 000 h.
● de 50 000 à 400 000 h.
● de 10 000 à 50 000 h.
· moins de 10 000 h.

Élevage et pêche
bovins (2005) : 400 000 têtes
caprins (2005) : 220 000 têtes
ovins (2005) : 375 000 têtes
poulets (2005) : 7 500 000 têtes
pêche (2004) : 13 440 t.

Énergie et produits miniers
électricité totale (2004) : 244 millions de kWh
diamant (2005) : 592 000 carats

Productions industrielles
sucre (2002) : 2 060 t.
huile de palme (2005) : 39 000 t.

Tourisme
Recettes touristiques (2000) : 12 millions de $

Commerce extérieur
Exportations de biens (2005) : 185,1 millions de dollars
Importations de biens (2005) : 361,7 millions de dollars

Défense
Forces armées (2004) : 12 000 individus
Budget de la Défense (2004) : 2,33 % du PIB

Niveau de vie
Nombre d'habitants pour un médecin : n.d.
Apport journalier moyen en calories (2002) : 1 936
(minimum FAO : 2 400)

Nombre d'automobiles pour 1 000 hab. (1999) : 2
Nombre de téléviseurs pour 1 000 hab. (2001) : 13

REPÈRES HISTORIQUES

1462 : les Portugais découvrent la péninsule et s'y livrent au commerce (or, esclaves).
XVIIᵉ s. : ils sont évincés par les Britanniques.
1787 : la société antiesclavagiste britannique achète la zone côtière et y accueille des esclaves libérés de la Nouvelle-Angleterre et des Antilles.
1808 : la Sierra Leone devient colonie de la Couronne.
XIXᵉ s. : l'intérieur du pays constitue un protectorat, distinct de la colonie.
1961 : la Sierra Leone devient indépendante dans le cadre du Commonwealth.
1971 : la république est proclamée.
À partir de 1992 : le pays connaît plusieurs coups d'État militaires. Il est ravagé par les combats opposant rebelles et forces gouvernementales.
2002 : un accord de paix est conclu avec la rébellion.

217

Au nord, des montagnes dominent le golfe d'Aden, tandis que la large plaine côtière de l'océan Indien se prolonge vers l'intérieur par un plateau. Le pays est semi-aride, sauf dans le Sud, que traversent deux fleuves, le Chébéli et le Djouba.

Superficie : 637 657 km²
Population (2007) : 8 699 000 hab.
Capitale : Muqdisho 1 320 000 hab.
(e. 2005)
Chef de l'État : Abdullahi Yusuf Ahmed
Chef du gouvernement : Ali Mohamed Gedi
Organisation administrative : 18 régions
Langues officielles : somali et arabe
Monnaie : shilling somalien

DÉMOGRAPHIE

Densité : 14 hab./km²
Part de la population urbaine (2005) : 35,2 %
Structure de la population par âge (2005) :
moins de 15 ans : 44,1 %, 15-60 ans :
51,7 %, plus de 60 ans : 4,2 %
Taux de natalité (2005) : 42,9 ‰
Taux de mortalité (2005) : 16,6 ‰
Taux de mortalité infantile (2005) : 116,3 ‰
Espérance de vie (2004) : hommes : 46 ans,
femmes : 48,4 ans

ÉCONOMIE

PNB (1990) : 0,83 milliard de $
PNB/hab. (1990) : 120 $
PNB/hab. PPA : n.d.
IDH : n.d.
Taux de croissance annuelle du PIB (1990) : -1,5 %
Taux annuel d'inflation (1992) : 36,3 %
Structure de la population active :
agriculture : n.d., mines et industries : n.d., services : n.d.
Structure du PIB (1992) : agriculture : 65 %, mines et industries : 9 %, services : 26 %
Dette publique brute : n.d.
Taux de chômage : n.d.

Agriculture

Cultures
maïs (2002) : 210 000 t.
canne à sucre (2001) : 220 000 t.
Élevage
bovins (2005) : 5 350 000 têtes
caprins (2005) : 12 700 000 têtes
ovins (2005) : 13 100 000 têtes
poulets (2005) : 3 400 000 têtes
chameaux (2005) : 7 000 000 têtes

Énergie et produits miniers

électricité totale (2004) :
269 millions de kWh

Somalie

500	1000	1500 m	

— route
✈ aéroport

● plus de 1 000 000 h.
● de 200 000 à 1 000 000 h.
● de 50 000 à 200 000 h.
• moins de 50 000 h.

Productions industrielles
lait (2001) : 2 190 000 t.
sucre (2002) : 20 000 t.
production de bois (2005) : 10 912 890 m³

Tourisme
Recettes touristiques : n.d.

Commerce extérieur
Exportations de biens (1997) :
178 millions de dollars
Importations de biens (1997) :
315 millions de dollars

Défense
Forces armées (2004) : pas d'armée régulière
Budget de la Défense (2002) : 4 % du PIB

Niveau de vie
Nombre d'habitants pour un médecin (1990) : 14 290
Apport journalier moyen en calories (2000) :
1 628 (minimum FAO : 2 400)
Nombre d'automobiles pour 1 000 hab. (1996) : 0
Nombre de téléviseurs pour 1 000 hab. (2001) : 14

REPÈRES HISTORIQUES

IXᵉ - XIIᵉ s. apr. J.-C. : des commerçants musulmans, puis des pasteurs, les Somali, peuplent le pays.
XVᵉ - XVIᵉ s. : les royaumes musulmans combattent l'Éthiopie chrétienne.
XIXᵉ s. : la Somalie britannique (Somaliland, 1887) et la Somalie italienne (Somalia, 1905) sont constituées.
1950 : la tutelle de la Somalie, qui a été incluse dans l'Afrique-Orientale italienne en 1936, puis reconquise par la Grande-Bretagne en 1941, est confiée par l'ONU à l'Italie (hormis l'Ogaden [Éthiopie]).
1960 : la république est proclamée.
1977 - 1988 : un conflit oppose l'Éthiopie à la Somalie, qui revendique l'Ogaden.
1991 : le pays est déchiré par la guerre civile et ravagé par la famine. Une république indépendante (Somaliland) est proclamée dans le nord du pays.
À partir de 2000 : les institutions de transition subissent l'hostilité des chefs de guerre.

Le Soudan est le plus grand pays d'Afrique. Il est en majeure partie plat. À part les monts Nuba, les hauteurs se situent à la périphérie. Le Nil le traverse du sud au nord.

Superficie : 2 505 813 km²
Population (2007) : 38 560 000 hab.
Capitale : Khartoum 4 518 000 hab. (e. 2005) dans l'agglomération
Nature de l'État et du régime politique : république à régime semi-présidentiel
Chef de l'État et du gouvernement : (président de la République) Umar Hasan Ahmad al-Bachir
Organisation administrative : 26 États
Langue officielle : arabe
Monnaie : livre soudanaise

DÉMOGRAPHIE

Densité : 15 hab./km²
Part de la population urbaine (2005) : 40,8 %
Structure de la population par âge (2005) : moins de 15 ans : 40,7 %, 15-60 ans : 53,8 %, plus de 60 ans : 5,5 %
Taux de natalité (2005) : 31,5 ‰
Taux de mortalité (2005) : 10,1 ‰
Taux de mortalité infantile (2005) : 64,9 ‰
Espérance de vie (2004) : hommes : 55,1 ans, femmes : 57,9 ans

ÉCONOMIE

PNB (2004) : 18,7 milliards de $
PNB/hab. (2005) : 640 $
PNB/hab. PPA (2005) : 2 000 dollars internationaux
IDH (2004) : 0,516
Taux de croissance annuelle du PIB (2006) : 12,1 %
Taux annuel d'inflation (2005) : 8,5 %
Structure de la population active : agriculture : n.d., mines et industries : n.d., services : n.d.
Structure du PIB (2004) : agriculture : 39,2 %, mines et industries : 24,6 %, services : 36,2 %
Dette publique brute : n.d.
Taux de chômage : n.d.

Agriculture

Cultures
arachide (2004) : 1 200 000 t.
dattes (2004) : 330 000 t.
millet (2004) : 500 000 t.
sorgho (2004) : 2 600 000 t.
pamplemousses (2004) : 68 000 t.
tomates (2004) : 700 000 t.
coton (2003) : 240 000 t.
igname (2003) : 137 000 t.
canne à sucre (2004) : 5 500 000 t.

Soudan

★ site touristique important
— route
▮ puits de pétrole
⟶ oléoduc
⚓ port pétrolier
✈ aéroport
— voie ferrée

500 1000 2000 m

● plus de 1 000 000 h.
● de 500 000 à 1 000 000 h.
● de 10 000 à 100 000 h.
• moins de 10 000 h.

Élevage
bovins (2005) : 38 325 000 têtes
caprins (2005) : 42 000 000 têtes
ovins (2005) : 48 000 000 têtes
poulets (2005) : 37 000 000 têtes
chameaux (2005) : 3 300 000 têtes

Énergie et produits miniers
électricité totale (2004) : 3 845 millions de kWh
hydroélectricité (2004) : 1 040 millions de kWh
pétrole (2005) : 18 700 000 t.
chrome (2004) : 26 000 t.
or (2005) : 4 728 kg

Productions industrielles
sucre (2002) : 732 000 t.
coton fibre (2005) : 105 740 t.
jute (2005) : 3 350 t.
laine (2005) : 46 000 t.
ciment (2005) : 310 000 t.
production de bois (2005) : 19 871 400 m³

Tourisme
Recettes touristiques (2001) : 56 M. de $

Commerce extérieur
Exportations de biens (2005) : 4 824,3 M. de $
Importations de biens (2005) : 5 946 M. de $

Défense
Forces armées (2004) : 104 800 individus
Budget de la Défense (2004) : 2,2 % du PIB

Niveau de vie
Nombre d'habitants pour un médecin (1990) : 11 110
Apport journalier moyen en calories (2004) : 2 270 (minimum FAO : 2 400)
Nombre d'automobiles pour 1 000 hab. (1996) : 9
Nombre de téléviseurs pour 1 000 hab. (2002) : 386

219

REPÈRES HISTORIQUES

Antiquité : l'histoire du Soudan se confond avec celle de la Nubie.
V. 350 apr. J.-C. : Méroé est détruite par les Éthiopiens.
VIIᵉ - XIVᵉ s. : converti au christianisme, le pays paie tribut aux Arabes.
XVIᵉ - XIXᵉ s. : des sultanats se constituent ; la traite dépeuple le pays.
1820 - 1840 : Méhémet-Ali, vice-roi d'Égypte, conquiert la région.
1883 : la Grande-Bretagne, qui a occupé l'Égypte en 1882, doit affronter l'insurrection du Mahdi.
1899 : le Soudan devient condominium anglo-égyptien.
1956 : la république indépendante du Soudan est proclamée.

SWAZILAND → MOZAMBIQUE

TANZANIE

La partie continentale de l'État (l'ancien Tanganyika) est formée d'une plaine côtière, limitée par un vaste plateau coupé de fossés d'effondrement et dominée par de hauts massifs volcaniques (Kilimandjaro).

Superficie : 883 749 km²
Population (2007) : 40 454 000 hab.
Capitale : Dar es-Salaam 2 497 940 hab. (r. 2002)
Capitale désignée du pays :
Dodoma 155 000 hab. (e. 2003)
Nature de l'État et du régime politique :
république
Chef de l'État et du gouvernement :
(président de la République)
Jakaya Kikwete
Premier ministre : Edward Lowassa
Organisation administrative : 26 régions
Langues officielles : swahili et anglais
Monnaie : shilling tanzanien

DÉMOGRAPHIE

Densité : 46 hab./km²
Part de la population urbaine (2005) : 24,2 %
Structure de la population par âge (2005) :
moins de 15 ans : 44,4 %, 15-60 ans :
51 %, plus de 60 ans : 4,6 %
Taux de natalité (2005) : 39 ‰
Taux de mortalité (2005) : 12,9 ‰
Taux de mortalité infantile (2005) : 72,6 ‰
Espérance de vie (2004) : hommes :
45,8 ans, femmes : 46,5 ans

ÉCONOMIE

220

PNB (2004) : 11,6 milliards de $
PNB/hab. (2005) : 340 $
PNB/hab. PPA (2005) : 730 dollars
internationaux
IDH (2004) : 0,43
Taux de croissance annuelle du PIB (2006) :
5,9 %
Taux annuel d'inflation (2005) : 8,6 %
Structure de la population active :
agriculture : n.d., mines et industries :
n.d., services : n.d.
Structure du PIB (2004) : agriculture :
44,8 %, mines et industries : 16,7 %,
services : 38,5 %
Dette publique brute : n.d.
Taux de chômage (2001) : 5,1 %

Agriculture et pêche

Cultures
sorgho (2004) : 800 000 t.
canne à sucre (2004) : 2 000 t.
bananes (2004) : 150 400 t.
café (2004) : 57 000 t.
tabac (2005) : 47 000 t.
manioc (2004) : 6 890 000 t.
miel (2003) : 26 500 t.

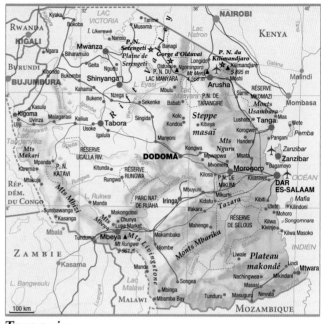

Tanzanie

★ site touristique important
500   1000   2000   3000 m

✈ aéroport
— route
— voie ferrée

● plus de 1 000 000 h.
● de 100 000 à 1 000 000 h.
● de 50 000 à 100 000 h.
• moins de 50 000 h.

noix de cajou (2004) : 100 000 t.
patates douces (2003) : 950 000 t.
thé (2004) : 25 500 t.
bananes plantain (2005) : 600 000 t.
riz (2004) : 680 000 t.
maïs (2004) : 3 230 000 t.

Élevage et pêche
bovins (2005) : 17 719 090 têtes
caprins (2005) : 12 550 000 têtes
ovins (2005) : 3 521 000 têtes
poulets (2005) : 30 000 000 têtes
pêche (2004) : 354 360 t.

Énergie et produits miniers
électricité totale (2004) :
2 562 millions de kWh
diamant (2005) : 205 000 carats
or (2005) : 54 000 kg
lignite (2000) : 35 000 t.

Productions industrielles
lait (2004) : 944 000 t.
viande (2003) : 361 000 t.
sucre (2002) : 163 000 t.
bière (2002) : 1 865 000 hl
coprah (2001) : 20 400 t.
coton fibre (2005) : 100 000 t.
ciment (2005) : 1 375 000 t.
sisal (2003) : 23 500 t.
production de bois (2005) : 24 025 850 m³

Tourisme
Recettes touristiques (2004) : 610 M. de $

Commerce extérieur
Exportations de biens (2005) : 1 664,1 M. de $
Importations de biens (2005) : 2 661,5 M. de $

Défense
Forces armées (2004) : 27 000 individus
Budget de la Défense (2004) : 3,85 % du PIB

Niveau de vie
**Nombre d'habitants pour un
médecin (1990) :** 33 330
Apport journalier moyen en calories (2004) :
1 960 (minimum FAO : 2 400)
**Nombre d'automobiles pour
1 000 hab. (1996) :** 1
**Nombre de téléviseurs pour
1 000 hab. (2001) :** 45

REPÈRES HISTORIQUES

XIIᵉ s. : le pays est peuplé de Bantous et la côte est animée par des ports prospères, Kilwa et Zanzibar.
1498 : découverte du pays par Vasco de Gama.
1652 - fin du XVIIIᵉ s. : la domination arabe remplace celle du Portugal.
XIXᵉ s. : le sultanat d'Oman s'établit à Zanzibar et sur la côte ; les Arabes contrôlent les routes commerciales de l'intérieur, où s'aventurent des explorateurs britanniques.
1891 : l'Allemagne impose son protectorat (Afrique-Orientale allemande).
1920 - 1946 : amputée de la région nord-ouest (Ruanda-Urundi), l'Afrique-Orientale allemande, rebaptisée « territoire du Tanganyika », est donnée par la SDN en mandat à la Grande-Bretagne.
1961 : l'indépendance est proclamée (elle exclut le sultanat de Zanzibar, qui reste protectorat britannique jusqu'en 1963).
1964 : la Tanzanie est créée, par réunion de Zanzibar et du Tanganyika.

Au nord, le Tchad s'étend sur le Sahara méridional, partiellement montagneux et volcanique (Tibesti).

Superficie : 1 284 000 km²
Population (2007) : 10 781 000 hab.
Capitale : N'Djamena 888 000 hab.
(e. 2005)
Nature de l'État et du régime politique : république à régime semi-présidentiel
Chef de l'État : (président de la République) Idriss Déby
Chef du gouvernement : (Premier ministre) Delwa Kassire Koumakoye
Organisation administrative :
14 préfectures
Langues officielles : arabe et français
Monnaie : franc CFA

DÉMOGRAPHIE

Densité : 8 hab./km²
Part de la population urbaine (2005) : 25,3 %
Structure de la population par âge (2005) : moins de 15 ans : 46,2 %, 15-60 ans : 49,2 %, plus de 60 ans : 4,6 %
Taux de natalité (2005) : 45,5 ‰
Taux de mortalité (2005) : 15,4 ‰
Taux de mortalité infantile (2005) : 119,2 ‰
Espérance de vie (2004) : hommes : 42,8 ans, femmes : 44,9 ans

ÉCONOMIE

PNB (2004) : 2,3 milliards de $
PNB/hab. (2005) : 400 $
PNB/hab. PPA (2005) : 1 470 dollars internationaux
IDH (2004) : 0,368
Taux de croissance annuelle du PIB (2006) : 1,3 %
Taux annuel d'inflation (2005) : 5,4 %
Structure de la population active : agriculture : n.d., mines et industries : n.d., services : n.d.
Structure du PIB (2003) : agriculture : 45,6 %, mines et industries : 13,5 %, services : 40,9 %
Dette publique brute : n.d.
Taux de chômage : n.d.

Agriculture et pêche

Cultures
riz (2004) : 91 080 t.
millet (2004) : 297 530 t.
sorgho (2004) : 449 430 t.
manioc (2004) : 325 000 t.
canne à sucre (2004) : 366 000 t.

Tchad

200 500 1000 2000 m

— oléoduc
🛢 puits de pétrole
— route
✈ aéroport

● plus de 500 000 h.
● de 50 000 à 500 000 h.
● de 10 000 à 50 000 h.
· moins de 10 000 h.

221

dattes (2004) : 18 000 t.
igname (2003) : 230 000 t.
coton (2003) : 140 000 t.
arachide (2004) : 450 000 t.

Élevage et pêche

bovins (2005) : 6 540 000 têtes
caprins (2005) : 5 842 600 têtes
ovins (2005) : 2 628 000 têtes
poulets (2005) : 5 200 000 têtes
chameaux (2005) : 740 000 têtes
pêche (2004) : 70 000 t.

Énergie et produits miniers

électricité totale (2004) : 94 millions de kWh
pétrole (2005) : 9 100 000 t.

Productions industrielles

bière (2002) : 55 000 hl
coton fibre (2005) : 76 204 t.

Tourisme

Recettes touristiques (1998) : 10 M. de $

Commerce extérieur

Exportations de biens (1997) : 134 millions de dollars
Importations de biens (1997) : 141 millions de dollars

Défense

Forces armées (2004) : 30 350 individus
Budget de la Défense (2004) : 0,96 % du PIB

Niveau de vie

Nombre d'habitants pour un médecin (1993) : 29 410
Apport journalier moyen en calories (2004) : 2 130 (minimum FAO : 2 400)
Nombre d'automobiles pour 1 000 hab. (1996) : 3
Nombre de téléviseurs pour 1 000 hab. (2002) : 2

TCHAD

Les origines et l'époque coloniale

Des populations de chasseurs et d'éleveurs, qui ont laissé des gravures rupestres, vivent dans la région. Elles en sont chassées après 7000 av. J.-C. par l'assèchement du climat.

Fin du IXᵉ s. apr. J.-C. : création du royaume du Kanem, rapidement islamisé. Après un premier apogée au XIIIᵉ s., il renaît au XVIᵉ avec pour centre le Bornou. Il vassalise les autres royaumes, notamment celui, esclavagiste, du Baguirmi, apparu au XVIᵉ s. Les Arabes s'implantent dans le pays.

XIXᵉ s. : le lac Tchad est le point de convergence des explorateurs européens. Les ambitions des pays occidentaux se heurtent à celles des négriers arabes (notamment de Rabah) et l'emportent finalement : entre 1884 et 1899, les frontières du Tchad sont artificiellement fixées (accords franco-allemand et franco-britannique) ; entre 1895 et 1900, les missions françaises de Lamy, Foureau et Gentil éliminent les dernières résistances.

1920 : le Tchad devient colonie française.

1940 : avec son gouverneur, Félix Éboué, il se rallie à la France libre.

1958 : le Tchad devient république autonome, au sein de la Communauté.

L'État indépendant

1960 : l'indépendance du Tchad est proclamée.

1968 : le Nord islamisé fait sécession, conduit par le Front de libération nationale du Tchad (Frolinat).

1969 : la France apporte son aide au gouvernement contre la rébellion soutenue par la Libye.

1979 : une guerre civile touche tout le pays et particulièrement la capitale, N'Djamena.

1981 : un accord de fusion est signé entre la Libye et le Tchad.

1982 : les forces de Hissène Habré occupent N'Djamena évacuée par la Libye.

H. Habré devient président de la République.

1983 : la France reporte son aide sur Hissène Habré, alors que la Libye occupe les palmeraies du nord du pays.

1984 : les forces françaises se retirent en vertu d'un accord franco-libyen, que la Libye ne respecte pas.

1986 : la France met en place un dispositif de protection militaire du Tchad au sud du 16ᵉ parallèle. Une partie de l'opposition tchadienne se rallie au président.

1987 : les troupes de H. Habré remportent d'importantes victoires sur les Libyens (reconquête de Faya-Largeau).

1988 : le Tchad et la Libye rétablissent leurs relations diplomatiques, mais la paix intérieure reste fragile.

1990 : H. Habré est renversé.

1994 : la bande d'Aozou, occupée par la Libye depuis 1973, est évacuée et rendue au Tchad.

LE SAHARA

Le Sahara est le plus grand désert du monde, couvrant plus de 8 millions de km² (recevant moins de 100 mm d'eau par an), entre l'Afrique du Nord méditerranéenne et l'Afrique noire, l'Atlantique et la mer Rouge. Au nord, l'Atlas saharien marque la limite septentrionale du désert, qui atteint la mer en Libye et en Égypte. Au sud, aucun relief ne permet de fixer une limite, et l'on considère que le Sahara s'achève dans la zone où apparaît le cram-cram, graminée typique du Sahel, qui nécessite des pluies d'été relativement régulières. Le Sahara s'étend sur une dizaine d'États : Maroc, Algérie, Tunisie, Libye, Égypte, Soudan, Tchad, Niger, Mali et Mauritanie.

Les températures maximales peuvent atteindre 50 °C, voire même 55 °C. L'amplitude thermique entre le jour et la nuit est importante (de 15 à 30 °C). En dehors des deux massifs volcaniques du Hoggar (dans le sud de l'Algérie, 2 918 m au mont Tahat) et du Tibesti (dans le nord du Tchad, 3 415 m à l'Emi Koussi), les paysages sont le plus souvent plats, pierreux (regs) ou sableux (ergs). Les cours d'eau sont des oueds temporaires, dont l'écoulement peut être souterrain. Seul le Nil traverse le désert.

Environ un million et demi de personnes vivent au Sahara. Le nomadisme, qui était le mode de vie de la moitié de la population, recule progressivement au fur et à mesure de l'emprise administrative et économique sur ce territoire. Des cultures sont pratiquées dans les oasis, qui, outre une importante production de dattes, fournissent des céréales et des légumes. Les ressources minières sont notables : pétrole et gaz naturel en Algérie et en Libye, phosphates au Sahara occidental, uranium au Niger, fer en Mauritanie. Elles constituent le principal facteur d'intégration économique des zones sahariennes.

Étiré sur 600 km et large seulement d'une centaine de kilomètres, le Togo est un pays au climat tropical, de moins en moins humide du sud (forêts) au nord (savanes).

Superficie : 56 785 km²
Population (2007) : 6 585 000 hab.
Capitale : Lomé 1 337 000 hab. (e. 2005)
Nature de l'État et du régime politique : république à régime semi-présidentiel
Chef de l'État : (président de la République) Faure Gnassingbé
Chef du gouvernement : (Premier ministre) Yawovi Agboyibo
Organisation administrative : 5 régions
Langue officielle : français
Monnaie : franc CFA

DÉMOGRAPHIE

Densité : 116 hab./km²
Part de la population urbaine (2005) : 40,1 %
Structure de la population par âge (2005) : moins de 15 ans : 43,3 %, 15-60 ans : 51,9 %, plus de 60 ans : 4,8 %
Taux de natalité (2005) : 36,8 ‰
Taux de mortalité (2005) : 10,1 ‰
Taux de mortalité infantile (2005) : 88,6 ‰
Espérance de vie (2004) : hommes : 52,9 ans, femmes : 56,7 ans

ÉCONOMIE

PNB (2004) : 1,9 milliard de $
PNB/hab. (2005) : 350 $
PNB/hab. PPA (2005) : 1 550 dollars internationaux
IDH (2004) : 0,495
Taux de croissance annuelle du PIB (2006) : 4,2 %
Taux annuel d'inflation (2005) : 6,8 %
Structure de la population active : agriculture : n.d., mines et industries : n.d., services : n.d.
Structure du PIB (2004) : agriculture : 41,1 %, mines et industries : 22,7 %, services : 36,2 %

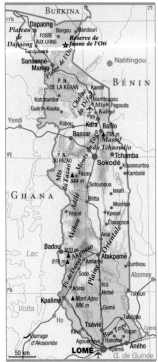

Togo

— route
— voie ferrée
✈ aéroport

200 500 700 m

● plus de 500 000 h.
● de 50 000 à 500 000 h.
● de 10 000 à 50 000 h.
• moins de 10 000 h.
★ site touristique important

50 km

Dette publique brute : n.d.
Taux de chômage : n.d.

Agriculture

Cultures
igname (2003) : 569 000 t.
maïs (2004) : 485 000 t.
sorgho (2004) : 180 000 t.
manioc (2004) : 725 000 t.
café (2004) : 13 500 t.

Élevage
bovins (2005) : 280 000 têtes
caprins (2005) : 1 480 000 têtes
ovins (2005) : 1 850 000 têtes
porcins (2005) : 320 000 têtes
poulets (2005) : 9 000 000 têtes

Énergie et produits miniers

électricité totale (2004) : 286 millions de kWh
phosphate (2003) : 1 471 000 t.

Productions industrielles

huile de palme (2005) : 7 000 t.
coton fibre (2005) : 65 584 t.
ciment (2005) : 800 000 t.

Tourisme

Recettes touristiques (2001) : 11 millions de $

Commerce extérieur

Exportations de biens (2001) : 357,2 millions de dollars
Importations de biens (2001) : 516,1 millions de dollars

Défense

Forces armées (2004) : 8 550 individus
Budget de la Défense (2004) : 1,8 % du PIB

Niveau de vie

Nombre d'habitants pour un médecin (1991) : 10 000
Apport journalier moyen en calories (2004) : 2 350 (minimum FAO : 2 400)
Nombre d'automobiles pour 1 000 hab. (1996) : 19
Nombre de téléviseurs pour 1 000 hab. (2002) : 123

REPÈRES HISTORIQUES

Avant le xvᵉ s., l'histoire du Togo, peuplé de populations mêlées, n'est dominée par aucun grand royaume.
xvᵉ - xvɪᵉ s. : des missionnaires portugais arrivent, mais un protectorat de fait est exercé par le Danemark.
1884 : le protectorat allemand est établi sur le pays.
1914 : les Alliés le conquièrent aisément.
1919 : le Togo est partagé entre la France (qui obtient la côte de Lomé) et la Grande-Bretagne (qui obtient les terres de l'Ouest).
1922 : ce partage est confirmé par l'octroi de mandats de la SDN.
1946 : le pays passe sous la tutelle de l'ONU.
1956 - 1957 : le nord du Togo britannique est rattaché à la Côte-de-l'Or, qui devient l'État indépendant du Ghana. Le reste du pays forme une république autonome.
1960 : cette république devient indépendante.

223

TUNISIE

À la partie septentrionale, assez bien arrosée, essentiellement montagneuse, ouverte par la vallée de la Medjerda, s'opposent le Centre et le Sud, formés de plateaux et de plaines steppiques désertiques.

Superficie : 163 610 km²
Population (2007) : 10 327 000 hab.
Capitale : Tunis 728 453 hab. (r. 2004),
1 996 000 hab. (e. 2003) dans
l'agglomération
Nature de l'État et du régime politique :
république à régime semi-présidentiel
Chef de l'État : (président de la
République) Zine el-Abidine Ben Ali
Chef du gouvernement : (Premier
ministre) Mohamed Ghannouchi
Organisation administrative :
24 gouvernorats
Langue officielle : arabe
Monnaie : dinar tunisien

DÉMOGRAPHIE

Densité : 63 hab./km²
Part de la population urbaine (2005) :
65,3 %
Structure de la population par âge (2005) :
moins de 15 ans : 26 %, 15-60 ans :
65,3 %, plus de 60 ans : 8,7 %
Taux de natalité (2005) : 16,7 ‰
Taux de mortalité (2005) : 5,6 ‰
Taux de mortalité infantile (2005) : 19,8 ‰
Espérance de vie (2004) : hommes :
71,4 ans, femmes : 75,3 ans

224

ÉCONOMIE

PNB (2004) : 26,3 milliards de $
PNB/hab. (2005) : 2 890 $
PNB/hab. PPA (2005) : 7 900 dollars
internationaux
IDH (2004) : 0,76
Taux de croissance annuelle du PIB (2006) :
5,8 %
Taux annuel d'inflation (2005) : 2 %
Structure de la population active :
agriculture : n.d., mines et industries :
n.d., services : n.d.
Structure du PIB (2004) : agriculture :
12,5 %, mines et industries : 27,7 %,
services : 59,8 %
Dette publique brute : n.d.
Taux de chômage (2005) : 14,2 %

Agriculture et pêche

Cultures
blé (2004) : 1 722 000 t.
orge (2004) : 395 000 t.
pommes de terre (2004) : 375 000 t.

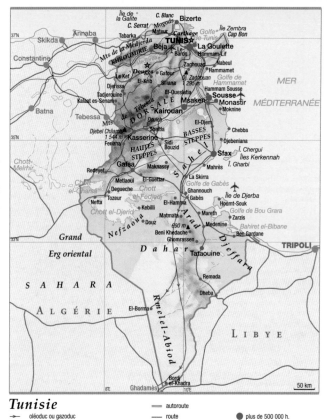

Tunisie

oléoduc ou gazoduc
gisement de pétrole ou de gaz
0   200   400   600   1000 m

autoroute
route
voie ferrée
aéroport
site touristique important

plus de 500 000 h.
de 100 000 à 500 000 h.
de 50 000 à 100 000 h.
moins de 50 000 h.

amandes (2004) : 44 000 t.
dattes (2004) : 122 000 t.
olives (2004) : 650 000 t.
pistaches (2004) : 800 000 t.
agrumes (2003) : 313 000 t.
oranges (2004) : 101 000 t.
pamplemousses (2004) : 72 000 t.
pêches (2004) : 92 000 t.
pommes (2004) : 121 000 t.
tomates (2004) : 1 118 000 t.
raisin (2004) : 115 000 t.

Élevage et pêche
bovins (2005) : 686 320 têtes
ovins (2005) : 7 213 390 têtes
caprins (2005) : 1 426 640 têtes
chameaux (2005) : 231 000 têtes
pêche (2004) : 112 820 t.

Énergie et produits miniers
électricité totale (2004) :
11 808 millions de kWh
gaz naturel (2000) : 2 254 millions de m³
phosphate (2003) : 7 890 000 t.
pétrole (2005) : 3 500 000 t.
fer (2004) : 129 000 t.
plomb (2005) : 8 800 t.
zinc (2005) : 19 000 t.

Productions industrielles
huile d'olive (2002) : 43 000 t.
vin (2005) : 240 000 hl
ciment (2005) : 6 500 000 t.

Tourisme
Recettes touristiques (2004) :
2 432 millions de $

Commerce extérieur
Exportations de biens (2005) :
10 488 millions de dollars
Importations de biens (2005) :
12 456 millions de dollars

Défense
Forces armées (2004) : 35 300 individus
Budget de la Défense (2004) : 1,24 % du
PIB

Niveau de vie
**Nombre d'habitants pour un
médecin (1994) :** 1 667
**Apport journalier moyen en
calories (2004) :** 3 280
(minimum FAO : 2 400)
**Nombre d'automobiles pour
1 000 hab. (2000) :** 53
**Nombre de téléviseurs pour
1 000 hab. (2001) :** 207

REPÈRES HISTORIQUES

La Tunisie antique

Vers 814 av. J.-C. : les Phéniciens fondent Utique et Carthage.

146 av. J.-C. : Carthage est détruite et la province romaine d'Afrique est constituée.

193 - 235 apr. J.-C. : celle-ci connaît une grande prospérité sous le règne des Sévères.

IIIe - IVe s. : le christianisme est florissant.

429 - 533 : les Vandales occupent le pays.

533 : les Byzantins rétablissent leur domination sur la région de Carthage.

La Tunisie musulmane

669 - 705 : les Arabes conquièrent le pays et fondent Kairouan (670), où résident les gouverneurs omeyyades de l'Ifriqiya.

800 - 909 : les Aghlabides gouvernent le pays.

909 : ils sont éliminés par les Fatimides.

969 : ceux-ci conquièrent l'Égypte et laissent l'Ifriqiya à leurs vassaux zirides.

Seconde moitié du XIe s. : les invasions des Banu Hilal ruinent le pays.

1160 - 1229 : les Almohades règnent sur la Tunisie.

1229 - 1574 : sous les Hafsides, la capitale, Tunis, se développe grâce au commerce et aux établissements fondés par diverses nations chrétiennes. Conquise par Charles Quint en 1535, elle est reprise en 1556 - 1558 par les corsaires turcs.

1574 : la Tunisie est intégrée à l'Empire ottoman ; la régence de Tunis est gouvernée par un dey, puis, à partir du XVIIIe s., par un bey.

1869 : l'endettement conduit à la banqueroute, et une commission financière anglo-franco-italienne est créée.

La Tunisie indépendante

1881 : le bey Muhammad al-Saduq (1859 - 1882) signe le traité du Bardo, qui établit le protectorat français sur la Tunisie.

1920 : le Destour est fondé.

1934 : le Néo-Destour d'Habib Bourguiba, nationaliste et laïque, s'en sépare.

Nov. 1942 - mai 1943 : le pays est occupé par les Allemands.

1956 : la Tunisie accède à l'indépendance. Bourguiba promulgue le code du statut personnel, moderniste et laïque.

1957 : il proclame la république, en devient le président et sera régulièrement réélu.

1963 : la France évacue Bizerte.

1964 : le Néo-Destour prend le nom de Parti socialiste destourien. Les terres des colons sont nationalisées.

1970 - 1978 : l'opposition syndicale et étudiante au régime de parti unique de Bourguiba (élu président à vie en 1975) se développe ; des grèves et des émeutes éclatent.

1983 : le multipartisme est instauré officiellement.

1987 : le gouvernement doit faire face à la montée de l'islamisme. Bourguiba est destitué par son Premier ministre, Zine el-Abidine Ben Ali, qui le remplace à la tête de l'État (régulièrement réélu depuis).

1988 : le Parti socialiste destourien devient le Rassemblement constitutionnel démocratique (RCD).

CARTHAGE

Le site de l'antique Carthage se trouve près de Tunis. Fondée par des colons phéniciens venus de Tyr, conduits selon la légende par Didon (814 av. J.-C.), Carthage devint la capitale d'une république maritime très puissante. Elle se substitua à Tyr en Occident, créa des colonies en Sicile, en Espagne, et envoya des navigateurs dans l'Atlantique nord et sur les côtes occidentales d'Afrique.

Elle soutint contre Rome, sa rivale, de longues luttes connues sous le nom de guerres puniques (264 - 146 av. J.-C.). Elle obsédait tant les Romains que le consul Caton l'Ancien (234-149 av. J.-C.) terminait tous ses discours par la formule (devenue fameuse) *Delenda Carthago*, « il faut détruire Carthage ». Vaincue, malgré les efforts d'Hannibal, par Scipion l'Africain (201 av. J.-C.), Carthage fut détruite par Scipion Émilien (146 av. J.-C.). Fondée à nouveau comme colonie romaine (Ier s. av. J.-C.), elle devint la capitale de l'Afrique romaine et de l'Afrique chrétienne. Prise en 439 par les Vandales, la ville fut anéantie par les Arabes (vers 698).

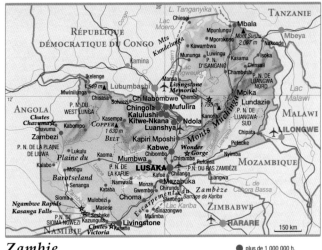

La Zambie, au climat tropical tempéré par l'altitude, est formée surtout de collines et de plateaux. Le Zambèze et ses affluents drainent la majeure partie du pays; seul le Nord-Nord-Est appartient au bassin du Congo. La végétation naturelle est la forêt claire, souvent dégradée en savane.

Superficie : 752 618 km²
Population (2007) : 11 922 000 hab.
Capitale : Lusaka 1 260 000 hab.
(e. 2005) dans l'agglomération
Nature de l'État et du régime politique : république à régime semi-présidentiel
Chef de l'État et du gouvernement :
(président de la République)
Levy Mwanawasa
Organisation administrative : 9 provinces
Langue officielle : anglais
Monnaie : kwacha

DÉMOGRAPHIE
Densité : 16 hab./km²
Part de la population urbaine (2005) : 35 %
Structure de la population par âge (2005) :
moins de 15 ans : 45,7 %, 15-60 ans :
49,8 %, plus de 60 ans : 4,5 %
Taux de natalité (2005) : 39,3 ‰
Taux de mortalité (2005) : 18,8 ‰
Taux de mortalité infantile (2005) : 92,7 ‰
Espérance de vie (2004) : hommes :
38,5 ans, femmes : 37,5 ans

ÉCONOMIE
226
PNB (2004) : 4,6 milliards de $
PNB/hab. (2005) : 490 $
PNB/hab. PPA (2005) : 960 dollars
internationaux
IDH (2004) : 0,407
Taux de croissance annuelle du PIB (2006) :
6 %
Taux annuel d'inflation (2005) : 18,3 %
Structure de la population active :
agriculture : n.d., mines et industries :
n.d., services : n.d.
Structure du PIB (2004) : agriculture :
20,8 %, mines et industries : 26,9 %,
services : 52,3 %
Dette publique brute : n.d.
Taux de chômage : n.d.

Zambie

| | | | | — route | | ★ site touristique important | | ● plus de 1 000 000 h. |
500 1000 1500 m | | | | | — voie ferrée | | ✈ aéroport | ● de 100 000 à 1 000 000 h. |
| | ● de 50 000 à 100 000 h. |
| | ● moins de 50 000 h. |

Agriculture et pêche
Cultures
maïs (2004) : 1 214 000 t.
canne à sucre (2004) : 1 800 000 t.
manioc (2004) : 957 000 t.

Élevage et pêche
bovins (2005) : 2 600 000 têtes
caprins (2005) : 1 270 000 têtes
poulets (2005) : 30 000 000 têtes
pêche (2004) : 70 125 t

Énergie et produits miniers
électricité totale (2004) :
9 962 millions de kWh
cuivre (2005) : 436 000 t.
argent (2001) : 5 t.
or (2001) : 130 kg

Productions industrielles
sucre (2002) : 232 000 t.
cuivre métal (2005) : 394 000 t.

Tourisme
Recettes touristiques (2001) : 117 M. de $

Commerce extérieur
Exportations de biens (2000) : 757 M. de $
Importations de biens (2000) : 978 M. de $

Défense
Forces armées (2004) : 15 100 individus
Budget de la Défense (2004) : 0,66 % du PIB

Niveau de vie
**Nombre d'habitants pour un
médecin (1993) :** 11 430

**Apport journalier moyen en
calories (2002) :** 1 927
(minimum FAO : 2 400)
**Nombre d'automobiles pour
1 000 hab. (1996) :** 15
**Nombre de téléviseurs pour
1 000 hab. (2001) :** 51

REPÈRES HISTORIQUES
Le pays, peuplé sans doute d'abord par des Pygmées puis par des Bantous, est divisé en chefferies jusqu'à l'arrivée des Européens.
1853 - 1873 : Livingstone explore la région.
1899 : le pays est entièrement occupé par les Britanniques.
1911 : la zone d'occupation britannique est divisée en deux régions, la Rhodésie du Nord (actuelle Zambie) et la Rhodésie du Sud (actuel Zimbabwe).
1924 : un an après l'accession à l'autonomie de la Rhodésie du Sud, la Rhodésie du Nord devient colonie de la Couronne.
1953 - 1963 : une fédération d'Afrique-Centrale est instaurée, unissant les deux Rhodésies et le Nyassaland.
1964 : la Rhodésie du Nord accède à l'indépendance sous le nom de Zambie dans le cadre du Commonwealth.
1990 : après le régime de parti unique instauré en 1972 par K. Kaunda, le multipartisme est rétabli.

Pays enclavé, le Zimbabwe est une région de plateaux, domaine de la forêt claire et de la savane.

Superficie : 390 757 km²
Population (2007) : 13 349 000 hab.
Capitale : Harare 1 515 000 hab.
(e. 2005)
Nature de l'État et du régime politique : république à régime semi-présidentiel
Chef de l'État et du gouvernement :
(président de la République)
Robert Gabriel Mugabe
Organisation administrative : 10 provinces
Langue officielle : anglais
Monnaie : dollar du Zimbabwe

DÉMOGRAPHIE

Densité : 34 hab./km²
Part de la population urbaine (2005) :
35,9 %
Structure de la population par âge (2005) :
moins de 15 ans : 39,5 %, 15-60 ans :
55,3 %, plus de 60 ans : 5,2 %
Taux de natalité (2005) : 27,9 ‰
Taux de mortalité (2005) : 17,9 ‰
Taux de mortalité infantile (2005) : 58 ‰
Espérance de vie (2004) : hommes :
37,8 ans, femmes : 36,6 ans

ÉCONOMIE

PNB (2004) : 8 milliards de $
PNB/hab. (2005) : 340 $
PNB/hab. PPA (2005) : 1 940 dollars
internationaux
IDH (2004) : 0,491
Taux de croissance annuelle du PIB (2006) :
-5,1 %
Taux annuel d'inflation (2003) : 431,7 %
Structure de la population active :
agriculture : n.d., mines et industries :
n.d., services : n.d.
Structure du PIB (2004) : agriculture :
17,8 %, mines et industries : 22,7 %,
services : 59,5 %
Dette publique brute : n.d.
Taux de chômage : n.d.

Agriculture

Cultures
blé (2004) : 140 000 t.
maïs (2004) : 550 000 t.
manioc (2004) : 190 000 t.
canne à sucre (2004) : 4 121 000 t.
coton (2003) : 225 000 t.
arachide (2004) : 150 000 t.
tabac (2005) : 65 000 t.
Élevage
bovins (2005) : 5 400 000 têtes
caprins (2005) : 2 970 000 têtes

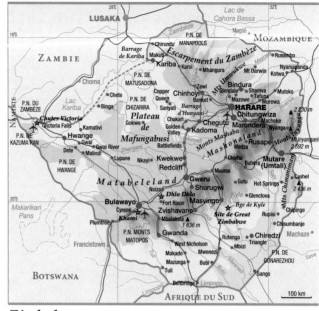

Zimbabwe

★ site touristique important
— route
— voie ferrée
✈ aéroport

500 1000 1500 m

● plus de 1 000 000 h.
● de 100 000 à 1 000 000 h.
● de 10 000 à 100 000 h.
• moins de 10 000 h.

ovins (2005) : 610 000 têtes
porcins (2005) : 610 000 têtes
poulets (2005) : 23 000 000 têtes

Énergie et produits miniers

électricité totale (2004) :
9 412 millions de kWh
chrome (2004) : 668 000 t.
houille (2001) : 4 441 000 t.
or (2005) : 14 023 kg
nickel (2004) : 9 500 t.
fer (2004) : 157 000 t.
argent (2005) : 3 t.
diamant (2004) : 47 000 carats

Productions industrielles

sucre (2002) : 554 000 t.
coton fibre (2005) : 76 000 t.
acier (2005) : 107 000 t.
cuivre métal (2005) : 2 400 t.
ciment (2005) : 400 000 t.

Tourisme

Recettes touristiques (2004) :
194 millions de $

Commerce extérieur

Exportations de biens (1994) :
1 961,1 millions de dollars
Importations de biens (1994) :
1 803,5 millions de dollars

Défense

Forces armées (2004) : 29 000 individus
Budget de la Défense (2003) : 1,69 % du PIB

Niveau de vie

Nombre d'habitants pour un
médecin (1990) : 10 000
Apport journalier moyen en calories (2004) :
1 980 (minimum FAO : 2 400)

Nombre d'automobiles pour
1 000 hab. (1996) : 28
Nombre de téléviseurs pour
1 000 hab. (2001) : 56

REPÈRES HISTORIQUES

Peuplé par les Bochimans puis par des Bantous, le pays fournit au XVᵉ s. le cadre de l'empire du Monomotapa.
XVIᵉ s. : les Portugais supplantent progressivement les musulmans dans le commerce des minerais.
1885 - 1886 : la Grande-Bretagne occupe de vastes régions.
1911 : ces territoires sont morcelés entre la Rhodésie du Nord (actuelle Zambie) et la Rhodésie du Sud (actuel Zimbabwe).
1923 : la Rhodésie du Sud devient colonie de la Couronne britannique, dotée de l'autonomie interne.
1953 - 1963 : une fédération unit le Nyassaland et les deux Rhodésies.
1965 : le Premier ministre Ian Smith, chef de la minorité blanche, proclame unilatéralement l'indépendance de la Rhodésie du Sud.
1970 : instauration de la République rhodésienne. La communauté internationale condamne la politique raciale du nouvel État.
1979 : un gouvernement multiracial est constitué.
1980 : l'indépendance du Zimbabwe est reconnue.
2003 : le Zimbabwe quitte le Commonwealth.

227

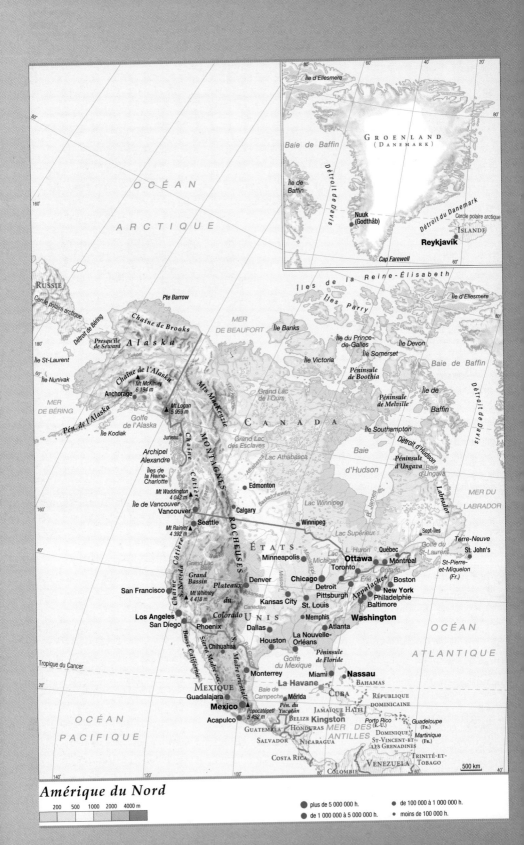

Île d'Ellesmere

GROENLAND
(DANEMARK)

Baie de Baffin

Île de
Baffin

Détroit de Davis

Détroit du Danemark

Cercle polaire arctique

Nuuk
(Godthåb)

ISLANDE

Cap Farewell

Reykjavík

OCÉAN

ARCTIQUE

RUSSIE
Cercle polaire arctique
Détroit de Béring

Île St-Laurent

Île Nunivak

MER
DE BÉRING

Pte Barrow

Chaîne de Brooks

Presqu'île
de Seward

Alaska

Yukon

Chaîne de l'Alaska
▲Mt McKinley
6 194 m

Anchorage

▲Mt Logan
5 959 m

Golfe
de l'Alaska

Juneau

Île Kodiak

Pén. de l'Alaska

MER
DE BEAUFORT

Île Banks

Île du Prince-
de-Galles

Île Victoria

Île Somerset

Île Devon

Péninsule
de Boothia

Île Southampton

Péninsule
de Melville

Îles de la Reine-Élisabeth

Îles de Parry

Île d'Ellesmere

Baie de Baffin

Île de
Baffin

Détroit de Davis

CANADA

Grand Lac
de l'Ours

Détroit d'Hudson

Baie
d'Hudson

Péninsule
d'Ungava

Baie
d'Ungava

MER DU
LABRADOR

Labrador

Archipel
Alexandre

Îles de
la Reine-
Charlotte

▲Mt Waddington
4 042 m

Île de Vancouver

Vancouver

Chaîne Côtière

MONTAGNES

Mts Mackenzie

Grand Lac
des Esclaves

Lac Athabasca

Athabasca

Grand Lac
des Esclaves

Edmonton

Saskatchewan

Lac Winnipeg

Baie

d'Hudson

B. James

Sept-Îles

Calgary

Winnipeg

Lac Supérieur

Golfe
du St-Laurent

Terre-Neuve

St John's

Mt Rainier▲
4 392 m

Seattle

ROCHEUSES

ÉTATS-

Minneapolis

Missouri

Lac
Michigan

L. Huron

L. Ontario

Québec

Ottawa
Montréal

Toronto

St-Pierre-
et-Miquelon
(Fr.)

San Francisco

Grand
Bassin

Grand Lac
Salé

Chaîne Côtière

Sierra Nevada

▲Mt Whitney
4 418 m

Plateaux

du

Colorado

Denver

Chicago

Détroit

Erié

Pittsburgh

Boston

New York

Philadelphie
Baltimore

Los Angeles
San Diego

Phoenix

Kansas City

St. Louis

Memphis

Washington

UNIS

Mississippi

Arkansas

Canadian

Dallas

Atlanta

OCÉAN

Sierra Madre occ.

Chihuahua

Houston

La Nouvelle-
Orléans

Péninsule
de Floride

ATLANTIQUE

Tropique du Cancer

Basse Californie

Sierra Madre orientale

Monterrey

Miami

Nassau

Golfe
du Mexique

Baie de
Campeche

La Havane

Bahamas

MEXIQUE

Guadalajara

Mexico

Acapulco

▲Popocatépetl
5 452 m

Pén. du
Yucatán

Mérida

CUBA

RÉPUBLIQUE
DOMINICAINE

Porto Rico
(E.-U.)

Guadeloupe
(Fr.)

BELIZE

Kingston

JAMAÏQUE HAÏTI

MER DES
ANTILLES

DOMINIQUE
ST-VINCENT-ET-
LES GRENADINES

Martinique
(Fr.)

OCÉAN

PACIFIQUE

GUATEMALA

SALVADOR

HONDURAS

NICARAGUA

COSTA RICA

TRINITÉ-ET-
TOBAGO

COLOMBIE

VENEZUELA

500 km

Amérique du Nord

200 500 1000 2000 4000 m

● plus de 5 000 000 h.

● de 1 000 000 à 5 000 000 h.

● de 100 000 à 1 000 000 h.

● moins de 100 000 h.

AMÉRIQUE

ANTIGUA-ET-BARBUDA		GUYANA
ARGENTINE	**AMÉRIQUE** 42 000 000 km^2 911 millions d'habitants*	HAÏTI
BAHAMAS		HONDURAS
BARBADE		JAMAÏQUE
BELIZE		MEXIQUE
BOLIVIE		NICARAGUA
BRÉSIL		PANAMÁ
CANADA	**AFRIQUE** 30 310 000 km^2 965 millions d'habitants*	PARAGUAY
CHILI		PÉROU
COLOMBIE		
COSTA RICA	**ASIE** 44 000 000 km^2 4 030 millions d'habitants*	SAINT-KITTS-ET-NEVIS
CUBA		SAINT-VINCENT- ET-LES GRENADINES
DOMINICAINE (RÉPUBLIQUE)	**EUROPE** 10 500 000 km^2 731 millions d'habitants*	SAINTE-LUCIE
DOMINIQUE		SALVADOR
ÉQUATEUR		SURINAME
ÉTATS-UNIS	**OCÉANIE** 9 000 000 km^2 33 millions d'habitants*	TRINITÉ-ET-TOBAGO
GRENADE		URUGUAY
GUATEMALA	*estimation pour 2007	VENEZUELA

Amérique centrale et Amérique du Sud

Situé au nord de la Guadeloupe, le pays est formé par les îles d'Antigua, de Barbuda et de Redonda. L'archipel a un climat tropical.

Superficie : 442 km²
Population (2007) : 85 000 hab.
Capitale : Saint John's 28 000 hab. (e. 2003)
Nature de l'État et du régime politique : monarchie constitutionnelle à régime parlementaire
Chef de l'État : (reine) Élisabeth II, représentée par le gouverneur général James Beethoven Carlisle
Chef du gouvernement : (Premier ministre) Baldwin Spencer
Organisation administrative : 6 paroisses
Langue officielle : anglais
Monnaie : dollar des Caraïbes orientales

DÉMOGRAPHIE

Densité : 192 hab./km²
Part de la population urbaine (2005) : 39,1 %
Structure de la population par âge : moins de 15 ans : n.d., 15-60 ans : n.d., plus de 60 ans : n.d.
Taux de natalité : n.d.
Taux de mortalité : n.d.
Taux de mortalité infantile : n.d.
Espérance de vie : hommes : n.d., femmes : n.d.

ÉCONOMIE

PNB (2004) : 0,759 milliard de $
PNB/hab. (2005) : 10 920 $
PNB/hab. PPA (2005) : 11 700 dollars internationaux
IDH (2004) : 0,808
Taux de croissance annuelle du PIB (2006) : 7,1 %
Taux annuel d'inflation (2003) : 2,5 %
Structure de la population active : agriculture : n.d., mines et industries : n.d., services : n.d.
Structure du PIB (2002) : agriculture : 3,7 %, mines et industries : 21,7 %, services : 74,6 %
Dette publique brute : n.d.
Taux de chômage : n.d.

Agriculture et pêche

Élevage et pêche
bovins (2005) : 14 300 têtes
caprins (2005) : 36 000 têtes
ovins (2005) : 19 000 têtes
porcins (2005) : 2 800 têtes
poulets (2005) : 105 000 têtes
pêche (2004) : 2 520 t.

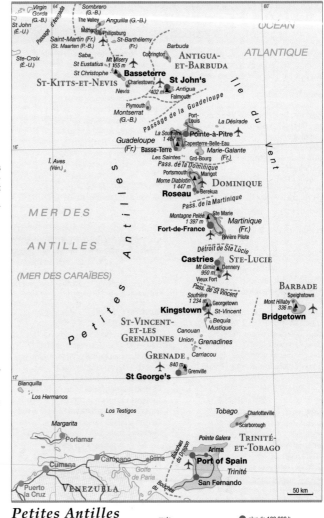

Petites Antilles

200	500 1500 m

— route
✈ aéroport
DOMINIQUE : État indépendant
Martinique : dépendance

● plus de 100 000 h.
● de 30 000 à 100 000 h.
● de 10 000 à 30 000 h.
• moins de 10 000 h.

231

Énergie et produits miniers
électricité totale (2004) : 105 millions de kWh

Tourisme
Recettes touristiques (2001) : 272 millions de $

Commerce extérieur
Exportations de biens (2001) : 38,62 millions de dollars
Importations de biens (2001) : 321,17 millions de dollars

Défense
Forces armées (2004) : 170 individus
Budget de la Défense (2004) : 0,59 % du PIB

Niveau de vie
Nombre d'habitants pour un médecin (1993) : 333

Apport journalier moyen en calories (2002) : 2 349 (minimum FAO : 2 400)
Nombre d'automobiles pour 1 000 hab. : n.d.
Nombre de téléviseurs pour 1 000 hab. (2001) : 452

REPÈRES HISTORIQUES

XVIIᵉ s. : les Britanniques colonisent Antigua.
1860 : ils annexent Barbuda.
1967 : Antigua et Barbuda forment un État associé à la Grande-Bretagne.
1981 : le pays accède à l'indépendance dans le cadre du Commonwealth.

BARBADE

La Barbade, la plus orientale des Petites Antilles, tire ses ressources de la production de la canne à sucre et du tourisme.

Superficie : 430 km²
Population (2007) : 294 000 hab.
Capitale : Bridgetown 5 996 hab.
(r. 2000), 142 000 hab. (e. 2005) dans l'agglomération
Nature de l'État et du régime politique : monarchie constitutionnelle à régime parlementaire
Chef de l'État : (reine) Élisabeth II, représentée par le gouverneur général Clifford Husbands
Chef du gouvernement : (Premier ministre) Owen Arthur
Organisation administrative : 11 paroisses
Langue officielle : anglais
Monnaie : dollar de la Barbade

DÉMOGRAPHIE

Densité : 684 hab./km²
Part de la population urbaine (2005) : 52,7 %
Structure de la population par âge (2005) : moins de 15 ans : 18,9 %, 15-60 ans : 68,6 %, plus de 60 ans : 12,5 %
Taux de natalité (2005) : 11 ‰
Taux de mortalité (2005) : 7 ‰
Taux de mortalité infantile (2005) : 10,1 ‰
Espérance de vie (2004) : hommes : 72,7 ans, femmes : 78,1 ans

ÉCONOMIE

PNB (2004) : 2,831 milliards de $
PNB/hab. (2004) : 10 530 $
PNB/hab. PPA (2003) : 9 270 dollars internationaux
IDH (2004) : 0,879
Taux de croissance annuelle du PIB (2006) : 4,2 %
Taux annuel d'inflation (2005) : 6 %
Structure de la population active (2003) : agriculture : 5,4 %, mines et industries : 20,5 %, services : 74,1 %
Structure du PIB (2002) : agriculture : 5,8 %, mines et industries : 20,8 %, services : 73,4 %
Dette publique brute : n.d.
Taux de chômage (2004) : 9,8 %

Agriculture et pêche

Cultures
maïs (2004) : 250 t.
patates douces (2003) : 2 610 t.
canne à sucre (2004) : 361 240 t.
bananes (2004) : 640 t.
Élevage et pêche
bovins (2005) : 10 300 têtes
ovins (2005) : 10 800 têtes
porcins (2005) : 19 000 têtes
poulets (2005) : 3 400 000 têtes
pêche (2004) : 2 000 t.

Énergie et produits miniers
électricité totale (2004) : 896 millions de kWh
gaz naturel (2000) : 38 millions de m³
pétrole (2000) : 78 000 t.

Productions industrielles
sucre (2002) : 45 000 t.
bière (2002) : 65 000 hl
Tourisme
Recettes touristiques (2001) : 687 millions de $
Commerce extérieur
Exportations de biens (2005) : 378,6 millions de dollars
Importations de biens (2005) : 1 464,2 millions de dollars
Défense
Forces armées (2004) : 610 individus
Budget de la Défense (2004) : 0,46 % du PIB

Niveau de vie
Nombre d'habitants pour un médecin (1990) : 1 120
Apport journalier moyen en calories (2004) : 3 070 (minimum FAO : 2 400)
Nombre d'automobiles pour 1 000 hab. (1999) : 229
Nombre de téléviseurs pour 1 000 hab. (2001) : 328

REPÈRES HISTORIQUES

XVIᵉ s. : l'île est découverte par les Espagnols.
À partir de 1627 : la Barbade est progressivement occupée par les Britanniques.
1966 : le pays accède à l'indépendance, dans le cadre du Commonwealth.

DOMINIQUE

La Dominique est constituée par une île volcanique.

Superficie : 751 km²
Population (2007) : 67 000 hab.
Capitale : Roseau 15 167 hab. (r. 2001)
Nature de l'État et du régime politique : république à régime parlementaire
Chef de l'État : (président de la République) Nicholas Liverpool
Chef du gouvernement : (Premier ministre) Roosevelt Skerrit
Organisation administrative : 10 paroisses
Langue officielle : anglais
Monnaie : dollar des Caraïbes orientales

DÉMOGRAPHIE

Densité : 89 hab./km²
Part de la population urbaine (2005) : 72,9 %
Structure de la population par âge : moins de 15 ans : n.d., 15-60 ans : n.d., plus de 60 ans : n.d.
Taux de natalité : n.d.
Taux de mortalité : n.d.
Taux de mortalité infantile : n.d.
Espérance de vie : hommes : n.d., femmes : n.d.

ÉCONOMIE

PNB (2004) : 0,262 milliard de $
PNB/hab. (2005) : 3 790 $
PNB/hab. PPA (2005) : 5 560 dollars internationaux
IDH (2004) : 0,793
Taux de croissance annuelle du PIB (2006) : 3 %
Taux annuel d'inflation (2005) : 2,2 %
Structure de la population active : agriculture : n.d., mines et industries : n.d., services : n.d.
Structure du PIB (2002) : agriculture : 18,6 %, mines et industries : 21 %, services : 60,4 %
Dette publique brute : n.d.
Taux de chômage (2001) : 11 %

Agriculture et pêche

Cultures
canne à sucre (2004) : 4 400 t.
oranges (2004) : 7 200 t.
bananes (2004) : 29 000 t.
bananes plantain (2005) : 5 700 t.
coprah (2001) : 1 200 t.
Élevage et pêche
bovins (2005) : 13 400 têtes
caprins (2005) : 9 700 têtes
ovins (2005) : 7 600 têtes
porcins (2005) : 5 000 têtes
pêche (2004) : 1 020 t.

Énergie et produits miniers
électricité totale (2004) : 84 M. de kWh
Productions industrielles
coprah (2001) : 1 200 t.
Tourisme
Recettes touristiques (2002) : 36 M. de $
Commerce extérieur
Exportations de biens (2005) : 42,11 millions de dollars
Importations de biens (2005) : 145,59 millions de dollars
Défense
Forces armées : n.d.
Budget de la Défense : n.d.
Niveau de vie
Nombre d'habitants pour un médecin (1991) : 2 000
Apport journalier moyen en calories (2004) : 2 760 (minimum FAO : 2 400)
Nombre d'automobiles pour 1 000 hab. : n.d.
Nombre de téléviseurs pour 1 000 hab. (2001) : 225

REPÈRES HISTORIQUES

1763 : la Dominique devient une colonie britannique.
1978 : elle devient indépendante dans le cadre du Commonwealth.

GRENADE

L'État est formé de l'île de la Grenade et d'îles des Grenadines (dont Carriacou).

Superficie : 344 km[2]
Population (2007) : 106 000 hab.
Capitale : Saint George's 33 000 hab.
(e. 2003) dans l'agglomération
Nature de l'État et du régime politique :
monarchie constitutionnelle à régime
parlementaire
Chef de l'État : (reine) Élisabeth II,
représentée par le gouverneur général
Daniel Williams
Chef du gouvernement : (Premier
ministre) Keith Mitchell
Organisation administrative : 6 paroisses
Langue officielle : anglais
Monnaie : dollar des Caraïbes orientales

DÉMOGRAPHIE

Densité : 308 hab./km[2]
Part de la population urbaine (2005) :
30,6 %
Structure de la population par âge (2005) :
moins de 15 ans : 34,1 %, 15-60 ans :
56,1 %, plus de 60 ans : 9,8 %
Taux de natalité (2005) : 18 ‰
Taux de mortalité (2005) : 8,3 ‰
Taux de mortalité infantile (2005) : 33,8 ‰
Espérance de vie : hommes : n.d.,
femmes : n.d.

ÉCONOMIE

PNB (2004) : 0,397 milliard de $
PNB/hab. (2005) : 3 920 $
PNB/hab. PPA (2005) : 7 260 dollars
internationaux
IDH (2004) : 0,762
Taux de croissance annuelle du PIB (2006) :
6,5 %
Taux annuel d'inflation (2003) : 2,5 %
Structure de la population active :
agriculture : n.d., mines et industries :
n.d., services : n.d.
Structure du PIB (2004) : agriculture :
8,4 %, mines et industries : 23,1 %,
services : 68,5 %
Dette publique brute : n.d.
Taux de chômage : n.d.

Agriculture et pêche

Cultures
oranges (2004) : 900 t.
pamplemousses (2004) : 2 000 t.
bananes (2004) : 4 100 t.
canne à sucre (2004) : 7 200 t.

Élevage et pêche
bovins (2005) : 4 450 têtes
caprins (2005) : 7 200 têtes
ovins (2005) : 13 200 têtes
porcins (2005) : 2 650 têtes
pêche (2004) : 2 030 t.

Énergie et produits miniers
électricité totale (2004) :
171 millions de kWh

Productions industrielles
bière (2002) : 23 500 hl

Tourisme
Recettes touristiques (2002) : 84 M. de $

Commerce extérieur
Exportations de biens (2005) : 39,28 84 M. de $
Importations de biens (2005) : 280,3 84 M. de $

Défense
Forces armées : n.d.
Budget de la Défense : n.d.

Niveau de vie
**Nombre d'habitants pour un
médecin (1993) :** 1 667
Apport journalier moyen en calories (2004) :
2 930 (minimum FAO : 2 400)
**Nombre d'automobiles
pour 1 000 hab. :** n.d.
**Nombre de téléviseurs
pour 1 000 hab. (2001) :** 370

REPÈRES HISTORIQUES

1762 : d'abord colonisée par la France,
la Grenade devient une colonie britannique.
1974 : elle devient indépendante.
1983 : l'intervention militaire des États-
Unis met fin à un régime placé dans
l'orbite de Cuba.

SAINTE-LUCIE

État insulaire des Petites Antilles, Sainte-
Lucie est une île volcanique.

Superficie : 622 km[2]
Population (2007) : 165 000 hab.
Capitale : Castries 12 439 hab. (r. 2001)
Nature de l'État et du régime politique :
monarchie constitutionnelle à régime
parlementaire
Chef de l'État : (reine) Élisabeth II,
représentée par le gouverneur général
Pearlette Louisy
Chef du gouvernement : (Premier
ministre) John Compton
Organisation administrative : 11 quartiers
Langue officielle : anglais
Monnaie : dollar des Caraïbes orientales

DÉMOGRAPHIE

Densité : 265 hab./km[2]
Part de la population urbaine (2005) :
27,6 %
Structure de la population par âge (2005) :
moins de 15 ans : 27,9 %, 15-60 ans :
62,3 %, plus de 60 ans : 9,8 %
Taux de natalité (2005) : 19,1 ‰
Taux de mortalité (2005) : 6,6 ‰
Taux de mortalité infantile (2005) : 12,6 ‰
Espérance de vie (2004) : hommes :
71,8 ans, femmes : 75,1 ans

ÉCONOMIE

PNB (2004) : 0,684 milliard de $
PNB/hab. (2005) : 4 800 $
PNB/hab. PPA (2005) : 5 980 dollars
internationaux
IDH (2004) : 0,79
Taux de croissance annuelle du PIB (2006) :
6 %
Taux annuel d'inflation (2005) : 3,9 %
Structure de la population active (2003) :
agriculture : 5,4 %, mines et industries :
18 %, services : 76,6 %

Structure du PIB (2003) : agriculture :
6,4 %, mines et industries : 18 %,
services : 75,6 %
Dette publique brute : n.d.
Taux de chômage (1996) : 16,3 %

Agriculture et pêche
Cultures
bananes (2005) : 32 800 t.
Pêche
pêche (2004) : 1 500 t.

Énergie et produits miniers
électricité totale (2004) :
290 millions de kWh

Productions industrielles
coprah (2001) : 1 200 t.

Tourisme
Recettes touristiques (2002) : 256 M. de $

Commerce extérieur
Exportations de biens (2005) : 68,77 M. de $
Importations de biens (2005) : 414,04 M. de $

Défense
Forces armées : n.d.
Budget de la Défense : n.d.

Niveau de vie
**Nombre d'habitants pour un
médecin (1995) :** 1 875
Apport journalier moyen en calories (2004) :
2 930 (minimum FAO : 2 400)
**Nombre d'automobiles
pour 1 000 hab. (1996) :** 728
**Nombre de téléviseurs
pour 1 000 hab. (2001) :** 296

REPÈRES HISTORIQUES

1814 : l'île devient colonie de la Couronne britannique.
1979 : Sainte-Lucie accède à l'indé-
pendance, dans le cadre du Commonwealth.

233

SAINT-KITTS-ET-NEVIS

L'État est formé des îles de Saint-Kitts (176 km²) et de Nevis.

Superficie : 261 km²
Population (2007) : 50 000 hab.
Capitale : Basseterre 13 000 hab. (e. 2003)
Nature de l'État et du régime politique :
monarchie constitutionnelle à régime parlementaire
Chef de l'État : (reine) Élisabeth II, représentée par le gouverneur général Cuthbert Montroville Sebastian
Chef du gouvernement : (Premier ministre) Denzil Douglas
Organisation administrative : 2 îles
Langue officielle : anglais
Monnaie : dollar des Caraïbes orientales

DÉMOGRAPHIE

Densité : 192 hab./km²
Part de la population urbaine (2005) : 32,2 %
Structure de la population par âge : moins de 15 ans : n.d., 15-60 ans : n.d., plus de 60 ans : n.d.
Taux de natalité : n.d.
Taux de mortalité : n.d.
Taux de mortalité infantile : n.d.
Espérance de vie : hommes : n.d., femmes : n.d.

ÉCONOMIE

PNB (2004) : 0,357 milliard de $
PNB/hab. (2005) : 8 210 $
PNB/hab. PPA (2005) : 12 500 dollars internationaux
IDH (2004) : 0,825
Taux de croissance annuelle du PIB (2006) : 5,2 %
Taux annuel d'inflation (2005) : 1,8 %
Structure de la population active : agriculture : n.d., mines et industries : n.d., services : n.d.
Structure du PIB (2003) : agriculture : 4 %, mines et industries : 28,3 %, services : 67,7 %
Dette publique brute : n.d.
Taux de chômage : n.d.

Agriculture et pêche

Cultures
canne à sucre (2004) : 193 000 t.
Pêche
pêche (2004) : 470 t.

Énergie et produits miniers
électricité totale (2004) :
125 millions de kWh

Productions industrielles
sucre (2002) : 22 000 t.

Tourisme
Recettes touristiques (2002) : 57 millions de $

Commerce extérieur
Exportations de biens (2005) :
57,71 millions de dollars
Importations de biens (2005) :
193,51 millions de dollars

Défense
Forces armées (1994) : 50 individus
Budget de la Défense : n.d.

Niveau de vie
Nombre d'habitants pour un médecin (1990) : 1 111
Apport journalier moyen en calories (2002) : 2 609 (minimum FAO : 2 400)
Nombre d'automobiles pour 1 000 hab. : n.d.
Nombre de téléviseurs pour 1 000 hab. (2001) : 239

REPÈRES HISTORIQUES

1625-1713 : l'île de Saint-Kitts est colonisée simultanément par les Français et les Anglais, puis cédée en totalité à l'Angleterre.
1967 : elle forme un État associé au Commonwealth avec Nevis et Anguilla.
1983 : Saint-Kitts-et-Nevis accède à l'indépendance, dans le cadre du Commonwealth.

SAINT-VINCENT-ET-LES GRENADINES

État formé de l'île de Saint-Vincent (345 km²) et d'une partie des Grenadines.

Superficie : 388 km²
Population (2007) : 120 000 hab.
Capitale : Kingstown 26 000 hab. (e. 2005)
Nature de l'État et du régime politique :
monarchie constitutionnelle à régime parlementaire
Chef de l'État : (reine) Élisabeth II, représentée par le gouverneur général Frederick Ballantyne
Chef du gouvernement : (Premier ministre) Ralph Gonsalves
Organisation administrative : 6 paroisses
Langue officielle : anglais
Monnaie : dollar des Caraïbes orientales

DÉMOGRAPHIE

Densité : 309 hab./km²
Part de la population urbaine (2005) : 45,9 %
Structure de la population par âge (2005) : moins de 15 ans : 29,3 %, 15-60 ans : 61,8 %, plus de 60 ans : 8,9 %
Taux de natalité (2005) : 20,1 ‰
Taux de mortalité (2005) : 6,8 ‰
Taux de mortalité infantile (2005) : 23,3 ‰
Espérance de vie (2004) : hommes : 68,6 ans, femmes : 74,1 ans

ÉCONOMIE

PNB (2004) : 0,403 milliard de $
PNB/hab. (2005) : 3 590 $
PNB/hab. PPA (2005) : 6 460 dollars internationaux
IDH (2004) : 0,759
Taux de croissance annuelle du PIB (2006) : 3,4 %
Taux annuel d'inflation (2005) : 3,7 %
Structure de la population active : agriculture : n.d., mines et industries : n.d., services : n.d.
Structure du PIB (2004) : agriculture : 9 %, mines et industries : 24,2 %, services : 66,8 %
Dette publique brute : n.d.
Taux de chômage : n.d.

Agriculture et pêche

Cultures
canne à sucre (2004) : 18 000 t.
bananes (2004) : 45 000 t.
Pêche
pêche (2004) : 8 620 t.

Énergie et produits miniers
électricité totale (2004) :
114 millions de kWh

Tourisme
Recettes touristiques (2002) :
81 millions de $

Commerce extérieur
Exportations de biens (2005) :
42,57 millions de dollars
Importations de biens (2005) :
212,31 millions de dollars

Défense
Forces armées : n.d.
Budget de la Défense : n.d.

Niveau de vie
Nombre d'habitants pour un médecin (1995) : 2 610
Apport journalier moyen en calories (2002) : 2 599 (minimum FAO : 2 400)
Nombre d'automobiles pour 1 000 hab. : n.d.
Nombre de téléviseurs pour 1 000 hab. (2000) : 234

REPÈRES HISTORIQUES

XVIIIᵉ s. : les îles Saint-Vincent et l'archipel des Grenadines constituent une possession britannique.
1979 : l'ensemble accède à l'indépendance dans le cadre du Commonwealth.

En dehors de sa bordure occidentale, montagneuse, appartenant à la cordillère des Andes, l'Argentine, grande comme cinq fois la France, est formée de plateaux au sud (Patagonie), de plaines à l'est (Pampa) et au nord (Chaco). Le climat, subtropical au nord, tempéré vers le Río de la Plata, devient froid en Patagonie et dans la Terre de Feu.

Superficie : 2 780 400 km²
Population (2007) : 39 531 000 hab.
Capitale : Buenos Aires 2 776 138 hab. (r. 2001), 12 550 000 hab. (e. 2005) dans l'agglomération
Nature de l'État et du régime politique : république à régime semi-présidentiel
Chef de l'État et du gouvernement : (président de la République) Néstor Kirchner
Premier ministre : (chef du Conseil des ministres) Alberto Fernández
Organisation administrative : 22 provinces et 2 districts fédéraux
Langue officielle : espagnol
Monnaie : peso argentin

DÉMOGRAPHIE

Densité : 14 hab./km²
Part de la population urbaine (2005) : 90,1 %
Structure de la population par âge (2005) : moins de 15 ans : 26,5 %, 15-60 ans : 59,6 %, plus de 60 ans : 13,9 %
Taux de natalité (2005) : 17,5 ‰
Taux de mortalité (2005) : 7,7 ‰
Taux de mortalité infantile (2005) : 13,4 ‰
Espérance de vie (2004) : hommes : 70,9 ans, femmes : 78,4 ans

ÉCONOMIE

PNB (2004) : 137 milliards de $
PNB/hab. (2005) : 4 470 $
PNB/hab. PPA (2005) : 13 920 dollars internationaux
IDH (2004) : 0,863
Taux de croissance annuelle du PIB (2006) : 8 %
Taux annuel d'inflation (2005) : 9,6 %
Structure de la population active (2003) : agriculture : 1,2 %, mines et industries : 19,8 %, services : 78,3 %
Structure du PIB (2004) : agriculture : 10,5 %, mines et industries : 35,6 %, services : 53,9 %
Dette publique brute : n.d.
Taux de chômage (2002) : 19,6 %

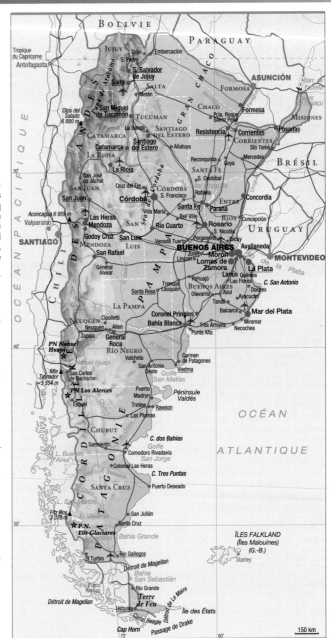

Argentine

limite de province
S. Luis capitale de province
400 1000 2000 4000 m

autoroute — voie ferrée
— route ✈ aéroport
★ site touristique important

● plus de 1 000 000 h.
● de 500 000 à 1 000 000 h.
● de 100 000 à 500 000 h.
• moins de 100 000 h.

235

Agriculture et pêche

Cultures
blé (2004) : 14 560 000 t.
maïs (2004) : 15 000 000 t.
sorgho (2004) : 2 160 000 t.

pommes de terre (2004) : 2 021 020 t.
agrumes (2003) : 2 488 000 t.
citrons (2004) : 1 300 000 t.
mandarines (1998) : 410 000 t.
oranges (2004) : 770 000 t.

pamplemousses (2004) : 170 000 t.
pêches (2004) : 272 440 t.
pommes (2004) : 1 262 440 t.
raisin (2004) : 2 365 000 t.
olives (2004) : 103 000 t.
arachide (2004) : 418 570 t.
canne à sucre (2004) : 19 300 000 t.
soja (2002) : 30 000 000 t.
tournesol (2004) : 3 100 000 t.
miel (2003) : 75 000 t.
coton (2003) : 201 000 t.
thé (2004) : 64 000 t.
tabac (2005) : 163 500 t.

Élevage et pêche
bovins (2005) : 50 768 000 têtes
ovins (2005) : 12 450 000 têtes
poulets (2005) : 95 000 000 têtes
chevaux (2003) : 3 655 000 têtes
pêche (2004) : 953 200 t.

Énergie et produits miniers
électricité totale (2004) :
93 944 millions de kWh

gaz naturel (2005) :
45 600 millions de m^3
pétrole (2005) : 36 200 000 t.
argent (2005) : 175 t.
or (2005) : 30 000 kg
plomb (2005) : 10 000 t.
zinc (2005) : 28 000 t.

Productions industrielles
lait (2004) : 8 100 000 t.
fromage (2003) : 350 000 t.
viande (2003) : 3 725 000 t.
huile d'olive (2002) : 10 600 t.
bière (2002) : 9 760 000 hl
vin (2005) : 15 640 000 hl
automobiles (2005) : 182 700 unités
acier (2005) : 5 380 000 t.
cuivre métal (2005) : 16 000 t.
plomb métal (2005) : 49 000 t.
zinc métal (2005) : 38 000 t.
laine (2005) : 60 000 t.
caoutchouc synthétique (2001) : 48 000 t.
ciment (2005) : 7 595 000 t.

Tourisme
Recettes touristiques (2004) :
2 990 millions de $

Commerce extérieur
Exportations de biens (2005) :
40 106 millions de dollars
Importations de biens (2005) :
27 302 millions de dollars

Défense
Forces armées (2004) : 71 400 individus
Budget de la Défense (2004) : 1,06 % du PIB

Niveau de vie
Nombre d'habitants pour un médecin (1990) : 370
Apport journalier moyen en calories (2004) : 2 920 (minimum FAO : 2 400)
Nombre d'automobiles pour 1 000 hab. (1998) : 140
Nombre de téléviseurs pour 1 000 hab. (2001) : 326

REPÈRES HISTORIQUES

La domination espagnole et l'indépendance

1516 : l'Espagnol Díaz de Solís pénètre dans le Río de la Plata.
1580 : fondation de Buenos Aires.
1776 : la région, d'abord dans la vice-royauté du Pérou, est intégrée à la vice-royauté du Río de la Plata, avec Buenos Aires comme capitale.
XVIIIᵉ s. : le port et son arrière-pays, qui se peuplent lentement, connaissent un essor économique important.
1806 - 1807 : les milices locales repoussent deux offensives britanniques sur Buenos Aires.
1810 : le vice-roi est déposé par une junte de notables.
1816 : le congrès de Tucumán proclame l'indépendance de l'Argentine.

Les luttes politiques et le développement démographique et économique

1820 - 1829 : les fédéralistes - dirigés par des caudillos provinciaux - et les centralistes - à Buenos Aires - se livrent une bataille acharnée.
1835 - 1852 : dictature du caudillo fédéraliste Juan Manuel de Rosas.

1853 : l'Argentine se dote d'une Constitution fédérale et libérale.
1862 : avec l'élection de Bartolomé Mitre à la présidence, l'unité du pays est enfin réalisée.
1862 - 1880 : les conditions du développement économique se mettent en place, celui-ci étant fondé sur l'expansion de l'élevage bovin et ovin et sur la construction d'un réseau de chemin de fer. Les Indiens sont soumis ou éliminés.
1865 - 1870 : guerre de la Triple-Alliance contre le Paraguay.
1874 - 1879 : guerres indiennes en Patagonie et dans la Pampa.
1880 - 1930 : parallèlement à l'arrivée massive d'immigrants européens (en majorité italiens), l'économie connaît un essor remarquable, mais elle dépend étroitement des capitaux et des marchés étrangers (britanniques surtout). Face à la domination de l'oligarchie libérale, constituée de grands propriétaires terriens et d'exportateurs, l'opposition des classes moyennes et populaires (radicalisme) s'affirme. Le président Hipólito Yrigoyen (1916 - 1922 et 1928 - 1930), radical, impose une législation sociale sans toucher aux structures agraires.

Les régimes militaires et le retour à la démocratie

1929 : la crise mondiale favorise la mise en place de régimes militaires conservateurs.
1943 : le président Ramón Castillo est déposé par une junte d'officiers nationalistes, dont fait partie Juan Domingo Perón. Devenu président de la République (1946 - 1955), celui-ci applique, avec sa femme, Eva Duarte, une doctrine populiste dite « justicialiste ».
1955 : Perón est écarté par une junte militaire. Une période de crise permanente s'ensuit.
1973 : Perón redevient président. À sa mort (1974), sa deuxième femme, Isabel, lui succède.
1976 : une junte militaire, présidée par le général Videla, impose un régime d'exception, marqué par une répression sanglante.
1982 : la défaite de la guerre des Malouines ramène les civils au pouvoir. Ces derniers sont confrontés à de graves difficultés économiques.
2003 : le président Néstor Kirchner engage le pays sur la voie de la reconnaissance et de la condamnation des crimes commis lors de la dictature militaire.

BAHAMAS
→ ÉTATS-UNIS

BARBADE
→ ANTILLES

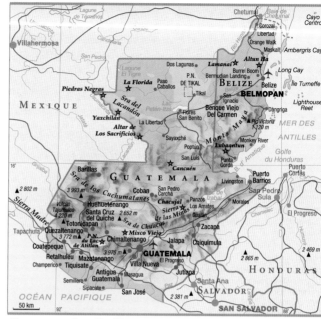

Guatemala, Belize

★ site touristique important

| 200 | 500 | 1500 | 3000 m |

✈ aéroport

— route
— voie ferrée

● plus de 500 000 h.
● de 100 000 à 500 000 h.
● de 10 000 à 100 000 h.
• moins de 10 000 h.

Le pays, montagneux au sud (monts Maya), bas et souvent marécageux au nord, est chaud et humide, et recouvert à plus de 40 % de forêts.

Superficie : 22 696 km²
Population (2007) : 288 000 hab.
Capitale : Belmopan 14 000 hab. (e. 2005)
Nature de l'État et du régime politique : monarchie constitutionnelle à régime parlementaire
Chef de l'État : (reine) Élisabeth II, représentée par le gouverneur général Colville Young
Chef du gouvernement : (Premier ministre) Said Musa
Organisation administrative : 6 districts
Langue officielle : anglais
Monnaie : dollar de Belize

DÉMOGRAPHIE

Densité : 13 hab./km²
Part de la population urbaine (2005) : 48,3 %
Structure de la population par âge (2005) : moins de 15 ans : 37,6 %, 15-60 ans : 56,6 %, plus de 60 ans : 5,8 %
Taux de natalité (2005) : 25,2 ‰
Taux de mortalité (2005) : 3,8 ‰
Taux de mortalité infantile (2005) : 16,4 ‰
Espérance de vie (2004) : hommes : 69,4 ans, femmes : 74,3 ans

ÉCONOMIE

PNB (2004) : 1,115 milliard de $
PNB/hab. (2005) : 3 500 $
PNB/hab. PPA (2005) : 6 740 dollars internationaux
IDH (2004) : 0,751
Taux de croissance annuelle du PIB (2006) : 5,3 %
Taux annuel d'inflation (2005) : 3,6 %
Structure de la population active (1999) : agriculture : 27,5 %, mines et industries : 17 %, services : 55,5 %
Structure du PIB (2001) : agriculture : 22,7 %, mines et industries : 25 %, services : 52,3 %

Dette publique brute : n.d.
Taux de chômage (2005) : 11 %

Agriculture et pêche

Cultures
canne à sucre (2004) : 1 149 470 t.
maïs (2004) : 30 540 t.
oranges (2004) : 213 430 t.
bananes (2004) : 79 420 t.

Élevage et pêche
bovins (2005) : 57 800 têtes
porcins (2005) : 21 220 têtes
poulets (2005) : 1 600 000 têtes
pêche (2005) : 14 330 t.

Énergie et produits miniers

électricité totale (2004) : 175 millions de kWh

Productions industrielles

sucre (2002) : 119 000 t.
bière (2002) : 42 300 hl

Tourisme

Recettes touristiques (2002) : 133 millions de $

Commerce extérieur

Exportations de biens (2005) : 321,9 millions de dollars

Importations de biens (2005) : 556,2 millions de dollars

Défense

Forces armées (2004) : 1 050 individus
Budget de la Défense (2004) : 1,45 % du PIB

Niveau de vie

Nombre d'habitants pour un médecin (1995) : 2 027
Apport journalier moyen en calories (2004) : 2 850 (minimum FAO : 2 400)
Nombre d'automobiles pour 1 000 hab. (1998) : 44
Nombre de téléviseurs pour 1 000 hab. (2001) : 182

237

REPÈRES HISTORIQUES

XVIIIᵉ s. : la région est longtemps contestée entre la Grande-Bretagne et l'Espagne.
1862 : elle devient une colonie britannique.
1973 : le territoire prend le nom de Belize.
1981 : ce dernier accède à l'indépendance.
1991 : le Guatemala reconnaît le nouvel État.

GUATEMALA

Pays formé de montagnes, en partie volcaniques, au sud, et de bas plateaux au nord, le Guatemala est l'état le plus peuplé d'Amérique centrale.

Superficie : 108 889 km²
Population (2007) : 13 354 000 hab.
Capitale : Guatemala 942 348 hab.
(r. 2002)
Nature de l'État et du régime politique :
république à régime présidentiel
Chef de l'État et du gouvernement :
(président de la République)
Óscar Berger Perdomo
Organisation administrative :
22 départements
Langue officielle : espagnol
Monnaie : quetzal

DÉMOGRAPHIE

Densité : 123 hab./km²
Part de la population urbaine (2005) : 47,2 %
Structure de la population par âge (2005) :
moins de 15 ans : 43,2 %, 15-60 ans :
50,7 %, plus de 60 ans : 6,1 %
Taux de natalité (2005) : 33,2 ‰
Taux de mortalité (2005) : 5,7 ‰
Taux de mortalité infantile (2005) : 30,1 ‰
Espérance de vie (2005) : hommes :
64 ans, femmes : 71,3 ans

ÉCONOMIE

PNB (2004) : 26,9 milliards de $
PNB/hab. (2005) : 2 400 $
PNB/hab. PPA (2005) : 4 410 dollars
internationaux
IDH (2004) : 0,673
Taux de croissance annuelle du PIB (2006) :
4,1 %
Taux annuel d'inflation (2005) : 8,4 %
Structure de la population active :
agriculture : n.d., mines et industries :
n.d., services : n.d.

Structure du PIB (2004) : agriculture :
22,4 %, mines et industries : 19,2 %,
services : 58,4 %
Dette publique brute : n.d.
Taux de chômage (2003) : 3,4 %

Agriculture et pêche

Cultures
bananes (2004) : 1 000 000 t.
café (2004) : 216 600 t.
canne à sucre (2004) : 18 000 000 t.
caoutchouc (2003) : 50 000 t.
citrons (2004) : 142 880 t.
maïs (2004) : 1 072 310 t.
pommes de terre (2004) : 282 920 t.
Élevage et pêche
bovins (2005) : 2 540 000 têtes
ovins (2005) : 260 000 têtes
porcins (2005) : 212 000 têtes
poulets (2005) : 27 000 000 têtes
chevaux (2003) : 124 000 têtes
pêche (2004) : 18 330 t.

Énergie et produits miniers

électricité totale (2004) :
7 604 millions de kWh
pétrole (2002) : 1 170 000 t.
Productions industrielles
sucre (2002) : 1 912 000 t.
acier (2005) : 207 000 t.
ciment (2005) : 1 800 000 t.

Tourisme

Recettes touristiques (2004) :
806 millions de $

Commerce extérieur

Exportations de biens (2005) :
3 700,6 millions de dollars
Importations de biens (2005) :
8 070,3 millions de dollars

Défense

Forces armées (2004) : 29 200 individus
Budget de la Défense (2004) : 0,41 % du PIB

Niveau de vie

Nombre d'habitants pour un
médecin (1993) : 3 333
Apport journalier moyen en calories (2004) :
2 230 (minimum FAO : 2 400)
Nombre d'automobiles
pour 1 000 hab. (1999) : 52
Nombre de téléviseurs
pour 1 000 hab. (2001) : 145

REPÈRES HISTORIQUES

Le Guatemala est, durant le Iᵉʳ millénaire, l'un des lieux où s'épanouit la civilisation maya.
1524 : conquête du territoire par les Espagnols.
1821 - 1823 : le Guatemala s'unit au Mexique sous l'autorité d'Agustín de Iturbide.
1824 - 1839 : il fait partie des Provinces-Unies de l'Amérique centrale.
1839 : le pays reprend son indépendance sous la direction de Rafael Carrera.
1873 - 1885 : libéral, Justo Rufino Barrios modernise le pays.
1898 - 1920 : son successeur, Manuel Estrada, poursuit son œuvre, tandis que se constitue l'empire bananier de la United Fruit Company.
1931 - 1944 : dictature du général Jorge Ubico.
1951 - 1954 : le progressiste Jacobo Arbenz est renversé par des généraux appuyés par les États-Unis.
1970 - 1982 : le pays, ravagé en 1976 par des tremblements de terre, est confronté à une guerre civile larvée qu'animent des guérilleros de type castriste ou sandiniste.
À partir de 1987 : le Guatemala participe à l'effort de paix en Amérique centrale (signature d'accords en 1987 et en 1989 avec le Costa Rica, le Honduras, le Nicaragua et le Salvador).
1996 : un accord de paix est conclu entre le pouvoir central et la guérilla.

L'Est (Oriente), à la population très clair-semée, appartient à l'Amazonie forestière. L'Ouest, andin, région de hauts plateaux (3 000 et 4 000 m), concentre la majeure partie de la population (amérindienne ou métissée) et les principales villes (dont La Paz).

Superficie : 1 098 581 km²
Population (2007) : 9 525 000 hab.
Capitale (siège du gouvernement) : La Paz 793 293 hab. (r. 2001), 1 527 000 hab. (e. 2005) dans l'agglomération
Capitale constitutionnelle :
Sucre 227 000 hab. (e. 2005)
Nature de l'État et du régime politique : république à régime présidentiel
Chef de l'État et du gouvernement : (président de la République) Evo Morales Ayma
Organisation administrative : 9 départements
Langues officielles : espagnol, aymara et quechua
Monnaie : boliviano

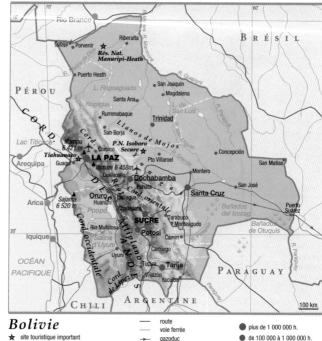

Bolivie

★ site touristique important

400 1000 2000 4000 m

— route
— voie ferrée
→ gazoduc
limite de département
Sucre chef-lieu de département

● plus de 1 000 000 h.
● de 100 000 à 1 000 000 h.
● de 50 000 à 100 000 h.
• moins de 50 000 h.

DÉMOGRAPHIE

Densité : 9 hab./km²
Part de la population urbaine (2005) : 64,2 %
Structure de la population par âge (2005) : moins de 15 ans : 38,1 %, 15-60 ans : 55,2 %, plus de 60 ans : 6,7 %
Taux de natalité (2005) : 27,3 ‰
Taux de mortalité (2005) : 7,6 ‰
Taux de mortalité infantile (2005) : 45,6 ‰
Espérance de vie (2004) : hommes : 62,4 ans, femmes : 66,6 ans

ÉCONOMIE

PNB (2004) : 8,6 milliards de $
PNB/hab. (2005) : 1 010 $
PNB/hab. PPA (2005) : 2 740 dollars internationaux
IDH (2004) : 0,692
Taux de croissance annuelle du PIB (2006) : 4,1 %
Taux annuel d'inflation (2005) : 5,4 %
Structure de la population active : agriculture : n.d., mines et industries : n.d., services : n.d.
Structure du PIB (2004) : agriculture : 15,5 %, mines et industries : 30,8 %, services : 53,7 %
Dette publique brute : n.d.
Taux de chômage (2002) : 5,5 %

Agriculture et pêche
Cultures
maïs (2004) : 686 110 t.
pommes de terre (2004) : 827 690 t.
canne à sucre (2004) : 4 800 000 t.
soja (2002) : 1 298 000 t.
bananes (2004) : 646 310 t.
bananes plantain (2005) : 443 369 t.

tabac (2005) : 1 160 t.

Élevage et pêche
bovins (2005) : 6 822 200 têtes
ovins (2005) : 8 550 000 têtes
porcins (2005) : 2 984 000 têtes
poulets (2005) : 75 000 000 têtes
chevaux (2003) : 323 000 têtes
pêche (2004) : 7 190 t.

Énergie et produits miniers
électricité totale (2004) : 4 472 M. de kWh
gaz naturel (2005) : 10 400 M. de m³
pétrole (2002) : 1 544 000 t.
argent (2005) : 419 t.
cuivre (2005) : 714 t.
étain (2005) : 18 700 t.
or (2005) : 8 906 kg
plomb (2005) : 10 700 t.
zinc (2005) : 158 600 t.

Productions industrielles
lait (2004) : 274 590 t.
viande (2003) : 440 000 t.
sucre (2002) : 405 000 t.
bière (2002) : 1 470 000 hl
étain métal (2004) : 11 000 t.
ciment (2005) : 1 440 000 t.
production de bois (2005) : 3 061 330 m³

Tourisme
Recettes touristiques (2004) : 265 M. de $

Commerce extérieur
Exportations de biens (2005) : 2 670,8 millions de dollars
Importations de biens (2005) : 2 189,8 millions de dollars

Défense
Forces armées (2004) : 31 500 individus
Budget de la Défense (2004) : 1,65 % du PIB

Niveau de vie
Nombre d'habitants pour un médecin (1993) : 2 500
Apport journalier moyen en calories (2004) : 2 220 (minimum FAO : 2 400)
Nombre d'automobiles pour 1 000 hab. (2000) : 53
Nombre de téléviseurs pour 1 000 hab. (2000) : 121

REPÈRES HISTORIQUES

1535 - 1538 : les conquérants espagnols, sous la conduite de Pizarro, s'établissent dans la région du Haut-Pérou, incorporée à l'État inca depuis 1438.
1544 : la découverte des mines d'argent du Potosí fait de la région la plus riche province de l'Empire espagnol.
1824 - 1825 : après la victoire d'Ayacucho, remportée par Sucre sur les partisans de l'Espagne, l'indépendance de la Bolivie est proclamée.
1836 - 1839 : le Pérou et la Bolivie constituent une confédération.
1879 - 1883 : guerre du Pacifique. La Bolivie perd, au profit du Chili, tout accès à la mer.
1932 - 1935 : vaincue lors de la guerre meurtrière du Chaco, la Bolivie doit céder cette région au Paraguay.
1952 : le Mouvement nationaliste révolutionnaire (MNR) parvient au pouvoir par une révolution, nationalise les mines et entreprend une réforme agraire.
1964 - 1982 : les coups d'État militaires et les régimes d'exception se succèdent jusqu'à l'élection d'un nouveau président.

BRÉSIL

En dehors de l'immense cuvette amazonienne, le Brésil est surtout un pays de plateaux, relevés en serras qui retombent directement sur l'Atlantique ou limitent un liseré de plaines côtières. Le climat, équatorial dans l'Amazonie, constamment chaud et humide, recouverte par la forêt dense permanente, devient plus sec vers le sud. Commence alors le domaine des campos, savanes parfois parsemées d'arbres, et de la steppe, notamment dans l'intérieur du Nordeste.

Superficie : 8 547 403 km²
Population (2007) : 191 791 000 hab.
Capitale : Brasília 2 043 169 hab.
(r. 2000), 3 341 000 hab. (e. 2005) dans l'agglomération
Nature de l'État et du régime politique : république à régime présidentiel
Chef de l'État et du gouvernement : (président de la République)
Luiz Inácio Lula da Silva
Organisation administrative : 26 États et 1 district fédéral
Langue officielle : portugais
Monnaie : real brésilien

DÉMOGRAPHIE
Densité : 22 hab./km²
Part de la population urbaine (2005) : 84,2 %
Structure de la population par âge (2005) : moins de 15 ans : 27,9 %, 15-60 ans : 63,3 %, plus de 60 ans : 8,8 %
Taux de natalité (2005) : 19,2 ‰
Taux de mortalité (2005) : 6,3 ‰
Taux de mortalité infantile (2005) : 23,6 ‰
Espérance de vie (2004) : hommes : 67,1 ans, femmes : 74,9 ans

ÉCONOMIE
PNB (2004) : 552 milliards de $
PNB/hab. (2005) : 3 460 $
PNB/hab. PPA (2005) : 8 230 dollars internationaux
IDH (2004) : 0,792
Taux de croissance annuelle du PIB (2006) : 3,6 %
Taux annuel d'inflation (2005) : 6,9 %
Structure de la population active (1999) : agriculture : 24,2 %, mines et industries : 19,5 %, services : 56,5 %
Structure du PIB (2004) : agriculture : 10,5 %, mines et industries : 39,9 %, services : 49,6 %
Dette publique brute : n.d.

240

Taux de chômage (2004) : 8,9 %

Agriculture et pêche
Cultures
agrumes (2003) : 19 183 000 t.
oranges (2004) : 18 270 500 t.
ananas (2004) : 1 477 300 t.
bananes (2004) : 6 583 560 t.
patates douces (2003) : 495 000 t.
pêches (2004) : 235 720 t.
pommes (2004) : 973 330 t.
raisin (2004) : 1 291 380 t.
tomates (2004) : 3 515 570 t.
arachide (2004) : 225 570 t.
soja (2002) : 42 125 000 t.
blé (2004) : 5 726 200 t.
maïs (2004) : 41 806 000 t.
manioc (2004) : 23 926 550 t.
riz (2004) : 13 276 900 t.
sorgho (2004) : 2 130 720 t.
cacao (2004) : 196 010 t.
café (2004) : 2 465 710 t.
canne à sucre (2004) : 416 256 000 t.
noix de cajou (2004) : 182,63 t.
tabac (2005) : 894 000 t.
Élevage et pêche
bovins (2005) : 207 000 000 têtes
caprins (2005) : 10 700 000 têtes
ovins (2005) : 15 200 000 têtes
porcins (2005) : 33 200 000 têtes
poulets (2005) : 1 100 000 000 têtes
chevaux (2003) : 5 901 000 têtes

buffles (2005) : 1 095 000 têtes
pêche (2004) : 1 015 910 t.

Énergie et produits miniers
électricité totale (2004) : 380 934 millions de kWh
hydroélectricité (2004) : 317 589 millions de kWh
houille (2001) : 4 529 000 t.
bauxite (2005) : 19 800 000 t.
pétrole (2005) : 84 700 000 t.
chrome (2004) : 463 000 t.
diamant (2005) : 900 000 carats
cuivre (2005) : 131 00 t;
étain (2005) : 12 500 t.
fer (2004) : 169 300 000 t.
manganèse (2004) : 1 300 000 t.
nickel (2004) : 45 200 t.
or (2005) : 41 154 kg
phosphate (2003) : 5 790 000 t.

Productions industrielles
lait (2004) : 23 455 000 t.
viande (2003) : 18 389 000 t.
sucre (2002) : 23 810 000 t.
huile de palme (2005) : 160 000 t.
palmiste (2002) : 120 000 t.
vin (2005) : 3 200 000 hl
automobiles (2005) : 2 009 400 unités
véhicules utilitaires (2005) : 518 800 unités
acier (2005) : 31 610 000 t.
aluminium (2005) : 1 499 000 t.
fonte (1998) : 25 132 000 t.

REPÈRES HISTORIQUES

La période coloniale
1500 : Pedro Álvares Cabral découvre le Brésil, qui devient possession portugaise.
1532 - 1560 : les tentatives françaises d'installation se terminent par la victoire des Portugais.
1624 - 1654 : attirés par la richesse sucrière du pays, les Hollandais occupent les côtes brésiliennes, avant d'être rejetés à la mer.
1720 - 1770 : la recherche de l'or provoque la création du Brésil intérieur, domaine des métis, qui laissent la côte aux Blancs. Les grandes plantations se développent (culture du coton, du cacao et du tabac) et assurent le renouveau économique du pays.
1775 : l'esclavage indien est aboli, l'appel de la main-d'œuvre noire est accru.
1808 - 1821 : la famille royale portugaise, en fuite devant les armées napoléoniennes, s'installe à Rio de Janeiro.
1815 : Jean VI élève le Brésil au rang de royaume.

L'Empire brésilien
1822 - 1889 : sous Pierre Iᵉʳ (1822 - 1831) et Pierre II (1831 - 1889), le Brésil, empire indépendant, connaît un considérable essor démographique (immigration) et économique (café, voies ferrées) ; ses frontières sont rectifiées après la guerre contre le Paraguay. L'abolition de l'esclavage noir mécontente l'aristocratie foncière (1888).

La république des « coronels » et l'ère Vargas
1889 : Pierre II est renversé par l'armée, et une république fédéraliste est proclamée.

La réalité du pouvoir appartient cependant aux oligarchies qui possèdent la terre et les hommes. La culture du café reste prépondérante, assurant la prospérité, mais la production du blé et du caoutchouc se développe.
1917 : le Brésil déclare la guerre à l'Allemagne.
1930 : la crise économique entraîne la chute du régime. Getúlio Vargas accède au pouvoir ; élu président en 1934, il instaure en 1937 un régime dictatorial.
1942 : la participation du Brésil à la Seconde Guerre mondiale aux côtés des Alliés stimule l'essor économique du pays.
1945 : Vargas est déposé par les militaires.
1950 : Vargas est réélu président. Mais l'opposition, liée aux intérêts étrangers, l'accule au suicide (1954).

Le Brésil contemporain
1956 - 1964 : des gouvernements réformistes se succèdent, en butte à l'emprise des sociétés multinationales.
1960 : Brasília devient la capitale du Brésil.
1964 - 1985 : à la suite d'un coup d'État militaire, les généraux accèdent au pouvoir. L'économie nationale est largement subordonnée à la domination nord-américaine.
1985 : les civils reviennent au pouvoir. Ils doivent faire face à une situation économique et financière particulièrement difficile.

cuivre métal (2005) : 210 000 t.
étain métal (2004) : 11 000 t.
plomb (2005) : 15 000 t.
zinc (2005) : 160 000 t.
nickel (2004) : 45 200 t.
caoutchouc (2003) : 96 000 t.
coton fibre (2005) : 713 000 t.
sisal (2003) : 185 000 t.
textiles artificiels (1999) : 48 400 t.
ciment (2005) : 36 673 000 t.
papier (2005) : 8 221 000 t.

production de bois (2005) : 255 879 500 m³

Tourisme

Recettes touristiques (2004) :
3 389 millions de $

Commerce extérieur

Exportations de biens (2005) :
118 308 millions de dollars
Importations de biens (2005) :
73 551 millions de dollars

Défense

Forces armées (2004) : 302 909 individus

Budget de la Défense (2004) : 1,6 % du PIB

Niveau de vie

**Nombre d'habitants pour un
médecin (1995) :** 714
**Apport journalier moyen en
calories (2004) :** 3 110
(minimum FAO : 2 400)
**Nombre d'automobiles
pour 1 000 hab. (2000) :** 137
**Nombre de téléviseurs
pour 1 000 hab. (2003) :** 369

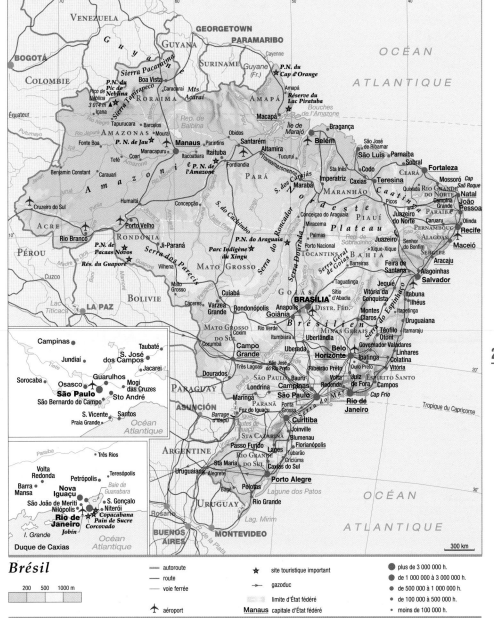

Brésil

200 500 1000 m	

═══ autoroute
─── route
─── voie ferrée
✈ aéroport

★ site touristique important
→ gazoduc
limite d'État fédéré
Manaus capitale d'État fédéré

● plus de 3 000 000 h.
● de 1 000 000 à 3 000 000 h.
● de 500 000 à 1 000 000 h.
● de 100 000 à 500 000 h.
• moins de 100 000 h.

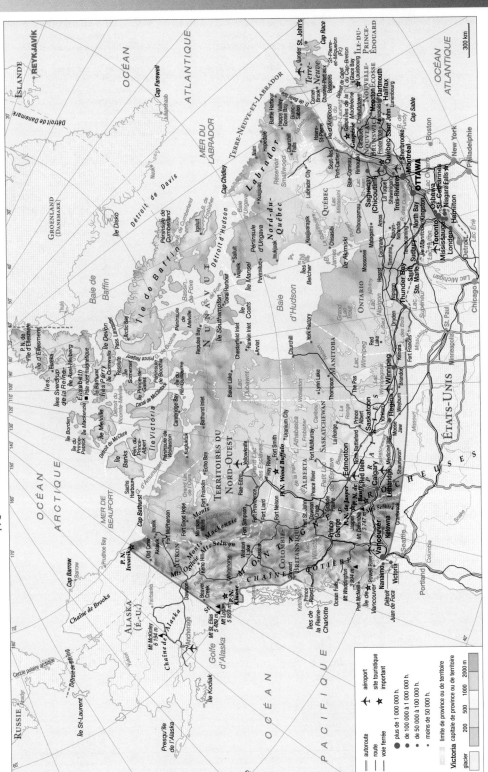

Pays le plus vaste du monde après la Russie, le Canada possède une population guère supérieure à la moitié de celle de la France. Le paysage de plateaux domine dans l'Est et le Centre. À l'ouest, les Rocheuses opposent une barrière aux influences pluvieuses et adoucissantes du Pacifique, mais surtout la latitude entraîne une rigueur croissante de l'hiver vers le nord. Les feuillus des basses terres laurentiennes cèdent rapidement la place aux conifères, auxquels succèdent la toundra, et parfois, dans l'extrême nord du pays, insulaire, les glaces.

Superficie : 9 970 610 km²
Population (2007) : 32 876 000 hab.
Capitale : Ottawa 812 129 hab. (r. 2006), 1 130 761 hab. (r. 2006) dans l'agglomération
Nature de l'État et du régime politique : monarchie constitutionnelle à régime parlementaire
Chef de l'État : (reine) Élisabeth II, représentée par le gouverneur général Michaëlle Jean
Chef du gouvernement : (Premier ministre) Stephen Harper
Organisation administrative : 10 provinces et 3 territoires
Langues officielles : anglais et français
Monnaie : dollar canadien

DÉMOGRAPHIE

Densité : 3 hab./km²
Part de la population urbaine (2005) : 80,1 %
Structure de la population par âge (2005) : moins de 15 ans : 17,6 %, 15-60 ans : 64,5 %, plus de 60 ans : 17,9 %
Taux de natalité (2005) : 10,3 ‰
Taux de mortalité (2005) : 7,4 ‰
Taux de mortalité infantile (2005) : 4,8 ‰
Espérance de vie (2004) : hommes : 77 ans, femmes : 82,6 ans

ÉCONOMIE

PNB (2004) : 905 milliards de $
PNB/hab. (2005) : 32 600 $
PNB/hab. PPA (2005) : 32 220 dollars internationaux
IDH (2004) : 0,95
Taux de croissance annuelle du PIB (2006) : 3,1 %
Taux annuel d'inflation (2005) : 2,2 %
Structure de la population active (2004) : agriculture : 2,6 %, mines et industries : 22,4 %, services : 75 %
Structure du PIB (2001) : agriculture : 2,2 %, mines et industries : 33,9 %, services : 63,8 %
Dette publique brute (2003) : 73,4 % du PIB
Taux de chômage (2006) : 6,3 %

Agriculture et pêche

Cultures
avoine (2004) : 3 683 100 t.
blé (2004) : 25 860 400 t.
maïs (2004) : 8 835 700 t.
orge (2004) : 13 186 400 t.
seigle (2004) : 417 900 t.
pommes de terre (2004) : 5 170 790 t.
colza (2002) : 4 332 000 t.
soja (2002) : 2 336 000 t.
miel (2003) : 33 566 t.
tabac (2005) : 43 000 t.

Élevage et pêche
bovins (2005) : 15 063 000 têtes
porcins (2005) : 14 675 000 têtes
pêche (2001) : 1 202 000 t.

Énergie et produits miniers

électricité totale (2004) : 572 986 millions de kWh
hydroélectricité (2004) : 334 246 millions de kWh
gaz naturel (2005) : 185 500 millions de m³
houille (2001) : 64 998 000 t.
électricité nucléaire (2004) : 85 870 millions de kWh
pétrole (2005) : 145 200 000 t.
argent (2005) : 1 122 t.
cuivre (2005) : 566 500 t.
diamant (2005) : 12 300 000 carats
fer (2004) : 17 801 000 t.
molybdène (2003) : 8 880 t.
nickel (2003) : 163 000 t.
or (2005) : 118 528 kg
plomb (2005) : 72 500 t.
uranium (2004) : 11 597 t.
zinc (2005) : 755 000 t.

Productions industrielles

lait (2004) : 8 000 000 t.
fromage (2003) : 362 780 t.
viande (2003) : 4 248 000 t.
acier (2005) : 15 327 000 t.
aluminium (2005) : 2 894 000 t.
fonte (1998) : 8 937 000 t.
cuivre métal (2005) : 515 300 t.
nickel métal (2004) : 151 500 t.
plomb métal (2005) : 244 000 t.
zinc métal (2005) : 805 000 t.
automobiles (2005) : 1 356 100 unités
véhicules utilitaires (2005) : 1 332 100 unités
caoutchouc synthétique (2001) : 145 000 t.
papier (2005) : 19 673 000 t.
production de bois (2005) : 199 345 000 m³

Tourisme

Recettes touristiques (2004) : 14 925 millions de $

Commerce extérieur

Exportations de biens (2005) : 374 308 millions de dollars
Importations de biens (2005) : 320 517 millions de dollars

Défense

Forces armées (2004) : 62 000 individus
Budget de la Défense (2004) : 1,02 % du PIB

Niveau de vie

Nombre d'habitants pour un médecin (1996) : 476
Apport journalier moyen en calories (2004) : 3 630 (minimum FAO : 2 400)
Nombre d'automobiles pour 1 000 hab. (2002) : 559
Nombre de téléviseurs pour 1 000 hab. (2001) : 691

243

REPÈRES HISTORIQUES

La Nouvelle-France

Le premier peuplement du Canada est constitué par des tribus amérindiennes.
1534 : Jacques Cartier prend possession du Canada au nom du roi de France.
1535 - 1536 : il remonte le Saint-Laurent.
1604 - 1605 : Samuel de Champlain entreprend la colonisation de l'Acadie (création de Port-Royal).
1608 : il fonde Québec.
1627 : Richelieu crée la Compagnie des Cent-Associés, chargée de coloniser le pays. Mais l'immigration est faible, et les Français et leurs alliés indiens doivent faire face aux incursions des Iroquois.

1663 - 1664 : Louis XIV réintègre le Canada dans le domaine royal et le dote d'une nouvelle administration.
1665 - 1672 : sous l'impulsion de l'intendant Jean Talon, la Nouvelle-France connaît un brillant essor et la colonisation se développe le long du Saint-Laurent.
1672 : les Anglais, établis sur la côte atlantique, se sentent menacés. Ils combattent les Français.
1713 : au traité d'Utrecht, les Français perdent la baie d'Hudson, l'Acadie et l'essentiel de Terre-Neuve.
1756 - 1763 (guerre de Sept Ans) : les Anglais s'emparent de Québec après la défaite de Montcalm aux plaines d'Abraham (1759) et prennent Montréal (1760).

1763 : par le traité de Paris, la France cède tout le Canada à la Grande-Bretagne.

Le Canada britannique

1783 : la signature du traité de Versailles, reconnaissant l'indépendance des États-Unis, provoque l'arrivée massive de loyalistes américains.
1812 - 1814 : guerre avec les États-Unis : les troupes de ces derniers sont repoussées.
1820 - 1836 : les parlementaires s'affirment et, dans le Haut-Canada, William Lyon Mackenzie et, dans le Bas-Canada, Louis Joseph Papineau. Ils exigent un vrai régime parlementaire contrôlant le budget et votant les lois.　➜

CANADA

1837 : le refus de Londres provoque une rébellion dans les deux colonies.

1840 : la révolte écrasée, le gouvernement britannique réunit les deux Canada sous un même parlement et impose l'anglais comme langue unique.

1848 : le français est restauré au rang de langue officielle.

La Confédération canadienne

1867 : l'Acte de l'Amérique du Nord britannique crée le dominion du Canada, qui regroupe l'Ontario (anciennement Haut-Canada), le Québec (anciennement Bas-Canada), la Nouvelle-Écosse et le Nouveau-Brunswick.

1870 : après la révolte des métis conduite par Louis Riel, la Confédération crée la province du Manitoba, tandis que la Colombie-Britannique (1871) et l'Île-du-Prince-Édouard (1873) se joignent à elle.

1905 : les provinces de la Saskatchewan et de l'Alberta sont instituées.

1896 - 1911 : le Premier ministre Wilfrid Laurier resserre les liens commerciaux avec la Grande-Bretagne tout en renforçant l'autonomie du dominion.

1914 - 1918 : le Canada accède au rang de puissance internationale par sa participation à la Première Guerre mondiale aux côtés des Alliés.

1921 - 1948 : William Lyon Mackenzie King, chef du Parti libéral, préside presque sans interruption aux destinées du pays.

1926 : la Conférence impériale reconnaît l'indépendance du Canada au sein du Commonwealth, sanctionnée par le Statut de Westminster (1931).

1940 - 1945 : le Canada déclare la guerre à l'Allemagne et développe une puissante industrie de guerre.

1949 : l'île de Terre-Neuve devient une province canadienne.

1948 - 1984 : sous la direction des libéraux, le Canada pratique une politique de rapprochement de plus en plus étroit avec les États-Unis. Mais la Confédération doit constamment faire face aux revendications autonomistes de la province francophone de Québec, qui trouvent leurs aboutissements dans un référendum sur l'indépendance du Québec (1980).

1982 : dans la foulée de l'échec des indépendantistes, le Premier ministre Pierre Elliott Trudeau obtient le rapatriement de la Constitution canadienne, qui pourra être modifiée sans l'autorisation du Parlement britannique. Les autochtones obtiennent d'importantes garanties, tandis que les revendications québécoises sont ignorées. Le Québec refuse d'adhérer à la loi constitutionnelle de 1982.

1984 : le conservateur Brian Mulroney accède au pouvoir.

1988 : il est reconduit à la tête du gouvernement après la victoire des conservateurs aux élections qui consacrent l'accord de libre-échange avec les États-Unis.

1989 : le Canada adhère à l'OEA.

1990 : l'échec du projet d'accord constitutionnel (dit « du lac Meech »), destiné à satisfaire les demandes minimales du Québec, ouvre une crise politique sans précédent, aggravée par des revendications territoriales amérindiennes.

1992 : un nouveau projet de réforme constitutionnelle (Charlottetown) comportant, entre autres, un nouveau statut pour les autochtones est rejeté par référendum.

1993 : lors des élections générales, le Bloc québécois, parti indépendantiste, arrive en deuxième position ; il constitue désormais l'opposition officielle.

1994 : l'accord de libre-échange (ALENA), négocié en 1992 avec les États-Unis et le Mexique, entre en vigueur.

1995 : le référendum sur la souveraineté du Québec, qui voit les partisans du maintien de la province dans l'ensemble canadien l'emporter d'extrême justesse sur les indépendantistes, ébranle fortement la Confédération.

1999 : les Territoires du Nord-Ouest voient leur partie orientale se détacher et former le Nunavut, peuplé majoritairement d'Inuits.

LES PROVINCES

Provinces ou Territoires *	superficie (en km²)	nombre d'habitants**	capitale
Alberta	661 000	2 974 807	Edmonton
Colombie-Britannique	950 000	3 907 738	Victoria
Île-du-Prince-Édouard	5 657	135 294	Charlottetown
Manitoba	600 000	1 119 583	Winnipeg
Nouveau-Brunswick	73 437	729 498	Fredericton
Nouvelle-Écosse	55 490	908 007	Halifax
Nunavut *	1 900 000	26 745	Iqaluit
Ontario	1 068 582	11 410 046	Toronto
Québec	1 540 680	7 237 479	Québec
Saskatchewan	652 000	978 933	Regina
Terre-Neuve-et-Labrador	406 000	512 930	Saint John's
Territoires du Nord-Ouest*	1 480 000	37 360	Yellowknife
Yukon *	482 515	28 674	Whitehorse

* recensement de 2001.

Étiré sur plus de 4 000 km du nord au sud, large seulement de 100 à 200 km en moyenne, le Chili est formé d'une dépression centrale discontinue, entre les Andes proprement dites, à l'est, et une chaîne côtière, à l'ouest. L'extension en latitude explique en partie la succession des climats et des paysages végétaux : désert de l'Atacama au nord; climat méditerranéen de la région de Santiago, océanique vers Osorno, froid et humide plus au sud, où la forêt disparaît progressivement.

Superficie : 756 626 km²
Population (2007) : 16 635 000 hab.
Capitale : Santiago 4 658 687 hab.
(r. 2002), 5 683 000 hab. (e. 2005) dans l'agglomération
Nature de l'État et du régime politique : république à régime présidentiel
Chef de l'État et du gouvernement : (présidente de la République)
Michelle Bachelet Jeria
Organisation administrative : 13 régions
Langue officielle : espagnol
Monnaie : peso chilien

DÉMOGRAPHIE

Densité : 22 hab./km²
Part de la population urbaine (2005) : 87,6 %
Structure de la population par âge (2005) : moins de 15 ans : 24,9 %, 15-60 ans : 63,5 %, plus de 60 ans : 11,6 %
Taux de natalité (2005) : 15 ‰
Taux de mortalité (2005) : 5,4 ‰
Taux de mortalité infantile (2005) : 7,2 ‰
Espérance de vie (2004) : hommes : 75 ans, femmes : 81 ans

ÉCONOMIE

PNB (2004) : 84 milliards de $
PNB/hab. (2005) : 5 870 $
PNB/hab. PPA (2005) : 11 470 dollars internationaux
IDH (2004) : 0,859
Taux de croissance annuelle du PIB (2006) : 5,2 %
Taux annuel d'inflation (2005) : 3 %
Structure de la population active (2003) : agriculture : 13,5 %, mines et industries : 23,2 %, services : 63 %

Chili

- ● plus de 1 000 000 h.
- ● de 100 000 à 1 000 000 h.
- ● de 50 000 à 100 000 h.
- • moins de 50 000 h.
- ═══ autoroute
- ─── route
- ─── voie ferrée
- ✈ aéroport
- ─── limite de région
- ★ site touristique important

glacier   400 1000 2000 4000 m

200 km

Structure du PIB (2004) : agriculture : 3,9 %, mines et industries : 44,5 %, services : 51,6 %
Dette publique brute : n.d.
Taux de chômage (2005) : 6,9 %

Agriculture et pêche

Cultures
blé (2004) : 1 921 650 t.
maïs (2004) : 1 320 610 t.
pommes de terre (2004) : 1 144 170 t.
citrons (2004) : 165 000 t.
pêches (2004) : 311 000 t.
pommes (2004) : 1 300 000 t.
raisin (2004) : 1 900 000 t.
tomates (2004) : 1 200 000 t.
betterave à sucre (2004) : 2 370 480 t.

Élevage et pêche
bovins (2005) : 4 200 000 têtes
ovins (2005) : 3 400 000 têtes
porcins (2005) : 3 450 000 têtes
poulets (2005) : 95 000 000 têtes
chevaux (2003) : 670 000 têtes
pêche (2004) : 6 020 640 t.

Énergie et produits miniers

électricité totale (2004) : 50 908 millions de kWh
gaz naturel (2000) : 2 702 millions de m³
argent (2005) : 1 400 t.
cuivre (2005) : 5 320 000 t.
fer (2004) : 4 800 000 t.
molybdène (2003) : 33 370 t.
or (2005) : 40 447 kg
manganèse (2000) : 12 000 t.
zinc (2005) : 28 000 t.
iode (2004) : 15 000 t.
lithium (2004) : 50 700 t

Productions industrielles

lait (2004) : 2 259 750 t.
viande (2003) : 1 062 000 t.
vin (2005) : 7 885 510 hl
bière (2002) : 3 401 000 hl
acier (2005) : 1 537 000 t.
cuivre métal (2005) : 2 824 000 t.
ciment (2005) : 3 999 000 t.
pâte à papier (2005) : 3 237 000 t.

Tourisme

Recettes touristiques (2004) : 1 554 millions de $

Commerce extérieur

Exportations de biens (2005) : 40 574 millions de dollars
Importations de biens (2005) : 30 394 millions de dollars

Défense

Forces armées (2004) : 78 098 individus
Budget de la Défense (2004) : 1,4 % du PIB

Niveau de vie

Nombre d'habitants pour un médecin (1993) : 2 150
Apport journalier moyen en calories (2004) : 2 870 (minimum FAO : 2 400)
Nombre d'automobiles pour 1 000 hab. (2000) : 87
Nombre de téléviseurs pour 1 000 hab. (2002) : 523

La période coloniale

Le Chili précolombien est peuplé de groupes ethniques qui résistent à la conquête inca, puis, pendant trois siècles, à la conquête espagnole.

1541 : Pedro de Valdivia fonde Santiago.

1553 : il est vaincu et tué par les Araucans.

1778 : le Chili, qui dépendait jusqu'alors de la vice-royauté du Pérou, devient capitainerie générale.

L'indépendance et le XIXᵉ s.

1810 : une junte patriotique se forme à Santiago.

1814 : les insurgés chiliens, commandés par Bernardo O'Higgins et José Miguel Carrera, sont vaincus par les Espagnols à Rancagua.

1817 : San Martín bat les Espagnols à Chacabuco ; O'Higgins reçoit le titre de directeur suprême du Chili.

1818 : la victoire de Maipú libère définitivement le pays. La république est instaurée.

1823 - 1831 : une période d'anarchie succède à la dictature de O'Higgins.

1831 - 1871 : les conservateurs sont au pouvoir et promulguent une Constitution (1833).

1871 - 1891 : une coalition de libéraux et de radicaux dirige le pays et engage la guerre du Pacifique (1879 - 1884) contre le Pérou et la Bolivie ; vainqueur, le Chili s'empare de toute la façade maritime de la Bolivie et des provinces de Tarapacá, Tacna et Arica, appartenant au Pérou.

Le XXᵉ s.

1891 - 1925 : la guerre civile de 1891 aboutit au triomphe du régime parlementaire sur le régime présidentiel. Pendant la Première Guerre mondiale, le Chili connaît une période de prospérité due à l'exploitation de ses richesses minières (cuivre, nitrates).

1925 : l'armée rétablit le régime présidentiel.

1938 - 1952 : l'entrée dans la vie politique des classes moyennes amène au pouvoir des gouvernements de front populaire, puis de centre gauche.

1964 - 1970 : à la réaction oligarchique du conservateur Jorge Alessandri (1958-1964) succède le gouvernement du démocrate-chrétien Eduardo Frei.

1970 : le candidat de la gauche, Salvador Allende, remporte les élections présidentielles. Il entreprend la nationalisation des mines et des banques.

1973 : il est éliminé par une junte militaire. Le général Pinochet, « chef suprême de la nation », instaure un régime d'exception.

1980 : une nouvelle Constitution confirme le caractère autoritaire du régime, confronté à une contestation grandissante.

1988 : Pinochet organise un plébiscite visant à assurer la reconduction du régime en place. Le « non » l'emporte, mais Pinochet décide de rester à la tête de l'État jusqu'en 1990, terme légal de son mandat.

1998 : l'arrestation et la détention (jusqu'en 2000), à Londres, du général Pinochet relance le débat intérieur sur les années 1970 - 1980.

2004 : l'État chilien reconnaît officiellement ses responsabilités dans les exactions commises lors de la dictature militaire.

LA TERRE DE FEU

Cet archipel montagneux par lequel s'achèvent les Andes forme l'extrémité méridionale de l'Amérique du Sud, au-delà du détroit de Magellan, entre 53° et 56° de latitude S. Découvert par Magellan (1520), colonisé depuis le XIXᵉ s., il est partagé entre le Chili et l'Argentine. La ville principale en est la célèbre Ushuaia, localité la plus méridionale du globe, en Argentine. Son nom lui a été donné par Magellan lui-même, au vu des colonnes de fumée qui s'élevaient des feux des Indiens. Mais c'est en fait une région peu peuplée, froide et humide, brumeuse, occupée en grande partie par la forêt. Si la faune terrestre est pauvre, la faune marine est très riche (baleines, dauphins, morses, phoques).

Aux confins de l'Amérique centrale, largement ouverte sur la mer des Antilles et le Pacifique, avec plus de la moitié de sa superficie recouverte par la forêt amazonienne ou, surtout, par les savanes des llanos, la Colombie demeure cependant d'abord un État andin.

Superficie : 1 138 914 km²
Population (2007) : 46 156 000 hab.
Capitale : Bogotá 6 763 325 hab.
(r. 2005), 7 881 156 hab. (r. 2005) dans l'agglomération
Nature de l'État et du régime politique : république à régime présidentiel
Chef de l'État et du gouvernement : (président de la République)
Álvaro Uribe Vélez
Organisation administrative : 32 départements et 1 district de la capitale
Langue officielle : espagnol
Monnaies : peso colombien et unitad de valor real (unité de valeur réelle)

DÉMOGRAPHIE

Densité : 41 hab./km²
Part de la population urbaine (2005) : 72,7 %
Structure de la population par âge (2005) :
moins de 15 ans : 30,3 %, 15-60 ans : 62,2 %, plus de 60 ans : 7,5 %
Taux de natalité (2005) : 18,7 ‰
Taux de mortalité (2005) : 5,5 ‰
Taux de mortalité infantile (2005) : 19,1 ‰
Espérance de vie (2004) : hommes : 69,6 ans, femmes : 75,6 ans

ÉCONOMIE

PNB (2004) : 91 milliards de $
PNB/hab. (2005) : 2 290 $
PNB/hab. PPA (2005) : 7 420 dollars internationaux
IDH (2004) : 0,79
Taux de croissance annuelle du PIB (2006) : 4,8 %
Taux annuel d'inflation (2005) : 5 %
Structure de la population active (2003) : agriculture : 21,7 %, mines et industries : 19,2 %, services : 59,1 %
Structure du PIB (2004) : agriculture : 11,5 %, mines et industries : 30,7 %, services : 57,8 %
Dette publique brute : n.d.
Taux de chômage (2005) : 11,8 %

Agriculture et pêche

Cultures
ananas (2004) : 391 240 t.
bananes (2004) : 1 572 250 t.
bananes plantain (2005) : 3 457 185 t.
cacao (2004) : 50 730 t.
café (2004) : 680 580 t.
canne à sucre (2004) : 40 020 000 t.
igname (2003) : 283 000 t.
manioc (2004) : 1 943 100 t.
oranges (2004) : 305 460 t.
pommes de terre (2004) : 2 836 190 t.

Élevage et pêche
bovins (2005) : 25 699 390 têtes
ovins (2005) : 3 332 990 têtes
porcins (2005) : 1 724 060 têtes
poulets (2005) : 150 000 000 têtes
chevaux (2003) : 2 700 000 têtes
pêche (2004) : 211 380 t.

Énergie et produits miniers
électricité totale (2004) : 46 927 millions de kWh
pétrole (2005) : 27 100 000 t.
houille (2001) : 47 886 000 t.
nickel (2004) : 75 000 t.
or (2005) : 36 783 kg
émeraudes (2003) : 8 953 000 carats

Productions industrielles
lait (2004) : 6 700 000 t.
viande (2003) : 1 442 000 t.
sucre (2002) : 2 523 000 t.
huile de palme (2005) : 673 576 t.
palmiste (2002) : 116 000 t.
acier (2004) : 842 000 t.
nickel métal (2004) : 19 200 t.
coton fibre (2002) : 31 000 t.
ciment (2005) : 9 959 000 t.

Tourisme
Recettes touristiques (2004) : 1 340 millions de $

Commerce extérieur
Exportations de biens (2005) : 21 729 millions de dollars
Importations de biens (2005) : 20 134 millions de dollars

Défense
Forces armées (2004) : 207 000 individus
Budget de la Défense (2004) : 2,9 % du PIB

Niveau de vie
Nombre d'habitants pour un médecin (1993) : 1 111
Apport journalier moyen en calories (2004) : 2 580 (minimum FAO : 2 400)
Nombre d'automobiles pour 1 000 hab. (1999) : 43
Nombre de téléviseurs pour 1 000 hab. (2003) : 319

Colombie

★ site touristique important
400 1000 2000 3000 m

— route
— voie ferrée
✈ aéroport

● plus de 1 000 000 h.
● de 250 000 à 1 000 000 h.
● de 100 000 à 250 000 h.
• moins de 100 000 h.

200 km

COLOMBIE

La colonisation

1500 : les Espagnols entreprennent la conquête du pays, habité par les Indiens Muisca (Chibcha).

1538 : Gonzalo Jiménez de Quesada fonde Bogotá.

1739 : la vice-royauté de Nouvelle-Grenade est créée. La colonie connaît une certaine prospérité grâce à l'exportation de produits miniers vers la métropole.

L'indépendance

1810 - 1815 : l'insurrection pour l'in-dépendance est réprimée par les Espagnols.

1817 - 1819 : Bolívar reprend la lutte et remporte la victoire de Boyacá (1819), ce qui lui permet, au congrès d'Angostura (décembre), de proclamer la républi-que de Grande-Colombie (Venezuela et Nouvelle-Grenade), à laquelle il annexe l'Équateur en 1822.

1830 : à la mort de Bolívar, le Venezuela et l'Équateur font sécession.

Libéraux et conservateurs au pouvoir

1833 - 1849 : après la présidence auto-ritaire de Santander (1833 - 1837), les conservateurs, centralistes, exercent le pouvoir.

1849 - 1852 : les libéraux, fédéralistes et anticléricaux, accomplissent un certain nombre de réformes.

1861 - 1864 : sous la présidence de T.C. Mosquera, les biens du clergé sont confisqués et une Constitution fédérale est adoptée (1863).

1880 - 1888 : le président Núñez renoue avec l'Église (concordat de 1883) et dote le pays d'une Constitution unitaire (1886).

1899 - 1903 : la « Guerre des Mille Jours » ravage le pays.

Le xxᵉ s.

1903 : la Colombie abandonne Panamá, sous la pression des États-Unis.

1904 - 1930 : la stabilité politique ac-compagne l'expansion économique (café, pétrole).

1930 - 1948 : les libéraux reviennent au pouvoir et tentent une politique réfor-miste.

1948 - 1958 : l'assassinat du libéral Gaitán est suivi d'une guerre civile larvée.

1958 - 1970 : libéraux et conservateurs constituent un Front national et alternent au pouvoir, tandis qu'apparaît une guérilla d'inspiration castriste.

1978 : l'aggravation de la situation provo-que l'adoption de lois d'exception.

1982 : malgré la promulgation d'une loi d'amnistie, le pouvoir doit faire face à la montée de la violence liée aux tensions politiques et au trafic de la drogue.

LA CORDILLÈRE DES ANDES

La cordillère des Andes s'étend sur sept pays (Argentine, Bolivie, Chili, Colombie, Équateur, Pérou et Venezuela). Elle culmine à la hauteur de 6 959 m à l'Aconcagua. Du Venezuela à la Terre de Feu, les Andes s'allongent sur près de 8 000 km en bordure du Pacifique, constituant le plus grand relief du monde entre des sommets à près de 7 000 m et des fosses océaniques d'une profondeur comparable.

Partie autrefois la plus humanisée de l'Amérique du Sud avec une population et une exploitation agricole adaptées à l'altitude, les Andes se sont partiellement dépeuplées au profit du littoral. Il y subsiste cependant de grandes villes (Bogotá, Quito, La Paz), des exploitations minières (fer et cuivre notamment, pétrole surtout dans l'avant-pays).

C'est un pays en partie forestier, montagneux au centre (foyer de peuplement) et formé de plaines en bordure de la mer des Antilles.

Superficie : 51 100 km²
Population (2007) : 4 468 000 hab.
Capitale : San José 309 672 hab.
(r. 2000), 1 217 000 hab. (e. 2005) dans l'agglomération
Nature de l'État et du régime politique : république à régime présidentiel
Chef de l'État et du gouvernement : (président de la République)
Óscar Arias Sánchez
Organisation administrative : 7 provinces
Langue officielle : espagnol
Monnaie : colón costaricain

DÉMOGRAPHIE

Densité : 87 hab./km²
Part de la population urbaine (2005) : 61,7 %
Structure de la population par âge (2005) :
moins de 15 ans : 28,4 %, 15-60 ans : 63,4 %, plus de 60 ans : 8,2 %
Taux de natalité (2005) : 17,8 ‰
Taux de mortalité (2005) : 4,1 ‰
Taux de mortalité infantile (2005) : 9,9 ‰
Espérance de vie (2004) : hommes : 76,3 ans, femmes : 81,1 ans

ÉCONOMIE

PNB (2004) : 19 milliards de $
PNB/hab. (2005) : 4 590 $
PNB/hab. PPA (2005) : 9 680 dollars internationaux
IDH (2004) : 0,841
Taux de croissance annuelle du PIB (2006) : 6,5 %
Taux annuel d'inflation (2005) : 13,8 %
Structure de la population active (2003) :
agriculture : 15,1 %, mines et industries : 22,2 %, services : 62,7 %
Structure du PIB (2004) : agriculture : 8,6 %, mines et industries : 28,9 %, services : 62,5 %
Dette publique brute : n.d.
Taux de chômage (2005) : 6,6 %

Agriculture et pêche

Cultures
ananas (2004) : 1 077 300 t.
bananes (2004) : 2 220 000 t.
canne à sucre (2004) : 3 804 650 t.
café (2004) : 126 000 t.
palmiste (2002) : 27 700 t.
riz (2004) : 246 870 t.
tabac (2005) : 110 t.
Élevage et pêche
bovins (2005) : 1 000 000 têtes
porcins (2005) : 550 000 têtes
pêche (2004) : 45 520 t.
Énergie et produits miniers
électricité totale (2004) :
8 400 millions de kWh
Productions industrielles
lait (2004) : 752 310 t.
viande (2003) : 182 000 t.
huile de palme (2005) : 157 500t.
ciment (2005) : 2 000 000 t.
Tourisme
Recettes touristiques (2004) :
1 585 millions de $
Commerce extérieur
Exportations de biens (2005) :
7 099,6 millions de dollars
Importations de biens (2005) :
9 230,3 millions de dollars
Défense
Forces armées (2004) : 8 400 individus
Budget de la Défense (2004) : 0,56 % du PIB

Niveau de vie

Nombre d'habitants pour un médecin (1993) : 1 111
Apport journalier moyen en calories (2004) : 2 810 (minimum FAO : 2 400)
Nombre d'automobiles pour 1 000 hab. (1999) : 88
Nombre de téléviseurs pour 1 000 hab. (2000) : 231

REPÈRES HISTORIQUES

1502 : le Costa Rica est découvert par Christophe Colomb.
1569 : il est rattaché à la capitainerie générale du Guatemala.
1822 - 1823 : sans insurrection, le pays accède à l'indépendance.
1824 - 1838 : il devient l'une des cinq républiques des Provinces-Unies de l'Amérique centrale, avant d'être un État souverain (1839).
1840 : l'expansion de la culture du café apporte la prospérité économique et permet une démocratique durable.
1871 : installation de l'United Fruit Company ; le pays passe sous la dépendance économique des États-Unis.
1949 - 1974 : la vie politique est dominée par la personnalité de José Figueres.
1987 et 1989 : des accords, visant à rétablir la paix en Amérique centrale, sont signés par le Costa Rica, le Guatemala, le Honduras, le Nicaragua et le Salvador.

249

CUBA

Située à moins de 250 km de la Floride, Cuba est la plus étendue des Antilles. C'est un pays de plaines et de plateaux calcaires, la montagne apparaissant au sud-est. La situation en latitude explique un climat tropical avec une température constante (voisine de 25 °C), des pluies relativement abondantes (1 200 mm), concentrées entre juin et décembre.

Superficie : 110 861 km²
Population (2007) : 11 268 000 hab.
Capitale : La Havane 2 201 610 hab. (r. 2002)
Nature de l'État et du régime politique : république, régime socialiste
Chef de l'État et du gouvernement : (président du Conseil d'État) Raúl Castro Ruz
Organisation administrative : 14 provinces et 1 municipalité spéciale
Langue officielle : espagnol
Monnaie : peso cubain

DÉMOGRAPHIE

Densité : 102 hab./km²
Part de la population urbaine (2005) : 75,5 %
Structure de la population par âge (2005) : moins de 15 ans : 19,2 %, 15-60 ans : 65,1 %, plus de 60 ans : 15,7 %
Taux de natalité (2005) : 10,3 ‰
Taux de mortalité (2005) : 7,6 ‰
Taux de mortalité infantile (2005) : 5,1 ‰
Espérance de vie (2004) : hommes : 75,1 ans, femmes : 78,9 ans

ÉCONOMIE

PNB : n.d.
PNB/hab. : n.d.
PNB/hab. PPA : n.d.
IDH (2004) : 0,826
Taux de croissance annuelle du PIB (2002) : 1,1 %
Taux annuel d'inflation : n.d.
Structure de la population active : agriculture : n.d., mines et industries : n.d., services : n.d.
Structure du PIB (2000) : agriculture : 6,7 %, mines et industries : 46,4 %, services : 46,9 %
Dette publique brute : n.d.
Taux de chômage (2004) : 1,9 %

Agriculture et pêche

Cultures
riz (2004) : 488 900 t.
maïs (2004) : 398 700 t.
pommes de terre (2004) : 328 700 t.
manioc (2004) : 562 650 t.
pamplemousses (2004) : 225 000 t.
bananes (2004) : 454 200 t.
bananes plantain (2005) : 484 487 t.
café (2004) : 12 900 t.
tabac (2005) : 26 00 t.
canne à sucre (2004) : 24 000 000 t.
oranges (2004) : 495 000 t.

Élevage et pêche
bovins (2005) : 3 950 000 têtes
caprins (2005) : 1 039 500 têtes
ovins (2005) : 2 361 000 têtes
porcins (2005) : 1 626 000 têtes
poulets (2005) : 27 440 000 têtes
chevaux (2003) : 400 000 têtes
pêche (2004) : 64 880 t.

Énergie et produits miniers

électricité totale (2004) : 15 161 millions de kWh
hydroélectricité (2004) : 85 millions de kWh
gaz naturel (1996) : 37 000 millions de m³
pétrole (2002) : 1 992 000 t.
chrome (2004) : 34 000 t.
nickel (2004) : 72 000 t.

Productions industrielles

lait (2004) : 512 700 t.
viande (2003) : 194 000 t.
sucre (2002) : 3 603 000 t.
acier (2005) : 245 000 t.
nickel métal (2004) : 40 300 t.
coton fibre (1998) : 5 000 t.
ciment (2005) : 1 370 000 t.

Tourisme

Recettes touristiques (2004) : 1 915 millions de $

Commerce extérieur

Exportations de biens (1997) : 1 755 millions de dollars
Importations de biens (1997) : 2 642 millions de dollars

Défense

Forces armées (2004) : 49 000 individus
Budget de la Défense (2004) : 0,19 % du PIB

Niveau de vie

Nombre d'habitants pour un médecin (1990) : 278
Apport journalier moyen en calories (2004) : 3 320 (minimum FAO : 2 400)
Nombre d'automobiles pour 1 000 hab. (1997) : 16
Nombre de téléviseurs pour 1 000 hab. (2001) : 251

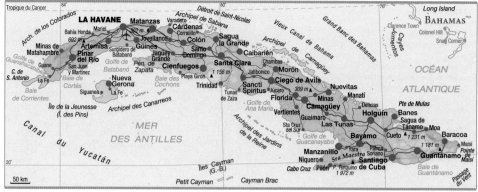

Cuba

| 200 500 1000 m | —— route | ● plus de 1 000 000 h. | ● de 10 000 à 100 000 h. |
| | --- voie ferrée | ✈ aéroport | ● de 100 000 à 1 000 000 h. | • moins de 10 000 h. |

La période coloniale

1492 : peuplée à l'origine par les Indiens Arawak, l'île est découverte par Christophe Colomb.

1511 - 1513 : Cuba est conquise par Diego Velázquez. Dès les premiers temps de la colonisation, les esclaves noirs remplacent les Indiens, exterminés.

XVIIIᵉ s. : riche colonie de plantation (tabac), l'île devient grand producteur de canne à sucre.

1818 : les Cubains obtiennent la liberté générale du commerce. Redoutant une révolte des esclaves noirs, l'élite créole reste fidèle à l'Espagne.

1868 - 1878 : les abus de l'administration coloniale provoquent une insurrection générale. L'île obtient une autonomie relative.

1880 : l'esclavage est aboli.

1895 : à l'instigation du poète Martí et des généraux Máximo Gómez et Antonio Maceo, la guerre d'indépendance est déclenchée.

1898 : à la suite de l'explosion de leur cuirassé *Maine* en rade de La Havane, les États-Unis entrent en guerre contre l'Espagne, qui doit renoncer à Cuba (traité de Paris).

1898 - 1901 : un gouvernement militaire américain s'installe dans l'île.

L'indépendance

1901 : la République cubaine reçoit une Constitution de type présidentiel, mais reste étroitement dépendante des États-Unis, qui interviennent dans l'île en 1906,

1912 et 1917, en renforçant leur domination économique.

1925 - 1933 : le pays est gouverné par un dictateur, Gerardo Machado, qui est renversé par l'armée.

1933 - 1944 : le général Batista, protégé par les États-Unis, exerce la réalité du pouvoir jusqu'en 1940, puis devient président.

1952 : revenu au pouvoir à la suite d'un coup d'État, Batista suspend la Constitution.

1953 : après l'échec d'une première rébellion, Fidel Castro est emprisonné, puis s'exile.

1956 : Castro débarque à Cuba et prend le maquis dans la sierra Maestra.

1959 : l'offensive générale des guérilleros aboutit au départ de Batista. Manuel Urrutia est proclamé président de la République.

Le régime castriste

Devenu Premier ministre, Fidel Castro entreprend une politique de nationalisations qui provoque l'embargo des États-Unis sur le commerce cubain, tandis que l'URSS apporte son soutien au nouveau régime.

1961 : une tentative de débarquement de Cubains anticastristes, soutenue par les États-Unis, est repoussée (baie des Cochons).

1962 : l'installation de fusées soviétiques dans l'île provoque une crise internationale.

1965 - 1972 : le durcissement du régime (nationalisation du commerce privé ; entraînement militaire dans les écoles)

s'accompagne d'une émigration massive ; Cuba adhère au Comecon et s'aligne sur la politique de l'URSS.

1976 : F. Castro devient président de la République cubaine et concentre en ses mains tous les pouvoirs. Cuba intervient militairement en Afrique (Angola, 1975 ; Éthiopie, 1977).

1979 : Cuba accède à la présidence du mouvement des pays non alignés, dont la conférence se tient à La Havane.

1980 : détente avec les États-Unis et nouvelle émigration de Cubains en Floride.

1989 - 1990 : Cuba se désengage du continent africain (retrait d'Éthiopie et d'Angola).

1994 : une nouvelle vague d'émigration de Cubains vers la Floride provoque des tensions avec les États-Unis. Affaibli par l'effondrement des pays de l'Est et par la désintégration de l'URSS, le régime persiste dans l'orthodoxie marxiste, malgré quelques concessions à l'économie de marché.

1998 : la visite du pape Jean-Paul II dans l'île marque le retour de Cuba sur la scène internationale.

1999 : à l'intérieur, le régime se durcit.

À partir de 2004 : abandon de la relative libéralisation économique engagée dans les années 1990.

2006 : Fidel Castro, malade, délègue ses pouvoirs à son frère Raúl, ministre de la Défense.

LA CRISE DE CUBA

On donne ce nom à la crise qui opposa en 1962 les États-Unis et l'URSS à propos de l'installation de fusées soviétiques à Cuba. Le président Kennedy, ayant acquis dès septembre la preuve de l'implantation de fusées offensives, décida le blocus des armes livrées à Cuba par les cargos soviétiques. Le monde était au bord de la guerre nucléaire. L'URSS émit des protestations véhémentes, mais N. Khrouchtchev proposa finalement une solution à la crise, prévoyant que l'URSS retirerait ses missiles sous le contrôle de l'ONU, que Cuba s'engagerait pour l'avenir à ne pas accepter d'armes offensives et les États-Unis à ne pas envahir Cuba. Le 28 octobre, la crise se dénoua sur ces bases, et les sites furent démantelés dès le 12 novembre; le blocus fut levé le 20.

ÉQUATEUR

Les Andes forment de hauts plateaux dominés par des volcans et séparent la plaine côtière, plus large et plus humide au nord, de la région orientale, amazonienne, recouverte par la forêt dense.

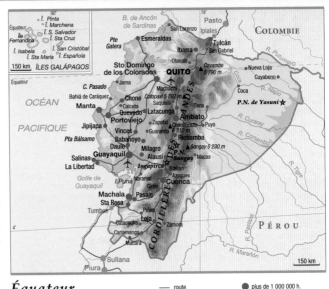

Équateur

Superficie : 283 561 km²
Population (2007) : 13 341 000 hab.
Capitale : Quito 1 399 378 hab. (r. 2001)
Nature de l'État et du régime politique : république à régime présidentiel
Chef de l'État et du gouvernement : (président de la République)
Rafael Correa Delgado
Organisation administrative : 22 provinces
Langue officielle : espagnol
Monnaie : dollar des États-Unis

DÉMOGRAPHIE

Densité : 47 hab./km²
Part de la population urbaine (2005) : 62,8 %
Structure de la population par âge (2005) : moins de 15 ans : 32,6 %, 15-60 ans : 59 %, plus de 60 ans : 8,4 %
Taux de natalité (2005) : 21 ‰
Taux de mortalité (2005) : 5,1 ‰
Taux de mortalité infantile (2005) : 21,1 ‰
Espérance de vie (2004) : hommes : 71,6 ans, femmes : 77,5 ans

ÉCONOMIE

PNB (2004) : 28,9 milliards de $
PNB/hab. (2005) : 2 630 $
PNB/hab. PPA (2005) : 4 070 dollars internationaux
IDH (2004) : 0,765
Taux de croissance annuelle du PIB (2006) : 4,4 %
Taux annuel d'inflation (2005) : 2,4 %
Structure de la population active (2003) : agriculture : 9,2 %, mines et industries : 21,7 %, services : 69,1 %
Structure du PIB (2004) : agriculture : 7,2 %, mines et industries : 30,8 %, services : 62 %
Dette publique brute : n.d.
Taux de chômage (2003) : 11,5 %

Agriculture et pêche

Cultures
bananes (2004) : 6 038 080 t.
raisin (2004) : 370 t.
cacao (2004) : 123 620 t.
café (2004) : 86 520 t.
palmiste (2002) : 52 000 t.
bananes plantain (2005) : 708 012 t.

maïs (2004) : 733 480 t.
riz (2004) : 1 345 750 t.
canne à sucre (2004) : 6 590 110 t.
pommes de terre (2004) : 431 490 t.

Élevage et pêche
bovins (2005) : 4 970 830 têtes
ovins (2005) : 1 053 120 têtes
porcins (2005) : 1 281 010 têtes
poulets (2005) : 104 217 000 têtes
chevaux (2003) : 530 000 têtes
pêche (2004) : 399 300 t.

Énergie et produits miniers

électricité totale (2004) : 12 200 millions de kWh
pétrole (2005) : 27 600 000 t.
gaz naturel (2000) : 1 057 millions de m³
or (2005) : 5 416 kg

Productions industrielles

lait (2005) : 2 546 000 t.
huile de palme (2005) : 290 568 t.
acier (2005) : 84 000 t.
ciment (2005) : 3 100 000 t.

Tourisme

Recettes touristiques (2004) : 369 millions de $

Commerce extérieur

Exportations de biens (2005) : 10 427 millions de dollars
Importations de biens (2005) : 9 714 millions de dollars

Défense

Forces armées (2004) : 46 500 individus
Budget de la Défense (2004) : 1,94 % du PIB

Niveau de vie

Nombre d'habitants pour un médecin (1993) : 960

Apport journalier moyen en calories (2004) : 2 670 (minimum FAO : 2 400)
Nombre d'automobiles pour 1 000 hab. (2001) : 44
Nombre de téléviseurs pour 1 000 hab. (2003) : 252

REPÈRES HISTORIQUES

1534 : annexé par les Incas au XVᵉ s., le pays est conquis par Sebastián de Belalcázar.
1563 : les Espagnols créent l'*audiencia* de Quito, rattachée à la vice-royauté du Pérou, puis à celle de la Nouvelle-Grenade (1739).
1822 : le général Sucre libère le pays des forces espagnoles.
1830 : création de la république d'Équateur, dirigée par le général Juan Flores jusqu'en 1845.
1845 - 1859 : les libéraux accèdent au pouvoir.
1861 - 1895 : les conservateurs dominent la vie politique.
1895 - 1930 : de retour au pouvoir, les libéraux laïcisent l'État. L'Équateur devient le premier producteur mondial de cacao.
1934 : élection de José María Velasco Ibarra qui, quatre fois réélu, gouvernera jusqu'en 1972.
1941 - 1942 : en conflit avec le Pérou, l'Équateur perd sa province amazonienne.
1972 : coup d'État militaire.
1979 : après une réforme constitutionnelle, les civils reviennent au pouvoir.
1998 : un accord règle le conflit frontalier opposant l'Équateur au Pérou.

Les types de paysages sont à l'échelle d'un continent : le pays est presque aussi vaste que l'ensemble de l'Europe, de l'Atlantique à l'Oural. À l'ouest, les Rocheuses, formées d'une série de chaînes nord-sud, dominent de hauts plateaux ou des bassins intérieurs. Elles représentent une barrière climatique, réduisant surtout les précipitations vers l'est, vers les Grandes Plaines. Celles-ci, correspondant approximativement au bassin de l'ensemble du Mississippi-Missouri,

constituent un domaine encore plus vaste, étiré des Grands Lacs au golfe du Mexique, atteignant les Appalaches à l'est. Ce Midwest possède un climat continental aux hivers froids et aux étés parfois torrides, avec des précipitations croissant vers l'est. Des pluies abondantes, parfois liées au passage de cyclones, associées à des températures élevées, caractérisent le Sud-Est, subtropical (la Floride notamment).

Superficie : 9 363 520 km²
Population (2007) : 305 826 000 hab.
Capitale : Washington 572 059 hab.
(r. 2000), 4 923 153 hab. (r. 2000) dans l'agglomération
Nature de l'État et du régime politique : république à régime présidentiel
Chef de l'État et du gouvernement : (président de la République) George W. Bush
Organisation administrative : 50 États, 1 district fédéral, 2 États associés, 3 territoires et 9 possessions
Langue officielle : anglais
Monnaie : dollar des États-Unis

DÉMOGRAPHIE

Densité : 33 hab./km²
Part de la population urbaine (2005) : 80,8 %
Structure de la population par âge (2005) : moins de 15 ans : 20,8 %, 15-60 ans : 62,6 %, plus de 60 ans : 16,6 %
Taux de natalité (2005) : 14 ‰
Taux de mortalité (2005) : 8,2 ‰
Taux de mortalité infantile (2005) : 6,3 ‰
Espérance de vie (2004) : hommes : 74,6 ans, femmes : 80,3 ans

ÉCONOMIE

PNB (2004) : 12 169 milliards de $
PNB/hab. (2005) : 43 740 $
PNB/hab. PPA (2005) : 41 950 dollars internationaux
IDH (2004) : 0,948
Taux de croissance annuelle du PIB (2006) : 3,4 %
Taux annuel d'inflation (2005) : 3,4 %
Structure de la population active (2004) : agriculture : 1,6 %, mines et industries :

LES ÉTATS DES ÉTATS-UNIS

État	superficie (en km²)	nombre d'habitants*	capitale	État	superficie (en km²)	nombre d'habitants*	capitale
Alabama	131 427	4 447 100	Montgomery	Mississippi	121 489	2 844 658	Jackson
Alaska	1 481 354	626 932	Juneau	Missouri	178 415	5 595 211	Jefferson City
Arizona	294 314	5 130 632	Phoenix	Montana	376 981	902 195	Helena
Arkansas	134 857	2 673 400	Little Rock	Nebraska	199 100	1 711 263	Lincoln
Californie	403 935	33 871 648	Sacramento	Nevada	284 449	1 998 257	Carson City
Caroline du Nord	126 161	8 049 313	Raleigh	New Hampshire	23 227	1 235 786	Concord
Caroline du Sud	77 984	4 012 012	Columbia	New Jersey	19 211	8 414 350	Trenton
Colorado	268 628	4 301 261	Denver	New York	122 284	18 976 457	Albany
Connecticut	12 548	3 405 565	Hartford	Nouveau-Mexique	314 311	1 819 046	Santa Fe
Dakota du Nord	178 648	642 200	Bismarck	Ohio	106 056	11 353 140	Columbus
Dakota du Sud	196 541	754 844	Pierre	Oklahoma	177 848	3 450 654	Oklahoma City
Delaware	5 060	783 600	Dover	Oregon	248 632	3 421 399	Salem
Floride	139 670	15 982 378	Tallahassee	Pennsylvanie	116 075	12 281 054	Harrisburg
Géorgie	149 977	8 186 453	Atlanta	Rhode Island	2 706	1 048 319	Providence
Hawaii	16 635	1 211 537	Honolulu	Tennessee	106 752	5 689 283	Nashville
Idaho	214 315	1 293 953	Boise	Texas	678 055	20 851 820	Austin
Illinois	143 961	12 419 293	Springfield	Utah	212 752	2 233 169	Salt Lake City
Indiana	92 895	6 080 485	Indianapolis	Vermont	23 956	608 827	Montpelier
Iowa	144 772	2 926 324	Des Moines	Virginie	102 549	7 078 515	Richmond
Kansas	211 901	2 688 418	Topeka	Virginie-Occidentale	62 361	1 808 344	Charleston
Kentucky	102 896	4 041 769	Frankfort	Washington	172 349	5 894 121	Olympia
Louisiane	112 825	4 468 976	Baton Rouge	Wisconsin	140 663	5 363 675	Madison
Maine	79 931	1 274 923	Augusta	Wyoming	251 490	493 782	Cheyenne
Maryland	25 314	5 296 486	Annapolis	**District fédéral**			
Massachusetts	20 306	6 349 097	Boston	District de Columbia	159	572 059	Washington
Michigan	147 122	9 938 444	Lansing	**Dépendance**			
Minnesota	206 190	4 919 479	Saint Paul	Porto Rico	8 897	3 808 610	San Juan

* recensement de 2000.

253

Île de Vancouver

Détroit de Juan de Fuca

Vancouver

C A N A D A

Edmonton

Calgary

Saskatoon

Regina

Winnipeg

Seattle
Tacoma
Olympia
Mt Rainier 4 392 m
Mt Saint Helens 2 549 m
Portland
Salem
Eugene

Barr. de Grand Coulee
Grand Coulee
Spokane
WASHINGTON
Lewiston
Blue Mountains
Baker

Chaîne des Cascades

P. N. des Glaciers
Havre
Missoula
Great Falls
Helena
Butte
MONTANA
Glasgow
Minot

M O N T A G N E S

Grand Forks
Bismarck
Fargo

DAKOTA DU NORD
Duluth

MINNESOTA
St Pa

Côteau du Missouri

Oregon
Bassin
Harney
Plateau de la Columbia
IDAHO
Boise
Idaho Falls
Twin Falls
P. N. de la Yellowstone
West Yellowstone
Billings
Sheridan
Pocatello
Logan

Mts Big Horn
WYOMING
Casper
Rapid City
Pierre

Black Hills

DAKOTA DU SUD

Sioux Falls
Rochester

Minneapolis

Eureka
Cap Mendocino

Mts Sta Rosa
Reno
Carson City
Squaw Valley

Grand Bassin

Désert du Grand Lac Salé
Ogden
Salt Lake City
Provo
Monts Wasatch

UTAH

Cheyenne
Fort Collins

NEBRASKA
Grand Island

Sand Hills

P l a i n e s

Iowa
Ceda Rapid

Des Moines
Lincoln
Omaha
St-Joseph

Napa Valley
Santa Rosa
Berkeley
Sacramento
Oakland
San Francisco
Palo Alto
San Jose
Silicon Valley
Stockton
Modesto
Fresno
Salinas

P. N. du Yosemite

NEVADA

Mt Whitney 4 418 m
Vallée de la Mort

Las Vegas

Denver
Colorado Springs
Pueblo
Mt Elbert 4 399 m
Lakewood

COLORADO

Mts San Juan

Kansas City
Kansas City
Topeka

KANSAS
Salina
Wichita

M i d

Misso

Jefferson City

Springfield

CALIFORNIE

Plateaux
Désert Mohave
Bakersfield
Santa Barbara
Sta Monica
Glendale
Los Angeles
Pasadena
Torrance
Long Beach
Anaheim
Santa Ana
Huntington Beach
Oceanside
San Diego
Tijuana

San Bernardino
Mt Palomar (Observatoire)

ARIZONA
Phoenix
Mesa
Tempe

Désert de Sonora

Tucson

Barrage Hoover
Colorado
Désert du Grand Canyon
P. N. du Grand Canyon
Flagstaff
Gallup
Los Alamos
Santa Fe
Albuquerque

Mts Sangre de Cristo

NOUVEAU-MEXIQUE
Roswell
Carlsbad

Llano
Estacada
Lubbock

Wichita Falls

OKLAHOMA
Oklahoma City
Amarillo

Tulsa

Little Rock

Mts Ouachita

Plateau d'O

Arkan

Yuma
Mexicali

OCÉAN
PACIFIQUE

Péninsule de Basse-Californie

Ciudad Juarez

Golfe de

El Paso

Hermosillo

Chihuahua

Rio Bravo del Norte

Red River

Midland
Odessa
Abilene

Fort Worth
Arlington
Mesquite
Dallas
Pasadena

TEXAS
Waco

Shreveport

LOUISI

Plateau d'Edwards
Austin
San Antonio

Beaumont
Houston
Galveston

Port Arthur

MEXIQUE

Laredo
Nuevo Laredo

Corpus Christi

Brownsville
Monterrey

Sierra Madre Orientale

Ciudad Victoria

Tampico

OCÉAN ARCTIQUE
MER DES TCHOUKTCHES
Pte Barrow
Barrow
Wainwright
Point Hope
Prudhoe Bay

RUSSIE

Golfe de l'Anadyr

Détroit de Béring
Teller
Nome

Péninsule Seward
St. Michael

Mt Doonerak 3 060 m

Chaîne de Brooks

Fort Yukon
Circle

Yukon
Tanana
Fairbanks

A L A S K A

C A N A D A

Inuvik

Cercle polaire arctique

Mackenzie

Dawson

Île St-Laurent

MER
DE BÉRING

Norton Sound

Îles Pribilof

Île St-Matthew

Île Nunivak

Bethel

Mont McKinley 6 194 m

Chaîne de l'Alaska

Anchorage

Valdez
Cordova

Mt St Elias 6 050 m

Seward

Juneau

Archipel
Alexandre

Sitka

Ketchikan

MEXICO

Veracruz

Baie de Bristol
Île Unimak
Fort Rendall

Kodiak
Île Kodiak

Péninsule de l'Alaska

Îles Shumagin

Îles Aléoutiennes

Chaîne des Aléoutiennes

Île Unalaska

OCÉAN PACIFIQUE

Golfe de l'Alaska

Îles de la Reine-Charlotte

Acapulco

MEXIQU

300 km

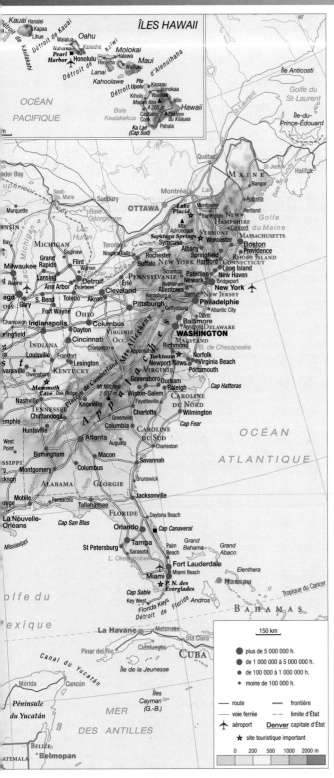

20 %, services : 78,4 %
Structure du PIB (2003) : agriculture :
1,6 %, mines et industries : 22,8 %,
services : 75,6 %
Dette publique brute (2003) : 62,5 % du
PIB
Taux de chômage (2006) : 4,6 %

Agriculture et pêche
Cultures
agrumes (2005) : 10 436 000 t.
citrons (2004) : 732 000 t.
mandarines (1998) : 534 000 t.
oranges (2004) : 11 677 280 t.
pamplemousses (2004) : 1 964 050 t.
ananas (2004) : 195 050 t.
pêches (2004) : 1 429 820 t.
pommes (2004) : 4 740 310 t.
raisin (2004) : 5 660 860 t.
tomates (2004) : 12 867 180 t.
olives (2004) : 94 350 t.
amandes (2004) : 785 460 t.
dattes (2004) : 14 880 t.
noisettes (2005) : 25 400 t.
noix (2005) : 321 990 t.
pistaches (2004) : 157 400 t.
betterave à sucre (2004) : 27 175 630 t.
patates douces (2003) : 723 000 t.
pommes de terre (2004) : 20 685 670 t.
miel (2003) : 82 196 t.
arachide (2004) : 1 945 090 t.
colza (2002) : 762 000 t.
soja (2002) : 74 825 000 t.
tournesol (2004) : 1 086 000 t.
avoine (2004) : 1 679 310 t.
blé (2004) : 58 737 800 t.
maïs (2004) : 299 917 120 t.
orge (2004) : 6 090 680 t.
riz (2004) : 10 469 730 t.
seigle (2004) : 209 690 t.
sorgho (2004) : 11 554 970 t.
canne à sucre (2004) : 26 320 150 t.
coton (2003) : 10 021 000 t.
tabac (2005) : 29 000 t.

Élevage et pêche
bovins (2005) : 95 848 000 têtes
ovins (2005) : 6 135 000 têtes
porcins (2005) : 60 644 500 têtes
poulets (2005) : 2 035 000 000 têtes
chevaux (2003) : 5 326 000 têtes
pêche (2004) : 5 601 960 t.

Énergie et produits miniers
électricité totale (2004) :
3 979 043 millions de kWh
hydroélectricité (2004) :
268 417 millions de kWh
électricité nucléaire (2004) :
788 530 millions de kWh
gaz naturel (2005) :
525 700 millions de m³
argent (2005) : 1 230 t.
cuivre (2005) : 1 140 000 t.
fer (2004) : 34 460 000 t.
molybdène (2003) : 33 500 t.
or (2005) : 256 000 kg
pétrole (2005) : 310 200 000 t.
phosphate (2003) : 35 000 000 t.
plomb (2005) : 426 300 t.
uranium (2004) : 878 t.
zinc (2005) : 748 000 t.
houille (2001) : 1 045 705 000 t.

255

ÉTATS-UNIS

Productions industrielles
beurre (2003) : 563 524 t.
fromage (2003) : 4 247 070 t.
lait (2004) : 77 520 200 t.
œufs (2003) : 5 184 540 t.
viande (2003) : 38 911 000 t.
sucre (2002) : 7 602 000 t.
vin (2005) : 22 320 000 hl
acier (2005) : 94 897 000 t.
fonte (1998) : 48 238 000 t.
aluminium (2005) : 2 481 000 t.
cuivre métal (2005) : 1 260 000 t.
étain métal (2004) : 4 850 t.
plomb métal (2005) : 1 280 000 t.
zinc métal (2005) : 309 000 t.

automobiles (2005) : 4 321 200 unités
véhicules utilitaires (2005) :
7 659 600 unités
construction navale (2001) : 88 000 tpl
textiles artificiels (1999) : 134 200 t.
textiles synthétiques (1999) : 3 913 500 t.
production de bois (2005) :
471 862 340 m³

Tourisme
Recettes touristiques (2004) :
112 780 millions de $

Commerce extérieur
Exportations de biens (2005) :
898 460 millions de dollars
Importations de biens (2005) :

1 677 400 millions de dollars

Défense
Forces armées (2004) : 1 473 960 individus
Budget de la Défense (2004) : 4,18 % du PIB

Niveau de vie
Nombre d'habitants pour un médecin (1996) : 384
Apport journalier moyen en calories (2004) : 3 760 (minimum FAO : 2 400)
Nombre d'automobiles pour 1 000 hab. (1999) : 481
Nombre de téléviseurs pour 1 000 hab. (2001) : 938

REPÈRES HISTORIQUES

L'époque coloniale et l'indépendance
À partir du XVIᵉ s. : le territoire, occupé par des Amérindiens semi-nomades, est exploré par des navigateurs français, espagnols puis anglais.
XVIIᵉ s. : les Anglais y émigrent en masse, fuyant les bouleversements politiques et religieux de leur pays. Ils s'installent sur la côte est, alors que les Français poursuivent leur expansion le long du Mississippi, fondant la Louisiane. Par fondations successives ou par annexion des territoires hollandais, treize colonies britanniques sont créées.
XVIIIᵉ s. : colonies et métropoles sont unies dans la lutte contre les Indiens et, surtout, contre la France.
1763 : le traité de Paris écarte définitivement la menace française et ouvre l'Ouest aux colons anglais.
1763 - 1773 : les colonies supportent mal l'autorité de la Grande-Bretagne et se révoltent contre les monopoles commerciaux de la métropole.
1774 : un premier congrès continental se réunit à Philadelphie.
1775 : le blocus de Boston inaugure la guerre de l'Indépendance, marquée par l'alliance avec la France.
4 juillet 1776 : le Congrès proclame l'indépendance des États-Unis.
1783 : la paix de Paris reconnaît l'existence de la République fédérée des États-Unis.

De l'indépendance à la guerre de Sécession
1787 : une Constitution fédérale, toujours en vigueur, est élaborée par la convention de Philadelphie.
1789 - 1797 : George Washington devient le premier président des États-Unis.
1803 : les États-Unis achètent la Louisiane à la France.
1812 - 1815 : les Américains sortent victorieux de la seconde guerre de l'Indépendance, suscitée par la Grande-Bretagne.
1819 : la Floride est achetée aux Espagnols.
1823 : le républicain James Monroe (1817 - 1825) réaffirme la volonté de neutralité des États-Unis et leur opposition à toute ingérence européenne dans le continent américain.

1846 - 1848 : à l'issue de la guerre contre le Mexique, les États-Unis annexent le Texas, le Nouveau-Mexique et la Californie.
1853 - 1861 : l'antagonisme entre le Sud, agricole et libre-échangiste, et le Nord, en voie d'industrialisation et protectionniste, est aggravé par le problème de l'esclavage, désavoué par le Nord.
1860 : le républicain Abraham Lincoln est élu à la présidence. Les sudistes font alors sécession et se constituent en États confédérés d'Amérique.
1861 - 1865 : les nordistes l'emportent dans la guerre de Sécession et abolissent l'esclavage. Lincoln est assassiné.

L'essor des États-Unis
1867 : l'Alaska est acheté à la Russie.
1869 - 1877 : Ulysses Grant devient président de l'Union.
1890 : massacre des Sioux par l'armée américaine, à Wounded Knee. Fin des « guerres indiennes », au cours desquelles les Indiens, pendant la seconde moitié du XIXᵉ s., se sont opposés à la conquête systématique de leur territoire par les Blancs.
1898 : les États-Unis aident Cuba à accéder à l'indépendance, mais lui imposent leur tutelle et annexent Guam, Porto Rico et les Philippines.
1901 - 1909 : le républicain Theodore Roosevelt radicalise l'action gouvernementale contre les trusts. Le Panamá naît sous la tutelle des États-Unis, qui se font céder la zone du canal (achevé en 1914).
1913 - 1921 : sous la présidence du démocrate Thomas W. Wilson, les États-Unis interviennent au Mexique (1914) et à Haïti (1915).
1917 : la guerre est déclarée à l'Allemagne.
1929 : le krach boursier de Wall Street (« jeudi noir ») inaugure une crise économique et sociale sans précédent.
1933 - 1945 : le démocrate Franklin D.Roosevelt accède à la présidence. Sa politique de New Deal (« Nouvelle Donne ») s'efforce de porter remède par des mesures dirigistes aux maux de l'économie américaine.
1941 - 1945 : les États-Unis entrent dans la Seconde Guerre mondiale et accomplissent un formidable effort économique et militaire.

1945 : ils ratifient la charte de l'ONU.

Les États-Unis depuis 1945
1945 - 1953 : sous la présidence du démocrate Harry S. Truman, les États-Unis affirment leur volonté de s'opposer à l'expansion soviétique. C'est le début de la guerre froide.
1948 : un plan d'aide économique à l'Europe (plan Marshall) est adopté.
1949 : la signature du traité de l'Atlantique Nord (OTAN) renforce l'alliance des puissances occidentales.
1950 - 1953 : guerre de Corée.
1961 - 1969 : les démocrates John F. Kennedy (assassiné en 1963) et Lyndon B. Johnson s'efforcent de lutter contre la pauvreté et la ségrégation raciale.
1962 : crise de Cuba.
1964 : les États-Unis interviennent directement au Viêt Nam.
1969 - 1974 : le républicain Richard Nixon se rapproche de la Chine (voyage à Pékin) et améliore ses relations avec l'URSS (accords SALT).
1973 : il retire les troupes américaines du Viêt Nam, mais le scandale du Watergate l'oblige à démissionner.
1983 : intervention militaire à la Grenade.
1989 : intervention militaire au Panamá.
1991 : les États-Unis s'engagent dans la guerre du Golfe.
1994 : l'accord de libre-échange avec le Canada et le Mexique (ALENA) entre en vigueur.
11 septembre 2001 : les États-Unis sont frappés au cœur même de leur territoire par des attentats spectaculaires et meurtriers, ayant pour cibles les tours jumelles du World Trade Center (qui sont détruites), à New York, et le Pentagone, à Washington. Ces attaques, imputées à l'homme d'affaires saoudien Oussama Ben Laden, réfugié en Afghanistan, et à son réseau terroriste islamiste al-Qaida, provoquent un grave traumatisme dans le pays. Les États-Unis ripostent notamment par une intervention militaire en Afghanistan.
2003 : les États-Unis, appuyés principalement par la Grande-Bretagne, lancent une offensive militaire contre l'Iraq, sans avoir obtenu l'aval de l'ONU.

BAHAMAS

Le pays compte environ sept cents îles, dont deux (Grand Bahama et surtout New Providence qui possède la capitale) concentrent la majeure partie de la population.

Superficie : 13 878 km²
Population (2007) : 331 000 hab.
Capitale : Nassau 233 000 hab. (e. 2005) dans l'agglomération
Nature de l'État et du régime politique : monarchie constitutionnelle à régime parlementaire
Chef de l'État : (reine) Élisabeth II, représentée par le gouverneur général Arthur Dion Hanna
Chef du gouvernement : (Premier ministre) Perry Christie
Organisation administrative : 21 districts
Langue officielle : anglais
Monnaie : dollar des Bahamas

DÉMOGRAPHIE

Densité : 24 hab./km²
Part de la population urbaine (2005) : 90,4 %
Structure de la population par âge (2005) : moins de 15 ans : 27,6 %, 15-60 ans : 63,1 %, plus de 60 ans : 9,3 %
Taux de natalité (2005) : 16,9 ‰
Taux de mortalité (2005) : 6,1 ‰
Taux de mortalité infantile (2005) : 13,8 ‰
Espérance de vie (2004) : hommes : 67,3 ans, femmes : 73,7 ans

ÉCONOMIE

PNB (2003) : 4,684 milliards de $
PNB/hab. (2003) : 14 920 $

PNB/hab. PPA (2003) : 14 920 dollars internationaux
IDH (2004) : 0,825
Taux de croissance annuelle du PIB (2006) : 4 %
Taux annuel d'inflation (2005) : 1,5 %
Structure de la population active (2003) : agriculture : 3,3 %, mines et industries : 15,8 %, services : 80,9 %
Structure du PIB (1998) : agriculture : 3 %, mines et industries : 7 %, services : 90 %
Dette publique brute : n.d.
Taux de chômage (2005) : 10,2 %

Agriculture

Cultures
canne à sucre (2004) : 55 500 t.
agrumes (2003) : 21 000 t.
bananes (2004) : 3 500 t.
maïs (2004) : 350 t.
Élevage
caprins (2005) : 14 500 têtes
poulets (2005) : 3 000 000 têtes

Énergie et produits miniers
électricité totale (2004) : 1 795 millions de kWh

Tourisme
Recettes touristiques (2004) : 1 868 millions de $

Commerce extérieur
Exportations de biens (2005) : 549,2 millions de dollars
Importations de biens (2005) : 2 401,2 millions de dollars

Défense
Forces armées (2004) : 860 individus
Budget de la Défense (2004) : 0,54 % du PIB

Niveau de vie
Nombre d'habitants pour un médecin (1993) : 714
Apport journalier moyen en calories (2004) : 2 660 (minimum FAO : 2 400)
Nombre d'automobiles pour 1 000 hab. (1996) : 159
Nombre de téléviseurs pour 1 000 hab. (2001) : 248

REPÈRES HISTORIQUES

1783 : objet d'une lutte entre la France, l'Espagne et l'Angleterre, les Bahamas sont définitivement attribuées à cette dernière.
1973 : le pays accède à l'indépendance, dans le cadre du Commonwealth.

GRENADE → ANTILLES

GUATEMALA → BELIZE

GUYANA

Guyana, Suriname

100	200	500	1000 m	— route
				✈ aéroport

● plus de 200 000 h.
● de 10 000 à 200 000 h.
● moins de 10 000 h.

Sous un climat tropical, chaud et humide, le pays est aux trois quarts couvert de forêts, coupées de fleuves puissants, qui servent de voies de communication. L'altitude s'élève vers le Sud (plus sec) et surtout dans l'Ouest.

Superficie : 214 969 km²
Population (2007) : 738 000 hab.
Capitale : Georgetown 134 000 hab.
(e. 2005)
Nature de l'État et du régime politique : république à régime parlementaire
Chef de l'État : (président de la République) Bharrat Jagdeo
Chef du gouvernement : (Premier ministre) Samuel Hinds
Organisation administrative : 10 régions
Langue officielle : anglais
Monnaie : dollar de la Guyana

DÉMOGRAPHIE

Densité : 3 hab./km²
Part de la population urbaine (2005) : 28,2 %
Structure de la population par âge (2005) : moins de 15 ans : 31,1 %, 15-60 ans : 60,7 %, plus de 60 ans : 8,2 %
Taux de natalité (2005) : 17,1 ‰
Taux de mortalité (2005) : 8,4 ‰
Taux de mortalité infantile (2005) : 42,9 ‰
Espérance de vie (2004) : hommes : 60,7 ans, femmes : 66,8 ans

ÉCONOMIE

PNB (2004) : 0,765 milliard de $
PNB/hab. (2005) : 1 010 $
PNB/hab. PPA (2005) : 4 230 dollars internationaux
IDH (2004) : 0,72
Taux de croissance annuelle du PIB (2006) : 3,5 %
Taux annuel d'inflation (2005) : 6,3 %
Structure de la population active : agriculture : n.d., mines et industries : n.d., services : n.d.
Structure du PIB (2004) : agriculture : 31,4 %, mines et industries : 26,9 %, services : 41,7 %

258

Dette publique brute : n.d.
Taux de chômage : n.d.

Agriculture et pêche

Cultures
canne à sucre (2004) : 3 000 000 t.
riz (2004) : 501 500 t.
Élevage et pêche
bovins (2005) : 110 000 têtes
poulets (2005) : 20 000 000 têtes
pêche (2004) : 57 320 t.

Énergie et produits miniers
électricité totale (2004) : 819 millions de kWh
bauxite (2005) : 1 500 000 t.
or (2005) : 11 400 kg

Productions industrielles
bière (2002) : 120 000 hl
sucre (2002) : 331 000 t.

Tourisme
Recettes touristiques (2004) : 30 millions de $

Commerce extérieur
Exportations de biens (2005) : 545,6 millions de dollars
Importations de biens (2005) : 719,9 millions de dollars

Défense
Forces armées (2004) : 1 100 individus

Budget de la Défense (2004) : 0,66 % du PIB
Niveau de vie
Nombre d'habitants pour un médecin (1995) : 8 947
Apport journalier moyen en calories (2004) : 2 790 (minimum FAO : 2 400)
Nombre d'automobiles pour 1 000 hab. : n.d.
Nombre de téléviseurs pour 1 000 hab. (2001) : 98

REPÈRES HISTORIQUES

1621 - 1791 : la Compagnie des Indes occidentales, hollandaise, assure le développement des Guyanes (canne à sucre, coton).
1814 : les Britanniques, qui l'occupaient depuis 1796, reçoivent la partie occidentale des Guyanes, baptisée Guyane britannique en 1831.
1953 : un statut d'autonomie est accordé à la région.
1966 : le pays devient indépendant.
1970 : il constitue, dans le cadre du Commonwealth, une « république coopérative ».

SURINAME

Le territoire, au climat équatorial, occupe l'extrémité orientale du plateau des Guyanes, bordée au nord par une plaine marécageuse. La forêt occupe 95 % du territoire.

Superficie : 163 265 km²
Population (2007) : 458 000 hab.
Capitale : Paramaribo 268 000 hab. (e. 2005)
Nature de l'État et du régime politique : république à régime parlementaire
Chef de l'État et du gouvernement : (président de la République) Ronald Venetiaan
Organisation administrative : 10 districts
Langue officielle : néerlandais
Monnaie : dollar du Suriname

DÉMOGRAPHIE

Densité : 3 hab./km²
Part de la population urbaine (2005) : 73,9 %
Structure de la population par âge (2005) : moins de 15 ans : 29,8 %, 15-60 ans : 61,3 %, plus de 60 ans : 8,9 %
Taux de natalité (2005) : 19,5 ‰
Taux de mortalité (2005) : 6,9 ‰
Taux de mortalité infantile (2005) : 27,7 ‰
Espérance de vie (2004) : hommes : 66,2 ans, femmes : 72,8 ans

ÉCONOMIE

PNB (2004) : 0,997 milliard de $
PNB/hab. (2005) : 2 540 $

PNB/hab. PPA (2001) : 3 310 dollars internationaux
IDH (2004) : 0,759
Taux de croissance annuelle du PIB (2006) : 4,5 %
Taux annuel d'inflation (2005) : 9,9 %
Structure de la population active : agriculture : n.d., mines et industries : n.d., services : n.d.
Structure du PIB (2002) : agriculture : 11,1 %, mines et industries : 19,6 %, services : 69,3 %
Dette publique brute : n.d.
Taux de chômage (1999) : 14 %

Agriculture

Cultures
riz (2004) : 195 000 t.
bananes (2004) : 43 000 t.

Élevage
bovins (2005) : 137 000 têtes
poulets (2005) : 3 800 000 têtes

Énergie et produits miniers

électricité totale (2004) : 1 509 millions de kWh
bauxite (2005) : 4 584 000 t.
or (2005) : 8 500 kg.
pétrole (2005) : 588 000 t

Productions industrielles

huile de palme (2005) : 220 t.
aluminium (1999) : 10 000 t.

Tourisme

Recettes touristiques (2004) : 52 millions de $

Commerce extérieur

Exportations de biens (2005) : 1 211,5 millions de dollars
Importations de biens (2005) : 1 189,1 millions de dollars

Défense

Forces armées (2004) : 1 840 individus
Budget de la Défense (2004) : 0,69 % du PIB

Niveau de vie

Nombre d'habitants pour un médecin (1995) : 1 273
Apport journalier moyen en calories (2004) : 2 730 (minimum FAO : 2 400)
Nombre d'automobiles pour 1 000 hab. (2000) : 199
Nombre de téléviseurs pour 1 000 hab. (2001) : 261

REPÈRES HISTORIQUES

1667 : occupée par les Anglais, la région est cédée aux Hollandais en échange de La Nouvelle-Amsterdam.
XVIIIᵉ s. : elle se développe grâce aux plantations de canne à sucre.
1796 - 1816 : occupation anglaise.
1863 : l'esclavage est aboli. Le pays se peuple d'Indiens et d'Indonésiens.
1948 : il prend le nom de Suriname.
1975 : le Suriname accède à l'indépendance.
1982 : une guérilla se développe dans le sud et l'est du pays.
1992 : un accord de paix est signé entre le gouvernement et la guérilla.

L'EMPIRE COLONIAL NÉERLANDAIS

La langue officielle du Suriname est le néerlandais, témoignage de la puissance coloniale passée des Pays-Bas. Au XVIIᵉ s., grâce à leurs Compagnies des Indes orientales et des Indes occidentales, ceux-ci prirent pied dans l'archipel des Moluques, s'installèrent à Java (fondation de Batavia, 1619), fondèrent des comptoirs à Malacca (1641), entreprirent la conquête de Ceylan (1638-1658) et envoyèrent des missions au Japon et à Formose. La paix de Breda (1667) consacra l'existence de l'Empire colonial hollandais d'Orient.

En Amérique, l'Empire hollandais atteignit son apogée dès le milieu du XVIIᵉ s. Il comportait une partie du Brésil, enlevée aux Portugais, et d'anciennes positions espagnoles dans la mer des Antilles. Dans le nord, une série d'établissements formaient la Nouvelle-Néerlande (parmi lesquels La Nouvelle-Amsterdam, dont les Anglais feraient New York en 1664). Mais la restauration de l'indépendance portugaise (1640) et l'expansion anglaise ne laissèrent à la Hollande que ses possessions antillaises et le Suriname (paix de Breda, 1667).

En 1791, l'État néerlandais prit en charge directement l'administration en Guinée, en Guyane (Suriname) et aux Antilles. Au cours du XVIIᵉ s., il étendit son hégémonie en Indonésie. Par la convention de Londres de 1814, l'Angleterre restitua aux Pays-Bas leurs colonies, sauf Le Cap, une partie de la Guyane, Tobago et Ceylan.

Quelques îles des Antilles témoignent encore de ce que fut l'Empire néerlandais (Saint-Martin, Saint-Eustache). L'Indonésie est indépendante depuis 1945, le Suriname depuis 1975.

Tropical, le pays est plus arrosé à l'est qu'à l'ouest, souvent ravagé par des cyclones. Du nord au sud se succèdent chaînes montagneuses et fossés remblayés d'alluvions.

Superficie : 27 750 km²
Population (2007) : 9 598 000 hab.
Capitale : Port-au-Prince 703 023 hab. (r. 2003), 2 129 000 hab. (e. 2005) dans l'agglomération
Nature de l'État et du régime politique : république à régime semi-présidentiel
Chef de l'État : (président de la République) René Préval
Chef du gouvernement : (Premier ministre) Jacques-Édouard Alexis
Organisation administrative : 9 départements
Langues officielles : créole haïtien et français
Monnaies : gourde et dollar des États-Unis

DÉMOGRAPHIE

Densité : 346 hab./km²
Part de la population urbaine (2005) : 38,8 %
Structure de la population par âge (2005) : moins de 15 ans : 38 %, 15-60 ans : 55,8 %, plus de 60 ans : 6,2 %
Taux de natalité (2005) : 27,9 ‰
Taux de mortalité (2005) : 9,2 ‰
Taux de mortalité infantile (2005) : 48,8 ‰
Espérance de vie (2004) : hommes : 51,4 ans, femmes : 52,9 ans

ÉCONOMIE

PNB (2004) : 3,38 milliards de $
PNB/hab. (2004) : 450 $
PNB/hab. PPA (2004) : 1 840 dollars internationaux
IDH (2004) : 0,482
Taux de croissance annuelle du PIB (2006) : 2,3 %
Taux annuel d'inflation (2005) : 15,7 %
Structure de la population active : agriculture : n.d., mines et industries : n.d., services : n.d.
Structure du PIB (2004) : agriculture : 27,4 %, mines et industries : 17,4 %, services : 55,2 %
Dette publique brute : n.d.
Taux de chômage : n.d.

Agriculture

Cultures
maïs (2004) : 180 000 t.
patates douces (2003) : 175 000 t.

Haïti, République dominicaine

★ site touristique important
— route
✈ aéroport

● plus de 1 000 000 h.
● de 100 000 à 1 000 000 h.
● de 30 000 à 100 000 h.
• moins de 30 000 h.

200 500 1000 2000 m

bananes plantain (2005) : 280 000 t.
canne à sucre (2004) : 1 080 000 t.
bananes (2004) : 290 000 t.
café (2004) : 28 000 t.
tabac (2005) : 500 t.
igname (2003) : 199 000 t.
manioc (2004) : 330 000 t.
sisal (2003) : 5 750 t.

Élevage
bovins (2005) : 1 456 000 têtes
caprins (2005) : 1 900 000 têtes
porcins (2005) : 1 000 000 têtes
chevaux (2003) : 501 000 têtes

Énergie et produits miniers
électricité totale (2004) : 536 millions de kWh

Tourisme
Recettes touristiques (2001) : 54 millions de $

Commerce extérieur
Exportations de biens (2005) : 458,9 millions de dollars
Importations de biens (2005) : 1 308,5 millions de dollars

Défense
Forces armées (2004) : pas de forces armées régulières
Budget de la Défense (2003) : 0,8 % du PIB

Niveau de vie
Nombre d'habitants pour un médecin (1995) : 10 855
Apport journalier moyen en calories (2004) : 2 110 (minimum FAO : 2 400)
Nombre d'automobiles pour 1 000 hab. (1996) : 4
Nombre de téléviseurs pour 1 000 hab. (2003) : 61

REPÈRES HISTORIQUES

1492 : l'île est découverte par Christophe Colomb, qui lui donne le nom d'Hispaniola.
XVIIIᵉ s. : la région, peuplée à 90 % d'esclaves noirs, devient la plus prospère des colonies françaises.
1791 : Toussaint Louverture prend la tête de la révolte des esclaves.
1795 : l'Espagne cède la partie orientale de l'île à la France.
1804 : après avoir expulsé les Français, le Noir Jean-Jacques Dessalines se proclame empereur d'Haïti.
1806 - 1818 : tandis que l'Espagne réoccupe l'est de l'île, une sécession oppose le royaume du Nord à la république du Sud.
1822 : réunification de l'île.
1844 : la partie orientale reprend sa liberté pour former la République dominicaine.
1915 - 1934 : les États-Unis occupent militairement le pays.

1957 - 1971 : le président François Duvalier exerce un pouvoir dictatorial.
1971-1986 : lui succède son fils, Jean-Claude, obligé de s'exiler à la suite d'une grave crise politique.
1991 : au pouvoir de façon presque ininterrompue depuis 1986, les militaires renversent le père Jean-Bertrand Aristide, élu à la présidence en 1990.
1994 : une intervention militaire américaine rétablit J.-B. Aristide.
1995 : René Préval, un de ses proches, remporte l'élection présidentielle.
2001 : J.-B. Aristide revient à la tête de l'État. Mais la dérive autoritaire du régime plonge le pays dans la guerre civile.
2004 : sous la pression de l'opposition, d'une rébellion armée et de la communauté internationale, J.-B. Aristide démissionne et s'exile.
2006 : R. Préval est élu à la présidence. Mais la situation reste très précaire.

DOMINICAINE (RÉPUBLIQUE)

À l'Ouest, montagneux, ouvert par des fossés d'effondrement, s'oppose l'Est, formé surtout de plaines et de collines.

Superficie : 48 511 km²
Population (2007) : 9 760 000 hab.
Capitale : Saint-Domingue 2 022 000 hab. (e. 2005) dans l'agglomération
Nature de l'État et du régime politique : république à régime présidentiel
Chef de l'État et du gouvernement : (président de la République) Leonel Fernández Reyna
Organisation administrative : 29 provinces et 1 district national
Langue officielle : espagnol
Monnaie : peso dominicain

DÉMOGRAPHIE

Densité : 201 hab./km²
Part de la population urbaine (2005) : 66,8 %
Structure de la population par âge (2005) : moins de 15 ans : 33,5 %, 15-60 ans : 58,5 %, plus de 60 ans : 8 %
Taux de natalité (2005) : 23,5 ‰
Taux de mortalité (2005) : 5,9 ‰
Taux de mortalité infantile (2005) : 29,6 ‰
Espérance de vie (2004) : hommes : 64,3 ans, femmes : 71,4 ans

ÉCONOMIE

PNB (2004) : 18,4 milliards de $
PNB/hab. (2005) : 2 370 $
PNB/hab. PPA (2005) : 7 150 dollars internationaux
IDH (2004) : 0,751
Taux de croissance annuelle du PIB (2006) : 5,5 %
Taux annuel d'inflation (2005) : 4,2 %
Structure de la population active (1997) : agriculture : 19,9 %, mines et industries : 25,1 %, services : 55 %
Structure du PIB (2004) : agriculture : 11,3 %, mines et industries : 25,6 %, services : 63,1 %
Dette publique brute : n.d.
Taux de chômage (2005) : 17,9 %

Agriculture et pêche

Cultures
manioc (2004) : 90 510 t.
riz (2004) : 576 620 t.
canne à sucre (2004) : 5 547 150 t.
tomates (2004) : 175 000 t.
bananes (2004) : 480 000 t.
bananes plantain (2005) : 412 045 t.
oranges (2004) : 80 000 t.
café (2004) : 51 000 t.
cacao (2004) : 47 300 t.
tabac (2005) : 12 000 t.
Élevage et pêche
bovins (2005) : 2 200 000 têtes
porcins (2005) : 580 000 têtes
poulets (2005) : 47 500 000 têtes
chevaux (2003) : 343 000 têtes
pêche (2004) : 16 220 t.

Énergie et produits miniers
électricité totale (2004) : 15 015 millions de kWh
nickel (2004) : 47 000 t.
or (2000) : 650 kg
argent (1999) : 3,14 t.

Productions industrielles
lait (2004) : 682 150 t.
viande (2003) : 324 000 t.
sucre (2002) : 494 000 t.
bière (2002) : 3 354 000 hl
ciment (2005) : 2 640 000 t.

Tourisme
Recettes touristiques (2002) : 2 736 millions de $

Commerce extérieur
Exportations de biens (2005) : 6 145,8 millions de dollars
Importations de biens (2005) : 9 876,3 millions de dollars

Défense
Forces armées (2004) : 24 500 individus
Budget de la Défense (2004) : 0,67 % du PIB

Niveau de vie
Nombre d'habitants pour un médecin (1993) : 909

Apport journalier moyen en calories (2004) : 2 270 (minimum FAO : 2 400)
Nombre d'automobiles pour 1 000 hab. (1996) : 27
Nombre de téléviseurs pour 1 000 hab. (1998) : 96

REPÈRES HISTORIQUES

1492 : Christophe Colomb atteint l'île d'Haïti, qu'il baptise Hispaniola.
XVIᵉ - XVIIIᵉ S. : la première colonisation espagnole entraîne la disparition des populations autochtones (Indiens Arawak).
1697 : l'île est partagée entre la France (Haïti) et l'Espagne.
1795 : la colonie espagnole est cédée à la France.
1822 - 1844 : l'ensemble de l'île est sous domination haïtienne.
1844 : la République dominicaine est proclamée.
1861 : pour parer la menace haïtienne, le retour de la république à l'Espagne est déclaré.
1865 : le pays accède définitivement à l'indépendance.
1916 - 1924 : le pays est occupé militairement par les États-Unis, qui favorisent l'arrivée au pouvoir de Rafael Leónidas Trujillo.
1930 - 1961 : celui-ci exerce une dictature absolue. Il est assassiné en 1961.
1962 - 1963 : Juan Bosch, élu président, est renversé par les militaires.
1965 : les États-Unis interviennent militairement.
1966 - 1978 : Joaquín Balaguer se maintient au pouvoir en s'appuyant sur l'armée. (Il est de nouveau président de la République de 1986 à 1996.)

Le Honduras est un pays montagneux en grande partie recouvert par la forêt, au climat relativement humide et tempéré.

Superficie : 112 088 km²
Population (2007) : 7 106 000 hab.
Capitale : Tegucigalpa 760 546 hab.
(r. 2001), 927 000 hab. (e. 2005) dans l'agglomération
Nature de l'État et du régime politique : république à régime présidentiel
Chef de l'État et du gouvernement : (président de la République)
Manuel Zelaya Rosales
Organisation administrative : 18 départements
Langue officielle : espagnol
Monnaie : lempira

DÉMOGRAPHIE

Densité : 63 hab./km²
Part de la population urbaine (2005) : 46,5 %
Structure de la population par âge (2005) : moins de 15 ans : 40 %, 15-60 ans : 54,2 %, plus de 60 ans : 5,8 %
Taux de natalité (2005) : 27,9 ‰
Taux de mortalité (2005) : 5,6 ‰
Taux de mortalité infantile (2005) : 28,2 ‰
Espérance de vie (2004) : hommes : 66,2 ans, femmes : 70,3 ans

ÉCONOMIE

PNB (2004) : 7,3 milliards de $
PNB/hab. (2005) : 1 190 $
PNB/hab. PPA (2005) : 2 900 dollars internationaux
IDH (2004) : 0,683
Taux de croissance annuelle du PIB (2006) : 4,5 %
Taux annuel d'inflation (2005) : 8,8 %
Structure de la population active (1999) : agriculture : 32,9 %, mines et industries : 20,9 %, services : 46,2 %
Structure du PIB (2003) : agriculture : 13,7 %, mines et industries : 30,7 %, services : 56 %

Honduras, Salvador

Dette publique brute : n.d.
Taux de chômage (2005) : 4,1 %

Agriculture

Cultures
café (2004) : 85 930 t.
palmiste (2002) : 23 000 t.
maïs (2004) : 498 470 t.
canne à sucre (2004) : 4 577 800 t.
bananes (2004) : 515 860 t.
bananes plantain (2005) : 284 994 t.

Élevage
bovins (2005) : 2 500 020 têtes
porcins (2005) : 490 000 têtes
chevaux (2003) : 181 000 têtes

Énergie et produits miniers
électricité totale (2004) : 4 805 millions de kWh
plomb (2005) : 10 500 t.
zinc (2005) : 42 700 t.
argent (2005) : 48 t.

Productions industrielles
lait (2004) : 1 722 340 t.
huile de palme (2005) : 175 000 t.
sucre (2002) : 337 000 t.
bière (2002) : 973 000 hl
coton (2003) : 1 900 t.
ciment (2005) : 2 000 000 t.

Tourisme
Recettes touristiques (2004) : 403 millions de $

Commerce extérieur
Exportations de biens (2005) : 2 647,8 millions de dollars
Importations de biens (2005) : 4 187,5 millions de dollars

Défense
Forces armées (2004) : 12 000 individus
Budget de la Défense (2004) : 0,7 % du PIB

Niveau de vie
Nombre d'habitants pour un médecin (1993) : 2 330
Apport journalier moyen en calories (2004) : 2 340 (minimum FAO : 2 400)
Nombre d'automobiles pour 1 000 hab. (1999) : 51
Nombre de téléviseurs pour 1 000 hab. (2002) : 119

REPÈRES HISTORIQUES

1502 : Christophe Colomb reconnaît la côte du Honduras.
1523 : peuplé d'Indiens Miskito, le pays est conquis par Pedro de Alvarado.
1544 : il est rattaché à la capitainerie générale du Guatemala.
1821 : le Honduras est incorporé au Mexique d'Iturbide.
1824 - 1838 : le pays fait partie des Provinces-Unies d'Amérique centrale.
1838 : devenu indépendant, il voit son intégrité menacée par la présence britannique.
Fin du XIXᵉ - début du XXᵉ s. : le Honduras est divisé entre des oligarchies locales rivales. Il subit l'emprise de l'United Fruit Company.
1932 - 1948 : dictature de Tiburcio Carías Andino.
1969 - 1970 : la « guerre du football » avec le Salvador favorise l'agitation intérieure.
1987 et 1989 : signature avec le Costa Rica, le Guatemala, le Nicaragua et le Salvador d'accords visant à rétablir la paix dans la région.

SALVADOR

C'est le plus petit mais le plus densément peuplé (plus de 250 hab./km²) des États d'Amérique centrale. Ouvert seulement sur le Pacifique, c'est un pays montagneux et volcanique. Le climat, chaud et humide, a toutefois une saison sèche de 4 à 5 mois.

Superficie : 21 041 km²
Population (2007) : 6 857 000 hab.
Capitale : San Salvador 1 517 000 hab. (e. 2005) dans l'agglomération
Nature de l'État et du régime politique : république à régime présidentiel
Chef de l'État et du gouvernement : (président de la République)
Elías Antonio Saca González
Organisation administrative : 14 départements
Langue officielle : espagnol
Monnaies : colón salvadorien et dollar des États-Unis

DÉMOGRAPHIE

Densité : 326 hab./km²
Part de la population urbaine (2005) : 59,8 %
Structure de la population par âge (2005) : moins de 15 ans : 34,1 %, 15-60 ans : 58,1 %, plus de 60 ans : 7,8 %
Taux de natalité (2005) : 22,8 ‰
Taux de mortalité (2005) : 5,9 ‰
Taux de mortalité infantile (2005) : 21,5 ‰
Espérance de vie (2004) : hommes : 68,1 ans, femmes : 74,2 ans

ÉCONOMIE

PNB (2004) : 15,7 milliards de $
PNB/hab. (2005) : 2 450 $
PNB/hab. PPA (2005) : 5 120 dollars internationaux
IDH (2004) : 0,729

Taux de croissance annuelle du PIB (2006) : 3,5 %
Taux annuel d'inflation (2005) : 4,7 %
Structure de la population active (2003) : agriculture : 18,2 %, mines et industries : 24,6 %, services : 57,2 %
Structure du PIB (2004) : agriculture : 9,6 %, mines et industries : 30,9 %, services : 59,5 %
Dette publique brute : n.d.
Taux de chômage (2004) : 6,8 %

Agriculture

Cultures
café (2004) : 78 510 t.
jute (2005) : 1 364 000 t.
maïs (2004) : 648 040 t.
sorgho (2004) : 147 630 t.
canne à sucre (2004) : 5 280 400 t.

Élevage
bovins (2005) : 1 256 510 têtes
porcins (2005) : 355 990 têtes
chevaux (2003) : 96 000 têtes

Énergie et produits miniers
électricité totale (2004) : 4 174 millions de kWh

Productions industrielles
lait (2004) : 412 600 t.
sucre (2002) : 476 000 t.
acier (2003) : 58 000 t.
coton fibre (2002) : 210 t.
ciment (2002) : 1 318 000 t.

Tourisme
Recettes touristiques (2004) : 632 millions de $

Commerce extérieur
Exportations de biens (2005) : 3 432 millions de dollars

Importations de biens (2005) : 6 439,6 millions de dollars

Défense
Forces armées (2004) : 15 500 individus
Budget de la Défense (2004) : 0,68 % du PIB

Niveau de vie
Nombre d'habitants pour un médecin (1993) : 1 429
Apport journalier moyen en calories (2004) : 2 560 (minimum FAO : 2 400)
Nombre d'automobiles pour 1 000 hab. (1997) : 30
Nombre de téléviseurs pour 1 000 hab. (2001) : 233

REPÈRES HISTORIQUES

XVIᵉ s. : la région est conquise par l'Espagne.
1822 : après la proclamation de l'indépendance (1821), le pays est rattaché de force au Mexique.
1823 - 1838 : il constitue une des Provinces-Unies d'Amérique centrale.
1841 : le Salvador devient une république.
Fin du XIXᵉ s. : la vie politique est marquée par l'opposition entre libéraux et conservateurs.
1931 - 1956 : succession de gouvernements autoritaires ou plus libéraux.
1969 : « guerre du football » avec le Honduras.
1972 : les militaires imposent leur candidat contre celui de l'opposition, José Napoléon Duarte. Dès lors sévissent guérilla et terrorisme.
1984 - 1989 : présidence de Duarte à l'issue des élections présidentielles.
1987 et 1989 : signature avec les pays voisins d'accords visant à rétablir la paix en Amérique centrale.
1992 : signature d'un accord de paix entre le gouvernement et la guérilla.

LA GUERRE DU FOOTBALL

Le Salvador, surpeuplé, envoie depuis longtemps ses travailleurs (300 000 en 1969) vers le Honduras. Un traité sur les migrations a été signé en 1965 mais n'a pas réglé ce problème, qui rebondit en 1967 à partir d'incidents de frontière dus à l'imprécision des limites entre les deux pays. La réforme agraire entreprise par le Honduras au détriment des immigrants salvadoriens explique l'explosion de juin 1969, où la passion sportive sert de prétexte aux défoulements politiques et nationalistes. L'équipe salvadorienne et l'équipe hondurienne se disputent l'honneur de participer à la phase finale de la Coupe du monde de football. Le 8 juin, les joueurs salvadoriens sont battus par ceux du Honduras. Le match retour du 15 juin se termine par une victoire salvadorienne : la réaction violente de la population hondurienne entraîne l'exode de milliers de Salvadoriens. Le match de départage a lieu à Mexico à la fin de juin : le Salvador gagne et la situation de ses ressortissants en souffre d'autant. Le 14 juillet 1969, les troupes salvadoriennes entrent au Honduras pour une guerre de cent heures. Mais l'Organisation des États américains ordonne le cessez-le-feu immédiat, puis le repli des forces salvadoriennes.

JAMAÏQUE

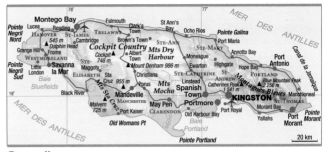

Jamaïque

200   500   1000 m

— route
✈ aéroport
limite de région

● plus de 100 000 h.
● de 50 000 à 100 000 h.
● de 10 000 à 50 000 h.
● moins de 10 000 h.

Île au climat tropical maritime constamment chaud, la Jamaïque est plus arrosée au nord qu'au sud et parfois ravagée par des cyclones. Montagneuse dans sa partie orientale (2 467 m dans les Montagnes Bleues), elle est formée de plateaux calcaires au centre et à l'ouest, et parsemée de plaines alluviales, souvent littorales.

Superficie : 10 990 km²
Population (2007) : 2 714 000 hab.
Capitale : Kingston 579 000 hab.
(r. 2001) dans l'agglomération
Nature de l'État et du régime politique : monarchie constitutionnelle à régime parlementaire
Chef de l'État : (reine) Élisabeth II, représentée par le gouverneur général Kenneth Hall
Chef du gouvernement : (Premier ministre) Portia Simpson-Miller
Organisation administrative : 14 paroisses
Langue officielle : anglais
Monnaie : dollar de la Jamaïque

DÉMOGRAPHIE

Densité : 247 hab./km²
Part de la population urbaine (2005) : 53,1 %
Structure de la population par âge (2005) : moins de 15 ans : 31,7 %, 15-60 ans : 58,2 %, plus de 60 ans : 10,1 %
Taux de natalité (2005) : 19,9 ‰
Taux de mortalité (2005) : 7,1 ‰
Taux de mortalité infantile (2005) : 13,6 ‰
Espérance de vie (2004) : hommes : 69,1 ans, femmes : 72,6 ans

ÉCONOMIE

PNB (2004) : 8,7 milliards de $
PNB/hab. (2005) : 3 400 $
PNB/hab. PPA (2005) : 4 110 dollars internationaux
IDH (2004) : 0,724
Taux de croissance annuelle du PIB (2006) : 2,8 %

Taux annuel d'inflation (2003) : 7 %
Structure de la population active (2003) : agriculture : 19,6 %, mines et industries : 17,5 %, services : 62,9 %
Structure du PIB (2004) : agriculture : 5,5 %, mines et industries : 32,6 %, services : 61,9 %
Dette publique brute : n.d.
Taux de chômage (2005) : 10,9 %

Agriculture

Cultures
igname (2003) : 151 000 t.
canne à sucre (2004) : 2 100 000 t.
noix de coco et coprah (2001) : 4 800 t.
bananes (2004) : 125 000 t.
oranges (2004) : 140 000 t.
café (2004) : 2 700 t.
Élevage
bovins (2005) : 430 000 têtes
caprins (2005) : 440 000 têtes
porcins (2005) : 85 000 têtes

Énergie et produits miniers

électricité totale (2004) : 6 913 millions de kWh
bauxite (2005) : 14 118 000 t.

Productions industrielles

sucre (2002) : 197 000 t.
bière (2002) : 776 000 hl
aluminium (1996) : 3 302 000 t.
ciment (2005) : 845 000 t.

Tourisme

Recettes touristiques (2004) : 1 733 millions de $

Commerce extérieur

Exportations de biens (2005) : 1 664,3 millions de dollars
Importations de biens (2005) : 4 245,5 millions de dollars

Défense

Forces armées (2004) : 2 830 individus
Budget de la Défense (2004) : 0,6 % du PIB

Niveau de vie

Nombre d'habitants pour un médecin (1995) : 6 419
Apport journalier moyen en calories (2004) : 2 710 (minimum FAO : 2 400)
Nombre d'automobiles pour 1 000 hab. (1996) : 39
Nombre de téléviseurs pour 1 000 hab. (2001) : 374

REPÈRES HISTORIQUES

1494 : l'île est découverte par Christophe Colomb.
1655 : faiblement colonisée par les Espagnols, elle est conquise par les Anglais, qui développent la culture de la canne à sucre.
XVIIIᵉ s. : la Jamaïque devient le centre du trafic des esclaves noirs pour l'Amérique du Sud.
1833 : l'abolition de l'esclavage et des privilèges douaniers (1846) ruine les grandes plantations.
1866 - 1884 : l'île est placée sous l'administration directe de la Couronne.
1870 : la culture de la banane est introduite tandis qu'apparaissent de grandes compagnies étrangères (United Fruit Company).
1938 - 1940 : le mouvement autonomiste se développe.
1962 : la Jamaïque devient indépendante dans le cadre du Commonwealth.

Langue officielle : espagnol
Monnaie : peso mexicain

DÉMOGRAPHIE

Densité : 54 hab./km²
Part de la population urbaine (2005) : 76 %
Structure de la population par âge (2005) :
moins de 15 ans : 30,8 %, 15-60 ans :
60,8 %, plus de 60 ans : 8,4 %
Taux de natalité (2005) : 19,3 ‰
Taux de mortalité (2005) : 4,8 ‰
Taux de mortalité infantile (2005) : 16,7 ‰
Espérance de vie (2004) : hommes :
72,6 ans, femmes : 77,5 ans

ÉCONOMIE

PNB (2004) : 705 milliards de $
PNB/hab. (2005) : 7 310 $
PNB/hab. PPA (2005) : 10 030 dollars
internationaux
IDH (2004) : 0,821
Taux de croissance annuelle du PIB (2006) :
4 %
Taux annuel d'inflation (2005) : 4 %
Structure de la population active (2004) :
agriculture : 15,9 %, mines et industries :
25 %, services : 59,1 %
Structure du PIB (2004) : agriculture : 4 %,
mines et industries : 26,4 %, services : 69,4 %
Dette publique brute : n.d.
Taux de chômage (2005) : 3,5 %

Agriculture et pêche

Cultures
blé (2004) : 2 321 200 t.

maïs (2004) : 21 670 200 t.
orge (2004) : 931 500 t.
riz (2004) : 278 500 t.
sorgho (2004) : 7 004 400 t.
agrumes (2003) : 6 475 000 t.
citrons (2004) : 1 988 000 t.
mandarines (1998) : 190 000 t.
oranges (2004) : 3 977 000 t.
pamplemousses (2004) : 260 000 t.
ananas (2004) : 720 900 t.
bananes (2004) : 2 100 000 t.
pêches (2004) : 202 000 t.
tomates (2004) : 2 148 130 t.
raisin (2004) : 305 000 t.
miel (2003) : 55 840 t.
cacao (2004) : 48 410 t.
café (2004) : 310 860 t.
canne à sucre (2004) : 48 372 890 t.
coton (2003) : 186 000 t.
sisal (2003) : 16 600 t.
noix (2003) : 19 000 t.
tabac (2005) : 16 100 t.

Élevage et pêche
bovins (2005) : 31 800 000 têtes
caprins (2005) : 8 991 750 têtes
ovins (2005) : 6 819 770 têtes
porcins (2005) : 14 625 190 têtes
poulets (2005) : 425 000 000 têtes
chevaux (2003) : 6 260 000 têtes
pêche (2004) : 1 566 680 t.

Énergie et produits miniers
électricité totale (2004) :
242 393 millions de kWh

Coupé par le tropique, le Mexique est un
pays de hautes terres, où l'altitude modère
les températures sur les plateaux du Centre,
qui concentrent la majeure partie de la
population. Le Nord est aride, semi-désertique, alors que le Sud, au climat tropical
humide, est parfois recouvert de forêt. Le
volcanisme est localement présent et les
séismes sont fréquents.

Superficie : 1 958 201 km²
Population (2007) : 106 535 000 hab.
Capitale : Mexico 19 411 000 hab.
(e. 2005) dans l'agglomération
Nature de l'État et du régime politique :
république à régime présidentiel
Chef de l'État et du gouvernement :
(président de la République)
Felipe Calderón Hinojosa
Organisation administrative : 31 États et
1 district fédéral

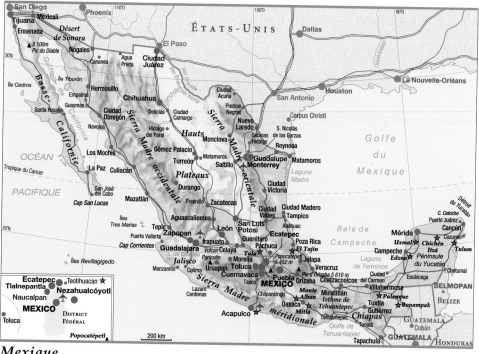

Mexique

gaz naturel (2005) :
39 500 millions de m³
pétrole (2005) : 187 100 000 t.
argent (2005) : 2 894 t.
cuivre (2005) : 425 000 t.
fer (2004) : 6 890 000 t.
manganèse (2004) : 136 000 t.
molybdène (2003) : 3 520 t.
or (2005) : 30 356 kg
plomb (2005) : 130 000 t.
zinc (2005) : 470 000 t.

Productions industrielles
lait (2004) : 10 028 230 t.
œufs (2003) : 1 881 770 t.
viande (2003) : 4 908 000 t.
nois de coco (2005) : 950 000 t.
sucre (2002) : 4 872 000 t.
bière (2002) : 59 250 000 hl
acier (2005) : 16 195 000 t.

aluminium (2003) : 39 000 t.
cuivre métal (2005) : 435 000 t.
plomb métal (2005) : 260 000 t.
zinc métal (2005) : 360 000 t.
automobiles (2005) : 989 800 unités
véhicules utilitaires (2005) :
680 500 unités
textiles synthétiques (1999) : 588 000 t.
ciment (2005) : 36 000 000 t.
filés de coton (2002) : 43 000 t.
caoutchouc synthétique (2001) :
173 000 t.
production de bois (2005) : 44 646 870 m³

Tourisme
Recettes touristiques (2004) :
11 566 millions de $

Commerce extérieur
Exportations de biens (2005) :
214 233 millions de dollars

Importations de biens (2005) :
221 820 millions de dollars

Défense
Forces armées (2004) : 192 770 individus
Budget de la Défense (2004) : 0,42 % du
PIB

Niveau de vie
**Nombre d'habitants pour un
médecin (1996) :** 666
**Apport journalier moyen en
calories (2004) :** 3 170
(minimum FAO : 2 400)
**Nombre d'automobiles
pour 1 000 hab. (2000) :** 107
**Nombre de téléviseurs
pour 1 000 hab. (2001) :** 282

LES ÉTATS DU MEXIQUE

État	superficie (en km²)	nombre d'habitants*	capitale
Aguascalientes	5 589	944 285	Aguascalientes
Basse-Californie du Nord	69 921	2 487 367	Mexicali
Basse-Californie du Sud	73 475	424 041	La Paz
Campeche	50 812	690 689	Campeche
Chiapas	75 634	3 920 892	Tuxtla Gutiérrez
Chihuahua	247 087	3 052 907	Chihuahua
Coahuila de Zaragoza	149 982	2 298 070	Saltillo
Colima	5 191	542 627	Colima
Durango	123 181	1 448 661	Durango
Guanajuato	30 941	4 663 032	Guanajuato
Guerrero	64 281	3 079 649	Chilpancingo de los Bravos
Hidalgo	20-905	2 235 591	Pachuca de Soto
Jalisco	80 836	6 322 002	Guadalajara
Mexico	21 355	13 096 686	Toluca de Lerdo
Michoacán de Ocampo	59 928	3 985 667	Morelia
Morelos	4 950	1 555 296	Cuernavaca
Nayarit	27 621	920 185	Tepic
Nuevo León	64 210	3 834 141	Monterrey
Oaxaca	95 364	3 438 765	Oaxaca
Puebla	34 072	5 076 686	Puebla
Querétaro de Arteaga	11 449	1 404 306	Querétaro
Quintana Roo	50 483	874 963	Chetumal
San Luis Potosí	63 068	2 299 360	San Luis Potosí
Sinaloa	58 328	2 536 844	Culiacán
Sonora	182 052	2 216 969	Hermosillo
Tabasco	25 267	1 891 829	Villahermosa
Tamaulipas	79 384	2 753 222	Ciudad Victoria
Tlaxcala	4 016	962 646	Tlaxcala
Veracruz-Llave	72 815	6 908 975	Jalapa Enríquez
Yucatán	43 379	1 658 210	Mérida
Zacatecas	73 252	1 353-610	Zacatecas
District			
District fédéral	1 749	8 605 239	

* recensement de 2000.

REPÈRES HISTORIQUES

Du Mexique précolombien à la période coloniale

V. 10000 av. J.-C. : chasseurs-cueilleurs.

5200 et 3400 av. J.-C. : Tehuacán, première utilisation du maïs.

2000 - 1000 av. J.-C. : période préclassique. Villages d'agriculteurs ; origines de la civilisation maya.

1500 - 300 av. J.-C. : civilisation des Olmèques.

250 apr. J.-C. - 950 : période classique. Civilisations de Teotihuacán, d'El Tajín, des Zapotèques avec pour capitale Monte Albán, puis Mitla. Épanouissement des Mayas.

950 - 1500 : période postclassique. Incursions des Chichimèques. Hégémonie des Toltèques avec Tula.

1168 : Tula est détruite par des Chichimèques.

XIII⁰ s. : suprématie des Mixtèques. Épanouissement des Totonaques et de Cempoala, ainsi que des Huaxtèques. Renaissance maya. Dernière vague d'envahisseurs chichimèques, dont sont issus les Aztèques qui ont fondé (1325 ou 1345) Tenochtitlán, aujourd'hui Mexico.

1519 - 1521 : Cortés détruit l'Empire aztèque et devient gouverneur de la Nouvelle-Espagne. La colonie devient une vice-royauté en 1535. Les épidémies et le travail forcé déciment une grande partie de la population indienne. La domination espagnole s'accompagne d'une conversion massive au catholicisme.

XVII⁰ - XVIII⁰ s. : le Mexique s'enrichit par l'exploitation des mines d'argent, tandis que l'agriculture et l'élevage se développent.

De l'indépendance à nos jours

1810 - 1815 : conduites par les prêtres Hidalgo et Morelos, les classes pauvres se soulèvent contre les Espagnols et les créoles.

1821 : l'indépendance du Mexique est proclamée. Agustín de Iturbide devient empereur (1822).

1823 : après l'abdication de ce dernier, le général Santa Anna instaure la république.

1836 : le Texas fait sécession et devient une république indépendante.

1846 - 1848 : après la guerre avec les États-Unis, le Mexique perd la Californie, le Nouveau-Mexique et l'Arizona.

1862 - 1867 : la France intervient au Mexique et crée un empire catholique au profit de Maximilien d'Autriche (1864).

1867 : la république est restaurée.

1876 : le général Porfirio Díaz s'empare du pouvoir et gouverne autoritairement jusqu'en 1911 (*porfiriat*).

1914 - 1917 : la révolution ouvre une longue période de troubles. Des revendications agraires, ouvrières et nationalistes se mêlent à la lutte pour le pouvoir que se livrent les différents chefs des factions, appuyés ou non par les États-Unis : Pancho Villa, Emiliano Zapata, Venustiano Carranza et Álvaro Obregón.

1934 - 1940 : sous la présidence de Lázaro Cárdenas sont établies les bases d'un système politique au centre duquel se trouve le parti dénommé, depuis 1946, Parti révolutionnaire institutionnel (PRI). Ce parti maintiendra son hégémonie sur le pays jusqu'en 2000.

1994 : tandis que la zone de libre-échange (ALENA), créée avec les États-Unis et le Canada en 1992, est instaurée, le gouvernement est confronté à la révolte des paysans indiens dans l'État de Chiapas.

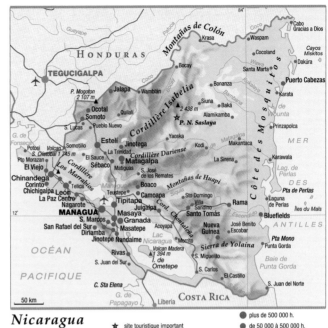

L'intérieur, montagneux, est ouvert par les dépressions occupées par les lacs Nicaragua (8 262 km²) et Managua. Cette région sépare deux plaines littorales : l'une, étroite mais fertile, donne sur le Pacifique, et l'autre, plus large, surtout forestière, sur la mer des Antilles.

Superficie : 130 000 km²
Population (2007) : 5 603 000 hab.
Capitale : Managua 1 165 000 hab.
(e. 2005) dans l'agglomération
Nature de l'État et du régime politique :
république à régime présidentiel
Chef de l'État et du gouvernement :
(président de la République)
Daniel Ortega Saavedra
Organisation administrative : 15 départements et 2 régions autonomes
Langue officielle : espagnol
Monnaie : córdoba oro

Nicaragua

200	500	1500 m

★ site touristique important
— route
— voie ferrée
✈ aéroport
▲ volcan

● plus de 500 000 h.
● de 50 000 à 500 000 h.
● de 10 000 à 50 000 h.
● moins de 10 000 h.

DÉMOGRAPHIE

Densité : 43 hab./km²
Part de la population urbaine (2005) : 59 %
Structure de la population par âge (2005) :
moins de 15 ans : 37,9 %, 15-60 ans :
56,4 %, plus de 60 ans : 5,7 %
Taux de natalité (2005) : 24,9 ‰
Taux de mortalité (2005) : 4,7 ‰
Taux de mortalité infantile (2005) : 21,5 ‰
Espérance de vie (2004) : hommes :
67,7 ans, femmes : 72,5 ans

ÉCONOMIE

PNB (2004) : 4,5 milliards de $
PNB/hab. (2004) : 910 $
PNB/hab. PPA (2005) : 3 650 dollars
internationaux
IDH (2004) : 0,698
Taux de croissance annuelle du PIB (2006) :
3,7 %
Taux annuel d'inflation (2005) : 9,4 %
Structure de la population active (2003) :
agriculture : 30,5 %, mines et industries :
18,3 %, services : 51,2 %
Structure du PIB (2004) : agriculture :
19,2 %, mines et industries : 30,6 %,
services : 50,2 %
Dette publique brute : n.d.
Taux de chômage (2002) : 12,2 %

Agriculture et pêche

Cultures
maïs (2004) : 443 730 t.
riz (2004) : 232 620 t.
haricots secs (2005) : 210 500 t.

canne à sucre (2004) : 4 027 000 t.
café (2004) : 55 860 t.

Élevage et pêche
bovins (2005) : 3 500 000 têtes
porcins (2005) : 123 000 têtes
chevaux (2003) : 260 000 têtes
pêche (2004) : 27 170 t.

Énergie et produits miniers

électricité totale (2004) :
2 766 millions de kWh
or (2005) : 3 500 kg

Productions industrielles

lait (2004) : 584 020 t.
sucre (2002) : 334 000 t.

Tourisme

Recettes touristiques (2004) :
191 millions de $

Commerce extérieur

Exportations de biens (2005) :
1 551,5 millions de dollars
Importations de biens (2005) :
2 865,2 millions de dollars

Défense

Forces armées (2004) : 14 000 individus
Budget de la Défense (2004) : 0,72 % du
PIB

Niveau de vie

Nombre d'habitants pour un
médecin (1993) : 1 490
Apport journalier moyen en
calories (2004) : 2 290
(minimum FAO : 2 400)
Nombre d'automobiles
pour 1 000 hab. (2002) : 16
Nombre de téléviseurs
pour 1 000 hab. (2001) : 123

REPÈRES HISTORIQUES

XVIe s. : reconnu par les Espagnols dès 1521, le Nicaragua est rattaché à la capitainerie générale du Guatemala.
1821 : l'indépendance du pays est proclamée. Jusqu'en 1838, le Nicaragua fait partie des Provinces-Unies d'Amérique centrale.
XIXe s. : la vie politique est marquée par la lutte entre conservateurs et libéraux et par la rivalité entre intérêts anglais et américains.
1912 - 1926 : les Américains occupent le pays, puis favorisent, face à la guérilla d'Augusto César Sandino, l'arrivée au pouvoir du chef de la garde nationale.
1934 : Sandino est assassiné.
1936 - 1956 : Anastasio Somoza s'empare du pouvoir et impose sa dictature jusqu'à son assassinat.
1956 - 1979 : le Nicaragua vit sous la domination du clan Somoza.
1979 : l'opposition, rassemblée dans le Front sandiniste de libération nationale, abat la dictature de Somoza et établit un régime de tendance socialiste appuyé par Cuba et l'URSS.
1983 : les États-Unis soutiennent les contre-révolutionnaires (« contras »).
1984 : le sandiniste Daniel Ortega est élu à la présidence de la République.
1987 et 1989 : le Nicaragua signe avec les États voisins des accords visant à rétablir la paix dans la région.
1990 : l'opposition accède au pouvoir. Elle met en œuvre une politique de réconciliation nationale vis-à-vis des sandinistes.

Panamá

200 500 1500 m

50 km

— route
•••• voie ferrée
✈ aéroport

● plus de 500 000 h.
● de 250 000 à 500 000 h.
● de 50 000 à 250 000 h.
• moins de 50 000 h.

Le Panamá comprend des zones monta-gneuses et forestières ainsi qu'une plaine côtière agricole, mais c'est la zone du canal (reliant les océans Pacifique et Atlantique) qui est la région vitale du pays.

Superficie : 75 517 km²
Population (2007) : 3 343 000 hab.
Capitale : Panamá 708 438 hab. (r. 2000), 1 216 000 hab. (e. 2005) dans l'agglo-mération
Nature de l'État et du régime politique : république à régime présidentiel
Chef de l'État et du gouvernement : (président de la République)
Martín Torrijos Espino
Organisation administrative : 9 provinces et 1 territoire spécial
Langue officielle : espagnol
Monnaies : balboa et dollar des États-Unis

DÉMOGRAPHIE
Densité : 44 hab./km²
Part de la population urbaine (2005) : 70,8 %
Structure de la population par âge (2005) : moins de 15 ans : 30,3 %, 15-60 ans : 60,9 %, plus de 60 ans : 8,8 %
Taux de natalité (2005) : 20,8 ‰
Taux de mortalité (2005) : 5 ‰
Taux de mortalité infantile (2005) : 18,2 ‰
Espérance de vie (2004) : hommes : 72,5 ans, femmes : 77,7 ans

ÉCONOMIE
PNB (2004) : 13,4 milliards de $
PNB/hab. (2005) : 4 630 $
PNB/hab. PPA (2005) : 7 310 dollars internationaux
IDH (2004) : 0,809
Taux de croissance annuelle du PIB (2006) : 6,5 %
Taux annuel d'inflation (2005) : 3,3 %
Structure de la population active (2003) : agriculture : 17,6 %, mines et industries : 17,2 %, services : 65,2 %

Structure du PIB (2004) : agriculture : 7,7 %, mines et industries : 17,8 %, services : 74,5 %
Dette publique brute : n.d.
Taux de chômage (2005) : 10,3 %

Agriculture
Cultures
bananes (2004) : 525 000 t.
riz (2004) : 318 000 t.
bananes plantain (2005) : 95 152 t.
canne à sucre (2004) : 1 650 000 t.
Élevage
bovins (2005) : 1 600 000 têtes
porcins (2005) : 272 000 têtes
chevaux (2003) : 175 000 têtes

Énergie et produits miniers
électricité totale (2004) : 7 545 millions de kWh

Productions industrielles
lait (2004) : 181 000 t.
sucre (2002) : 152 000 t.

Tourisme
Recettes touristiques (2004) : 903 millions de $

Commerce extérieur
Exportations de biens (2005) : 7 921,2 millions de dollars
Importations de biens (2005) : 8 907,2 millions de dollars

Défense
Forces armées (2004) : 11 800 individus
Budget de la Défense (2004) : 1,04 % du PIB

Niveau de vie
Nombre d'habitants pour un médecin (1993) : 556
Apport journalier moyen en calories (2004) : 2 300 (minimum FAO : 2 400)

Nombre d'automobiles pour 1 000 hab. (1998) : 83
Nombre de téléviseurs pour 1 000 hab. (2002) : 191

REPÈRES HISTORIQUES

XVIᵉ s. : colonisé par l'Espagne dès 1510, le Panamá devient la base de départ pour la colonisation du Pérou.
1739 : il est rattaché à la vice-royauté de Nouvelle-Grenade.
1819 : le pays reste lié à Bogotá après l'in-dépendance de la Grande-Colombie.
1881 - 1889 : Ferdinand de Lesseps en-treprend le percement d'un canal inter-océanique ; faute de capitaux suffisants, les travaux sont suspendus.
1903 : le Panamá proclame son indé-pendance et la république est établie, à la suite d'une révolte encouragée par les États-Unis. Souhaitant reprendre le projet du canal, ceux-ci se font concéder une zone large de 10 miles allant d'un océan à l'autre.
1914 : le canal est achevé.
1959, 1964, 1966 : la tutelle américaine provoque la montée du nationalisme, et des émeutes secouent Panamá.
1968 - 1981 : le général Omar Torri-jos domine la vie politique du pays. Il conclut en 1978 avec les États-Unis un traité prévoyant le retour de la zone du canal sous pleine souveraineté pana-méenne à la fin de 1999.
1983 : le général Noriega devient l'homme fort du régime. Il est renversé en 1989 à la suite d'une intervention militaire américaine.
1999 : les États-Unis restituent définiti-vement au Panamá la zone du canal.

269

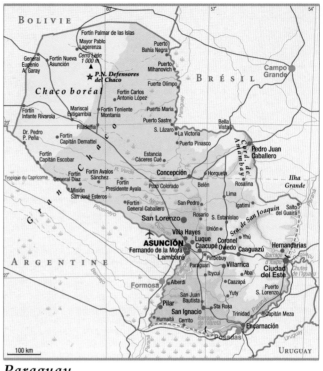

Le Chaco, vaste plaine semi-aride, très peu peuplée, occupe la moitié ouest. Le reste du pays, entre les ríos Paraguay et Paraná – plus humide (plus de 1 200 mm de pluies par an) –, est formé de plateaux et de plaines.

Superficie : 406 752 km²
Population (2007) : 6 127 000 hab.
Capitale : Asunción 1 858 000 hab.
(e. 2005) dans l'agglomération
Nature de l'État et du régime politique :
république à régime semi-présidentiel
Chef de l'État et du gouvernement :
(président de la République)
Nicanor Duarte Frutos
Organisation administrative :
17 départements et la capitale
Langues officielles : espagnol et guarani
Monnaie : guarani

DÉMOGRAPHIE

Densité : 15 hab./km²
Part de la population urbaine (2005) : 58,5 %
Structure de la population par âge (2005) :
moins de 15 ans : 35,8 %, 15-60 ans : 57,2 %, plus de 60 ans : 7 %
Taux de natalité (2005) : 24,8 ‰
Taux de mortalité (2005) : 5,5 ‰
Taux de mortalité infantile (2005) : 32 ‰
Espérance de vie (2004) : hommes : 69 ans, femmes : 73,5 ans

ÉCONOMIE

PNB (2004) : 6,9 milliards de $
PNB/hab. (2005) : 1 280 $
PNB/hab. PPA (2005) : 4 970 dollars internationaux
IDH (2004) : 0,757
Taux de croissance annuelle du PIB (2006) : 3,5 %
Taux annuel d'inflation (2005) : 6,8 %
Structure de la population active (2003) :
agriculture : 31,5 %, mines et industries : 15,8 %, services : 52,7 %
Structure du PIB (2004) : agriculture : 27,2 %, mines et industries : 24,3 %, services : 48,5 %
Dette publique brute : n.d.
Taux de chômage (2003) : 8,1 %

Agriculture

Cultures
blé (2004) : 715 000 t.
maïs (2004) : 1 120 000 t.
manioc (2004) : 5 500 000 t.
oranges (2004) : 200 070 t.

Paraguay

★ site touristique important
100 200 500 m

— marais
— route
✚ voie ferrée
✈ aéroport

● plus de 500 000 h.
● de 100 000 à 500 000 h.
● de 10 000 à 100 000 h.
• moins de 10 000 h.

soja (2002) : 3 300 000 t.
canne à sucre (2004) : 3 637 000 t.
Élevage
bovins (2005) : 9 622 340 têtes
ovins (2005) : 500 000 têtes
porcins (2005) : 1 600 000 têtes
chevaux (2003) : 360 000 têtes

Énergie et produits miniers
électricité totale (2004) : 51 766 M. de kWh
hydroélectricité (2004) : 51 761 M. de kWh

Productions industrielles
lait (2004) : 362 040 t.
bière (2002) : 2 370 000 hl
sucre (2002) : 170 000 t.
ciment (2005) : 650 000 t.
coton fibre (2005) : 70 000 t.

Tourisme
Recettes touristiques (2004) : 84 M. de $

Commerce extérieur
Exportations de biens (2005) :
3 265,6 millions de dollars
Importations de biens (2005) :
3 759,9 millions de dollars

Défense
Forces armées (2004) : 10 300 individus
Budget de la Défense (2004) : 0,79 % du PIB

Niveau de vie
Nombre d'habitants pour un médecin (1994) : 3 333
Apport journalier moyen en calories (2004) : 2 530 (minimum FAO : 2 400)

Nombre d'automobiles pour 1 000 hab. (1996) : 14
Nombre de téléviseurs pour 1 000 hab. (2000) : 218

REPÈRES HISTORIQUES

Début du XVIᵉ s. : peuplé par les Indiens Guarani, le bassin du Paraguay est exploré par les Espagnols.
1585 : les jésuites colonisent une partie de la région placée sous leur seule autorité (1604). Les Indiens sont rassemblés dans des « réductions » (villages indigènes interdits aux colons).
1767 : les jésuites sont expulsés ; les réductions sont ravagées et les Indiens dispersés.
1813 : l'indépendance (vis-à-vis de Buenos Aires et de Madrid) est proclamée. Le pays connaît dès lors une succession de dictatures.
1865 - 1870 : une guerre contre l'Argentine, l'Uruguay et le Brésil ruine le pays.
1932 - 1935 : guerre du Chaco contre la Bolivie. Ce conflit, dont le Paraguay sort victorieux, est suivi d'une série de dictatures militaires, dont celle du général Stroessner, de 1954 à 1989.
À partir des années 1990 : le pays s'engage sur la voie de la démocratisation.

Pérou

★ site touristique important
⌷ puits de pétrole

200 400 1000 2000 3000 m

═══ autoroute
─── route
─── voie ferrée
✈ aéroport

● plus de 1 000 000 h.
● de 250 000 à 1 000 000 h.
● de 100 000 à 250 000 h.
• moins de 100 000 h.

Le Pérou est formé de trois grandes régions : la plaine côtière, qui est aride malgré sa latitude ; la montagne andine (altitude supérieure à 4 000 m), qui enserre de hauts bassins et un haut plateau (Altiplano); enfin, la plaine amazonienne, forestière, drainée par le haut Amazone et ses affluents, qui couvre plus de la moitié du pays.

Superficie : 1 285 216 km²
Population (2007) : 27 903 000 hab.
Capitale : Lima 7 186 000 hab. (e. 2005) dans l'agglomération
Nature de l'État et du régime politique : république à régime semi-présidentiel
Chef de l'État : (président de la République) Alan García Pérez
Chef du gouvernement : (président du Conseil des ministres) Jorge De Castillo Gálvez
Organisation administrative : 24 départements et la province constitutionnelle de Callao
Langues officielles : espagnol, aymara et quechua
Monnaie : sol

DÉMOGRAPHIE

Densité : 22 hab./km²
Part de la population urbaine (2005) : 72,6 %
Structure de la population par âge (2005) : moins de 15 ans : 31,7 %, 15-60 ans : 60,2 %, plus de 60 ans : 8,1 %
Taux de natalité (2005) : 20,9 ‰
Taux de mortalité (2005) : 6,1 ‰
Taux de mortalité infantile (2005) : 21,2 ‰
Espérance de vie (2004) : hommes : 67,8 ans, femmes : 73 ans

ÉCONOMIE

PNB (2004) : 65 milliards de $
PNB/hab. (2005) : 2 610 $
PNB/hab. PPA (2005) : 5 830 dollars internationaux
IDH (2004) : 0,767
Taux de croissance annuelle du PIB (2006) : 6 %
Taux annuel d'inflation (2005) : 1,6 %
Structure de la population active (2003) : agriculture : 0,7 %, mines et industries : 20,7 %, services : 78,6 %
Structure du PIB (2004) : agriculture : 10 %, mines et industries : 29,8 %, services : 60 %
Dette publique brute : n.d.
Taux de chômage (2005) : 11,4 %

Agriculture et pêche

Cultures
blé (2004) : 168 740 t.
orge (2004) : 176 900 t.
maïs (2004) : 1 180 770 t.
riz (2004) : 1 816 620 t.
pommes de terre (2004) : 2 996 090 t.
patates douces (2003) : 194 000 t.
tomates (2004) : 181 200 t.
canne à sucre (2004) : 9 680 000 t.
pommes (2004) : 146 080 t.
citrons (2004) : 209 540 t.
mandarines (2005) : 173 319 t.
oranges (2004) : 328 880 t.
bananes plantain (2005) : 1 697 120 t.
café (2004) : 185 000 t.
cacao (2004) : 28 100 t.

Élevage et pêche
bovins (2005) : 5 241 290 têtes
caprins (2005) : 1 957 080 têtes
ovins (2005) : 14 822 220 têtes
porcins (2005) : 3 005 400 têtes
poulets (2005) : 99 255 000 têtes
chevaux (2003) : 720 000 têtes
pêche (2004) : 9 642 790 t.

Énergie et produits miniers

électricité totale (2004) : 23 988 millions de kWh
hydroélectricité (2004) : 19 220 millions de kWh
argent (2005) : 3 193 t.
cuivre (2005) : 1 010 000 t.
étain (2005) : 42 100 t.
molybdène (2003) : 9 560 t.
or (2003) : 171 551 kg
plomb (2005) : 319 000 t.
zinc (2005) : 1 202 000 t.
pétrole (2005) : 4 900 000 t.
fer (2004) : 4 315 000 t.

Productions industrielles

bière (2002) : 6 125 000 hl
acier (2005) : 790 000 t.
cuivre métal (2005) : 510 000 t.
plomb métal (2005) : 122 000 t.
zinc métal (2003) : 202 000 t.
ciment (2005) : 4 600 000 t.
filés de coton (2002) : 42 000 t.
textiles synthétiques (1998) : 41 000 t.

PÉROU

REPÈRES HISTORIQUES

Le Pérou fut le centre de nombreuses civilisations amérindiennes (Chavín, Moche, Chimú, Nazca, Paracas).

XIIᵉ - XVIᵉ s. : les Incas étendent leur domination sur les plateaux andins, faisant épanouir une remarquable civilisation.

1532 : Francisco Pizarro s'empare de Cuzco et fait exécuter l'Inca Atahualpa (1533).

1537 : la puissance inca est définitivement brisée.

1544 : la découverte des gisements d'argent de Potosí permet un enrichissement rapide de la société coloniale.

1569 - 1581 : le vice-roi Francisco Toledo organise le système colonial et entreprend l'intégration de la population indienne.

Après 1630 : le déclin de la production d'argent et la chute démographique provoquent une longue dépression économique.

1780 - 1782 : une grave révolte indienne, dirigée par Gabriel Condorcanqui (Túpac Amaru), secoue le pays.

1821 : San Martín proclame l'indépendance du Pérou, consacrée par la victoire de Sucre à Ayacucho (1824). Le pays connaît alors une succession de coups d'État militaires.

1836 - 1839 : éphémère confédération du Pérou et de la Bolivie.

1879 - 1883 : la guerre du Pacifique contre le Chili se termine par la défaite du Pérou, qui doit céder la province littorale de Tarapacá.

1980 - 1992 : guérilla maoïste du « Sentier lumineux ».

1998 : un accord règle le litige frontalier opposant depuis plusieurs décennies le Pérou à l'Équateur.

MACHU PICCHU

Non loin de Cuzco, cette ancienne ville inca est accrochée à 2 045 m d'altitude au-dessus de la vallée du río Urubamba. Ignorée des conquérants espagnols, elle n'a été découverte qu'en 1911, par l'Américain Hiram Bingham. Sa fonction exacte – capitale religieuse, forteresse ou dernière capitale – reste problématique. Elle a, semble-t-il, été élevée après 1450 et planifiée comme une unité comportant cultures en terrasses, quartiers d'habitation, palais et temples, ainsi qu'un système complexe de bassins. Temples et palais en pierre taillée sont les édifices les plus notables ; également construites en pierre, les maisons étaient probablement recouvertes d'un enduit argileux.

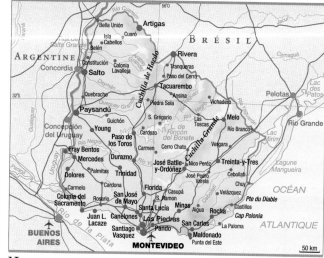

Uruguay

200 m

— route
— voie ferrée
✈ aéroport

● plus de 1 000 000 h.
● de 50 000 à 1 000 000 h.
● de 10 000 à 50 000 h.
● moins de 10 000 h.

50 km

Plaines et collines constituent l'essentiel des paysages. Le pays, largement ouvert sur l'Atlantique et le Río de la Plata, un des plus longs estuaires du monde, fait la transition entre le plateau brésilien et la pampa argentine. Le climat est tempéré et les pluies sont plus abondantes au nord (1 300 mm) qu'au sud (900 mm).

Superficie : 175 016 km²
Population (2007) : 3 340 000 hab.
Capitale : Montevideo 1 269 552 hab. (r. 2004)
Nature de l'État et du régime politique : république à régime semi-présidentiel
Chef de l'État et du gouvernement : (président de la République) Tabaré Vázquez Rosas
Organisation administrative : 19 départements
Langue officielle : espagnol
Monnaie : peso uruguyen

DÉMOGRAPHIE
Densité : 19 hab./km²
Part de la population urbaine (2005) : 92 %
Structure de la population par âge (2005) : moins de 15 ans : 23,8 %, 15-60 ans : 58,4 %, plus de 60 ans : 17,8 %
Taux de natalité (2005) : 15,1 ‰
Taux de mortalité (2005) : 9,2 ‰
Taux de mortalité infantile (2005) : 13,1 ‰
Espérance de vie (2004) : hommes : 71,6 ans, femmes : 78,9 ans

ÉCONOMIE
PNB (2004) : 13,4 milliards de $
PNB/hab. (2005) : 4 360 $
PNB/hab. PPA (2005) : 9 810 dollars internationaux
IDH (2004) : 0,851
Taux de croissance annuelle du PIB (2006) : 4,6 %
Taux annuel d'inflation (2005) : 4,7 %
Structure de la population active (2003) : agriculture : 4,6 %, mines et industries : 21,5 %, services : 73,9 %
Structure du PIB (2004) : agriculture : 11,4 %, mines et industries : 28,5 %, services : 60,1 %
Dette publique brute : n.d.
Taux de chômage (2005) : 12,2 %

Agriculture et pêche
Cultures
blé (2004) : 532 600 t.
maïs (2004) : 223 000 t.
orge (2004) : 406 500 t.
riz (2004) : 1 262 600 t.
soja (2004) : 67 000 t.
canne à sucre (2004) : 154 200 t.
pommes de terre (2004) : 137 950 t.
Élevage et pêche
bovins (2005) : 11 956 000 têtes
ovins (2005) : 9 712 000 têtes
poulets (2005) : 14 000 000 têtes
pêche (2004) : 123 000 t.

Énergie et produits miniers
électricité totale (2004) : 8 183 millions de kWh

Productions industrielles
lait (2004) : 1 641 000 t.
acier (2005) : 64 000 t.
laine (2005) : 37 196 t.
vin (2005) : 1 125 590 hl

Tourisme
Recettes touristiques (2004) : 579 millions de $

Commerce extérieur
Exportations de biens (2005) : 3 758 millions de dollars
Importations de biens (2005) : 3 729,9 millions de dollars

Défense
Forces armées (2004) : 24 000 individus
Budget de la Défense (2004) : 1,08 % du PIB

Niveau de vie
Nombre d'habitants pour un médecin (1990) : 350

Apport journalier moyen en calories (2004) : 2 920 (minimum FAO : 2 400)
Nombre d'automobiles pour 1 000 hab. (1997) : 158
Nombre de téléviseurs pour 1 000 hab. (2000) : 530

REPÈRES HISTORIQUES
XVIᵉ s. : les Espagnols explorent le littoral.
V. 1726 : ils fondent la forteresse de Montevideo.
1821 : après l'échec du soulèvement de José Ártigas, le pays est rattaché au Brésil.
1828 : l'Uruguay accède à l'indépendance et forme un État tampon entre ses deux puissants voisins, l'Argentine et le Brésil.
1838 - 1865 : la vie politique est marquée par les luttes entre les colorados (libéraux) et les blancos (conservateurs), et par la « grande guerre » (1839 - 1851) contre l'Argentine.
1919 : une Constitution libérale est mise en place.
1933 - 1942 : frappé par la crise économique mondiale, l'Uruguay connaît la dictature du président Terra.
Dans les années 1960 : la guérilla urbaine des Tupamaros se développe.
1976 : les militaires s'emparent du pouvoir.
1984 : le pouvoir civil est rétabli.
2005 : rompant avec l'alternance des blancos et des colorados, l'Uruguay se dote pour la première fois d'un président de la République de gauche.

273

VENEUELA

VENEZUELA

Les Andes forment deux cordillères qui culminent au pic Bolívar (5 007 m) et encadrent le golfe de Maracaibo. Le centre est constitué par les Llanos, bassin drainé par certains des affluents de l'Orénoque, et bordé au nord par les chaînes Caraïbes, parallèles à la côte. Le climat est tropical avec des pluies plus importantes au sud, domaine de la forêt amazonienne.

Superficie : 912 050 km²
Population (2007) : 27 657 000 hab.
Capitale : Caracas 2 913 000 hab.
(e. 2005) dans l'agglomération
Nature de l'État et du régime politique :
république à régime présidentiel
Chef de l'État et du gouvernement :
(président de la République)
Hugo Chávez Frías
Organisation administrative : 23 États,
1 district fédéral et une dépendance
fédérale
Langue officielle : espagnol
Monnaie : bolívar

DÉMOGRAPHIE
Densité : 30 hab./km²
Part de la population urbaine (2005) :
93,4 %
Structure de la population par âge (2005) :
moins de 15 ans : 31,3 %, 15-60 ans :
61,2 %, plus de 60 ans : 7,5 %
Taux de natalité (2005) : 21,4 ‰
Taux de mortalité (2005) : 5,1 ‰
Taux de mortalité infantile (2005) : 17 ‰
Espérance de vie (2004) : hommes :
70,8 ans, femmes : 76,6 ans

ÉCONOMIE
PNB (2004) : 105 milliards de $
PNB/hab. (2005) : 4 810 $
PNB/hab. PPA (2005) : 6 440 dollars
internationaux
IDH (2004) : 0,784
**Taux de croissance annuelle du
PIB (2006) :** 7,5 %
Taux annuel d'inflation (2005) : 15,6 %
Structure de la population active (2003) :
agriculture : 11,3%, mines et industries :
19,7 %, services : 69 %
Structure du PIB (2003) : agriculture :
4,5 %, mines et industries : 41,1 %,
services : 56,2 %
Dette publique brute : n.d.
Taux de chômage (2002) : 15,8 %

274

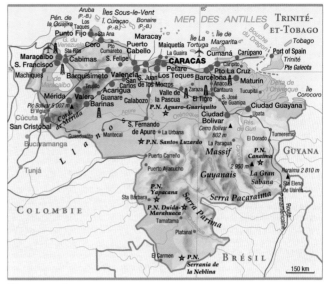

Venezuela
★ site touristique important
200 400 1000 2000 m
— route
✈ aéroport
🛢 puits de pétrole
● plus de 1 000 000 h.
● de 100 000 à 1 000 000 h.
● de 50 000 à 100 000 h.
· moins de 50 000 h.

Agriculture et pêche
Cultures
bananes (2004) : 463 050 t.
bananes plantain (2005) : 491 983 t.
ananas (2004) : 322 770 t.
cacao (2004) : 17 520 t.
sisal (2003) : 2 270 t.
maïs (2004) : 2 176 160 t.
manioc (2004) : 511 440 t.
riz (2004) : 974 090 t.
oranges (2004) : 374 420 t.
canne à sucre (2004) : 8 814 250 t.

Élevage et pêche
bovins (2005) : 16 615 430 têtes
caprins (2005) : 1 341 950 têtes
porcins (2005) : 3 264 130 têtes
poulets (2005) : 110 000 000 têtes
chevaux (2003) : 500 000 têtes
pêche (2004) : 512 200 t.

Énergie et produits miniers
électricité totale (2004) :
93 032 millions de kWh
hydroélectricité (2004) :
62 062 millions de kWh
gaz naturel (2005) :
28 900 millions de m3
fer (2004) : 14 200 000 t.
houille (2001) : 8 361 000 t.
pétrole (2005) : 154 700 000 t.
or (2005) : 10 000 kg
diamant (2005) : 115 000 carats
bauxite (2005) : 5 900 000 t.

Productions industrielles
sucre (2002) : 640 000 t.
acier (2005) : 4 910 000 t.
aluminium (2005) : 610 000 t.
ciment (2005) : 10 000 000 t.

REPÈRES HISTORIQUES

1498 : la contrée est découverte par Christophe Colomb.
XVIIIᵉ s. : la culture du cacao et du café enrichit le pays, qui accède (1777) au rang de capitainerie générale.
1811 - 1812 : Miranda proclame l'indépendance du Venezuela ; vaincu, il est livré aux Espagnols.
1821 - 1830 : après la victoire de Carabobo, Bolívar organise la fédération de la Grande-Colombie (Venezuela, Colombie, puis Équateur).
1830 - 1848 : après la démission de Bolívar, le Venezuela fait sécession. José Antonio Páez exerce une dictature militaire.
1858 - 1870 : le pays est agité par la guerre civile.

1870 - 1887 : Antonio Guzmán Blanco laïcise l'État et modernise l'économie.
1910 - 1935 : la longue dictature de Juan Vicente Gómez s'accompagne de l'essor pétrolier (1920).
1935 - 1941 : sous la présidence de López Contreras s'amorce un processus de démocratisation.
1948 - 1958 : l'armée impose le général Marco Pérez Jiménez comme président.
1959 - 1964 : Rómulo Betancourt consolide les institutions démocratiques, malgré l'opposition des militaires conservateurs et d'une guérilla castriste.
1974 - 1979 : sous la présidence de Carlos Andrés Pérez Rodríguez, l'industrie pétrolière est nationalisée.

Tourisme
Recettes touristiques (2004) :
531 millions de $

Commerce extérieur
Exportations de biens (2005) :
55 487 millions de dollars
Importations de biens (2005) :
23 955 millions de dollars

Défense
Forces armées (2004) : 82 300 individus
Budget de la Défense (2004) : 1,3 % du PIB

Niveau de vie
**Nombre d'habitants pour un
médecin (1993) :** 640
Apport journalier moyen en calories (2004) :
2 340 (minimum FAO : 2 400)

**Nombre d'automobiles
pour 1 000 hab. (1996) :** 69
**Nombre de téléviseurs
pour 1 000 hab. (2001) :** 186

TRINITÉ-ET-TOBAGO

L'État est composé de deux îles, la Trinité (4 827 km² et 96 % de la population totale) et Tobago. Sous un climat tropical humide plus arrosé à l'est qu'à l'ouest, la Trinité a un relief plat en dehors d'une chaîne montagneuse au nord.

Superficie : 5 130 km²
Population (2007) : 1 333 000 hab.
Capitale : Port of Spain 49 031 hab. (r. 2000)
Nature de l'État et du régime politique : république à régime parlementaire
Chef de l'État : (président de la République) George Maxwell Richards
Chef du gouvernement : (Premier ministre) Patrick Manning
Organisation administrative : 10 régions et 5 municipalités
Langue officielle : anglais
Monnaie : dollar de Trinité-et-Tobago

DÉMOGRAPHIE
Densité : 260 hab./km²
Part de la population urbaine (2005) : 75,8 %
Structure de la population par âge (2005) : moins de 15 ans : 22,2 %, 15-60 ans : 68,3 %, plus de 60 ans : 9,5 %
Taux de natalité (2005) : 14,8 ‰
Taux de mortalité (2005) : 8,1 ‰
Taux de mortalité infantile (2005) : 12,4 ‰
Espérance de vie (2004) : hommes : 67,1 ans, femmes : 72,8 ans

ÉCONOMIE
PNB (2004) : 11,4 milliards de $
PNB/hab. (2005) : 10 440 $
PNB/hab. PPA (2005) : 13 170 dollars internationaux
IDH (2004) : 0,809
Taux de croissance annuelle du PIB (2006) : 12,5 %
Taux annuel d'inflation (2005) : 6,9 %
Structure de la population active (2001) : agriculture : 7,8 %, mines et industries : 28,8 %, services : 63,4 %
Structure du PIB (2004) : agriculture : 1 %, mines et industries : 47,1 %, services : 51,9 %
Dette publique brute : n.d.
Taux de chômage (2005) : 8 %

Agriculture
Cultures
canne à sucre (2004) : 580 000 t.
Élevage
bovins (2005) : 29 000 têtes
caprins (2005) : 59 300 têtes
porcins (2005) : 43 000 têtes
poulets (2005) : 28 200 000 têtes

Énergie et produits miniers
électricité totale (2004) :
6 049 millions de kWh
gaz naturel (2005) :
29 000 millions de m³
pétrole (2005) : 8 300 000 t.

Productions industrielles
acier (2005) : 712 000 t.

Tourisme
Recettes touristiques (2002) : 224 M. de $

Commerce extérieur
Exportations de biens (2001) :
4 304,2 millions de dollars
Importations de biens (2001) :
3 586,1 millions de dollars

Défense
Forces armées (2004) : 2 700 individus
Budget de la Défense (2004) : 0,27 % du PIB

Niveau de vie
**Nombre d'habitants pour un
médecin (1995) :** 1 520
Apport journalier moyen en calories (2004) :
2 820 (minimum FAO : 2 400)
**Nombre d'automobiles
pour 1 000 hab. (1996) :** 90
**Nombre de téléviseurs
pour 1 000 hab. (2001) :** 345

REPÈRES HISTORIQUES
1498 : la Trinité est découverte par Christophe Colomb.
1802 : disputée par les grandes puissances, elle est cédée à la Grande-Bretagne.
1962 : elle constitue avec Tobago un État indépendant, membre du Commonwealth.

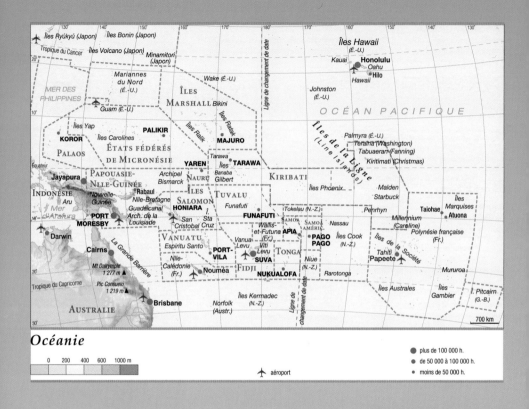

Océanie

0   200   400   600   1000 m

✈ aéroport

● plus de 100 000 h.
● de 50 000 à 100 000 h.
• moins de 50 000 h.

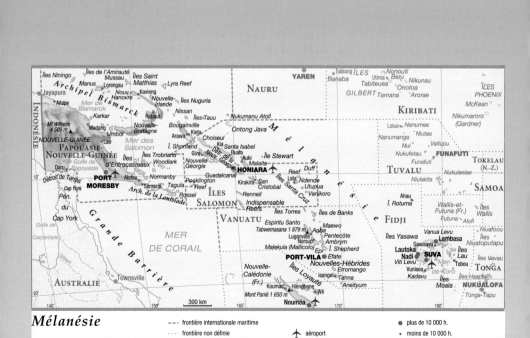

Mélanésie

--- frontière internationale maritime

···· frontière non définie

✈ aéroport

● plus de 10 000 h.
• moins de 10 000 h.

OCÉANIE

OCÉANIE
9 000 000 km²
33 millions d'habitants*

AUSTRALIE

FIDJI

KIRIBATI

MARSHALL

MICRONÉSIE

NAURU

NOUVELLE-ZÉLANDE

PALAOS

PAPOUASIE-
NOUVELLE-GUINÉE

SALOMON

SAMOA

TONGA

TUVALU

VANUATU

AFRIQUE
30 310 000 km²
965 millions d'habitants*

AMÉRIQUE
42 000 000 km²
911 millions d'habitants*

ASIE
44 000 000 km²
4 030 millions d'habitants*

EUROPE
10 500 000 km²
731 millions d'habitants*

*estimation pour 2007

AUSTRALIE

Vaste comme quinze fois la France, l'Australie est encore globalement peu peuplée. Pays de plaines et de plateaux, si l'on excepte sa bordure orientale montagneuse, traversée en son milieu par le tropique, l'Australie possède un climat à dominante aride dans l'intérieur, tropicale au nord-est, tempérée au sud-est, méditerranéenne, enfin, au sud-ouest.

Superficie : 7 741 220 km²
Population (2007) : 20 743 000 hab.

Capitale : Canberra 311 947 hab. (r. 2001), 381 000 hab. (e. 2005) dans l'agglomération
Nature de l'État et du régime politique : monarchie constitutionnelle à régime parlementaire
Chef de l'État : (reine) Élisabeth II, représentée par le gouverneur général Michael Jeffery
Chef du gouvernement : (Premier ministre) John Howard
Organisation administrative : 6 États, 2 territoires et 7 territoires extérieurs
Langue officielle : anglais
Monnaie : dollar australien

DÉMOGRAPHIE

Densité : 3 hab./km²
Part de la population urbaine (2005) : 88,2 %
Structure de la population par âge (2005) : moins de 15 ans : 19,5 %, 15-60 ans : 62,7 %, plus de 60 ans : 17,8 %
Taux de natalité (2005) : 12,4 ‰
Taux de mortalité (2005) : 7,1 ‰
Taux de mortalité infantile (2005) : 4,4 ‰

Espérance de vie (2004) : hommes : 77 ans, femmes : 82,9 ans

ÉCONOMIE

PNB (2004) : 544 milliards de $
PNB/hab. (2005) : 32 200 $
PNB/hab. PPA (2005) : 30 610 dollars internationaux
IDH (2004) : 0,957
Taux de croissance annuelle du PIB (2006) : 3,1 %
Taux annuel d'inflation (2005) : 2,7 %
Structure de la population active (2004) : agriculture : 3,7 %, mines et industries : 23,6 %, services : 74,7 %
Structure du PIB (2003) : agriculture : 3,2 %, mines et industries : 25,7 %, services : 71,1 %
Dette publique brute (1998) : 33,6 % du PIB
Taux de chômage (2006) : 4,9 %

Agriculture et pêche

Cultures
avoine (2004) : 1 321 000 t.
blé (2004) : 22 605 000 t.

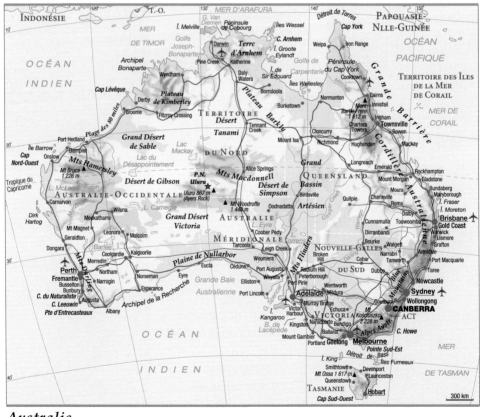

Australie

route
voie ferrée
aéroport

★ site touristique important
limite d'État
Perth capitale d'État

● plus de 2 000 000 h.
● de 1 000 000 à 2 000 000 h.
● de 100 000 à 1 000 000 h.
● moins de 100 000 h.

200 500 1000 m

orge *(2004)* : 7 708 000 t.
riz *(2004)* : 553 000 t.
sorgho *(2004)* : 2 009 000 t.
amandes *(2004)* : 9 430 t.
pommes *(2004)* : 254 930 t.
raisin *(2004)* : 2 014 960 t.
vin *(2005)* : 14 338 270 hl
tomates *(2004)* : 474 220 t.
pommes de terre *(2004)* : 1 310 390 t.
oranges *(2004)* : 395 160 t.
colza *(2002)* : 841 000 t.
canne à sucre *(2004)* : 36 993 000 t.
coton *(2003)* : 819 000 t.

Élevage et pêche
bovins *(2005)* : 27 782 000 têtes
ovins *(2005)* : 101 124 890 têtes
porcins *(2005)* : 2 537 850 têtes
poulets *(2005)* : 75 903 000 têtes
chevaux *(2003)* : 220 000 têtes
pêche *(2004)* : 280 130 t.

Énergie et produits miniers
électricité totale *(2004)* :
225 254 millions de kWh
gaz naturel *(2005)* :
37 100 millions de m³
argent *(2005)* : 2 047 t.
bauxite *(2005)* : 59 959 000 t.
chrome *(2004)* : 266 000 t.
cuivre *(2005)* : 927 000 t.
diamant *(2005)* : 40 000 000 carats
étain *(2005)* : 2 800 t.
fer *(2004)* : 143 398 000 t.
lignite *(2001)* : 66 402 000 t.
manganèse *(2004)* : 1 327 000 t.
nickel *(2004)* : 118 100 t.
or *(2005)* : 262 000 kg
pétrole *(2005)* : 23 300 000 t.
phosphate *(2003)* : 2 985 000 t.
plomb *(2005)* : 776 000 t.
uranium *(2004)* : 8 982 t.
zinc *(2005)* : 1 329 000 t.

Productions industrielles
lait *(2004)* : 10 125 000 t.
fromage *(2003)* : 368 000 t.
miel *(2003)* : 22 500 t.
viande *(2003)* : 3 850 000 t.
sucre *(2002)* : 4 987 000 t.
vin *(2005)* : 14 338 270 hl
acier *(2005)* : 7 757 000 t.
aluminium *(2005)* : 1 903 000 t.
fonte *(1998)* : 7 723 000 t.
cuivre métal *(2005)* : 471 000 t.
étain métal *(2004)* : 80 t.
nickel métal *(2004)* : 122 000 t.
plomb métal *(2005)* : 268 000 t.
zinc métal *(2005)* : 507 800 t.
automobiles *(2005)* : 316 400 unités
véhicules utilitaires *(2005)* :
78 200 unités
filés de coton *(2002)* : 341 000 t.
laine *(2005)* : 519 660 t.
ciment *(2005)* : 9 000 000 t.
production de bois *(2005)* : 30 529 000 m³

Tourisme
Recettes touristiques (2004) :
17 946 millions de $

Commerce extérieur
Exportations de biens (2005) :
106 969 millions de dollars
Importations de biens (2005) :
120 372 millions de dollars

Défense
Forces armées (2004) : 52 872 individus
Budget de la Défense (2004) : 1,95 % du PIB

Niveau de vie
**Nombre d'habitants pour un
médecin (1996) :** 400
**Apport journalier moyen en
calories (2004) :** 3 120
(minimum FAO : 2 400)
**Nombre d'automobiles
pour 1 000 hab. (1998) :** 510
**Nombre de téléviseurs
pour 1 000 hab. (2003) :** 722

REPÈRES HISTORIQUES

Le pays est occupé partiellement par des populations dites « australoïdes » (Aborigènes), dont les traces d'activité remontent à près de 40 000 ans.
XVIIᵉ s. : l'Australie est atteinte par les Hollandais.
1770 : Cook explore la côte méridionale.
1788 : début de la colonisation britannique en Nouvelle-Galles du Sud à partir de Port Jackson (Sydney). L'Australie est tout d'abord une terre de déportation pour les détenus *(convicts)*.
XIXᵉ s. : la colonisation s'étend à tout le continent. Le sol est exploité par des cultivateurs et des éleveurs de moutons mérinos.

1851 : la ruée vers l'or accélère l'immigration britannique, le chemin de fer se développe, ainsi que l'exportation du blé.
1823 - 1859 : les six colonies (actuels États) sont successivement créées et dotées de gouvernements responsables devant les Parlements (1851 - 1880).
1901 : le *Commonwealth of Australia* est proclamé. Le pays participe activement aux deux guerres mondiales aux côtés des Alliés.
Depuis 1945 : l'Australie s'affirme le partenaire privilégié des États-Unis dans la zone Pacifique. Elle développe des relations économiques avec le Japon, la Corée du Sud, la Chine et les pays de l'ASEAN.

FIDJI

Le pays est formé par un archipel comptant plus de 300 îles, dont les deux principales sont Viti Levu et Vanua Levu.

Superficie : 18 274 km²
Population (2007) : 839 000 hab.
Capitale : Suva 219 000 hab. (e. 2005) dans l'agglomération
Nature de l'État et du régime politique : république à régime parlementaire
Chef de l'État : (président de la République) Ratu Josefa Iloilo
Chef du gouvernement : (Premier ministre) Voreqe Bainimarama
Organisation administrative : 4 divisions et 1 dépendance
Langues officielles : anglais, fidjien et hindoustani
Monnaie : dollar fidjien

DÉMOGRAPHIE

Densité : 46 hab./km²
Part de la population urbaine (2005) : 50,8 %

Structure de la population par âge (2005) : moins de 15 ans : 32,9 %, 15-60 ans : 60,2 %, plus de 60 ans : 6,9 %
Taux de natalité (2005) : 21,1 ‰
Taux de mortalité (2005) : 6,6 ‰
Taux de mortalité infantile (2005) : 19,5 ‰
Espérance de vie (2004) : hommes : 65,9 ans, femmes : 70,4 ans

ÉCONOMIE

PNB (2004) : 2,286 milliards de $
PNB/hab. (2005) : 3 280 $
PNB/hab. PPA (2005) : 5 960 dollars internationaux
IDH (2004) : 0,758
Taux de croissance annuelle du PIB (2006) : 2,6 %
Taux annuel d'inflation (2005) : 2,4 %
Structure de la population active : agriculture : n.d., mines et industries : n.d., services : n.d.
Structure du PIB (2002) : agriculture : 16,2 %, mines et industries : 27 %, services : 56,8 %
Dette publique brute : n.d.
Taux de chômage (1995) : 5,4 %

Agriculture et pêche

Cultures
canne à sucre (2004) : 2 971 000 t.
manioc (2004) : 33 000 t.
riz (2004) : 14 360 t.
Élevage et pêche
bovins (2005) : 310 000 têtes
caprins (2005) : 200 000 têtes
porcins (2005) : 140 000 têtes
poulets (2005) : 4 250 000 têtes
pêche (2004) : 48 350 t.

Énergie et produits miniers
électricité totale (2004) : 817 M. de kWh
or (2005) : 2 800 kg
argent (2001) : 2 t.

Productions industrielles
lait (2004) : 57 000 t.
beurre (2003) : 1 839 t.
viande (2003) : 19 800 t.
sucre (2002) : 317 000 t.

Tourisme
Recettes touristiques (2004) : 573 M. de $

Commerce extérieur
Exportations de biens (1999) : 537,7 millions de dollars
Importations de biens (1999) : 653,3 millions de dollars

Défense
Forces armées (2004) : 3 500 individus
Budget de la Défense (2004) : 1,63 % du PIB

Niveau de vie
Nombre d'habitants pour un médecin (1990) : 2 030
Apport journalier moyen en calories (2004) : 2 940 (minimum FAO : 2 400)
Nombre d'automobiles pour 1 000 hab. (1996) : 37
Nombre de téléviseurs pour 1 000 hab. (2003) : 117

REPÈRES HISTORIQUES

1874 : les îles Fidji sont annexées par les Britanniques.
1970 : le pays accède à l'indépendance dans le cadre du Commonwealth.

NAURU

État proche de l'équateur, constitué par un atoll de la Micronésie situé au sud des Marshall.

Superficie : 21 km²
Population (2007) : 10 000 hab.
Capitale : Yaren 13 000 hab. (e. 2003) dans l'agglomération
Nature de l'État et du régime politique : république à régime parlementaire
Chef de l'État et du gouvernement : (président de la République) Ludwig Scotty
Organisation administrative : 14 districts
Langues officielles : nauruan et anglais
Monnaie : dollar australien

DÉMOGRAPHIE

Densité : 476 hab./km²
Part de la population urbaine (2005) : 100 %
Structure de la population par âge : moins de 15 ans : n.d., 15-60 ans : n.d., plus de 60 ans : n.d.
Taux de natalité : n.d.
Taux de mortalité : n.d.
Taux de mortalité infantile : n.d.
Espérance de vie : hommes : n.d., femmes : n.d.

ÉCONOMIE

PNB (1993) : 0,11 milliard de $
PNB/hab. (1993) : 12 000 $
PNB/hab. PPA : n.d.
IDH : n.d.
Taux de croissance annuelle du PIB (2006) : 3,5 %
Taux annuel d'inflation : n.d.
Structure de la population active : agriculture : n.d., mines et industries : n.d., services : n.d.
Structure du PIB : agriculture : n.d., mines et industries : n.d., services : n.d.
Dette publique brute : n.d.
Taux de chômage : n.d.

Agriculture et pêche

Cultures
noix de coco (2005) : 1 600 t.
Élevage et pêche
porcins (2005) : 2 800 têtes
poulets (2005) : 5 000 têtes
pêche (2004) : 10 t.

Énergie et produits miniers
électricité totale (2004) : 30 millions de kWh
phosphate (2003) : 84 000 t.

Productions industrielles
huile de palme : n.d.
palmiste : n.d.

Tourisme
Recettes touristiques : n.d.

Commerce extérieur
Exportations de biens : n.d.
Importations de biens : n.d.

Défense
Forces armées : n.d.
Budget de la Défense : n.d.

Niveau de vie
Nombre d'habitants pour un médecin : n.d.
Apport journalier moyen en calories (1995) : 3 202 (minimum FAO : 2 400)
Nombre d'automobiles pour 1 000 hab. : n.d.
Nombre de téléviseurs pour 1 000 hab. : n.d.

REPÈRES HISTORIQUES

1968 : l'État de Nauru devient indépendant, dans le cadre du Commonwealth.
1999 : il est admis au sein de l'ONU.

SALOMON

L'État des Salomon est composé d'une qua-rantaine d'îles et d'îlots. Les pluies sont très abondantes, et la forêt dense couvre la majeure partie du territoire.

Superficie : 28 896 km²
Population (2007) : 496 000 hab.
Capitale : Honiara 49 107 hab. (r. 1999)
Nature de l'État et du régime politique : monarchie constitutionnelle à régime parlementaire
Chef de l'État : (reine) Élisabeth II, représentée par le gouverneur général Nathaniel Waena
Chef du gouvernement : (Premier ministre) Manasseh Sogavare
Organisation administrative : 1 territoire et 9 provinces
Langue officielle : anglais
Monnaie : dollar des îles Salomon

DÉMOGRAPHIE

Densité : 17 hab./km²
Part de la population urbaine (2003) : 21,4 %
Structure de la population par âge (2005) : moins de 15 ans : 40,5 %, 15-60 ans : 54,8 %, plus de 60 ans : 4,7 %
Taux de natalité (2005) : 30,5 ‰
Taux de mortalité (2005) : 7,2 ‰
Taux de mortalité infantile (2005) : 54,5 ‰
Espérance de vie (2004) : hommes : 61,9 ans, femmes : 63,4 ans

ÉCONOMIE

PNB (2004) : 0,263 milliard de $
PNB/hab. (2004) : 560 $
PNB/hab. PPA (2005) : 1 880 dollars internationaux
IDH (2004) : 0,592
Taux de croissance annuelle du PIB (2006) : 5,3 %
Taux annuel d'inflation (2005) : 7,2 %
Structure de la population active : agriculture : n.d., mines et industries : n.d., services : n.d.
Structure du PIB (1991) : agriculture : 49 %, mines et industries : 9 %, services : 42 %
Dette publique brute : n.d.
Taux de chômage : n.d.

Agriculture et pêche

Cultures
cacao (2004) : 5 000 t.
patates douces (2003) : 83 000 t.
igname (2003) : 29 000
noix de coco (2005) : 276 000 t.
Élevage et pêche
bovins (2005) : 13 500 têtes
porcins (2005) : 53 000 têtes
pêche (2005) : 30 100 t.

Énergie et produits miniers

électricité totale (2004) : 55 millions de kWh
or (2005) : 10 kg

Productions industrielles

huile de palme (2002) : 34 000 t.
palmiste (2002) : 8 000 t.
coprah (2001) : 11 000 t.

Tourisme

Recettes touristiques (1999) : 6 millions de $

Commerce extérieur

Exportations de biens (1999) : 164,57 millions de dollars
Importations de biens (1999) : 110,04 millions de dollars

Défense

Forces armées : n.d.
Budget de la Défense : n.d.

Niveau de vie

Nombre d'habitants pour un médecin (1990) : 7 420
Apport journalier moyen en calories (2004) : 2 230 (minimum FAO : 2 400)
Nombre d'automobiles pour 1 000 hab. : n.d.
Nombre de téléviseurs pour 1 000 hab. (2003) : 10

REPÈRES HISTORIQUES

1899 : l'archipel est partagé entre la Grande-Bretagne (partie orientale) et l'Allemagne (Bougainville et Buka).
1942 - 1945 : violents affrontements entre Américains et Japonais.
Depuis 1975 : l'ancienne partie al-lemande, sous tutelle australienne à partir de 1921, dépend de la Papouasie-Nouvelle-Guinée.
1978 : la partie britannique, qui constitue l'État actuel, accède à l'indépendance.

VANUATU

Quatre-vingts îles, dont une soixantaine sont inhabitées, composent l'archipel. Le climat tropical humide explique l'extension de la forêt, qui couvre environ 75 % du territoire. Trois volcans sont toujours en activité.

Superficie : 12 189 km²
Population (2007) : 226 000 hab.
Capitale : Port-Vila 36 000 hab. (e. 2005)
Nature de l'État et du régime politique : république à régime parlementaire
Chef de l'État : (président de la République) Kalkot Mataskelekele
Chef du gouvernement : (Premier ministre) Ham Lini
Organisation administrative : 6 provinces
Langues officielles : anglais, bichlamar et français
Monnaie : vatu

DÉMOGRAPHIE

Densité : 19 hab./km²
Part de la population urbaine (2005) : 23,5 %
Structure de la population par âge (2005) : moins de 15 ans : 39,8 %, 15-60 ans : 55,2 %, plus de 60 ans : 5 %
Taux de natalité (2005) : 28,8 ‰
Taux de mortalité (2005) : 5 ‰
Taux de mortalité infantile (2005) : 28,3 ‰
Espérance de vie (2004) : hommes : 67,3 ans, femmes : 71 ans

ÉCONOMIE

PNB (2004) : 0,287 milliard de $
PNB/hab. (2005) : 1 600 $
PNB/hab. PPA (2005) : 3 170 dollars internationaux
IDH (2004) : 0,67
Taux de croissance annuelle du PIB (2006) : 3 %
Taux annuel d'inflation (2003) : 2,8 %
Structure de la population active : agriculture : n.d., mines et industries : n.d., services : n.d.
Structure du PIB (2001) : agriculture : 15 %, mines et industries : 9,4 %, services : 75,6 %
Dette publique brute : n.d.
Taux de chômage : n.d.

Agriculture et pêche

Cultures
bananes (2004) : 14 300 t.
arachide (2004) : 2 450 t.
cacao (2004) : 800 t.
noix de coco (2005) : 315 000 t.
Élevage et pêche
bovins (2005) : 152 000 têtes
porcins (2005) : 62 000 têtes
poulets (2005) : 340 000 têtes
pêche (2004) : 94 820 t.

Énergie et produits miniers

électricité totale (2004) : 43 millions de kWh

Productions industrielles

lait (2004) : 3 000 t.
viande (2003) : 6 470 t.

Tourisme

Recettes touristiques (2001) : 46 M. de $

Commerce extérieur

Exportations de biens (2005) : 37,97 M. de $
Importations de biens (2005) : 131,16 M. de $

Défense

Forces armées : n.d.
Budget de la Défense : n.d.

Niveau de vie

Nombre d'habitants pour un médecin (1991) : 10 000
Apport journalier moyen en calories (2004) : 2 600 (minimum FAO : 2 400)
Nombre d'automobiles pour 1 000 hab. (1996) : 22
Nombre de téléviseurs pour 1 000 hab. (2003) : 13

REPÈRES HISTORIQUES

1606 : l'archipel est découvert par les Portugais.
1906 : la commission navale franco-britannique, instaurée en 1887 à la suite de la rivalité entre les deux pays, aboutit à l'établissement d'un condominium.
1980 : l'archipel, qui prend le nom de Vanuatu, accède à l'indépendance.

KIRIBATI

Kiribati, Samoa, Tonga, Tuvalu

TARAWA : capitale d'État

● plus de 10 000 h.
● moins de 10 000 h.

Le pays englobe notamment l'archipel des Gilbert et les îles de la Ligne. Traversé par l'équateur et par la ligne de changement de date, l'État est « dispersé » sur près de 5 millions de km², s'étirant sur environ 4 000 km d'ouest en est.

Superficie : 726 km²
Population (2007) : 95 000 hab.
Capitale : Tarawa 42 000 hab. (e. 2003)
Nature de l'État et du régime politique :
république à régime semi-présidentiel
Chef de l'État et du gouvernement :
(Beretitenti) Anote Tong
Organisation administrative :
3 groupes d'îles
Langue officielle : anglais
Monnaie : dollar australien

DÉMOGRAPHIE

Densité : 131 hab./km²
Part de la population urbaine (2005) : 47,4 %
Structure de la population par âge : moins de 15 ans : n.d., 15-60 ans : n.d., plus de 60 ans : n.d.
Taux de natalité : n.d.
Taux de mortalité : n.d.
Taux de mortalité infantile : n.d.
Espérance de vie : n.d.

ÉCONOMIE

PNB (2004) : 0,095 milliard de $
PNB/hab. (2005) : 1 390 $
PNB/hab. PPA (1999) : 3 186 dollars internationaux
IDH : n.d.
Taux de croissance annuelle du PIB (2006) : 0,8 %
Taux annuel d'inflation (2003) : 1,4 %

Structure de la population active :
agriculture : n.d., mines et industries : n.d., services : n.d.
Structure du PIB (2002) : agriculture : 14,2 %, mines et industries : 10,8 %, services : 75 %
Dette publique brute : n.d.
Taux de chômage : n.d.

Agriculture et pêche

Cultures
noix de coco (2005) : 103 000 t.
bananes (2004) : 5 000 t.
Élevage et pêche
porcins (2005) : 12 400 têtes
poulets (2005) : 460 000 têtes
pêche (2004) : 35 510 t.

Énergie et produits miniers
électricité totale (2004) : 13 millions de kWh

Productions industrielles
viande (2003) : 1 290 t.
coprah (2001) : 3 770 t.

Tourisme
Recettes touristiques (2001) : 3 millions de $

Commerce extérieur
Exportations de biens (1997) :
11 millions de dollars
Importations de biens (1997) :
93 millions de dollars

Défense
Forces armées : n.d.
Budget de la Défense : n.d.

Niveau de vie
Nombre d'habitants pour un médecin : n.d.
Apport journalier moyen en calories (2004) : 2 800 (minimum FAO : 2 400)
Nombre d'automobiles pour 1 000 hab. : n.d.
Nombre de téléviseurs pour 1 000 hab. (2003) : 44

REPÈRES HISTORIQUES

1979 : ancienne colonie britannique, l'État de Kiribati devient indépendant, dans le cadre du Commonwealth.
1999 : il est admis au sein de l'ONU.

SAMOA

État insulaire d'Océanie, formé essentiellement des îles Savaii et Upolu, et de quelques îlots, c'est un archipel volcanique, montagneux, couvert d'une forêt dense. Les collines et les plaines littorales sont cependant bien mises en valeur.

Superficie : 2 831 km²
Population (2007) : 187 000 hab.
Capitale : Apia 41 000 hab. (e. 2005)
Nature de l'État et du régime politique :
monarchie
Chef de l'État : (O le Ao le Malo)
Tuiatua Tupua Tamasese Tupuola Efi

Chef du gouvernement : (Premier ministre) Tuilaepa Sailele Malielegaoi
Organisation administrative : 11 districts
Langues officielles : samoan et anglais
Monnaie : tala

DÉMOGRAPHIE

Densité : 66 hab./km²
Part de la population urbaine (2005) : 22,4 %
Structure de la population par âge (2005) : moins de 15 ans : 40,8 %, 15-60 ans : 52,7 %, plus de 60 ans : 6,5 %

Taux de natalité (2005) : 24,7 ‰
Taux de mortalité (2005) : 5,4 ‰
Taux de mortalité infantile (2005) : 22,3 ‰
Espérance de vie (2004) : hommes : 67,3 ans, femmes : 73,4 ans

ÉCONOMIE

PNB (2004) : 0,338 milliard de $
PNB/hab. (2005) : 2 090 $
PNB/hab. PPA (2005) : 6 480 dollars internationaux
IDH (2004) : 0,776
Taux de croissance annuelle du PIB (2006) : 4 %
Taux annuel d'inflation (2005) : 1,8 %
Structure de la population active :
agriculture : n.d., mines et industries : n.d., services : n.d.

Structure du PIB (2004) : agriculture :
13,6 %, mines et industries : 26,8 %,
services : 59,6 %

Dette publique brute : n.d.

Taux de chômage : n.d.

Agriculture et pêche

Cultures

ananas (2004) : 4 600 t.

bananes (2004) : 21 500 t.

noix de coco et coprah (2001) : 8 000 t.

Élevage et pêche

bovins (2005) : 29 000 têtes

porcins (2005) : 201 000 têtes

poulets (2005) : 450 000 têtes

pêche (2004) : 5 190 t.

Énergie et produits miniers

électricité totale (2004) : 108 millions de kWh

Productions industrielles

viande (2003) : 5 140 t.

production de bois (2005) : 131 000 m³

Tourisme

Recettes touristiques (2002) : 45 M. de $

Commerce extérieur

Exportations de biens (2005) : 12 M. de $

Importations de biens (2005) : 187,16 M. de $

Défense

Forces armées : n.d.

Budget de la Défense : n.d.

Niveau de vie

**Nombre d'habitants pour un
médecin (1990)** : 3 570

Apport journalier moyen en calories (2004) :
2 930 (minimum FAO : 2 400)

**Nombre d'automobiles
pour 1 000 hab. : n.d.**

**Nombre de téléviseurs
pour 1 000 hab. (2003)** : 148

1920 : le pays passe sous tutelle néo-
zélandaise.

1962 : les Samoa occidentales deviennent indépendantes et entrent dans le
Commonwealth en 1970.

1997 : elles prennent le nom de
Samoa.

TONGA

C'est un archipel d'environ 170 îles et îlots,
le plus souvent construits sur des plateaux
de corail soulevés. Plus des deux tiers des
habitants vivent sur l'île de Tongatapu, où
se trouve la capitale.

Superficie : 747 km²

Population (2007) : 100 000 hab.

Capitale : Nukualofa 25 000 hab.
(e. 2005) dans l'agglomération

Nature de l'État et du régime politique :
monarchie

Chef de l'État : (roi) George Tupou V

Chef du gouvernement : (Premier
ministre) Feleti Sevele

Organisation administrative : 5 divisions

Langues officielles : tongan et anglais

Monnaie : pa'anga

DÉMOGRAPHIE

Densité : 134 hab./km²

Part de la population urbaine (2005) : 24 %

Structure de la population par âge (2005) :
moins de 15 ans : 37,5 %, 15-60 ans :
53,5 %, plus de 60 ans : 9 %

Taux de natalité (2005) : 25,6 ‰

Taux de mortalité (2005) : 5,7 ‰

Taux de mortalité infantile (2005) : 18,6 ‰

Espérance de vie (2004) : hommes :
71,2 ans, femmes : 73,7 ans

ÉCONOMIE

PNB (2004) : 0,19 milliards de $

PNB/hab. (2005) : 2 190 $

PNB/hab. PPA (2005) : 8 040 dollars
internationaux

IDH (2004) : 0,815

Taux de croissance annuelle du PIB (2006) :
1,9 %

Taux annuel d'inflation (2005) : 8,3 %

Structure de la population active :
agriculture : n.d., mines et industries :
n.d., services : n.d.

Structure du PIB (2004) : agriculture :
28,9 %, mines et industries : 15,2 %,
services : 55,9 %

Dette publique brute : n.d.

Taux de chômage : n.d.

Agriculture et pêche

Cultures

igname (2003) : 4 400 t.

manioc (2003) : 9 000 t.

patates douces (2003) : 6 000 t.

oranges (2003) : 1 000 t.

citrons (2002) : 2 500 t.

bananes (2003) : 700 t.

Élevage et pêche

bovins (2005) : 11 250 têtes

caprins (2005) : 12 500 têtes

porcins (2005) : 81 000 têtes

chevaux (2003) : 11 400 têtes

poulets (2005) : 300 000 têtes

pêche (2004) : 2 860 t.

Énergie et produits miniers

électricité totale (2004) : 41 millions de kWh

Productions industrielles

lait (2003) : 370 t.

viande (2003) : 2 180 t.

œufs (2003) : 28 t.

Tourisme

Recettes touristiques (2002) : 9 M. de $

Commerce extérieur

Exportations de biens (2001) : 6,657 M. de $

Importations de biens (2001) : 63,79 M. de $

Défense

Forces armées (1991) : 300 individus

Budget de la Défense : n.d.

Niveau de vie

**Nombre d'habitants pour un
médecin (1991)** : 2 000

Apport journalier moyen en calories (1995) :
2 946 (minimum FAO : 2 400)

**Nombre d'automobiles
pour 1 000 hab. (1996)** : 10

**Nombre de téléviseurs
pour 1 000 hab. (2003)** : 70

1970 : ancien protectorat britannique,
les îles Tonga deviennent indépendantes
dans le cadre du Commonwealth.

1999 : elles sont admises au sein de
l'ONU.

ÉCONOMIE

Taux de croissance annuelle du PIB (2001) :
3 %

Agriculture et pêche

Cultures

bananes (2003) : 270 t.

Élevage et pêche

porcins (2005) : 13 500 têtes

pêche (2004) : 2 080 t.

Productions industrielles

viande (2003) : 140 t.

1978 : l'archipel devient indépendant
dans le cadre du Commonwealth.

2000 : Tuvalu est admis au sein de
l'ONU.

TUVALU

Tuvalu est un petit archipel de 9 atolls.

Superficie : 26 km²

Population (2007) : 11 000 hab.

Capitale : Funafuti 6 000 hab. (e. 2003)

Nature de l'État et du régime politique :
monarchie constitutionnelle à régime
parlementaire

Chef de l'État : (reine) Élisabeth II,
représentée par le gouverneur général
Filoimea Telito

Chef du gouvernement : (Premier
ministre) Apisai Ielemia

Organisation administrative : 9 atolls

Langues officielles : anglais et tuvaluan

Monnaie : dollar australien

DÉMOGRAPHIE

Densité : 423 hab./km²

Part de la population urbaine (2005) : 48,1 %

Structure de la population par âge : moins
de 15 ans : n.d., 15-60 ans : n.d., plus de
60 ans : n.d.

Taux de natalité : n.d.

Taux de mortalité : n.d.

Taux de mortalité infantile : n.d.

Espérance de vie : n.d.

MARSHALL

L'archipel comprend deux groupes d'îles, les Ratak (îles « de l'Aurore », ou « du Soleil levant ») et les Ralik (îles « du Soleil couchant »). Les principaux atolls sont Jaluit, Kwajalein, Eniwetok et Bikini.

Superficie : 181 km²
Population (2007) : 59 000 hab.
Capitale : Majuro 25 000 hab. (e. 2003) dans l'agglomération
Nature de l'État et du régime politique : république
Chef de l'État et du gouvernement : (président de la République) Kessai Hesa Note
Organisation administrative : 2 districts
Langues officielles : anglais et marshallais
Monnaie : dollar des États-Unis

DÉMOGRAPHIE

Densité : 326 hab./km²

Part de la population urbaine (2003) : 66,4 %
Structure de la population par âge : moins de 15 ans : n.d., 15-60 ans : n.d., plus de 60 ans : n.d.
Taux de natalité : n.d.
Taux de mortalité : n.d.
Taux de mortalité infantile : n.d.
Espérance de vie : n.d.

ÉCONOMIE

PNB (2004) : 0,142 milliard de $
PNB/hab. (2005) : 2 930 $
PNB/hab. PPA : n.d.
IDH : n.d.
Taux de croissance annuelle du PIB (2002) : 4 %
Taux annuel d'inflation : n.d.
Structure de la population active : agriculture : n.d., mines et industries : n.d., services : n.d.
Structure du PIB (2001) : agriculture : 13,8 %, mines et industries : 16 %, services : 70,2 %
Dette publique brute : n.d.
Taux de chômage (2005) : 25,4 %

Agriculture et pêche

Cultures
noix de coco et coprah : n.d.
Pêche
pêche (2001) : 37 000 t.

Énergie et produits miniers
électricité totale : n.d.

Tourisme
Recettes touristiques (2002) : 4 millions de $

Commerce extérieur
Exportations de biens (1995) : 17 millions de dollars
Importations de biens (1995) : 74 millions de dollars

Défense
Forces armées : n.d.
Budget de la Défense : n.d.

Niveau de vie
Nombre d'habitants pour un médecin : n.d.
Apport journalier moyen en calories : n.d.
Nombre d'automobiles pour 1 000 hab. : n.d.
Nombre de téléviseurs pour 1 000 hab. : n.d.

REPÈRES HISTORIQUES

1885 - 1914 : les îles Marshall sont une possession allemande.
1920 - 1944 : elles passent sous mandat japonais.
1947 : l'ONU les place sous tutelle américaine.
1986 : elles deviennent un État librement associé aux États-Unis.
1991 : elles sont admises au sein de l'ONU.

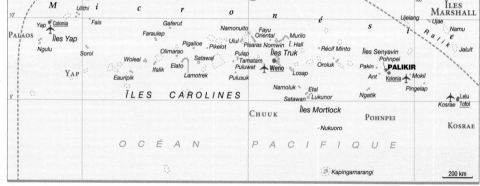

États fédérés de Micronésie

Palaos est un archipel d'environ 350 îles et atolls, dont plus de la moitié sont inhabités. Le climat est chaud (température moyenne supérieure à 27 °C), ensoleillé, malgré d'abondantes pluies d'été.

Superficie : 459 km²
Population (2007) : 20 000 hab.
Capitale : Melekeok 400 hab. (e. 2006)
Nature de l'État et du régime politique :
république
Chef de l'État et du gouvernement :
(président de la République)
Thomas Esang, dit Tommy Remengesau
Organisation administrative : 16 États
Langues officielles : palauan et anglais
Monnaie : dollar des États-Unis

DÉMOGRAPHIE

Densité : 43 hab./km²
Part de la population urbaine (2005) :
69,6 %
Structure de la population par âge : moins de 15 ans : n.d., 15-60 ans : n.d., plus de 60 ans : n.d.
Taux de natalité : n.d.
Taux de mortalité : n.d.

Taux de mortalité infantile : n.d.
Espérance de vie (2006): hommes : 67 ans, femmes : 73 ans

ÉCONOMIE

PNB (2004) : 0,137 milliard de $
PNB/hab. (2005) : 7 630 $
PNB/hab. PPA : n.d.
IDH : n.d.
Taux de croissance annuelle du PIB (2002) : 3 %
Taux annuel d'inflation : n.d.
Structure de la population active : agriculture : n.d., mines et industries : n.d., services : n.d.
Structure du PIB (2001) : agriculture : 3,9 %, mines et industries : 12,7 %, services : 83,4 %
Dette publique brute : n.d.
Taux de chômage : n.d.

Pêche
pêche (2004) : 1 080 t.

Énergie et produits miniers
électricité totale : n.d.

Tourisme
Recettes touristiques (2004) : 97 millions de $

Commerce extérieur
Exportations de biens (1995) :
12 millions de dollars
Importations de biens (1995) :
63 millions de dollars

Défense
Forces armées : n.d.
Budget de la Défense : n.d.

Niveau de vie
Nombre d'habitants pour un médecin : n.d.
Apport journalier moyen en calories : n.d.
Nombre d'automobiles
pour 1 000 hab. : n.d.
Nombre de téléviseurs
pour 1 000 hab. : n.d.

REPÈRES HISTORIQUES

1947 : l'archipel est placé par l'ONU sous tutelle américaine.
1994 : il devient indépendant et est admis au sein de l'ONU.

MICRONÉSIE

La Micronésie correspond à la majeure partie de l'archipel des Carolines. Elle est formée de 607 îles regroupant 4 États : Yap, Kosrae, Chuuk, Pohnpei.

Superficie : 702 km²
Population (2007) : 111 000 hab.
Capitale : Palikir 7 000 hab. (e. 2005)
Nature de l'État et du régime politique :
république
Chef de l'État et du gouvernement :
(président de la République)
Immanuel dit Manny Mori
Organisation administrative : 4 États
Langue officielle : anglais
Monnaie : dollar des États-Unis

DÉMOGRAPHIE

Densité : 158 hab./km²
Part de la population urbaine (2005) : 22,3 %
Structure de la population par âge (2005) :
moins de 15 ans : 38,5 %, 15-60 ans : 56,1 %, plus de 60 ans : 5,4 %
Taux de natalité (2005) : 25,9 ‰
Taux de mortalité (2005) : 6,1 ‰
Taux de mortalité infantile (2005) : 34,1 ‰
Espérance de vie (2004) : hommes : 67,2 ans, femmes : 68,5 ans

ÉCONOMIE

PNB (2004) : 0,252 milliard de $
PNB/hab. (2005) : 2 300 $
PNB/hab. PPA : n.d.
IDH : n.d.
Taux de croissance annuelle du PIB (2002) : 0,8 %
Taux annuel d'inflation : n.d.
Structure de la population active : agriculture : n.d., mines et industries : n.d., services : n.d.
Structure du PIB : agriculture : n.d., mines et industries : n.d., services : n.d.
Dette publique brute : n.d.
Taux de chômage : n.d.

Agriculture et pêche
Cultures
bananes (2003) : 2 000 t.
maïs (2003) : 50 t.
riz (2003) : 90 t.
patates douces (2003) : 3 000 t.
manioc (2003) : 11 800 t.

Élevage et pêche
bovins (2005) : 13 900 têtes
porcins (2005) : 32 000 têtes
pêche (2004) : 29 380 t.

Énergie et produits miniers
électricité totale (1996) :
40 millions de kWh

Tourisme
Recettes touristiques (2001) :
13 millions de $

Commerce extérieur
Exportations de biens (1995) :
70 millions de dollars
Importations de biens (1995) :
164 millions de dollars

Défense
Forces armées : n.d.
Budget de la Défense : n.d.

Niveau de vie
Nombre d'habitants pour un médecin : n.d.
Apport journalier moyen en calories : n.d.
Nombre d'automobiles pour 1 000 hab. : n.d.
Nombre de téléviseurs
pour 1 000 hab. (2003) : 25

285

REPÈRES HISTORIQUES

1947 : l'archipel est placé par l'ONU sous tutelle américaine.
1986 : il devient un État librement associé aux États-Unis.
1991 : il est admis au sein de l'ONU.

À 2 000 km au sud-est de l'Australie, la Nouvelle-Zélande est presque tout entière située dans la zone tempérée de l'hémisphère austral. Le pays est formé de deux grandes îles. L'île du Nord concentre 75 % de la population (et les deux principales villes, Auckland et Wellington) sur 42 % de la superficie totale. L'île du Sud a un relief plus contrasté, dominé par les Alpes néo-zélandaises.

Superficie : 270 534 km²
Population (2007) : 4 179 000 hab.
Capitale : Wellington 185 187 hab.
(r. 2006), 343 000 hab. (e. 2003) dans l'agglomération
Nature de l'État et du régime politique : monarchie constitutionnelle à régime parlementaire
Chef de l'État : (reine) Élisabeth II, représentée par le gouverneur général Anand Satyanand
Chef du gouvernement : (Premier ministre) Helen Clark
Organisation administrative : 16 régions, 2 États autonomes associés et 2 territoires d'outre-mer
Langues officielles : anglais et maori
Monnaie : dollar néo-zélandais

DÉMOGRAPHIE

Densité : 15 hab./km²
Part de la population urbaine (2005) : 86,2 %
Structure de la population par âge (2005) : moins de 15 ans : 21,4 %, 15-60 ans : 62 %, plus de 60 ans : 16,6 %
Taux de natalité (2005) : 13,7 ‰
Taux de mortalité (2005) : 7,1 ‰
Taux de mortalité infantile (2005) : 5 ‰
Espérance de vie (2004) : hommes : 77 ans, femmes : 81,4 ans

ÉCONOMIE

PNB (2004) : 81 milliards de $
PNB/hab. (2005) : 25 960 $
PNB/hab. PPA (2005) : 23 030 dollars internationaux
IDH : 0,936
Taux de croissance annuelle du PIB (2006) : 1,3 %
Taux annuel d'inflation (2005) : 3 %
Structure de la population active (2004) : agriculture : 7,5 %, mines et industries : 22,7 %, services : 69,8 %
Structure du PIB (2001) : agriculture : 10 %, mines et industries : 25 %, services : 65 %
Dette publique brute : n.d.
Taux de chômage (2006) : 3,8 %

Agriculture et pêche

Cultures
blé (2004) : 271 000 t.
pommes (2004) : 546 000 t.
pommes de terre (2004) : 500 000 t.

Élevage et pêche
bovins (2005) : 9 609 000 têtes
ovins (2005) : 39 928 000 têtes
porcins (2005) : 341 460 têtes
pêche (2004) : 631 880 t.

Énergie et produits miniers

électricité totale (2004) : 41 100 millions de kWh
gaz naturel (2005) : 3 700 millions de m³
fer (2004) : 600 000 t.
houille (2001) : 3 837 000 t.
pétrole (2005) : 1 007 000 t.
or (2005) : 10 200 kg

Productions industrielles

lait (2004) : 15 100 000 t.
beurre (2003) : 462 000 t.
fromage (2003) : 275 000 t.
viande (2003) : 1 432 000 t.
vin (2005) : 1 200 000 hl
acier (2005) : 889 000 t.
aluminium (2005) : 351 000 t.
automobiles (1999) : 481 000 unités
laine (2005) : 223 500 t.
pâte à papier (2005) : 1 603 000 t.

Tourisme

Recettes touristiques (2002) : 2 918 M. de $

Commerce extérieur

Exportations de biens (2005) : 21 956 millions de dollars
Importations de biens (2005) : 24 683 millions de dollars

Défense

Forces armées (2004) : 8 660 individus
Budget de la Défense (2004) : 1,19 % du PIB

Niveau de vie

Nombre d'habitants pour un médecin (1996) : 476
Apport journalier moyen en calories (2004) : 3 190 (minimum FAO : 2 400)
Nombre d'automobiles pour 1 000 hab. (2002) : 613
Nombre de téléviseurs pour 1 000 hab. (2003) : 574

286

1642 : l'archipel, peuplé de Maoris, est découvert par le Hollandais Tasman.

1769 - 1770 : James Cook en explore le littoral.

1814 : des missionnaires catholiques et protestants entreprennent l'évangélisation du pays.

1841 : un gouverneur britannique est nommé. La brutale politique d'expansion menée par la Grande-Bretagne provoque les guerres maories (1843 - 1847, 1860 - 1870).

1852 : une Constitution donne à la colonie une large autonomie.

1870 : le retour au calme et la découverte de l'or (1861) favorisent la prospérité du pays.

1889 : le suffrage universel est instauré.

1891 - 1912 : les libéraux mènent une politique sociale avancée.

1907 : la Nouvelle-Zélande devient un dominion britannique.

1914 - 1918 : elle participe aux combats de la Première Guerre mondiale.

1929 : le pays est durement touché par la crise mondiale.

1945 : après avoir pris une part active à la défaite japonaise, la Nouvelle-Zélande entend être un partenaire à part entière dans l'Asie du Sud-Est et dans le Pacifique.

1951 : elle signe le traité établissant l'ANZUS.

1965 - 1971 : soutenant les États-Unis, elle envoie des troupes en Corée et au Viêt Nam.

1974 : après l'entrée de la Grande-Bretagne dans le Marché commun européen, la Nouvelle-Zélande doit diversifier ses activités et chercher des débouchés vers l'Asie, notamment vers le Japon. À partir des années 1980, elle prend la tête du mouvement antinucléaire dans le Pacifique sud.

1985 : sa participation à l'ANZUS est suspendue. Travaillistes et conservateurs alternent au pouvoir.

LES MAORIS

Peuple polynésien, les Maoris sont arrivés en Nouvelle-Zélande en deux vagues principales (v. 800 et v. 1300). Installés d'abord sur les côtes, où ils chassaient un grand oiseau du genre dinornis, le moa (d'où le nom de « chasseurs de moa » que donnent les archéologues à la période archaïque de la préhistoire maorie), ils colonisèrent, pendant la période dite « classique » (v. 1300), l'intérieur montagneux des îles. Ils pratiquaient l'agriculture, organisés en tribus et en clans autour de villages élaborés. En 1840, l'arrivée des Britanniques provoqua des réactions violentes parmi les Maoris, qui refusèrent de vendre leurs terres aux colons. Après une trêve (traité de Waitangi), la résistance s'organisa, mais les Maoris durent abandonner toutes leurs meilleures terres et ils furent décimés par les maladies (il n'étaient plus alors que 40 000). Ils reçurent le droit de vote en 1876, puis leurs chefs obtinrent tout au long du xxe s. et surtout après 1950, quand leur nombre s'accrut en raison d'une forte natalité, des aides spécifiques dans le domaine de l'agriculture, de la santé et de l'éducation. En forte expansion démographique (avec un fort degré de métissage), ils sont aujourd'hui près de 430 000. Ayant conservé une vigoureuse conscience de leur identité culturelle, ils sont désormais indissociables de l'identité néo-zélandaise.

PAPOUASIE-NOUVELLE-GUINÉE

Le pays est formé essentiellement par la moitié est de l'île de la Nouvelle-Guinée, à laquelle s'ajoutent plusieurs îles. C'est un territoire montagneux au nord, marécageux au sud, humide, en grande partie couvert par la forêt et habité par des tribus éparses.

Superficie : 462 840 km²
Population (2007) : 6 331 000 hab.
Capitale : Port Moresby 289 000 hab.
(e. 2005)
Nature de l'État et du régime politique :
monarchie constitutionnelle à régime
parlementaire
Chef de l'État : (reine) Élisabeth II,
représentée par le gouverneur général
Paulias Matane
Chef du gouvernement : (Premier
ministre) Michael Somare
Organisation administrative : 19 provinces
et 1 région autonome
Langue officielle : anglais
Monnaie : kina

DÉMOGRAPHIE

Densité : 14 hab./km²
Part de la population urbaine (2005) : 13,4 %
Structure de la population par âge (2005) :
moins de 15 ans : 40,6 %, 15-60 ans :
55,5 %, plus de 60 ans : 3,9 %
Taux de natalité (2005) : 29,6 ‰
Taux de mortalité (2005) : 9,6 ‰
Taux de mortalité infantile (2005) : 60,7 ‰
Espérance de vie (2004) : hommes :
55,4 ans, femmes : 56,5 ans

ÉCONOMIE

PNB (2004) : 3,3 milliards de $
PNB/hab. (2005) : 660 $
PNB/hab. PPA (2005) : 2 370 dollars
internationaux
IDH (2004) : 0,523
Taux de croissance annuelle du PIB (2006) :
3,7 %
Taux annuel d'inflation (2005) : 1,7 %

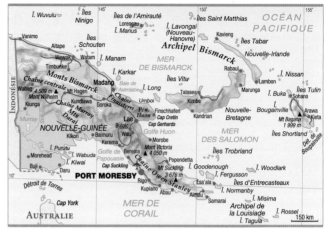

Papouasie-Nouvelle-Guinée

200 500 1000 m

✈ aéroport
— route

● plus de 100 000 h.
● de 25 000 à 100 000 h.
● moins de 25 000 h.

Structure de la population active :
agriculture : n.d., mines et industries :
n.d., services : n.d.
Structure du PIB (2004) : agriculture :
29 %, mines et industries : 42 %,
services : 29 %
Dette publique brute : n.d.
Taux de chômage : n.d.

Agriculture et pêche

Cultures
bananes (2003) : 870 000 t.
patates douces (2003) : 520 000 t.
igname (2003) : 280 000 t.
canne à sucre (2003) : 442 000 t.
cacao (2001) : 42 500 t.
café (2003) : 69 000 t.
noix de coco et coprah (2001) : 68 000 t.
palmiste (2001) : 75 000 t.
Élevage et pêche
porcins (2005) : 1 750 000 têtes
pêche (2004) : 234 100 t.

Énergie et produits miniers

électricité totale (2004) :
3 358 millions de kWh
pétrole (2002) : 2 100 000 t.
cuivre (2005) : 193 000 t.
argent (2005) : 63 t.
or (2005) : 66 700 kg

Productions industrielles

sucre (2002) : 51 000 t.

huile de palme (2001) : 296 000 t.
palmiste (2001) : 75 000 t.
coprah (2001) : 68 000 t.

Tourisme

Recettes touristiques (2001) : 101 M. de $

Commerce extérieur

Exportations de biens (2001) :
1 812,9 millions de dollars
Importations de biens (2001) :
932,4 millions de dollars

Défense

Forces armées (2004) : 3 100 individus
Budget de la Défense (2004) : 0,56 % du PIB

Niveau de vie

Nombre d'habitants pour un
médecin (1993) : 12 750
Apport journalier moyen en calories (2000) :
2 175 (minimum FAO : 2 400)
Nombre d'automobiles
pour 1 000 hab. (1996) : 7
Nombre de téléviseurs
pour 1 000 hab. (2003) : 23

REPÈRES HISTORIQUES

XVIᵉ s. : l'île est découverte par les Espagnols et les Portugais.
1975 : la Papouasie-Nouvelle-Guinée devient indépendante dans le cadre du Commonwealth.

288

SALOMON → MÉLANÉSIE

TONGA → KIRIBATI

VANUATU → MÉLANÉSIE

SAMOA → KIRIBATI

TUVALU → KIRIBATI

LA FRANCE
ET LA
FRANCOPHONIE

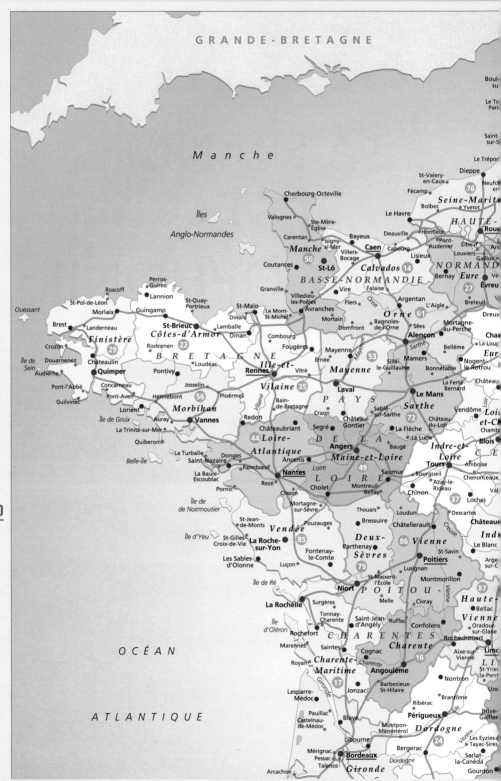

GRANDE-BRETAGNE

Manche

Îles
Anglo-Normandes

Ouessant

Boul
su

Le To
Pari

Saint-
sur-S

Le Trépor

St-Valery-
en-Caux
Dieppe

Neufc
en

Fécamp

Bolbec
Yvetot

Seine-Marit

HAUTE-
Rou

Le Havre

Honfleur
Deauville

Pont-
Audemer

Elbeuf
Louviers

An

Gaillon

NORMAND

Cherbourg-Octeville

Valognes

Ste-Mère-
Église

Carentan

Isigny-
s/-Mer

Bayeux

Villers-
Bocage

Caen

Cabourg

Lisieux

Bernay

Évre

Eure

Ve

27

Coutances

50

St-Lô

Manche

Granville

Villedieu-
les-Poêles

BASSE-NORMANDIE

Vire

Falaise

Argentan

L'Aigle

Calvados

14

Orne

Bagnoles-
de-l'Orne

61

Breteuil

Dreux

Cha

La Loup

Eur

Nogent-
le-Rotrou

Château

Mortagne-
au-Perche

Bellême

La Ferté-
Bernard

Perros-
Guirec

Roscoff

Lannion

St-Pol-de-Léon

Morlaix

Guingamp

St-Quay-
Portrieux

St-Malo

Dinard

Le Mont-
St-Michel

Avranches

Mortain

Domfront

Alençon

Sées

Alençon

Mamers

Sillé-
le-Guillaume

Bonnétable

Brest

Landerneau

Finistère

St-Brieuc

Côtes-d'Armor

Dinan

Combourg

Fougères

Mayenne

Ernée

Sarthe

53

Le Mans

Vendôme

Loi
et-Cl

Chamb

Crozon

29

Rostrenen

22

BRETAGNE

Loudéac

Vitré

Mayenne

Laval

Sablé-
sur-Sarthe

Sarthe

72

Château-
du-Loir

Douarnenez

Île de
Sein

Châteaulin

Quimper

Pontivy

Josselin

Rennes

Vilaine

35

P A Y S

Craon

Château-
Gontier

La Flèche

Le Lude

Indre-et-
Loire

Blois

Audierne

Pont-l'Abbé

Concarneau

Ploërmel

Bain-
de-Bretagne

Segré

Angers

Baugé

Guilvinec

Pont-Aven

Hennebont

Morbihan

Redon

Châteaubriant

D E L A

Tours

Amboise

CE

Chenonceaux

Lorient

56

Auray

Vannes

44

Loire-
Atlantique

Ancenis

Loire

49

Saumur

Bourgueil

Azay-le-
Rideau

Val

Île de Groix

La Trinité-sur-Mer

Quiberon

Belle-Île

La Turballe

Donges

Saint-Nazaire

Paimbœuf

Nantes

Rezé

Clisson

Cholet

Montreuil-
Bellay

Chinon

Maine-et-Loire

L O I R E

Loches

37

Descartes

Château

Ind

La Baule-
Escoublac

Pornic

Île de
de Noirmoutier

St-Jean-
de-Monts

Vendée

Mortagne-
sur-Sèvre

Pouzauges

Thouars

Bressuire

Loudun

Châtellerault

Creuse

St-Savin

Le Blanc

Vienne

Arge
sur-C

Île d'Yeu

St-Gilles-
Croix-de-Vie

La Roche-
sur-Yon

85

Fontenay-
le-Comte

Deux-
Sèvres

Parthenay

86

Vienne

Poitiers

87

Haute-

Vienne

Bellac

Les Sables-
d'Olonne

Luçon

79

St-Maixent-
l'École

Lusignan

Montmorillon

Vienne

Oradour-
sur-Glane

Rochechouart

Île de Ré

Niort

Melle

P O I T O U-

Civray

Aixe-sur-
Vienne

Lim

LI

La Rochelle

Surgères

Tonnay-
Charente

Saint-Jean-
d'Angély

Ruffec

Confolens

St-Yriei
la-Perch

Île
d'Oléron

Rochefort

Saintes

Cognac

Charente

16

Nontron

ATLANTIQUE

Marennes

Royan

Charente-
Maritime

Angoulême

Barbezieux-
St-Hilaire

Ribérac

Brantôme

Périgueux

Dordogne

Brive-
Gaillar

Les Eyzies-
Tayac-Sireu

Sarlat-
la-Canéda

24

Vézère

Lesparre-
Médoc

17

Jonzac

Pauillac
Castelnau-
de-Médoc

Blaye

Libourne

Montpon-
Ménestérol

Bergerac

Dordogne

Gourdon

Arcachon

Mérignac
Pessac
Talence

Bordeaux

Gironde

OCÉAN

Gironde

290

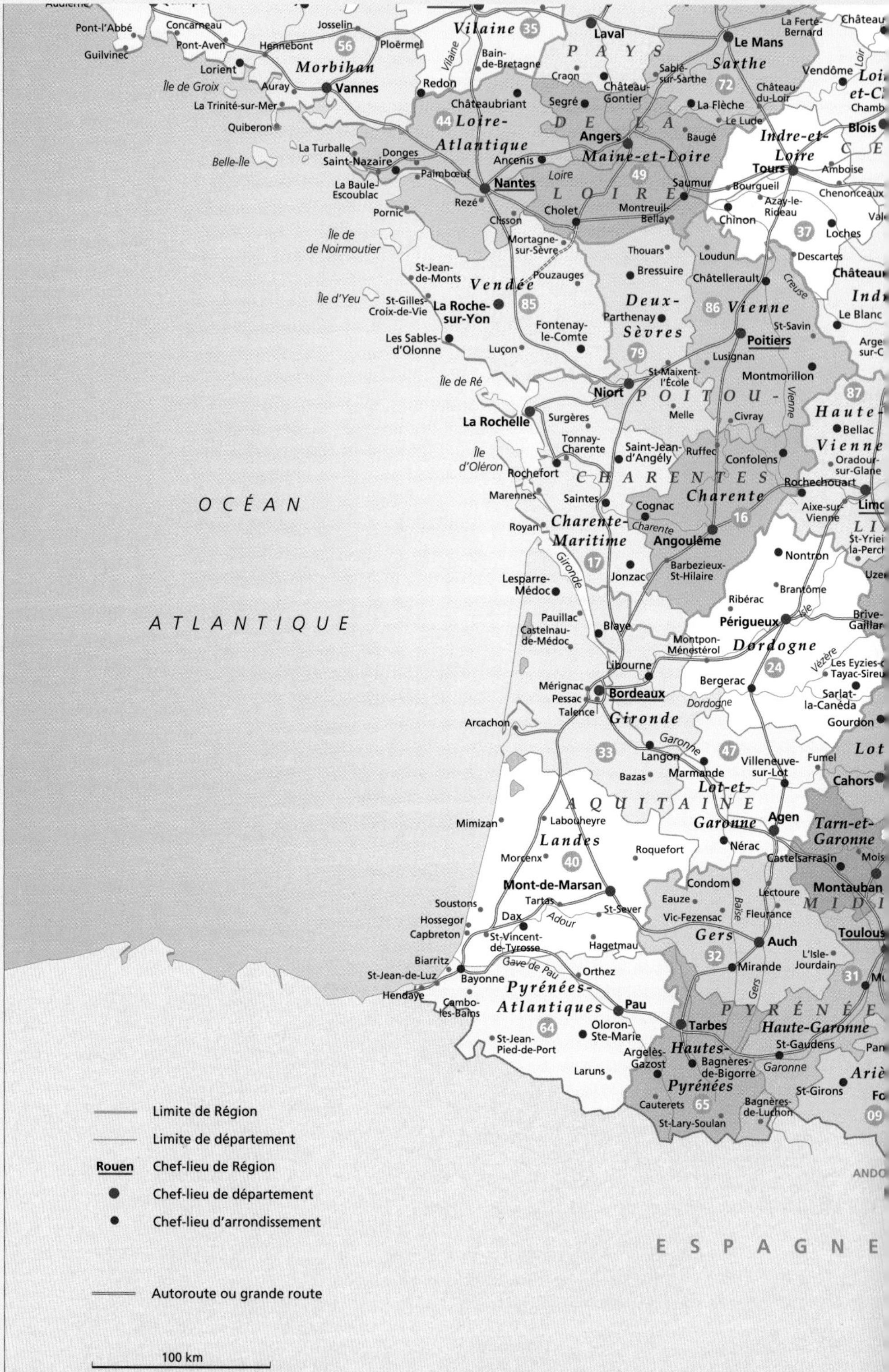

Audierne
Pont-l'Abbé
Guilvinec
Concarneau
Pont-Aven
Hennebont
Josselin
Ploërmel
56
Vilaine **35**
Laval
La Ferté-
Bernard
Château
P A Y S
Le Mans
Bain-
de-Bretagne
Craon
Sablé-
sur-Sarthe
Vendôme
Loir
Loiret
Lorient
Morbihan
Redon
Sarthe
et-Ch
Chamb
Île de Groix
Vannes
Châteaubriant
Château-
Gontier
Château-
du-Loir
La Trinité-sur-Mer
44
Loire-
Segré
La Flèche
Le Lude
Blois
Quiberon
Atlantique
Ancenis
Angers
Baugé
Indre-et-
La Turballe
Donges
D E   L A
Loire
Loire
Saint-Nazaire
Palmbœuf
Maine-et-Loire
49
Saumur
Bourgueil
Tours
Amboise
Belle-Île
La Baule-
Escoublac
Nantes
Rezé
L O I R E
Cholet
Montreuil-
Bellay
Azay-le-
Rideau
Chenonceaux
Vale
Pornic
Clisson
Chinon
37
Loches
Île de
de Noirmoutier
Mortagne-
sur-Sèvre
Thouars
Loudun
Descartes
Château
St-Jean-
de-Monts
Pouzauges
Vendée
Bressuire
Châtellerault
Creuse
Ind
Île d'Yeu
St-Gilles
Croix-de-Vie
La Roche-
sur-Yon
85
Deux-
86
Vienne
St-Savin
Le Blanc
Parthenay
Sèvres
Poitiers
Les Sables-
d'Olonne
Fontenay-
le-Comte
Luçon
79
Lusignan
Montmorillon
Arge
sur-L
87
Île de Ré
Niort
St-Maixent-
l'École
P O I T O U -
Haute-
Melle
Civray
Vienne
La Rochelle
Surgères
Bellac
Tonnay-
Charente
Saint-Jean-
d'Angély
Ruffec
Confolens
Oradour-
sur-Glane
Île
d'Oléron
Rochefort
Saintes
C H A R E N T E S
Charente
Rochechouart
Aixe-sur-
Vienne
Lim
O C É A N
Marennes
Cognac
Charente
Angoulême
16
L I
St-Yrie
la-Perch
Royan
Charente-
17
Jonzac
Barbezieux-
St-Hilaire
Nontron
Uze
Maritime
Lesparre-
Médoc
Gironde
Montpon-
Ménestérol
Ribérac
Brantôme
Périgueux
Brive
Gaillar
A T L A N T I Q U E
Pauillac
Castelnau-
de-Médoc
Blaye
Dordogne
Vézère
Les Eyzies-
Tayac-Sireu
Libourne
Bergerac
24
Sarlat-
la-Canéda
Mérignac
Pessac
Talence
Bordeaux
Dordogne
Gourdon
Arcachon
Gironde
Garonne
Lot
33
Langon
47
Villeneuve-
sur-Lot
Fumel
Bazas
Marmande
Cahors
Mimizan
Labouheyre
A Q U I T A I N E
Lot-et-
Agen
Tarn-et-
Landes
Roquefort
Garonne
Nérac
Garonne
Castelsarrasin
Mois
Morcenx
Condom
Lectoure
Montauban
40
Eauze
Fleurance
M I D I
Soustons
Tartas
St-Sever
Vic-Fezensac
Hossegor
Dax
Adour
Baïse
Toulous
Capbreton
St-Vincent-
de-Tyrosse
Hagetmau
Gers
Auch
Biarritz
Orthez
L'Isle-
Jourdain
31
Mu
St-Jean-de-Luz
Gave de Pau
Bayonne
32
Mirande
Hendaye
Cambo-
les-Bains
Pyrénées-
Atlantiques
Pau
P Y R É N É E
Haute-Garonne
64
Oloron-
Ste-Marie
Tarbes
St-Gaudens
Pan
St-Jean-
Pied-de-Port
Argelès-
Gazost
Bagnères-
de-Bigorre
Garonne
Ariè
Laruns
Hautes-
St-Girons
Fo
Cauterets
Pyrénées
65
Bagnères-
de-Luchon
09
St-Lary-Soulan

ANDO

E S P A G N E

292

——— Limite de Région

——— Limite de département

Rouen   Chef-lieu de Région

●   Chef-lieu de département

●   Chef-lieu d'arrondissement

——— Autoroute ou grande route

100 km

Loiret
Courtenay
Bar-sur-Seine
Chaumont
Haut-Rhin
Guebwiller
Orléans 45
Montargis
Joigny
Yonne
Tonnerre
Haute-
Bourbonne-les-Bains
Luxeuil-les-Bains
Remiremont
Thann 68
Mulhouse
Jargeau
La Ferté-St-Aubin
Gien
Briare
Auxerre 89
Chablis
Langres
Marne
Haute-
Saône
Lure
Ronchamp
Belfort 90
St-Louis
Altkirch
Montbard
Vesoul
Montbéliard
Sochaux
Avallon
Côte-d'Or
Semur-en-Auxois
21
FRANCHE
Baume-les-Dames
albris
omorantin-thenay
Clamecy
Vézelay
Gray
Dijon
Besançon
Doubs
Cher 18
Sancerre
Cosne-Cours-sur-Loire
Corbigny
Saulieu
BOURGOGNE
Nuits-St-Georges
Auxonne
Dole
Arc-et-Senans
COMTÉ
Pontarlier
25
SUISSE
Vierzon
Nièvre
58
Château-Chinon
Autun
Beaune
Chagny
Jura
39
Lons-le-Saunier
Morez
Lac Léman
Évian-les-Bains
udun
St-Florent-sur-Cher
Nevers
Imphy
Le Creusot
71
Chalon-sur-Saône
Thonon-les-Bains
Morzine
âtre
St-Amand-Montrond
Decize
Saône-et-Loire
Montceau-les-Mines
Louhans
St-Claude
Gex
Cluses
Bonneville
Bourbon-l'Archambault
Digoin
Tournus
Morez
St-Julien-en-G.
Haute-Savoie
74
Chamonix
reuse
Moulins
Allier
03
St-Pourçain-sur-Sioule
Charolles
Cluny
Mâcon
Bourg-en-Bresse
Oyonnax
Nantua
Bellegarde-sur-Valserine
Annecy
Mégève
23
Commentry
Gannat
Vichy
Roanne
Villefranche-sur-Saône
Ain
01
Trévoux
Belley
Ugine
Albertville
Bourg-St-Maurice
Aubusson
63
Châtelguyon
Riom
Loire
42
Tarare
Rhône
Villeurbanne
Aix-les-Bains
Val-d'Isère
aneuf
Volvic
Thiers
69
Lyon
Givors
Bourgoin-Jallieu
Chambéry
Savoie
73
Moûtiers
Courchevel
 N
Ussel
Clermont-Ferrand
Puy-de-Dôme
La Bourboule
Montbrison
Rive-de-Gier
St-Chamond
Vienne
La Tour-du-Pin
Modane
rrèze
Bort-les-Orgues
Le Mont-Dore
Issoire
Ambert
St-Étienne
Firminy
Isère
Grenoble
L'Alpe-d'Huez
St-Jean-de-Maurienne
ITALIE
ulle
Mauriac
Brioude
La Chaise-Dieu
Yssingeaux
Annonay
Tournon-sur-Rhône
Romans-sur-Isère
38
Le Bourg-d'Oisans
Briançon
rgentat
Auvergne
Cantal
Langeac
Haute-Loire
Le Puy-en-Velay
43
07
Valence
La Mure
St-Céré
15
St-Flour
St-Chély-d'Apcher
Ardèche
Privas
Crest
Die
Drôme
Hautes-Alpes
Gap
Vars
Embrun
Aurillac
Langogne
Lozère
Vals-les-Bains
26
Montélimar
Veynes
Barcelonnette
Tende
Conques
Decazeville
Espalion
Laguiole
Marvejols
Largentière
Aubenas
Valréas
Nyons
Buis-les-Baronnies
Sisteron
PROVENCE-
06
Villefranche-de-Rouergue
Najac
Rodez
48
Mende
Florac
Bagnols-sur-Cèze
Pierrelatte
Bollène
Orange
Carpentras
84
Digne-les-Bains
de-Haute-Provence
04
Puget-Théniers
Alpes-
Maritimes
Menton
12
Tarn
Millau
Le Vigan
Gard
Uzès
Vaucluse
Avignon
Apt
Forcalquier
Castellane
Vence
Grasse
MONACO
Albi
St-Affrique
Roquefort-sur-Soulzon
Ganges
30
Nîmes
Salon-de-Provence
Durance
Manosque
Draguignan
Antibes
Nice
81
Lacaune
Lodève
Lunel
Arles
13
Aix-en-Provence
Var
83
Frèjus
Cannes
Castres
Languedoc
34
Aigues-Mortes
Istres
St-Raphaël
Mazamet
Bédarieux
Montpellier
Palavas-les-Flots
Le Grau-du-Roi
Ros-sur-Mer
Marignane
Brignoles
Aubagne
Ste-Maxime
franche-auragais
St-Pons
Hérault
Béziers
Sète
Saintes-Maries-de-la-Mer
Martigues
Marseille
Cavalaire-sur-Mer
St-Tropez
ROUSSILLON
Agde
La Ciotat
arcassonne
Narbonne
Aude
Toulon
Hyères
Le Lavandou
Limoux
11
Port-la-Nouvelle
Leucate
Quillan
Pyrénées-
66
Perpignan
Prades
Orientales
Collioure
Port-Vendres
n-Romeu
Amélie-les-Bains
Céret
Banyuls-sur-Mer
Bourg-Madame

Mer Méditerranée

293

Bastia
Calvi
Haute-Corse
Corte
2B
Porto
CORSE
Aléria
Ajaccio
Corse-du-Sud
Propriano
2A
Sartène
Porto-Vecchio
Bonifacio

ALSACE

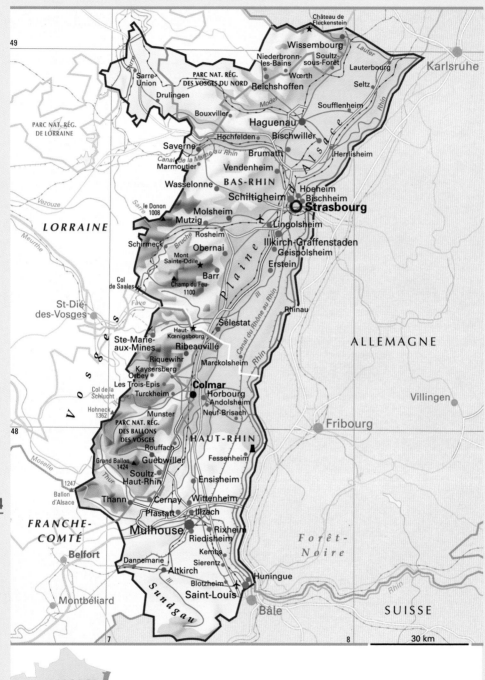

Château de Fleckenstein

Wissembourg

Niederbronn-les-Bains · Soultz-sous-Forêt

Lauterbourg

Sarre-Union

PARC NAT. RÉG.
DES VOSGES DU NORD

Wœrth · Reichshoffen · Seltz

Drulingen

Soufflenheim

PARC NAT. RÉG.
DE LORRAINE

Bouxviller

Haguenau

Saverne · Hochfelden · Bischwiller · Herrlisheim

Marmoutier · Brumath

Wasselonne · Vendenheim

BAS-RHIN

le Donon 1008

Schiltigheim · Hœheim · Bischheim

Strasbourg

Molsheim

Mutzig · Lingolsheim

LORRAINE

Schirmeck · Rosheim

Obernai · Illkirch-Graffenstaden

Mont Sainte-Odile · Geispolsheim

Col de Saales · Barr · Erstein

Champ du Feu 1100

Rhinau

Sélestat

Haut-Kœnigsbourg

ALLEMAGNE

Ste-Marie-aux-Mines · Ribeauvillé

Riquewihr · Marckolsheim

Kaysersberg

Orbey

Col de la Schlucht · Les Trois-Epis · Turckheim

Colmar · Horbourg

Andolsheim · Villingen

Hohneck 1362 · Munster · Neuf-Brisach

PARC NAT. RÉG.
DES BALLONS
DES VOSGES

Rouffach

HAUT-RHIN

Fribourg

Grand Ballon 1424 · Guebwiller

Fessenheim

Soultz-Haut-Rhin

1247 · Ensisheim

Ballon d'Alsace

Thann · Cernay · Wittenheim

FRANCHE-COMTÉ

Pfastatt · Illzach

Mulhouse · Rixheim

Riedisheim

Forêt-Noire

Belfort

Kembs

Dannemarie · Sierentz

Altkirch

Blotzheim · Huningue

Saint-Louis

Montbéliard

Sundgau

Bâle

SUISSE

30 km

ALSACE

○ plus de 100 000 h.   ○ ch.-l. de région   ⇒ autoroute   ― parc naturel

◯ de 20 000 à 100 000 h.   ● ch.-l. de département   ⇒ voie rapide   ★ site touristique

○ de 5 000 à 20 000 h.   ● ch.-l. d'arrondissement   ― route   ▲ centrale nucléaire

○ moins de 5 000 h.   ● commune ou autre site   ┈ voie ferrée   200 500 1000 m

Saintes
0°
Angoulême
Limoges
LIMOUSIN
Royan
Charente
PARC RÉGIONAL DU
PÉRIGORD-LIMOUSIN
Pointe de Grave
POITOU-
Nontron
Soulac-sur-Mer
Gironde
CHARENTE
Brantôme
Thiviers
Terrasson-
Lesparre-
Médoc
Dronne
DORDOGNE
la-Villedieu
Hourtin Pauillac
Ribérac
Chancelade
Périgueux
Isle
Lac d'Hourtin-
Carcans
Saint-Astier
Montignac
Lascaux
Océan
Blaye
Coutras
Neuvic
Périgord
45°
Lacanau-
Océan
Carcans
Lacanau
Bourg
St-André-
de-Cubzac
Isle
Mussidan
Montpon-
Ménestérol
Sarlat-la-
Canéda
Atlantique
Lac de
Lacanau
Castelnau-
de-Médoc
Libourne
Bergerac
Les Eyzies-
de-Tayac-
Sireuil
Médoc
St-Émilion
Dordogne
Bordeaux
Bègles
Castillon-
la-Bataille
Dordogne
Mérignac
Andernos-les-Bains
Pessac
Talence
Prigonrieux
Monbazillac
Bassin
d'Arcachon
Gujan-
Mestras
La Brède
Entre-
Deux-
Mers
Eymet
Arcachon
GIRONDE
La Réole
Miramont-
de-Guyenne
Monflanquin
Fumel
Cap-Ferret
La Teste-de-Buch
Langon
Sauternes
Guyenne
Droit
Cahors
Dune du Pilat
Étang de Cazaux
et de Sanguinet
Belin-Béliet
Bazas
Garonne
Marmande
LOT-ET-
Villeneuve-
sur-Lot
Biscarrosse
Castaljaloux
Tonneins
Lot
Étang de Biscarrosse
et de Parentis
Parentis-
en-Born
PARC NAT. RÉG.
DES LANDES
DE GASCOGNE
Ste-Livrade-
sur-Lot
GARONNE
Bon-Encontre
Étang d'Aureilhan
Crou
Guyenne
Lavardac
Agen
Montauban
Mimizan
Écomusée
de Marquèze
Roquefort
Nérac
Le Passage
44°
Contis-Plage
Morcenx
Pays de Born
Tarn
Landes
LANDES
Midouze
Mont-de-Marsan
MIDI-
Garonne
Castets
St-Pierre-du-Mont
Étang de Soustons
St-Paul-
lès-Dax
Tartas
Adour
St-Sever
Aire-sur-l'Adour
PYRÉNÉES
Auch
Soustons
Dax
Chalosse
St-Vincent-de-Tyrosse
Capbreton
Hagetmau
Eugénie-
les-Bains
Gascogne
Bayonne
Anglet
Tarnos
Luy de France
Adour
Toulouse
Biarritz
Orthez
Lacq
Baïse
Save
St-Jean-
de-Luz
Salies-
de-Béarn
Mourenx
Béarn
Pau
Gers
295
Hendaye
Hasparren
Cambo-les-Bains
Billère
Tarbes
Espelette
PYRÉNÉES-
Jurançon
Nive
Mauléon-
Licharre
Oloron-
Ste-Marie
Nay-Bourdettes
Pays Basque
ATLANTIQUES
St-Jean-
Pied-de-Port
Arudy
Lourdes
Gave d'Aspe
Gave d'Oloron
Gave de Pau
Pyrénées
Eaux-
Chaudes
Grottes de
Bétharram
Pic d'Orhy
2017
Gourette
ESPAGNE
Pic d'Anie
2504
PARC NATIONAL
DES PYRÉNÉES
Pampelune
Col du Somport
1632
Pic du Midi
d'Ossau 2884
40 km

plus de 100 000 h.   ch.-l. de région   autoroute   parc naturel
de 20 000 à 100 000 h.   ch.-l. de département   voie rapide   site touristique
de 5 000 à 20 000 h.   ch.-l. d'arrondissement   route   centrale nucléaire
moins de 5 000 h.   commune ou autre site   voie ferrée
200 500 1000 m

AUVERGNE

CENTRE

BOURGOGNE

Forêt de Tronçais
Lurcy-Lévis
Bourbon-l'Archambault
Chevagnes
Moulins
Yzeure
Hérisson
Souvigny
ALLIER
Neuilly-le-Réal
Dompierre-sur-Besbre
Cosne-d'Allier
Bessay-sur-Allier
Domérat
Huriel
Bourbonnais
St-Pourçain-sur-Sioule
Varennes-sur-Allier
Le Donjon
Montluçon
Néris-les-Bains
Commentry
Montmarault
St-Germain-des-Fossés
Chantelle
Mts de la Madeleine
Combraille
Gorges de Chauvigny
St-Éloy-les-Mines
Cusset
Roanne
Ébreuil
Gannat
Vichy
Bellerive-sur-Allier
Aigueperse
St-Yorre
RHÔNE-ALPES
Pontaumur
Châtelguyon
Volvic
Maringues
1287
Bois Noirs
Chamalières
Riom
Gerzat
Thiers
Vulcania
Puy de Dôme
1465
Clermont-Ferrand
Pont-du-Château
LIMOUSIN
Beaumont
Cournon-d'Auvergne
Bourg-Lastic
Orcival
Aubière
Courpière
Gergovie
PUY-DE-DÔME
Mont-Dore
St-Nectaire
Vic-le-Comte
La Bourboule
Monts Dore
Ambert
Mts du Forez
Puy de Sancy
1885
Issoire
Massif
St-Étienne
Super-Besse
Brassac-les-Mines
PARC NATUREL
Barrage de Bort-les-Orgues
PARC NATUREL RÉGIONAL
RÉGIONAL DU
Arlanc
Aurec-sur-Loire
DES VOLCANS D'AUVERGNE
LIVRADOIS-FOREZ
Ydes
Condat
Signal du Luguet
1551
Brioude
La Chaise-Dieu
Craponne-sur-Arzon
Bas-en-Basset
Barrage de l'Aigle
Riom-ès-Montagnes
Allanches
Monistrol-sur-Loire
Ste-Sigolène
Mauriac
Massif
Massiac
Central
Retournac
Montfaucon-en-Velay
Pleaux
du Cantal
HAUTE-LOIRE
Salers
Puy Mary
1787
Murat
Langeac
St-Paulien
Yssingeaux
CANTAL
Planèze
Saint-Flour
Chadrac
Le Chambon-sur-Lignon
Plomb du Cantal
1855
Espaly-St-Marcel
Le Puy-en-Velay
Laroquebrou
Jussac
Viaduc de Garabit
Vals-près-le-Puy
Aurillac
Vic-sur-Cère
Saugues
Velay
Ytrac
Neuvéglise
Mt Mézenc
1753
Arpajon-sur-Cère
Châtaigneraie
Chaudes-Aigues
Mts de la Margeride
Chaîne du Devès
Montsalvy
Maurs
Aubrac
MIDI-PYRÉNÉES
LANGUEDOC-ROUSSILLON
40 km

AUVERGNE

○ plus de 100 000 h.   ○ ch.-l. de région   autoroute   parc naturel
◉ de 20 000 à 100 000 h. ● ch.-l. de département   voie rapide   ★ site touristique
○ de 5 000 à 20 000 h.   ● ch.-l. d'arrondissement   route
○ moins de 5 000 h.   ● commune ou autre site   voie ferrée   200 500 1000 m

BOURGOGNE

ÎLE-DE-FRANCE

Pont-sur-Yonne
Sénonnais
Sens St-Clément
Paron
Villeneuve-
sur-Yonne *Pays d'Othe*
Joigny St-Florentin
St-Julien-
du-Sault
Migennes Cheny
Charny *Tonnerrois* *Châtillonnais*
YONNE Tonnerre Laignes Châtillon-
Monéteau sur-Seine
Toucy **Auxerre** Chablis *Plateau*
Auxerrois Noyers Abb. de *de Langres*
Fontenay
Vermenton Venarey-les-Laumes CÔTE-D'OR
St-Fargeau Montbard Selongey
St-Amand- Alésia Is-sur-Tille
en-Puisaye Vézelay Semur- T.G.V.
Puisaye Avallon en-Auxois
Cosne-Cours- Clamecy Sources
sur-Loire *Terre Plaine* de la Seine
Donzy Talant **Dijon**
Pouilly-sur-Loire Saulieu Pouilly- Chenôve Chevigny-
Morvan en-Auxois St-Sauveur
La Charité- Corbigny PARC NATUREL Gevrey- Genlis
sur-Loire Prémery RÉGIONAL Chambertin Auxonne
DU MORVAN Arnay- Abb. de
NIÈVRE le-Duc *Côte d'Or* Nuits- Cîteaux
Pougues- Guérigny Château-Chinon St-Georges
les-Eaux St-Jean-de-Losne
Fourchambault Le Bois du Roi Pommard Beaune Seurre
Nevers 901 Épinac Meursault
Nivernais Moulins- Autun
Imphy Engilbert Mt Beuvray Chagny
Magny-Cours La Machine *Autunois*
Cercy-la-Tour Le Creusot Givry Chalon-sur-Saône
St-Pierre- Luzy Signal Torcy St-Rémy St-Marcel
le-Moûtier Decize d'Uchon Montchanin
Sologne Blanzy Montceau- Sennecey-
Bourbonnaise Bourbon- les-Mines le-Grand *Bresse*
Lancy St-Vallier SAÔNE-ET-LOIRE Louhans
Moulins Gueugnon Taizé Tournus
Digoin Cluny
AUVERGNE Charolles
Paray- Charnay- **Mâcon**
le-Monial lès-Mâcon RHÔNE-ALPES
Charolais Semur- Bourg-
en-Brionnais en-Bresse
Chauffailles

40 km

297

BOURGOGNE

○ plus de 100 000 h. ○ ch.-l. de région ═══ autoroute ── parc naturel
○ de 20 000 à 100 000 h. ● ch.-l. de département ═══ voie rapide ★ site touristique
○ de 5 000 à 20 000 h. ● ch.-l. d'arrondissement ── route 200 500 m
○ moins de 5 000 h. ● commune ou autre site ·─·─ voie ferrée

BRETAGNE

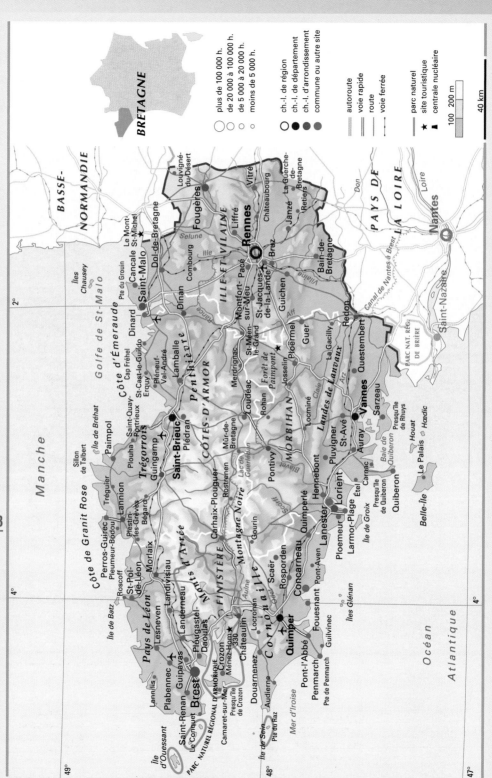

BRETAGNE

plus de 100 000 h.
de 20 000 à 100 000 h.
de 5 000 à 20 000 h.
moins de 5 000 h.

ch.-l. de région
ch.-l. de département
ch.-l. d'arrondissement
commune ou autre site

autoroute
voie rapide
route
voie ferrée

parc naturel
site touristique
centrale nucléaire

100   200 m

40 km

BASSE-
NORMANDIE

Manche

Golfe de St-Malo

Îles
Chausey

Pte du Grouin

Le Mont-
St-Michel

Cancale
Saint-Malo

Dinard
St-Cast-le-Guildo
Erquy

St-Quay-
Portrieux
Paimpol

Île de Bréhat

Côte d'Émeraude

Côte de Granit Rose

Perros-Guirec
Pleumeur-Bodou
Tréguier
Lannion

Plestin-
les-Grèves
Bégard

Île de Batz

Roscoff
St-Pol-
de-Léon

Pays de Léon

Lesneven
Landivisiau
Morlaix

Landerneau

Monts d'Arrée

Carhaix-Plouguer

FINISTÈRE

Montagne Noire

Lannilis
Plabennec

Saint-Renan
Le Conquet
Brest
Guipavas
Plougastel-
Daoulas
Crozon
330
Ménez-Hom

Camaret-sur-Mer
Presqu'île
de Crozon

Châteaulin
Locronan

Cornouaille

Douarnenez
Audierne
Pte du Raz

Île de Sein

Mer d'Iroise

Île
d'Ouessant

PARC NATUREL RÉGIONAL D'ARMORIQUE

Pte de Penmarch
Penmarch
Pont-l'Abbé
Guilvinec

Quimper

Scaër
Rosporden
Concarneau
Fouesnant
Pont-Aven

Îles Glénan

Lorient
Lanester
Ploemeur
Larmor-Plage

Quimperlé
Hennebont

Île de Groix

Étel
Carnac
Quiberon
Presqu'île
de Quiberon

Belle-Île
Le Palais

Houat
Hœdic

Baie de
Quiberon

Presqu'île
de Rhuys

Auray
Vannes
Sarzeau

Questembert

Pluvigner
St-Avé

Locminé

Landes de Lanvaux

Arz

MORBIHAN

Pontivy
Rohan
Josselin
Ploërmel
Guer

Mûr-de-
Bretagne
Loudéac

Lac de
Guerlédan

Merdrignac

St-Méen-
le-Grand

Forêt de
Paimpont

La Gacilly

Gourin

Aulne

Blavet

Scorff

Guingamp
Saint-Brieuc
Plédran

Pénthièvre

CÔTES-D'ARMOR

Plouha

Lamballe
Pléneuf-
Val-André
Cap Fréhel

Dinan

Combourg

Dol-de-Bretagne

ILLE-ET-VILAINE

Rennes
St-Jacques-
de-la-Lande
Bruz
Pacé
Montfort-
sur-Meu
Guichen

Bain-
de-
Bretagne

Redon

Guer

Liffré
Louvigné-
du-Désert
Fougères

Vitré
Châteaubourg
La Guerche-
de-
Bretagne
Retiers
Janzé

PAYS DE
LA LOIRE

Nantes

Saint-Nazaire

PARC NAT. RÉG.
DE BRIÈRE

Don

Loire

Canal de Nantes à Brest

Vilaine

Aff

Oust

Claie

Océan
Atlantique

Trégorrois

Évreux

HAUTE-NORMANDIE

St-Lubin-des-Joncherets

BASSE-NORMANDIE

Anet

Pontoise

Nanterre

Bobigny

Paris

Versailles

Créteil

Évry

Île-de-France

Melun

Vernouillet

Dreux

Nogent-le-Roi

Thymerais

Épernon

Senonches

Châteauneuf-en-Thymerais

Maintenon

Auneau

La Loupe

Mainvilliers

Lucé

Chartres

Luisant

Alençon

PARC NAT. RÉG. DU PERCHE

Illiers-Combray

Voves

BEAUCE

Maleisherbes

Nogent-le-Rotrou

Janville

Toury

Pithiviers

Gâtinais

PAYS DE LA LOIRE

Brou

Bonneval

Châteaudun

EURE-ET-LOIR

LOIRET

Chalette-sur-Loing

Courtenay

Le Mans

48

Cloyes-sur-le-Loir

Patay

Dunois

Orléanais

Montargis

Amilly

Savigny-sur-Braye

Saran

Orléans

Fleury-les-Aubrais

St-Jean-de-Braye

St-Jean-de-la-Ruelle

Châteauneuf-sur-Loire

Nogent-sur-Vernisson

Vendôme

Meung-sur-Loire

Olivet

St-Benoît-sur-Loire

Montoire-sur-le-Loir

LOIR-ET-CHER

Beaugency

Cléry-St-André

La Ferté-St-Aubin

Sully-sur-Loire

Dampierre-en-Burly

Château-Renault

La Chaussée-St-Victor

Mer

Sologne

Gien

Briare

Argent-sur-Sauldre

Château-la-Vallière

Gâtine

Blois

Vineuil

Chambord

Lamotte-Beuvron

Beuvron

St-Pierre-des-Corps

Vouvray

Chaumont-sur-Loire

Contres

Sauldre

Belleville-sur-Loire

Tours

Amboise

Romorantin-Lanthenay

Salbris

Aubigny-sur-Nère

Langeais

Montlouis-sur-Loire

Montrichard

Nançay

Sancerre

Luynes

St-Avertin

Chenonceaux

Villefranche-sur-Cher

Sancerrois

Bourgueil

Joué-lès-Tours

Azay-le-Rideau

St-Aignan

Selles-sur-Cher

Vierzon

CHER

Avoine

Touraine

Valençay

Cher

Mehun-sur-Yèvre

Les Aix-d'Angillon

Chinon

INDRE-ET-LOIRE

Loches

Luçay-le-Mâle

Champagne

St-Doulchard

Bourges

PARC NAT. RÉG. LOIRE-ANJOU-TOURAINE

Ste-Maure-de-Touraine

Vatan

berrichonne

Avord

47

Écueillé

Levroux

Issoudun

St-Florent-sur-Cher

Duns-sur-Auron

La Guerche-sur-l'Aubois

Richelieu

Descartes

Châtillon-sur-Indre

INDRE

Buzançais

Déols

Trouy

Sancoins

Le Grand-Pressigny

Indre

Châteauroux

Berry

Abb. de Noirlac

Brenne

Ardentes

Château de Nohant

St-Amand-Montrond

Châteaumeillant

Poitiers

Le Blanc

PARC NAT. RÉG. St-Gaultier

Le Poinçonnet

Argenton-sur-Creuse

La Châtre

DE BRENNE

Gargilesse-Dampierre

POITOU-CHARENTES

Lac de Chambon

Bge d'Éguzon

Aigurande

AUVERGNE

Éguzon-Chantôme

LIMOUSIN

40 km

BOURGOGNE

299

Vienne

Creuse

Creuse

Cher

CENTRE

○ plus de 100 000 h.

○ de 20 000 à 100 000 h.

○ de 5 000 à 20 000 h.

○ moins de 5 000 h.

◎ ch.-l. de région

● ch.-l. de département

● ch.-l. d'arrondissement

● commune ou autre site

══ autoroute

══ voie rapide

── route

-·-· voie ferrée

── parc naturel

★ site touristique

▲ centrale nucléaire

100   200 m

CHAMPAGNE-ARDENNE

NORD-PAS-DE-CALAIS
BELGIQUE
LUX.

Givet
Chooz
Fumay
Signy-le-Petit
Rocroi
Revin
Renwez
Bogny-sur-Meuse
Nouzonville
Villers-Semeuse
Rumigny
Charleville-
Mézières
Sedan
Signy-
l'Abbaye
Flize
Floing
Carignan
Château-
Porcien
ARDENNES
Mouzon
Rethel
Vouziers
Machault
Bétheny
Fismes
Reims
Mourmelon-
le-Grand
Ste-
Menehould
Verdun
Cormontreuil
PARC NAT. RÉG. DE
LA MONTAGNE DE REIMS
Suippes
Dormans
Ay
Courtisols
Valmy
Épernay
Châlons-en-
Champagne
Saint-Memmie
Montmirail
Vertus
Fagnières
MARNE
Fère-
Champenoise
Bar-le-Duc
Sézanne
Mailly-
le-Camp
Vitry-
le-François
Sermaize-les-Bains
Saint-Dizier
Toul
Villenauxe-
la-Grande
Anglure
Perthois
Éclaron-Braucourt-
Ste-Livière
Arcis-
sur-Aube
L. du Der-
Chantecoq
Wassy
Nogent-
sur-Seine
Romilly-
sur-Seine
AUBE
Montier-
en-Der
Joinville
La Chapelle-St-Luc
Ste-Savine
St-André-
les-Verges
Troyes
PARC NATUREL
RÉGIONAL DE
LA FORÊT D'ORIENT
Brienne-le-Château
Andelot-
Blancheville
Aix-
en-Othe
Bercenay-
en-Othe
Vendeuvre-
sur-Barse
Bar-
sur-Aube
Chaource
Bar-sur-
Seine
Abb. de
Clairvaux
Colombey-
les-Deux-Églises
Chaumont
Ervy-le-
Châtel
HAUTE-MARNE
Val-de-Meuse
Châteauvillain
Nogent
Bourbonne-
les-Bains
Auxerre
Source
de la Marne
Langres
Chalindrey
FRANCHE-
COMTÉ
Plateau
de Langres
BOURGOGNE
40 km

PICARDIE
St-Quentin
Laon
Soissons

ÎLE-DE-
FRANCE
Sens

Ardenne
Porcien
ARDENNE
Argonne
Champagne sèche ou Pouilleuse
Champagne humide
Perthois
Pays d'Othe
Côte de Bars
Bassigny

LORRAINE
PARC NATUREL
RÉGIONAL
DE LORRAINE

300

CHAMPAGNE-
ARDENNE

◯ plus de 100 000 h.	◯ ch.-l. de région	═══ autoroute
◯ de 20 000 à 100 000 h.	● ch.-l. de département	══ voie rapide
◦ de 5 000 à 20 000 h.	● ch.-l. d'arrondissement	— route
◦ moins de 5 000 h.	● commune ou autre site	·–·– voie ferrée
		— parc naturel
		★ site touristique
		▲ centrale nucléaire

200   500 m

CHAMPAGNE-
ARDENNE

48

LORRAINE

Colmar

ALSACE

Mulhouse

Canal de l'Est

Saône

Vauvillers

St-Loup-
sur-Semouse

Fougerolles

PARC NAT. RÉG.
DES BALLONS

Luxeuil-
les-Bains

DES VOSGES

Ballon
d'Alsace
1247

Jussey

Amance

Lanterne

St-Sauveur

Giromagny

TERR.

Combeaufontaine

HAUTE-SAÔNE

Port-sur-Saône

Ronchamp

Champagney

Valdoie

Belfort

Scey-sur-Saône-
et-St-Albin

Saône

Vesoul

Lure

DE
BELFORT

Échenoz-la-Méline

Plateau

de la

Villersexel

Héricourt

Sochaux

Delle

Arc-lès-Gray

Haute-Saône

Montbozon

Rougemont

Montbéliard

Beaucourt

L'Isle-sur-
le-Doubs

Audincourt

Gray

Gy

Rioz

Valentigney
Mandeure

Marnay

Ognon

Lomont

Pont-
de-Roide

St-Hippolyte

Pesmes

Doubs

Baume-
les-Dames

Audeux

Besançon

DOUBS

Maîche

BOURGOGNE

Gendrey

Pays
d'Amoux

St-Vit

Charquemont

La Chaux-
de-Fonds

Dampierre

Valdahon

Le Russey

Damparis

Dole

Quingey

Ornans

Morteau

Neuchâtel

47

Tavaux

Forêt
de Chaux

Arc-et-Senans

Saut
du Doubs

Villers-le-Lac

Loue

Source
de la Loue

Chaussin

Cirque du
Fer-à-Cheval

Salins-les-Bains

Levier

Pontarlier

L. de
Neuchâtel

Chaumergy

Arbois

Frasne

La Cluse-
et-Mijoux

Poligny

Forêt de la Joux

Lac de
St-Point

Mont-Souchet
1598

Fribourg

Nozeroy

Champagnole

Malbuisson

Mouthe

SUISSE

Lons-le-Saunier

Cirque
de Baume

Perte
de l'Ain

Mont d'Or
1463

Montmorot

Lac de
Chalain

JURA

St-Laurent-
en-Grandvaux

Lausanne

Orgelet

Clairvaux-
les-Lacs

Morez

Cousance

Lac de
Vouglans

Les Rousses

Lac Léman

St-Amour

St-Julien

Moirans-
en-Montagne

Bienne

Évian-
les-Bains

Arinthod

St-Claude

Col de la
Faucille

Thonon-
les-Bains

PARC NAT. RÉG.

DU HAUT-JURA

Genève

Bourg-
en-Bresse

RHÔNE-ALPES

Rhône

30 km

FRANCHE-
COMTÉ

○ plus de 100 000 h.

○ de 20 000 à 100 000 h.

○ de 5 000 à 20 000 h.

○ moins de 5 000 h.

○ ch.-l. de région

● ch.-l. de département

● ch.-l. d'arrondissement

● commune ou autre site

autoroute

voie rapide

route

voie ferrée

parc naturel

★ site touristique

200 500 1000 m

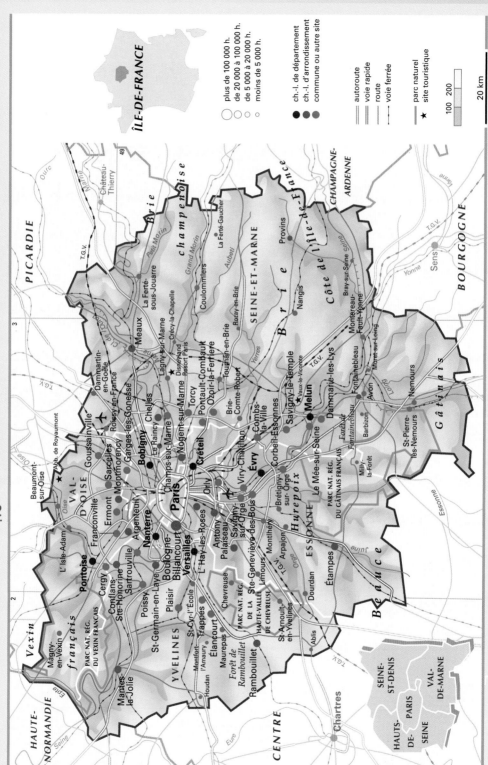

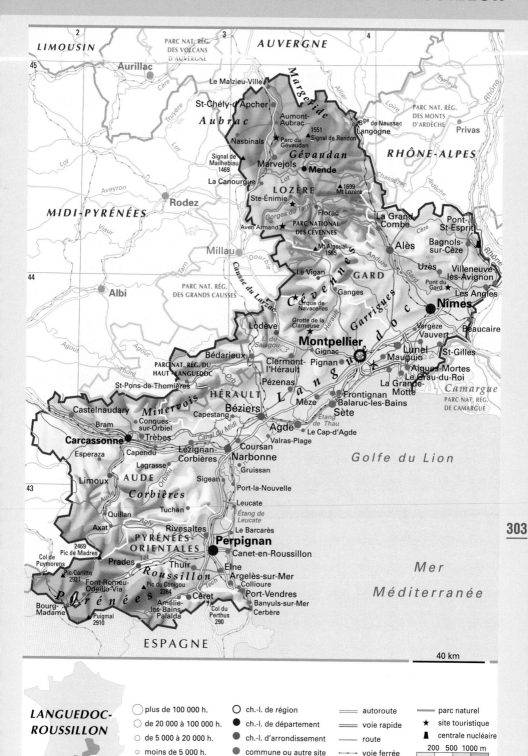

LANGUEDOC-ROUSSILLON

○ plus de 100 000 h. ○ ch.-l. de région ═══ autoroute ── parc naturel

○ de 20 000 à 100 000 h. ● ch.-l. de département ═══ voie rapide ★ site touristique

○ de 5 000 à 20 000 h. ● ch.-l. d'arrondissement ── route ▲ centrale nucléaire

○ moins de 5 000 h. ● commune ou autre site ┅ voie ferrée 200 500 1000 m

LIMOUSIN

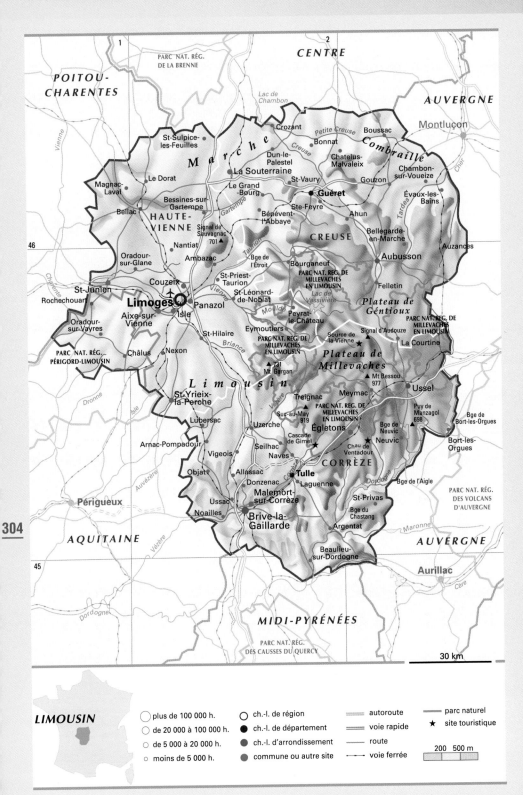

POITOU-
CHARENTES

CENTRE

AUVERGNE

Montluçon

PARC. NAT. RÉG.
DE LA BRENNE

Lac de
Chambon

St-Sulpice-
les-Feuilles

Crozant

Boussac

Petite Creuse

Bonnat

Combraille

Dun-le-
Palestel

Chatelus-
Malvaleix

Chambon-
sur-Voueize

Le Dorat

Magnac-
Laval

La Souterraine

St-Vaury

Guéret

Évaux-les-
Bains

Bessines-sur-
Gartempe

Le Grand
-Bourg

Gouzon

HAUTE-
VIENNE

Bellac

Ste-Feyre

Ahun

Bépévent-
l'Abbaye

Bellegarde-
en-Marche

Signal de
Sauvagnac
701

Auzances

Nantiat

CREUSE

Oradour-
sur-Glane

Ambazac

Bourganeuf

Aubusson

Bge de
l'Étroit

PARC NAT. RÉG. DE
MILLEVACHES
EN LIMOUSIN

Felletin

St-Junien

Couzeix

St-Priest-
Taurion

Rochechouart

St-Léonard-
de-Noblat

Lac de
Vassivière

Plateau de
Géntioux

Limoges

Panazol

Isle

Peyrat-le-
Château

PARC. NAT. RÉG. DE
MILLEVACHES
EN LIMOUSIN

Aixe-sur-
Vienne

Eymoutiers

Signal d'Audouze

La Courtine

Oradour-
sur-Vayres

St-Hilaire

PARC NAT. RÉG. DE
MILLEVACHES
EN LIMOUSIN

Source de
la Vienne

Briance

Plateau de
Millevaches

PARC. NAT. RÉG.
PÉRIGORD-LIMOUSIN

Châlus

Nexon

731
Mt Gargan

Mt Bessou
977

Ussel

Limousin

Treignac

Meymac

St-Yrieix-
la-Perche

Suc-au-May
919

PARC NAT. RÉG. DE
MILLEVACHES
EN LIMOUSIN

Puy de
Manzagol
698

Lubersac

Uzerche

Égletons

Bge de
Bort-les-Orgues

Arnac-Pompadour

Bge de
Neuvic

Neuvic

Bort-les-
Orgues

Vigeois

Seilhac

Cascade
de Gimel

Châu de
Ventadour

Objat

Naves

CORRÈZE

Périgueux

Allassac

Tulle

Donzenac

Laguenne

Bge de l'Aigle

Ussac

Malemort-
sur-Corrèze

St-Privas

PARC. NAT. RÉG.
DES VOLCANS
D'AUVERGNE

Noailles

Brive-la-
Gaillarde

Bge du
Chastang

Argentat

AQUITAINE

AUVERGNE

Maronne

Beaulieu-
sur-Dordogne

Aurillac

Cère

MIDI-PYRÉNÉES

PARC NAT. RÉG.
DES CAUSSES DU QUERCY

30 km

LIMOUSIN

○ plus de 100 000 h.

○ de 20 000 à 100 000 h.

○ de 5 000 à 20 000 h.

○ moins de 5 000 h.

○ ch.-l. de région

● ch.-l. de département

● ch.-l. d'arrondissement

● commune ou autre site

═══ autoroute

═══ voie rapide

─── route

─·─ voie ferrée

─── parc naturel

★ site touristique

200 500 m

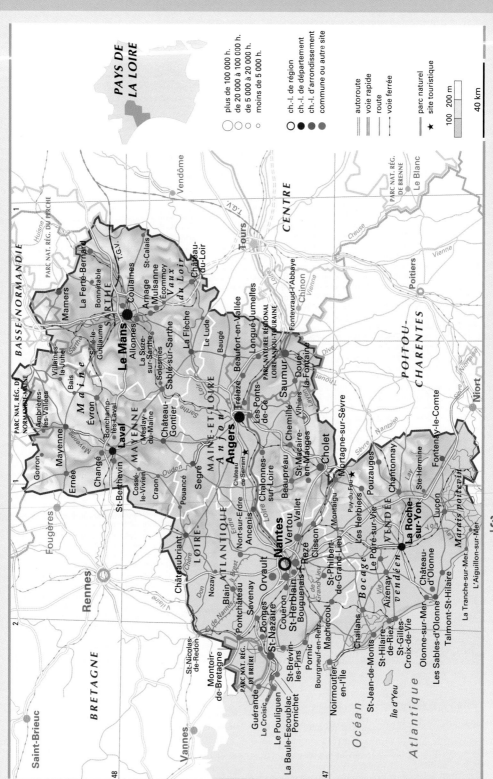

LORRAINE

BELGIQUE
LUXEMBOURG
ALLEMAGNE
Luxembourg
Sarrebruck

Mont-St-Martin
Montmédy
Longwy
Audun-le-Tiche
Stenay
Longuyon
Villerupt
Thionville
Cattenom
Dun-sur-Meuse
Yutz
Hayange
Florange
Fameck
Briey
Rombas
Creutzwald
Stiring-Wendel
Douaumont
Homecourt
Boulay-Moselle
Freyming-Merlebach
Forbach
Verdun
Woippy
Bahren-les-Forbach
Sarreguemines
Clermont-en-Argonne
Jarny
Montigny-lès-Metz
Metz
St-Avold
Bitche
MEUSE
Marly
MOSELLE
Sarralbe
PARC NAT. RÉG.
DES VOSGES DU NORD
Barrois
PARC NATUREL
RÉGIONAL
DE LORRAINE
Pont-à-Mousson
Plateau
lorrain
Revigny-sur-Ornain
St-Mihiel
MEURTHE-
Château-Salins
Dieuze
Phalsbourg
Bar-le-Duc
Commercy
Pompey
Champigneulles
Nancy
PARC NAT. RÉG.
DE LORRAINE
Col de Saverne
Ligny-en-Barrois
Liverdun
Vandœuvre-lès-Nancy
Sarrebourg
Ancerville
Void-Vacon
Toul
Laxou
Dabo
Vaucouleurs
Villers-lès-Nancy
Neuves-Maisons
St-Nicolas-de-Port
Lunéville
ET-MOSELLE
Cirey-sur-Vezouze
Domrémy-la-Pucelle
Sion
Vandémont
Baccarat
ALSACE
Neufchâteau
Charmes
Rambervillers
Raon-l'Étape
Senones
Col de Saales
Châtenois
Mirecourt
VOSGES
Bruyères
St-Dié-des-Vosges
Vittel
Thaon-les-Vosges
Golbey
Fraize
Col du Bonhomme
Contrexéville
Épinal
Chaumont
Gérardmer
Col de la Schlucht
1362 Hohneck
Colmar
Lamarche
Xertigny
Remiremont
La Bresse
Le Val-d'Ajol
PARC NATUREL RÉGIONAL
DES BALLONS DES VOSGES
CHAMPAGNE-
ARDENNE
Le Thillot
1247
Ballon d'Alsace
FRANCHE-COMTÉ
Mulhouse
BOURGOGNE
Vesoul
Belfort

40 km

LORRAINE

○ plus de 100 000 h.
○ de 20 000 à 100 000 h.
○ de 5 000 à 20 000 h.
○ moins de 5 000 h.
● ch.-l. de région
● ch.-l. de département
● ch.-l. d'arrondissement
● commune ou autre site

autoroute
voie rapide
route
voie ferrée

parc naturel
★ site touristique
▲ centrale nucléaire

200 500 m

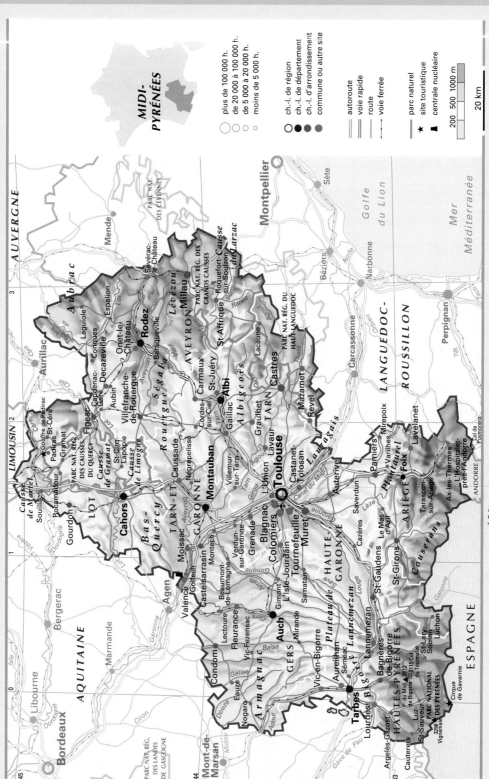

MIDI-PYRÉNÉES

plus de 100 000 h.
de 20 000 à 100 000 h.
de 5 000 à 20 000 h.
moins de 5 000 h.

ch.-l. de région
ch.-l. de département
ch.-l. d'arrondissement
commune ou autre site

autoroute
voie rapide
route
voie ferrée

parc naturel
site touristique
centrale nucléaire

200 500 1000 m

20 km

AUVERGNE

AQUITAINE

LIMOUSIN

LANGUEDOC-ROUSSILLON

ESPAGNE

ANDORRE

Golfe du Lion

Mer Méditerranée

Bordeaux

Mont-de-Marsan

Montpellier

Sète

Béziers

Narbonne

Perpignan

Carcassonne

Mende

Aurillac

Bergerac

Libourne

Marmande

Agen

Cahors

Rodez

Albi

Montauban

Toulouse

Auch

Tarbes

Foix

Castres

Rocamadour
Padirac Gouffre de Padirac
Souillac
Gourdon
St-Céré
Gramat
PARC NAT. RÉG. DU QUERCY
Causse de Gramat
Lapopie
St-Cirq
Causse de Limogne
Caussade
Bas-Quercy
TARN-ET-GARONNE
LOT
Causse de Martel
Golfre de Pédirac

Sévérac-le-Château
Espalion
Laguiole
Conques
Decazeville
Capdenac-Gare
Aubin
Villefranche-de-Rouergue
Figeac
Aubrac
Lévézou
Millau
PARC NAT. RÉG. DES GRANDS CAUSSES
Roquefort-sur-Soulzon
St-Affrique
Onet-le-Château
Baraqueville
Naucelle
Rouergue Ségala
AVEYRON
Carmaux
St-Juéry
Cordes-sur-Ciel
Gaillac
Grauhet
Albigeois
TARN
Lacaune
Mazamet
Revel
PARC NAT. RÉG. DU HAUT-LANGUEDOC
Castres
Sorgues du Larzac

Négrepelisse
Villemur-sur-Tarn
Lavaur
L'Union
GARONNE
Montech
Castelsarrasin
Moissac
Valence
Golfech
Castanet-Tolosan
Blagnac
Colomiers
Tournefeuille
Muret
HAUTE-GARONNE
Grenade
Verdun-sur-Garonne
L'Isle-Jourdain
Gimont
Samatan
Auterive
Cazères
Saverdun
Le Mas-d'Azil
Pamiers
Varilhes
Mirepoix
Lavelanet
Laragais
Canal du Midi
ARIÈGE
Foix
Tarascon-sur-Ariège
Ax-les-Thermes
L'Hospitalet-près-l'Andorre
Col de Puymorens
Plantaurel
Couserans
St-Girons
St-Lizier
St-Gaudens
Montréjeau
Cazères
Plateau de Lannemezan
Lannemezan
Bagnères-de-Luchon
Luchon
St-Lary-Soulan
HAUTES-PYRÉNÉES
PARC NATIONAL DES PYRÉNÉES
Cirque de Gavarnie
Luz-St-Sauveur
Cauterets
Argelès-Gazost
Lourdes
Pic du Midi de Bigorre
2865 Col du Tourmalet
Vignemale 3298
Aureilhan
Vic-en-Bigorre
Séméac
Bagnères-de-Bigorre
GERS
Mirande
Vic-Fezensac
Fleurance
Lectoure
Condom
Nogaro
Eauze
Armagnac
Plateau de Lannemezan
Gimone
Save
Baïse
Gélise
Midouze

PARC NAT. RÉG. DES LANDES DE GASCOGNE

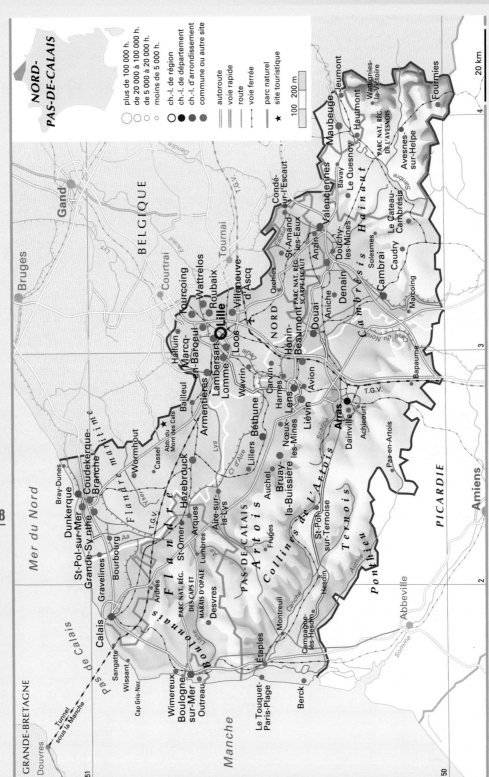

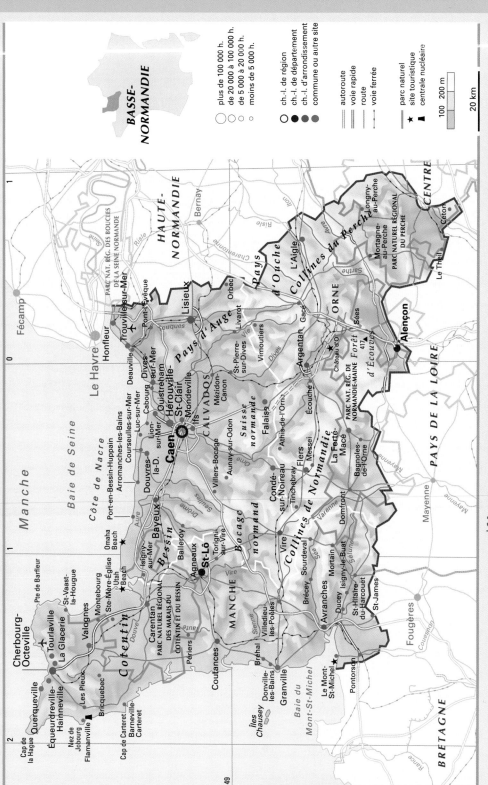

BASSE-
NORMANDIE

plus de 100 000 h.
de 20 000 à 100 000 h.
de 5 000 à 20 000 h.
moins de 5 000 h.

ch.-l. de région
ch.-l. de département
ch.-l. d'arrondissement
commune ou autre site

autoroute
voie rapide
route
voie ferrée

parc naturel
site touristique
centrale nucléaire

100 200 m

20 km

CENTRE

HAUTE-NORMANDIE

Fécamp
Le Havre
Honfleur
Trouville-sur-Mer
Pont-l'Évêque
Lisieux
Bernay
Orbec
Livarot
St-Pierre-sur-Dives
Vimoutiers
Gacé
L'Aigle
Mortagne-au-Perche
Longny-au-Perche
PARC NATUREL RÉGIONAL DU PERCHE
Céton
Le Theil
Collines du Perche
Pays d'Ouche
PARC NAT. RÉG. DES BOUCLES DE LA SEINE NORMANDE
Risle
Charentonne
Touques
Dives
Vie
Pays d'Auge
Deauville
Dives-sur-Mer
Cabourg
Ouistreham
Hérouville-St-Clair
Mondeville
Ifs
Caen
Mézidon-Canon
Falaise
Argentan
Sées
Château d'O
Écouché
ORNE
Forêt d'Écouves
417
Alençon
PARC NAT. RÉG. DE NORMANDIE-MAINE
CALVADOS
Suisse normande
Athis-de-l'Orne
La Ferté-Macé
Condé-sur-Noireau
Flers
Messei
Tinchebray
Bagnoles-de-l'Orne
Domfront
PAYS DE LA LOIRE
Mayenne
Manche
Baie de Seine
Côte de Nacre
Port-en-Bessin-Huppain
Arromanches-les-Bains
Courseulles-sur-Mer
Luc-sur-Mer
Lion-sur-Mer
Douvres-la-D.
Villers-Bocage
Aunay-sur-Odon
Bocage normand
Vire
Collines de Normandie
Sourdeval
Brécey
Avranches
Mortain
St-Hilaire-du-Harcouët
St-James
Isigny-le-Buat
Ducey
Fougères
Couesnon
Omaha Beach
Isigny-sur-Mer
Bessin
Balleroy
Bayeux
Agneaux
St-Lô
Torigni-sur-Vire
MANCHE
Utah Beach
Ste-Mère-Église
Montebourg
Carentan
PARC NATUREL RÉGIONAL DES MARAIS DU COTENTIN ET DU BESSIN
Périers
Coutances
Cotentin
Valognes
Cherbourg-Octeville
Tourlaville
La Glacerie
Querqueville
Équeurdreville-Hainneville
Les Pieux
Bricquebec
Barneville-Carteret
Cap de Carteret
Nez de Jobourg
Flamanville
Cap de la Hague
St-Vaast-la-Hougue
Pte de Barfleur
Brehal
Donville-les-Bains
Granville
Villedieu-les-Poêles
Baie du Mont-St-Michel
Le Mont-St-Michel
Pontorson
Îles Chausey
BRETAGNE
Rance
Sélune
Sée
Sienne
Douve
Aure
Drôme
Seulles
Orne
Vire
Mayenne
Varenne
Sarthe

49

1

0

1

2

309

HAUTE-NORMANDIE

Manche

Abbeville

Le Tréport

Eu · PICARDIE

Penly

Gamaches

Dieppe

Varengeville-sur-Mer

Neuville-lès-Dieppe

Blangy-sur-Bresle

St-Valery-en-Caux

Arques-la-Bataille

Offranville

Foucamont

St-Pierre-en-Port

Fontaine-le-Dun

Paluel

St-Nicolas-d'Aliermont

Varenne

Pays de Bray

Aumale

Fécamp

Cany-Barville

Neufchâtel-en-Bray

Étretat

Yport

Ourville-en-Caux

SEINE-

Forêt d'Eawy

Cap d'Antifer

Goderville

Fauville-en-Caux

Pays de Caux

Tôtes

St-Saëns

Montivilliers

Yvetot

MARITIME

Montville

Forges-les-Eaux

Harfleur

Bolbec

Caudebec-en-Caux

Barentin

Malaunay

Gonfreville-l'Orcher

Lillebonne

St-Wandrille

Mont-St-Aignan

Gournay-en-Bray

Le Havre

PARC NAT. RÉG. DES BOUCLES DE LA SEINE NORMANDE

Le Petit-Quevilly

Rouen

Lyons-la-Forêt

Pont de Normandie

Tancarville

Jumièges

Sotteville-lès-Rouen

Étrépagny

Beuzeville

Roumois

Le Grand-Quevilly

St-Étienne-du-Rouvray

Vexin

Gisors

Pont-Audemer

Oissel

Cléon

normand

Les Andelys

Lieuvin

Le Bec-Hellouin

Elbeuf

Pont-de-l'Arche

Château-Gaillard

Lisieux

Brionne

Plaine

Louviers

Val-de-Reuil

Serquigny

du Neubourg

Le Neubourg

Aubevoye

Gaillon

Vernon

Bernay

Beaumont-le-Roger

EURE

St-Marcel

Giverny

PARC NAT. RÉG. DU VEXIN FRANÇAIS

Broglie

Gravigny

Évreux

Pacy-sur-Eure

Mantes-la-Jolie

Beaumesnil

St-Sébastien-de-Morsent

Conches-en-Ouche

Plaine de St-André

Ivry-la-Bataille

Pays d'Ouche

Damville

St-André-de-l'Eure

Ezy-sur-Eure

ÎLE-DE-FRANCE

Rugles

Breteuil

Verneuil-sur-Avre

Nonancourt

BASSE-NORMANDIE

CENTRE

PARC NAT. RÉG. DU PERCHE

20 km

HAUTE-NORMANDIE

○ plus de 100 000 h.
○ de 20 000 à 100 000 h.
○ de 5 000 à 20 000 h.
○ moins de 5 000 h.

○ ch.-l. de région
● ch.-l. de département
● ch.-l. d'arrondissement
● commune ou autre site

autoroute
voie rapide
route
voie ferrée

— parc naturel
★ site touristique
▲ centrale nucléaire

100   200 m

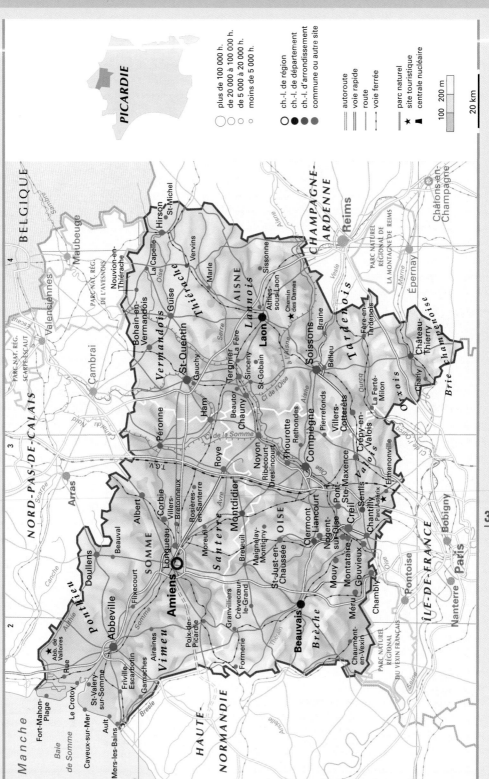

POITOU-CHARENTES

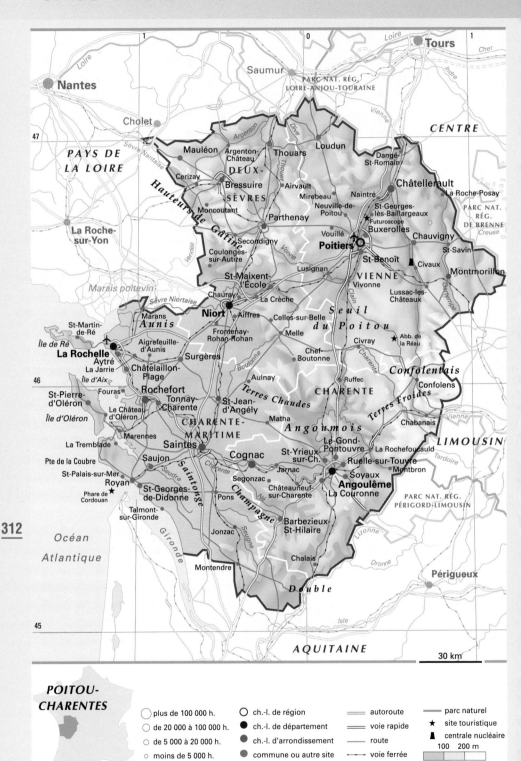

POITOU-
CHARENTES

○ plus de 100 000 h.
○ de 20 000 à 100 000 h.
○ de 5 000 à 20 000 h.
○ moins de 5 000 h.

○ ch.-l. de région
● ch.-l. de département
● ch.-l. d'arrondissement
● commune ou autre site

══ autoroute
══ voie rapide
── route
•─• voie ferrée

── parc naturel
★ site touristique
▲ centrale nucléaire
100   200 m

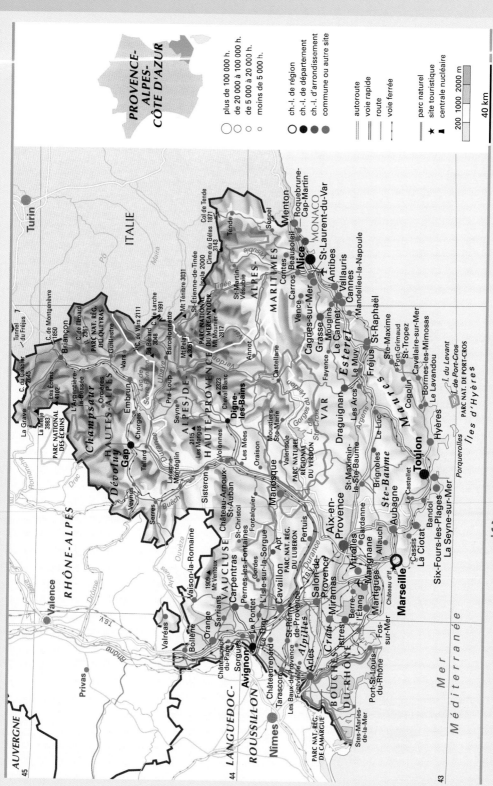

PROVENCE-
ALPES-
CÔTE D'AZUR

plus de 100 000 h.
de 20 000 à 100 000 h.
de 5 000 à 20 000 h.
moins de 5 000 h.

ch.-l. de région
ch.-l. de département
ch.-l. d'arrondissement
commune ou autre site

autoroute
voie rapide
route
voie ferrée

parc naturel
site touristique
centrale nucléaire

200 1000 2000 m

40 km

AUVERGNE
45

Turin

ITALIE

RHÔNE-ALPES

Valence

Privas

Valréas

LANGUEDOC-
ROUSSILLON
44

Nîmes

43

PARC NAT. RÉG.
DE CAMARGUE

Stes-Maries-
de-la-Mer

Tarascon

Les Baux-de-Provence
Fontvieille

Arles

Port-St-Louis-
du-Rhône

Fos-
sur-Mer

BOUCHES-
DU-RHÔNE

Châteaurenard

St-Rémy-
de-Provence

Alpilles

Crau

Istres

Miramas

Berre
l'Étang

Martigues

Salon-de-
Provence

Vitrolles

Marignane

Allauch

Gardanne

Aix-en-
Provence

Le Castellet

Aubagne

Ste-Baume

La Ciotat

Cassis

Bandol

Six-Fours-les-Plages
La Seyne-sur-Mer

Marseille

Château d'If

Toulon

Hyères

Îles d'Hyères

Porquerolles

Port-Cros

I. du Levant

PARC NAT. DE PORT-CROS

I. de Port-Cros

Méditerranée

Mer

Châteauneuf-
du-Pape

Sorgues

Avignon

Cavaillon

Bollène

Orange

Sarrians

Carpentras

Pernes-les-Fontaines

L'Isle-sur-la-Sorgue

Gordes

Apt

PARC NAT. RÉG.
DU LUBERON

Pertuis

Manosque

Vaison-la-Romaine

Le Pontet

1909 ▲ Mt Ventoux

VAUCLUSE

Drôme

Ouvèze

Aygues

Valence

St-Christol

Forcalquier

Château-Arnoux-
St-Auban

Sisteron

ALPES-DE-

Volonne

Les Mées

Oraison

Valensole

PARC NATUREL
RÉGIONAL
DU VERDON

Les Salles-
sur-Verdon

Moustiers-
Ste-Marie

Gorges du Verdon

L. de Ste-Croix

Riez

Castellane

Annot

St-André-
les-Alpes

HAUTE-PROVENCE

Digne-
les-Bains

2323 ▲
Cheval Blanc

2115 ▲
Les Monges

Seyne

La Javie

Lavagne-
Montéglin

Tallard

Chorges

Gap

Serres

Veynes

Dévoluy

RHÔNE-ALPES

Buëch

Drac

Romanche

La Grave

La Meije
3983

PARC NATIONAL
DES ÉCRINS

Les Écrins
4102

Champsaur

HAUTES-ALPES

Embrun

Savines-
le-Lac

Guillestre

L'Argentière-
la-Bessée

Briançon

C. de Montgenèvre
1850

Tunnel
du Fréjus

C. du Galibier
2645

Orcières

PARC NAT. RÉG.
DU QUEYRAS

C. de l'Izoard
(2361)

Vars

Barcelonnette

C. de Vars 2111

C. de la Bonette

C. de Larche
1991

C. Bérard
3048

Mt Pelat
3051 ▲

PARC NATIONAL
DU MERCANTOUR

Mt Mounier
2817

Isola 2000

Cime du Gélas
3143

St-Étienne-de-Tinée

St-Martin-
Vésubie

Vésubie

Mt Ténibre 3031

Col de Tende

Tende

Sospel

Verdon

ALPES-

MARITIMES

Vence

Coaraze

Carros

Grasse

Cagnes-sur-Mer

Vallauris

Antibes

Cannes

Mougins

Le Cannet

Mandelieu-la-Napoule

Fayence

Draguignan

VAR

St-Maximin-
la-Ste-Baume

Brignoles

Le Luc

Les Arcs

Le Muy

St-Raphaël

Fréjus

Estérel

Maures

St-Maxime

Port-Grimaud
St-Tropez

Cogolin

Bormes-les-Mimosas

Cavalaire-sur-Mer

Le Lavandou

Nice

Cotes

Beausoleil

Monaco

Roquebrune-
Cap-Martin

Menton

St-Laurent-du-Var

313

RHÔNE-ALPES

RHÔNE-ALPES

○ plus de 100 000 h.

○ de 20 000 à 100 000 h.

○ de 5 000 à 20 000 h.

○ moins de 5 000 h.

○ ch.-l. de région

● ch.-l. de département

● ch.-l. d'arrondissement

● commune ou autre site

═══ autoroute

══ voie rapide

── route

-·-·- voie ferrée

── parc naturel

★ site touristique

▲ centrale nucléaire

500 1000 2000m

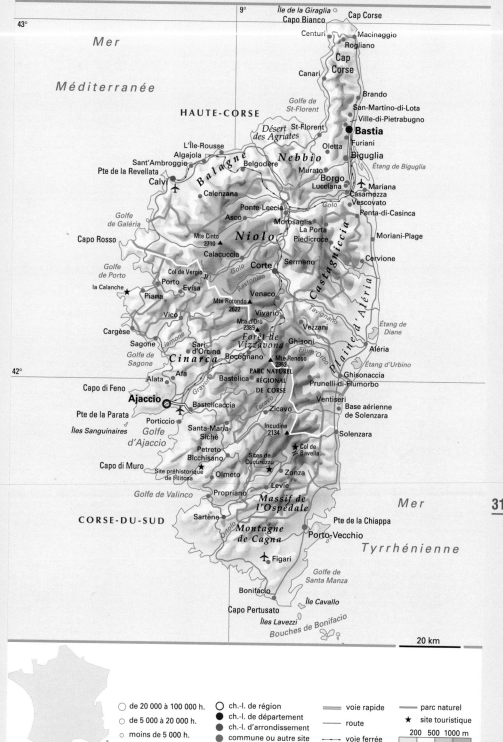

43°

9°

Île de la Giraglia
Capo Bianco — Cap Corse
Centuri — Macinaggio
Rogliano

Cap Corse

Canari

Brando
San-Martino-di-Lota
Ville-di-Pietrabugno

Mer

Méditerranée

HAUTE-CORSE
Golfe de
St-Florent
Désert — St-Florent
des Agriates
Bastia
Furiani
Oletta
L'Île-Rousse
Algajola — Nebbio
Sant'Ambroggio — Belgodère — Biguglia
Pte de la Revellata — Murato — Étang de Biguglia
Calvi — Borgo
Calenzana — Lucciana — Mariana
Ponte-Leccia — Casamozza
Vescovato
Asco — Penta-di-Casinca
Golfe — Morosaglia
de Galéria — Niolo — La Porta
Mte Cinto — Piedicroce — Moriani-Plage
Capo Rosso — 2710 ▲
Calacuccia — Castagniccia
Sermano — Cervione
Golfe — Col de Vergio — Corte
de Porto — Porto — Evisa — Golo
la Calanche ★ — Restonica
Piana — Venaco
Vico — Mte Rotondo ▲ — Vizzani
2622 — Vivario
Cargèse — Mte d'Oro — Étang de
2389 — Diane
Sagone — Forêt de
Golfe de — Vizzavona — Aléria
Sagone — Sari — Ghisoni
d'Orcino — Étang d'Urbino
Alata — Cinarca — Bocognano — Mte Renoso
Afa — 2352 — Ghisonaccia
Capo di Feno — Bastelica — PARC NATUREL
— RÉGIONAL — Prunelli-di-Fiumorbo
Ajaccio — DE CORSE
Bastelicaccia — Ventiseri
Pte de la Parata — Porticcio — Tavaro — Base aérienne
Îles Sanguinaires — Golfe — Zicavo — de Solenzara
d'Ajaccio — Santa-Maria- — Incudine — Solenzara
Siché — 2134 ▲
Petreto- — Col de
Bicchisano — Sites de — Bavella
Capo di Muro — Cucuruzzu — Zonza
Site préhistorique — Olmeto — Levie
de Filitosa — Propriano — Massif de
Golfe de Valinco — Sartène — l'Ospédale

42°

Mer

315

CORSE-DU-SUD
Montagne — Pte de la Chiappa
de Cagna — Porto-Vecchio
Figari — Tyrrhénienne
Golfe de
Santa Manza
Bonifacio
Capo Pertusato — Île Cavallo
Îles Lavezzi
Bouches de Bonifacio

20 km

○ de 20 000 à 100 000 h.   ○ ch.-l. de région   ═══ voie rapide   ── parc naturel
○ de 5 000 à 20 000 h.   ● ch.-l. de département   ── route   ★ site touristique
○ moins de 5 000 h.   ● ch.-l. d'arrondissement   •─•─• voie ferrée
   ● commune ou autre site   200   500   1000 m

CORSE

LA FRANCE D'OUTRE-MER

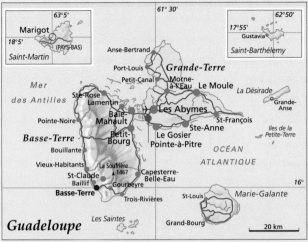

Guadeloupe

Saint-Martin
Marigot
63°5'
18°5'
(PAYS-BAS)

Gustavia
17°55'
Saint-Barthélemy
62°50'

61° 30'

Anse-Bertrand
Port-Louis
Petit-Canal
Morne-à-l'Eau
Grande-Terre
Le Moule
La Désirade
Grande-Anse
Mer des Antilles
Ste-Rose
Lamentin
Baie-Mahault
Pointe-Noire
Petit-Bourg
Les Abymes
Ste-Anne
St-François
Îles de la Petite-Terre
Basse-Terre
Le Gosier
Pointe-à-Pitre
OCÉAN ATLANTIQUE
Bouillante
Vieux-Habitants
La Soufrière ▲1467
St-Claude
Baillif
Gourbeyre
Basse-Terre
Capesterre-Belle-Eau
16°
Trois-Rivières
St-Louis
Marie-Galante
Les Saintes
Grand-Bourg
20 km

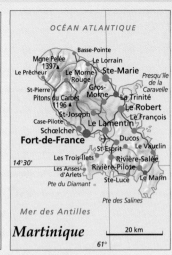

Martinique

OCÉAN ATLANTIQUE
Basse-Pointe
Mgne Pelée ▲1397
Le Prêcheur
Le Lorrain
Ste-Marie
Le Morne-Rouge
Presqu'île de la Caravelle
St-Pierre
Pitons du Carbet ▲1196
Gros-Morne
La Trinité
Le Robert
Case-Pilote
St-Joseph
Schoelcher
Le Lamentin
Le François
Fort-de-France
Ducos
St-Esprit
Le Vauclin
Les Trois-Îlets
Rivière-Salée
14°30'
Les Anses-d'Arlets
Rivière-Pilote
Ste-Luce
Le Marin
Pte du Diamant
Pte des Salines
Mer des Antilles
20 km
61°

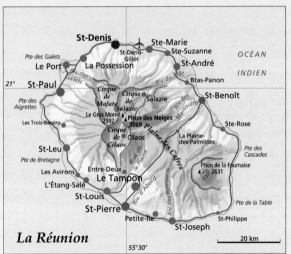

La Réunion

Pte des Galets
St-Denis
Ste-Marie
OCÉAN INDIEN
Le Port
St-Denis-Gillot
Ste-Suzanne
La Possession
St-André
21°
St-Paul
Riv. des Galets
Bras-Panon
Pte des Aigrettes
Cirque de Mafate
Cirque de Salazie
Salazie
St-Benoît
Riv. du Mât
Le Gros Morne ▲2992
Piton des Neiges ▲3069
Riv. des Marsouins
Les Trois-Bassins
Cirque de Cilaos
Cilaos
Plaine des Cafres
Ste-Rose
La Plaine-des-Palmistes
St-Leu
Pte de Bretagne
Bras de la Plaine
Pte des Cascades
Les Avirons
Entre-Deux
Le Tampon
Piton de la Fournaise ▲2631
Riv. des Remparts
L'Étang-Salé
Riv. d'Abord
St-Louis
Pte de la Table
St-Pierre
Petite-Île
St-Philippe
55°30'
St-Joseph
20 km

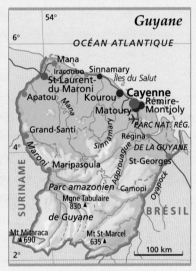

Guyane

54°
6°
OCÉAN ATLANTIQUE
Mana
Sinnamary
Iracoubo
Îles du Salut
St-Laurent-du-Maroni
Kourou
Apatou
Cayenne
Rémire-Montjoly
Matoury
PARC NAT. RÉG.
Grand-Santi
Régina
DE LA GUYANE
4°
St-Georges
Maripasoula
Approuague
SURINAME
Parc amazonien
Camopi
Mgne Tabulaire ▲830
de Guyane
BRÉSIL
Mt Mitaraca ▲690
Mt St-Marcel ▲635
2°
100 km

316

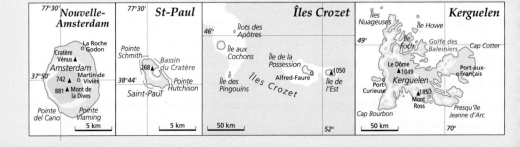

○ plus de 50 000 hab
○ de 20 000 à 50 000 h.
○ de 10 000 à 20 000 h.
○ de 5 000 à 10 000 h.
○ moins de 5 000 h.

● ch.-l. de département ou ch.-l. de collectivité
● ch.-l. d'arrondissement
● commune
● autre localité

— route
✈ aéroport
〰 récif-barrière

légende commune aux deux pages

200 500 1000 m

Nouvelle-Amsterdam
77°30'
La Roche Godon
Cratère Vénus ▲
Amsterdam
Martin-de Viviès
742 ▲
881 ▲ Mont de la Dives
Pointe del Cano
Pointe Vlaming
37°50'
5 km

St-Paul
77°30'
Pointe Schmith
Bassin du Cratère
268 ▲
Pointe Hutchison
Saint-Paul
38°44'
5 km

Îles Crozet
46°
Îlots des Apôtres
Île aux Cochons
Île de la Possession
Alfred-Faure ▲1050
Île des Pingouins
Îles Crozet
Île de l'Est
52°
50 km

Kerguelen
Îles Nuageuses
Île Howe
49°
Île Foch
Golfe des Baleiniers
Cap Cotter
Le Dôme ▲1049
Port-Curieuse
Kerguelen
Port-aux-Français
▲1850 Mont Ross
Cap Bourbon
Presqu'île Jeanne d'Arc
70°
50 km

LA FRANCE D'OUTRE-MER

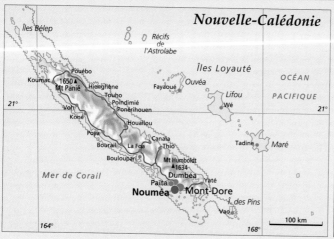

Nouvelle-Calédonie

Îles Bélep
Récifs de l'Astrolabe
Pouébo
Koumac
Mt Panié 1650
Hienghène
Touho
Poindimié
Ponérihouen
Voh
Koné
Houaïlou
Poya
Bourail
Canala
La Foa
Thio
Boulouparis
Mt Humboldt 1634
Dumbéa
Paita
Yaté
Nouméa
Mont-Dore
Î. des Pins
Vao

Îles Loyauté
Ouvéa
Fayaoué
Lifou
Wé
Tadine
Maré

OCÉAN PACIFIQUE
Mer de Corail

21°
164°
168°
100 km

Mayotte

Mtsamboro
Mtsanboro
Acoua
Bandraboua
Mtsangamouli
Longoni
Grande-Terre
572
Mamoudzou
Dzaoudzi
477
Petite-Terre
Chiconi
Dembéni
Sada
660
Bouéni
Bandrélé
Kani-Kéli
Chirongui
594

Grand récif du Nord-Est
Récif du Sud

12°50'
45°10'
10 km

Îles de la Société / Îles Tuamotu / Îles Marquises

Penrhyn
160°
Île Vostok
Île Caroline
Line Islands
Île Flint
(Kiribati)
Nuku-Hiva
Ua-Pou
Tahuata
Hiva-Oa
Fatu-Hiva
Æ Îles
Marquises

Raiatea
Tahaa
Bora-Bora
Manihi
Rangiroa
Makatea Æ
Takaroa
Napuka
Puka-Puka
Manuae
Mopelia
Îles Sous-le-Vent
Huahine
Tahiti
Fakarava
Mākemo
Anaa
Raroia
Fakahira
Tatakoto
Îles du Vent
Hao
Reao
Nukutavake

Aitutaki
Îles de la Société
Îles Cook (N.-Z.)
Rarotonga
20°
tropique du Capricorne
Îles Australes
Î. Maria
Rimatara
Rurutu
Tubuai Æ
Raivavae
Mururoa
Fangataufa
Tureia
Marutea
Îles Gambier
Mangareva Æ

OCÉAN PACIFIQUE

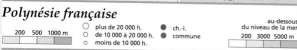

Moorea
Tohivea 1207
Papeete
Faaa
Pirae
Mahina
Punaauia
Tahiti
Paea
Orohena 2237
Papara
Rapa
Îlots de Bass
Isthme de Taravao
Presqu'île de Taiarapu

17°40'
20 km
149°40'
140
500 km

Polynésie française

200 500 1000 m
○ plus de 20 000 h.
○ de 10 000 à 20 000 h.
○ moins de 10 000 h.
● ch.-l.
● commune
au-dessous du niveau de la mer
200 3000 5000 m

St-Pierre-et-Miquelon

Cap du Nid à l'Aigle
Miquelon-Langlade
Grande Miquelon
240
Grand Barachois
Miquelon
Isthme de Langlade
Cap Percé
Île Verte
Petit Barachois
Langlade (Pte Miquelon)
Cap Bleu
Grand-Colombier
Saint-Pierre
Île aux Marins
Pointe de l'Ouest
Saint-Pierre

OCÉAN ATLANTIQUE

47°
56° 15'
10 km

317

Terre Adélie

Pôle Sud
Mont Kirkpatrick 4 528
Banquise de Ross
Mont Erebus 3 794
Terre Adélie
Cercle polaire antarctique
OCÉAN PACIFIQUE
Dumont d'Urville
Pôle magnétique
2000 km

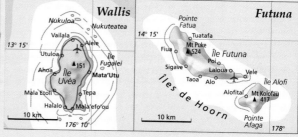

Wallis

Nukuloa
Nukuteatea
Vailala
Alele
Utuloa
Île Fugalei
Ahoa
Île Uvéa
151
Mata'Utu
Mala Etoli
Tepa
Halalo
Mala'efo'ou
13° 15'
176° 10'
10 km

Futuna

Pointe Fatua
Tuatafa
Fiua
Mt Puke 524
Île Futuna
Poi
Sigave
Laloua
Vele
Taoa
Alo
Île Alofi
Alofitai
Mt Kolofau 417
Îles de Hoorn
Pointe Afaga
14° 15'
178°
10 km

BELGIQUE

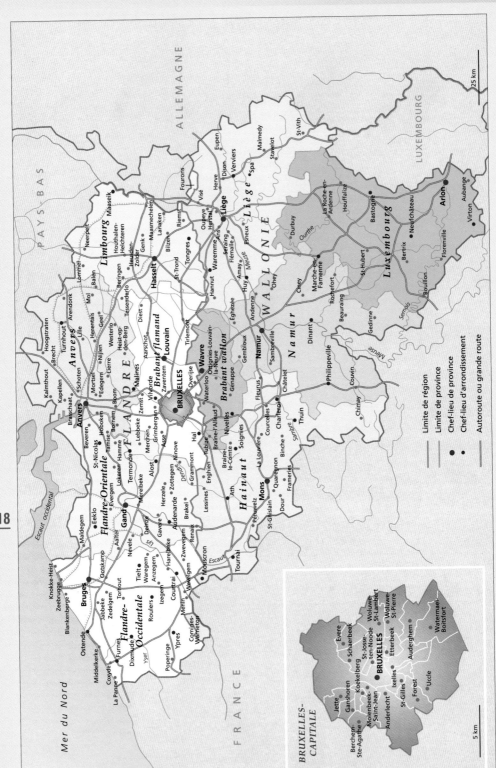

CANADA

OCÉAN ARCTIQUE

GROENLAND (DANEMARK)

Ellesmere
Axel Heiberg
Eureka
Grise Fiord
Devon
Îles Sverdrup
Bathurst
Cornwallis
Mackenzie
Prince-Patrick King
Melville
Mer du Labrador

Baie de Baffin
Île de Baffin
Iqaluit
Lake Harbour
Hall Beach
Arctic Bay
Southampton
Iuvijivik
Repulse Bay
Taloyoak
Somerset
Prince-de-Galles
Bathurst
Chesterfield Inlet
Arviat
Churchill
Cercle polaire arctique

Nain
Rigolet
Schefferville
Labrador City
Happy Valley-Goose Bay
Churchill
La Tabatière
St-Pierre-et-Miquelon (FRANCE)
Bonavista
Gander
Île de Terre-Neuve
Corner Brook
St. John's
TERRE-NEUVE-ET-LABRADOR

Île d'Anticosti
Sept-Îles
Baie-Comeau
Gaspé
Saguenay (Chicoutimi)
La Grande Rivière
Chisasibi
Baie James
QUÉBEC

Sydney
NOUVELLE-ÉCOSSE
Dartmouth
Halifax
Yarmouth
Moncton
ÎLE-DU-PRINCE-ÉDOUARD
Charlottetown
NOUVEAU-BRUNSWICK
Fredericton
Sherbrooke
Québec
Trois-Rivières
Montréal
OTTAWA
Kingston
Lac Ontario
Toronto
Hamilton
London
Windsor
Lac Érié
Lac Huron
Sault Ste. Marie
Lac Supérieur
Thunder Bay
Lac Michigan

OCÉAN ATLANTIQUE

Baie d'Hudson
Kangirsuk
Inukjuak
ONTARIO
Fort Albany
Albany

MANITOBA
Thompson
Lynn Lake
The Pas
Nelson
Churchill
Lac Winnipeg
Winnipeg
Nechako

SASKATCHEWAN
La Ronge
Prince Albert
Saskatoon
Saskatchewan
Regina
Lethbridge

Lac Athabasca
Fond du Lac
Uranium City
Lac Reindeer
Churchill

ALBERTA
Fort Vermilion
Fort McMurray
Fort
Red Deer
Calgary
Edmonton
Peace

TERRITOIRES DU NORD-OUEST
Yellowknife
Grand Lac des Esclaves
Fort Resolution
Fort Smith
Pine Point
Fort Simpson
Grand Lac de l'Ours
Etho Bay
Cambridge Bay
Bathurst Inlet
Kugluktuk
Victoria
NUNAVUT

Banks
Sachs Harbour
Mer de Beaufort
Inuvik
Aklavik
Mackenzie
Tulita
Fort Nelson
Fort Vermilion
Peace

OCÉAN ARCTIQUE

YUKON
Dawson
Whitehorse
Yukon
ALASKA (ÉTATS-UNIS)

COLOMBIE-BRITANNIQUE
Prince Rupert
Îles de la Reine-Charlotte
Prince George
Kamloops
Kelowna
Fraser
Columbia
Vancouver
Victoria
Île de Vancouver

OCÉAN PACIFIQUE

ÉTATS-UNIS

319

Limite de province ou de territoire
● **Capitale**
Autoroute ou grande route

500 km

SUISSE

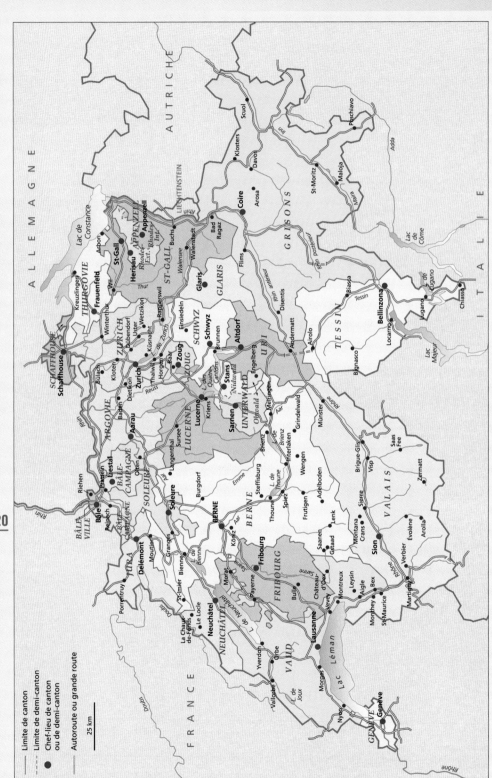

320

ALLEMAGNE

AUTRICHE

FRANCE

ITALIE

LIECHTENSTEIN

Lac de Constance

Lac de Côme

Lac de Lugano

Lac Majeur

Lac Léman

Lac de Neuchâtel

Lac de Bienne

Rhin

Rhône

THURGOVIE

SCHAFFHOUSE

BÂLE-VILLE

BÂLE-CAMPAGNE

JURA

SOLEURE

ARGOVIE

ZURICH

ST-GALL

APPENZELL
Rhodes-Ext. Rhodes-Int.

GLARIS

SCHWYZ

ZOUG

LUCERNE

UNTERWALD

URI

GRISONS

TESSIN

BERNE

FRIBOURG

NEUCHÂTEL

VAUD

VALAIS

GENÈVE

Schaffhouse
Kreuzlingen
Arbon
Wil
Frauenfeld
Winterthur
St-Gall
Herisau Appenzell
Buchs
Bad Ragaz
Coire
Arosa
Scuol
Klosters
Davos
St-Moritz
Maloja
Poschiavo
Chiasso
Bellinzona
Locarno
Biasca
Airolo
Andermatt
Disentis
Flims
Walenstadt
Glaris
Rapperswil
Einsiedeln
Schwyz
Brunnen
Altdorf
Engelberg
Meiringen
Wetzikon
Uster
Dübendorf
Kloten
Bülach
Baden
Aarau
Olten
Dietikon
Zurich
Thalwil
Horgen
Baar
Zoug
Küsnacht
Sursee
Kriens
Lucerne
Sarnen
Stans
Grindelwald
Interlaken
Brienz
Thoune
Spiez
Frutigen
Adelboden
Lenk
Gstaad
Saanen
Langenthal
Burgdorf
Berne
Soleure
Granges
Bienne
Delémont
Moutier
St-Imier
Porrentruy
Liestal
Bâle
Riehen
Pratteln
Rheinfelden
La Chaux-de-Fonds
Le Locle
Neuchâtel
Yverdon
Orbe
Vallorbe
Morges
Lausanne
Vevey
Montreux
Aigle
Leysin
Bex
Monthey
St-Maurice
Martigny
Verbier
Sion
Sierre
Crans
Montana
Visp
Brigue-Glis
Saas Fee
Zermatt
Évolène
Arolla
Fribourg
Bulle
Payerne
Morat
Château-d'Oex
Nyon
Genève

Thur

Reuss

Aar

Emme

Rhône

Doubs

L. des Quatre-Cantons

L. de Joux

L. de Bienne

Rhin antérieur

Rhin postérieur

INDEX

321

H

331

336

338

340

341

346

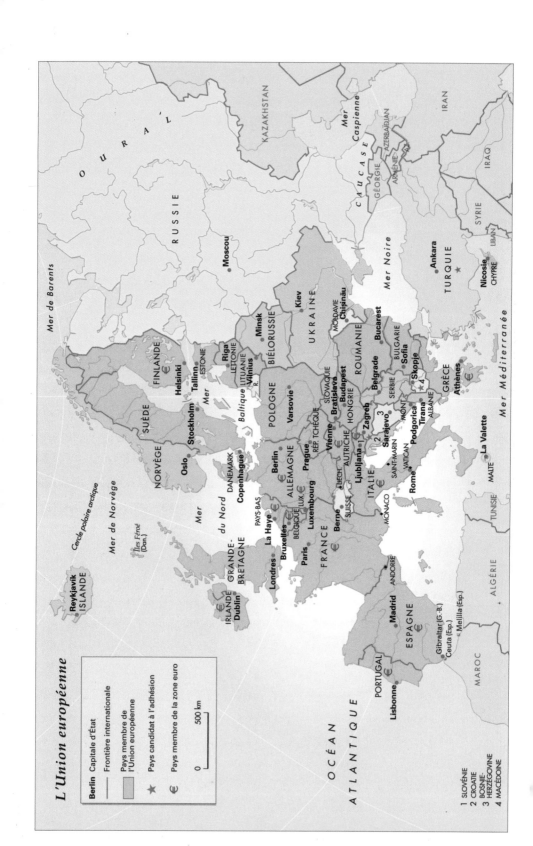

L'Union européenne

Berlin Capitale d'État

— Frontière internationale

▨ Pays membre de l'Union européenne

★ Pays candidat à l'adhésion

€ Pays membre de la zone euro

0   500 km

1 SLOVÉNIE
2 CROATIE
3 BOSNIE-HERZÉGOVINE
4 MACÉDOINE

OCÉAN ATLANTIQUE

Mer de Barents

Mer de Norvège

Cercle polaire arctique

Îles Féroé (Dan.)

Mer du Nord

Mer Baltique

Mer Méditerranée

Mer Noire

Mer Caspienne

ISLANDE   Reykjavík

NORVÈGE   Oslo

SUÈDE   Stockholm

FINLANDE   Helsinki

RUSSIE   Moscou

O U R A L

KAZAKHSTAN

IRLANDE   Dublin €

GRANDE-BRETAGNE   Londres

La Haye   PAYS-BAS

Bruxelles €   BELGIQUE

LUX.   Luxembourg €

Paris   FRANCE

Berne   SUISSE

DANEMARK   Copenhague €

Tallinn   ESTONIE

Riga   LETTONIE

Vilnius   LITUANIE

Minsk   BIÉLORUSSIE

Kiev   UKRAINE

ALLEMAGNE   Berlin €

POLOGNE   Varsovie

Prague   RÉP. TCHÈQUE

LIECH.   Vienne €   AUTRICHE

Bratislava €   SLOVAQUIE

Budapest   HONGRIE

Ljubljana €   1

Zagreb   3

Sarajevo   2

SAINT-MARIN   VATICAN

Rome €   ITALIE

MONACO

MONT.   Podgorica

Tirana   ALBANIE

Belgrade   SERBIE

ROUMANIE   Bucarest

MOLDAVIE   Chişinău

BULGARIE   Sofia

Skopje   4

GRÈCE   Athènes €

TURQUIE   Ankara ★

Nicosie   CHYPRE €

GÉORGIE

ARMÉNIE

AZERBAÏDJAN

IRAN

IRAQ

SYRIE

LIBAN

C A U C A S E

La Valette €   MALTE

TUNISIE

ALGÉRIE

MAROC

ESPAGNE   Madrid €

ANDORRE

Gibraltar (G.-B.)

Ceuta (Esp.)

Melilla (Esp.)

PORTUGAL   Lisbonne €